시민사회의 구성원리 전환과 사회정책의 대안적 프레임

A Study on the Structural Transformation of Civil Society and
the Alternative Frame of Social Policies

이 책은 성공회대학교 사회문화연구원 민주주의와 사회운동연구소가 한국학술진흥재단의 지원으로 수행하고 있는 1999년 중점연구소 지원과제 〈한국 자본주의 발전과 사회구성의 변화〉(1999-2001, KRF-99-005- C00020) 가운데 제2세부 과제의 3단계 연구인 〈민주화 · 세계화 '이후' 시민사회의 구성원리 전환과 사회정책의 대안적 프레임 연구〉(KRF-2003-005-B00026)의 성과물입니다.

시민사회의 구성원리 전환과 사회정책의 대안적 프레임

A Study on the Structural Transformation of Civil Society and the Alternative Frame of Social Policies

이영환 편

글쓴이

강남식 고병헌 김서중 김용득 김유순 김창남 박경태 이가옥 이영환 이종영 정원오

공동연구 참여자

조효제 이홍균

함께읽는책
COBOOK

책 머리에

이 책은 성공회대학교 사회문화연구소가 한국학술진흥재단의 지원을 받아 수행한 장기연구사업(1999~2005)의 마지막 3단계 성과물 중 하나이다. 구체적으로 이 연구사업은 해방 50년의 한국사회의 변화를 종합적으로 분석하고 바람직한 대안을 모색하는 것을 목적으로 정치, 경제, 사회분야로 나누어 진행되었는데, 이 책은 사회분야의 3단계 연구성과를 모은 것이다. 따라서 사회분야에서 1단계와 2단계의 성과로 펴낸 『한국 시민사회의 변동과 사회문제』(2001, 나눔의집), 『통합과 배제의 사회정책과 담론』(2003, 함께읽는책)의 후속편인 셈이다.

사회분야의 총괄 연구주제는 '한국 시민사회의 구조 변화와 사회정책'으로, 1단계에서는 사회문제와 사회정책의 역사적 변화와 쟁점에 초점을 맞추었고, 2단계에서는 사회문제와 사회정책을 둘러싼 노동과 자본, 국가, 시민사회 등 다양한 행위자들의 실천과 이를 둘러싼 담론을 분석하였다. 이를 토대로 3단계에서 추구한 것은 '민주화 · 세계화 이후 시민사회의 구성원리 전환과 사회정책의 대안적 프레임 창출'이다. 4년 간에 걸친 1, 2단계의 연구 성과인 사회경제적 및 사회구조적 토대 연구와 해방 이후 현재까지 기본적 사회질서를 규정해 온 지적 담론에 대한 비판적 성찰을 기초로 '한국사회의 대안적 패러다임'을 모색하는 것이 목적인 것이다.

'대안 모색'은 오늘날 우리 사회에서 매우 절실한 과제이다. 해방 이후 한국사회는 민주주의와 경제성장(자본주의)을 의심의 여지없는 양대 목표로 삼아 매진해왔고, 상당한 우여곡절을 겪었지만, 나름대로의 성취도 이루었다. 하지만 이러한 성취가 곧 바람직하고 이상적인 사회를 가져오리라는 기대는 허망한 꿈에 불과했다. 고난 속에서 얻어낸 민주화는 정치적 민주화를 넘어서는 실질적인 민주화에 훨씬 못 미치고, 역시 어렵사리 성취한 자본주의의 발전도 지구화의 격랑 속에서 대량빈곤과 실업 그리고 양극화의 질곡에 갇힌 상황이다. 세계적으로도 지구적 차원의 경제적 경쟁이 노동사회의 황폐화를 야기하고, 빈국과 부국의 격차를 넓히고 있다. 이에 더하여 비정한 자원수탈경쟁은 염치없는 침략전쟁을 정당화하고, 외세에 편승한 내전을 부추긴다. 요컨대 '꿈의 21세기'는, 최소한 그 시작은 적나라한 탐욕의 전시장에 다름 아니다.

이러한 상황에서 한국사회가 지향할 대안적 패러다임의 모색은 절실한 과제임에 틀림없지만, 설득력 있는 대안을 만들어내는 것은 결코 쉬운 일이 아니다. 어쩌면 시기상조일지도 모른다. 인간들의 탐욕이 어떠한 비극을 창출하는지 철저히 경험하고 깨달은 다음에야 평화를 향한 새로운 지향이 부각되는 경험을 우리는 역사 속에서 많이 보아 왔다.

이러한 상황에서 우리 연구진들이 취한 실용적인 대안은 사회문제와 사회정책의 각 영역에서의 대안적 노력들을 망라해보는 것이었다. 특히 그동안 탐구했던 연구영역을 중심으로 주요 사회정책 영역과 사회적 약자들에 관련된 대안적 노력들을 탐색하였다. 이러한 과정에서 얻은 하나의 교훈은 오늘날 우리가 취할 수 있는 대안이란 사회적 합의의 산물일 수밖에 없다는 것이다. 즉, 대화와 타협을 통한 합의가 대안 형성의 필수적 과정인데, 이러한 경험이 우리 사회에 많지 않다는 것이 아쉬운 대목이다. 최근 파행을 거듭하고 있는 노사정위원회의 경험이 단적인 예이다. 대화와 타협을 가능케 하는 것은 '타자'에 대한 인정, 즉 상대를 공식적 파트너로 인정하는 것이 관건이다. 특히 사회적 소수자들을 포용하는 자세가 중요하다.

여기에 더하여 대화와 타협이 강자들 간의 야합이 되지 않도록 하기 위해서는 원칙의 확립을 통한 긴장조성이 필수적이다. 이에 따라 연구팀은 시민사회의 새로운 구성원리에 대한 철학적 논의에도 힘을 쏟았다. 결국 대안 모색은 원리, 담론, 정책의 차원 등 다양하게 시도되었다. 전체적인 통일성을 위해 10차례에 걸친 발표회 등을 통해 각 영역 간의 상호 비판과 보완을 시도하였지만, 무언가 전체를 아우르는 거대담론식의 결론을 도출했다고 자부하기는 어렵다. 하지만 아직은 각개전투식의 돌파가 더욱 필요한 시점일 수 있다. 이렇게 볼 때 이 연구의 성과는 결론이 아니라 새로운 시작을 알리는 것일 수밖에 없다. 그럼에도 이는 각 분야의 진보적 노력들을 총괄해보는 의미를 가질 수 있고, 나아가 전체적 지향의 확립에 필수적인 충실한 각론 탐구에도 기여할 수 있을 것이다. 혹 무시되기 쉬운 각론의 의미를 부각시킬 수도 있다는 것이다.

이 책은 3부로 나뉜다. 제1부는 대안적 사회구성원리에 대한 네 편의 글로 구성된다(1장~4장). 제2부에는 주요 사회정책 영역과 관련된 다섯 편의 글을 실었다(5장~9장). 제3부는 사회적 약자에 대한 대안적 정책을 모색하는 네 편의 글로 이루어진다(10~13장).

제1장에서 이종영은 자본주의적 시민사회의 형식적 동등성이 내포하는 억압적 측면과 발전적 측면을 분석한 뒤 모든 인간의 동등성, 노동의 보편성 그리고 존재의 배려가 시민사회와 사회정책의 새로운 구성을 위한 이론적 토대를 이루어야 함을 주장한다. 제2장에서 김창남은 1990년대 이후 전개된 여러 문화 담론들이 결과적으로 문화를 자본의 논리에 복속시키는 데 이바지했음을 드러낸 뒤, 현실에 걸맞는 대안 담론적 주제와 그 실천주체를 분명히 한 대안 문화담론의 필요성을 제기하고, 특히 청년 문화의 가능성에 주목한다. 제3장에서 이종영은 이데올로기와 사회규범으로부터 윤리를 개념적으로 분리시킨 뒤, 서로의 주체성을 보장하기 위해 견지해야만 하는 성과 사랑의 윤리를 제시한다. 제4장에서 다시 이종영은 증여, 공동체 규범, 신종선서, 형제맹약, 계약, 화폐 등 사회적 결합의 여러 형태들의 한계를 분석한 뒤, 생활의 보장과 자유의 보호를 동시에 확보해줄 수 있는 새로운 결합형태로 보편적인 사회적 약속을 제안한다.

제2부 제5장에서 이영환은 면밀한 분석을 통해 한국사회보장의 위기의 원인과 성격을 규정하고, 대안적 복지이념과 현실적 모델의 정립을 위해서는 복지지향적 정치력을 강화해 사회적 합의와 타협의 복지정치를 이끌어나가야 한다고 제시한다. 제6장에서 강남식은 공·사영역 구분에 대한 비판을 통해 여성노동권의 개념을 새롭게 규정하고, 복지국가의 모델을 여성주의적 입장에서 새롭게 구성하려는 여러 시도들에 대한 논의를 펼친다. 제7장에서 정원오는 빈곤에 대한 인식이 어떻게 담론투쟁을 통해 사회적으로 규정되는지를 드러낸 뒤, 한국 빈곤의 역사에 대한 검토에 입각해, 사회적 배제 담론을 한국사회의 빈곤에 대응하는 대안 담론으로 제

시한다. 제8장에서 김서중은 산업화에 종속된 정보화를 비판한 뒤, 자본의 논리에 따르지 않는 대안적 매체들을 통한 참여 커뮤니케이션의 가능성을 법적·정책적 분석을 통해 제시한다. 제9장에서 고병헌은 기존 교육정책들의 경제주의적, 최소주의적 성격을 비판한 뒤, 비경제적인 인간적 가치에 따른 새로운 교육목표를 제안하고, 광명시에서의 실험사례를 제시한다.

제3부 제10장에서 김유순은 이혼부모의 자녀양육체험에 대한 구체적 사례연구의 결과들을 제시하고 협력적 부모역할 프로그램, 이혼중재 프로그램, 자녀상담 프로그램의 필요성을 제안한다. 제11장에서 김용득은 제한적인 사회경제적 지원에 머물러 있는 장애인 복지를 비판한 뒤, 도덕·운동적 접근과 법적 접근의 두 측면 모두에서 장애인 복지의 대안 담론이 인권 담론에 의해 재구조화되어야 함을 주장한다. 제12장에서 이가옥은 현재의 고령자 고용정책에 내포된 연령차별적 논리와 경제우선주의를 비판한 뒤, 시민권 원리에 입각한 새로운 정책 모델을 제시한다. 제13장에서 박경태는 국가형성과 소수자의 사회적 생산의 밀접한 상관성을 드러낸 뒤, 지배집단에 대한 인종·민족적 소수자의 대응양식의 여러 형태를 분석하고, 소수자운동의 진로를 모색한다.

이상 연구물들의 일부는 연구 진행과정에서 학술지에 발표되었고, 그렇지 않은 원고들도 내부토론회와 공개토론회에서 발표되어 비판과 검증의 과정을 거쳤다. 특히 이 책에 포함되지 않은 조효제 교수의 연구는 단행본 *Human Rights and Civic Activism in Korea*(A-Media Press, 2005)로 출판되었다.

총 6년 간에 걸친 본 연구사업을 무난히 마치고 마지막 단행본을 출간하면서 많은 분들에게 빚졌음을 밝히고자 한다. 우선, 연구의 총괄적인 책임을 맡아주신 유철규 사회문화연구원장과 조현연 민주주의와사회운동연구소장, 그리고 공동연구팀인 정치·경제 통합분과의 유익한 조언과 토론을 언급하지 않을 수 없다. 행정업무를 도와준 사회문화연구원의 여순주 연구원과 본 대학 연구처의 오희정님의 수고에도 진심어린 감사를 전하고, 연구진을 보좌해준 대학원의 고한수, 강희설, 김동언, 이정봉, 임덕영, 정정석 연구보조원들에게도 감사한다. 마지막으로 6년 동안 본 연구를 재정적으로 후원해준 한국학술진흥재단과, 역시 변함없이 소득없는 출

판을 담당해준 나눔의집·함께읽는책 출판사 사장님과 직원들께도 감사의 인사를
드린다.

2005. 7

연구진을 대표해서

이영환

차 례

제1부

대안적 사회구성의 원리

제1장
모든 인간의 동등성과 존재의 배려

이종영

1. 역사적 현실과 인간적 실재

　모든 인간은 진정으로 동등한 것일까? 인간들 사이에는 어떠한 우열도 설정할
수 없는 것일까? 한국에서 세칭 일류 대학을 나온 자들과 대학을 다니지도 못한 자
들 사이에는 어떠한 우열도 존재하지 않는 것일까? 대기업의 사장과 노동자 사이에
는, 남성과 여성 사이에는, 비장애인과 장애인 사이에는 어떠한 우열도 존재하지
않는 것일까?

　한국에서는 다양한 형태의 사회적 차별이 뿌리깊게 존재한다. 그리하여 열등한
위치를 점한 사람들은 온갖 형태의 차별과 조직화된 멸시를 감내해야 한다. 한국인
들의 삶이란 한편으로, 차별받는 위치로부터 벗어나기 위한 힘겨운 노력으로 특징
지어지고, 다른 한편으로는 좀 더 우월한 자로서의 정체성의 향유와 좀 더 열등한
자들에 대한 가학증적 멸시로 특징지어진다. 이러한 상황에서 우리는 정말로 모든
인간이 동등하다고 말할 수 있는 것일까?

　우리가 살고 있는 현실은 역사적 현실이다. 우리는 역사적 현실을 살고 있다. 이
역사적 현실은 이데올로기들에 의해 중층결정된다. 즉 역사적 현실은 이데올로기
적 현실이기도 한 것이다. 역사적 현실들 속에서 인간들 사이의 관계는 사회적 차별

의 다양한 형태들로 특징지어진다. 하지만 사회적 차별의 그러한 형태들은 이데올로기에 의해 매개된 것이다.

역사적 현실 속의 인간들 사이의 관계는 '인간의 실재'에 부합하지 않을 수 있다. 역사적 현실은 역사적으로 변화하는 것이지만, 인간의 실재는 그렇지 않다. 역사적 현실은 이데올로기적으로 각인된 것이지만, 인간의 실재는 그렇지 않다. 물론 인간의 실재는 오직 역사적 현실 속에서만 존재한다는 식의 반론도 가능하겠지만, 역사적 현실을 각인짓는 이데올로기들이 인간의 실재를 은폐하는 한에서 그러한 반론은 성립하지 않는다. 즉 인간의 실재는 역사적 현실 속에서 이데올로기적으로 부정된다는 것이다. 그래서 인간의 실재는 오직 '네거티브'한 형태로만 역사적 현실 속에서 존재한다. 그렇다면 우리는 다음과 같은 대립항을 가설적으로, 단지 앞으로의 논의를 위한 가설적 도구로, 제시해볼 수 있다.

1) 역사적 현실로서의 인간들 사이의 사회적 차별성
2) 인간의 실재로서의 모든 인간의 동등성

그러나 인간들 사이의 동등성은 진정하게 객관적으로 실재하는 것일까? 어쩌면 그것도 진보적 지식인들의 이데올로기적 주장에 불과한 것이 아닐까?

게오르그 루카치의 제자인 아그네스 헬러는 "시민사회는 모든 인간을 특정한 공동체의 성원으로서가 아니라 개인으로 인정한다"고 말한다(A. Heller, 1981: 138). 이 말은 시민사회가 성립되기 이전에는 한 인간이 '개인'으로 인정받지 못했다는 것이다. 즉 시민사회가 성립되기 이전에는 한 인간은 그가 어떤 신분에 속해있는지 어떤 공동체에 속해있는지에 따라 차별적으로 대우받았다는 것이다. 이제 시민사회가 성립함에 따라 인간은 신분적 차별성, 공동체적 차별성으로부터 이탈하여 개인으로 새롭게 탄생한다. 맑스가 『정치경제학 비판요강』에서 다음과 같이 말하고 있듯이 말이다. "인간은 단지 역사적 과정 속에서만 개인화한다. 그는 애초에는 유적 존재, 부족적 존재, 가축떼의 동물로 나타난다"(K. Marx, 1980: 1권 413). 이때 맑스가 말하고 있는 '역사적 과정'이란 물론 자본주의의 성립과정이다. 그렇다면 개인이란 과연 무엇일까? 한 인간이 '개인'이 된다는 것은 무엇을 뜻하는 것일까?

한 인간이 '개인'이 된다는 것은 다음의 세 가지 사실을 뜻한다. 첫째로, 한 개체적 인간이 외적 관계의 매듭으로, 외적 관계 내의 한 위치로 파악되기를 그친다는 것이다. 둘째로, 한 개체적 인간이 외적인 것에 대립하는, 외적인 것으로 환원되지 않는 고유한 내적 세계를 지닌다고 간주된다는 것, 그리하여 일정한 인격적 독립성을 갖는 존재로 파악된다는 것이다. 셋째로, 한 개체적 인간이 자율적 결정능력, 자율적 선택능력을 갖는 것으로 사회적으로 인정받고 존중된다는 것이다.

그렇지만 자본주의와 더불어 진정으로 그러한 '개인'이 성립된 것일까? 개별적 내면성·독립성·자율성을 갖는 개인이? 이 질문에 답하기 위해 우리는 우선 개체적 인간을 있는 그대로의 상태 속에서 관찰해볼 필요가 있다. 그러한 관찰의 결과 우리는 모든 시대의 개체적 인간들에게서 언제나 발견할 수 있을 것으로 여겨지는 다음의 세 가지 속성을 발견한다.

1) 개체적 인간은 언제나 사회적 존재이다. 그는 자신이 생각하는 것보다 훨씬 더 많은 사회적 규정성들(사회제도, 문화, 이데올로기 등등)을 내화(內化)하고 있다.

2) 하지만 개체적 인간은 또한 언제나 모나드적 존재이다. 라이프니츠적 의미에서 모나드는 세계를 비추는 거울로서, 세계의 모든 사물이 이 거울 속에서 반영된다. 그러나 이 거울은 자기 나름의 관점에 따라, 자기 나름의 지각양식에 따라 세계를 비춘다. 그래서 각각의 모나드는 서로 간에 차이를 갖고 또 서로 간에 소통되지 못한다(Leibnitz, 1991). 이러한 모나드적 존재로서의 개체적 인간은 일정한 개별적 내면성을 지닐 수밖에 없다.

3) 모든 개체적 인간은 언제나 자기중심적일 수밖에 없다. 이는 자기보존본능으로부터 도출된 나르시시즘에 기인한다. 스피노자가 『윤리학』에서 강조했듯이, 모든 개체적 인간은 자신이 자연법칙적 필연성에 의해 규정되었다고 생각하기보다는 자유롭다고 생각하고, 또 그리하여 행위의 주체라고 생각한다. 하지만 이것 또한 나르시스적 자기중심주의로 인한 것이다.

이러한 세 가지 속성은 언제나 개체적 인간에게 내재한다. 하지만 우리가 자기 자신이나 타자를 그러한 속성들에 따라 파악하고 규정하는 것은 결코 아니다. 현실의 사회적 관계 속에서 타자들에 대한 파악은 그들의 실재적 속성과는 전혀 무관하다. 현실 속에서 타자들에 대한 파악은 이데올로기적인 것 또는 규범적인 것이다. 따라서 우리에게 좀 더 중요한 것은 개체적 인간이 사회적으로 어떻게 파악되고 규정되느냐 하는 것이다. 개체적 인간의 자기의식과 타자의식은 바로 이러한 사회적 규정에 의해 매개된다.

의식이란 언제나 '지향성(志向性)'이다. 즉 언제나 '…을 향한 의식', '…에 대한 의식'이라는 것이다. 이 의식이 자기 자신에게 지향하게 되면 자기의식이고 타자에게 지향하게 되면 타자의식이다. 그러나 이러한 자기의식과 타자의식은 언제나 사회적 규정에 의해, 다시 말해 이데올로기나 사회규범 등에 의해 매개된다. 우리는 그러한 자기의식-타자의식을 우선 거칠게나마 다음의 세 가지 형태로 나누어 볼 수 있다.

1) 공동체적 존재로서의 자기의식-타자의식
2) 사회적 위치 점유자로서의 자기의식-타자의식
3) 개인으로서의 자기의식-타자의식

자기의식-타자의식이 어떠한 형태를 취하는가에 따라 사회적 교류형식이 달라진다. 우리가 사회적 위치 점유자로서의 자기의식-타자의식을 가지고 있다고 할 때, 우리는 자기 자신이나 타자 속에서 특정한 사회적 위치의 점유자를 볼 뿐이다. 반면 우리가 개인으로서의 자기의식-타자의식을 갖는다고 할 때는 자신이나 타자 속에서 개인을 본다. 이 경우 자기 자신이나 타자가 실제로 개인인가 아닌가 하는 것은 아무런 상관이 없다. 우리는 단지 사회적 규정에 따라 자신과 타자를 '개인'으로 간주할 뿐이다.

따라서 개인은 **부르주아적 교류형식의 범주**일 뿐이다. 다시 말해 부르주아 사회에서 타자들과의 교류는 타자를 '개인'으로 간주하는 형식에 의해 짜여져 있다는 것이다. 이 사실은 '개인'은 실재한다기보다는 오히려 사회적으로 규정된 관념

속에서 존재하고 있음을 말해준다. 그러한 관념은 사회적 관계 속에서 실현되고 상호작용 속에서 확인받으면서 스스로를 '역사적 현실화'한다.

결국 우리는 타자를 개인으로 대하는 것을 자본주의 사회와 더불어 새롭게 성립된 일종의 규범적 태도로 간주할 수 있다. 개인이 사회적 교류형식의 한 범주라는 것은 개체적 인간이 그 실재에 있어서 개인적 존재가 아니더라도 사회적으로 '개인'으로 간주된다는 것이다. 즉 '개인'이란 사회적 교류 속에서 타자를 대하는 한 방식의 표현일 뿐이라는 것이다. 그래서 전혀 개별적 내면성·인격적 독립성·행위적 자율성을 갖지 못한 자가 '개인'으로 간주되기에 이르는 것이다.

타자를 개인으로 간주하는 규범적 태도는 집단의식의 폭력에 대한 반성으로 등장한 것이고, 서로의 자율성을 보장하기 위한 장치이기도 하다. 그렇지만 더욱 중요한 것은 사회적 교류형식의 범주로서의 개인의 등장에 따라 사회 성원들 사이의 일정한 동등성이 인정되기에 이르렀다는 것이다. 이제 사람들은 서로를 어떤 신분이나 집단 또는 공동체의 소속에 따라 미리 규정짓는 것이 아니라, 어떠한 집단귀속성으로부터도 자유로운 한 인간 자체로만 대하기에 이르렀다는 것이다. 그리하여 서로를 차별짓던 외적 지표들은 사라지고 일종의 원천적인 동등성을 통해 서로를 만나게 되었다는 것이다.

하지만 과연 그럴까? 자본주의 사회구성체에서 성립한 시민사회는 생산양식을 은폐하는 장치이다. 대등한 법적 주체들끼리 계약을 맺는 장소로서의 시민사회에는 생산양식에서의 불평등이 반영되지 않는다. 자본가와 노동자는 시민사회의 층위에서 상품의 구매자와 판매자라는 서로 대등한 자격으로 만나지만, 문제는 자본가와 노동자가 결코 대등하지 못하다는 사실로부터 비롯된다.

맑스는 『자본론』에서 다음과 같이 말한다. "노동력의 판매와 구매가 그 한계 안에서 이루어지는 유통 또는 상품교환의 영역은 사실 천부인권의 진정한 낙원이었다. 여기에서 지배하고 있는 것은 오로지 자유·평등·소유 그리고 벤담(Bentham)이다"(칼 마르크스, 1997: 223). 맑스가 여기서 말하고 있는 "유통 또는 상품교환의 영역"은 바로 시민사회의 영역이다. 이 영역은 맑스가 지적하는 것처럼 "천부인권의 진정한 낙원"이지만, 그것은 단지 그 영역의 "한계 안에서"만 그러할 뿐이다. 왜냐하면 "유통과 상품교환의 영역"의 바깥은 잉여가치의 착취로 특징지어지는 생산양식의 영역이기 때문이다.

결국 생산양식을 은폐하고 있는 시민사회에서의 일정한 동등성은 실질적인 동등성일 수 없다. 그것은 단지 형식적인 동등성에 불과하다. 게다가 그 형식적 동등성으로 인해 자본주의적 착취가 가능하다. 하지만 시민사회의 형식적 동등성을 아무런 의미가 없는 것으로 간주할 수는 없다. 시민사회의 형식적 동등성은 우리를 전자본주의적인 인격적 지배로부터 해방시켜주었다. 그리고 더욱 중요한 것은 시민사회에서의 동등성이 규범적 구속성을 갖게 되면서 행사하는 사회적 효과이다. 즉 사회규범으로 확립된 동등성은 사람들로 하여금 생산양식에서의 불평등에 저항하도록 하는 지렛대로도 작용할 수 있다. 이러한 규범적 동등성이 갖는 의미를 일단 역사과정 속에서 살펴보도록 하자.

2. 역사적 진보의 의미

모든 인간의 동등성이 결코 사고될 수 없었던 시대가 있었다는 것은 두말할 필요도 없다. 특정한 역사적 시대들에서는 모든 인간이 동등하다고 사고하는 것이 원천적으로 불가능했다는 것이다. 심지어 진리를 위해 모든 것을 바칠 준비가 되어 있었던 소크라테스나 플라톤 마저도, 시대의 한계로 인해, 모든 인간이 동등할 수 있다는 것을 상상도 할 수 없었던 것이다.

플라톤은 『국가』에서 심지어 "혈통이 좋은 강아지와 가문이 좋은 젊은이"(플라톤, 1997: 375a)를 동일시하는 방식으로, 인간들 사이의 차별성이 자연적으로 규정된 것처럼 간주한다. 플라톤은 공화국의 계급을 통치자, 전사, 노동자의 셋으로 나누는데, 이러한 계급구분은 이미 출생으로부터 정해졌다는 것이다. 그는 소크라테스의 입을 빌려 다음과 같이 말한다.

신은 여러분을 만들면서, 여러분 중에서도 통치할 능력이 있는 이들에겐 탄생 시에 황금을 섞었는데, 이들이 가장 존경받는 것은 이 때문입니다. 반면에 보조자들[전사,

들]에겐 은을 섞었습니다. 하지만 노동자들이나 다른 장인들에게는 쇠와 청동을 섞었습니다(같은 책: 415a)[1].

결국 플라톤에 따를 때 사회계급은 출생 시부터 정해진다. 비록 그가 노동자계급에서도 통치자가 출생할 수 있다고 하면서 계급 세습을 일정하게 부정하고 있지만 말이다. 이러한 사회계급들 사이의 우열은 명확하다. 금을 지닌 통치자들이 가장 우월한 존재이고, 은을 지닌 전사들이 그 다음, 그리고 동을 지닌 노동자들은 가장 열등한 존재이다. 그리고 플라톤은 이러한 계급질서를 유지하는 것을 정의라고 규정한다.

놀라운 것은 플라톤이 우생학적 출산관리를 주장한다는 것이다. 게다가 그는 이것을 국가의 기밀로 삼아야 한다고 한다(같은 책: 459a 이하). 대중들을 기만하자는 것이다. 플라톤은 『티마이오스』에서 소크라테스의 입을 빌려 자신의 이러한 입장을 다음과 같이 간략히 요약한다.

그리고 자네는 기억하고 있나? 우리는 가장 훌륭한 자녀를 두기 위해 이렇게 말했었지. 남녀 고관은 몰래 일종의 계략으로 제비를 뽑아 혼례를 치르고, 우수한 남자가 우수한 여자와 배합되게 하며, 열등한 남자는 열등한 여자와 배합되도록 하면서도 이 배합은 어디까지나 제비에 의해 우연히 이루어진 것처럼 가장하여 불공평하다는 투정을 피해야 한다고 말이네(플라톤, 1973: 24).

이처럼 플라톤은 인간들 사이의 태생적 우월을 설정할 뿐만 아니라, 열등한 인간을 점진적으로 제거해나가려는 계획까지 세운다. 강력한 국가를 만들어야 한다는 목적에 인간의 존재 자체를 종속시키려는 것이다.

인간들 사이의 차별성에 대한 이러한 생각은 플라톤을 거쳐 아리스토텔레스에게도 이어진다. 아리스토텔레스는 『정치학』에서 다음과 같이 말한다. "누구는 지배하고 또 누구는 지배당하여야 한다는 것은 필요불가결할 뿐만 아니라 유익한 것이므로, 출생 시부터 어떤 자는 복종하도록 또 어떤 자는 지배하도록 구별지어져 있

---

1) 불어판, *La république*(Platon, 1966)에 따라 번역을 약간 수정하였다.

는 것이다"(아리스토텔레스, 2002: 20)[2]. 도대체 출생 시부터 어떠한 방식으로 그렇게 정해져 있다는 것일까? 그것은 '영혼의 성질'에 따른 것이다. 영혼의 성질에 따라 누군가는 지배를 하고 누군가는 지배를 받도록 정해져 있다는 것이다. 예컨대 아리스토텔레스는 다음과 같이 말한다. "비록 영혼의 각 부분이 모든 자에게 갖추어져 있을지라도 그 정도는 다르다. 노예에게는 심사숙고하는 능력이 완전히 결여되어 있고, 여성은 이 능력을 갖고 있으나 권위를 수반하지 못하며, 유아도 이 능력을 갖고 있으나 미숙하다"(같은 책: 40).

하지만 오늘날 누군가가 플라톤이나 아리스토텔레스처럼 생각한다고 해보자. 그는 어떠한 취급을 당할까? 누군가가 플라톤이나 아리스토텔레스처럼 인간들 사이의 우열이 태생적으로 결정되어 있다고 생각하고 그것을 논문으로 발표한다고 해보자. 그는 일종의 광인 취급을 당할 것이다. 이것이 바로 '역사의 진보'이다. 물론 아직도 신분제적 관념들이 지속되고 있는 한국사회에서는 플라톤이나 아리스토텔레스의 생각에 동의하는 사람들도 있을 수 있겠지만 말이다.

특정한 역사적 시대에는 사고조차 될 수 없었던 것이 시대가 바뀜에 따라 새롭게 사고되고 마침내 당연한 것으로 여겨지기에 이른다. 이에 따라 과거의 사고는 더 이상 받아들여질 수 없는 것으로 간주되어 완전히 폐기되기도 한다. 인간들 사이의 차별성에 대한 플라톤이나 아리스토텔레스의 사고가 그러한 것들이다.

역사적 시대의 변화가 인간들 사이의 지배·차별·착취를 제거하고 인간들 사이의 상생적 공존과 동등성을 확립하는 방향으로 나아갈 경우, 우리는 그것을 '진보'라고 부른다. 칸트는 「계몽이란 무엇인가에 대한 답변」에서 계몽을 "우리가 마땅히 스스로 책임져야 할 미성년 상태로부터 벗어나는 것"이라고 규정한다(칸트, 1992: 13). 이러한 계몽의 과정은 인류가 스스로 어른이 되어가는 과정으로, 타자가 자기와 동등한 존재임을 발견하고 또 자기와 동등한 존재로서의 타자에 대한 존중과 배려가 확립되는 과정이기도 하다. 칸트는 또 「세계시민적 관점에서 본 보편사의 이념」에서 인류가 자기에게 내재되어 있는 모든 능력을 실현해가는 과정으로서의 보편사는 "인간들 상호간의 항쟁"을 매개로 이루어진다고 하는데(같은 책:

---

2) 불어판, *Les politiques*(Aristote, 1993)에 따라 번역을 약간 수정하였다.

29), 이때 "인간들 상호간의 항쟁"이란 서로 차별하는 집단들 사이의 대립과 갈등을 뜻하는 것이다. 즉 인류의 보편사는 인간들 사이의 차별을 지양해나가는 역사라는 것이다. 칸트에 따르면, 역사가 그처럼 항상 '진보'해나간다는 지표는 프랑스 혁명의 "모든 관객들"이 지니는 혁명에 "동참하고자 하는 열광에 가까운 소망"에서 발견되는 것이다(같은 책: 122).

이처럼 인류가 스스로 어른이 되어가는 과정으로서의 계몽의 역사라는 관점에서 볼 때, 플라톤과 아리스토텔레스는, 비록 그들이 나름의 방식으로 진리에 열정적으로 헌신하였다고 하더라도, 아직 충분히 계몽되지 못한 존재들임이 틀림없다. 그들이 인간들 사이의 차별성을 주장했을 뿐만 아니라, 자신이 속한 집단의 우월성을 내세웠기 때문이다. 자기가 속한 집단이 가장 우월하다고 생각하는 자야말로 가장 열등한 자가 아닐까? 칸트가 말했듯이 "인간들 상호간의 항쟁"을 매개로 인류의 도덕적 능력이 실현되는 '진보'의 역사를 통해서 드러나는 것은, 자신의 우월성을 주장하는 집단이 실제로는 가장 부패한 집단이라는 것이다. 타자와의 소통을 거부하면서 모든 사회적 가치들을 자기들이 독점하려고 하기 때문이다.

자, 아리스토텔레스는 "노예에게는 심사숙고하는 능력이 완전히 결여되어 있고, 여성은 이 능력을 갖고 있으나 권위를 수반하지 못하며, 유아도 이 능력을 갖고 있으나 미숙하다"고 말한다. 과연 그럴까? 『정신현상학』에서 헤겔은 주인이 오로지 향유만을 하여 무능력해지는 데 비해 노예는 노동을 통해 자기발전을 이룬다고 한다. 여성이 "권위를 수반하지" 못하는 것이 남성지배의 효과임은 두말할 것도 없다. 게다가 여성들이 갖는 배려와 헤아림의 능력이야말로 무엇보다 중요한 것이 아닐까? 물론 그러한 능력들은 피지배자적 입장으로 인해 생겨난 것일 수 있지만 말이다. 또 예수는 어린이처럼 되지 않으면 하늘나라에 들어올 수 없다고 한다. 결국 아리스토텔레스처럼 성인-남성-지배자 집단의 영혼이 제일 고결하다고 생각하는 자야말로 가장 영혼이 타락한 자일 수 있다. 타자들을 배척하고 자신만을 지키려고 하는 과정 속에서 영혼이 질식하기 때문이다. 영혼이란 타자들과의 진정한 내면적인 교섭을 가능하게 해주는 것이라고 설정할 수 있다면 말이다.

플라톤과 아리스토텔레스는 시대의 한계 속에서 사고했던 자들이다. 이 말은 그들이 저발전한 사회적 단계에 속해있었다는 뜻이다. '저발전'했다는 것은 어떤 의미일까? 그것은 무엇보다 사회규범적 의미에서 '저발전'했다는 것이다. 서로를 동등하게 대우하고 존중하는 규범이 확립되지 못하고, 서로를 차별하고 배척하는 규범이 자리 잡고 있었다는 것이다.

끌로드 레비-스트로스는 모든 문화는 나름의 맥락에서 가치를 지니고 따라서 존중되어야 한다는 문화상대론을 주장한다. 하지만 집단적 문화를 존중하는 것과 개별적 인간을 존중하는 것은 다른 문제이다. 어떤 문화들은 개별적 인간들을, 특히 사회적 약자들을 억압하는 내용을 가지기 때문이다. 이 경우 다음과 같은 질문들이 제기된다. 사회의 개별적 구성원들을 존중하지 않는 문화도 존중되어야 하는가? 사회구성원들 사이의 차별과 억압을 옹호하는 문화도 존중되어야 하는가?

한 가지 예를 들어보자. 아프리카의 특정 민족들은 여아의 클리토리스를 제거하는 문화를 가지고 있다. 이들은 남성에게 내재하는 여성성을 제거하기 위해 남아 성기의 포피를 자르고, 여성에게 내재하는 남성성을 제거하기 위해 여아의 클리토리스를 제거한다는 우주론적 명목 하에 이러한 문화를 정당화한다. 그러나 이 문화가 여자의 성적 향유를 박탈함으로써 남성에 의한 여성의 소유를 보다 확고하게 재생산하려는 동인을 가지고 있다면 어떻게 하여야 할까? 그럴 경우, 가부장적 지배를 재생산하는 이러한 문화도 문화상대론적 관점에서 존중해주어야 하는 것일까? 그렇다면, 우리가 그러한 문화를 존중해준다면, 클리토리스가 잘린 여성들은, 폭력적 방식으로 가부장적 지배에 종속되는 여성들은 어떻게 되는 것일까? 우리는 억압적인 문화를 존중함으로써 그러한 억압에 동참하고 그리하여 피지배자들을 결코 존중할 수 없게 되는 것이 아닐까?

레비-스트로스는 자유에 대한 모든 합리주의적 정의를 부정한다. 자유에 대한 합리주의적 정의가 한 사회에 통용될 경우, 이론적으로 규정된 자유가 자연적 상태에서 생동하는 자유 그 자체를 억압할 수 있다는 것이다(Lévi-Strauss, 1983: 378). 레비-스트로스가 자유의 합리주의적 정의에 대한 대안으로 제시하는 것은 '영국인의 지혜'이다. '영국인의 지혜'를 특정짓는 것은 기존의 관행에 대한 존중, 여러 집단들의 권리에 대한 동등한 인정, 역사적 조건의 성숙을 기다리는 태도 등이다. 하지만 만약 '영국인의 지혜'가 타자의 타자성에 대한 관용을 내포하는 것이라면, 레비-스트로스의 논의에는 일정한 비약이 자리 잡는다. 왜냐하면 레비-스트로스는

'영국인의 지혜'로부터 "관습대로 살아갈 자유"만을 끌어내기 때문이다.

레비-스트로스는 나름대로 이해한 '영국인의 지혜'에 입각하여 자유에 대한 자신의 생각을 구체화시킨다. 그러한 구체화에 따르면, "실질적 자유란 오랜 관습의 자유와 기호(嗜好)의 자유, 한 마디로 관습대로 살아갈 자유"라는 것이다(같은 책: 380). 하지만 과연 그러한 자유 속에 '영국인의 지혜'에서 발견되는 타자성과 역사성에 대한 존중이 진정으로 반영되어 있는 것일까? 만약 "관습대로 살아갈 자유" 속에서 "타자의 자유"가 억압된다면 어떻게 해야 할까? 이 경우 "자유에 대립하는 억압적 관습대로 살아가는 것이 자유"라고는 말할 수 없다는 것이다.

"관습대로 살아갈 자유가 실질적 자유"라는 레비-스트로스의 생각은 그 자신의 인류학적 체험에 뿌리를 내리고 있다. 좀 더 자유롭다는 이른바 문명인들의 생활양식이 이른바 원시인들에게 강제로 부과되면서 원시인들의 자유가 붕괴되는 것을 그는 몸으로 체험하였고, 그래서 그 자신의 자유 개념이 타민족의 타자성에 대한 존중이란 점에서 '영국의 지혜'와 맞닿아 있다고 생각하는 것이다. 하지만 레비-스트로스가 존중하는 관습은 그 사회 내의 타자들을, 예컨대 피지배계급이나 여성들을 억압하는 관습일 수 있다는 점에서 문제가 발생한다.

어쩌면 레비-스트로스는 그들이 그러한 관습 속에서도 자유롭게 산다고 주장할 것이다. 하지만 특정한 사회들 내에서 피지배집단들이 당하는 고통은 결코 '자유로운' 고통일 수 없다. 자신의 육체와 정신에 대한 권리를 타자가 소유하는 문화를 존중하는 것은 타민족의 사회를 박물관의 진열품 정도로 간주하는 태도이며, 그 문화를 살고 있는 자들에 대한 우민주의적 태도이다. 사실상 존중되어야 하는 차이는 결코 문화적 차이나 집단적 차이가 아니라 개별자들 사이의 차이이다. 문화적 차이나 집단적 차이는 오히려 개별성을 무시하고 한 집단의 동질성 속에 성원들을 가두는 것이기 때문이다. 그러한 차이들은 오히려 개인에 대해 억압적이다.

플라톤과 아리스토텔레스는 '저발전된' 사회적 단계에 속해 있던 사람들이다. 달리 말해, 그들은 여러 형태의 피지배집단들을 차별짓고 억압하던 문화를 살았던 사람들이다. 하지만 이제 우리가 그러한 저발전된 단계를 일정하게나마 벗어났다는 것이 뜻하는 것은, 역사 속에서 '진보'가 여러 형태의 장애들을 물리치고 관철된다는 것이다. 위르겐 하버마스는 일련의 논문들을 통해 역사적 유물론을 사회규범

의 발전사라는 관점에서 재구성하려 한다. 그는 이를 위해 로렌스 콜버그의 도덕의
식 발전단계와의 유비를 통해 사회규범의 발전단계를 설정하는 전략을 택한다.

로렌스 콜버그는 도덕의식의 발전단계를 전(前)인습적 단계, 인습적 단계, 탈
(脫)인습적 단계의 세 단계로 나눈 후, 이들 각각을 다시 둘로 나눈다. 우선 전인습
적 도덕의 단계는 1) 처벌을 당하지 않기 위해 규칙을 지키는 '복종과 처벌 지향'의
단계와 2) 규칙의 상대성을 발견하고 그리하여 쾌락에 따라 행위를 결정하는 '상대
적 쾌락주의'의 단계로 나뉜다. 인습적 단계는 3) '착하다'는 평가를 받기 위해 행
동하는 '착한 소년 · 착한 소녀 지향'의 단계와 4) 질서의 필요를 강조하는 '사회질
서 및 권위 유지'의 단계로 나뉜다. 끝으로 탈인습적 단계는 5) 법은 공동체의 장치
이고 그리하여 민주적 절차를 통해 법을 개정할 수 있다는 '민주적으로 용인된 법'
의 단계와 6) 법을 넘어서는 보다 상위의 도덕적 권리를 인정하는 '보편적 원리'의
단계로 나뉜다(윌리엄 크레인, 1995: 175-184).

하버마스는 콜버그의 도덕의식 발전단계 가운데 다섯 번째와 여섯 번째 단계가
현대에 이르러 사회적 수준에서 실현되고 있다고 설정한다(하버마스, 1995: 59).
특히 그는 '보편적 원리'의 단계인 여섯 번째 단계는 자립적 개인들 간의 상호인정
에 입각한 진정한 연대성으로 특징지어진다고 강조한다. 그러한 연대성은 자립적
개인성의 억압에 입각한 파시스트적인 공동체적 연대성과는 근본적으로 구분되는
것이다(Habermas, 1992: 68).

개인적인 도덕의식의 발전단계와 사회규범의 발전단계 사이의 유비관계를 설
정하는 것은 나름의 발견적 의미를 가질 수는 있지만, 우리로 하여금 구체적 현실의
복합성을 외면하게 할 수 있는 위험한 것이기도 하다. 어쨌거나 우리가 현실 속에서
확인할 수 있는 것은 다음과 같은 것들이다. 첫째로, 부르주아 민주주의의 현 단계
에서 콜버그가 말한 다섯 번째 단계의 도덕의식, 즉 '민주적으로 용인된 법'에 대한
의식은 폭넓게 정착되어 있지만, 그 실현은 아직도 저지되고 있다는 것이다. 이것
은 기존의 정당 의회주의가 실질적으로 사회를 대변하고 있지 못하기 때문이다. 둘
째로, 콜버그가 말한 여섯 번째 단계의 도덕의식인 '보편적 원리'에 대한 의식은 오
늘날에 이르러 본격적으로 자리 잡기 시작하고 있지만, 언제나 자본주의적 생존의
논리에 의해 부정된다는 것이다.

그럼에도 콜버그의 다섯 번째와 여섯 번째의 도덕의식이 적어도 사회의식 속에서 일반화되기 시작한다는 것은 칸트가 말한 의미에서의 '계몽'이 일정하게 성과를 거두었음을 말해준다. 하지만 콜버그가 말한 네 번째 도덕의식에서 다섯 번째 도덕의식으로의 이행, 그리고 다섯 번째 도덕의식에서 여섯 번째 도덕의식으로의 이행은 순수관념의 자기운동에 의해 전개될 수 있는 것이 결코 아니다. 특히 그것들을 사회적 수준에서 실현하는 것이 관건이라면 말이다. 즉 사회적 수준에서의 그러한 이행들은 각각의 물질적 장애들을 폐기할 것을 요청한다. 특히 네 번째 도덕의식에서 다섯 번째 도덕의식으로의 이행은 정당 의회주의에 의해 체현되는 부르주아 민주주의의 한계들을 벗어날 것을 요청하는 것이고, 다섯 번째 도덕의식에서 여섯 번째 도덕의식으로의 이행은 자본주의적 경쟁과 오이디푸스적 가족의 지양을 요청하는 것이다.

그러므로 인간들 사이의 동등성의 확립과정으로서의 '진보'는 결코 일거에 획득될 수 있는 것이 아니다. 그것은 칸트가 말했듯이 인간들 사이의 무수한 '상호 항쟁'을 매개로 하여 오랜 기간에 걸쳐서만 이루어질 수 있다. 스피노자는 『윤리학』에서 모든 것은 자연이고, 모든 자연은 자연법칙에 종속되며, 인간도 이에 예외가 아니라는 명제들을 내세운다. 이러한 명제들은 자연적 존재로서의 모든 인간은 동일한 형태의 필연성에 따라 움직이고 그리하여 모두 동등할 수밖에 없다는 '해방적 관념'의 형성에 기여한다. 그렇지만 스피노자 그 자신이 시대의 한계를 완전히 벗어날 수 있었던 것은 아니다. 그는 『정치학 논설』에서 다음과 같이 말한다. "여성은 그 본질에 있어서 남성과 동등할 수 없다. 또한 남성과 여성이 동등하게 통치를 한다는 것은 불가능하다. 게다가 남성이 여성의 지배를 받는다는 것은 더더욱 있을 수 없는 일이다"(Spinoza, 1966: 115). 이러한 것이 시대의 한계이다. 사정은 계몽을 인류가 미성년의 상태를 벗어나 어른이 되는 과정으로 규정한 칸트에게도 마찬가지다. 그가 『실용적 관점에서 본 인간학』에서 여성을 온갖 방식으로 비하하기 때문이다(칸트, 1998). 그 또한 미성년 상태로부터 충분히 벗어날 수 없었던 것이다.

인간들 사이의 동등성 확립과정으로서의 '진보'가 일거에 실현될 수 없는 것은 그것에 반대하는 경향들이 부단히 작용하기 때문이다. 우리는 앞에서 시민사회적 층위에서의 형식적 동등성이 생산양식 층위에서의 실질적 불평등을 은폐한다는 것을 지적했지만, 사회적 차별은 반드시 계급, 성, 인종 등에 국한되지 않는다. 정체성과 차별성의 향유를 위한 구별짓기는 일상생활의 모든 측면에서 온갖 형태의 외적 지표들을 통해 이루어진다. 그리하여 라깡이 강조하듯이 인간들 사이의 관계는 마치 변별적 시니피앙들(지표들) 사이의 차별적 관계처럼 짜여진다. 따라서 타자와의 차별성을 통해 자신의 정체성을 향유하려는 경향과 맞서기 위해서는 외적인 시니피앙에의 정체화(正體化)를 벗어나서 오직 내면적으로만 자신을 근거지우는 능력이 필요하다.

이와 관련하여, 광고와 소비의 역사에 대한 셧 잘리의 다음과 같은 시대구분은 매우 시사적이다. 그 첫째 시기는 1890년대부터 1920년대까지로, "새로운 기술의 상품이 숭앙되고 숭배"되는 상품효용성의 단계이다. 둘째 시기는 1920년대부터 1940년대까지로, 이제 소비자에게로 눈을 돌려 상품의 성질을 훨씬 '추상화'하여 표현한다. 이때 '추상화'란 상품의 속성보다는 소비자가 욕망하는 '어떤 것'을 상징화하려는 것이다. 하지만 아직 '추상화'는 상품 그 자체에 매여 있다. 셋째 시기는 1940년대부터 1960년대까지로, 상품은 언제나 개인과 관련하여 제시되고 개인에게 그 상품이 무엇을 가져다줄 수 있는지가 부각되는 '개인화'의 시기이다. 넷째 시기는 1960년대부터 1980년대까지의 시기로, 셧 잘리는 이 시기를 토테미즘의 단계로 정의한다(셧 잘리, 1996: 251-253). 토테미즘이란 과연 어떠한 것일까?

레비-스트로스의 정의에 따를 때, 토테미즘이란 자연적 질서 내의 차이들과 인간적 질서 내의 차이들 사이에 상동성을 설정하는 것이다(레비-스트로스, 1996: 324). 다시 말해, 상동성이 각 질서 내부의 차이들 사이에 성립된다는 것이다. 그렇다면, 1960년대 이후 소비의 역사가 토테미즘의 성격을 갖는다는 것은 소비하는 상품들의 차이에 따라서 인간들의 차이가 설정된다는 것이다. 레비-스트로스는 토테미즘이 카스트적 기능을 지닌다고 말하는데(같은 책: 179-210), 상품들과 인간들 사이에서 차이의 상동성이 설정된다는 것은 상품소비 방식에 따른 차별적 질서, '카스트적' 질서가 형성된다는 것을 뜻한다.

미국에서 1960년대 이후 소비방식이 토테미즘화 되었다는 것은 무엇을 말해줄까? 그것은 물론 서로의 자립적 개인성에 대한 존중이 서서히 붕괴되어가고, '외적 기준'에 의한 차별화가 다시 강화되고 있음을 뜻한다. 어쩌면 이제 다시 동등화의 경향에 대해 차별화의 경향이 우위를 차지하기 시작한 것일 수도 있다.

3. 모든 인간의 동등성의 근거

사회조직의 새로운 원리로서 모든 인간의 동등성의 확립과정은 단순한 이데올로기적 투쟁으로 환원되는 것만은 아니다. 사회적 차별성이나 동등성은 이데올로기적 층위에만 국한될 수 없는 사회의 총체적 조직원리를 이루는 것들이기 때문이다. 따라서 새로운 사회규범으로서의 모든 인간의 동등성의 확립과정은 사회구성체의 모든 층위에서의 투쟁을 요청한다. 이것은 당연한 것이다. 하지만 그럼에도 모든 인간의 동등성을 위한 투쟁이 무엇보다 이데올로기 투쟁의 형태로 드러난다는 것 또한 사실이다. 결국 관건이 되는 것은 관념을 사회적 관계 속에서 물질화하는 것이기 때문이다.

그렇다면 사회적 차별의 이데올로기들과 모든 인간의 동등성의 이데올로기는 모두 동일한 성격의, 동일한 자격의 이데올로기들일까? 다른 허구적 이데올로기들과는 달리 모든 인간의 동등성의 이데올로기는 '인간의 실재'에 토대하고 있는 것이 아닐까? 그러므로 모든 인간의 동등성의 이데올로기는 오히려 이데올로기라기보다는 '실재 자체'의 언표 또는 진리를 토대로 한 '탈이데올로기적 이념'이 아닐까?

앞에서 우리는 '인간의 실재로서의 모든 인간의 동등성'을 가설적으로 제시했다. 그것이 가설적일 수밖에 없었던 것은, 우리가 모든 인간의 동등성을 단지 몇 가지 근거를 통해 추정할 수 있을 뿐이지만, 그러한 추정들을 곧바로 '인간의 실재'로 상승시킬 수 없기 때문이다. 우선 그러한 추정의 근거들을 알아보도록 하자.

1) 모든 인간의 '근본적 동일성'이 그러한 근거이다. 이 '근본적 동일성'은 인간이 자연적 존재라는 사실로부터, 같은 종(種)에 속하는 동물이라는 사실로부터 비롯되는 것이다. 인간 종(種)에 내재화된 생물학적 프로그램은 모든 인간동물에게

공통적으로 관철된다는 것, 따라서 모든 인간에게 해당하는 인간적 보편성을 이룬다는 것이다. 레비-스트로스는 신화학 4부작을 마무리짓는『벌거벗은 인간』의 결론에서, 신화나 친족체계 등에 대한 그의 구조주의적 분석이 이미 몸 속에 기입된 모델을 표현해주는 것에 불과하다고 한다(Lévi-Strauss, 1971: 619). 인간의 사고형식이나 관계형식이 특정한 방식으로 짜여질 수밖에 없도록 이미 생물학적으로 규정되어 있다는 것이다. 즉 DNA의 구조와 두뇌의 구조 자체가 인간을 특정한 상황 속에서 특정한 방식으로 반응하고 사고하도록 규정하고 있다는 것이다. 결국 자연적 존재로서의 인간은 그 내면이 동일한 법칙, 즉 동일한 자연법칙의 지배를 받기 때문에 '근본적으로 동일한' 존재이다. 모든 인간동물은 특수한 상황에 처하게 되면 모두 동일하게 특수한 방식으로 사고하고 행동할 수밖에 없다는 것이다. 즉 동일한 상황에서는 모두 동일하게 행동하는 것이 인간의 '근본적 동일성'이다. 물론 모든 행동은 복합적으로 중층결정되는 것이기 때문에 예외적 행동들이 생겨날 수 있다. 하지만 기본적으로 어떤 특별한 중층결정적 요인이 없는 한에서, 모든 인간은 지배자의 입장에 서게 될 때 생각이 바뀌게 되어 있고, 피지배자의 입장을 갖게 되면 또 거기에 걸맞는 방식으로 사고하게 되어 있다. 그 누구도 인간동물로서의 자기 자신을 지배하는 자연적 힘으로부터 벗어날 수 없기 때문이다. 요컨대 누구든지 자기보존본능에 따라 비열하게 행동할 수밖에 없는 특수한 상황에 처하게 되면 모두 비열하게 행동할 수밖에 없는 것이다. 이처럼 누구든지 다른 인간동물과 마찬가지로 똑같이 비열할 수밖에 없는 한에서는 타자들과 근본적으로 동일하다는 것이다. 이러한 근본적 동일성은 모든 인간들로 하여금 특수한 상황에서는 모두 특수한 방식으로 행동할 수밖에 없도록 하는 존재구속성의 필연성을 말해준다. 그리고 그러한 필연성은 바로 인간 종에 내재된 공통적 자연법칙에 따른 인간적 보편성을 표현해주는 것이다.

2) 인간의 근본적 동일성을 부정하려는 시도는 언제나 실패로 돌아간다는 것이 그 근거이다. 우리는 일상생활에서 종종 자기 자신을 타자들과는 다른 특별한 존재로 제시하려는 시도를 접한다. 특히 이러한 시도는 자기 자신을 자연적 존재로서의 인간이 지니는 공통된 속성으로부터 이탈한 존재로 제시하려는 형태로 나타나기도 한다. 하지만 이러한 시도는 언제나 '현실검증'을 건더내지 못하고 결국은 허구

적인 것으로 드러난다. 싸르트르에 따를 때, 사랑도 또한 이러한 시도를 내포한다. 그는『존재와 무』에서 사랑을, 자기 애인이 자신을 초월할 수 없도록 자기 자신을 애인에 대한 '절대적 존재'로 제시하려는 행위로 규정한다. 내가 애인에게 '절대적 존재'가 됨으로써 애인이 결코 나를 벗어날 수 없도록 한다는 것이다. 하지만 이러한 시도는 절대적 존재로 제시된 나의 실제 모습이 시간의 흐름과 함께 여러 계기를 통해 완전히 드러날 수밖에 없기 때문에 실패할 수밖에 없다(싸르트르, 1993: 113-114). 인간의 근본적 동일성에 대한 부정이 실패로 돌아가는 것은 결코 사랑에만 국한된 것이 아니다. 모든 인간이 인간 종(種)에 고유한 자연법칙에 복속되어 있는 한, '이상적 존재'란 존재하지 않고 모두 남들과 똑같은 평범한 존재일 수밖에 없기 때문이다. 이는 일상생활의 모든 측면에서 드러난다. 수퍼맨을 흉내내는 아이가 추락사하거나 허리를 너무 동여맨 여성이 졸도하는 것처럼 말이다. 특히 권위주의적 사회에서 권위주의자들은 스스로를 남과 다른 권위적 존재로 제시하기 위해 자연법칙적 보편성을 이탈한 듯한 외양을 취한다. 동물적 불안과 공포를 느끼고 물질적 소유욕을 지니며 똥 누고 오줌 누는 자신의 동물적 존재를 부정한다는 것이다. 하지만 이러한 동물성의 부정이 오히려 물질적 향유와 성적 향유를 더욱 더 누리기 위한 동물적 동기에서 비롯된다는 사실은 결국 드러날 수밖에 없는 것이다.

이처럼 자연법칙적 보편성으로부터 이탈되어 있는 겉모습을 취하는 것이 바로 '신비화'이다. 신비화는 자신을 보통 사람과는 다른 특권적 존재로 제시하기 위해, 모든 사람에게 공통된 자연적 속성을 자신은 지니지 않는 듯한 외양을 취하는 것이다. 하지만 그러한 외양 아래 가리워진 자신의 본래 모습은 언젠가는 드러날 수밖에 없다. 게다가 이처럼 자신에 대해 신비화를 행한 자들은 신비화가 붕괴되는 순간 오히려 경멸과 조롱의 대상이 된다. 그가 스스로 신비화하지 않고 타자와 동일한 동물성을 드러냈다면 경멸받을 필요도 없었겠지만, 자신을 마치 특별한 존재인양 가장했다는 것으로 인해 오히려 경멸과 조롱의 대상이 되는 것이다(이종영, 2001: 200-215). "어떤 위대한 자도 내실(內室)의 하인에 대해서는 위대할 수 없다"는 서양 속담에서 잘 드러나듯이 말이다(Mendel, 1979: 40).

흥미로운 것은, 비단 신비화에까지 이르지는 않더라도 스스로 남들보다 우월하다고 내세우는 자들은 언제나 다른 사람들에 의해 '팔푼이'로 취급받는다는 점이다. 사실 자신을 남보다 뛰어나게 여기고 또 그렇게 제시하려는 것은 인간에게 내재된 나르시시즘의 필연적 귀결이다. 따라서 스스로 남들보다 우월하다고 내세우는 자들은 결국 **모든 사람에게 공통되는 나르시시즘을 표현함으로써 자신이 남들과 마찬가지의 존재임을 드러낼 뿐인 것이다.** 그렇지만 다른 사람들은 모든 사람이 그러한 나르시시즘을 갖는 것을 이미 알고서 공동의 사회생활을 위해 그것을 제어하는 반면, 스스로 우월하다고 내세우는 자는 **자신의 나르시시즘에 압도되어 그러한 제어를 하지 못하기 때문에 오히려 사회적으로 치졸한 자로 드러나게 되는 것**이다.

3) 인간의 고유성과 존엄성은 외적인 육체적 차이로 환원되지 않는 내면에 의해 규정된다는 것이 그 근거이다. 한 마디로, 인간은 내면이다. 인간을 인간으로 성립시키는 인간의 본질적 측면은 바로 인간의 내면이라는 것이다. 우리는 우리 주변의 어떤 개체적 인간을 지칭할 때 그의 특이한 육체적 특질들을 떠올리긴 하지만 그것은 어디까지나 부차적인 것이다. 우리가 누군가를 지칭할 때 우리가 염두에 두는 것은 바로 그의 내면이다. 그의 내면은 그로 하여금 특정한 방식으로 말하게 하고 특정한 방식으로 행동하게 하는 모태이다. 그리고 그의 내면은 그의 개인사 속에 개입하는 사회적 지배 효과들을 비롯한 온갖 객체적 규정성들과 온갖 우연성들이 교착되어 형성된, 고유한 것이다. 따라서 우리는 내면의 우열을 측정하는 척도를 가질 수 없다. 모든 내면은 고유하고 그 자체로 존중되어야 하기 때문이다.

인간 종에 내재하는 생물학적 공통성은 인간의 '근본적 동일성'의 토대를 이룬다. 그 누구도 인간인 한에서 그러한 공통성을 벗어날 수 없기 때문이다. 반면 각각의 인간들의 고유한 내면은 그들의 개인적 차이를 형성한다. 그런데 그러한 개인적 차이는 결코 어떤 객관적 척도를 통해 가늠될 수 없는 고유한 것이고 **그 자체로 존중받아야 하는 것**이기 때문에, 우리는 결국 모든 인간의 동등성을 또다시 추정할 수밖에 없다.

인간이 내면이라는 사실은 특히 우리로 하여금 외적인 해부학적 차이를 인간적 차별의 근거로 삼아서는 안 된다는 것을 환기시켜준다. 라깡이 인간을 그 외적 형상과 동일시하는 것을 소외라고 규정했듯이 말이다. 물론 해부학적 차이는 인간 종(種)의 재생산을 위해 반드시 필요하다. 그러나 그것은 그런만큼 도구적인 것일 뿐이다. 물론 성적 차이에 따른 성적 교류는 인간에게 가장 큰 쾌감을 가져다주는 것이지만, 그럼에도 성적 교류는 인간적 체험의 한 질료를 이룰 뿐이다. 반면 그러한 체험을 통해 형성되는 인간의 내면은 인간을 인간으로서 성립시키는 것이다.

이러한 세 가지의 근거는 모든 인간의 동등성을 단지 '추정'하게 해줄 뿐이다. 우리가 단지 '추정'에 머무를 수밖에 없는 것은 이 세 가지 근거를 통해 인간의 실재에 가 닿았다고 주장할 수 없기 때문이다. 인간들 사이에는 온갖 형태의 차이들이 존재한다. 계급적 차이, 성적 차이, 인종적 차이뿐만 아니라, 지능의 차이, 예술적 능력의 차이, 체력의 차이, 성격의 차이, 미모의 차이, 도덕성의 차이 등등이 그러하다. 이 가운데 계급적 차이 그리고 성적·인종적 차이의 사회적 측면들은 물론 사회적 지배의 결과이고, 또한 지능, 예술적 능력, 체력, 성격, 미모, 도덕성 등도 우리가 생각하는 것 이상으로 사회적 조건의 영향을 받는다. 이것은 그러한 능력들의 발전을 촉진하거나 저해할 수 있는 조건들을 차분히 떠올려보는 것만으로도 짐작할 수 있다. 아담 스미스가 『국부론』에서 "실제에 있어서 개인들 사이의 자연적 능력의 차이는 우리가 생각하는 것보다 훨씬 더 작다. 성숙한 나이에 이른 다양한 직업의 사람들을 구별짓는 것처럼 보이는 매우 상이한 재능들은 대부분의 경우 노동분업의 원인이 아니라 결과이다"라고 말하고 있듯이 말이다(A. Smith, 1991: 83).

하지만 그렇다고 해서 우리가 지능, 예술적 능력, 체력, 성격, 미모, 도덕성 등에서의 차이가 일정하게 유전적으로 규정되어 있음을 부정할 수 있는 것은 아니다. 그렇다면 그러한 유전적 차이들은 사회적 차별 또는 적어도 사회적 우열을 정당화해주는 것이 아닐까? 역사적 현실 속에서 다양한 차이들은, 그것들이 유전적인 것이건 아니건 간에, 사회적 차별 또는 지배의 자원으로 '착취'된다. 우리는 그 두 가지 이유를 제시해볼 수 있다.

첫째로, 특정한 사회체제들은 전투능력, 용기, 예술적 능력, 지적 능력과 같은 특정한 능력들을 체제 재생산을 위해 필요로 하고, 그리하여 그러한 능력들의 차이에 입각하여 사회적 차별을 발전시킨다. 하지만 이 경우 차이가 차별로 발전하는 것은 단지 역사적 상대성에 따른 것이지 객관적 필연성에 따른 것은 아니다. 즉 특정한 능력들이 어떠한 필연성도 없이 단지 역사적으로 요청되었기 때문에 차별의 근거로 작용한다는 것이다. 게다가 사회계급적 지배질서가 성립하자마자 사회적 차별은 오히려 계급 귀속성에 따라 행해지거나, 아니면 적어도 사회적으로 필요로 하는 능력들이 지배계급의 성원들에게만 전수되기에 이른다. 차이가 차별을 위한 근거가 되는 것이 아니라 차별이 차이를 만들어내도록 말이다.

둘째로, 내재적인 동물적 한계가 사람들로 하여금 차이를 착취하여 차별의 자원으로 삼도록 한다. 즉 자신의 나르시시즘을 확립하기 위하여 또는 자신의 가학증적 공격성을 실현하기 위하여, 자신과는 다른 타자의 특정한 차이들을 가지고 타자를 차별 및 지배하기 위한 구실로 삼는다는 것이다. 인간의 내재적 경향성이 사소한 차이들을 구실로 하여 사회적 지배관계를 확립시킨다는 것이다. 하지만 그처럼 추정된 한계를 벗어나는 행위들도 존재한다. 우리는 역사적으로 존재해온 온갖 형태의 민중적 공공성들이 오히려 다양한 차이들에도 불구하고 인간들 사이의 동등성을 규범적으로 실천해온 것을 알고 있는 것이다. 차이를 차별의 자원으로 삼으려는 태도에 대립하는 또 다른 태도가 부단히 역사적으로 존재해왔다는 것이다.

사실상 차이들이 사회적 차별이나 우열 설정의 근거가 될 수 있는 객관적 이유는 존재하지 않는다. 예컨대 유전적으로 머리가 좋다고 해서 타자들보다 우월할 수 있는 객관적 근거는 전혀 없다. 게다가 유전적 차이는 사회적 조건에 따라 곧장 상쇄될 수 있다. 차이들은 단지 역사적으로 '착취'되어 왔을 뿐이다. 다시 말해 차별을 정당화하기 위해 차이가 동원되었을 뿐이다. 또 차이가 일부러 사회적으로 형성되고 조장되기도 하는 것이다. 게다가 역사적으로 차별과 지배를 위해 '착취'되어온 차이들은 단지 체제에 의해 선택된 몇 가지 차이였을 뿐 그것들과 교차하고 또 대립하는 다른 차이들은 시대에 따라 완전히 무시되었던 것이다.

하지만 차이가 결코 사회적 차별의 객관적 근거일 수 없다는 '네거티브한' 지표가 모든 인간의 동등성을 보장하는 '충분한' 근거일 수는 없다. 게다가 우리는 서둘러 성급한 결론을 내려야 할 그 어떠한 필요도 없다. 그렇다면 이제 또다시 질문을 던져보자. 사회적 차별의 이데올로기와 모든 인간의 동등성의 이데올로기는 모두 동일한 자격의 이데올로기들일까? 그렇지 않다. 그 이유는 다음의 두 가지이다.

1) 역사적으로 존재해온 모든 형태의 차별화 이데올로기들은 근본적으로 허구인 반면, 모든 인간의 동등성의 이데올로기는 인간의 실재를 일정하게 반영한 것이

다.

2) 인간의 차별성의 이데올로기들은 지배집단들의 직접적 이해관계를 반영하는 것인 반면, 모든 인간의 동등성의 이데올로기는 역사적 현실에 대한 반성적 성찰에 입각한 것이다.

모든 인간의 동등성의 이데올로기는 생활세계의 일상적 경험에 기초하여 확립된다. 그 경험은 한편으로는 지배집단의 위선적 태도에 대한 혐오와 거부를 한 가지 내용으로 하고, 다른 한편으로는 민중적 생활세계에서의 포지티브한 교류를 또 다른 내용으로 한다. 민중적 생활세계에서 포지티브한 교류의 조건으로서의 노동에 대해 사고해보자.

4. 노동의 보편성과 사회구성의 새로운 원리

민중적 생활세계에서 서로의 동등성이 확인되는 계기는 노동이다. 물론 이때의 동등성은 노동하는 자들 사이의 동등성일 뿐이다. 서로의 동등성이 확인되는 계기가 바로 노동이기 때문이다. 그래서 노동하지 않는 자와 노동하는 자 사이에는 동등성이 설정되지 않는다. 서로의 동등성을 확인시켜주는 매개체가 존재하지 않기 때문이다. 따라서 노동하지 않는 자가 존재하는 한에서, 노동이 모든 인간의 동등성을 확인시켜주는 것은 아니다. 노동은 단지 노동하는 자들 사이의 동등성만을 확인해줄 뿐이다.

서로의 내면을 결코 들여다볼 수 없는 인간들이 서로의 동등성을 확인하기 위해서는 외적인 척도가 필요하다. 이 외적인 척도는 수많은 개인적 차이들에도 불구하고 관련된 모든 사람에게 적용될 수 있는 유효성을 지닐 수 있어야 한다. 따라서 이 외적인 척도가 확인해줄 수 있는 것은 결코 인격적 동등성이 아니다. 이 외적인 척도가 확인해줄 수 있는 것은 서로 간의 사회적 동등성이다. 즉 사회적 교류에 있어서 서로 동등한 자격을 가지고 임할 수 있도록 해줄 뿐이라는 것이다.

따라서 엄밀히 말해 노동은 노동하는 사람들 사이의 사회적 동등성만을 확인해 줄 뿐이다. 이처럼 사회적 동등성을 확인하는 것이야말로 중요한 것임은 두말할 것도 없다. 객관적인 척도를 설정할 경우 곧장 폭력적으로 유린될 수 있는 내면의 문제는 오직 각자에게 맡겨둠으로써만 동등하게 존중될 수 있으므로 말이다.

노동이 노동하는 사람들의 사회적 동등성을 확보해주는 것은, 우선 노동하는 사람들이 서로의 노동 속에서 질적 동등성을 확인함으로써 가능하다. 즉 타자의 노동을 나의 노동과 질적으로 동등한 것으로 확인한다는 것이다. 만약 누군가가 자신의 노동이 남들의 노동보다 질적으로 뛰어나다고 생각하면 어떻게 할 것인가? 우선 한 가지 방법은 그 자를 공동체로부터 축출하는 것이다. 타자들의 노동을 존중하지 않는다는 명목으로 말이다. 하지만 공동체로부터의 축출이라는 강제적 방법을 사용하지 않더라도 문제는 해결된다. 왜냐하면 서로의 노동의 질적 동등성은 노동 생산물의 양적 교환을 통해서 추인되기 때문이다. 즉 자신의 노동이 타자의 노동보다 질적으로 뛰어나다고 상상하는 사람은 결국 노동 생산물의 양적 교환 속에서 인정을 받지 못하는 제재를 당할 것이다. 다시 말해, 그와 교환을 하려는 그 누구도 그가 제시하는 교환비율을 받아들이지 않는다는 것이다. 결국 그의 자기주장은 사회적 인정을 받지 못해 철회될 수밖에 없는 것이다.

자, 노동이 서로의 사회적 동등성을 확인해주는 것은, 노동의 질적 동등성에 따른 양적 교환을 통해서이다. 노동이 양적으로 교환될 수 있는 것은 각자의 노동이 동등한 것으로 간주되기 때문이다. 그리하여 성립하는 노동의 양적 교환은 노동자적 공공성을 도출시킨다. 노동하는 사람들 상호간의 교류질서가 무언의 사회적 약속처럼 확립된다는 것이다.

헤겔은 예나 시절에 쓰여진 정신철학에 대한 초고에서 다음과 같이 말한다. "나의 의지는 나에게만 가치를 갖는 것이 아니라 타자에게도 가치를 갖는 것으로 표상된다. 의지는 거기에 주어져 있는 것 자체이다. 가치란 사물에 대한 나의 지향이다. 나의 것인 이 지향은 (타자의 지향과 의지에 의해 매개된) 타자의 것에도 적용된다"(Hegel, 1982: 56).

여기서 헤겔이 말하고 있는 의지는 노동을 통해 사물로 현실화되는 것이다. 즉 의지는 현실화되기 위해 존재하는데 그것을 매개해주는 것이 바로 노동인 것이다.

의지는 현실화되어 사물이 된다. 사물은 가치를 갖는 것이다. 내가 그 사물을 원함(지향)으로 해서 사물은 가치를 갖는다. 그렇지만 그 사물은 나에게만 가치를 갖는 것일까? 그렇지 않다. 그 사물은 타자에게도 마찬가지로 가치를 갖는다. 즉 모두들 사물을 원한다(지향한다). 그리고 모두들 동일하게 사물을 원하기 때문에, 노동을 통해 그러한 사물로 현실화된 의지도 '가치로운 것', 즉 가치를 갖는 것이 된다. 그러한 의지 덕분에 사물이 존재하게 되었기 때문이다. 동일한 사물들이 동일한 가치를 갖는다면, 동일한 사물들을 만들어낸 의지들과 노동들도 동일한 가치를 갖는다. 이때 의지들과 노동들은 나의 것일 수도 있고 타자의 것일 수도 있다. 만약 타자의 의지가 나의 의지와 마찬가지로 동일한 사물로 구현되었다면, 타자의 의지와 나의 의지, 타자의 노동과 나의 노동은 동일한 가치를 갖는다.

바로 이것이 헤겔이 이 텍스트에서 말하려는 것이다. 가치관계는 노동 속에서 서로를 인정하는 인간들 사이의 상호관계에 의해 성립한다. 타자의 노동과 나의 노동을 동등한 것으로 서로 인정하면서 일종의 '사회성' 또는 공공성으로서의 가치관계가 성립한다는 것이다. 가치관계는 서로가 노동 또는 노동생산물을 교환하는 일종의 약속으로서의 공공성을 표현하는 것이기 때문이다. 이 사실은 무엇을 뜻할까? 그것은 엄밀한 의미의 공공성은 상호인정을 통해서 가능하고, 상호인정은 노동을 통해서만 가능하다는 것, 다시 말해 서로의 노동의 질적 동등성의 확인을 통해서만 가능하다는 것이다. 그렇다면 결국 노동하지 않는 자와 노동하는 자 사이의 공공성은 거짓된 공공성일 수밖에 없다.

맑스의 노동가치론이 내포하고 있는 전제도 모든 인간 노동의 근본적 동등성이다. 시장에서의 상품교환은 기본적으로 교환되는 상품들을 생산하기 위해 소모된 노고에 의해 결정된다는 것이다[3]. 이때 어떤 집단에 속하는 사람이 그 상품을 만들었는가 하는 것은 중요하지 않다. 중요한 것은 단지 소모된 '노고' 또는 노동시간일 뿐이다. 좀 더 고도의 기술을 가진 노동자가 상품을 만들었을 경우, 그 상품의 가치

---

3) 하지만 상품의 가치가 전적으로 노동가치에 의해서만 결정되는 것은 아니다. 맑스의 생각과는 달리, 상품 가치의 결정에는 명백히 사용가치(효용가치)가 개입될 수 있다(이종영, 2002: 53-71). 또 자본가들의 경쟁에 의해 규정되는 상품의 생산가격은 상품의 가치와는 다르다. 그러나 생산가격은 일정하게 노동가치를 반영하는 것으로, 노동가치론을 부정하는 것은 아니다.

에는 그 노동자가 고도의 기술을 획득하기 위해 들여야 했던 노고가 덧붙여질 뿐이다. 즉 복합노동력의 가치가 고려된다는 것이다. 또 동일한 상품을 만들어내는 데 다른 사람보다 노동시간을 더 많이 소모하는 노동자의 경우, 사회적 평균 노동시간에 따라 그가 만든 상품의 가치를 평가해준다는 것이다.

결국 맑스의 노동가치론은 민중적 생활세계에서 성립한 공공성의 경험에 토대를 둔다. **모든 인간의 노동은 그것이 인간의 노동인 한에서 질적으로 동등하고, 따라서 모든 노동하는 인간은 사회적으로 동등하다는 것**이 그러한 민중적 공공성의 조건을 이룬다. 모든 인간의 노동은 동등하다는 민중적 경험을 '노동의 보편성'이라고 칭하기로 하자. 하지만 노동의 보편성은 민중적 공공성이 성립되어 있는 곳에서만 인정받을 수 있다. 예컨대 전(前)자본주의적 공동체들에서나 소상품 생산양식 하에서 노동의 보편성이 인정될 뿐이다. 반면, 사회적 지배와 착취의 관계가 존재하는 곳에서는 노동의 보편성이 부정된다. 그리고 노동의 보편성에 대한 부정은 노동가치론에 대립하는 이데올로기적 가치이론에 의해 정당화되곤 한다.

조선시대의 예를 생각해보자. 사농공상(士農工商)의 위계적 질서가 존재하던 조선시대에 노동의 보편성이 인정될 수 없었음은 물론이다. 박영은은 노동의 보편성을 부정하던 조선시대의 가치이론을 '성리학적 가치이론'이라고 규정하고 그 내용을 다음과 같이 설명한다. 첫째로, 순수한 생산물을 창조하는 농민의 노동은 가장 가치가 높은 것으로 평가되었다. 둘째로, 수공업적인 노동은 사회적으로 필요불가결하지만 특정 양의 원료에 작용을 가해 그 형태를 변화시키는 것에 불과하기 때문에 최저생계비의 지급이면 충분하다고 여겼다. 셋째로, 상업적 노동은 이미 생산된 가치를 교환할 뿐 가치증식에는 기여하는 바가 없기 때문에 가장 가치가 없다고 판단되었다(박영은, 2004: 224-225).

이데올로기적 가치이론에서는 모든 노동의 질적 동등성이 부정된다. 그 한 형태인 '성리학적 가치이론'에서 농업노동이 공업노동보다 더욱 가치 있는 것으로, 공업노동은 상업노동보다 더욱 가치 있는 것으로 평가되듯이 말이다. 그렇다면 자본주의 사회에서는 어떠할까? 자본주의 사회에서도 노동의 보편성이 이데올로기적 가치이론에 의해 부정되는 것일까? 그렇지는 않다. 자본주의 사회에서 노동의 보편성이 어떤 체계적인 '이론'의 형태로 부정되고 있지는 않다. 생산양식을 은폐하고 있는 시민사회적 평등성이 그것을 허용하지 않기 때문이다. 그렇지만 자본주의 사회에서 노동의 보편성이 계급동맹과 초과이윤 확보를 위한 차별적 착취에 의해 부단히 실천적으로 부정되고 있음은 두말할 것도 없다. 자본주의 사회에서 노동의 보편성에 대한 부정은 무엇보다 노동력의 가치와 관련하여 이루어진다. 그 대표적인 두 형태는 다음과 같다.

1) 동일한 노동력의 차별화
2) 복합노동력과 단순노동력의 적정한 가치비율의 위배

동일한 노동력의 차별화는 성, 인종, 나이, 결혼 유무 등에 따라 동일한 가치의 노동력이 상이한 가격으로 구입되는 것을 말한다. 예컨대 어떠한 숙련도 갖추지 못한 가장 단순한 노동력의 8시간 지출은 토착인 남성의 경우 8만 원, 토착인 여성의 경우 4만 원, 외국인 남성의 경우 6만 원, 외국인 여성의 경우 3만 원을 지급받는 식으로 차별화되는 것이 그것이다.

이러한 차별화는 그 대상이 되는 각각의 집단이 사회의 이데올로기적 분류체계 내에서 차지하는 상이한 위치에 따라 행해진다. 따라서 시민사회적 평등성에 의해 저지되어 비록 명시화될 수는 없더라도 일정한 이데올로기적 가치이론이 잠재적 상태에서 실천적으로 작동하고 있다고도 우리는 생각할 수 있다. 이러한 차별화가 한편으로는 노동자 계급의 연대성을 파괴하고 다른 한편으로는 초과이윤의 획득을 위해 진행된다는 것은 물론이다.

복합노동력과 단순노동력 사이의 적정한 가치비율이 존중되지 않는다는 것은 복합노동력과 단순노동력 사이의 가격비율이 가치비율과 다르다는 것이다. 그러한 차이가 복합노동력 소유자들과의 계급동맹과 단순노동력 소유자들의 과잉착취를 위한 것임은 물론이다. 예컨대 크리스띠앙 보들로와 그의 동료들의 계산에 따르면, 1969년 프랑스에서 고급관료는 노동력 가치보다 55.4%를 상회하는 급료를 받았고, 엔지니어, 고등학교와 대학교의 교수, 중학교 교사, 일반 행정관료, 기술자, 초등 교사는 노동력 가치보다 각각 47.9%, 41%, 24%, 43%, 26.7%, 6.9% 상회하는 급료를 받았다(C. Baudelot et al., 1975: 234). 이처럼 신중간계급에 있어서 노동력 가치를 상회하는 급료 지급은 자본주의 사회의 안정적 재생산을 위한 계급 동맹을 위한 것이고, 다른 한편으로는 노동자계급에 대한 과잉 착취를 전제하는 것이다.

맑스는 『자본론』에서 임금의 국민적 차이를 논의하면서 "노동력의 절대적 또는 상대적 가치를 규정짓는 정황들"을 다음과 같이 열거한다: "통상적인 필요의 폭, 생활필수품의 가격, 노동자가족의 평균 크기, 노동자 교육비용, 여성과 아동의 노동이 차지하는 역할, 노동의 생산성, 길이, 강도(强度)"(Marx, 1965: 1059; 칼 마르크스, 1995: 681). 이 가운데 통상적인 필요의 폭, 노동자 가족의 평균 크기, 여성과 아동의 노동의 역할, 노동의 생산성은 노동력 가치의 절대적 구성요소를 이룬다기보다는 '임금의 국민적 차이'를 규정짓는 역사적 정황으로 간주될 수 있는 것이다. 따라서 우리는 노동력 가치의 절대적 구성요소를 다음과 같이 네 가지로 단순화해볼 수 있다.

1) 노동자의 생활비용
2) 가족 부양비용
3) 노동자의 교육비용
4) 노동의 길이와 강도

이 가운데 노동자의 생활비용과 가족 부양비용은 신중간계급과 노동자계급에서 모두 동일하다. 복합노동력 소유자가 단순노동력 소유자보다 더 좋은 음식을 먹고 더 좋은 옷을 입고 더 좋은 집에서 살아야 할 어떤 필연성도 없다. 또 복합노동력 소유자의 가족이 단순노동력 소유자의 가족보다 더 커야 할 어떤 이유도 없다. 하지만 현실에 있어서 신중간계급의 가족이 노동자계급의 가족보다 모든 측면에서 훨씬 풍족한 생활을 유지한다는 것은 이미 복합노동력과 단순노동력 사이의 적정한 가치비율이 존중되지 않는다는 것을 보여준다.

노동자의 교육비용과 관련해서는 우리는 복합노동력의 소유자가 그의 노동력 형성 비용을 사후적으로 보상받고, 그러한 보상을 통해 그의 단 한 명의 자녀에 대해서만 그와 같은 수준의 교육비용을 투자할 수 있다고 논리적으로 가정할 수 있다.

물론 출발선 상에서의 동등성조차 보장하지 않는 이러한 평가 자체가 이데올로기적인 것이다. 맑스가 그것을 받아들였음에도 불구하고 말이다4). 어쨌거나 백보 양보하여 교육비용의 지출에서 계급 간의 차이가 한 노동자의 단 한 명의 자녀에 대해서만 같은 수준의 교육비용을 투자하는 정도를 넘어서게 된다면, 그것은 복합노동력과 단순노동력 사이의 통상적인(이데올로기적인) 가치비율마저도 존중되지 않고 있음을 말해준다.

노동의 길이와 강도에 있어서 우리가 확인할 수 있는 것은 단순노동의 강도가 복합노동의 강도보다 일반적으로 훨씬 더 높다는 것, 그리하여 생물학적 노동시간이 단순노동의 경우가 훨씬 더 길다는 것이다. 노동강도의 이러한 차이는 노동현장을 한 차례 관찰하는 것만으로도 쉽게 드러난다. 오랫동안 서있기, 무거운 것을 들기, 고통스런 자세의 유지, 진동과 충격, 위험·소음·통제되지 않은 환경에의 노출, 눈과 귀의 긴장, 끝없이 반복되는 동작 등등. 이러한 노동과정의 결과는 노동강도를 객관적으로 측정할 수 있게 해주는 지표들을 통해 표현된다. 은퇴 연령, 평균 수명, 육체적 힘의 쇠퇴 정도, 피로의 축적 속도 등에서 노동자계급은 신중간계급과 큰 차이를 갖게 되는 것이다(Verret, 1982: 105-108). 결국 우리가 확인할 수 있는 것은 단순노동에서 노동의 강도가 훨씬 더 큰 만큼, 동일한 시간 동안 지출된 경우 단순노동력이 복합노동력보다 훨씬 더 높은 가격을 가져야 한다는 것이다. 하지만 현실에서 그렇지 못하다는 것은 복합노동력과 단순노동력 사이의 가치비율이 존중되지 못하고 있다는 것이다.

『자본론』에서 맑스는 단순노동과 복합노동의 관계에 대해 두 가지 입장을 취한다. 하나는 복합노동을 배가된 단순노동으로 간주하고 단순노동을 모든 노동의 단

---

4) 물론 맑스는 복합노동력의 소유자가 자신의 노동력 형성을 위해 투자한 비용만큼 보상을 받고, 그 보상의 양은 자신의 한 자녀를 자신의 수준만큼 교육시킬 수 있는 것이어야 한다고 설정한 것이다. 우리는 이에 대해 우선 복합노동력 소유자가 자녀를 위한 교육 재투자를 행하고서도 단순노동력 소유자보다 훨씬 더 풍족한 생활을 하는 수혜를 누린다는 점을 지적해야 한다. 그러나 더욱 핵심적인 문제는 맑스의 추론이 자본주의적 교육제도를 전제한다는 것이다. 즉 개인적 비용을 지불하여 교육을 받고 그 보상을 청구한다는 사고가 전제하는 것은 자본주의적 교육이다. 하지만 **전문적인 고등교육을 받는다는 것은 그 사이 노동을 면제받는다는 것을 뜻할 뿐이므로, 오히려 그러한 교육의 수혜자가 사회에 대해 보상을 해야 하는 것이 아닐까?** 특히 그러한 교육이 북서유럽에서처럼 사회적 비용에 의해 수행된다면 말이다. 그리고 우리는 북서유럽에서 행해지는 사회적 비용에 의한 교육을 예외적인 것이 아니라 당연히 그래야만 하는 것으로 간주하여야 한다.

위가 되는 추상노동으로 설정한 것이다. 다른 하나는 단순노동과 복합노동의 구별을 사회적 관습에 따른 것으로 보고, 이 두 노동 사이의 관계가 역사적 상황에 따라 달라진다고 설정한 것이다(Marx, 1965: 749; 칼 마르크스, 1997: 250-251). 우리에게 특히 흥미로운 것은 두 번째 입장이다. 이 두 번째 입장은 노동력 가치가 이데올로기적으로 중층결정된다는 것을 뜻하고 있기 때문이다. 이러한 중층결정은 이데올로기적 가치이론의 암묵적 존재를 시사해준다.

자, 자본주의 사회에서는 동일한 노동력이 차별화될 뿐만 아니라 복합노동과 단순노동의 차이가 부당하게 확대된다. 이러한 상황이 전제하는 것은 노동력의 상품화이다. 자본이 자신의 이해관계에 부합하도록 노동력을 차별적으로 구매한다는 것이다. 그렇다면 우리에게 자연히 떠오르는 의문은 다음과 같다. 과연 노동의 보편성과 노동력의 상품화는 양립 가능한 것일까? 노동력의 상품화 속에서도 노동의 보편성이 구현될 수 있을까?

노동의 보편성은 노동하는 사람들이 서로의 노동 속에서 서로를 상호 인정하면서 성립된다. 즉 노동의 보편성은 민중적 공공성을 토대로 한 것이다. 반면 노동력의 상품화는 잉여가치를 획득하기 위한 수단으로 노동력이 구매되는 것이다. 노동력을 구매하는 이유는 단 하나이다. 잉여가치의 획득이 그것이다. 그것이 아니라면 노동력을 구매할 이유가 없다. 그렇다면, 잉여가치를 획득하기 위한 목적으로 노동력을 구매하는 자본가들이 노동의 보편성을 인정해줄 수 있을까?

그럴 수 없음은 물론이다. 노동력은 단지 자본가를 위한 사용가치일 뿐이기 때문이다. 잉여가치의 획득을 위한 사용가치가 그것이다. 만약 노동력이 충분한 잉여가치의 획득을 보장하지 않는다면 자본은 노동력 구매를 아예 중단해버릴 것이다. 자본가들은 노동력을 그 가치에 따라 적정하게 구입하지 않는다. 이미 노동력 가격은 지배관계 재생산의 필요에 따라 노동력 가치와 괴리되게 책정되어 있어서, 적정한 노동력 가치를 확인하는 작업 자체가 손쉬운 것이 아니다. 게다가 자본가들은 자신에게 갖는 효용가치에 따라 노동력을 차별적으로 구매한다. 더 큰 효용을 갖는 특별한 노동력을 더 큰 가격을 주고서라도 구입한다는 것이다. 또 언제나 서로 간에 경쟁관계에 있는 자본들은 더 큰 잉여가치의 획득을 위해 일반적인 노동력들을 가장 싼값으로 구매하려 한다. 자본은 언제나 노동자들의 약점을 잡아 노동력 가격을 깎

아내린다. 노동력 판매 기회가 축소되어 있거나 닫혀있는 가정주부, 노인, 아이들에게 하루 종일 노는 것보다는 이것이나 받는 것이 낫지 않겠느냐고 하면서 가계보조적 임금을 지급하고 나서 성인 남성의 노동력과 동등한 가치를 끌어내는 것도 그러한 한 가지 예이다.

그렇다면 질문을 다른 식으로 던져보자. 노동자들이 사회운동을 통해 민중적 공공성으로서의 노동의 보편성을 자본에 부과하는 것은 불가능할까? 그렇지 않다. 그것은 일정한 한계들 내에서 점진적인 방식으로 가능할 수 있을 것이다. 그러한 '일정한 한계들'이란 어떠한 것일까?

우선적으로 문제가 될 수 있는 것은 차별적 착취를 위한 노동시장의 구조 그리고 그것에 상응하는 노동력의 차별적 형성이다. 노동의 보편성을 자본에 부과하려면 노동시장의 구조 자체가 달라져야 하고 또 노동력의 차별적 형성구조가 폐기되어야 한다는 것이다. 자본주의 학교의 기능은 노동시장의 구조에 부합하게 노동력을 차별적으로 형성하는 것이다. 따라서 노동의 보편성을 자본에 부과하기 위해서는 학교 교육의 목적 자체가 달라져야 한다. 서로를 동등한 존재로 인정할 수 있는 시민들이 교육을 통해 형성되어야 한다는 것이다.

두 번째 한계는 노동하지 않는 자의 존재이다. 노동의 보편성은 노동하는 자들 사이에서만 성립한다. 노동하지 않는 자와 노동하는 자는 노동에 의해 매개되는 상호인정이 불가능하기 때문이다. 노동의 보편성을 자본에 부과한다는 것은 노동하지 않는 자(자본가)에게 모든 노동하는 자가 복속된다는 근본적 제한을 갖는다. 그리고 이 제한으로부터 세 번째 한계가 생겨난다.

세 번째 한계는 노동하지 않는 자에게 모든 노동이 복속하게 됨에 따라 노동의 보편성이 근본적으로 허구화될 수밖에 없다는 것이다. 노동의 보편성이 성립한 것은 노동하는 자들 사이의 상호주체성을 통해서이다. 하지만 자본 지배하에서 실현되는 노동의 보편성은 단지 '분배적' 수준에서의 보편성일 뿐이다. 거기에 노동하는 주체는 소멸되어 있다. 왜냐하면 주체는 자본이기 때문이다. 자본주의적 노동조합이 노동과정의 협업적 조직으로서의 노동조직의 성격이 결여된 역사상 유일한 노동자조직이듯이, 자본 지배하의 노동의 보편성은 주체성을 상실한 대상적 존재들의 보편성일 뿐이다.

자본 지배하의 노동의 보편성이 '분배적' 수준에서의 보편성이라는 사실이 말해주는 것은 **동등성과 평등 사이의 근본적 차이**이다. 평등은 기존의 생산관계를 그대로 두고 분배적 평준화만을 꾀하는 부르주아적 범주에 불과하다. 반면 노동의 보편성의 기초로서의 동등성은 노동과정의 주체들 사이의 동등성이다. 결국 자본 지배하에서 노동의 보편성이 허구화될 수밖에 없는 것은 자본의 지배를 실현하는 집단과 자본의 지배에 복속되는 집단 사이의 분화가 일어날 것이기 때문이기도 하다.

그러므로 노동의 보편성이 그 완전한 형태로 실현될 수 있는 것은 노동자들이 자주관리하는 생산단위에서일 뿐이다. 그리고 그러한 생산단위들 사이의 전국적 연합은 자본주의적 경쟁을 종식시킬 수 있을 것이다. 노동자들의 자주관리적 생산단위들은 서로를 파멸시킬 경쟁을 행할 필요가 없기 때문이다. 중세 도시 꼬뮌의 동업조합 연합에서 서로의 재생산을 보장하는 방식으로 생산이 규제되었듯이 말이다.

하지만 한국의 노동자들이 어떤 대기업을 물려받아 자주적으로 경영을 한다고 가정해보자. 과연 또 다른 위계제가 새롭게 발생하지 않을 수 있을까? 오늘날 한국의 노동자들의 주체적 조건으로 보아 새로운 형태의 위계제가 발생하는 것은 필연적이라 여겨진다. 그렇다면 노동자들이 기업을 자주관리한다고 해서 노동의 보편성이 구현될 수 없으리라는 것은 자명하다.

한국사회를 각인하고 있는 신분제적 유제, 연령서열적 사회관계, 온갖 형태의 사회적 차별들은 한국인들로 하여금 모든 인간이 동등하다는 것을 받아들일 수 없도록 한다. 특히 부모와 자식, 교사와 학생 그리고 심지어 선배와 후배가 서로를 자립적 인격체로 존중해야 하는 동등한 존재라는 것이 한국에서는 받아들여지지 않는다. 게다가 학생과 아동의 인권을 부정하는 것이 오히려 '미풍양속'으로 받아들여지고 있는 것이다. 그리고 이러한 사회적 차별관계는 노동의 보편성을 부정하고 노동력의 차별화를 정당화해주는 모태로서 기능한다[5].

---

5) 여기서 내가 우려하는 자주경영에서의 위계제의 발생은 노동분업 그 자체보다는 오히려 이데올로기적 사회관계와 관련된 것임을 지적해 두어야 하겠다. 우리가 명확하게 인식해야 할 것은, 자본주의적 노동분업이 사회적 의존관계를 표현해주는 것이 아니라 오로지 자본의 효율성만을 위해서 조직된 것이라는 사실이다. 그리하여 노동자들이 자주관리하는 생산단위에서는 노동자들을 도구화하는 자본주의적 노동분업이 들어설 수 없고 단지 자립적 노동자들 사이의 상호의존관계의 표현으로서의 노동분업만이 존재할 수 있음은 물론이다. 이데올

이러한 사실은 한국에서 헤겔이나 맑스적 의미에서의 '역사'가 부재했다는 것을 말해준다. 외적으로 이식된 사회변화가 아니라 내적인 투쟁을 통해 성립한 근본적 사회변화가 없었다는 것이다. 맑스는 1853년에 쓴 「인도에서 영국 지배의 앞으로의 귀결」에서 "인도사회는 어떠한 역사도 갖지 않는다"고 말한다(Marx, 1994: 730). 왕조의 교체와 같은 것은 역사일 수 없다는 것, 오직 사회구조 자체의 변화와 그것을 위한 투쟁만이 역사를 구성한다는 것이다. 이러한 맑스의 역사 개념은 헤겔로부터 비롯된다.

헤겔은 『정신현상학』에서 역사학과 논리학을 통일시킨다. 그에 따를 때 하나의 사회관계는 특정한 논리적 모순에 의해 특징지어진다. 그러한 논리적 모순이 사회관계의 역사성을 가능하게 한다. 즉 그러한 논리적 모순을 해결하여 의식과 행위의 통일성을 구성하려는 노력이 새로운 역사성으로의 이행을 위한 동력을 이룬다. 따라서 역사는 모순과 이행의 역사로 드러나는 것이며, 이행은 논리적 모순의 논리적 지양을 통해 가능하기 때문에 역사학과 논리학이 통일된다. 역사학과 논리학의 통일 속에서, 모순의 해결을 위해 행위하지 않는 인간의 삶은 비(非)역사로 간주되기에 이르고, 오직 모순의 지양을 위한 행위의 역사만이 진정한 역사로 파악된다.

오늘날 한국에서 절실하게 요청되는 것은 새로운 사회구성원리의 토대로서 모든 인간의 동등성을 확립하기 위한 투쟁이다. 이것이 확립되지 않는 한, 그동안 한국사회에서 민주화 투쟁을 통해 획득한 것은 결국 제도적 껍데기로 전락하게 된다. 모든 인간의 동등성이 확립되어야만 진정한 '존재의 배려'가 가능하기 때문이다. 타자와 내가 동등할 때에만 타자의 존재의 창(窓)이 나에게 열릴 수 있다. 타자가 나와 동등하지 않다면, 나는 타자와 나를 구별지어주는 시니피앙, 즉 외적 지표를 매개로 해서 타자를 대할 뿐이기 때문이다. 즉 우리는 우리와 동등하지 않은 타자들에

로기적 방해를 받지 않는다면 말이다. 스탈린은 "정신노동과 육체노동 사이의 대립을 지양하려고 한다면, 노동자계급의 문화적·기술적 수준을 기술자들과 엔지니어들의 수준으로까지 끌어올려야만 한다"고 하는데(Maignien, 1975: 110), 이러한 입장은 국가자본주의의 한 형태인 레닌주의를 대변하는 입장일 뿐이다. 정신노동과 육체노동의 대립의 현재적 형태는 단지 자본주의적 효율성만을 그 목적으로 하여 짜여진 것이고, 생산단위를 자주관리하는 노동자들이 자신들을 위해 노동분업을 조직한다면 결코 지금과 같은 방식으로 정신노동과 육체노동을 분리시키지 않을 것이기 때문이다. 이와 관련하여 인간들 사이의 지적 능력의 차이는 노동분업의 원인이 아니라 오히려 결과라는 아담 스미스의 앞서 인용된 성찰을 숙고할 필요가 있다.

대해 그들은 사회의 차별적 관계 속에서 어떠어떠한 위치를 차지하고 있는 존재일 뿐이라는 '분류적 판단'을 이미 내리고 있는 것이고, 그리하여 그들의 존재로 침투할 수 없는 것이다.

5. 존재의 배려로서의 사회정책

라깡은 『세미나』11집에서 다음과 같은 그림을 제시한다(Lacan, 1990: 236).

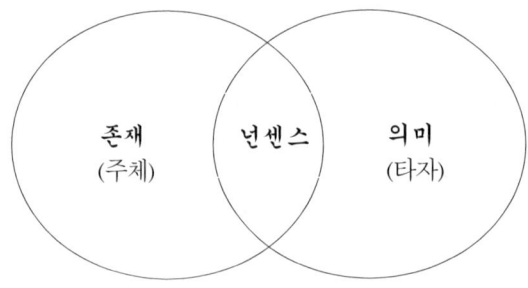

라깡에게 위의 그림은 '소외적 이접(離接, vel)'의 구조를 갖는 것이다. '소외적 이접'이란 어떤 것 하나를 택할 때 그것을 잃을 뿐만 아니라 다른 것마저도 잃는다는 것이다. 이 그림이 뜻하는 것은 첫째로, 의미를 택할 때 존재를 제외한 의미만이 남는다는 것이고, 둘째로, 존재를 택할 시 존재마저도 잃어버리고 단지 넌센스(non-sens, 비의미)만이 남는다는 것이다. '소외적 이접'에 해당하는 것은 존재를 선택하는 두 번째 경우이다. 라깡이 이 그림을 통해 말하려는 것은, 우리가 살고 있는 의미세계가 우리의 존재를 부정하는 방식으로 짜여져 있다는 것, 의미세계에서 우리의 존재를 주장하는 것은 넌센스에 불과하다는 것이다.

라깡에게 의미란 무엇을 뜻하는 것일까? 라깡은 미발표 『세미나』22집에서 의미를 "무엇인가가 그것을 통해 대답하는 것"이라고 규정한다(1974. 12. 10. 세미나). '누구에게' 대답한다는 것일까? 물론 '나'에게이다. 이때 '나'는 나르시시즘의 주체로서, 의미세계 속에서 살고 있는 자이다. 그렇다면, 의미세계 속에서 의미는 나에게 '무엇'을 대답해주는 것일까? 의미세계 속에서 의미가 나에게 대답해주는 것은 나의 나르시스적 욕망에 부응하는 것이다. 나르시시즘의 주체인 나는 의미세계 속에서 나의 나르시시즘을 만족시킬 그 무엇을 찾는다. 그리하여 나의 그러한 추구에 부응하여 주어지는 그 무엇이 바로 의미라는 것이다.

그렇다면 나의 나르시시즘을 만족시키는 그 무엇으로서의 의미는 왜 존재에 대립하는 걸까? 왜 의미는 존재를 감내하고 받아들이지 못하는 것일까? 그것은 위의 그림에서 보듯이 의미가 바로 타자를 향하고 있기 때문이다. 즉 의미는 내가 이 세상에서 타자들의 인정과 사랑을 받고 있거나 그것을 받을 만한 가치가 있다는 것을 보장해준다. 이 말이 뜻하는 것은 나르시시즘이 나의 존재가 아닌 타자들의 평가에 관계한다는 것이다. 나의 나르시시즘은 나의 어떤 '존재적인 요청'을 만족시키려는 것이 아니라 오로지 타자들의 인정과 사랑을 통한 만족만을 추구한다. 즉 내가 타자들로부터 인정받고 사랑받는 존재라는 사실만이 나의 나르시시즘을 만족시킨다는 것이다.

그렇다면 의미는 구체적으로 어떻게 나르시시즘을 만족시키는 것일까? 라깡은 그의 보로메우스 매듭에서 의미를 상징적 질서와 상상적 질서의 접합지점에 위치시킨다. 상징적 질서와 상상적 질서가 만나면서 의미가 생산된다는 말이다. 자, 의미가 나르시시즘을 만족시키는 것은 우리의 상상세계가 상징적 질서에 준거하면서이다. 보다 정확히 말한다면, 상징적 질서의 특정한 시니피앙에 상상적으로 정체화하면서이다.

상징적 질서란 언어적 질서, 즉 시니피앙들 사이의 변별적 질서이다. 시니피앙이란 다른 시니피앙과의 차이를 통해서만 존립한다. 소쉬르에게서 시니피앙이 음성학적 변별성을 통해서만 존립하는 것이듯이 말이다. 물론 라깡은 시니피앙을 단지 음성학적 측면에만 국한시키지 않고 다른 것과의 변별성을 통해 존립하는 모든 것으로까지 확장시킨다. 상징적 질서가 시니피앙들 사이의 변별적 질서로 이루어졌다는 것은 서로 차별되는 수많은 시니피앙들, 즉 위치들로 상징적 질서가 이루어졌다는 것이다.

한 인간이 자기 스스로를 파악하는 방식으로서의 상상적 정체화는 상징적 질서의 한 변별적 시니피앙에 대해 행해지는 것이다. 즉 상상적 정체화는 다른 여러 시니피앙들과 차별되는 어떤 시니피앙, 타자들로부터 좋은 평가를 받고 있는 시니피앙, 타자들의 인정과 사랑을 끌어들일 수 있는 시니피앙과 자신을 일체화하는 것이다. 그리하여 의미가 주어진다. 내가 어떠한 사람, 내가 무엇을 하고 있는 사람, 내가 무엇을 추구하는 사람이라는 의미가 그것이다. 이러한 의미는 상징적 질서 내의 특정한 시니피앙을 자신이 구현하고 있거나 앞으로 구현할 것이라는 데에서 주어진다.

상징적 질서에의 상상적 정체화가 갖는 효과는 두 가지이다. 첫째로는, 내가 나 자신으로부터 소외한다는 것이다. 즉 나는 타자로부터 인정을 받기 위해 나 자신을 일종의 외적 지표로서의 시니피앙과 일체화함으로써 나의 존재로부터 소외한다. 둘째로는, 내가 타자들을 시니피앙들 사이의 변별적 관계의 망을 통해 바라보고 분류하고 판단한다는 것이다. 즉 타자들은 단지 상징적 질서 내의 한 위치, 차별적인 사회적 관계 속의 한 위치로 간주될 뿐이라는 것이다. 그리하여 타자의 존재는 나에게 닫혀진다. 그러나 나에게 닫혀지는 것은 타자의 존재만이 아니다. 나 자신의 존재도 나에게 닫혀진다.

그렇다면 자기 자신에 대해서도 닫혀진 존재를 어떻게 되찾을 수 있을까? 자기가 자신의 존재에 대해 문을 닫고 있는데, 그에게 그 자신의 존재를 되찾아주는 것이 과연 가능할까? 하이데거는『존재와 시간』에서 현대세계의 일상성에서는 인간이 사물처럼 취급되고 이에 따라 삶은 사무(事務, affaire)가 되어버린다고 한다(Heidegger, 1986: 59). 이제 일종의 '사무'가 되어버린 인간들 사이의 관계에서 '존재의 문제'를 말한다는 것은 그야말로 '넌센스'이다. 아도르노는『미학이론』에서 이제 모든 독립된 존재들은 통계학을 위해서만 남겨질 뿐이라고 말한다(아도르노, 1984: 60). 모두들 통계학적 처리대상이 된 세계에서 '존재'에 대해 말할 틈새는 여전히 남아있는 것일까? 과연 사회운동이나 사회복지가 인간들을 사무나 통계의 대상으로 간주하지 않고 그들의 존재를 배려해줄 수 있을까? 사무나 통계가 모든 사회관계를 장악한 이 세계에서 '존재의 배려'만이 우리에게 남겨진 유일한 출구가 아닐까? 모든 운동이나 정치는 오직 '존재의 배려'를 위해서만 의미를 갖는 것이 아닐까?

그렇다면 의미와 대립하는 존재란 무엇일까? 존재를 의미에 대립시켰을 때 라깡이 존재로서 뜻하려 했던 것은 우리를 우리 자신으로 성립시키는, 우리의 본질구성적인 그 무엇, 우리 속에서 타자적인 그 모든 것을 축출하고 난 뒤 우리를 진정한 '자기 자신'으로 구성시키는 그 무엇이다. 즉 우리가 타자적인 것으로서의 의미에 종속될 때 그것으로부터 소외되는 그 무엇, 우리의 진정한 자기 자신을 이루는 그 무엇이 바로 '존재'이다. 따라서 그러한 의미의 존재란 어떤 직접적인 '있음'을 의미하는 것이 아니다. 라깡적 의미의 존재는 오히려 우리를 진정하게 우리 자신으로 존재하게 해주는 그 무엇이다. 그렇다면 그것은 어떤 단순한 객체적인 '있음'일 수 없다. 그것은 우리를 우리 자신으로 있게 하기 위해서는 결코 양보해서는 안 되는 어떤 것이다. 그것은 결코 양보할 수 없는 우리 내부의 강력한 열망이나 욕망일 수도 있다. 우리가 진정으로 추구하는 것, 우리가 진정으로 욕망하는 것이 우리를 우리 자신으로 성립시키는 진정한 존재 자체일 수 있다는 것이다.

그렇다면 존재는 또한 단순히 우리 내부에 닫혀 있는 것도 아닐 것이다. 왜냐하면 우리가 진정으로 추구하는 것은 우리의 바깥에 있는 그 무엇을 향해지는 것, 우리의 육체적 현존을 넘어서는 어떤 것일 수 있기 때문이다. 즉 하이데거가 강조했듯이 존재는 개체적 존재자에게 갇혀 있는 것이 아니라는 것이다. 라깡이 의미에의 종속이 우리를 '소외'시킨다고 한 것은 타자적인 의미가 우리를 우리 자신으로 있지 못하게 한다는 것을 뜻하고자 한 것이다. 그렇다면 우리 자신으로 있다는 것은 무엇일까? 그것은 우리가 진정으로 우리 자신이 열망하는 그 무엇을 추구하면서 있다는 것이다. 그러한 의미에서 존재는 진정으로 우리 내부의 가장 깊은 곳에 있는 그 무엇이기도 하다.

하이데거는 1951년에 쓰여진 「짓는다, 거주한다, 사유한다」에서 존재를 '거주'로 규정한다. 이러한 하이데거의 정의는 라깡적 정의보다 겉보기에 훨씬 더 정태적인 것처럼 여겨질 수 있지만, 인간을 자기 자신으로 성립시키는 본질구성적인 그 무엇을 존재로 정의한다는 점에서는 마찬가지이다. 존재를 거주로 규정하게 될 경우, "내가 있다, 네가 있다"는 표현은 "내가 거주한다, 네가 거주한다"는 식으로 읽혀

저야 한다.

존재가 '거주'라는 것은 무슨 의미일까? '거주한다'는 것은 이 세계 속에, 이 세계의 사물들 속에 '거주한다'는 것을 뜻한다. 그렇다면 이 세계 속에, 이 세계의 사물들 속에 그저 머물러 있기만 하면 그것이 바로 '거주'하는 것일까? 그렇다면 하이데거는 '존재의 망각'에 대해서도 말할 필요가 없지 않았을까? 단지 사물들 속에 머물러 있는 것이 존재라면 그러한 존재는 망각될 수 없는 것이므로 말이다.

하이데거는 '거주한다'를 뜻했던 고대 독일어 '바우엔(bauen)'이 '경작하다' 또는 '세우다'의 의미를 갖게 되면서, 인간 존재를 더 이상 '거주'로 파악하지 않게 되는 '망각의 사건'이 벌어진다고 한다. 하지만 망각된 거주의 관념이 완전히 사라지는 것은 아니다. 하이데거는 이에 대해 다음과 같이 말한다. "말의 원초적 부름이 이로 인해 완전히 벙어리가 되는 것은 아니다. 그것은 단지 침묵할 뿐이다. 하지만 인간은 실제로 이 침묵에 어떠한 주의도 기울이지 않는다"(Heidegger, 1980: 174).

거주의 관념은 기존의 언어적 질서에 의해 부재화(不在化)된다. 하지만 그것이 사라진 것은 아니다. 단지 언어화되지 못하고 침묵하고 있을 뿐이다. '거주한다'는 것은 단지 이 세계의 사물 속에 머물러 있는 것을 뜻하는 것이 아니다. '거주'는 망각될 수 있는 것이다. 우리는 '거주'하는 방식을 잊어버릴 수 있다. 그리고 그와 함께 우리는 진정으로 존재할 수 없게 된다. 즉 우리는 우리의 존재로부터 '소외'하게 되는 것이다.

그렇다면 존재로서의 '거주'란 도대체 이 세계 속에 '어떻게' 거주하는 것을 의미하는 것일까? 하이데거는 '거주하다'를 "우리에게 친밀한 것 속에, 즉 자유롭게 있는 것 속에 둘러싸여 머물러 있다"는 뜻이라고 정의한 뒤, "이러한 머물러 있음은 모든 사물을 그들의 존재 속에서 돌본다"고 덧붙인다(같은 책: 176). 뜻풀이를 해보자.

"우리에게 친밀하다"는 것은 우리에게 자신의 본질을, 자신의 존재를 드러내면서 있다는 것이다. 어떻게 하면 그렇게 존재할 수 있을까? 그것은 물론 대상화되지 않았을 때이다. 우리에 의해 대상화되지 않으면서 우리와 상호적인 교감을 할 수 있을 때[6], 사물은 자신의 본질을 드러내며 우리에게 친밀하게 존재할 수 있다. "자유롭게 있다"는 것도 물론 객체화되지 않고 수단화되지 않으면서 그 자신의 진정한 모습대로 존재한다는 것이다. 흥미로운 것은 '친밀'하게 있는 것이나 '자유'롭게 있는 것이 사물 그 자체의 속성에 의해 그렇게 되는 것이 아니라 나와의 교류방식에 의해 그처럼 된다는 것이다. 내가 나 자신을 사물들에게 열어보일 때, 사물들도 그들 자신을 나에게 열어보이면서 친밀하고 자유롭게 존재하게 된다는 것이다. "모든 사물을 그들의 존재 속에서 돌본다"는 것은 사물들을 외적인 목적에 종속시키는 것이 아니라 그것들 자체로 존재할 수 있도록 보살핀다는 것이다. 즉 사물들이 그들 자체의 본질에 따라 존재할 수 있도록 보살핀다는 것이다. 그러므로 '거주' 속에서는 사물들이 계산이나 착취의 대상이 된다는 것은 있을 수 없다.

중요한 것은 존재로서의 '거주'가 사물들에 대한 '존재의 배려'의 형태를 취한다는 것이다. 즉 우리가 진정으로 '존재'할 수 있는 것은 사물들의 존재를 배려함으로써 라는 것이다. 왜냐하면 나의 존재가 양육되고 보호받을 수 있는 것은 타자의 존재를 배려함으로써이기 때문이다. 우리가 타자의 존재를 배려하지 않을 때 우리의 존재마저도 파괴된다는 것이다. 하이데거는 다른 한편으로 거주를 "죽음을 맞이할 자로서 대지 위에 체류하는 것"으로 규정하기도 한다. 그에게 대지란 "가져오고 제공하는 자이고 꽃피우고 번성시키는 자이며 바위와 물처럼 펼쳐져 있고 식물과 동물처럼 열려지는 것이다"(같은 책: 176). 결국 그에게 '거주'란 인간이 죽음을 맞이할 자로서의 자기의 본질에 적합하게 존재하면서 다른 사물들을 그것들의 본질에 따라 부양하는 것이다.

우리는 이 책에서 한편으로 사회정책의 새로운 프레임을 제시하려고 한다. 모든 인간이 통계적 관리 대상이 되어가고 모든 인간관계가 사무화되어 가고 있는 이 세계에서 앞으로의 사회정책이 '존재의 배려'를 새로운 자기조직원리로 삼아야 한다는 것은 명백하다.

한국에서 사회정책은 자본주의 체제의 안정적 재생산을 위한 수단의 성격을 강하게 지니고 있다. 그러니 사회정책 자체가 일종의 '사무화'되어 있음은 두말할 것도 없다. 이것은 자본주의적 경제성장이라는 반(反)존재적 목적에 오랫동안 예속

---

6) 발터 벤야민은 사물이 우리에게 말 건네오는 것을 '아우라'라고 규정한다.

되어 있었던 한국인들의 내면적 붕괴 양상을 드러내주는 것에 다름 아니다. 그러나 유럽에서 사회정책은 원천적으로 인간들 사이의 근본적 동등성을 자신의 이념으로 하여 성립되었던 것임을 상기해야 한다. 황성모는 유럽에서의 사회정책의 기본원리가 "동등권의 요구"였음을 명확히 지적한다(황성모, 1978: 307). 그는 또 다음과 같이 말한다: "인간은 사회적 지위에 있어서는 현실적으로 차이를 보이고 있지만 인간의 본질 면에서는 평등하다는 이론이 새로이 등장하게 되었을 때, 이 이론은 본격적으로 사회정책사상의 원천이 되었던 것이다"(같은 책: 295). 즉 유럽 사회정책의 배경에는 프랑스 혁명과 칸트적 진보사상이 자리잡고 있었던 것이다.

아마도 사회정책의 실행자와 사회정책의 대상자 사이의 동등성이 확고히 확립될 때 사회정책은 '존재의 배려'로서의 성격을 가지게 될 것이다. '존재의 배려'로서의 사회정책의 목적은 '존재론적 정의'의 실현이어야 한다. '존재론적 정의'란 어떠한 것인가?

우선적으로 지적해야 할 사실은 모든 역사적 정치체제들이 정의를 목적으로 내세운다는 것이다. 하지만 그러한 정의는 정의의 역사적 형태들일 뿐이다. 이데올로기에 의해 매개된 정의의 역사적 형태들은 진리에 의한 매개를 거부하면서 특정한 형태의 부정의들을 정당화한다. 예컨대 조선시대의 성리학적 정의는 신분제적 부정의를 정당화하고, 부르주아 정치체제의 시민사회적 정의는 생산양식의 부정의를 정당화한다. 따라서 정의의 역사적 형태들은 부정의의 역사적 형태들을 내포한다. 정의의 역사적 형태들은 특정한 관계형식을 정의로운 것으로 부과하면서, 그러한 관계형식에 포함되지 않는 부정의한 것은 단지 '사적 공간'에 떠넘겨버리는 것이다.

보다 자세하게 설명을 해보자. 부르주아 정치체제가 내세우는 정의의 역사적 형태에 따를 때, 자본가가 노동자의 노동력을 '최대로 이용하는' 것이 정의로운 것이다. 노동자는 노동력을 자본가에 판매한 이상 자본가를 위해 최대한으로 자신의 노동력을 지출해야 하고, 또 자본가는 노동자의 노동력을 최대로 이용할 정당한 '권리'를 갖기 때문이다. 게다가 정의의 부르주아적 형태를 매개하는 노동과 근면의 이데올로기에 따를 때 낭비는 부도덕한 것이다.

그렇다면 노동력을 '최대로 이용한다'는 것은 어떠한 것일까? 그것은 노동력을 구입한 자본가에게 손해가 돌아가지 않도록, 즉 자본가에게 어떠한 낭비도 없도록, 노동시간 동안에 가능한 최대한의 노동을 끌어내야 한다는 것이다. 예컨대 테일러주의를 창시한 테일러가 '공정한 하루의 작업'은 '생리학적 최대치'가 되어야 한다고 했듯이, 정해진 노동시간 동안 가능한 '생리학적 최대치' 만큼 노동을 시키는 것이다(해리 브레이버맨, 1987: 85-96). 그것이 바로 정의의 역사적 형태로서의 부르주아적 정의이다. 하지만 이러한 역사적 형태의 정의가 과연 진정하게 정의로운 것일 수 있을까?

테일러는 노동과정 중의 태업은 불가피하다는 확신을 가지고 있었고, 그럼에도 그러한 불가피한 태업을 완전히 없애기 위해 세부적인 노동통제를 기획한다. 하지만 '공정한 하루의 작업'으로 '생리학적 최대치'를 부과하는 것은 노동자를 노예로 간주하는 것이고, 존재론적으로 정의롭지 못한 것이다. 테일러 자신이 인정하고 있듯이 노동과정 중의 태업은 존재론적으로 불가피한 것이다. 존재론적으로 불가피한 것을 타자로부터 제거하는 것은 존재론적으로 정의롭지 못한 것이다.

위르겐 코카에 따를 때, 자본주의가 완전히 정착하기 이전의 독일에서는 노동자들이 공장에서의 노동시간 동안 요리를 하고 뜨개질을 했으며 커피를 끓여 마셨다. 그리고 1880년대 이후 그러한 일은 철저히 금지되었다(위르겐 코카, 1987: 122-123). 그러한 금지는 부르주아적 정의의 기준에서는 정당한 것이다. 하지만 존재론적으로 정의로울 수 없음은 물론이다.

존재론적 정의란 각자의 존재가 요청하는 것을 서로 존중하고 보호해주는 것이다. 예컨대 노동과정 중에 자신의 속도를 유지할 수 있어야 하는 것, 노동과정 중에 반드시 필요한 휴식, 웃음, 놀이를 침해하지 않는 것은 존재론적 정의에 부합한다. 이러한 존재적 요청이 노동과정에 국한되지 않는다는 것은 물론이다. 숲 밖의 정해진 목표로 사람들을 이끌지 않는 숲길, 아직 아무도 지나가지 않은 곳에서 갑자기 길을 잃게 하는 그러한 숲길에서 사람들이 '자기 집에 있는 것'처럼 느낀다면 (Arendt, 1986: 311), 효율성을 위해 그러한 숲길을 제거하는 것은 존재론적으로 정의롭지 못하다.

중요한 것은, 존재론적 정의가 언제나 노동하지 않는 자들에 의해 위배된다는 것이다. 노동하지 않는 자들은 노동하는 자들을 대상화하기 때문이다. 그들에게 노동하는 자들은 효율적으로 관리하고 착취해야 하는 대상일 뿐이다. 효율성의 논리에는 이미 사물화의 논리가 내포되어 있다.

그러나 존재론적 정의는 타자의 노동을 자기의 노동과 동등하게 여기고 서로의 노동을 존중하는 노동의 보편성의 토대 위에서는 지극히 자연스러운 것일 뿐이다. 그렇지 않은가? 자신의 리듬을 가지고 적절한 휴식과 함께 자신의 노동을 하는 것, 우리에게 내면의 평화를 가져다주는 숲길을 보호하는 것은 너무나 자연스러운 것이 아닌가? 국가가 사회와 관계를 맺는 한 가지 형태로서의 사회정책이 존재론적 정의를 목적으로 삼아야 한다는 것은, 국가가 진정하게 노동하는 민중들의 국가가 되어야 한다는 것, 즉 엄밀한 의미의 민주주의를 실현한다는 것이다. 노동하는 자들이 자신들의 사회에 대해 펼치는 정책은 당연히 서로의 존재에 대한 배려일 수밖에 없기 때문이다.

참고문헌

끌로드 레비-스트로스, 1996.『야생의 사고』, 한길사.

박영은, 2004.『현대와 탈현대를 넘어서, 한국적 현대성의 이론적 모색』, 역사비평사.

섯 잘리, 1996.『광고문화, 소비의 정치경제학』, 한나래.

싸르트르, 1993.『존재와 무』II, 삼성세계사상 30(가로판), 삼성출판사.

아도르노, 1984.『미학이론』, 문학과지성사.

아리스토텔레스, 2002.『정치학』, 박영사.

위르겐 코카, 1987.『임노동과 계급형성』, 한마당.

위르겐 하버마스, 1995.『의사소통의 사회이론』, 관악사.

윌리엄 크레인, 1995.『발달의 이론』, 중앙적성출판사.

이종영, 2001.『지배와 그 양식들』, 새물결.

_____, 2002.『내면성의 형식들』, 새물결.

임마누엘 칸트, 1992.『칸트의 역사철학』, 서광사.

_____, 1998.『실용적 관점에서 본 인간학』, 울산대학교 출판부.

칼 마르크스, 1995.『자본』I-2, 이론과실천사.

_____, 1997.『자본』I-1, 이론과실천사.

플라톤, 1973.「티마이오스」,『플라톤 전집』제5권, 상서각.

_____, 1997.『국가 · 정체』, 서광사.

해리 브레이버맨, 1987.『노동과 독점자본』, 까치.

헤겔, 1992.『정신현상학』, 지식산업사.

황성모, 1978.「사회정책사상의 발생과 그 성격」,『현대사회사상사』, 진명출판사.

Arendt, H. 1986. "Heidegger", Vies politiques. Gallimard, coll. Tel.

Aristote, 1993. Les politiques. Garnier-Flammarion.

Baudelot, C. et al. 1975. La petite bourgeoisie en France. François Maspero.

Habermas, J. 1992. De l'éthique de la discussion. Cerf.

Hegel, G.W.F. 1982. La philosophie de l'esprit(1805). PUF.

Heidegger, M. 1980. Essais et Conférences. Gallimard, coll. Tel.

_____, 1986. Être et temps. Gallimard.

Heller, A. 1981. "Les femmes, la société civile et l'État", A. Heller et F. Feher, Marxisme et démocratie. François Maspero.

Lacan, J. 1974-1975. Le séminaire XXII(미출간 타이핑 원고).

_____, 1990. Le séminaire XI. Seuil, coll. Points.

Leibnitz. 1991. La monadologie. Delagrave.

Lévi-Strauss, Cl. 1971. L'homme nu. Plon.

_____, 1983. "Réflexion sur la liberté", Le regard éloigné. Plon.

Maignien, Y. 1975. La division du travail manuel et intellectuel. François Maspero.

Marx, K. 1965. Le Capital I, Œuvres I, Gallimard, coll. Pléiade.

_____, 1980. Manuscrits de 1857-1858(<Grundrisse>). Éditions Sociales.

_____, 1994. "Les conséquences futures de la domination britannique en Inde", Oeuvres
　　　IV. Gallimard, coll. Pléiade.

Mendel, G. 1979. Pour décoloniser l'enfant. Petite bibliothèque Payot.

Platon. 1966. La république. Garnier-Flammarion.

Smith, A. 1991. La richesse des nations I. Garnier-Flammarion.

Spinoza. 1966. Œuvres 4. Garnier-Flammarion.

Verret, M. 1982. Le travail ouvrier. Armand Colin.

제2장

대안 문화담론의 진화와 문화운동의 새로운 모색

김창남

1. 머리말: 문명 전환과 문화적 패러다임

　한국사회에서 대안에 대한 모색이 이론과 실천 차원에서 가장 강력하게 진행된 시기로 1980년대를 꼽는 데 이의를 제기할 사람은 많지 않을 것이다. 1960년대 이래 계속된 군사독재에 맞서 민주화와 민중주의적 대의를 주창한 모든 운동이 결국은 대안 담론을 향한 투쟁의 과정이었다고 할 수 있고 그 가장 강력한 양상은 1980년대의 전 기간을 뜨겁게 달구었던 민주화 운동을 통해 구현되었다. 형식 민주주의의 진전과 함께 찾아온 1990년대의 역사는 대안에 대한 우리의 사고와 지향을 1980년대와는 사뭇 다른 방향으로 몰고 갔다. 아주 단순화시켜 말한다면, 1980년대의 대안 담론이 민주주의라는 근대적 과제를 향한 것이었다면, 1990년대의 그것은 좀 더 다양한 대중의 욕망이 분출하면서 여러 가지 시민사회적 이슈들이 복합적으로 제기된 탈근대적 문제의식에 닿아 있다고 할 수 있다. 문제는 1980년대 내내 지속적으로 분출되었던 근대적 과제가 사실상 미완인 채로 1990년대 탈근대적 이슈들이 제기되었다는 점이다. 절차적 민주제도와는 무관하게 여전히 전근대적 정당체제와 재벌체제가 온존하고 있고 역시 전근대적인 가부장제와 연고주의가 일상의 곳곳에 만연해 있으며 국가보안법으로 상징되는 사상적 족쇄가 엄연히 존재하는 현실은 우리 사회의 근대화 프로젝트가 여전히 미완성인 채 있다는 점을 극명하게 보여준다. 그런 가운데 세계에서 유례가 없을 만큼 빠르게 진행되고 있는 정보화의 과정이 보여주듯 탈근대화의 사회적 징후 또한 뚜렷이 드러난다. 그런 점에서 우리 사회의 큰 특징이 이른바 전근대/근대/탈근대라는 비동시성의 동시성에 있다는 점은 많은 사람들이 지적한 바와 같다(심광현, 2003: 91-95).

전근대와 근대, 탈근대가 공존하는 비동시성의 동시성이라는 복합적 상황은 한국사회에서 대안 담론의 추구가 매우 복잡하고 모순적인 문제들에 직면하게 됨을 의미한다. 근대성의 완성과 근대성의 극복이라는 사회적 과제는 때로 이율배반적이며 상호모순적인 문제들을 발생시킨다. 우리 사회에서 계급주의와 시민주의, 노동운동과 시민운동 사이에 상호 연대의 계기 못지않게 상호 갈등의 계기가 자주 드러나곤 하는 것은 그 때문이다. 따라서, 21세기적인 대안담론의 추구는 기본적으로 근대화의 사회적 과제와 탈근대화의 문제제기를 동시에 껴안고자 하는 노력으로 이루어지지 않으면 안 된다. 이를 다른 표현으로 바꾸면 1980년대에 줄기차게 진행되었던 근대 완성의 프로젝트와 1990년대에 새롭게 제기된 탈근대적 문제틀을 접합하면서 양자 간의 모순을 최소화하는 방식의 새로운 문제 설정이 필요함을 의미한다.

문제를 문화적인 차원으로 좁혀 보아도 이와 같은 사정은 동일한 방식으로 나타난다. 1980년대 내내 활기차게 전개되었던 대안 문화담론은 기본적으로 당대의 정치사회적 민주화운동 내지 변혁운동 담론의 문화적 번역이라고 할 수 있으며, 그런 점에서 지극히 정치적인 성격을 지녔다. 그러나 1990년대 전반에 걸친 탈정치화의 과정에서 문화는 정치경제의 주변적 영역이라는 한계에서 벗어나 중심적인 사회현상으로 등장했고 이 과정에서(계급이나 변혁이 아니라) 소비문화와 스타일, 신세대 등 다양한 문제들이 중심적인 이슈를 형성했다. 1980년대의 문화운동이 사회운동과 동일한 정치적 목표를 공유했고, 따라서 사회운동의 부침과 함께 했다면 1990년대의 문화운동과 사회운동의 관계는 좀 더 복잡해지고 다변화되었다고 할 수 있다. 특히 1990년대 이후 문화에 대한 산업적이고 경제적인 관점이 강력하게 개입하면서 문화 전반에서 정치적 문제의식이 쇠퇴하는 반면 상품과 시장 논리가 득세하는 모습을 보여주었고 1980년대적 전통 속에 있는 문화운동은 이에 대한 실천적 대안이 되기에는 여러모로 한계를 가지고 있었다는 것이 대체적인 평가이다. 이와 관련해 이미 1990년대 초반부터 새로운 방식의 대안 문화담론, 혹은 새로운 방식의 문화운동에 대한 논의가 제기되어왔지만 대개의 경우 현장 문화실천과 연결되지 못한 채 산발적인 논의에 그치거나 신자유주의적인 산업 논리를 극복할 수 있는 구체적 대안을 내놓지 못한 채 그저 담론 수준의 논의에 머문 경우가 많았다. 그런 의미에서 "1980년대가 문화연구 '없는' 문화운동의 시대였다면, 1990년대 후반은 문화운동 '없는'(혹은 빈곤한) 문화연구의 시대"였다는 평가(심광현, 2003: 169)는 정당성을 갖는다.

이 글은 1980년대 이후 대안적 문화담론의 변화 과정을 검토하면서 21세기의 현실적 과제와 조응할 수 있는 좀 더 포괄적인 대안 문화담론을 모색하고자 하는 문제의식을 갖고 있다. 1990년대에 다양한 외양을 띠며 등장했던 문화담론은 사실 1980년대의 민중문화담론과 문화운동담론이 1990년대의 현실적 변화 과정에서 다양한 방식으로 진화 혹은 해체되는 과정을 보여준다. 이 글에서 나는 다양한 방식으로 제기되었던 1990년대 이후 문화담론 속에서 1980년대의 대안적 문제의식이 어떻게 변화 혹은 진화하고 있는지 살펴볼 것이다. 그리고 그와 함께 시대적 변화를 담보하는 새로운 대안 문화담론의 방향은 어떤 것인지 찾아보고자 한다.

2. 1980년대의 대안 문화담론: 민중문화론의 성격과 한계

1980년대 대안 문화담론의 성격은 민중문화라는 개념에서 잘 드러난다. 민중이란 개념은 이미 1970년대부터 진보 담론의 중심 개념으로 등장했지만 이것이 문화 영역 전반의 실천적 활동과 결합하면서 대안 담론의 이념적 모델을 형성한 것은 1980년대의 일이다. 1970년대가 지식인들이 '민중'을 '발견'한 시대라면, 1980년대는 "민중의 실체와 직접 대면하여 그 잠재적 혹은 현재적 힘에 의해 세계관과 예술관의 민중적 전환이 일어나고, 그 토대 위에서 노동자 계급의 혁명적 세계관과 연관된 당파적 미학관이 점차 자리 잡게 되었으며, 이를 대중적 예술실천으로 구체화하는 개별적 또는 조직적 노력이 현저하게 이루어진 시기"라는 김명인(1992)의 표현은 1980년대 민중문화담론의 흐름을 간명하게 요약한 것이라 할 수 있다. 1980년대 민중문화 담론의 대체적인 내용은, 예컨대 1984년에 이루어진 민중문화운동협의회 창립발기문에서 잘 나타난다.

〔……〕 오늘날 이 사회에 횡행하는 문화는 대중을 길들이고 잠재워 자본과 권력의 왜곡된 논리에 복속하는 충실하고 무기력한 신민으로 만들어 가는 노예화의 문화이다. 그것은 민족의 문화가 아니라 신식민주의의 문화이며, 민중의 절절한 자기표현으로서의 문화가 아니라 내외의 지배세력에 의해 일방적으로 부과되는 관제문화이다. 그것은 분단의 극복을 지향하는 문화가 아니라 분단을 고착시키려는 문화이다. 이제 우리는 이러한 노예화의 문화, 신식민주의 문화, 관제문화, 분단고착의 문화는 결단코 종식되어야 한다고 믿는다. 우리 사회와 민족의 민족사적 지상과제라고 할 민중의 인간다운 삶을 향한 열망과 민족의 주체적 존립과 통일을 향한 염원을 폐기하려는 문화야말로 이 땅의 민중에게 가해지는 가장 폭력적인 정신적 고문이요, 그들의 인간됨 자체를 파괴하는 가장 적나라한 문화적 폭력, 반생명적 문화인 것이다. 〔……〕 그러므로 오늘 우리에게는 저간의 축적된 역량을 바탕으로 박제화된 우리 문화에 물줄기를 뚫고, 민중의 주체적이고 인간다운 삶에의 열망과 그 실천이 그 속에 흘러들게 함으로써 생명력 넘치는 생명의 문화를 만들어 나가는 주체적 노력이 필요하게 되었다. 〔……〕 우리는 문화독점구조의 극복과 민중문화의 형성을 꾸준히 추진해 나갈 것이다. 문화독점구조의 극복은 문화의 창조와 전차(轉借), 그리고 향유의 주권이 민중에게 있고, 마땅히 그러해야 한다는 문화적 민주화의 추구에 다름 아니다. 또한, 민주화는 민중문화 발전의 관건이자 기본전제이다. 따라서, 우리는 문화 전반에 걸쳐 독점의 부당성을 비판하고 그 폐해를 민중이게 알릴 것이며, 관심을 가진 모든 사람들과 함께 민중 참여의 확대를 관철시키고자 노력할 것이다. 〔……〕 (1984. 4. 14).

1980년대의 민중문화 운동은 1970년대 탈춤부흥운동을 비롯해 전통적 민중문화를 복원하는 노력으로 시작된 바 있다. 위의 선언문은 전통 민중문화의 복원에서 신식민지 문화에 대한 비판적 인식으로의 발전을 보여준다. 소박하기는 하지만 민중적 당파성에 대한 인식이 구체화되며 이는 1980년대 전 기간을 통해 다양한 장르의 문예 영역으로 확산되는 발전 과정을 보여준 바 있다.

이 선언문이 발표된 후 5년이 지난 시점에 민중문화운동협의회는 내부 논란 끝에 조직 분화를 거치며 노동자문화예술운동연합이라는 단체를 탄생시킨다. 이 단체의 창립선언문은 다음의 내용을 담고 있다.

노동자 계급은 서서히 깨어나고 있다. 낡은 사회의 눈물로부터 위대한 노동해방 세상을 건설하기 위한 노동자계급의 투쟁이 공장에서, 거리에서 커다란 함성으로 타오르고 있다. 오직 노동자계급만이 그리고 그 힘에 의해 영도되는 전민중의 굳건한 연대투쟁만이 모든 악과 고통의 근원을 일소하고 자유, 평등, 우애의 새로운 인류공동체 사회를 건설할 수 있다. 〔……〕 우리는 문예의 무기로써 이러한 노동해방의 사상, 노동자계급의 진리를 광범한 노동자 대중과 전 민중 속에 가져감으로써, 민중의 전위투사인 노동자 계급이 자신과 연대한 모든 동맹자들과 함께 건설을 위한 투쟁의 전선으로 나아가게 하는 데에 복무할 것이다. 썩은 냄새가 나는 낡은 사회의 온갖 퇴폐적 반동적 문화를 척결하고, 인류가 창조해낸 모든 진보적 문화유산을 흡수하여 투쟁하고 노동하는 미래사회의 창조적 인간상을 이상으로 하는 인류 최고의 문화를 건설하는 것 역시 노동자계급에게 맡겨진 역사적 사명이다. 우리는 진보적 민중문화의 지도중심이 될 노동자계급의 새로운 문화를 건설함으로써 노동자계급에게 맡겨진 이와 같은 사명에 복무할 것이다. 〔……〕 (1989. 9. 23).

이 두 가지 선언문은, 앞의 것이 다소 포괄적인 민중성을 주창하는 반면 뒤의 것은 좀 더 분명한 노동계급 지향성을 드러낸다는 점에서 차이를 보여준다. 이러한 변화는 대체로 한국사회의 자본주의적 발전과정과 그에 대한 진보 진영의 인식 변화에 관련된다. 그렇지만 두 선언문 모두에서 문화에 대한 공통의 인식을 볼 수 있으며 이는 대체로 1980년대 민중문화담론의 이념과 성격을 잘 보여준다. 기본적으로 모든 문화, 문화활동은 민주화, 혹은 노동계급 해방을 위해 존재한다고 보는 도구주의적 관점 내지 당파성의 전제가 그 하나이고, 사회 전반을 지배하고 있는 대중문화(이러한 표현은 등장하지 않았지만)를 신식민주의적이고 관제적인, 혹은 퇴폐적이고 반동적인 지배이데올로기의 도구로 보는 관점이 다른 하나이다. 이 두 가지 특성은 1980년대의 대안 문화담론을 관통하는 기본적 특성이다. 문화담론의 이런 1980년대적 특성은 사회 전반의 변혁 운동의 맥락에서 나온 것이며 그 이념적 기반이 마르크스주의에 닿아 있었다는 점은 잘 알려져 있다. 1980년대 대안 문화담론에 대한 반성이 1980년대 말부터 1990년대 초에 걸쳐 나타난 동구권의 붕괴와 마르크스주의의 위기, 그리고 자본주의의 전지구화와 변혁 운동의 전반적 침체라는 계기 속에서 등장한 것은, 따라서 매우 자연스러운 일이다. 강내희(1992)는 이에 대해, 우리의 문화운동이 우리 사회의 자본주의화와 긴밀하게 연결되어 있는 데 대한 인식이 깊지 않았고 자본주의 문화에 대한 분석과 이해를 거의 외면함으로써 현실적인 대응책을 마련하지 못한 데 원인이 있다고 진단한다. 자본주의 사회에서 벌이는 문화운동은 자본주의를 거쳐 갈 수밖에 없다는 점을 외면한 오류를 벗어나지 못했으며 그 때문에 현실 사회주의권의 붕괴 앞에서 당파성의 원칙을 지키기 어렵게 되었다는 것이다. 이는 대중문화를 일방적인 지배이데올로기의 장으로 보는 민중문화론의 관점이 자본주의 사회에서 자본 혹은 지배계급에 의한 대중 통제가 모순 없이 통일적으로 집행된다고 보는 시각, 즉 자본주의 사회가 아무런 내부 모순도 균열도 가지지 않은 사회임을 가정하는 시각이라고 비판한 이성욱(1992)의 주장과도 맥이 닿아 있다.

1980년대적인 문화운동론의 인식틀에서 대중문화와 민중문화는 철저히 대립적인 이분법으로 규정되었다. 대중문화와 민중문화의 대립은 어느 한편의 승리가 다른 한편의 전적인 배제를 의미하는 제로섬 게임의 성격을 가졌다. 1980년대 문화운동론에 대한 비판은 바로 이런 이분법적 논리가 그 자체로 모순적이며 현실에 적합하지 않다는 인식에서 나온다. 대중문화가 지배이데올로기의 장일 뿐이라는 주장은 대중문화의 메시지가 지배집단의 이해관계를 지지한다는 점에서 이데올로기적이라는 것, 그리고 대중이 별다른 비판 없이 이를 그대로 수용한다는 것을 의미한다. 이는 결국 대중을 지배문화의 공세에 수동적으로 편입될 수밖에 없는 몰주체적 존재로 보는 것이며 그렇게 되면 어떤 식으로든 대중의 주체성에 기댈 수밖에 없는 운동이란 것도 사실상 불가능한 것이 되어버린다. 대중이 지배이데올로기에 의해 물샐틈없이 포위되어 있고 주체성을 상실하고 있다면 사실상 역사의 주체라고 하는 민중과 민중문화도 가능하지 않은 것이다. 민중문화론의 이런 논리적 자기모순이 별다른 이의없이 수용될 수 있었던 것은 1980년대까지 우리 사회에서 강압적 통치가 이루어지면서 문화적 헤게모니란 것이 그리 큰 의미를 지니지 못했던 사실에서 연유한다. 그러나 1980년대 말 이후 형식 민주주의적 진전이 이루어지면서 사정은 변화했다. 지배구조는 더 이상 적나라한 폭력에 의존하지 않게 되며 부분적이나마 나름대로 문화적 헤게모니를 형성하게 되는 것이다. 이와 함께 문화영역에서도 대중문화와 민중문화의 이분법으로 포섭되기 어려운 중간적 영역이 나타나게 되면서 1980년대 민중문화론의 자기모순과 한계가 분명하게 드러난다. 1990년대 대안 문화담론은 기본적으로 이와 같이 1980년대 민중문화론의 한계가 드러나면서 그것이 가졌던 진보적이고 대안적인 문제의식이 해체되거나 새로운 방향으로 진화해가는 과정 속에서 성립했다고 할 수 있다.

1980년대 민중문화운동 담론의 또 다른 특성은 그것이 문화 개념을 표방함에도 실질적으로는 예술적 실천에 한정되어 있었다는 점이다. 민중문화운동은 주로 탈춤부흥운동에서 시작되어 여러 장르로 확산된 연행예술적 실천과 민족문학인들의 현실 참여적 문학 활동을 중심으로 형성되었고 1980년대 내내 활발하게 전개된 문화운동은 기본적으로 다양한 예술 장르의 활동을 중심으로 한 것이었다. 민중문화 담론에서 대안적 관점을 표상하는 개념으로 자주 거론된 바 있는 신명론, 공동체론, 진보적 문예창작론 등의 담론도 결국은 예술적 실천에 집중된 것이었다 할 수 있다. 이는 1980년대의 문화운동이 결국 진보적 지식인 예술가들의 이데올로기적 실천에 한정되는 것이었고 결과적으로 엘리트주의에서 크게 벗어나지 못했음을 의미하는 것이기도 하다. 대중문화와 민중문화의 이분법이 별다른 문제의식 없이 받아들여지고 대중을 수동적 존재로 간주하던 관점도 문화를 대중의 일상적 삶의 문제로서가 아니라 문학, 예술 등 한정된 이데올로기적 실천의 영역에서 사고하던 데서 비롯되었다고 말할 수 있다. 1990년대 들어 새롭게 전개된 문화 담론에서 문화를 '삶의 양식' 혹은 '상징 체계'라고 하는 좀 더 광의적 개념으로 보고자 하는 인류학, 기호학 등의 관점이 중요하게 대두하는 것은 바로 이런 문제에 대한 반성과 밀접하게 연관되어 있다고 할 수 있다.

3. 1990년대 대안적 문화담론의 진화 혹은 해체

이성욱(1992)은 1990년대 초의 변화된 사회 상황 속에서 문화적 사실들이 1980년대와는 크게 달라지고 있음을 주목하며 더 이상 1980년대식 문화운동 담론이 유효할 수 없고 좀 더 발본적인 전환이 필요함을 주장한 바 있다. 그는 먼저 1980년대 변혁 운동의 고양 속에서 민중문화 운동이 크게 성장했음에도 불구하고 민중문화담론은 기본적으로 본질주의적, 선험주의적, 경험주의적이었다고 비판한다(165). 문화라는 범주를 예술적 실천을 비롯해 자명하게 주어져 있는 몇 가지 범주로 개념화하고 다만 그 내용을 민중적 사실들로 구성하면 된다는 생각에서 벗어나지 못했다는 것이다. 문화운동을 당위적 수준에서 이데올로기 투쟁과 등치시킨 것은 바로 그런 단순한 사고의 결과였다는 것이다. 1980년대의 민중문화 운동이 사실상 예술운동, 혹은 문예운동이었고 바로 그 때문에 문화운동의 내용이 당파적으로 탁월한 예술 작품을 만들어내는 것 이상이 되지 못했으며 결국 대중의 일상적 삶과 욕망, 무의식에까지 파고드는 자본주의적 상품 문화에 대해 충분히 대응할 수 없었다는 것이다. 이성욱은 1990년대의 달라진 문화적 사실들, 이를테면 상품논리에 따른 문화산업의 '합리화' 과정이 더욱 철저하게 관철되는 것이나 광고와 마케팅 전략이 순수 예술의 영역까지를 아우르며 대중의 일상적 욕망과 미적 감수성을 미세하게 지배하는 현실 같은 것에 주목하며 기존 문화운동의 패러다임을 근원적으로 전환시킬 것을 주장한다. 그가 지적하는 문화운동 쇄신의 기본 전제는, 우선 문화예술 중심에서 벗어나 당대의 문화 현실을 총체적으로 분석하고 문화운동의 전략과 전술을 수립할 수 있는 새로운 문화론의 문제설정이 필요하다는 것, 그리고 대중문화를 일방적으로 비판의 대상으로만 볼 것이 아니라 대안을 위한 저항의 가능성이 숨쉬는 공간으로 적극적으로 해석할 필요가 있다는 것이다(167-176). 강내희 역시 유사한 주장을 내놓은 바 있다. 그는 1980년대 문화운동을 장악했던 문예론 중심의 전략으로는 변화하는 현실에 능동적으로 대처하기 어렵다고 보며 새로운 문화운동의 전선은 문예론에서 문화론으로 이동할 때 제대로 구축될 수 있다고 주장한다. 그는 문화운동이 문예론에 한정될 경우 현실에 대한 총체적 개입보다 총체적 반영에 주력하게 된다고 비판하며, 문화운동이 독자적인 변혁운동 영역으로 현실에 직접 개입하기 위해서는 문예론을 벗어나 문화론으로 확장되어야 한다고 주장한다(강내희, 1996: 56-75).

이와 같이 민중문화운동 담론 내부에서 반성적 문제제기가 일어나고 있는 한편으로 문화운동 진영 밖에 있던 언론학계를 비롯한 여러 분야의 문화연구자들에 의해 '능동적 수용자론' 혹은 '소비문화의 기호학적 저항 담론'이 등장하면서 대안 문화 담론에 영향을 주었다. 1990년대 문화연구에서 가장 활발한 이론적 진전을 보여준 주제 가운데 하나가 문화 수용자 대중이 가진 능동적 측면에 대한 관심이다. 언론학계의 경우 1990년대 중반부터 본격적으로 문화연구 성향의 연구 논문들이 발표된 바 있는데 1995년~1997년 사이에 발표된 문화연구 논문들은 대체로 영미 문화연구의 이론, 방법론, 개념을 통해 한국 대중문화의 텍스트, 수용자 해독을 해석하는 경향을 보여준다. 여기서 대체로 1980년대적인 계급과 이데올로기의 문제틀은 약화되고 대신 후기 구조주의, 포스트모더니즘, 기호학 등의 이론과 담론, 헤게모니, 미시정치, 일상성 등의 개념이 중심적 지위를 차지하며 '텍스트에 대한 수용자의 해독'을 정체성의 정치/저항/차이의 정치로 읽어 내는 경향이 대세를 이루고 있다(유선영, 1998: 431-432). 이는 문화연구의 본격 등장이, 거대담론의 영향력은 쇠퇴하고 일상성을 중시하는 미시정치적 담론이 힘을 얻는 상황 속에서 이루어진 것과 무관하지 않다. 아무튼 학계의 문화연구 흐름과 맞물리면서 대중 매체와 일상생활의 문화적 경험을 긍정적이고 적극적인 관점에서 평가하려는 경향은 1990년대 문화담론 전반에서 두드러진 바 있다. 그러나 이런 입장들은 때로 대중의 능동성과 쾌락의 저항성을 지나치게 강조하면서 대중문화의 지배적 성격 자체를 부정하게 된다는 점에서 문화적 대중주의라는 비판에 직면하기도 했다.

나는 이와 관련해 대중의 문화 실천에서 나타나는 다양한 양상을 구체적으로 분석하기 위해 기존의 민중문화/대중문화, 이데올로기 비판/쾌락의 저항성과 같은 이분법에서 벗어나 대중의 문화 실천을 좀 더 다층적으로 볼 수 있는 분석틀의 구축을 시도한 바 있다. 즉, 한 축으로는 지배적 텍스트에 대한 대중의 동일시 수준을 몇 가지 수준(지배적 텍스트에의 선택적 동일시-주체적 의미부가-대항적 텍스트의 추구와 동일시-대안적 텍스트의 창조)으로 구별하고, 다른 한 축으로는 현실에 대한 수용자의 저항적 정체성을 몇 단계(현실적응적 정체성－모순적 정체성－저항적 정체성－조직된 저항적 정체성)로 구분해 양 축을 교차시킴으로써 현실과 텍스트와의 관계에서 나타나는 16가지의 상이한 유형을 구분한 것이다(김창남, 1995: 222-239). 나의 분석틀은 기본적으로 대중이 동질적 집단이 아니라 다양한 하위집단의 복합체이며 수동적인 존재가 아니라 나름의 욕구와 조건 속에서 문화를 실천하는 존재라는 것, 대중의 문화 실천은 지배문화에 대한 '순응'과 '저항'의 성격을 복합적으로 지닌 일정한 타협의 결과라는 것을 전제하고 있다. 이런 관점에서 보면 대중의 문화적 실천은 순수하게 지배적이지도 순수하게 저항적인 것도 아니며 대중문화의 다양한 실천 형태 속에서 지배적 층위와 저항적 층위를 변별하여 각 집단에 맞는 접근 방식을 찾아가는 과정에서 대중을 '개념적으로 비워두고 정치적으로 채워가는'(Bennet, 1996) 것이 중요해진다. 이런 틀에서 새로운 문화운동은 대중의 문화실천을 좀 더 저항적인 방향으로(상상적 동일시에서 상징적 동일시, 다시 대안적 텍스트의 추구로, 혹은 잠재적 저항성에서 구체적 저항성의 상태로) 변화시키는 것을 의미하게 된다.

내가 제안한 분석틀과 문화운동의 개념은 몇 가지 점에서 허점을 드러낸다고 비판받은 바 있다. 우선 잠재적 저항성의 상태를 어떻게 구체적 저항성(대안적 텍스트/문화의 창조)의 상태로 변화시킬 것인가, 또 오늘날의 대안적 문화 텍스트, 대안적 삶의 내용과 형식을 어떻게 규정할 수 있는가 등의 문제가 명확하지 않다는 비판이다(심광현, 2003: 151-152). 사실, 나의 분석틀은 대중의 문화실천을 순응이냐 저항이냐의 단순한 이분법을 벗어나 다층적 과정으로 보고자 한 것이지만 실제로 어떤 문화 실천을 좀 더 저항적인 것으로 볼 것인가의 문제는 그리 단순한 것이 아니다. 나 자신이 분석에서 제시한 대안적 텍스트가 결국 1980년대 민중문화 텍스트의 저항적 가치를 절대화하는 것이라는 점에서 심교수의 비판은 정당하다고 할 수 있다. 또 다른 비판은 이른바 '잠재적 저항성' 혹은 '지배 속의 저항'이란 것이 사실상 형용 모순이며 나의 분석틀이 결국 대중의 지극히 사소한 저항에 지나치게 과도한 의미를 부여한 것이라는 비판이다(송승철, 2002: 71). 이러한 비판은 충분히 타당하다고 생각된다. 특히 나를 포함해 1990년대 문화담론에서 '지배 속의 저항'

에 대한 과도한 의미 부여가 도드라졌고 그와 함께 문화담론의 포퓰리즘 경향이 노정되었던 것에 대해서는 나 자신이 일정한 반성적 평가를 내놓은 바 있다(김창남, 2003).[1]

'지배 속의 저항'에 대한 과도한 의미부여는 1990년대 전반에서 가장 중요한 문화론적 주제 가운데 하나였던 신세대 담론에서 잘 드러난다. 신세대 담론은 매우 다양한 내용을 포괄하고 있지만 아주 거칠게 본다면 탈근대적인 사회변화와 정보통신혁명으로 인한 기술발전이라는 문화적 환경 속에서 등장한 신세대 문화의 양상이 현대 한국사회의 핵심적 변화를 담보하고 있다는 것, 그리고 신세대 문화의 전복적 특성이 가진 대안적 가치에 주목해야 한다는 것으로 요약될 수 있다(서동진 외, 1993). 서태지 신드롬과 함께 대두한 신세대 담론은 1980년대의 계급론적 틀에 대한 탈근대주의적 비판이 제기되는 것과 맞물리면서 한때 기존의 문화담론을 대체하는 대안적 담론의 지위를 부여받을 만큼 큰 관심의 대상이 된 바 있다. 그러나 신세대 문화에서 드러나는 탈근대적 특성이 일정하게 진보적 가치를 담보한 것은 틀림없다 해도 신세대 문화에 대한 과도한 의미부여가 결과적으로 문화에 대한 관심을 탈정치화하면서 대안 문화 담론의 진보적 문제의식을 해체시키는 성격을 가졌던 것을 부인하기 어렵다.

이상에서 간단히 살펴본 대로 1990년대의 문화담론은 민주화와 사회주의권의 해체, 마르크스주의의 위기를 배경으로 1980년대의 전투적 문화담론에 대한 반성으로 시작되었다. 1980년대의 방식으로 대안적 문제의식을 드러냈던 민중문화와 문화운동담론에 대한 반성은 예술론의 범주를 넘는 문화론의 요구, 대중에 대한 새로운 관점, 탈근대적 변화에 대한 수용 등으로 나타났다. 이런 속에서 문화의 시대, 문화담론의 시대를 이야기할 만큼 다양한 문화담론이 등장한 바 있다. 그런 문화담론은 1980년대의 진보적 문제의식을 새로운 시대에 맞추어 진화시킨 부분이 없지 않지만 동시에 진보 자체의 개념과 방향을 탈정치화 시키면서 결과적으로 진보 문

---

1) 그렇기는 하지만, 대중의 잠재적인 저항성에서 좀 더 저항적인 측면과 덜 저항적인 측면을 구분하고자 했던 나의 시도는 사소한 저항성에 과도한 의미부여를 하는 대중주의와는 일정한 차이를 가지고 있다고 생각하며 그런 점에서 다소 억울한 면이 없지 않다. 그러나 그런 이론적 시도를 어설픈 시도 이상으로 발전시키지 못한 점에서 비판을 면하기는 어렵다고 생각한다.

제의식 자체의 약화를 초래한 부분도 적지 않았다. 이데올로기적 요소가 쇠퇴하고 대중주의적 경향이 확대되는 것은 서구 문화연구의 일반적인 흐름으로 평가되기도 한다. 주창윤(1997)은 이에 관해 사회 체제를 변화시킬 수 있다는 믿음에 대해서 회의적인 '지적 비관주의'와 대중문화와 수용자의 능력을 높게 평가하는 '의지의 낙관주의' 사이의 딜레마라고 표현하며 이를 벗어나기 위해 문화연구가 미시적 관점에서 벗어나 거시적인 시각에서 문화 생산의 객관적 조건을 맥락과 역사의 관계 속에서 해명하는 데 집중해야만 한다고 주장한다(주창윤, 1997).

1990년대 이후 한국의 문화연구 경향을 비판적으로 개관하고 있는 유선영(2004)은 소비 대중의 텍스트 해독과 즐거움 및 수용에 눈을 돌리면서 계급과 이데올로기의 문제를 상실한 문화연구에 대해 "현실을 추구하는 이론의 책임 방기이며, 민주화의 매혹에 쏠려 자본주의 사회구성체 내부의 모순들이 새로이 재구성되거나 다른 양상으로 발전하는 것을 보지 못했거나 간과해 버린 오류는 '일찍 샴페인을 터뜨려 버린' 대한민국에서 가능한 지식층의 좌표 없는 표류"였다고 신랄하게 지적한다. 주로 현장의 비평가들에 의해 운동의 담론적 실천이라는 성격으로 진행된 바 있는 1980년대의 민중문화담론이 다소 도식적인 이데올로기 담론으로 흐른 반면, 1990년대 문화연구에서는 다양한 이론적 자원을 통해 대중과 대중문화의 개념과 내용이 훨씬 풍부해지기는 했지만 그 속에서 전반적으로 진보적, 혹은 대안적 문제의식은 후퇴하거나 불분명해진 것으로 평가된다.

4. 문화사회론과 새로운 형식의 문화운동

1990년대 문화담론에서 전반적으로 대중주의의 경향이 드러난 것은 틀림없지만 그런 가운데에서도 '자본주의 사회구성체 내부의 모순들이 새로이 재구성되거나 다른 양상으로 발전하는 것'에 주목하면서 문화담론의 차원에서 1980년대와는 다른 방식으로 대안적 문제의식을 발전시키는 논의는 문화운동 진영 내에서 꾸준히 이루어진 바 있다. 특히 1990년대 후반부터 계간지『문화과학』을 중심으로 펼쳐진 문화사회론은 새로운 패러다임의 문화론의 구성과 함께 좀 더 실천적인 대안을 탐색하는 노력을 보여주었다고 할 수 있다. 특히 이들의 담론은 그 이론적 주창자들 스스로 '문화연대'라는 시민운동 단체의 중심 세력을 형성하며 좀 더 현실적인 정책과 운동적 실천으로 연결되고 있다는 점에서 새로운 대안적 문화 담론으로 주목할 만하다. 사실 1980년대의 문화운동론이 쇠잔한 이래 새로운 상황의 전개 속에서 비교적 체계적인 논리를 갖추고 현실의 좀 더 새로운 운동적 실천으로 나아간 대안 문화담론으로서 문화사회론의 의미는 적지 않다고 말할 수 있다.

문화사회론은 단지 문화예술의 차원에서 이루어지는 문화적 실천의 범주를 넘어 문화 자체를 사회 전반의 재구조화를 위한 중추적 원리로 삼고자 하는 새로운 패러다임의 프로젝트라 할 수 있다. 문화사회는 자본주의적 노동사회를 대신하여 문화가 중심 원리로 작동하는 대안적 사회 시스템을 의미한다. 즉, 문화사회는 노동과 경제가 삶의 목적이 아니라 수단이 되며, 다수의 '삶의 질'의 향상이 목적이 되는 사회, 그리고 그 사회 속에서 개개인의 삶의 다양한 가치를 구현할 수 있도록 하는 사회 시스템을 실제적으로 구성해보자는 문제의식을 지칭하는 것이다(심광현·이동연 편, 1999: 12). 자본주의 사회는 모든 사람의 삶이 노동에 종속된 노동사회의 성격을 가지고 있다. 그러니까 문화사회는 자본주의의 모순을 극복한 이후의 새로운 사회의 상을 지칭한다.[2] 강내희(1999)에 따르면 문화사회란 "임금노동이든 직업노동이든 노동을 하지 않는다고 하여 삶을 어렵게 만드는 노동사회가 아니"며 "노동을 통한 착취로 인해 사람들이 고통 받는 사회가 아닌" 사회이다. 노동사회가 노동을 중심으로 인간의 삶을 구획하고 조직하는 사회라면 문화사회는 노동 대신 문화가 사회를 조직하는 중심 원리로 작동하는 사회이다. 그렇게 보면 문화사회론은 1980년대의 문화운동론이 사고했던 문화적 대안의 범주를 훌쩍 뛰어넘는다. 문화사회론은 문화예술적 실천의 차원이 아니라 사회전체의 구성과 삶의 조직 방식

---

[2] 문화사회론이 이른바 IMF구제금융과 함께 한 경제 위기 속에서 등장한 것은 의미심장하다. 문화사회론은 한국의 경제 위기가 단지 경제 차원의 위기가 아니라 사회적 위기이며 이는 경제 성장이나 경기 호전만으로 결코 치유될 수 없는 체제적 위기라는 인식에서 출발한다. 즉, 기존의 경제중심의 패러다임으로는 일시적인 경제 위기를 돌파할 수 있을지 몰라도 근원적인 사회적 위기를 극복할 수 없으며 이를 위해서는 그동안 당연시 해온 노동 위주, 경제 위주의 삶의 방식을 근본적으로 바꾸고 새로운 형태의 사회를 건설해야 한다는 것이다(강내희, 1999).

이라는 차원에서 제기된다. 그렇기에 문화사회론에서는 단지 예술의 문제만이 아니라 문화 전반의 변화, 산업과 정책, 생태학적 전망을 아우르는 주제들이 다루어진다.

대표적 문화사회론자의 한 사람인 심광현(2003a)에 따르면 문화사회의 전망은 현재의 생산성 제일주의와 무제한의 자본축적에 기초한 자본주의 경제 패러다임의 근본적 전환과 동시에 근대 경제 속에서 배태된 근대 문화의 틀 자체의 혁신과 전환을 동시에 요구하는 것이다(157). 이는 경제사회적 위기와 신자유주의적 퇴행의 '세계화'에 맞서 '민주적 대안'을 실천하기 위해 적극적으로 요구되는 '진보의 새로운 상' 잡기의 핵심을 이룬다(164). 심교수는 이런 문화사회로의 전환이 미래의 과제가 아니라 현재의 가장 시급한 실천적 과제임을 강조하며 이를 위해 문화운동의 새로운 실천적 전환이 요구됨을 역설한다.

문화사회론은 1990년대 이후 사회문화적 상황 변화에 대해 기존의 문화운동론으로는 적절한 대응이 불가능하다고 본다. 문화사회론자들은 우선 1990년대 이후 문화의 산업화가 본격화되고 문화의 사회적 위상이 급격히 변화한 것을 주목해야 한다고 주장한다. 특히 1998년 이후 '국민의 정부'가 들어서면서 문화산업을 21세기 국가 신기간산업으로 설정하고 기업들이 문화산업에 투자하기 시작하면서 이루어진 '문화와 예술의 산업화'는 1980년대의 진보적 문화운동이 펼쳤던 '문화와 예술의 정치화'와 일종의 대칭을 이룬다고 본다(심광현, 2003b: 171). 이런 변화 속에서 문화가 정치적 도구의 관점에서 이해되었던 1980년대와 달리 1990년대 이후 문화가 주변적인 것에서 사회의 중심적 현상으로 주목받기 시작했고 사회운동이 새로운 시민운동의 등장과 함께 활성화된 반면 문화운동은 침체되었다. 1990년대 중반을 기점으로, 국가 정책에 대한 적극적인 개입과 비판을 통해 새로운 시민운동이 그 지반을 새롭게 넓혀가면서 대중의 일상에 밀착해간 데 비해 문화운동은 새로운 소비문화의 스타일과 담론에 적응하지 못하면서 표류하고 있고 국가의 새로운 문화정책에 대한 비판과 개입도 적극적으로 조직하지 못하고 있다는 것이다. 1980년대 식 문화운동이나 전통적인 형태의 예술운동이 아닌 새로운 형태의 문화운동이 시급히 요청되는 것이 바로 이 지점에서이다.

여기서 최소한 두 가지의 새로운 과제가 제시된다. 하나는 공공문화정책에 대한 비판적 개입을 통한 참여민주주의 원칙에 입각한 '문화적 공공부문의 민주화'라는 과제이다. 또 다른 하나는 디지털매체를 축으로 한 새로운 문화산업의 경제주의화/상업주의화의 새로운 위험에 대한 집합적 대응과, 새로운 디지털 기술이 열어주게 될 문화생산 양식 변동의 진보적 동력을 어떻게 참여민주주의적인 방식으로 '재사회화'할 것인가라는 과제이다(174). 문화사회론은 바로 이 지점에서 문화운동의 재구성이 필요하다고 주장한다. 그 대략적인 내용은 다음과 같다.

우선 새로운 문화운동은 '문화적 공공부문'의 관료적 문화행정의 관행을 철저하게 비판하고 이를 참여민주주의적으로 재구성할 수 있는 구체적인 정책대안을 제시함과 아울러 이를 제도화할 수 있도록 시민사회와의 새로운 연대틀을 발전시키지 않으면 안 된다. 1980년대의 문화운동이 사회변혁의 과제를 안고 민중운동의 일부로서 움직였지만 이는 이데올로기 비판과 대중의 의식을 바꾸려는 운동에 주력했을 뿐 이데올로기와 담론, 문화적 실천이 작동하는 제도적 조건과 장치의 문제를 포착하고 이를 개혁하려는 문제의식은 부재했다. 이제 예술운동의 범주를 벗어나 문화 정책 전반에 실천적으로 개입하는 운동이 되어야 한다는 것이다. 다음으로 새로운 문화운동은 '문화적 공공영역화'라는 화두를 제기하면서, 기존의 문화적 공공영역의 전문가주의를 비판하는 일 외에도, 지역사회의 구체적인 삶의 맥락에 뿌리를 두는 새로운 문화활동을 창출하면서 이를 통해 참여민주주의적인 새로운 형태의 문화적 공공영역을 창출해가야 한다. 특히 지구화의 진전, 디지털 정보통신 기술의 발전에 따른 사회변화 과정에서 문화가 개개인의 일상생활과 공적 담론의 영역에 지대한 영향을 미치고 있기 때문에 이에 대한 시민사회의 비판적 참여와 개입이 불가피하다. 또한, 새로운 미디어의 등장과 함께 시민들이 더 이상 수동적 미디어 소비자가 아니라 능동적인 미디어 생산자로서 문화적 의사소통을 활성화할 수 있는 가능성이 높아지는 만큼 문화운동의 차원에서 이에 대한 적극적 대처가 필요하다는 것이다.

이와 함께 심광현(2003b)은 문화사회로의 이행을 위해 문화운동이 추구해야 할 문화 개혁의 과제들을 제시한다. 그가 제시한 과제들은 우선, 국가보안법을 포함해 사상 표현의 자유를 억압하는 일체의 제도적 장벽과 사회적 관행의 철폐, 중앙집중적이고 폐쇄적, 권위적인 문화 행정 체계와 제도운영을 분권적이고 개방적인 문화

행정체계로 개편하는 것, 문화예산 운영관행을 하드웨어 중심에서 소프트웨어 중심으로 개혁하는 것, 그리고 관변 예술가/예술 단체의 정경 유착의 고리를 척결하는 것 등이다.

문화사회론자들의 주장은 그들이 중심이 되어 결성 운영하고 있는 새로운 시민 문화운동 단체인 문화연대의 활동을 통해 다양한 방식으로 구체화되고 있다. 1999년 9월 출범한 문화연대가 그동안 벌인 활동은 대단히 광범위한 영역에 걸쳐 있다. 영화 '거짓말' 사태나 인터넷 내용 등급제 등 표현의 자유와 관련된 문제들이 있는가 하면 문화유산 관리나 용산미군기지 문제와 지역 문화축제 등 공간과 지역에 관련된 이슈들, 그리고 청소년 문화에 관한 활동이 있고 가요순위 프로그램 폐지운동이나 가요계 비리척결 등 대중음악 개혁운동, 또 문화영향평가의 제도화 추진[3]도 있다. 또, 정부와 지자체의 문화정책과 관련한 주요 사안에 대해 다양한 방식으로 개입해 왔고 문화예술 교육의 필요성을 일깨우고 방향을 제시하는 활동도 꾸준히 해오고 있다.[4]

문화연대는 이를테면 1980년대의 민중문화운동협의회(이후 민중문화운동연합, 다시 노동자문화예술운동연합으로 바뀜), 1990년대의 한국민족예술인총연합을 대신한 21세기 새로운 형식의 문화운동 단체라 할 수 있다. 문화연대의 활동은 앞서 살펴 본 문화사회론의 이론적 지향을 현실적으로 구체화하는 내용이라 할 수 있다. 문화연대의 활동이 주로 정책적 아젠다를 개발하고 정부의 문화정책에 적극적으로 개입하는 것, 혹은 문화 생산 유통의 구조 개혁의 문제에 집중하고 있는 것은 문화사회론이 과거의 민중문화론과는 여러모로 다른 지평을 가지고 있음을 말해주는 것이기도 하다.

---

3) 새로운 대안 문화담론으로서 문화사회론과 문화연대의 운동 방향의 성격을 집약적으로 보여주는 것이 이들에 의해 추진되고 있는 문화영향평가 제도화 운동이라고 할 수 있다. 문화영향평가는 문화적 가치가 사회의 중심적 가치가 되는 문화사회를 이루기 위해 정치, 경제, 사회 문화 등 국가 정책 전반을 문화적 관점에서 평가하는 것을 말한다. 현재 환경영향평가나 교통영향평가 등과 같이 문화영향평가를 법제화하기 위한 연구가 추진되고 있다.
4) 문화연대의 활동에 대해서는 〈www.culturalaction.org〉를 참조할 것.

5. 문화예술적 실천으로서 문화운동과 청년문화담론

　문화사회론은 기존의 예술 장르 개념에 기초한 진보적 문화 실천을 주요 내용으로 가졌던 1980년대 문화운동론의 한계를 넘어 사회 전반의 조직 구성원리로서 문화의 개념을 확장하면서 새롭게 사회체제 전반을 재조직하고자 하는 방대한 프로젝트로 이해된다. 이는 대안적 텍스트의 창작을 통한 이데올로기 투쟁에 집중되었던 1980년대식 문화운동의 한계를 넘어 대중의 일상적 문화실천 전반의 구조적 틀을 변화시키고, 나아가 사회적 삶의 질을 진보시키고자 하는 전망으로 확대된 것으로 볼 수 있다. 그렇지만 문화사회론이 보여주는 지나칠 정도로 근원적이고 거시적인 패러다임은 보기에 따라서는 대단히 유토피아적이며 추상적으로 비치는 것을 피하기 어렵다. 물론, 문화사회론은 아직 그 얼개만을 드러내고 있을 뿐이며 이를 구체화하는 운동적 차원의 시도 역시 아직은 초기 단계에 불과한 것으로 그 성과와 방향을 재단하기는 어렵다.

　그러나 적어도 아직까지는 문화사회론의 다소 과잉담론화된 측면에 비추어 그것의 현실적이고 실천적인 의미는 그다지 구체적으로 와 닿지 않는 면이 없지 않다. 특히 1980년대 이래 진보적 문화실천에 투신해 온 예술가들과 활동가들의 입장에서 보면 각자의 문화예술적 실천과 문화사회론의 거시적 패러다임을 연결시킬 수 있는 고리를 찾기가 쉽지 않은 것이 사실이다. 당대 사회의 모순을 총체적으로 형상화하는 예술작품의 생산을 목표로 했던 예술운동의 입장에서 보자면 예술이 문화사회로의 전환에 기여할 수 있는 경로란 극히 미약한 까닭이다(이동연, 1999). 사실 문화예술적 진정성과 작품의 미학적 진보성을 중요시하는 기존의 예술운동적 관점은 문화사회론이 추구하는 문화적 공공성과 대중의 문화적 권리를 표방하는 문화 민주주의적 관점과 일정하게 배치되는 측면이 없지 않다. 이동연(1999)은 이와 관련해 문화사회를 위한 예술운동적 실천의 몇 가지 과제를 제시하고 있다. 그것은 1) 예술생산 방식과 표현의 실험성, 2) 소수예술가 집단에 의한 새로운 예술운동의 생성, 3) 국가의 예술 정책 비판과 예술운동의 자기 정책 개발, 4) 문화적 권리로서 예술 환경의 공공성과 민주성 증대 등이다(201). 특히 예술의 생산과 관련하여 가장 필요한 것은 "탈장르적이고 탈제도적인 다양한 표현의 욕망을 실험할 수 있는 새로운 형태의 생산의 흐름을 생성하는 것"(206)이며 "이념적인 실천과 상품미학으로의 합병 사이에서 제3의 대안을 찾는 것"(206)이라고 말한다. 이동연이 말하는 제3의 대안과 관련하여 주목해야 할 지점은 기존의 예술문화적 교육체계와 상업주의적 메커니즘으로부터 벗어나 있는 소수 문화, 혹은 하위문화적 실천들이다(207-208). 흔히 인디 문화, 언더그라운드 문화, 혹은 독립 예술 등의 용어로 표현되는 하위문화 집단의 문화적 실천들은 과거의 이념적 중압감에서 자유로운 다양한 감수성을 표현하며 자본과 미디어의 권력에 대해 저항적인 태도를 취한다는 점에서 새로운 예술운동적 실천을 가능케 할 중요한 자원이라 할 수 있다.

한편, 이성욱(1997)은 다른 글에서 기술의 급속한 발전으로 인한 멀티미디어 환경에서 문화예술의 생산양식이 급진적으로 변화하고 있으며 예술가의 과제와 임무도 새로워지고 있다고 말한다. 여기서 그가 강조하는 것은 새로운 아방가르드적 실천의 필요성이다. 정치적 진보성과 문화(예술)적 보수성이 어정쩡하게 뒤섞였던 과거의 문화운동에서 아방가르드가 존재하기 어려웠다면 이제 새로워진 문화환경에서 새로운 형태의 아방가르드가 필요하다는 것이다. 새로운 문화예술 환경 속에서 아방가르드의 필요성을 주창하는 그가 청소년 문화의 중요성에 주목하는 것은 자연스럽다. 새로운 문화예술 환경과 생산양식에 가장 밀착해 있는 존재가 바로 청소년 세대이며 이들이 문화의 수용자로서나 생산 주체로서 점점 더 큰 비중을 차지하고 있기 때문이다. 청소년 세대의 새로운 감각, 스타일, 취향 등은 문화예술 생산에 있어 대단히 중요한 기반이 될 뿐 아니라, 그들이 성인으로 성장하는 과정은 전통문화와 새로운 문화가 생산적으로 교통할 수 있는지 단절될는지를 가늠하는 분기점이 되며 따라서, 우리의 문화운동 역시 청소년 문화에 대한 모색과 실천이 중요하다는 것이다(113).

이동연과 이성욱의 글은 논점은 다소 다르지만 문화사회론의 거시적 패러다임에서 충분히 언급되고 있지 않은 문화예술적 실천의 문제, 이를테면 문화예술 차원의 문화운동의 방향과 관련해 중요한 시사를 던져준다. 문화예술 환경의 변화와 기술 발전, 새로운 문화 주체로서 청소년의 부상과 그들의 새로운 문화적 감수성, 그리고 자본과 권력에 대해 저항적인 소수 문화 집단의 존재는 새로운 문화운동의 구상에서 가장 중요한 고려 사항이 되어야 할 것들이다. 이와 같은 조건 속에서 새롭게 모색되어야 할 문화운동의 방향과 관련하여 나는 청년문화라는 개념에 새롭게 주목할 것을 주장한 바 있다(김창남, 2000; 2004).

1970 · 1980년대 한국사회의 문화 구성에서 지배문화담론에 대항하는 대안 문화담론의 주체는 청년, 특히 대학이라는 공간을 중심으로 한 지식인 청년층이었다. 1970년대의 청년문화는 물론 1980년대의 민중문화담론에서도 지식인 청년층은 가장 중요한 문화적 생산자이자 수용자였다. 그러나 1990년대 문화에서 저항 담론의 핵심은 대학이나 청년이 아니라 신세대이며 특히 10대 후반에서 20대 초반에 이르는 청소년이다. 하지만, 앞서 신세대 문화론에 대해 언급한 바 있듯이 신세대 청소년 문화의 전복적 가치와 대안적 의의를 일정하게 인정한다 해도 그것은 매우 분명한 한계를 가진 것이며 그 한계는 결국 전망의 부재로 요약된다. 1990년대적인 저항 문화담론의 지위를 부여받기도 했던 신세대 문화담론의 의의는 결국 1980년대적인 집단주의의 강박에서 벗어나 개인이라는 주체를 발견한 것이라 할 수 있다.5) 그 자체는 새로운 사회와 삶의 가치에 접근하는 중요한 진보의 한 요소이지만 육체와 욕망의 거점으로서 '개인'이라는 주체는 대단히 창조적인 에너지를 가지고 있는 반면 자본의 놀라운 흡입력 앞에 너무나 무력한 존재일 수밖에 없다. 이는 이른바 신세대 문화의 저항적 에너지라는 것이 결국 자본의 그물망 속에서 이루어지는 소비문화의 형태로 존재할 수밖에 없다는 데서 단적으로 드러난다. 결국 막강한 자본 권력에 대항할 수 있기 위해 '개인'은 다시 '집단'과 '사회'라는 연대의 그물망 속에 위치하지 않으면 안 된다. 우리가 지금 청소년 문화에 주목해야 하는 이유는 이들이 곧 미래의 청년 문화의 주체이며 이들이 가지고 있는 문화적 에너지를 어

---

5) 1990년대 초 논란을 불러 일으키며 신세대 담론을 촉발했던 미메시스 그룹의 책 제목이 『신세대 ; 네 멋대로 해라』(현실문화연구, 1993)였던 것은 상징적이다. 신세대 문화담론의 키워드였고 또, 1990년대 문화담론의 중심주제였던 육체, 욕망, 소비, 정체성 등의 주제는 결국 개인, 즉 '나'라고 하는 주체로 수렴되며 이는 1980년대 문화담론의 핵심 주제였던 민중, 계급 등의 집단 주체, 즉 '우리'라고 하는 주체와 대립된다. 1970~80년대의 청년문화가 사회적 변화를 추동하는 힘일 수 있었던 것은 그것이 '나' 아닌 '남'과 '우리'의 가치에 바탕해 있었기 때문이며 그것이 결정적으로 힘을 상실한 것은 '나'라는 주체를 너무나 억압해 왔기 때문이다. 1990년대는 1980년대의 '우리'를 수많은 '나'로 환원하는 데는 성공했지만 궁극적으로 그 '나'를 '우리'의 연대망 속에 위치시키는 데는 실패했다(김창남, 2000).

떻게 조직하는가 하는 것이 새로운 대안 문화담론의 구성에서 가장 핵심적인 문제이기 때문이다. 그런 의미에서 나는 새로운 문화 주체로서 청년의 의미를 재구성하고 그 집단적 정체성을 새롭게 호출하는 노력이 필요하다고 본다. 이는 곧 신세대 청소년의 문화적 역동성과 1980년대 세대의 이념적 전망을 결합하는 새로운 형태의 연대를 구축하는 것이며 여기서 중요한 문화적 매개 역할을 할 수 있는 것이 탈자본적이고 탈권력적인 독립적 문화예술 활동이다(김창남, 2000).

조금 다른 맥락에서 청년, 혹은 소수자 문화의 문제를 이야기하고 있는 논자로 고길섶을 들 수 있다. 고길섶(1999)은 유례없는 문화과잉의 환경 속에 있으면서 현실적으로는 어느 때보다도 빈곤한 상태에 놓여 있는 현 시대 청년들의 삶을 카오스라고 표현한다. 그는 이런 카오스적 현실에서 청년 주체의 문화정치가 필요하다고 말한다. 그것은 다소간 불안정하면서도 역동적인 청년문화의 힘들이 사회 진보의 긍정적 에너지로 작용하도록 하는 이론적 실천적 노력을 의미한다(160-163). 다양한 청년 하위문화 집단의 주체들이 소통과 연대를 통해 삶의 문제와 문화의 문제를 동시에 사고하면서 권력과 자본과 체제화된 제도의 증식에 봉사하는 게 아니라 자기가치를 증식하는 소수자들의 힘을 모으는 청년문화 정치, 혹은 자유로운 소수자들의 연합(163)이 중요하다는 것이다.

권력과 자본의 지배에 대항하는 항체로서 청년, 혹은 청소년 집단의 하위문화가 보여주는 문화정치적 맥락에 주목하는 이 청년문화담론은 문화사회론과는 조금 다른 차원의 대안 문화담론이라 할 수 있다. 1990년대 한때 큰 관심을 모았던 신세대 문화담론에서 새로운 세대의 탈근대적 문화가 보여주는 새로움에 주목하면서 이를 어떤 식으로든 진보적 전망과 연관시켜보고자 하는 청년문화담론은 아직 어떤 체계화된 이론적 내용을 갖추고 있기보다는 다소간 이질적인 문제의식들이 새로운 세대의 문화적 에너지를 중심으로 교차하면서 이런저런 가능성을 모색하는 단계라고 할 수 있을 것이다. 그럼에도 청년문화담론이 의미 있는 것은 그것이 새로운 시대 문화운동의 주체와 내용, 형식을 사고하는 하나의 방식을 시사하고 있다는 점 때문이다. 1980년대의 문화운동이 민중문화라는 이념형을 가지고 있었고 이를 통해 대안적 문화예술 활동이 활발히 이루어졌던 데 반해 1990년대 이후의 변화된 상황은 이를 더 이상 쉽게 허용하지 않고 있다. 사실상, 1990년대 중반 이래 민중문화권의 예술 활동은 침체되어 있으며 민중문화적인 문화예술 텍스트도 활발히 생산되지 않고 있다. 이는 문화운동의 주체이자 주제로서 민중의 개념이 그만큼 이념적 또는 현실적 힘을 상실하고 있기 때문이다. 그런 가운데 진보적 문화예술 활동의 새로운 주체와 주제를 구성할 수 있는 대안 담론이 요구되며 청년문화담론은 그런 가능성 가운데 하나로서 의미를 갖는다고 볼 수 있다.

6. 맺음말: 대안 문화담론의 21세기적 진화를 위하여

이 글은 1990년대 이후 변화된 문화 환경 속에서 문화담론의 대안적 문제의식이 진화 혹은 해체되어온 과정과 새로운 대안적 문화담론의 성격을 보여준 몇 가지 논의들을 검토하고자 하는 의도였다. 1980년대 전 기간에 걸쳐 치열하게 전개되었던 민중문화와 문화운동담론은 1990년대 이후의 사회 변동 과정에서 급격히 그 힘을 상실한 바 있다. 이는 한국사회가 매우 빠른 속도로 민주화와 지구화의 과정을 밟으며 1980년대를 특징 지웠던 이데올로기 대립의 규정력이 약화된 데 기인한다. 이는 다시 1980년대의 문화 담론이 가졌던 특징, 즉 민중문화와 대중문화의 선명한 이분법, 그리고 문화운동이 주로 문예론 차원의 이데올로기 실천으로 한정되었던 한계를 반영하는 것이기도 하다. 1990년대의 변화된 상황 속에서 문화는 급속도로 산업화되었고 문화의 지위도 크게 달라졌다. 이와 같은 변화는 문화에 대한 새로운 시각, 그리고 대안에 대한 새로운 탐색을 요구했던 바 1980년대로부터 비롯된 민중문화운동 담론은 새로운 시대의 대안이 되기에는 적절치 않다는 반성이 제기된다.

1990년대의 새로운 주류로까지 각광받았던 다양한 문화담론은 상황의 변화 속에서 문화를 보는 새로운 시각의 추구를 보여주는 것이지만 중요한 것은 이런 문화담론의 범람 속에서 대안적 문제의식은 약화된 반면 다소 성급한 대중주의가 적지 않게 노정되었다는 점이다. 1990년대 이후 자주 운위되었던 문화의 시대라는 언표가 공공연하게 문화경제와 문화산업의 시대라는 의미로 해석되면서 문화 전반이 자본과 시장의 논리 속에 포섭되어 온 것이 그간의 과정이었다면, 1990년대 내내 문화를 둘러싸고 명멸했던 다양한 비평적인 담론들은, 결과적으로 문화를 자본 논리 속에 복속시키는 데 암묵적 혹은 명시적으로 동조했거나, 아니면 적어도 자본의 공세로부터 문화를 지켜내는 데 실패한 것이 아닌가 싶다. 따지고 보면, 1990년대 이후 오늘에 이르는 시기만큼 문화에 관한 다양한 담론이 만개한 적이 없지만 바로 그 시기에 대안적인 문화실천과 문제의식은 꾸준히 위축되거나 희석되었다. 이는 1990년대 문화담론의 본격적인 개화가 탈근대적 변화가 급진적으로 일어난 시기에 이루어졌다는 것과 무관하지 않을 것이다. 민주주의라고 하는 근대적 과제에 집중되었던 1980년대의 문화담론이 새로운 사회문화적 변화에 미처 적응하지 못한 채 엉거주춤하는 사이 1990년대 문화담론의 주류가 주로 탈근대적 문화 현상의 새로움을 좇는 방향으로 전개된 것이다. 그런 가운데 수십 년 간의 사회발전 과정에서 누적된 모순들이 터져 나오면서 극심한 사회적·경제적 위기를 맞게 되었고 여기서 좀 더 근원적으로 새로운 사회적 시스템을 구상하는 대안적 문제의식이 나타나게 되는데 문화사회론은 그런 문제의식의 연장에서 등장한다.

문화사회론은 그런 의미에서 1980년대적 의미의 대안 문화담론과는 차원을 달리하는 것이라 할 수 있다. 근대성과 탈근대성, 신자유주의와 노동의 위기, 그리고 문화적 공공성과 대중의 문화적 권리 등 다양한 주제를 넘나드는 문화사회론의 담론적 기획은 1980년대의 변혁운동론의 거대담론적 지위를 대신하는 야심찬, 따라서 보기에 따라서는 그만큼 유토피아적이며 허망한 프로젝트로 비치기도 한다. 하지만, 엄청나게 변화했고 지금도 변화하고 있는 사회문화적 환경에서 1980년대적 문화운동 개념이 무력할 수밖에 없음이 분명한 이상, 사회전반의 문화적 재구성을 목표로 하는 대안 문화담론으로서 문화사회론의 지향은 매우 중요하며 그 의미는 대단히 크다. 문제는 공공 문화정책에 적극적으로 개입하고자 하는 문화사회론의 전략이 현실적인 힘을 확보해가는 것과 함께 대안적 문화담론을 뒷받침할 문화적 주체의 형성이 매우 시급한 과제가 되고 있다는 점이다. 청년문화담론은 바로 이 지점에서 유의미한 사고의 한 지점을 담고 있다고 생각된다. 1980년대의 문화운동이 당대의 상황에서 나름대로의 성과를 올리며 한국사회의 문화적 지형을 변화시키는 데 기여할 수 있었던 것은 그것이 민중문화라는 대안적 주제를 분명하게 했고 당대의 진보적 지식인층과 노동자계급을 민중이라는 주체로 호출하는 데 성공할 수 있었기 때문일 터이다. 그런 의미에서 21세기의 문화운동은 '지금 여기'의 현실에 걸맞는 대안 담론적 주제와 이를 실천할 주체를 분명하게 세우는 것을 필요로 한다. 문화사회론이 1980년대의 민중문화론을 넘어 새롭게 제기된 대안 담론적 주제라면 여기에 더해 이를 구체화할 수 있는 문화실천의 주체가 좀 더 분명해질 필요가 있으며 청년문화담론은 이런 맥락에서 좀 더 본격적으로 조명될 필요가 있다. 특히 좁은 의미의 문화운동, 즉 진보적이고 대안적인 문화예술 활동의 전망과 관련하여 청년문화담론은 분명 여러 가지 실천적 함의를 담고 있다. 청년문화 운동은 시장과 자본의 논리에 포섭되지 않고 권력과 검열의 칼날에 주눅들지 않으면서 문화적 공공성을 확대하고 다양한 문화적 감수성이 자유롭게 꽃필 수 있도록 하는 것이며, 궁극적으로 대안적 가치가 살아 숨쉬는 대안적 사회와 삶의 체계를 만들어가는 것이다. 신세대 청소년 하위문화의 영역에서 보이는 다양한 문화예술적 실천은 새로운 청년문화 운동의 출발점이 될 수 있다. 청년문화담론의 실천적 함의를 구체화하는 것, 그리고 문화사회론과 청년문화담론의 유기적 결합의 방식을 모색하는 것이 21세기적인 문화운동론의 중요한 내용이 되어야 할 것으로 생각한다.

참고문헌

강내희, 1992. 「문화운동의 새로운 전략」, 『사회평론』, 1992. 6.

_____, 1996. 『문화론의 문제설정』, 문화과학사.

_____, 1999. 「문화사회를 위하여」, 『문화과학』 17.

_____, 2000. 『신자유주의와 문화』, 문화과학사.

강명구, 1992. 「대중소비주의 문화와 청소년문화」, KBS방송문화연구원, 『방송문화연구』 제4집.

강헌, 1993. 「한국 언더그라운드 대중음악의 지형학」, 김창남 외(편), 『노래4 - 대중문화 시대의 민족음악운동』, 실천문학사.

고길섶, 1999. 「청년문화, 혹은 소수문화론적 연구에 대하여」, 『문화과학』 20호.

김대호, 1986. 「한국의 노동계급문화에 대한 일고찰」, 서울대 신문학과 석사논문.

김명인, 1992. 「현단계 한국사회와 문학예술」, 『한국사회 이해를 위한 길잡이』, 월간 『사회평론』 1992. 1. 별책부록, 사회평론사.

김정환 외, 1986. 『문화운동론2』, 공동체.

김창남, 1989. 「80년대의 문화와 문화운동」, 『문학과 사회』 1989. 겨울.

_____, 1991. 『삶의 문화 희망의 노래』, 한울.

_____, 1995. 『대중문화와 문화실천』, 한울.

_____, 1998. 『대중문화의 이해』, 한울.

_____, 2000. 「새로운 세기 청년문화의 가능성」, 『디자인문화비평 3』, 안그라픽스.

_____, 2003. 「한국사회의 문화와 문화연구의 과제」, 다움문화기획연구회 편, 『문화다움』 창간호.

_____, 2004. 「김민기, 그리고 새로운 청년문화의 구상」, 김창남 편, 『노래5 - 대중음악과 노래운동, 그리고 청년문화』, 한울.

_____, 2004. 『노래5 - 대중음악과 노래운동 그리고 청년문화』, 한울.

김청석 외, 1986. 『80년대 한국사회』, 공동체.

김해식, 1985. 「자본주의 사회에 있어서 대중문화가 갖는 기능과 의미」, 서울대 사회학과 석사논문.

_____, 1993. 「1960년대 이후 한국언론의 성격변화과정에 대한 사회학적 연구」, 서울대 사회학과 박사논문.

김현섭, 2001. 『서태지담론』, 책이있는마을.

나원식, 1989. 「80년대 노동현장 문화예술활동의 궤적」, 『문학예술운동』 제3집, 풀빛.

박명진 외, 1996.『문화 일상 대중: 문화에 관한 8개의 탐구』, 한나래.

박영정, 1991.「80년대 민중문예운동 약사」, 정이담·박영정 편,『문예운동의 현단계와 전망』, 한마당.

서동진 외, 1994.『신세대론: 혼돈과 질서』, 현실문화연구.

송승철, 2002.「서구와 한국의 교차점: 문화 대중 변혁 진실」,『창작과비평』117.

심광현, 2003a.「'사회적 경제'와 '문화사회'로의 이행에 관하여」,『문화사회와 문화정치』, 문화과학사.

_____, 2003b.「문화사회를 향한 새로운 문화운동의 과제」,『문화사회와 문화정치』, 문화과학사

심광현·이동연 편, 1999.『문화사회를 위하여』, 문화과학사.

원용진, 1998.「정체성의 정치학」, 정재철 편,『문화연구이론』, 한나래.

유선영, 1992.「한국 대중문화의 근대적 구성과정에 대한 연구」, 고려대 박사학위논문.

_____, 1998.「홑눈 정체성의 역사 - 한국문화현상분석을 위한 개념틀 연구」,『한국언론학보』43-2. 겨울호.

_____, 2002.「식민지 대중가요의 잡종화: 민족주의 기획의 탈식민성과 식민성」,『언론과 사회』10-4.

_____, 2004.「한국 미디어문화 연구의 자기 성찰과 또 다른 선회」,『프로그램/텍스트』10, 한국방송영상산업진흥원.

이동연, 1997.『문화연구의 새로운 토픽들』, 문화과학사.

_____, 1999.「문화사회로의 전환을 위한 예술운동의 과제들」, 심광현·이동연 편,『문화사회를 위하여』, 문화과학사.

이성욱, 1992.「90년대 문화운동의 방향모색」,『문화과학』창간호.

_____, 1997.「문화운동은 바뀌어야 한다」,『문화과학』13.

이영미, 1998.『한국대중가요사』, 시공사.

이옥경, 1984.「70년대 대중문화의 성격」, 한국기독교사회문제연구원(편),『한국사회변동연구 1』, 민중사.

이중한 편, 1974.『청년문화론』, 현암사.

정이담, 1985.「문화운동시론 1」, 문승현 외,『문화운동론』, 공동체.

_____, 1986.「문화운동시론 3」, 김정환 외,『문화운동론 2』, 공동체.

주창윤, 1997.「문화연구, 어디로 가나」,『현대사상』4, 민음사.

채희완 외, 1985.『문화운동론』, 공동체.

황선진 외, 1983.「대중문화에 대한 비판적 고찰과 실천적 대안」, 송건호·강만길 편,『한국민족주의론 2』, 창작과 비평사.

장-피에르 바르니에, 2000.『문화의 세계화』, 주형일 역, 한울.

크리스 바커, 2001.『글로벌 텔레비전』, 하종원 · 주은우 역, 민음사.

토니 베네트(T. Bennet), 1996.「대중성과 대중문화의 정치학」, 박명진 외 편역,『문화 일
　　　상 대중』, 한나래.

제3장
성과 사랑의 윤리

이종영

1. 성과 사랑의 윤리의 기본형식

성과 사랑의 윤리는 기본적으로 두 사람 사이의 윤리이다. 집단섹스의 경우를 예외로 한다면, 성적 교류나 사랑은 기본적으로 두 사람 사이에 벌어진다. 게다가 집단섹스의 경우에서도 성관계 자체는 두 사람 사이의 성윤리에 기초할 수 있다. 두 사람 사이에서 윤리가 성립된다는 것은 두 사람이 이미 '사회'를 만들고 있음을 말해준다. 즉 두 사람 사이의 관계는 이미 '사회적' 관계이고 그리하여 윤리가 필요하다는 것이다.

그렇다면 모든 사회적 관계는 윤리를 필요로 하는 것일까? 그렇지 않다. 신분제적 지배관계나 자본주의적 착취관계에 윤리가 존재할 수 없듯이 말이다. 신분제적 지배관계나 자본주의적 착취관계를 하나의 '관계'로서 지속시켜주는 것은 윤리가 아니라 이데올로기와 사회규범이다. 이데올로기는 그러한 관계들을 정당화시켜주고, 사회규범은 그러한 관계들이 예견 가능한 규칙성을 가지고 지속될 수 있도록 해준다. 예컨대 자본주의적 착취관계 자체를 정당화시켜주는 것은 이데올로기이고, 그러한 착취관계 속에서 자본가와 노동자 사이의 일상적인 구체적 관계를 규제해주는 것이 사회규범이다. 즉 임금지급을 어떤 식으로 할 터이니 노동과정 속에서 어떻게 행위해야 한다는 것 등을 규정하는 것이 사회규범이다.

그렇다면 윤리는 이데올로기나 사회규범과는 다른 것인가? 그렇다. 물론 이데올로기나 사회규범은 '윤리'를 참칭하기도 한다. 그러나 그러한 것들은 단지 참칭된 거짓 윤리일 뿐이다. 윤리가 이데올로기나 사회규범과 구별되는 것은 그것들이 지속시키려는 사회관계가 성격을 달리 하기 때문이다. 이데올로기와 사회규범이 지속시키려는 것은 일반적으로 사회적 지배와 착취의 관계이다. 반면 윤리가 지속시키려는 관계는 '상호 주체적' 관계이다.

윤리란 무엇일까? 우선적으로 생각해볼 수 있는 것은, 윤리란 세계에 대해 우리가 갖는 특정한 태도라는 것이다. 물론 윤리란 자기 자신이 지켜나가야 할 태도이다. 하지만 그 태도는 바로 '세계에 대한' 태도라는 것이다. 그렇다면 우리는 왜 세계에 대해 특정한 태도를 지켜나가야 하는 것일까? 바로 세계에 대해 특정한 태도를 지켜나감으로써만 우리가 우리 자신의 존엄성을 견지할 수 있기 때문이다. 윤리란 인간동물이 스스로에게 존엄성을 확보해주기 위한 장치이다. 즉 윤리란 인간동물이 자기 자신에 대해서 갖는 '자기에의 배려'의 한 형태이다. 자기 자신을 배려하여 스스로에게 최소한의 존엄성을 부여하려는 형태가 그것이다. 그리하여 윤리는 결코 외적으로 부과된 것일 수 없다. 그 경우 존엄성이 확보될 수 없기 때문이다. 윤리는 자신의 내적 요청에 따른 것이거나 적어도 내적으로 완전히 납득된 것이어야 한다.

그렇다면 인간동물이 스스로에게 존엄성을 부여하기 위해 지켜나가야만 하는, 세계에 대한 특정한 태도란 어떤 것일까? 그것은 바로 타자의 존엄성을 지켜주는 태도이다. 다시 말해 우리 자신의 인간적 존엄성은 오로지 타자의 존엄성을 지켜줄 수 있는 능력을 통해서만 확립된다는 것이다. 그리고 타자의 존엄성에 대한 존중이란 그의 주체성에 대한 존중과 동일한 것이기 때문에, 타자의 존엄성을 지켜줌으로써 나의 존엄성을 확보하려는 장치로서의 윤리가 지속시키려는 관계는 상호 주체적 관계일 수밖에 없다. 즉 우리가 스스로의 존엄성을 확보하기 위해 견지해나가야 하는 태도인 윤리가 우리 스스로에게 요청하는 세계에 대한 관계는 바로 상호 주체적 관계이다.

지배와 착취의 관계를 지속시키는 이데올로기 및 사회규범과 상호 주체적 관계를 지속시키려는 윤리가 서로 대립한다는 것은 물론이다. 이데올로기와 사회규범에 의해 완전히 장악된 곳에서는 윤리가 존재할 수 없다. 예컨대 여성 억압적 성규범 하에서는 성윤리가 존재할 수 없다. 반면 이데올로기와 사회규범에 의한 장악이 완전할 수 없는 곳에서는 윤리가 섬처럼 고립되어 존재하거나 또는 규범과 갈등관계에 들어서기도 한다. 위선적 초월성에 대한 부정으로서의 '현대성'을 특징짓는 한 가지 경향성은 민중적 공공성 속에서 섬처럼 존재하던 특정한 윤리들이 외타적 (外他的) 사회규범에 맞서 스스로를 관철시켜나가는 것이다.

성적 교류와 사랑이 기본적으로 두 사람 사이에서 벌어지는 것이라고 해서, 이데올로기적 침투로부터 벗어나 있는 것은 결코 아니다. 성적 교류나 사랑이 사회적 효과를 갖는 한에서 이데올로기는 언제나 성적 교류와 사랑에 침투한다. 물론 성과 사랑의 윤리가 특정한 두 사람들 사이에서 고립된 섬처럼 존재할 수도 있다. 하지만 심지어 그러한 경우에도 성과 사랑의 이데올로기는 특정한 계기에 불쑥 자신의 모습을 드러내면서 성적 상호주체성과 사랑에 균열들을 만들어낼 수 있다. 따라서 성과 사랑의 윤리가 이데올로기와 사회규범에 대한 투쟁의 형식을 지닌다는 것은 두말할 것도 없다.

성의 이데올로기 가운데 대표적인 것은 성이 사랑과 분리될 수 없다고 하는 이데올로기이다. 그것이 이데올로기인 것은 사회적 실재에 있어서 성이 사랑과 분리되어 존재하기 때문이다. 따라서 그러한 이데올로기는 사랑과 분리되어 존재하는 성에 대해 억압적이다. 왜 그것을 억압하는 것일까? 그것은 물론 성을 사랑 속에 통합시킨 상태에 기초한 특정한 사회적 지배관계를 지속시키기 위한 것이다.

사랑의 이데올로기 가운데 대표적인 것은 희생과 헌신의 이데올로기이다. 이것이 이데올로기인 것은, 사랑의 실재가 결코 희생과 헌신의 속성만을 지닌 것이 아니기 때문이다. 따라서 그러한 이데올로기는 사랑의 또 다른 속성들을 사랑이 아닌 것으로 간주하고 억압한다. 그러한 이데올로기가 강조하는 희생과 헌신은 과연 무엇을 위한 것일까? 그것은 물론 피지배집단의 부당한 희생과 헌신을 토대로 한 기존의 지배질서를 지속시키기 위한 것이다.

하지만 이러한 이데올로기들이 과연 반(反)윤리적인 것일까? 사랑과 분리된 성보다는 사랑과 결합한 성이 더 아름다운 것이 아닐까? 또 사랑하는 사람을 위해 희생과 헌신을 할 수 있는 사랑만이 진정한 사랑이 아닐까?

그러나 여기서 '더 아름다운 것'이라든지 '진정한'과 같은 표현들은 바로 이데올로기를 내포하고 있는 표현들이다. '더 아름다운' 성이라는 이름 아래 자연적인 성생활이 억압되고, '진정한' 사랑이란 이름 아래 실재하는 자연적인 사랑이 억압되기 때문이다. 특정한 형태의 성생활만을 '더 아름답다'고 하거나 특정한 형태의 사랑만을 '진정한' 사랑이라고 주장하는 것은 어떤 숨겨진 동기를 깔고 있는 것이다. 예컨대 여성들과 피지배집단들에게 특정한 형태의 성생활이나 특정한 형태의 사랑만을 부과하려는 동기가 그러한 것이다. 게다가 그처럼 특정 행태의 성생활이나 사랑을 '아름답다' 또는 '진정하다'고 주장하는 사람들이 그처럼 '아름답고 진정한' 성생활이나 사랑만을 영위하고 있는 것이 전혀 아니라는 사실은 그러한 표현을 동반하는 주장들의 이데올로기적 성격을 명확히 드러내준다.

라깡은『세미나』7집에서 전통적 윤리학의 특징을 다음과 같이 규정한다. 즉 스스로 내세우는 '선(善)'의 이름 아래 타자의 욕망을 억압하는 것이라고 말이다. 라깡에 따를 때, 이처럼 규정되는 전통적 윤리학은 결국 지배자의 윤리학이다. 라깡은 누군가가 '선'에 대해서 말할 때, 그것이 과연 누구를 위한 '선'인지를 반드시 물어보아야 한다고 한다. 라깡이 말하려는 것은, 전통적 윤리학에서 내세우는 '선'은 결국 지배자를 위한 '선'에 불과하다는 것이다.

그 이유를 생각해보자. 무엇이 '선'인지는 개인에 따라 달라진다. 다시 말해, '선'은 각각의 개인이 추구하는 것에 따라 달라지는 개인적 범주이다. 이처럼 개인적으로 결정될 수밖에 없는 '선'을 사회적으로 부과할 수 있는 능력을 갖는 것은 사회적 지배집단일 수밖에 없고, 그 결과 사회적 지배집단에서의 '선'이 사회적 '선'으로 등장하게 된다. 하지만 그러한 '선'은 사회적 지배집단의 이해관계에 따른 '선'일 뿐이고, 그리하여 사회적으로 부과된 '선'은 지배집단의 이해관계를 위한 '선'일 수밖에 없게 된다는 것이다.

라깡이 전통적 윤리학에 대항하여 내세우는 명제는 "자기 자신의 욕망에 부합하게 행동하라"는 것이다. '선'은 모두를 위한 것처럼 제시되지만 실제로는 지배자를 위한 것이다. '선'이 욕망을 억압하는 것은 바로 그 때문이다. '선'이 진정으로 모두를 위한 것이라면 욕망과 대립할 이유가 없다. 지배집단은 "이것이 너를 위한 '선'

이야"라고 말하면서 욕망을 억압하지만, 그 '선'이 진정으로 나를 위한 것이라면 나의 욕망과 대립할 수가 없는 것이다. 여기에서 욕망은 나의 진정한 욕망, 그것을 실현함으로써 나의 존재가 동시에 실현되는 그러한 욕망이다. 그러한 욕망의 실현 이야말로 나를 위한 '선'이다. 라깡이 전통적 윤리학을 비판하고서 자신의 진정한 욕망에 따라 행동하라고 하는 것은, 그것이 바로 나를 위한 진정한 '선'이기 때문인 것이다. 그렇다면 각자가 "자신의 욕망에 부합하게 행동"하는 사회에서 윤리적 질 서는 어떤 방식으로 짜여질까? 물론 각자의 욕망을 존중하고 보호하는 형태로 짜여 질 것이다.

지배와 착취의 관계를 지속시키려는 이데올로기나 사회규범과는 달리, 윤리가 지속시키려는 관계는 상호 주체적 관계이다. 상호 주체적 관계의 토대를 이루는 윤 리가 지배자와 피지배자 사이에 성립할 수 없음은 명백하다. 지배자와 피지배자 사 이의 관계는 상호 주체적 관계가 아니기 때문이다. 또 전통적 윤리학을 지탱시켜왔 던 철학자들의 윤리학이 상호 주체적 관계의 토대인 윤리를 도출시킬 수 없다는 것 은 물론이다. 철학자들의 이데올로기적 윤리학은 고압적 형식을 갖기 때문이다. "공부를 많이 한 내가 무지한 너에게 가르치건대, 너는 이렇게 행동해야 해"라는 형식이 바로 그것이다. 철학자들의 윤리학은 기본적으로 대중에 대한 경멸과 무시 로 특징지어진다. 이것은 스피노자에게서도 예외가 아니다.

상호 주체적 관계의 토대로서의 윤리는 오직 서로의 동등성을 전제로 해서만 가 능하다. 그래서 기본적으로, 엄밀한 의미의 윤리는, 동등하게 노동하는 자들이 함 께 공존하기 위한 방식을 서로 모색해나가는 형식을 취한다. 물론 성과 사랑의 윤리 에서는 노동의 규정성이 직접적으로 드러나지는 않지만, 전제가 되는 것은 언제나 서로간의 동등성이다.

상호 주체적 관계는 어떻게 보장될 수 있을까? 서로의 동등성이 전제되어 있는 상태에서 각자의 개별적 차이를 존중하고 보호함으로써 가능하다. 그래야만 각자 는 자신의 주체성을 유지하면서 관계를 유지할 수 있다. 결국 관건이 되는 것은 서 로의 주체성을 유지하면서 관계를 유지하는 것이다. 그 두 가지 조건은 동등성의 인 정과 개별적 차이의 존중이다. 이 두 가지 조건이야말로 엄밀한 의미의 윤리, 상호 주체적 관계의 토대로서의 윤리의 핵심적 내용을 이룬다.

윤리는, 그것이 엄밀한 의미의 '윤리'인 한에서, 언제나 자발적으로 받아들여지는 것이다. 오직 윤리를 견지함으로써만 서로의 동등성이 인정되고 각자의 개별성이 존중될 수 있음을 서로 깨닫게 되기 때문이다. 즉 한편으로 자기 자신의 존엄성을 유지하고 다른 한편으로 '관계'를 유지하기 위해서는 엄밀한 의미의 윤리가 필요하다는 것을 깨달을 수밖에 없다는 것이다. 또 윤리는 개인사(史)적 수준에서 언제나 새롭게, 그러나 반복적으로, 생성된다. 각자의 개인적 경험 속에서 서로의 주체성을 유지하면서 관계를 유지할 수 있는 방식이 다양한 계기를 통해 소망되고 모색되기 때문이고, 그리하여 민중적 일상생활 속에서 서로의 동등성에 대한 인정과 개별성에 대한 존중을 토대로 한 공공성이 부단히 형성되기 때문이다.

성과 사랑의 윤리는 두 사람 사이의 윤리이다. 성과 사랑의 윤리는 오직 두 사람 사이의 윤리이므로 모든 윤리의 가장 기본적 형식을 이룬다. 즉 두 사람 사이의 만남을 통해서 가장 기본적 형식의 윤리가 성립할 수 있다는 것이다. 하지만 그러한 윤리는 가장 보편적인 것이기도 하다. 왜냐하면 가장 단순한 형식을 갖춘 그 윤리는 모든 사람에게 통용될 수 있는 것이기도 하기 때문이다.

가장 단순하고 가장 보편적인 형식의 윤리로서의 성과 사랑의 윤리는 어떤 원리적 내용을 갖는 것일까? 우선적으로 전제되는 것은 집합적 '선'의 부재이다. 성적 교류의 관계 또는 사랑의 관계에 있는 두 사람이 동시에 추구하여야 하는 어떤 당위적 '선' 같은 것은 없다는 것이다. 게다가 둘 중 어느 하나가 다른 사람에게 자신이 생각하는 '선'을 같이 추구하도록 부과할 수도 없다. 그 경우 두 사람 사이의 관계는 윤리적 관계가 아닌 지배관계로 전화되고 또 집합적 '선'이 두 사람 사이에 새롭게 탄생할 것이므로 말이다. 집합적 '선'이 계속 부재하도록 하기 위해 요청되는 것은 두 사람 사이의 동등성이다. 한 사람이 다른 사람에게 자기 나름의 '선'을 부과할 수 없다는 것은 두 사람이 동등성의 토대 위에서 상호 주체적 관계를 맺고 있다는 것을 뜻한다. 상호 주체적 관계란 물론 서로의 주체성을 존중하는 관계이다.

그렇다면, 두 사람이 동등한 주체의 자격으로 합의를 이루는 관계는 모두 윤리적 관계인 것일까? 동등한 법적 주체의 자격으로 계약을 맺는 자본가와 노동자 사이의 관계도 윤리적 관계일까? 여고생과 중년 남성이 만나 서로 동등한 주체의 자격으로 원조교제의 합의를 이룬다면 그것도 윤리적 관계일까? 당연히 그렇지 않다.

자본가와 노동자 사이의 관계가 윤리적일 수 없는 것은 우선 그 둘의 관계가 실질적으로 불평등한 관계이기 때문이다. 더욱이 자신이 가지고 일할 수도 없는 생산수단을 자본가가 독점하고 있다는 것은 그러한 생산수단을 이용해서 타자들을 노동시키고 그 노동결과를 탈취하겠다는 것으로, 근본적으로 비도덕적이다. 자본가와 노동자 사이의 관계가 윤리적 관계일 수 없는 결정적인 이유는 특히 자본가의 입장에서 그 관계가 노동자를 도구적으로 이용할 뿐인 대상적 관계이기 때문이다. 그 관계는 비록 그것을 성립시킨 계약이 어떠한 형식을 취했건 간에 상관없이, 결코 서로의 주체성을 존중하는 관계가 아닌 것이다. 그 관계는 서로를 수단으로 이용하는 교환관계일 뿐만 아니라 지극히 비도덕적인 교환관계, 착취적 교환관계이다.

그렇다면 여고생과 중년 남성 사이의 원조교제 관계는 어떠할까? 두 사람은 동등한 자격으로 합의를 맺지 않았는가? 하지만 동등한 자격으로 합의를 맺었다고 해서 윤리적 관계가 성립하는 것은 아니다. 원조교제의 관계도 자본가와 노동자의 관계처럼 교환관계이다. 자본가와 노동자 사이에서 화폐와 노동력이 교환되듯이, 중년 남성과 여고생 사이에도 화폐와 특정한 육체적 능력이 교환된다. 두 관계는 완전히 동일한 구조를 갖고 있다. 게다가 더욱 중요한 것은, 노동자의 노동력이 질료적으로 착취되는 것과 마찬가지로, 여고생의 육체도 단지 성적 대상으로 이용될 뿐이라는 것이다. 여고생과 중년 남성의 원조교제에서 두 사람 모두가 동등한 성적 주체로서 성적 교류의 관계를 맺는 것이 아니라, 중년 남성만이 단지 성적 주체로서 행위하고 있고, 여고생은 단지 성적 대상으로 기능할 뿐이다. 그러므로 원조교제에서의 성적 교류는 성적 윤리가 성립될 수 있는 기본적 조건을 결여한다는 것이다.

교환관계는 일정한 규범에 의해 지배된다. 하지만 그러한 규범은 윤리와는 전혀 다른 것이다. 교환관계는 윤리가 성립되기 이전의 관계이다. 혹시 교환관계를 매개로 교류관계가 성립할 수 있다면 몰라도 말이다. 그렇지만 그 경우 교류관계가 교환관계를 발전시키기 위한 도구적인 것이라면, 윤리는 여전히 들어설 자리가 없다.

2. 성 윤리와 성적 주체성

성 윤리와 관련하여 우선적으로 지적해야 할 것은 성 윤리와 결혼이 아무런 관계도 없다는 것이다. 결혼은 단지 역사적인 사회제도일 뿐이고, 일정한 윤리적 관계를 그 자체로서 구현하는 것은 아니다. 따라서 부부 사이의 윤리적 관계가 미혼의 연인들 사이의 윤리적 관계와 상이한 것이어야 할 아무런 이유도 없다. 예컨대 부부 사이의 윤리와 동거인들 사이의 윤리는 아무런 차이도 날 수 없다. 다시 말하건대, 결혼은 단지 역사적인 사회제도일 뿐이기 때문이다. 윤리는 역사적 관습에 의해 구속될 수 없다. 바로 그래야만 윤리는 사회규범으로부터 자립성을 획득한다. 즉 윤리는 역사적 상대성을 벗어나 모든 사람들에게 타당할 수 있음으로써만 윤리일 수 있다. 사회규범은 역사적인 것이고, 윤리는 보편적인 것이다.

결혼생활을 규제하는 사회규범은 윤리와는 다르다. 따라서 그러한 사회규범을 지킨다고 해서 부부관계가 윤리적 성격을 갖게 되는 것은 결코 아니다. 이슬람 사회에서 결혼을 하는 신부는 처녀여야만 한다. 하지만 신부가 처녀라는 사실은 어떠한 윤리성도 갖지 않는다. 신랑이 동정이건 아니건 윤리와는 아무런 상관이 없듯이 말이다. 신부가 처녀여야 한다는 것은 단지 특수한 사회규범일 뿐이다. 또 결혼한 부부가 서로 간에 성적인 정절을 지켜야 한다는 요청도 단지 사회규범일 뿐, 윤리와는 어떠한 상관도 없다. 그러한 요청은 서로 주체성을 존중하는 것이긴커녕, 오히려 당사자의 자기기만과 자기부정을 도출시키는 것이기 때문이다. 결국 중요한 것은 자기가 충실하고자 하는 관계에 충실한 것이다. 만약 혼외의 성교를 통해서 가족이 파괴될 수 있다면, 가족을 지키느냐 마느냐의 문제는 결국 개인적 결단의 문제이다. 즉 가족 관계를 비롯한 어떠한 관계가 지켜야할 귀중한 것인지 아닌지는 개인적 판단의 대상이라는 것이다.

내가 누군가와 혼외 성교를 하고 싶다고 할 때, 그것을 금지할 수 있는 윤리적 근거는 없다. 설령 내가 결혼관계에 있는 반려자에게 성적 정절을 지키겠다는 약속을 했다 하더라도, 그 약속은 오직 내가 그것에 대해 그야말로 '주체적으로' 충실할 수 있을 때에만 유효할 수 있다. 게다가 그 약속이 성과 사랑의 이데올로기에 의해 매개된 것이라면, 그러한 약속은 나의 주체성에 대해 어떠한 유효성도 가질 수 없고, 따라서 어떠한 윤리적 성격도 가질 수 없다. 또 누군가가 약속을 반드시 지키는 것만이 윤리적이라고 주장한다면 그는 사회규범을 윤리와 혼동한 것이다. 우리는 오히려 자기의 주체적 요청에 부합하지 않는 약속을 폐기하는 것만이 윤리적이라고 말할 수 있다.

10월 혁명 직후인 1917년 12월 19일과 그 1년 뒤인 1918년 10월 17일의 두 차례에 걸쳐 소련에서는 남녀 간의 완전한 동등성을 보장하는 방식으로 새로운 가족 관련 법령들이 반포된다(Anatole Kopp, 1975: 84). 그러한 법령들 가운데 특징적인 것은 우선 결혼 등록의 의무가 없어졌다는 것이다. 게다가 결혼을 등록하는 경우에도 혼외정사는 범죄적인 것으로 간주되지 않게 된다. 또 이혼이 매우 쉬워진다. 양자의 합의만 있으면 언제든지 이혼할 수 있고[1] 이혼 사유는 제시할 필요가 없어진다(W. Reich, 1970: 248). 이러한 사실들은 무엇을 뜻하는 것일까? 그것은 결혼과 이혼이 완전히 사적인 일이 되었다는 것이다. 결혼과 이혼이 사적인 일이 되었다는 것은 결혼과 동거 사이에 아무런 차이도 없게 되었다는 뜻이다. 결혼과 동거 사이의 차이가 없어짐에 따라, 합법적 아이와 비합법적 아이, 즉 적자와 사생아 사이의 차이도 제거되고(1921년 12월 18∼19일자 법령) 또 미혼모의 개념도 사라지기에 이른다(Kollontaï, 1977: 233-234).

오늘날 스웨덴에서도 결혼과 동거 사이의 차이는 실질적으로 소멸되었다. 결혼과 동거 사이의 가능한 차별을 없애기 위해 인구조사에서는 결혼도 모두 '동거'로 처리되고, 그래서 결혼 인구의 정확한 비율을 통계적으로 파악하는 것도 어려워졌다. 결혼이 이처럼 실질적으로 사적인 것이 됨에 따라 이혼도 동시에 사적인 것이 된다는 것은 물론이다. 결혼과 동거의 차이가 소멸됨에 따라 이혼은 동거하는 자들의 이별과 똑같은 것이 된다. 둘이 합의하면 언제든지 이혼할 수 있는 것이고 그것에 제동을 걸 수 있는 어떤 외적 층위도 존재할 수 없게 된다(Gaunt, 1986: 482-485).

---

1) 1925년에 개정된 혼인법에 따르면 한 쪽 편이 원할 경우 언제든지 이혼이 성립한다.

이러한 사례들을 통해 우리는 결혼이 단지 역사적 제도에 불과한 것임을 다시 확인한다. 결혼과 이혼의 공공화는 기존의 가족질서를 지탱시켜주는 핵심적 장치이다. 결혼이 사적인 것이 되어 동거와의 차이가 사라지는 것은 다음과 같은 두 가지 효과를 갖는다.

1) 다양한 형태의 친밀성의 공간들이 공존할 수 있게 되었다는 것
2) 사랑의 관계에 있는 자들이 자신의 주체적 요구에 충실할 수 있게 되었다는 것

이러한 효과들의 획득이 뜻하는 것은 결혼이란 제도가 내적·외적으로 가지고 있는 폭력성이 종식된다는 것이다.

성 윤리와 결혼이 아무런 관계도 없다는 사실은 '혼전 성교'와 '혼외정사'에 관한 이데올로기적 질문들을 단번에 폐기시킨다. "혼전 성교는 윤리적인가?", "혼외정사는 윤리적인가?"라는 것들이 그러한 질문들이다. 혼전과 혼외의 성교는 단지 사실로서 실재하는 것일 뿐, 그 자체가 어떠한 윤리적 함의를 가질 수는 결코 없다. 관건은 단지 혼전과 혼외의 성교가 어떠한 방식으로 진행되어야 윤리적일 수 있을까 하는 것이다. 하지만 이때 '혼전'과 '혼외'라는 수식어가 부가될 어떠한 필요도 없음은 두말할 것도 없다. 동거의 특정한 역사적 형태일 뿐인 결혼이 성교 형태를 구분짓는 척도가 될 수는 없기 때문이다. 성적 교류는 그것이 혼전이건 혼외이건 상관없이 단지 성적 교류일 뿐이며, 모든 성적 교류는 근본적으로 동등하다.

역사적 제도로서의 결혼에 부여된 특권은 성 윤리를 부부관계에 종속시켰다. 그 결과는 진정한 성 윤리의 파괴, 그리고 성 규범에 의한 성 윤리의 대체이다. 하지만 역사적 제도의 상대성으로부터 자립적인, 보편적 원칙과 관계하는 엄밀한 의미의 윤리학으로부터 도출되는 명제는 오히려 **가족생활과 사랑에 대한 성 윤리의 우위**이다. 이것은 무엇을 뜻하는 것일까? 그것은 첫째로, 부부관계에서도 성 윤리가 지켜져야 한다는 것, 둘째로 사랑의 관계 속에서도 성 윤리가 지켜져야 한다는 것이다. 즉 부부라는 이유로 성 윤리가 훼손되어서는 안 된다는 것, 또 이른바 사랑을 앞세워서 성 윤리를 훼손해서는 안 된다는 것이다. 다시 말해, 오직 성 윤리를 철저하

게 지킴으로써만 부부관계와 사랑의 관계가 보호될 수 있다는 것이다.

자, 역사적 제도로서의 결혼에 어떠한 특권도 부여할 수 없으므로, 모든 성적 교류는 동등하다. 결혼 여부는 성적 교류의 윤리적 척도일 수 없다. 결혼을 했다고 해서 성적 교류에 구조적 차이가 도입되는 것은 결코 아니고, 또 그래서는 안 된다. 가족생활과 사랑보다 성 윤리가 우위를 점하기 때문이다. 그렇다면 성적 교류는 어떻게 윤리성을 획득할 수 있을까? 성적 욕망은 사랑과는 달리 타자의 주체성이 아닌 대상성을 향하는 것이 아닌가? 타자를 단지 성적 대상으로 간주할 뿐인 성적 욕망의 실현이 과연 윤리적 성격을 가질 수 있을까?

성적 교류의 관계가 하나의 성적 욕망과 하나의 성적 대상으로 이루어질 경우, 그 관계는 결코 윤리적일 수 없다. 그 관계는 한 성적 주체가 한 성적 대상을 자신의 성적 욕망의 실현을 위해 이용하는 지배관계일 수밖에 없기 때문이다. 윤리적 관계는 모든 지배관계를 배제한다.

성적 교류가 윤리적 관계일 수 있기 위한 최소한의 기본 조건은 하나의 성적 욕망과 하나의 성적 대상이 아니라 두 개의 성적 욕망이 만나는 것이다. 성적 관계를 맺는 두 사람이 모두 일정한 의미에서 성적 주체여야 한다는 것이다. 그러나 그럼에도 불구하고 두 명의 성적 주체는 서로를 성적 욕망의 실현을 위한 대상으로 보고 있는 것이 아닐까? 서로를 성적 대상으로 간주하는 두 개의 성적 욕망이 만난다는 것은 하나의 성적 욕망과 하나의 성적 대상이 만나는 것과 근본적으로 동일한 것이 아닐까? 서로를 성적 대상으로 바라볼 뿐인 성적 주체들 사이의 관계는 어떠한 윤리도 개입할 여지가 없는 동물적 관계에 불과한 것이 아닐까?

사실상 성적 욕망은 우리가 의식적으로 통제할 수 없는 자연적 힘이다. 아우구스티누스가 자신의 의도와는 상관없이 성기가 발기하는 것에 대해 곤혹스러워 했듯이, 우리는 결코 우리의 의도에 따라 완전히 자유롭게 성적 욕망을 조절할 수 없다. 성적 욕망을 가져야겠다고 해서 성적 욕망이 생겨나거나 성적 욕망을 없애야겠다고 해서 그것이 없어질 수 있는 것이 아니라는 것이다. 성적 욕망은 우리 내부에서 우리의 의지와는 아무런 상관없이 관철되고 있는, 독립적이고 자기운동적인 자연적 힘이다. 종의 재생산을 위한 성교에 돌입할 수 있도록 생물학적으로 프로그램화된 힘이 그것이다.

결국 두 개의 성적 욕망이 만나는 관계도 마찬가지로 동물적 관계이다. 단지 하나의 성적 욕망과 하나의 성적 대상이 만나는 관계처럼 그 출발점에서부터 폭력적이지 않을 따름이다. 모든 성적 관계는 동물적 관계이다. 그러나 그렇다고 하여 거기에 윤리가 들어설 여지가 없는 것은 아니다. 직접적으로 주어진 일차적인 동물성의 상태에 대한 이성적 반성이 가능하기 때문이다. 물론 인간의 고유성이라고 간주되는 언어활동이나 인식능력도 단지 인간 종(種)에 고유한 인간적 동물성일 따름이다. 개미가 개미의 종에만 고유한 특수한 동물성을 갖듯이 말이다. 따라서 인간동물들 사이의 관계에서 윤리가 성립할 수 있다면 아마도 그러한 윤리 또한 기본적으로 동물적일 것이다. 즉 인간 종에만 주어진 인간적 동물성으로서의 이성적 반성능력과 자기지양능력에 따라 윤리가 성립할 것이다. 하지만 인간동물들 사이의 관계에서 윤리가 언제나 확고하게 성립하기보다는 오히려 예외적으로 성립하거나 오랜 갈등의 결과로서만 일반화된다면, 그것은 인간에게 내재적으로 잠재하고 있는 윤리적 능력이 어떤 상황에서나 손쉽게 구현될 수 있는 것만은 아님을 말해준다.

내가 어떤 타자에게 성적 욕망을 느낀다고 해보자. 이 경우 타자 또한 나에게 성적 욕망을 느끼고 자신의 성적 주체성을 부과할 수 있다면, 나와 타자 사이에 성적인 상호 주체적 관계가 성립한다. 하지만 그 타자가 나에게 성적 욕망을 느끼지 못하는 상태에서 내가 나만의 성적 욕망을 그에게 부과한다고 해보자. 이때 나와 타자의 관계는 성적 폭력의 관계가 된다. 성적 지배관계의 역사적 변화에 따라, 성적 폭력관계에 대한 사회적 용인 정도가 달라진다는 것은 물론이다. 남성들이 지배집단을 이루고 여성들이 피지배집단을 이루는 경우를 생각해보자. 이 경우 성적 윤리는 단지 예외적으로만 성립할 수 있다. 게다가 그러한 예외적 상황에서도 성적 폭력은 언제든지 등장할 수 있는 잠재성을 가진다. 사회적 지배관계가 성적 주체들에게 내면화되어 있을 수 있기 때문이다. 따라서 다른 모든 윤리에서와 마찬가지로, 성적 윤리의 성립은 성적 관계를 맺는 당사자들 사이의 동등성이 사회적으로 성립될 것을 조건으로 요청한다. 그래야만 성 규범은 성 윤리로 대체될 수 있는 것이다.

물론 윤리가 언제나 직접적으로 주어진 일차적 동물성의 상태에 대한 명시적 반성의 결과로서만 성립한다는 것이 자명하지는 않다. 사회적 지배관계의 외공간에서 성립하는 민중적 공공성이 직접적인 대면의 관계에서 비롯되는 것처럼 여겨질 수 있다면 말이다. 그러한 민중적 공공성은 언제든지 윤리적 관계의 토대를 이룰 수 있는 것이다. 타자가 나에게 주체적 존재로 와 닿고 또 내가 그 타자에 대해 나의 주체성을 드러내고 견지할 수 있을 때, 윤리적 관계의 성립조건은 벌써 존재한다. 하지만 그러한 경우에도 이미 서로 간에 맺어야 될 '관계'의 형태에 대한 일정한 반성이 의식적 또는 무의식적으로 행해졌다고 보아야 하지 않을까? 그 반성이 기존 관계에 대한 부정의 형식을 갖지는 않았지만 말이다. 즉 적어도 서로의 관계를 유지할 수 있는 방식에 대한 무의식적 반성이 행해졌으리라는 것이다.

반면 사회적 지배관계가 이미 존재하는 곳에서는 언제나 피지배집단의 저항이 윤리의 성립을 위한 반성의 결정적 계기를 이룬다. 윤리를 성립시키는 반성이 관념의 순수한 자기운동을 통해서 이루어질 수는 없기 때문이다. 성적 지배관계에 대한 여성들의 저항이 성 윤리의 성립을 위한 반성의 물질적 계기를 이루듯이 말이다.

중요한 것은 윤리만이 타자를 타자로서 대하는 관계, 타자의 타자성에 대한 관계를 성립시킨다는 것이다. 윤리를 성립시키기 위해 반성이 필요하다고 할 때, 그러한 반성이 '반성하는' 것은 관계의 형식에 대한 것이다. 즉 관계가 어떠해야지 서로에게 상생적인 관계일 수 있는지를 반성한다는 것이다. 이처럼 타자와의 관계에 대해 반성을 하는 것은, 스피노자가 말했듯이, 인간의 삶에서 가장 큰 의미를 갖는 것이 타자들이기 때문이다. 삶의 의미는 결국 타자들과의 관계로부터 부여된다는 것이다. 인간들이 여타의 사물들을 '욕망'하는 것도 모두 타자들과의 결여된 관계를 대리로 메우기 위한 것이듯이 말이다.

자, 윤리는 타자와의 관계에 대한 반성을 통해 성립한다. 관계가 자기부과적인 일방적인 것이 아니기 위해서는 '타자 자체'와 관계를 해야 한다. '타자 자체'란 무엇일까? '타자 자체'란 나의 눈에 드러난 타자의 겉모습이 아니라 타자를 타자로서 성립시키는 그의 고유한 내면, 그의 진정한 욕망, 그의 존재가 추구하는 것이다. 즉 타자와 사물적 관계를 맺는 것이 아니라 '타자 자체'와 내적인 교류를 할 수 있을 때, 관계는 타자의 타자성에 대한 관계로 성립하는 것이다.

헤겔의 '주인과 노예의 변증법'에서 주인은 자신에게 행하는 노예의 인정(認定)에 대해 절망한다. 그 인정은 진실한 것이 아니기 때문이다. 힘에 의해 강제로 굴복한 노예는 주인에게 어쩔 수 없이 인정을 행하지만, 그것은 단지 겉모습일 뿐이다.

노예가 내면적으로 주인에 대해 어떤 생각을 가지고 있는지는 전혀 알 수 없다. 아마도 노예는 자신을 굴복시킨 주인에 대해 겉모습과는 달리 내적으로는 전혀 받아들이지 않고 있을 것이다. 하지만 노예는 외적인 강제로 인해 자신의 내면을 드러낼 수 없다. 결국 주인은 노예의 인정을 결코 신뢰할 수 없고 그래서 절망하는 것이다. 싸르트르의 다음과 같은 말은 매우 시사적이다. "나는 이러저러한 행위들을 강요할 수도 있고, 또 이러저러한 발언들을 강요할 수도 있다. 하지만 그것은 마치 내가 한 남자를 붙잡으려고 할 때, 그 남자가 그의 외투를 내 손에 남겨놓고서 빠져나가 버리는 일과 한가지다. 내가 소유하는 것은 외투며, 그것은 껍질이다"(싸르트르, 1993: 136).

내적인 요청이 아닌 외적 필연성에 의해 맺어지는 모든 관계는 내적인 소통이 전혀 없는 '외투들' 사이의 관계와 같은 것이다. 사실 도구적 관계를 포함한 모든 비자발적 관계는 '타자 자체'와의 관계가 아니다. 모든 비자발적 관계에서 타자는 단지 도구적 목적에 종속된 사물적 존재에 불과하다. 그러한 관계에서는 타자와의 인격적 교류가 불가능하다. 만약 '관계'가 타자와 내면을 일정하게 나누는 것, 서로가 서로에 대해 일정한 의미를 갖게 되는 것이라고 할 수 있다면, 그리하여 서로가 서로에 대해 '관여'하게 되는 것이라고 할 수 있다면, 모든 비자발적 관계는 단지 관계의 외적 형식만을 취하는 것이라고 할 수 있다. 그러한 관계들은 그것들을 성립시킨 외적 계기가 사라지면 더불어 소멸되어버리는 임시적 관계들이다.

윤리는 관계를 타자와의 관계로써 지속시키려는 것이다. 우리는 다음과 같이도 말할 수 있다. 윤리는 외적인 강제 없이 관계를 지속시키기 위한 것이라고. 왜냐하면 상호 주체적이 아닌 대부분의 관계는 단지 다양한 형태의 외적인 강제를 통해서만 지속될 수 있을 뿐이기 때문이다. 그렇지만 외적인 강제로써 관계를 지속하는 것이 한계가 있다고 할 때, 우리는 단순하게 다음과 같이 말할 수도 있다. 윤리는 단지 관계를 지속시키기 위한 것이라고.

이제 우리의 문제로 되돌아가자. 서로를 성적 대상으로 대하는 성적 주체들 사이의 관계가 윤리적일 수 있을까? 이 경우 두 사람은 모두 서로를 성적으로 욕망하고 있다. 이 상황은 한 성적 욕망과 한 성적 대상의 만남처럼 순수하게 동물적인 것이다. 한 성적 욕망과 한 성적 대상의 만남과 두 성적 욕망의 만남 사이의 차이는 우연적인 것일 뿐이다. 한 성적 욕망과 한 성적 대상이 우연히 만나듯이, 우연히 두 개의 성적 욕망이 마주칠 수 있는 것이다. 그리고 그 경우 두 사람은 서로를 단지 자신들의 성적 욕망을 실현하기 위한 대상으로만 간주할 수 있다. 따라서 이 경우는 두 개의 성적 대상들 사이의 만남이라고도 말할 수 있는 것이다.

여기서 우리가 알 수 있는 것은 두 성적 주체가 만난다고 해서 반드시 성적 상호주체성이 성립하지는 않는다는 것이다. 성적 상호주체성이 성립하는 것은 두 성적 주체가 서로를 성적 주체로서 인정할 때이다. 서로가 성적 주체로서의 서로의 욕망을 존중하고 받아들일 때에만 성적 상호주체성이 성립한다는 것이다. 서로가 성적 주체로서의 서로의 욕망을 존중하고 받아들인다는 것은 무엇을 뜻하는 것일까? 그것은 우선 기존의 사회규범에 따라 타자의 성적 욕망을 판단하지 않는다는 것이다. 타자의 성적 욕망이 기존의 규범에 적합한지 아닌지를 문제삼지 않는다는 것이다. 타자의 성적 욕망이 폭력적이지 않은 한에서, 또 타자가 나의 성적 욕망을 존중하는 한에서 말이다. 또 그것은 타자의 성적 욕망에 대해 나 자신을 내어놓는다는 것이다. 이는 타자의 성적 욕망 자체를 내가 나 자신의 것처럼 진정으로 인정함으로써 가능한 것이고, 또 그러한 전제 하에서 나도 나 자신의 성적 욕망을 타자에 대해서 실현할 수 있는 것이다. 따라서 성적 상호주체성은 서로의 성적 욕망에 대한 진정한 인정 하에서 서로에 대해 자신을 내어놓는다는 점에서 두 성적 대상들 사이의 만남이 아니라 두 성적 욕망들 사이의 만남인 것이다. 관건이 되는 것이 서로를 대상화하는 것이 아니라 서로의 욕망을 존중하는 것이기 때문이다.

서로의 성적 욕망을 존중하는 성적 상호주체성의 성립을 보장하는 성 윤리는, 그것이 타자의 성적 욕망에 대한 규범적 판단을 배제한다는 점에서, 질르 리뽀베츠키가 말하듯이 '사회규범에 대한 성의 자율화'로 현상된다. 여태까지 죄악으로 간주되었던 성생활이 이제 가장 큰 향유의 계기로 완전히 받아들여질 수 있게 되고, 두 연인이 합의만 한다면 모든 것을 행할 수 있게 된다. 성은 억압되고 감시되고 승화되어야 하는 것이 아니라, 타자에게 피해를 끼치지 않는 한에서 타부 없이 표현되어야 하는 것이 된다(Gilles Lipovetsky, 1992: 60-61). 결국 성적 상호주체성의 토대로서의 성 윤리는 콜론타이의 다음과 같은 생각을 실현시켜주는 것이다. "사회는 성적 사랑의 모든 형태를 인정하는 것을 배워야 한다. 단 두 조건이 있는데, 타자에게 피해를 주어서는 안 되며, 경제적 질곡의 도출물이어서는 안 된다"(Kollontaï, 1977: 166).

하지만 성적 상호주체성이 두 개의 성적 욕망의 만남만으로 환원되는 것은 아니다. 성적 주체가 단순히 성적 욕망으로 환원되는 것이 아니기 때문이다. 성적 주체는 일종의 능력으로서의 성적 주체성의 담지자이다. 그렇다면 성적 주체성은 어떠한 능력일까?

첫째로, 성적 주체성은 자신의 성적 욕망을 명확히 표현하고 그것의 실현방식을 모색할 수 있는 능력이다. 이런 의미에서의 성적 주체성은 단지 자신의 성적 존재를 담지할 수 있는 능력에 불과한 것이지만, 그러한 능력이 부단히 전통적 성 규범들에 의해 부정되어 왔다는 것이 중요하다.

둘째로, 성적 주체성은 성행위를 주체적으로 영위할 수 있는 능력이다. 성행위를 주체적으로 영위한다는 것은 무엇을 뜻하는 것일까? 중요한 것은 성행위가 언제나 성관계의 형태를 취한다는 것이다. 성행위가 성관계의 형태 속에서 존재한다는 것은, 성적 주체성이 성관계를 유지할 수 있는 주체적 능력의 내용을 갖는다는 것이다. 따라서 **성관계가 성적 주체성을 규정한다**. 성관계에 의해 규정된 성적 주체성이란 성관계를 존중할 수 있는 능력이다. 성행위는 성관계 속에서만 존재하고, 성적 주체성은 성관계를 유지하는 능력이기 때문이다.

결국 성적 주체성은 단지 억제할 수 없는 성적 욕망에 의해 압도되는 객체적 성격의 것일 수 없다. 성관계를 유지할 수 있는 주체적 능력으로서의 성적 주체성은 타자와의 성적 관계를 유지하기 위해 자신의 성적 욕망을 적절히 규제할 수 있는 능력이기도 하고, 또 성관계의 결과를 예견하고 책임질 수 있는 능력이기도 하다. 다시 말해 성적 주체성은 성관계 자체를 성적 파트너와 더불어 조율하고 계획하고 책임지는 능력이기도 하다.

결국 내가 나 자신의 성적 주체성을 견지해나간다는 것은 단지 나의 성적 욕망을 부단히 표현하는 것으로 그치는 것이 아니라 성행위에 따라 도출될 수 있는 모든 결과에 대해 책임을 떠맡는다는 것이기도 하다. 바로 그러한 경우에만 성적 행위자는 자신을 압도하는 성적 욕망에 의해 포획된 객체적인 존재를 벗어나 그야말로 성관계의 '주체'로 성립할 수 있기 때문이다. 따라서 성관계를 상호 주체적 관계로 규제할 수 있는 능력으로서의 성적 주체성은 그 자체가 타자의 성을 배려하는 성적 상호주체성의 전제이기도 한 것인데, 이것은 성이 언제나 관계 속에서만 존재하기 때문이다. 즉 성관계의 주체로서의 성적 주체성은 이미 성적 상호주체성을 내포하고 있는 것이다.

그렇다면, 성관계로부터 도출될 수 있는 가장 중요한 결과란 어떠한 것일까? 그것은 물론 생물학적 과정으로서의 성관계의 결과인 임신이다. 임신이란 새로운 타자의 생명을 잉태하는 것이다. 따라서 임신에 대한 성적 주체들의 책임은 새로운 타자에 대한 배려와 존중이라는 성격을 갖게 된다. 임신과 더불어 성적 주체들은 새롭게 존중해주어야 할 타자와의 윤리적 관계 속으로 들어가게 되는 것이다.

임신으로 인해 새롭게 배태된 생명에 대해 지켜주어야 할 윤리적 관계란 어떠한 것들일까? 그것은 기본적으로 새로운 생명의 타자성에 대한 존중과 새로운 타자의 존재에 대한 배려이다. 임신을 통해 배태된 생명이 타자라는 것은 무엇을 의미할까? 그러한 타자의 타자성을 존중해야 한다는 것은, 그러한 타자의 존재를 배려해야 한다는 것은 무엇을 의미할까?

새롭게 배태된 생명이 타자라는 것은 그 생명에 대해 자신의 의지를 마음대로 부과하면 안 된다는 것이다. 그 생명을 그 생명이 원할 수 없는 상황에서 탄생시켜서는 안 된다는 것이다. 어떠한 상황이 그러한 상황일까? 그것은 타자로서의 새로운 생명에게 치유할 수 없는 좌절과 상처들을 안겨줄 수 있는 상황, 새로운 생명이 지니는 존재적 요청들을 무참히 파괴하는 상황이다. 따라서 성관계를 통해 탄생하는 새로운 생명과 관련된 첫 번째 윤리적 관계는, 그 생명이 자신의 탄생을 기쁘게 받아들일 수 있는 것으로 논리적으로 가정될 수 있는 상황에서만 출산을 하여야 한다는 것이다.

하지만 그러한 상황은 결혼 여부와 아무런 관계가 없다. 왜냐하면 두 성적 주체는 자신들이 원하는 경우 언제든지 출산을 할 수 있고, 어떠한 사회적 기구도 그것을 금지할 권리를 가질 수 없기 때문이다. 오직 한 가지 제한이 있다면, 그것은 좌절과 상처를 줄 수 있는 조건에서 새로운 타자를 탄생시키면 안 된다는 것이다. 반면 이른바 미혼모와 사생아에 대한 차별은 새로운 타자에 대해 사회가 저지르는 범죄임이 명백하다. 그러한 차별의 이유로 제시되는 가부장제 가족의 보호가 이른바 미혼모와 사생아에게 가해진 상처들을 그 대가로 치를 만한 가치를 갖는 것일 수 없는 한에서 말이다. 이른바 미혼모 문제와 관련하여, 스웨덴에서의 다음과 같은 변화상은 무척 흥미롭다.

우선 1950년대까지만 해도 스웨덴에서 미혼모는 사회적 오명과 경멸의 대상으로, 가족의 수치로 간주되었고 학교에서도 퇴학당했다. 그 결과 적지 않은 수의 미혼모가 자살을 택한다. 1960년대에 와서는 부모의 반응이 매우 달라져 임신한 딸을 적극적으로 도와 가능한 한 빨리 일을 수습하는 방향으로 나아간다. 반면 1970년대에는 본인 스스로 모든 것을 결정하도록 선택의 권한이 부여된다. 미혼모 자신이 자신의 인생에 대해 자주적으로 책임지게 되었다는 것이다. 또 1970년대에는 낙태법이 제정되어 나이 어린 여성이 임신중절을 하는 데 제한이 없어졌다. 결국 스웨덴에서 1970년대 이후로는 미혼모가 되는 것이 더 이상 불명예로 여겨지지 않게 되었다. 여학생이 임신을 하면 출산 후 무사히 학교를 마칠 수 있도록 제반 편의가 제공되고, 또 지역사회에서는 그 학생이 상황을 잘 감당할 수 있도록 지원해주기에 이르렀다는 것이다(변광수, 1993: 199-201).

스웨덴에서 소위 미혼모를 둘러싼 이러한 태도변화가 말해주는 것은 다음과 같다.

첫째로, 결혼이 임신의 조건을 이룬다는 규범적 태도가 완전히 소멸되었다. 결혼이 임신의 조건을 이룬다는 규범적 태도는 반(反)윤리적인 것이다. 왜냐하면 윤리란 서로의 주체성을 보장해주는 장치이기 때문이다. 누구든지 새로운 생명을 정성껏 돌볼 수 있는 상황에만 있다면, 결혼 여부와는 아무런 상관없이 아이를 낳을 자유를 갖는다. 이 경우 윤리란 오직 그처럼 결정한 여성의 의도를 존중해주는 것일 뿐이다.

둘째로, 새로운 생명과 임신한 여성에 대한 사회의 윤리적 태도가 확립되어간다. 윤리란 서로의 주체성을 동등하게 보장하는 장치로서 성립되지만, 새롭게 배태된 타자에 대한 존중은 모든 사회 성원에게 부과되는 윤리적 태도이다. 사회성원들은 새롭게 세계에 도래할 생명의 고유한 인격이 손상당하지 않고 성장할 수 있는 조건을 제공하여야 하는 것이며, 그러한 의미에서 그 생명을 배태한 여성도 동시에 보호해야 하는 것이다.

그렇지만 새로운 생명에 대한 윤리는 다른 한편으로 그 생명의 인격이 파괴될 수 있는 상황에서는 오히려 출산을 금지하는 것이다. 그러한 상황에서의 출산은 새로운 생명의 존재적 요청을 부정하는 것이기 때문이다. 그러한 상황에서의 출산은 엄연한 타자로서의 아이가 자신의 존재적 요청에 따라 삶을 영위할 수 있게 해주는 것이 아니라, 새로운 생명의 타자성을 부인하는 부모들의 자의에 따른 것일 뿐이다. 부모는 그 경우 새롭게 출산될 아이를 타자적 인격체로 존중하는 것이 아니라 단지 자신들을 위한 도구로 간주한다.

새로운 생명의 타자성을 존중할 수 없어서 출산이 금지되어야 할 상황들이란 예컨대 다음과 같다.

1) 두 부모가 모두 과도한 자본주의적 임금노동이나 자영업 노동으로 혹사당해서 새로운 생명의 존재적 요청들에 충분히 부응할 수 없는 상황

2) 가족, 학교와 같은 사회화 기구들이 새로운 생명의 존재적 요청들과 인격적 자립성을 존중하고 보호하는 것이 아니라, 오히려 외적 목적을 위하여 도구화하여 그 내면을 파괴하고 왜곡시키는 상황

3) 성장한 후 의미 없는 노역으로 평생의 삶을 소진하여야 할 상황

4) 타자와의 경쟁과 갈등 속에서 자신을 지켜나가기 위해 야수적(野獸的) 존재가 될 수밖에 없는 상황 등등.

이러한 상황들에서 생명의 출산은 생명의 내적 파괴와 다를 바 없는 결과를 도출시킬 것이다. 따라서 그러한 상황들을 폐기하지 않는 한, 새로운 생명의 탄생을 정당화해줄 수 있는 상호 주체적 윤리, 즉 새로운 생명의 주체성과 기존 사회성원들의 주체성 사이의 상호존중은 성립할 수 없다. 물론 내가 여기서 강조하려는 것은 조건들을 만들어나가야 한다는 것이다.

새로운 생명에 내재하는 존재적 요청들이란 새로운 생명이 자신의 존재를 온전히 유지하기 위해 충족시켜야 하는 요청들이다. 라깡이 언제나 강조하고 있듯이 이러한 요청들 가운데 생물학적 필요의 충족은 오히려 부차적인 것이다. 아이의 사랑의 요청을 필요충족의 요청으로 오해하는 어머니는 결코 좋은 어머니일 수 없듯이

말이다. 새로운 생명의 존재적 요청 가운데 핵심적인 것은 사랑받고 또 존중받고자 하는 요청이다. 물론 새로운 생명의 내재적 운동에 대한 존중은 그 생명이 성장하여 타자들을 존중할 수 있게 된다는 전제 하에서 행해지는 것이지만 말이다.

사랑을 받고자 하는 새로운 생명의 존재적 요청이 성관계를 맺는 남성과 연관되는 특별한 사항 한 가지는 새로운 생명이 존재론적 공허를 느껴야 하는 상황에서 탄생하면 안 된다는 것이다. 이때 존재론적 공허란 특히 자신을 탄생시킨 부모가 누구인지 알 수 없을 때 자신의 기원 문제와 관련하여 발생하는 것이다. 특히 문제가 되는 것은 아버지의 존재이다. 기아(棄兒)의 경우를 제외하곤 어머니를 알 수 없는 경우란 거의 존재하지 않기 때문이다. 따라서 성관계를 맺는 모든 남성은 예기치 않은 임신으로 탄생할 수 있는 모든 생명에 대한 기본적인 윤리적 태도로서, 자신이 아버지임을 밝힐 준비가 되어 있어야 한다. 예컨대 스웨덴에서처럼 모든 남성은 자신과 성관계를 맺는 여성이 출산한 아이의 아버지를 밝히기 위해 DNA 검사를 받을 준비가 되어 있어야 하는 것이다.

그렇지만 자신이 아버지임을 밝힐 수 있는 준비가 언제나 되어 있어야 한다는 것이 임신과 출산을 언제나 두 성적 주체의 합의를 통해 결정해야 한다는 것을 의미하지는 않는다. 왜냐하면 임신과 출산은 여성이 하는 것이고 따라서 여성에 의해 단독적으로 결정될 수 있는 것이기 때문이다. 이 사실은 자녀에 대한 양육의 권한이 기본적으로 여성에 속해있음을 말해주는 것이기도 하다. 단지 여성이 새로운 생명의 타자성을 충분히 존중할 수 있는 조건에 있다는 전제 하에서 말이다. 즉 여성은 임신과 출산을 단독적으로 결정하는 경우 새로운 생명의 보호를 전적으로 책임져야 한다는 것이다.

자녀에 대한 양육의 우선적 권한을 기본적으로 여성이 가져야 하는 것은 단지 새로운 생명의 혈통에 대한 확인이 부계적으로는 언제나 불확실하다는 사실 때문만이 아니다. 무엇보다도 중요한 것은 임신, 출산, 수유의 과정이 여성에 의해 담당된다는 것이고, 그래서 '노동의 원리'에 의해 자녀에 대한 양육의 우선적 권한이 여성에게 귀속된다는 것이다. 공장이 착취를 목적으로 자본을 투자한 자본가에게가 아니라 그 속에서 노동을 행하는 노동자들에게 당연히 속해야 하는 것이듯이, 새로운 생명에 대한 양육의 우선적 권한은 정액을 제공했을 뿐인 남성이 아니라 자궁 속에서 새로운 생명을 키우고 돌본 여성에게 속하는 것이다.[2] 이것은 여성과 아이 사이의 특수한 교류관계에 대한 존중의 당연한 귀결이고, 따라서 성적 상호주체성의 토대로서의 성 윤리가 성관계의 기본적 전제로서 설정해야 하는 것이다.

성 윤리의 기본적 원칙은 성적 상호주체성의 보장이다. 그리고 그러한 원칙으로부터 도출되는 것이 새로운 생명의 타자성과 모성에 대한 존중이다. 이러한 성 윤리는 기본적으로 남성-성인 중심적 사회규범들에 대립한다. 여태까지 남성-여성-아동의 삼각형이 남성-성인의 지배를 보장하는 방식으로 짜여져 있었음은 물론이다. 기존의 성 이데올로기와 성 규범들은 가부장적 가족질서와 남성-성인 지배를 직접·간접적으로 지지하는 방식으로 짜여져 있고, 성 윤리의 확립과정은 언제나 성 이데올로기와 성 규범에 대한 투쟁의 형식을 갖는다.

그러나 성 윤리가 대결하여야 하는 것은 기존의 성 이데올로기와 성 규범에 그치는 것이 아니다. 자본주의적 성 상품화는 다음과 같은 효과들을 통해 성 윤리의 존립 자체를 위협한다.

첫째로, 성적 타자를 오직 대상성의 형식 속에서만 제시함으로써 주체성을 부인하고 사물화 한다. 성교에 이르기까지의 불필요한 과정의 단축은 이제는 자본주의적 성 상품화에 힘입어 오히려 타자 속에서 오직 육체만을 바라보는 사물화로 전환된다. 둘째로, 상품화된 이미지에 압도된 성적 주체로 하여금 타자의 성적 육체 자체를 향유할 능력을 잃게 만든다. 이제 성관계는 단지 상품화된 이미지를 투사하는 자기 내적 관계로 전락한다. 셋째로, 성적 과잉자극을 통해 성적 주체성 자체를 교란시킨다. 성적 주체는 이제 과잉축적된 흥분의 방출을 성관계의 목적으로 삼게 되어 성적 관계를 지속시키는 능력으로서의 성적 주체성을 견지하지 못하게 된다.

결국 자본주의적 성 상품화에 노출된 성적 주체는 타자의 성적 주체성을 존중할 능력뿐만 아니라 자기 자신의 성적 주체성마저도 상실하기에 이른다. 자본주의적 성 해방은 단지 자본의 이윤축적을 위한 성 해방일 뿐이다. 위선적인 가부장들의 성 규범에 대항한 성 해방은 그러므로 결코 자본의 논리에 종속된 성 해방이어서는 안되고, 성적 상호주체성을 보장하는 성 윤리에 입각한 것이어야 한다.

---

2) 예전에 프랑스 68년 혁명과 관련된 한 자료에서 "공장을 노동자에게, 자궁을 여성에게"라는 식의 구호를 본 적이 있는데, 그것이 정확히 어떤 자료였는지는 기억이 나지 않는다.

3. 사랑의 윤리

　사랑의 윤리도 성 윤리와 마찬가지로, 그것이 엄밀한 의미의 윤리이기 위해서는, 상호주체성의 윤리일 수밖에 없다. 사랑의 윤리란 서로 사랑하는 두 사람이 서로의 주체성을 존중하기 위해 견지해야 하는 태도이다. 서로 사랑하는 두 사람이 서로의 주체성을 존중한다는 것은 당연한 것이 아닐까? 그렇지 않다. 오히려 일반적인 사태는 정반대이다. 왜냐하면 사랑하는 사람은 종종 사랑을 이유로 내세우면서 타자에게 자기 자신을 부과하려 하기 때문이다. 사랑하고 있다는 사실 자체가 자신을 타자에게 부과할 수 있는 이유라고 생각한다는 것이다. 게다가 사랑하는 사람들은 종종 상대의 주체성을 유린할 뿐만 아니라 가끔씩은 자기 자신의 주체성마저도 상실한다. 헤겔은 『정신현상학』에서 사랑의 어려움에 대해서 말하는데, 그 어려움은 진정으로 사랑의 대상을 위해서 행위할 수 있는 능력을 우리가 갖추지 못했다는 데서 비롯되는 것이다(헤겔, 1992: 1권 520).

　문제의 핵심은 사랑 자체가 주체적 행위가 아니라는 데 존재한다. 사랑 자체가 주체적인 것이 아니라면 어떻게 사랑에서 상호주체성이 가능할까? 우리는 자신의 주체적 의지에 따라 사랑의 상대를 선택하는 것도 아니고, 또 주체적 의지에 따라 사랑의 과정을 완전히 규제할 수 있는 것도 아니다. 사랑은 어느 날 문득 우리를 엄습해와 우리를 집어삼키는 일종의 객체적 힘이다. 라깡이 미발표 『세미나』 9집에서 우리는 사랑의 주체가 아니라 "사랑의 희생자"라고 말했듯이 말이다. 사랑은 우리를 능가하는 힘이므로 우리는 사랑의 주체가 될 수 없다. 사랑이 도래할 때 우리는 사랑의 힘에 압도되고 그 논리에 종속된다. 하지만 우리가 사랑이 도래하는 그 시점에만 사랑의 힘에 압도되는 것은 아니다. 사랑은 그것이 존속하는 한 우리를 지배한다. 사랑은 '마음의 자기운동'이다. 그리고 우리는 그러한 '마음의 자기운동'에 대해 어찌해볼 도리가 없는 것이다.

　사랑의 이러한 객체적 성격은 사랑이 기본적으로 생물학적 사실이라는 데서 비롯된다. 사랑은, 플라톤의 『향연』에서 소크라테스가 디오티마의 입을 빌어 말하듯이, 종의 재생산을 위해 생물학적으로 프로그램화된 힘이다. 이러한 생물학적 힘은 우리 내부에 잠재되어 있다가, 우연히 만난 특정한 상대가 그것을 호출할 때 불현듯 우리를 엄습하여 완전히 집어삼킨다. 디오티마는 사랑의 목적을 "아름다운 것 안에 생식을 하고 자식을 낳는 것"으로 규정한다(플라톤, 1994: 206e). 아름다움 또는 성적 매력이라는 미끼에 현혹되어 결국은 성교에 이르고 그리하여 종의 재생산에 이바지하게 되는 것이 사랑의 과정이라는 것이다.

사랑의 이러한 생물학적 성격은 사랑의 감정이 갖는 유적(類的) 보편성을 통해서도 드러난다. 사랑의 감정은 개인적으로 가장 절실한 감정이다. 하지만 그것은 결코 순수하게 개인적인 것이 아니라 사랑에 빠지는 모든 사람에게서 동일하게 나타나는 일종의 종적(種的) 또는 유적(類的) 감정이기도 하다. 오직 나만의 절실한 감정인 줄 알았던 것이 놀랍게도 결코 자신의 것만이 아닌, 모든 인류에 공통되는 생물학적 감정이라는 것이다. 그리하여 우리는 사랑의 기쁨과 고통을 노래하는 유행가 가사를 마치 자신의 얘기인 듯 공감하며 따라 부를 수 있다.

만약 우리가 우리를 압도하는 사랑의 생물학적 힘에 완전히 종속되어 '사랑의 희생자'가 되고 그리하여 우리의 주체성을 여지없이 상실해버린다면, 사랑의 윤리는 성립될 수 없다. 라깡은 『세미나』 1집에서 다음과 같이 말한다. "사랑에 빠질 때 우리는 미친다. 속된 표현을 쓰자면 말이다"(Lacan, 1975a: 163). 만약 우리가 사랑에 빠질 때 진짜로 미친다면 사랑의 윤리는 불가능하다. 자기를 통제할 수 없는 미친 사람들끼리의 윤리는 상상할 수 없으므로 말이다. 하지만 우리가 사랑에 빠진다고 해서 완전한 광기에 종속되는 것은 아니라는 것은 명백하다. 라깡의 표현은 단지 은유적인 것일 뿐이다. 주변에서 언제나 확인할 수 있듯이, 사랑이 우리를 사로잡는다고 해도 우리는 여전히 나름의 판단능력을 간직한다. 사랑은 우리의 주체적 능력을 완전히 제거하지는 못한다. 사랑은 생물학적으로 프로그램화된 힘이 특정한 대상과의 만남에 의해 호출되는 것이긴 하지만, 그렇다고 하여 사랑의 구체적 실현형태가 생물학적 층위로 완전히 환원되는 것은 아니다. 왜냐하면 사랑의 구체적 실현형태는 다른 많은 층위들의 매개를 거치는 것이기 때문이다. 사랑의 광기 속에서도 우리가 일정하게 간직하는 주체성이 사랑하는 상대의 주체성을 일정하게 존중할 수 있는 능력을 아직도 갖추고 있다면, 사랑의 윤리는 최소한으로나마 성립될 수 있다. 생물학적 힘의 압력 속에서 무척이나 힘을 들여 자신을 견지해 나가면서.

사랑은 역사적 시대에 따라, 그리고 각각의 개인의 주체적 조건에 따라, 상이한 형태로 구현된다. 사랑의 윤리의 성립조건은 성 윤리의 성립조건과 동일하다. 즉 그것은 서로 사랑하는 두 사람이 서로의 완전한 동등성이라는 토대 위에서 서로의 주체성을 존중하고 보호하는 것이다. 따라서 사랑의 윤리는 이러한 조건을 실천할 수 있는 개인의 주체적 역량을 요청한다.

하지만 개인의 주체적 조건은 역사적으로 규정된다. 그리하여 우리는 사랑의 윤리가 성립되기 매우 어려운 역사적 시대들이 존재한다는 것을 알 수 있다. 물론 사랑의 윤리는 두 사람 사이의 윤리이다. 두 사람의 주체적 능력이 시대의 규정을 뛰어넘을 수만 있다면, 사랑의 윤리는 어디에서든지 성립될 수 있다. 하지만 시대적 규정은 개인들의 무의식 속에까지 깊숙이 침투해 그들을 장악해버리는 것이다.

앞에서 언급하였듯이, 동등성은 모든 윤리의 조건이다. 서로 간의 동등성이 전제되어야만 각자의 주체성을 충분히 존중할 수 있기 때문이다. 성적 지배가 실현되고 있는 곳에서 남성과 여성이 서로의 동등성을 유지하면서 사랑할 수 있을까? 그럴 수 없다. 그러한 곳에서 남성은 여성을 지배하면서 동시에 사랑한다. 남성의 사랑은 성적 지배를 관철시키는 방식으로 행해지는 것이다. 이것은 모든 가부장제 사회에서 일반적이고, 가부장제가 온존되거나 아직 완전히 붕괴되지 않은 부르주아 사회에서도 상황은 비슷하다. 부르주아 사회에서 연애는 일정하게 서로의 동등성을 유지하면서 행해지지만, 그 연애가 결혼과 더불어 '해피 엔드'로 종식되게 되면, 여성은 가정이라는 '사적 공간' 속에서 사랑의 이름으로 지배를 받는다. 부르주아 사회에서 이처럼 지속되는 가부장제가 연애과정마저도 일정하게 각인하리라는 것은 물론이다.

남성의 성적 지배가 관철되는 곳에서 사랑은 '남성적 사랑과 여성적 사랑의 접합'이란 형태를 취한다(이종영, 2001: 제1장 참조). 남성적 사랑이란 가부장제 사회에서 남성의 지위에 걸맞게 행해지는 사랑이다. 성적 지배자가 성적 피지배자에 대해 행하는 사랑이 그것이다. 지배자인 남성은 피지배자인 여성을 어떠한 방식으로 사랑할까? 남성적 사랑은 '보호하는 사랑'으로 특징지어진다. 단지 남성이 여성을 사랑해서 '보호'하는 것이 아니라, 남성이 여성을 사랑하는 방식 자체가 '보호'

를 기본적 내용으로 하도록 사회적으로 규정된다는 것이다.

하지만 그러한 '보호'가 여성의 주체성에 대한 보호가 아님은 물론이다. 그러한 '보호'는 여성이 어린이처럼 보호받아야 될 대상으로 사회적으로 규정되었음을 전제한다. 다시 말해 그러한 '보호'는 여성의 주체성에 대한 보호기는커녕, 오히려 반대로 여성은 주체성을 결여한다는 이데올로기적 규정에 따른 보호이다. 주체성이 없기 때문에 보호받아야 한다는 것이다. 그러나 그러한 보호가 바로 여성의 주체성을 붕괴시키는 것임은 물론이다. 사실 사랑이 보호로 환원될 수는 결코 없지만, 보호 또한 사랑으로 환원될 수 없다. 남성들의 '보호하는 사랑'은 언제나 사랑을 넘어서는 그 무엇을 내포한다. 지배가 바로 그것이다. '보호하는 사랑'의 대상이 되는 존재들이 보호를 필요로 하는 사회적 약자의 위치를 부여받고 있다는 것이 그 증거인데, 이것이 말해주는 것은 사랑받는 여성의 주체성이 사랑을 행하는 남성에게 양여된다는 것, 다시 말해 사랑의 명목으로 여성이 남성에게 지배를 받는다는 것이다.

그렇다면 남성적 사랑에 대응하는 여성적 사랑은 어떤 내용을 갖는 것일까? 가부장제 사회에서 여성적 사랑은 기본적으로 자신에게 보호를 베푸는 남성에 대하여 '흠모하고 인정하는 사랑'의 성격을 갖는다. 여성적 사랑은 성적 지배자인 남성에 대해 성적 피지배자인 여성이 행하는 사랑이다. 그러한 사랑은 결코 특정한 상황에 처한 여성들에 의해 자발적으로 행해지는 것이 아니라, 성적 지배자인 남성들 자신의 요구에 의해 규정된 것이다. 가부장제 사회에서 남성들은 자신들에게 행해져야 할 사랑의 방식마저도 규정한다. 가부장제 사회의 남성들이 바라는 것은 사랑 그 자체라기보다는 사랑의 한 형태인 여성적 사랑이다. 그러한 형태의 사랑만이 자신들의 지배를 보장해줄 수 있기 때문이다. 만약 여성이 남성과 같은 방식의 '보호하는 사랑'을 남성에 대해 행한다면, 그것은 과연 '사랑'으로 받아들여질까? 그렇지 않다. 그러한 사랑은 오히려 남성의 지배자적 위치를 위협하는 일종의 '착란적'인 것 또는 적어도 '교란적'인 것으로 여겨질 것이다.

남성을 인정하고 존경하는 여성적 사랑은 남성의 지배에 대한 복종의 결과로 성립한다. 이러한 여성적 사랑은 남성의 주체성에 대한 존중을 내포하는 것일까? 만약 그렇다고 한다면, 그때의 남성적 주체성은 결코 엄밀한 의미의 주체성, 자신의 행동을 인도하는 내적인 내밀한 동인으로서의 주체성일 수는 없다. 왜냐하면 그때의 남성적 주체성은 단지 행위에서의 주도권 행사에 불과하기 때문이다. 그러한 남성적 '주체성'은 단지 남성공동체가 부과하는 외적 규범에 의해 규정된 지배의 실천에 불과하다. 결국 여성적 사랑도 남성적 사랑과 마찬가지로 상대의 주체성에 대한 존중과 보호를 내포하지 않는다.

'남성적 사랑과 여성적 사랑의 집합구조' 속에서는 사랑의 윤리가 존재할 수 없다. 서로의 주체성에 대한 존중과 보호를 찾아볼 수 없기 때문이다. 특히 여성은 자신의 주체성을 심각하게 박탈당한다. 그 속에서 존재하는 것은 오직 사랑의 규범일 뿐이다. 남성이 실천해야 하는 사랑의 방식을 규정짓는 규범과 여성이 실천해야 하는 사랑의 방식을 규정짓는 규범이 그것이다. 오직 사랑하는 두 사람 사이에서만 존재하는 사랑의 윤리와는 달리, 사랑의 그러한 규범은 두 사람 외부에 존재한다. 사랑의 규범은 그것이 관철되는 사회의 모든 성원들에게 적용되는 것이다. '집합적 선'으로서의 규범이 바로 그것이다. 반면 사랑의 윤리는 무엇보다 '집합적 선'의 단호한 부정에서 출발한다.

사실상 가부장제 사회에서 남성적 사랑은 '사랑을 빙자한 지배'로서의 성격을 일정하게 갖는다. 하지만 그러한 속성이 남성적 사랑에만 한정되는 것은 아니다. 남녀 간의 성적 사랑이 아닌 이른바 '일반적 사랑'에서도 '사랑을 빙자한 지배'가 행해진다. 대표적인 것이 부모가 자식들에 대해 행하는 '사랑의 착취'이다(이종영, 2004: 제1장 참조). 부모들은 종종 사랑을 이유로 내세워 자식들에게 자신의 의사를 관철시킨다. 이 경우 부모들이 내세우는 사랑이란 자식들의 자유에 대한 증오, 주체성에 대한 증오에 다름없다.

카프카의 아버지에 대해 생각해보자. 카프카는 아버지가 자기에 대해 갖고 있던 태도를 아버지의 입을 빌어 다음과 같이 정리한다.

나는 일생 동안 열심히 일했다. 자식들을 위해서 특히 너를 위해서 모든 것을 희생했다. 그 덕으로 너는 호화롭고 방종한 삶을 살아왔다. 무슨 일이든지 네가 배우고 싶은 대로 공부할 수가 있었다. 〔……〕 나는 그 대상(代償)으로 감사를 요구하지 않았다. 그러나 나는 '자식들의 효도'라는 말은 알고 있다. 그런데 적어도 무엇인가 고마워하는 마음이나 동감의 표시는 있어야 할 터인데, 너는 그 대신에 도리어 나로부터 도망쳐서는 제 방으로, 제 책의 세계로, 미친놈들 같은 친구들에게로, 당치도 않은 공상의 나라로 가 버렸다(카프카, 1992: 293).

과연 카프카의 아버지는 자식들을 위해 희생했을까? 오히려 그 반대는 아닐까? 자신을 위해 자식들에게 희생을 강요하려 한 것은 아니었을까? 왜냐하면 그는 카프카가 "제 방으로, 제 책의 세계로" 도망쳤다고 하고 있으므로 말이다. 자기 방에서 책을 읽는 것이 왜 카프카의 아버지에게는 자신으로부터 "도망치는" 것으로 여겨졌던 것일까? 그것은 물론 책을 읽고 있는 카프카의 내면을 그가 장악하고 지배할 수 없기 때문이다. 책을 읽는 동안 카프카는 아버지가 부과하려는 의지로부터 벗어난다. 그리하여 카프카가 노출되지 않는 자기만의 세계를 가지고 있다는 것 자체가 아버지에게는 '도망'으로, '벗어남'으로 간주되는 것이다. 카프카의 아버지는 카프카에 대한 영향력을 독점하려 하기 때문에, 카프카에게 자신만의 세계를 새롭게 열어줄 수 있는 친구들은 "미친놈들"이 되고, 아버지의 생각과 일치하지 않는 카프카 자신의 생각은 모두 "당치도 않은 공상"이 되어버린다. "당치도 않다"는 것은 아버지가 부과하려는 관점과 일치하지 않는다는 것을 뜻할 뿐이다. 예컨대 카프카는 다음과 같이 쓴다. "제가 단정하게 경례를 하거나 보무 당당하게 행진을 하면 아버님께서는 저를 격려해 주셨습니다. 그렇지만 저는 별로 군인이 되고 싶은 생각이 없었습니다"(같은 글: 298). 이때 "군인이 되고 싶지 않다"라는 카프카 자신의 생각은 오직 자신의 의지만을 부과하려는 아버지의 관점에서는 "당치도 않은" 것으로 간주되어 버린 것이다.

카프카의 아버지는 자신의 지배를 정당화하려 할 때 사랑을 내세운다. 다음과 같이 말이다. "나는 언제나 너를 사랑하였다. 비록 보통 다른 아버지들이 겉으로 나타내는 태도로써 너를 대하지는 못했지만. 나는 다른 사람들처럼 허풍을 칠 수 없었던 것이다"(같은 글: 294). 이러한 것이 바로 '사랑의 착취'이다. 또는 카프카의 아버지가 그것을 진정으로 사랑으로 간주하였다면 그 경우 '사랑'은 '타자의 자유에 대한 증오'에 다름없다. '사랑의 착취'는 특히 자식들을 자신의 욕망 성취를 위한 수단으로 이용하는 한국의 부모들에게 일반적으로 발견된다. 한국의 부모들에게 자식에 대한 사랑이란 많은 경우 자식의 주체성에 대한 거부를 뜻할 뿐이다.

우리가 여기서 다시 확인할 수 있는 것은, 사랑의 윤리는 사랑하는 사람들 사이의 동등성을 조건으로 한다는 것이다. 물론 사랑의 윤리 없이도 특정한 형태의 사랑들이 존재한다. 그러나 사랑의 윤리에 의해 보호받지 못하는 사랑은 손쉽게 폭력으로 전화하고 그리하여 그 자체가 소멸될 수 있다. 자, 질문을 해보자. 과연 아버지와 자식은 동등할 수 없는 것일까? 아버지는 미성년의 자식에 대해 보호자의 역할을 행한다. 미성년의 자식은 아버지에 비해 모든 능력이 뒤떨어지는 약자이다. 하지만 보호자와 피보호자는, 강자와 약자는 결코 동등할 수 없을까? 만약 보호자가 피보호자의 주체성을 존중하기보다는 자신의 의지만을 부과하려 한다면, 그들 사이에 사랑이 존재할 수 있을까? 만약 강자가 약자에 대해 언제나 강자로서의 지위만을 유지하려 한다면, 그들 사이에 사랑이 존재할 수 있을까?

보호자와 피보호자 사이에는, 강자와 약자 사이에는, 근본적인 인격적 동등성이 존재한다. 그들 모두 자기 나름의 개별적 내면성과 소중한 열망들을 갖는 존재들이고, 동등하게 존엄성을 인정받아야 하는 존재들이기 때문이다. 보호자가 피보호자를 보호하더라도 그와 피보호자 사이의 인격적 동등성을 인정하지 않는다면, 그의 보호는 곧장 지배로 전화된다. 강자와 약자 사이에도 상황은 마찬가지이다. 과연 자신과 인격적으로 동등하지 않은 자를 사랑할 수 있을까? 아버지는 자식이 자신과 인격적으로 동등하지 않다고 여기면서 자식을 사랑할 수 있을까? 그럴 경우 '사랑'은 앞서 본 '남성적 사랑'에서처럼 '사랑을 빙자한 지배'에 가까워질 것이다. 갓 태어난 유아에 대한 부모의 보호는 또 다른 문제이지만 말이다. 어쨌거나 사랑은 서로의 인격적 동등성을 인정한 토대 위에서 타자의 주체성을 세심하게 배려해줄 때에만 폭력으로 전화하지 않을 수 있다.

이제 다시 성적 사랑의 문제로 되돌아가자.3) 아마도 성적 사랑의 가장 행복한 단계는 두 사람이 서로의 사랑을 확인하는 그 최초의 단계일 것이다. 서로의 감성적

---

3) 우리는 여기서 '성적 사랑'이란 표현으로 무의식적인 성적 끌림이 전제가 된 모든 사랑을 일컫는다. '성적 사랑'이라는 표현은 직접적인 육체적 교류가 없는 경우일지라도 모든 이성애적·동성애적 사랑을 포괄한다. 부언하자면, 우리가 여기에서 다루는 사랑의 윤리는 기본적으로 성적 사랑과 관련된 것이다. 첫째로, 우리에게 시급한 것은 성적 사랑에서의 윤리란 어떠한 성격의 것일지를 탐구하는 것이기 때문이고, 둘째로, 이른바 '일반적 사랑'에서 '사랑'이란 표현은 기본적으로 성적 사랑에서부터 도출된 '은유적'인 것으로 판단되기 때문이다. 이 두 번째 점과 관련해서는 이종영(2004)의 제1장을 참조할 것.

교류에 따라 타자의 결여가 나에게 고통으로 여겨질 때, 내가 그를 원하듯이 그도 나를 원한다는 사실의 확인은 나에게 그 무엇과도 비교할 수 없는 큰 기쁨을 가져다 준다. 저토록 사랑스런 사람이 놀랍게도 나를 사랑하고 있다는 기쁨이 바로 그것이다. 하지만 이 단계가 지나가면 인간적 사랑을 특징짓는 사랑에서의 불일치가 발생하고 그리하여 사랑의 고통이 생겨나기 시작한다.

사랑에서의 불일치는 우리가 타자의 내면을 결코 완전히 알 수 없다는 사실에서 비롯된다. 우리는 타자가 나에게서 무엇을 사랑하는지, 타자가 무엇 때문에 나를 사랑하는지를 알 수 없고, 이윽고 그처럼 귀중한 타자가 나를 떠나가지나 않을까 하는 불안에 사로잡힌다. 하지만 우리의 언어는 충분하지 못하다. 우리는 언어를 통해서 타자의 내면을 확인할 수 없다. 언어는 마음의 상태를 충분히 전달해주지 못한다. 게다가 인간은 거짓말을 할 수 있는 존재이다. 우리는 타자의 언어가 거짓인지 아닌지를 결코 확인할 수 없다. 또 타자는 거짓말을 하지 않더라도 그의 복합적 내면의 일단을 숨길 수 있다. 그래서 우리는 라깡이 『세미나』 20집에서 지적했듯이, 부단히 상대에게 "나를 사랑하냐"고 묻기를 계속한다(Lacan, 1975b: 11).

하지만 상대로부터 돌아오는 "사랑한다"는 대답은 과연 우리에게 충분한 만족을 주는 것일까? "사랑한다"는 언표는 일종의 선언이자 자기주장으로서의 성격을 갖는다. 그 언표는 첫째로, 당신은 나에게 가장 귀중한 존재라는 것, 둘째로 나는 당신을 위해 나 자신을 헌신할 수 있다는 것을 자기주장의 형태로 내포한다. 그리고 그러한 언표는 무엇보다 듣는 자의 나르시시즘을 만족시키면서 사랑을 지탱시키는 힘을 부여한다. 그렇지만 언제나 문제는 남는데, 왜냐하면 "사랑한다"는 언표는 결코 검증될 수 없는 것이기 때문이다. 우리는 "사랑한다"는 언표의 사실성을 결코 확인할 수 없는데, 이러한 사태는 '사랑의 착취' 뿐만이 아니라 '사랑의 흉내'들도 다양한 형태로 존재한다는 사실로 인해 더욱 악화된다. 예컨대 우리는 상대를 유혹하기 위해 "사랑한다"라는 표현을 사용할 수도 있고, 또 사랑이 이미 식었지만 상대를 위로하기 위해 그 표현을 사용할 수도 있다. 이러한 경우들은 모두 '사랑의 흉내'로서의 성격을 갖는 것이다. 게다가 "사랑한다"는 표현은 반드시 '사랑의 흉내'는 아니더라도 일종의 자기암시일 수도 있으며 상대에 대한 배려로 행해지는 것일 수도 있다.

언어를 통한 사랑의 상호확인의 어려움은 육체적 집착의 질곡으로 이어질 수 있다. 우리는 타자와의 좀 더 긴밀한 결합을 위해 육체적 교류를 하지만, 돌아오는 것은 사랑의 확인이 아니라 단지 육체적 만족에 지나지 않을 수 있다. 그래서 이러한 상황을 벗어나기 위해 또다시 육체적 교류를 할 수밖에 없는 악순환에 빠져들고, 그 결과 상대는 완전히 육체로 환원된다. 이러한 육체적 집착은 오히려 사랑을 질식시킨다. 육체적 교류가 서로의 사랑을 전달하는 성격을 지니지 못하고 사랑의 상호확인의 어려움으로부터의 출구로 간주될 때, 다시 말해 육체적 교류가 상대를 소유하기 위해 행해질 때, 오히려 진정한 내면적 교류를 행할 수 있는 공간은 침식당하기 때문이다.

사랑은 언제나 더 많은 사랑을 요구한다. 서로의 사랑을 확인하고 관계가 깊어질수록 우리는 처음의 상태에 더 이상 만족하지 못한다. 그리하여 사랑의 상승작용이 벌어진다. 하지만 점점 상승하는 사랑의 요구는 과연 어떤 방식으로 만족될 수 있을까? 아마도 그러한 요구에 대한 대응은 종종 독점 또는 소유의 형태로 이루어질 것이다. 하지만 독점 또는 소유가 사랑을 종국적으로 증발시키기에 이른다는 것은 명확하다. 첫째로, 그 소유자 쪽에서 보자면 사물화된 소유물은 더 이상 사랑을 불러일으키지 못하기 때문이다. 둘째로, 소유된 자 쪽에서 볼 때, 소유된 상태 자체는 사랑받는 상태가 아닌 지배의 상태에 지나지 않는 것으로 사랑의 마음을 지속시켜주지 못하기 때문이다.

싸르트르는 『존재와 무』에서 자신을 사랑의 상대에게 절대화함으로써 상대가 결코 자신을 초월할 수 없도록 하려는 시도에 대해 설명한다. 내가 애인의 '전부'가 됨으로써 애인이 나를 벗어날 수 없도록 하려는 것, 그리하여 애인의 육체뿐만 아니라 영혼마저도 소유하려는 것이다. 하지만 그 누구도 절대적 존재가 될 수 없음은 분명하다. 누구든지 그 내면은 나르시시즘에 의해 장악된 자기중심적 욕망의 존재에 불과할 뿐이기 때문이다. 결국 내가 상대에게 절대적 존재가 됨으로써 상대가 나를 벗어날 수 없도록 하려는 시도는 실패할 수밖에 없다. 첫째로, 나의 보잘것없는 실재가 드러나면서 '이상화(理想化)'가 붕괴되기 때문이고, 둘째로 상대를 사랑하기보다는 상대로부터 사랑받기를 더욱 열망하는 나 자신의 기만성이 드러나기 때문이며, 셋째로 타자들이 언제나 둘만의 사랑을 상대화시켜 버리기 때문이다(싸르트르, 1993: 113-114).

결국 여태까지 말한 것과 같은 사랑에서의 불일치가 암시해주는 것은 사랑이란 기본적으로 두 개의 짝사랑이 서로 만난 것일 수 있다는 것이다. 이것의 전제는 인간의 내면이 모나드적 방식으로 존재한다는 것이다. 라이프니츠에 따를 때, 각각의 모나드는 모두 동일한 세계를 반영하지만 자기 나름의 방식으로만 반영하기 때문에 서로 차이를 갖고, 서로 소통하지 못한다. 모나드들은 서로 소통할 수 있는 창들이 없다는 것이다(Leibnitz, 1991, §7). 인간 내면이 모나드적 방식으로 존재한다는 것은 서로의 내면이 서로에 대해 닫혀 있음을 뜻한다. 물론 사랑은 두 개의 닫혀진 모나드들이 서로에 대해 일정하게 창을 열어놓도록 한다. 하지만 그것은 단지 일시적일 뿐이다. 사랑하는 사이라고 해서 모나드의 창이 언제나 열려 있는 것은 아니다. 모나드는 단지 예외적으로만 그리고 부분적으로만 자신을 열어 보일 수 있다. 게다가 한 차례 자신을 열어 보였던 모나드가 다시 닫혀지면, 타자의 내면에 가 닿고자 하는 갈증은 더욱 증폭된다.

사랑은 물론 둘이서 하는 것이다. 혼자서만 하는 사랑이 익명적 상태에 머물러 있지 않고 그 정체를 드러낼 때, 그리하여 양자관계에서 언제나 일방적일 때 그것은 폭력이다. 하지만 사랑이 기본적으로 두 개의 짝사랑이 서로 만난 것이라고 할 수 있는 것은, 두 개의 닫혀진 모나드가 서로 만나는 것이기 때문이다. 상호적인 사랑에서 서로에 대해 행해지는 사랑의 표현들과 행위들은 서로의 사랑을 강렬하게 만들어준다. 하지만 그럼에도 각자는 기본적으로 자신의 모나드 속에 갇혀 있는 것이기 때문에 각자의 사랑은 짝사랑일 수밖에 없다. 서로의 모나드는 결코 충분하게 창을 열 수 없다는 것이다. 사랑의 바로 이러한 속성으로 인해 열병으로서의 사랑이 발생한다. 서로의 모나드를 충분히 열어볼 수 없기 때문에. 서로의 사랑을 결코 충분히 확인할 수 없기 때문에.

그리하여 언제나 의혹과 의심이 우리의 뒤를 따른다. 과연 그는 나를 진정으로 사랑하는 것일까? 도대체 그는 나의 어디를 사랑하는 것일까? 도대체 나는 그로부터 사랑받을 만한 그 무엇을 가지고 있는 것일까? 이러한 의혹과 의심이 뒤따르는 것은 상대의 사랑이 나로부터 떠날까봐 두려워하고 있기 때문이다. 그리고 내가 이처럼 두려워하는 것은 상대의 사랑이 나에게는 너무도 중요하기 때문이다. 상대의 사랑은 나에게 가장 큰 기쁨을 가져다줄 뿐만 아니라 나의 존재의 의미를 이루는 것이고 나에게 살아갈 힘을 준다. 그러니 그러한 사랑이 나를 떠나갈까 봐 불안해하는 것은 매우 자연스러운 것일 수도 있다.

열병으로서의 사랑은 이처럼 불안에 사로잡혀 있는 사랑이다. 나를 그처럼 행복하게 해주던 사랑이 떠나가는 것에 대한 불안이 바로 그것이다. 하지만 불안은 종식되지 않는다. 불안은 계속 불안을 낳는다. 불안에 사로잡힌 자는 상대를 결코 신뢰할 수 없기 때문이다. 불안에 사로잡힌 자는 언제나 의혹의 시선으로 타자를 바라본다. 하지만 그런 시선으로 타자를 바라보면 볼수록 상대의 행동은 언제나 나를 사랑하지 않으려는 행동, 나를 떠나려는 행동으로 비추어진다. 왜냐하면 내가 그의 모든 행동을 그런 식으로 읽어내기 때문이다.

문제는 내가 지키려는 것이 나의 것이 아니라는 데서 비롯된다. 내가 지키려는 것이 내가 가지고 있는 것이라면 문제는 간단하다. 하지만 내가 지키려는 것은 상대의 사랑이다. 그리고 상대조차도 자신의 사랑을 마음대로 통제할 수는 없다. 그 자신조차 어쩌지 못하는 상대의 마음을 내가 원하는 방식대로 지키려는 노력은 결국 자기 자신과 상대를 고문하는 것으로 귀착될 수밖에 없다. 그러니 열병으로서의 사랑은 손쉽게 파탄에 이를 수밖에 없다. 과연 사랑의 불안으로부터 벗어나는 것이 가능할까? 그토록 귀중한 상대가 나를 떠날 수도 있다는 가능성이 나를 불안에 잠기게 하지 않을 수 있을까? 사랑의 불안으로부터 벗어나는 것이 손쉽지 않다면, 적어도 불안이 소유의 논리로 이어지는 것을 가로막을 수는 있을까?

사랑에서 놀라운 것은 그것이 겉으로 주장되는 것과는 달리 지극히 나르시스적 성격을 갖는다는 것이다. 사랑의 가장 큰 기쁨은 상대를 사랑하는 것에서보다 상대로부터 사랑받는 것에서 발견된다. 물론 처음에는 내가 상대를 먼저 사랑했을 수도 있겠지만, 그것은 언젠가 상대로부터 사랑을 받으려는 열망이 무의식적으로 전제된 것이었을 것이다. 상호적 사랑이 성립된 이후, 내가 상대를 사랑하는 것은 그가 나를 사랑하여 나의 나르시시즘을 만족시킨다는 조건 하에서이다. 사랑은 상대가 자신의 나르시시즘을 만족시켜주는 한에서만 상호성을 유지하면서 지속된다. 나는 상대가 나를 사랑하여 기쁘게 해주는 한에서만 상대를 사랑한다. 나르시시즘을 만족시켜주지 못하는 사랑은 의미를 주지 못하면서 서서히 붕괴될 수밖에 없는 것이다. 결국 한 개인의 내면에서 벌어지는 자존심과 사랑 사이의 온갖 갈등은 자신이 원하는 방식대로 사랑받으려는 마음과 그것이 그렇지만 뜻대로 안 된다는 사실 사이의 모순을 표현해주는 것일 뿐이다. 물론 나르시시즘과 자기희생이 반드시 양립 불가능한 것은 아니다. 자신을 행복하게 해준 자에 대한 사랑으로서의 자기희생이 가능하기 때문이다. 그렇지만 그것은 자신이 받은 사랑에 대한 보상이란 의미를 내포하는 것이다.

하지만 우리가 사랑의 이데올로기의 한 형태인 희생과 헌신의 이데올로기를 통해 사랑의 불안을 잠재울 수 있다고 생각한다면 그것은 착각이다. 왜냐하면 사랑은 결코 이데올로기에 종속될 수 없는 마음의 자기운동이기 때문이다. 마음이 자기운동을 한다는 것은 마음이 의식의 통제를 벗어나서 자율적으로 운동한다는 것을 뜻한다. 마음은 비(非)의식적인 것이다. 사랑은 마음의 자기운동이라는 말이 뜻하는 것은 첫째로, 사랑의 발생과 흐름 및 소멸은 의식의 통제를 받지 않는다는 것이고, 둘째로 사랑은 자기 나름의 법칙성을 갖고 움직인다는 것이다. 그리하여 사랑은 의식과는 아무런 상관없이 생겨났다가 또 의식이 전혀 눈치 채지 못한 상태에서 급작스럽게 소멸해버리곤 한다. 그러니 사랑이 사랑의 이데올로기와는 전혀 무관한 자연적 현상임은 물론이다. 사랑은 마치 일종의 '바이러스'처럼 우리에게 불현듯 침입했다가, 마치 '바이러스'가 떠나가듯 어느 날 문득 사라져 버린다. 그러므로 사랑의 현상에는 우리의 의식이 개입할 여지가 없다.

그럼에도 사랑의 윤리가 성립될 수 있는 것은, 사랑이 두 사람 사이의 교류라는 형식을 취하기 때문이다. 사랑은 우리의 마음대로 할 수 있는 것이 아니다. 그러나 우리는 사랑의 과정 속에서 우리의 사랑하는 방식을 자신의 주체적 능력을 통해 선택하거나 적어도 규제할 수 있다. 사랑 자체는 우리의 힘으로 어찌할 수 없는 것이지만, 사랑하는 방식에는 개입할 수 있다는 것이다. 사랑의 감정은 모든 인간동물에게 보편적인 것이지만, 그렇다고 해서 그 감정의 보편성이 사랑에 빠진 모든 인간존재의 개별성마저 무화시키는 것은 아니다. 사랑에 빠진다고 해서 우리 모두가 자신의 개별적 주체성마저 잃어버린, 완전히 동일한 동물적 존재가 되어버리는 것은 아니다. 다시 말해 사랑은 각각의 개인들의 주체적 조건에 따라 형태를 달리할 수 있다.

사랑하는 방식이란 사랑하는 상대와 교류하는 방식을 일컫는 것이다. 그 방식이 서로 사랑하는 두 사람의 주체적 조건에 따라 달라지는 건 당연하다. 다른 사람과는 다른 '특별한' 존재인 내가 다른 사람과는 다른 '특별한' 존재인 너를 사랑하여 사랑의 교류를 행한다. 그러므로 너와 나 사이의 사랑의 교류가 우리들의 특별성에 부합하게 특별한 방식으로 행해지는 것은 자명하다. 사랑의 교류는 결코 모든 인간에게서 일양적(一樣的)일 수 없고, 서로 사랑하는 두 사람의 주체적 조건에 따라 언제나 개별적인 형태를 취한다.

그러므로 사랑의 윤리는 필요하고 또 가능한 것이다. 사랑의 윤리가 필요한 것은 사랑이 두 사람 사이의 '교류'이기 때문이다. 서로 사랑해서 교류하는 두 사람이 서로의 존엄성을 지켜주기 위해서, 서로를 파괴하지 않기 위해서 사랑의 윤리가 필요하다. 사랑의 윤리가 가능한 것은 사랑의 교류의 방식이 두 사람의 주체성에 의해 규정되기 때문이다. 서로 사랑하는 두 사람의 주체성이 사랑의 윤리를 담지할 능력을 갖는다면, 사랑의 윤리는 언제든지 가능하다.

이처럼 필요하고도 또한 가능한 사랑의 윤리는 어떠한 내용을 갖는 것일까? 우선 명확한 것은, 사랑의 윤리가 사랑의 흐름에 대립하는 내용을 가질 수 없다는 것이다. 사랑의 윤리는 결코 사랑에 외재적일 수 없다. 사랑의 윤리는 사랑의 외부에서부터 사랑을 특정하게 구조화하려는 것일 수 없다. 사랑의 윤리는 사랑의 관계 내부에서 비롯되어 단지 사랑의 방식에만 관여한다. 사랑의 윤리는 기본적으로 사랑을 위한 것이고, 관계로서의 사랑을 지속시키려는 것이다. 사랑은 두 사람이 맺는 관계이다. 이 관계를 그야말로 사랑하는 사람들이 희구하는 그러한 사랑의 관계로 만들어주려는 것이 바로 사랑의 윤리이다. 서로 사랑하는 사람들은 자신들의 관계가 서로의 사랑을 보존하면서 지속될 수 있기를 희망한다. 그렇지만 사랑의 관계가 관계인 한에서, 그 관계가 지속될 수 있기 위해서는 윤리가 필요하다.

사랑의 윤리는 과연 어떠한 통로를 통해 사랑의 관계를 지속시킬 수 있을까? 그것은 물론 사랑의 관계를 상호 주체적 관계로 형성시킴으로써 이다. 사랑의 상호 주체적 관계는 서로의 주체성을 보호하여, 사랑으로 인해 서로가 받을 수 있는 상처를 최소한으로 줄여주고, 그리하여 사랑을 지속시킨다. 중요한 것은 상호 주체적 관계야말로 사랑이라는 용어가 실제적으로 내포하고 있는 의미함축 — 물론 이 의미함

축은 자연적 사랑과 일치할 수도 있고 그렇지 않을 수도 있지만 ― 을 가장 잘 실현시켜주는 관계라는 것이다. 즉 사랑을 그 의미하는 바대로 그야말로 '사랑답게' 해주는 것이 바로 상호 주체적 관계이다. 왜냐하면 사랑하는 사람의 주체성을 존중하고 보호하는 것이야말로 사랑하는 사람을 '사랑'하는 가장 유효한 방식이기 때문이다. 사랑의 윤리의 관건은 사랑의 관계를 그저 단순한 관계로 지속시키는 것이 아니라 '사랑의 관계'로 지속시키려는 것이다. 그러나 우리 주위엔 과거의 사랑으로부터 비롯된 얼마나 많은 관계들이 그저 '사랑의 부식(腐蝕)된 관계'로 머물러 있는가?

결국 사랑의 윤리는 서로 사랑하는 사람들이 사랑의 관계를 상호 주체적 관계로 담지할 수 있도록 해주는 것이다. 서로 사랑하는 두 사람의 주체성은, 만약 그것이 사랑의 윤리를 실천하려 한다면, 서로의 사랑의 관계를 상호주체적인 관계로 담지할 수 있는 능력을 갖춘 것이어야 한다. 그렇다면, 사랑의 관계를 상호 주체적 관계로 담지할 수 있는 주체성이란 과연 어떠한 내용을 갖는 것일까?

첫째로, 그것은 무엇보다도 자신의 사랑의 감정에 충실한 것이어야 할 것이다. 그것이 사랑의 생성에 관한 것이든 소멸에 관한 것이든 말이다. 물론 그러한 충실성은 사랑의 감정이 다소간의 시차를 두고서라도 지각된다는 것을 전제로 한 것이다. 주체성이 자신의 사랑의 감정에 충실하다는 것은 한편으로 자신의 존재적 요청에 충실하다는 것을 말해주는 것이고, 다른 한편으로 자신의 감정을 명확히 타자에게 표명함으로써 타자와 진실한 관계를 맺을 수 있음을 뜻하는 것이다. 사랑의 관계를 상호 주체적 관계로 담지할 수 있는 주체성은 무엇보다 자신의 내적 요청에 충실하여 그 관계를 진정한 관계로 만들 수 있어야 한다. 그리고 자신의 감정에 충실한 주체성은 자신의 감정을 또한 사랑의 상대를 위해 명확히 표명함으로써 관계의 진정성을 확보할 수 있어야 한다. 사랑의 상호주체성은 사랑의 착취나 흉내를 통한 타자의 도구화와 대립하는 것이기 때문이다.

하지만 자신의 감정에 충실한 것과 자신의 감정에 종속되는 것은 전혀 다른 것임을 유의해야 한다. 자신의 감정에 충실한 것은 자신의 감정을 명확히 인식하고 그것을 상대에게 정확히 전달하는 것이다. 반면 자신의 감정에 종속되는 것은 오히려 자신의 감정에 이끌려 타자의 주체성을 존중하지 못하는 것이다. 자신의 감정에 대한 충실성은 자신의 감정에 제압되는 것이 아니라 자신의 감정을 존중하는 것이다. 우리는 우리의 감정을 명확히 인식해야 하고 그것을 존중해야 하며, 또 상대에게 그것을 정확히 표현해야 한다. 바로 그러한 다음에야 우리는 서로의 감정과 주체성을 존중하는 상호 주체적 관계를 맺을 수 있는 것이다. 이 상호 주체적 관계 속에서 사랑의 감정이 완전히 개화될 수 있는지 아니면 일정하게 규제되어야 하는지는, 바로 그 관계 속에서 선택해나가야 되는 것이다.

결국 사랑의 윤리를 담지하는 주체성은 사랑의 감정에 어쩔 수 없이 압도되면서도 사랑하는 상대와의 관계 속에서 그것을 사고할 수 있는 능력, 그리하여 그것으로부터 일정한 방식으로 거리를 취할 수 있는 능력이다. 즉 그러한 주체성은 사랑의 감정의 소중함과 맹목성을 동시에 인식할 수 있는 능력, 그리하여 그 감정이 행사할 수 있는 효과를 사고하면서 그것의 행위화를 일정하게 규제할 수 있는 능력이다.

둘째로, 그것은 타자로서의 상대를 그 타자성 속에서 사랑할 수 있는 것이어야 할 것이다. 사랑의 상대를 그 타자성 속에서 사랑한다는 것은 상대의 주체성을 존중한다는 것을 내포한다. 사랑하는 상대의 주체성을 존중한다는 것은 당연한 것이 아닌가? 하지만 당연하게 여겨지는 그것이 손쉽지 않은 것은 상대의 주체성에 대한 존중이 우리를 압도하는 사랑의 감정과 대립되기 때문이다. 우리가 사랑의 감정에 압도된다는 것은 사랑의 감정에 이끌려 행동하게 된다는 것이고, 사랑의 감정에 이끌려 행동한다는 것은 우리 자신을 타자에게 폭력적으로 부과할 수 있음을 뜻한다. 하지만 상대를 그 타자성 속에서 사랑하는 것이야말로 상대를 있는 그대로 사랑하는 것이며, 상대를 "사랑한다"고 한 나 자신의 언표에 대한 충실성을 구현하는 것이다. 상대의 주체성에 대한 존중은 자신을 상대에게 부과하려는 사랑의 감정과 갈등에 봉착할 수밖에 없지만, 이러한 갈등 속에서 상대의 주체성에 대한 존중을 선택한다면, 그것은 사랑이 관계의 형식을 취한다는 것을 인식하기 때문이다. 관계로서의 사랑을 유지하기 위해서는 상호주체적인 사랑의 윤리를 선택할 수밖에 없다는 것이다.

결국 사랑의 윤리를 담지하는 주체성은 사랑의 감정이 타자에 대한 어떠한 권리주장의 근거가 될 수 없다는 것을 인식하는 것이다. 즉 자신의 사랑의 감정은 단지 하나의 모나드만의 감정일 뿐이고, 타자는 또 다른 모나드라는 것을 인식한다는 것이다. 그리하여 타자로서의 상대를 그 타자성 속에서 사랑하는 것은, 한편으로 타자의 내면을 장악하려는 시도를 포기하는 것이고, 다른 한편으로 타자의 내면을 알아나가려는 새로운 노력을 시작하는 것이다. 타자의 내면을 장악하려는 시도를 포기하는 것은, 그 내면이 나의 내면이 아닌 '타자'의 내면임을 인식했기 때문이다. 그리고 그러한 인식과 포기는 타자의 것으로서의 그 내면에 대한 인정과 탐구로 곧바로 이어지는 것이다. 결국 사랑을 '관계'로 지속시키려는 사랑의 주체성은 사랑하는 두 사람이 결코 '하나'가 될 수 없음을 명백히 인식하면서도, 그럼에도 '하나'에 다가가기 위해 노력하는 것이기도 하다.

셋째로, 그것은 두려움에도 불구하고 자기 자신의 실재를 타자에게 드러내 보이기 위해 노력하는 것이어야 할 것이다. 이것은 사랑의 상대를 그 타자성 속에서 사랑하는 것과 상관적이다. 상대의 타자성을 받아들이는 것과 마찬가지로, 상대에게도 자기 자신의 실재를 사랑해줄 것을 요청한다는 것이다. 자신의 실재를 타자에게 온전히 드러내 보이는 것은 언제나 어려운 것이지만, 바로 그러한 노력을 통해서만 상대의 사랑이 어떤 허상이 아닌 자기 자신을 향해질 수 있는 것이다. 자기 자신의 감정에 충실한 것이 감정적 진정성에 입각한 진실한 관계를 위한 것이라면, 자기 자신의 실재를 드러낸다는 것은 '실체적' 수준에서의 진실한 관계를 위한 것이다. 바로 그러한 드러냄을 통해서만 사랑의 관계는 조만간 소멸할 수밖에 없는 두 개의 판타즘 사이의 어긋나는 관계로부터 두 존재 사이의 '관계'로, 상호 주체적 관계로 상승할 수 있다.

사랑의 관계가 행사하는 효과는 주로 감정적인 것이다. 그러한 감정적 효과는 홀로 감당하기에 매우 힘겨운 것일 수도 있고 또 상처를 주는 것일 수도 있다. 중요한 것은 상대에게 행사된 그러한 감정적 효과가 바로 나 자신과 맺는 관계의 효과이자 나 자신의 행동의 효과라는 것을 인식하는 것이다. 하지만 그러한 인식보다 더욱 앞서야 하는 것은 감정과 존재의 두 수준에서 자신의 상태를 투명하게 상대에게 드러내는 것이다. 그러한 투명성은 단지 상대를 주체로서 존중하는 것에 그치는 것이 아니라 상대를 주체로 성립시켜주는 것이기도 하다. 즉 그러한 투명성은 상대의 판단 능력을 존중하는 것이고, 사태를 떠맡을 수 있는 주체적 능력을 부여하는 것이다.

김형효에 따를 때, 가브리엘 마르셀은 사랑의 세 가지 특징을 다음과 같이 규정한다. 첫째로, 사랑은 추상적 본질의 부정 자체이다. 둘째로, 사랑은 중심의 변화이다. 셋째로, 사랑은 현실적으로 존재에 관계하지 존재의 관념과 관계하지 않는다(김형효, 1990: 232-233). 하지만 이 세 가지는 결국 동일한 것이 아닐까? 추상적 본질을 부정한다는 것과 존재의 관념에 관계하지 않는다는 것은 상대의 있는 그대로의 존재를 사랑한다는 것이다. 그리고 상대의 있는 그대로의 존재를 사랑하기 위해서는 우리 자신의 상상적 주관성으로부터 벗어나서 중심을 이동해야 한다.

사실 "중심의 변화"라는 가브리엘 마르셀의 표현은 사랑의 윤리를 집약적으로 드러내준다. 그러나 바로 이 사실이 얘기해주는 것은 그가 제시한 사랑의 세 가지 특징이 있는 그대로의 자연적 사랑의 특징이 아니라 오히려 사랑의 윤리의 특징이라는 것이다. 과연 있는 그대로의 자연적 사랑에서 우리는 타자의 존재를 있는 그대로 받아들이고 사랑할 수 있을까? 그것은 상황에 따라 다르다. 한편으로는 사랑하는 자들의 주체적 조건과 다른 한편으로는 사랑의 단계가 그것을 규정한다. 그리하여 타자의 존재를 있는 그대로 받아들이는 사랑은 오히려 사랑의 윤리를 실천하면서 성립하는 단계의 사랑일 것이다. 하지만 그 이전의 사랑은 타자의 존재를 있는 그대로 받아들인다기보다는 '자아의 이상형'이나 '성적 판타즘'을 타자에게 투사하는 성격을 갖는다.

사랑은 성적 끌림을 전제한다. 성적 사랑은 타자가 성적 대상이라는 사실을 전제로 출발한다. 사랑이라는 감정이 오직 성적 대상에 대해서만 발생하도록 생물학적으로 규정되어 있기 때문이다(물론 동성애적 대상도 성적 대상이다). 그리고 프로이트가 사랑을 '과대 평가'라고 했듯이(Freud, 1990: 117), 사랑하는 성적 대상에 대한 우리의 관계는 종종 '자아의 이상형'이나 '성적 판타즘'의 투사로 특징지어진다. 그리하여 그 최초의 단계에서 사랑은 엄밀한 의미에서 관계의 성격을 갖지 못한다. 왜냐하면 최초의 단계에서 사랑은 타자 자신과 관계하는 것이 아니라 자기 머릿속의 판타즘과 관계하는 것이기 때문이다. 그것은 엄밀히 말해 자기 자신과 자신의 판타즘 사이의 관계, 다시 말해 자기 내부의 관계일 뿐이다.

결국 사랑의 윤리는 판타즘적 사랑을 관계로서의 사랑으로 상승시켜주는 것이다. 즉 사랑의 윤리는 사랑의 과정 내부에서 사랑의 형태변화를 매개한다. 물론 그렇다고 하여 사랑의 상대가 미적 대상이길 그만 두게 되는 것은 아니다. 다만 상대에게서 발견하는 아름다움이 일정하게 장소를 이동하거나 확장하게 될 뿐이다. 상대에게서 발견하는 아름다움이 외적인 용모나 특정한 성격적 매력으로부터 상대의 주체성으로까지 넓혀지게 된다는 것이다. 하지만 그것이 반드시 쉬운 일일까? 사실상 사랑의 윤리는 사랑의 상대를 진정한 타자로 간주하게 되면서부터 성립하는 것이지만, 그것은 자기 자신을 타자에게까지 확장하려는, 그리하여 타자와 혼융적 관계를 맺으려는 최초의 사랑과는 일정한 단절을 필요로 한다. 사랑의 윤리는 사랑하는 자들로 하여금 상대를 위해 자신의 사랑의 감정을 거슬러 오르는 가파른 도약을 행하도록 요청한다. 그러한 도약은 그렇지만 사랑의 상대를 진정으로 사랑하는 마음이 자연적으로 자기 내부에서 발생했을 때에만 가능해진다.

어쨌거나 중요한 것은 사랑의 윤리에 의해 매개된 사랑의 형태변화만이 사랑의 관계를 지속시켜줄 수 있다는 것이다. 그렇지 않을 경우 사랑의 관계는 '불안에 따른 고문'을 견디지 못하여 자연스럽게 붕괴될 수밖에 없다. 이미 사랑이 부식되어 버린 관계를 아직도 사랑의 관계인 것으로 착각하고 살아가지 않는다면 말이다. 하지만 얼마나 많은 사람들이 아직도 그러한 착각 속에서 살아가고 있는가.

참고문헌

김형효, 1990.『가브리엘 마르셀의 구체철학과 여정의 형이상학』, 인간사랑.

변광수, 1993.「사회」, 변광수・구래복・김현옥,『복지의 나라 스웨덴』, 외대 출판부.

싸르트르, 1993.『존재와 무 II』, 삼성세계사상 30, 삼성출판사.

이종영, 2001.『성적 지배와 그 양식들』, 새물결.

_____, 2004.『사랑에서 악으로』, 새물결.

카프카, 1992.「아버님께 드리는 편지」,『변신・유형지에서(외)』, 범우사.

플라톤, 1994.『향연・파이돈』, 을유문화사.

헤겔, 1992.『정신현상학』, 지식산업사.

Freud, S. 1990. "Psychologie des foules et analyse du moi", Essais de psychanalyse. Petite
    bibliothèque Payot.

Gaunt, L. et D. 1986. "Le modèle scandinave", A. Burguière et al. Histoire de la famille. 2.
    Armand Colin.

Kollontaï, A. 1977. Marxisme et révolution sexuelle. Petite coll. Maspero.

Kopp, A. 1975. Changer la ville, changer la vie. 10/18.

Lacan, J. 1961-1962. Le séminaire, IX(미출간 타이핑 원고).

_____, 1975a. Le séminaire, I. Seuil.

_____, 1975b. Le séminaire, XX. Seuil.

_____, 1986. Le séminaire, VII. Seuil.

Leibnitz, 1991. La monadologie. Delagrave.

Lipovetsky, G. 1992. Le crépuscule du devoir. Gallimard.

Reich, W. 1970. La révolution sexuelle. 10/18.

제4장
사회적 결합의 역사적 형태들

이종영

1. 머리말

각각의 역사적 사회들에서 서로 상이한 이해관계 또는 대립적 이해관계를 갖는 사람들은 어떻게 평화적으로 관계를 유지했을까? 관계를 '유지'한다는 것은 관계가 파괴되지 않고 지속된다는 것을 뜻한다. 관계가 파괴된다는 것은 물론 사회적 갈등이 적대, 투쟁, 살해, 내전 등으로 이어진다는 것이다. 망명이나 '엑소더스' 또는 분리를 통해 아예 관계를 단절시킬 수 없다면 말이다. 따라서 관계를 유지한다는 것은 평화를 유지한다는 것이다. 물론 이때 평화는 표면적인 것이다. 이때의 평화는 서로가 서로의 존재를 배려함으로써 성립하는 그러한 진정한 평화, 평화를 추구하고 사랑하는 존재들이 만나서 일구어내는 진정한 평화가 아니라, 이해관계의 대립에 따른 갈등을 특정한 사회적 장치들을 통해 잠재화시킴으로써 성립하는 잠정적이고 위태로운 평화일 뿐이다.

사람들이 이처럼 서로 관계를 맺고 유지하는 방식은 역사적으로 달라진다. 우리는 이해관계를 달리 하는 사람들이 서로 관계를 맺는 역사적 방식들을 사회적 결합의 역사적 형태들이라 일컫는다. 사회적 결합의 역사적 형태는 평화의 역사적 형태이기도 한 것이지만, 그러한 평화는 다만 갈등의 잠재화에 불과하다. 따라서 사회적 결합의 역사적 형태들이란 사회적 갈등을 잠재화시키는 역사적 형태들이기도 하다.

우리가 사회적 결합의 역사적 형태들을 살펴보려는 것은 첫째로, 사회적 결합의 현재적 형태들이 갖는 특수한 역사성을 인식하기 위한 것이고 둘째로, 그러한 인식에 기초해서 사회적 결합의 새로운 형태를 모색해보려는 것이다.

사회적 결합의 공간은 생산력의 발전에 따라 점점 확장된다. 과거에 공동체에 한정되었던 사회적 결합은 이제 국민국가로까지 확장되었고 앞으로는 세계적 수준으로까지 넓혀질 것이다. 사회적 결합의 공간은 그 구성원들에게는 '세계' 전체를 뜻하게 된다. 그 공간의 외부는 '세계'의 바깥이라는 것이다. 그러한 '바깥'과는 지속적 관계가 성립될 수 없고, 어쩌다 맺어지는 '사건적' 관계는 종종 전쟁으로 귀결된다. 결국 사회적 결합의 대상이 되는 타자들은 '세계-내-타자'인 것이다. 이제 '세계'는 하이데거적 의미를 벗어나 물리적 의미의 세계와 거의 동일화될 수 있는 지경에 이르렀지만 말이다.

사회적 결합의 형태는 사회적 결합공간의 크기에 따라 달라진다. 동일한 크기의 사회적 결합공간들에서도 사회적 결합은 상이한 형태를 취할 수 있다. 크기는 형태를 단지 일정한 한계 내에서 측면적으로 규정할 수 있을 뿐이다. 게다가 생산력의 발전은 크기가 부과하는 제한을 붕괴시켜버린다. 또 결합공간의 크기 확장에 따라 새로운 결합형태가 성립되더라도 과거의 결합공간을 지배하던 결합형태가 소멸하는 것은 결코 아니다. 한 결합공간 내에 여러 가지 결합형태가 존재할 수 있다는 것이다.

사회적 결합의 대상이 되는 타자들은 '세계 바깥'의 타자들이 아니라 '세계-내-타자'들이다. '세계 바깥'의 타자들은 나와 전혀 아무런 관계도 지니지 않는 무의미한 타자들이겠지만, '세계-내-타자들'은 비록 '세계'의 범위가 아무리 넓혀졌다고 하더라도 나와 전혀 무관할 수 없는 타자들, 그리하여 적어도 최소한의 의미를 지닐 수 있는 타자들이다. 그러나 사회적 결합의 공간, 즉 '세계'가 국민국가적 수준, 그리고 심지어 전 지구적 수준으로까지 확장된다는 것은, 그러한 수준에서의 사회적 결합이 인격적 교류의 성격을 갖게 되기 힘들어졌음을 의미한다.

전(前)자본주의적 공동체에서 사회적 결합형태는 다음 두 가지의 상호침투로 특징지어진다.

1) 인격적 교류
2) 경제적 교환

　인격적 교류와 경제적 교환이 상호 침투되어 있다는 것은, 한편으로 경제적 교환이 인격적 성격을 갖는다는 것이고, 다른 한편으로 인격적 교류가 경제적 성격을 갖는다는 것이다. 경제적 교환이 인격적 성격을 갖는다는 것은 무엇을 뜻할까? 그것은 적어도 그 한 측면에서는 경제적 교환이 그 교환에 참여하는 개별자들을 인격적 존재자로서 보호하는 성격을 갖는다는 것, 그리하여 경제적 행위자의 생활이 서로의 인격적 교류를 통해 보장된다는 것을 뜻한다. 인격적 교류가 경제적 성격을 갖는다는 것은 무엇을 뜻할까? 그것은 인격적 교류가 경제적 의존관계로부터 완전히 자유롭지 못하다는 것, 그리하여 인격적 교류가 완전히 자유로운 교류로서의 성격을 갖기 힘들다는 것이다.

　반면 자본주의의 성립과 더불어 인격적 교류와 경제적 교환은 분리된다. 인격적 교류가 경제적 교환으로부터 분리되었다는 것은 서로 인격적으로 끌리는 자들끼리 진정한 교류가 가능해졌다는 것을 의미한다. 다시 말해 엄밀한 의미의 개별자들 사이의 자유로운 교류가 가능해졌다는 것이다. 그렇지만 경제적 교환이 인격적 교류로부터 독립하여 그야말로 순수한 경제적 관계로 성립한다는 것은, 인격적 교류에 의한 구속으로 가능해졌던 생활의 보장이 상실된다는 것이다.

　결국 인격적 교류와 경제적 교환 사이의 상호침투 또는 분리는 생활의 보장과 자유의 보호 사이의 선택의 문제, 사회성과 개별성 사이의 선택의 문제로 귀착된다고 할 수 있다. 과연 생활을 보장받는 것과 개인적 자유를 보호받는 것 중에 무엇이 더 중요할까? 사회와 개별자 사이에 무엇이 더 중요할까? 하지만 이러한 양자택일적인 질문방식 자체가 잘못되었다.

　우리는 이 연구에서 공동체, 공납제 국가, 봉건적 질서, 자본주의적 국민국가에 특징적인 사회적 결합형태들을 그 원리적 수준에서 살펴볼 것이다. 증여, 공동체적 규범, 신종선서와 형제맹약, 계약과 화폐 등이 그것들이다. 이어서 우리는 이러한 결합형태들이 갖는 역사적 한계들을 지양할 수 있을 새로운 결합형태로 보편적인 사회적 약속을 제시한다. 우리가 '보편적인 사회적 약속'을 생활의 보장과 자유의 보호, 사회성과 개별성을 동시에 확보해주는 장치로 생각한다는 것은 물론이다.

2. 증여의 역설

「증여론」에서 마르셀 모스는 '증여'를 원시적 또는 고대적 공동체들의 결합원리로 제시한다. '증여'란 문자 그대로 무엇인가를 준다는 것이다. 증여가 원시적 또는 고대적 공동체들의 결합원리로 기능했다는 것은 그러한 공동체 구성원들이 증여를 통해 서로 관계를 맺었다는 것이다. 하지만 결합원리로서의 증여는 단지 공동체 구성원들 사이의 관계에만 한정되지 않는다. 증여는 공동체들을 결합시키기도 한다. 이 경우 공동체들은 일반적으로 부족들이 아니라 한 부족 내부에서 혼인동맹 관계를 맺고 있는 씨족들(혈족집단들)이다.

물론 증여는 원시적 또는 고대적 공동체들에서만 존재했던 것이 결코 아니다. 모든 전(前)자본주의적 공동체들에서 호혜성의 기초를 이루었던 것이 증여이다. 또 오늘날에도 친구나 가족 같은 친밀한 관계는 아무런 사심 없이 행해지는 증여, 즉 어떤 계산도 개입되지 않은 증여로 특징지어지며(Godelier, 1996: 12, 291), 그 외에도 사회적인 '기부'가 심지어 익명으로 행해지기도 한다.

그렇지만 증여가 원시적 또는 고대적 공동체에서 그리고 전자본주의적인 모든 공동체들에서까지 일정하게 사회적 결합원리로 작동했다는 것은 특별한 의미를 갖는 것이다. 공동체의 결합원리로서의 증여는 오늘날 친밀한 관계에서의 증여나 사회적 '기부'와는 그 성격을 달리 한다. 예수는 "왼손이 하는 것을 오른손이 모르게 하라"고 말했고, 그러한 가르침은 오늘날 종종 익명적 기부라는 형태로 실현되는 것이지만, 사회적 결합원리로서의 증여가 "왼손이 하는 것을 오른손이 모르게" 행해질 수는 없는 것이다. 왜냐하면 증여가 익명적으로 행해지는 경우 사회적 관계는 성립할 수 없기 때문이다. 또 마찬가지의 이유에서, 사회적 결합원리로서의 증여는 오늘날 친밀한 사이에서 행해지는 사심 없는 증여와는 성격을 달리 할 수밖에 없다. 공동체의 결합원리로서의 증여는 결코 사심 없이, 즉 비(非)계산적으로 행해지는 것이 아니라는 것이다. 그렇다면 공동체의 결합원리로서의 증여는 결코 '순수한' 증여일 수가 없다. 이것이 바로 증여의 역설이다. 증여이되 증여가 아니라는 역설이 바로 그것이다.

공동체는, 또는 공동체들 사이의 관계는 어떻게 증여를 통해 조직될 수 있을까? 단지 '무엇인가를 준다'는 사실을 통해 관계가 지속적으로 유지될 수 있는 것일까? 아무것이나 자기 멋대로 주기만 하면 관계가 성립될 수 있는 것일까? 그렇지 않다. 증여가 공동체의 결합원리가 될 수 있는 것은, 그 자체가 의무적으로 준수되어야만 하는 사회적 관계를 이루기 때문이다. 마르셀 모스에 따를 때, 사회적 결합의 원리로서의 증여는 세 가지의 의무적 관계를 내포한다. 즉 주어야 하는 의무, 받아야 하는 의무, 되돌려주어야 하는 의무가 그것이다(Mauss, 1985: 161 이하, 205 이하).

생각을 해보자. 이러한 의무들은 우리의 어깨를 무척이나 무겁게 할 수 있다. 이러한 의무들은 우리를 호혜관계의 촘촘한 망으로부터 결코 빠져나올 수 없게 만들 수 있다. 그러한 의무적 관계들 속에서 우리는 "나는 이것을 받기 싫어"라고 말할 수 있는 자유를 갖지 못한다. 증여가 의무로서 행해져야 한다는 것이 바로 사회적 결합원리로서의 증여의 특징이다.

공동체적 결합관계는 무엇인가를 주는 것, 또는 상대를 초대하는 것으로부터 시작한다. 도대체 어떤 것들을 주는 것일까? 모스에 따를 때, 그것들은 재화들, 동산이나 부동산, 경제적으로 유용한 사물들에만 한정되는 것이 아니다. "예의바른 언동, 연회, 의례, 군사적 봉사, 여자들, 아이들, 춤, 축제, 장터" 등도 제공될 수 있다(같은 책: 151). 이처럼 증여로 제공되는 것은, 비록 그것이 순전히 사물적인 것이라 하더라도, 결코 단순히 사물 자체에 머무르는 것이 아니다. 왜냐하면 아무리 보잘것없는 사물이라 할지라도 중요한 것은 사물 그 자체가 아니라 그 사물을 '준다'는 것이기 때문이다. 그 사물은 주는 자의 마음을 전달해주는 매개체일 뿐이다. 사물의 제공자는 그 사물을 통해 자신의 호의 또는 친절을 드러낸다. 이러한 사실은 또한 원시적 또는 고대적 공동체들에서 사물 자체가 일정하게 정신적 존재로 여겨진다는 것에 의해 더욱 강화된다. 마르셀 모스가 "사람들은 사물들 속에 영혼들을 교배시키고, 영혼들 속에 사물들을 교배시킨다"고 말하고 있듯이 말이다(같은 책: 173). 그리하여 사물을 준다는 것 자체만으로도 이미 영혼이 제공되는 것이다.

아무것도 주지 않을 때는 어떻게 될까? 그러한 경우, 상황은 단지 관계의 부재로 머물지 않는다. 아무것도 주지 않는다는 것은 오히려 관계의 거부로 간주되기 때문이다. 이때 도출되는 것은 적대이다. 모스는 다음과 같이 말한다. "주기를 거부하는 것, 초대하기를 게을리 하는 것은 받기를 거부하는 것과 마찬가지로 전쟁을 선언하는 것과 똑같은 것이다. 그것은 동맹과 화합을 거부하는 것이다"(같은 책: 161). 이처럼 주는 것을 거부하는 것이 전쟁을 선언하는 것과 똑같은 것이라면, 주어야 하는 것은 일종의 의무일 수밖에 없다.

받아야 하는 것도 마찬가지이다. 누군가가 호의로써 무엇인가를 증여할 때 그것을 거부하는 것은 단지 제공된 사물만을 거부하는 것이 아니라 증여자의 호의 자체를 거부하는 것이다. 자기가 표시한 호의를 거부한 자와 과연 관계가 유지될 수 있을까? 그럴 수 없다는 것은 물론이다. 호의를 거부당한 자는 반드시 모욕감을 느낄 수밖에 없다. 그래서 관계는 단지 단절되는 것으로 그치는 것이 아니라 오히려 적대관계로 전화된다. 따라서 누군가가 무엇을 제공할 때 그것을 받아들이거나 거부하는 것은 결코 자기 마음대로 자유롭게 선택할 수 있는 것이 아니다. 전쟁을 촉발할 수 있는 적대관계를 피해야 하기 때문이다. 결국 받아들이는 것은 일종의 의무일 수밖에 없다. 모스는 다음과 같이 말한다. "한 씨족, 한 가정, 한 단체, 한 주인은 환대를 요청하지 않거나 선물을 받아들이지 않을 수 없으며, 교류를 하지 않거나 여자교환 또는 피로써 동맹을 체결하지 않을 수 없다"(같은 책: 161-162).

무엇인가를 받았다면 그것에 상응하는 어떠한 것을 보답으로 되돌려주어야 한다. 물론 증여된 무엇을 받아들였다는 것만으로도 관계는 성립한다. 제공자는 자신이 제공한 것이 받아들여졌다는 것을 자신의 호의가 수용된 것으로 간주하고 만족한다. 하지만 받은 것에 걸맞는 어떤 것을 되돌려주지 않는다면 관계는 지속될 수 없다. 이 경우 문제삼는 것은 되돌려주는 자의 인격 자체이다. 즉 받기만 하고 되돌려주지 않는 자는 모멸의 대상이 된다. 그는 관계를 맺기에 부적합한 사람, 관계를 맺을 가치가 없는 사람으로 여겨진다. 모스는 "적절하게 되돌려주어야 한다는 구속은 절대적인 것이다. 만약 돌려주지 않는다면 우리는 영원히 얼굴을 들 수 없게 된다"고 한다(같은 책: 212). 이처럼 받기만 하고 되돌려주지 않는다는 것은 공동체적 사회성 속에서 '상징적 죽음'을 초래하는 것이다. 공동체의 떳떳한 성원으로 대우받기 위해서는, 또는 공동체들 사이의 관계에서 자신을 무시할 수 없는 공동체로 내세우기 위해서는, 되돌려주는 것을 의무처럼 받아들일 수밖에 없다.

사회적 결합원리로서의 증여가 내포하는 이러한 세 가지 의무를 어떻게 받아들여야 할까? 우리가 여기서 피해야 할 것은 사후적 재구성이다. 자본주의적 관점에서 공동체적 결합형태를 재구성하면 안 된다는 것이다. 중요한 것은 공동체의 결합원리로서의 증여를 내재적 관점에서 이해하려고 노력하는 것이다. 하나의 사실은 증여가 의무화되면서 공동체적 유대의 강화와 재생산을 위한 의례적 장치로 전화되었다는 것이다. 그렇지만 다음과 같은 사실에도 주목해야 한다. 증여가 사회적 결합원리로 작동할 수 있었던 것은 자본주의와는 전혀 다른 사회적 맥락이 전제되었기 때문이라는 것이다. 증여가 비록 형식적 장치에 불과할지라도, 다른 것이 아닌 증여가 사회적 결합원리로 작동했다는 것은 그 자체로 중요한 사실이고, 그러한 사실은 자본주의와는 전혀 다른 사회적 맥락 속에서 가능했다는 것이다.

모스는 "인간은 매우 오랫동안 현재와는 전혀 다른 존재였다. 인간은 최근에 와서 기계가 되었다. 계산기를 갖춘 기계 말이다"라고 말한다(같은 책: 272). 모스의 이와 같은 말은 특정한 측면만을 일방적으로 부각시킨 도발적 발언의 성격을 갖는다. 즉 자본주의적 인간이 완전히 "계산하는 기계"가 되었다고 말하기는 힘들다는 것이다. 하지만 인격적 교류와 경제적 교환의 분리에 따라 자본주의적 인간의 경제적 활동이 다분히 "계산하는 기계"로서의 성격을 갖게 된 것은 부인할 수 없다. 그렇다면, 공동체적 결합원리로서의 증여를 자본주의적 관점에서 사후적으로 재구성하는 것을 피하자는 것은, 증여에서 계산적 성격을 읽어내면 안 된다는 것일까? 그렇지 않다. 사회적 결합원리로서의 증여는 명백하게 계산적 성격을 갖는다. 심지어 그 표면적인 비계산적 성격마저도 사실은 엄밀하게 계산된 것이다. 공동체적 인간 또한 매우 뛰어난 '계산기'를 갖추고 있다. 계산적 성격을 좀 더 적게 갖는 것은 오히려 자본주의 사회의 친밀한 관계에서 행해지는 증여이다. 하지만 사회적 결합원리로서의 증여에 대한 사후적 재구성을 피하려는 것이 그것에 대한 미화나 이상화로 귀결되어서는 안 된다. 관건은 다만 전혀 다른 사회적 맥락에서 비롯된 논리를 그 자체로 이해해주자는 것이다.

칼 폴라니는 증여가 공동체의 사회적 결합원리로 기능할 수 있었던 배경을 아리스토텔레스가 말한 공동체적 '호의(philia)'에서 찾는다. 아리스토텔레스에 따를 때, 공동체의 내적 유대는 '호의'를 통해 가능하다. 바로 이 '호의'로 인해 상호증여를 통한 호혜성이 성립되고 공동체적 자급자족이 이루어진다는 것이다(칼 폴라니, 1994: 117; 아리스토텔레스, 1999: 416-425). 따라서 우리는 다음과 같이 생각해볼 수 있다. 공동체 구성원들이 서로에 대해 '호의'를 갖기 때문에 증여를 사회적 결합원리로 삼을 수 있었다고.

이 '호의'란 어떠한 것일까? 그것은 아마도 처음 만난 타자에 대한 것일 수도 있고 오랫동안 삶의 역정을 공유한 타자에 대한 것일 수 있지만, 무엇보다 자기와 유사한 다른 인간 존재 자체에 대한 일종의 경외나 친애의 감정에서 비롯될 것이다. 그러한 감정은 인간의 존재 자체에 내재하는 유적(類的) 감정일 수 있고 그리하여 모든 인간 존재에 대한 어떤 원천적인 감정일 수 있지만, 사회적 조건에 따라 강화될 수도 있고 또 소멸될 수도 있다. 중요한 것은 공동체적 존재조건 자체가 타자에 대한 일정한 '호의'를 유지시켜준다는 것이다. 이것은 공동체적 질서 속에서 경제적 교환관계가 인격적 교류관계와 결합되어 있기 때문이다.

짐멜은『돈의 철학』에서 화폐의 개입으로 공동체적 유대관계가 파괴됨에 따라 "의존관계의 주관적 요소들에 대한 무관심"이 성립한다고 지적한다(짐멜, 1983: 380). 물론 그러한 "무관심"은 기본적으로 경제적 층위에 국한되는 것이다. 공동체적 질서는 무엇보다 그러한 무관심의 부재로 특징지어진다. 특히 공동체적 결합원리로서의 증여는, 물론 앞서 말한 세 가지 의무에 의해 구속되는 것이지만, 그럼에도 타자에 대한 나의 호감을 표현하는 것이다. 이러한 호감은 엄밀한 의미의 개별자에 대한 것이라기보다는 '공동-존재'로서의 타자에 대한 것일 수 있지만 말이다. 타자는 나의 사물을 받아들이면서 나의 호감을 동시에 받아들이고, 그에 대한 보답으로 자신도 애정을 담아 어떤 것을 나에게 돌려준다. 그리고 이러한 주고받음을 통해 내적 유대가 굳어진다. 우리는 증여가 내포하는 세 가지 의무의 구속적 성격에도 불구하고, 이러한 사실을 완전히 부정할 수 없다. 모스는 북아메리카 인디안들, 폴리네시아와 멜라네시아의 사회들 그리고 중국사회에 대해서 "이 모든 사회들에서 사람들은 서로 앞다투어 주었다"고 말한다(Mauss, 1985: 207). 물론 이처럼 주는 행위는 주는 자의 명예를 높여줌으로써 그것이 호감 이외의 또 다른 목적에 의해 중층결정된 것임을 드러내지만, 우리는 사물을 한쪽 측면으로 환원시키지 않으면서 그 복합성을 읽어내야 한다.

우리는 사회적 결합원리로서의 증여를 지탱해주는 태도를 다음의 두 가지로 정리해볼 수 있다. 첫째로, 타자를 인격적 존재로 존중하는 것이다. 이러한 태도는 타자를 결코 사물화하지 않는 자세를 통해 드러난다. 타자는 도구화의 대상으로 간주되지 않을 뿐더러 짐멜이 위에서 말한 의미에서 무관심의 대상이 되지도 않는다. 이러한 태도는 일정한 경건함을 지니고 타자를 대하는 자세로 드러나기도 하는데, 그러한 경건함은 모든 인간적 존재에 내재한 설명될 수 없는 신비를 인정하는 것에서부터 비롯된다. 둘째로, 인간을 유적(類的)인 존재로 간주하는 것이다. 이것은 인간적 삶이 결코 개체적 삶으로 완수될 수 없으며 오직 공동적 삶으로서의 유적인 삶을 통해서만 완수될 수 있다는 인식에 기초한 것이고, 그리하여 인간의 존재 자체가 본질적으로 공동적 존재임을 파악함으로써 성립된다.[1]

이러한 태도들은 사물들에 대한 또 다른 태도를 매개로 드러나기도 한다. 모스는 로마에서 물건(res)이란 개념이 증여 또는 선물의 의미를 지니고 있었음을 지적한다. 그는 로마에서의 "물건이란 무엇보다도 타자에게 즐거움을 제공하는 것이어야 했다"고 말한다(같은 책: 233). 또 그는 인도사회에서 "양식의 본질은 나누어지는 것이고, 남에게 나누어주지 않는 것은 양식의 본질을 죽이는 것"이었음을 지적한다(같은 책: 245). 이처럼 사물이 사람들 사이에서 나누어져야 한다는 태도는 사실상 사물 자체에 대한 태도라기보다는 오히려 인간에 대한 태도이다. 즉 인간의 존재 자체가 서로를 배려하고 모든 것을 나누어야 하는 공동적 존재라는 것이다.

증여가 사회적 결합원리로 작동할 수 있는 것은 이러한 인간관에 바탕해서이다. 하지만 그러한 인간관에 바탕한 증여가 사회적 결합원리로 자립화하면서 오히려 인간에 대한 존중을 파괴할 수 있다. 즉 증여의 역설은 소외의 한 형태를 구현한다. 인간이 만들어낸 것이 이제 자립화하여 오히려 인간을 지배하게 되었다는 것이다.

---

1) 결국, 포이어바흐가 말한 유적 존재의 개념이 공동체적 질서 속에서 이미 실천적으로 존재했다는 것이다. 포이어바흐의 유적 존재 개념에 대해서는 한스-마르틴 자스(1986)를 참조할 것.

증여는 친밀성을 일반화하지만, 그 친밀성은 오히려 거짓 친밀성일 수 있다. 진정한 친밀성은 오히려 의무화된 증여에 의해 억압될 수 있다.

공동체의 붕괴에 따라 증여는 사적 공간으로 후퇴한다. 이제 경제적 활동 영역에서의 증여는 뇌물의 성격을 갖게 된다. 증여가 사적 공간으로 후퇴한 것은 오히려 잘 된 일이 아닐까? 사적 공간이야말로 우리의 존재에게 가장 큰 행복을 가져다주는 친밀성과 내밀성의 영역이 아닌가? 그렇다면 증여는 마땅히 사적 공간에만 존재해야 하는 것은 아닐까? 그렇지 않다. 왜냐하면 경제적 교환관계에서 증여의 소멸은 경제적 활동을 냉혹하고도 차가운 계산의 세계로 전락시키기 때문이다. 그러므로 우리가 진정한 친밀성의 복권에 대한 요청과 더불어 생각하여야 하는 것은 경제적 교환관계를 냉혹한 계산의 세계로부터 구출할 수 있는 방법이다.

3. 공동체적 규범과 개별성의 위축

원시적 또는 고대적 공동체들에서 증여는 가장 중요한 사회적 결합원리를 이룬다. 하지만 집합적 노동이 호혜적 노동교환보다 더 큰 중요성을 갖게 되고, 또 공동체가 국가의 요구에 집합적으로 대응하게 되면서 공동체적 의사결정과 규범이 좀 더 중요한 사회적 결합원리로 부각된다.

국가가 성립됐다고 해서 민중들의 '세계'가 국가에 귀속되는 모든 '영토'로까지 확장되는 것은 아니다. 국가의 성립과 '전국적 생활권'의 확립은 동일한 과정이 아니다. '전국적 생활권'은 다만 자본주의와 더불어 확립된다. 국가가 성립되더라도 민중들의 생활단위는 여전히 공동체이고, 그리하여 공동체는 공동체 성원들에 대해 '세계 전부'를 구성한다.

이러한 상태는 자본주의가 성립할 때까지 계속된다. 공동체는 자본주의의 성립과 더불어 확립된 '전국적 생활권'에 의해 비로소 붕괴되기 시작한다. 그러나 공납제(貢納制)적 국가가 성립되어 소멸할 때까지의 오랜 기간 동안 공동체는 민중들의 폐쇄적 생활단위를 이룬다. 즉 공납제적 사회구성체는 공동체를 그 구성단위로 하는 환절적(環節的, segmentaire) — 에밀 뒤르켐의 용어 — 사회구성체의 성격을 갖고, 그러한 환절적 사회구성체 속에서 공동체들은 일종의 '사회적 진공지대'에 의해 격리된 '국지적 소우주'의 성격을 갖는다(K. Marx, 1968: 1567; 오오스까 히사오, 1982: 46-48). 그리고 '국지적 소우주'로서의 공동체는 그 구성원에 대하여 '세계 전체'를 구성하면서 의미를 독점한다. 공동체 성원들의 삶은 오직 공동체 내부에서만 의미를 갖게 되고, 공동체로부터의 추방을 뜻하는 공동체 제재인 '출향(黜鄕)'을 당하는 사람은 일종의 '세계의 종말'을 경험한다.

'국지적 소우주'로서의 공동체의 배타성을 잘 드러내주는 것은 대내도덕과 대외도덕의 구별이다(오오스까 히사오, 1982: 47). 공동체 내부에 대해 적용되는 도덕과 공동체 외부에 대해 적용되는 도덕이 다르다는 것, 예컨대 공동체 성원에게는 용납되는 것이 공동체 외부인에 대해서는 용납되지 않는다는 것이다. 외부인들은 단지 이방인이자 잠재적인 적으로 간주될 뿐, 동등한 인격체로 존중되지 않는다. 결국 대내도덕과 대외도덕이라는 이중적 도덕률이 존재한다는 것은 옳고 그른 것에 대한 객관적 사실판단이 행해지는 것이 아니라 어떤 공동체에 속하고 있는가가 판단의 기준이 된다는 것이다. 사실판단에 대한 귀속성 판단의 이러한 우위가 말해주는 것은 물론 공동체의 '소우주'적 성격이다. 아무리 내적 갈등들이 있다 하더라도, 공동체는 성원들의 '세계 전부'로서 의미를 독점한다.

에릭 울프는 수렵채취적 공동체에서 농촌 공동체로의 이행과 관련하여 다음과 같은 지적을 한다.

> 다음과 같은 가설에는 통계적인 근거가 있다. 즉 농민사회와 같이 식량자원 축적능력이 비교적 높은 사회에서는 사회화를 주도하는 집단에 사회성원들을 의존케 하는 사회화의 방식을 존중하는 경향이 보인다는 것이다. [……] 이와 대조적으로 수렵채취 사회처럼 식량자원을 축적하는 능력이 낮은 사회에서는 자립성과 개인적 업적을 북돋우는 사회화 방식을 존중하는 경향이 있다(에릭 울프, 1978: 128).

생산양식의 변화에 따라 공동체의 결합형태가 달라진다는 것은 충분히 가능한 일이다. 농업혁명은 잉여축적을 통해 국가 발생의 한 조건을 마련해주는 것이지만,

그렇다고 해서 농촌공동체가 모두 원시적 공동체의 상태를 벗어난 것은 결코 아니다. 중요한 것은 국가라는 외적 지배기구의 성립에 따라 공동체의 존재방식이 일정하게 변화한다는 것이다. 그것은 한편으로 국가기구의 정치적 · 경제적 · 이데올로기적 개입에 따른 것이고, 또 그러한 개입들에 대한 집합적 대응에 따른 것이다.

맑스는 『정치경제학 비판요강』에서 공동체의 세 가지 역사적 형태를 아시아적 공동체, 고전고대적 공동체, 게르만적 공동체로 제시한다. 이러한 제시는 세 가지 공동체 형태 사이의 관계를 단계적인 것으로 설정한다는 점에서 문제를 갖는다. 예컨대 삐에르-필립 레는 그러한 설정을 헤겔에게서 단계적으로 전개되는 동양적 정신, 그리스-로마 정신, 게르만적 정신의 명칭만을 바꾼 사변적인 것으로 간주한다(Rey, 1985: 129-130). 하지만 문제는 거기에 그치지 않는다. 아시아적 공동체의 역사적 실존 자체가 의문스럽기 때문이다.

맑스는 아시아적 공동체의 특질들을 다음과 같이 제시한다.

1) 모든 공동체들 상부에 위치한 전체적 통일체가 토지에 대한 상급 소유자 또는 유일한 소유자이다. 공동체들은 단지 토지에 대한 세습적 점유자일 뿐이다.
2) 잉여노동의 일부는 상급 통일체의 전제 군주에게 바쳐지고 다른 일부는 '공동체의 상상적 본질'인 신에게 바쳐진다.
3) 공동체는 수공업과 농업의 결합에 의해 완전히 자체 충족적인 성격을 지니며, 이로 인해 아시아적 공동체는 오래 지속될 수 있다.
4) 노동은 집합적으로 행해질 수도 있고 가족 단위로 행해질 수도 있는데, 이에 따라 공동체는 전제적 성격을 지닐 수도 있고 민주적 성격을 지닐 수도 있다.
5) 공동체가 토지의 집합적 소유자이고, 개별적 인간은 단지 사적 점유자일 뿐이다.
6) 개별적 인간은 공동체에 대해 사고(事故, accident)에 불과할 뿐인 자연적 구성 부분이고, 어떠한 자율성도 갖지 못한다(Marx, 1980: 1권 412-423).

이 가운데 1), 2), 5), 6)은 매우 의문스럽다. 게다가 1)과 5)는 모순된다. 맑스는 사적 소유의 결여를 지표로 삼아 아시아적 공동체를 공동체의 최초 형태로 간주하지만, 사적 소유의 결여라는 특질은 허구에 가깝다. 또 그러한 특질이 특정한 사회들에서 예외적으로 실재한다 하더라도, 그러한 특질을 갖는 사회들이 역사적으로 최초의 단계에 속하는 것은 아니다.

인류학적 조사들에 의하면, 심지어 원시적 공동체들에서도 재산소유 형태는 매우 복잡하고 다양하다. 예컨대 말리노프스키에 따를 때 원시적 공동체들에서의 소유권은 그것이 무엇에 관한 것이냐에 따라 상이한 형태를 취한다. 토지, 가축, 생산수단, 심어진 나무, 의례적 지식 등등 각각의 것들에 대해서 상이한 규칙을 갖는 복합적 소유권 체제가 존재한다는 것이다(M. Godelier, 1978: 118). 모리스 고들리에는 이와 관련하여 뉴기니아 시안느(les Siane)족의 예를 든다. 시안느족에서는 사적 소유물이라고 하더라도 타자에게 양도될 수 없는 것(토지, 성스런 피리, 의례적 지식 등)과 타자에게 양도될 수 있는 것이 분류되고, 또 일반적 재화들도 각각 상이한 유통방식과 소비방식을 갖는 일상적 소비재, 사치재, 위광재(威光財)로 나뉘어진다는 것이다(M. Godelier, 1978: 118-119).

원시적 공동체들에서 사적 소유의 이러한 존재가 말해주는 것은 사적 소유의 발전, 혈연적 구속성의 해체, 개인적 자율성의 발전을 지표로 삼는 맑스적 단계설정의 한계이다. 그러한 지표들에 있어서 가장 저발전된 형태로 설정된 이른바 아시아적 공동체는 최초의 공동체 형태가 아니라 오히려 역사적으로 매우 드물게 나타나는 극히 예외적인 공동체 형태일 뿐이다. 또 고전고대적 형태를 게르만적 형태에 선행하는 것으로 설정한 것도 정당화될 수 없다. 고전고대적 형태는 게르만적 형태보다 시기적으로 앞섰지만 오히려 공동체적 형태를 이미 이탈하고 있는 것이기 때문이다.

사실상 공동체 발전사를 단계론적으로 재구성한다는 것은 불가능하다. 공동체의 다양한 형태들과 그 복합적 역사들이 결코 단계론에 편입될 수 없기 때문이다. 예컨대 맑스는 혈연적 구속성의 약화를 공동체적 발전단계의 한 지표로 삼지만, 한국에서 동족마을이 형성된 것은 오히려 17세기 말 이후, 즉 조선 후기에 이르러서인 것이다(이해준, 1996: 284 이하). 게다가 개인적 자율성이 고대로 내려갈수록 더 약해지는 것도 결코 아니다. 앞서 에릭 울프의 인용문에서도 보았듯이, 원시적 공동체들에서 개인적 자율성이 더 강력했던 것처럼 종종 드러나기 때문이다.

맑스 자신도 러시아의 농촌공동체에 관심을 가졌던 노년에 들어 공동체의 발전

단계에 대한 과거의 생각을 일정하게 수정한 듯이 보인다. 그는 베라 자수리치에게 보내는 편지의 초고들에서 '농촌 꼬뮌'이라는 개념을 제시하고, 게르만적 공동체를 그 서양적 형태로, 러시아, 아프간, 동인도 등의 농촌공동체를 그 동양적 형태로 간주한다(K. Marx, 1968: 1651-1652). 이것은 그가 아시아적 공동체 개념을 포기했다는 것을 암시하는 것이다. 하지만 그럼에도 그는 아직도 과거의 지표들에 입각해서 '농촌 꼬뮌'을 '원천적 구성체(formation archaïque)'의 최종적 형태로 간주한다.[2] 그는 아직도 혈연적 관계의 해체와 사적 소유의 발전이란 지표를 유지하고 있는 것이다(같은 글: 1563-1564).

맑스가 자연적 관계에 의해 각인된 '원천적 구성체'의 최종적 형태로 간주한 '농촌 꼬뮌'의 성격을 좀 더 체계적으로 파악하기 위해서는 그 서양적 형태인 게르만적 공동체의 성격을 알아보는 수밖에 없다. 하지만 맑스가 '농촌 꼬뮌'의 서양적 형태로 간주한 게르만적 공동체의 특징은 오히려 다양한 지역의 공동체들에서 발견될 수 있는 일반성을 지닌다. 맑스는『정치경제학 비판요강』에서 게르만 공동체의 특징을 다음과 같이 제시한다.

1) 공동체는 구성원들의 반복된 회합(會合)으로서만 존재한다. 즉 공동체는 통일적 조직이 아니라 사적 소유자인 자율적 주체들 간의 합의에 입각한 결합체이다.
2) 사냥터, 목초지, 공유림 등의 공유지가 있으나, 이것들은 단지 개인적 소유의 보충물일 뿐이다.
3) 개인적 소유는 공동체에 의해 매개된 것이 아니다. 오히려 공동체와 공유지가 자율적 주체들에 의해 매개된 것, 다시 말해 자율적 주체들의 상호관계로 나타난다.
4) 공동체는 출계(出系), 언어, 공통의 과거, 역사 속에 자리잡는다. 언어와 친족관계의 집합체로서의 공동체는 개인적 소유의 전제이다(K. Marx, 1980: 1권 419-421).

이 가운데 1), 2), 3)과 4)는 명백히 모순적이다. 1), 2), 3)에서 줄곧 얘기되는 것

---

2) 그가 말하고 있는 '원천적 구성체'가 뚜렷이 무엇을 의미하는지를 파악하는 것은 쉽지 않다. 다만 그가 '농촌 꼬뮌'을 "최근에 발생한 것"이자 "자유인들의 최초의 집합"으로 간주하는 한에서 우리는 그것을 시기적으로 고대적이란 의미가 아니라 자연적 관계를 지속시키고 있다는 의미로 파악해야 할 것이다.

은 공동체는 단지 자율적 주체들의 회합일 뿐이라는 것인데, 4)에서는 오히려 공동체가 개인적 소유의 전제라고 한다. 이것을 어떻게 이해해야 할까? 우리는 일단 4)를 공동체가 그 기본적 단위를 이루는 '환절적(環節的)' 사회구성체에서 공동체에의 귀속이 생산활동의 전제를 이룬다는 의미로 받아들여야 한다. 개인은 단지 공동체에 소속되어 있는 한에서 사적 소유자일 수 있다는 것이다. 개인은 엄연히 사적 소유자이지만, 공동체가 그의 존재조건을 이루는, 공동체 성원으로서의 사적 소유자라는 것이다. 이 사실은 공동체적 사회질서에서 공동체가 개인에 대해서 갖는 의미를 말해준다. 그렇지만 다른 한편으로 1), 2), 3)과 4) 사이의 모순은 전자본주의적 공동체들에서 개인과 공동체 사이의 관계가 갈등적일 수 있음을 시사해주는 것이다.

맑스가 제시한 게르만 공동체의 특징들은 공납적 그리고 봉건적 사회구성체의 대부분의 공동체들에서 발견된다. 예컨대 한국의 전자본주의적 공동체들에서도 게르만 공동체와 공통되는 다음과 같은 특징들이 드러난다.

1) 공동체적 기구로서 '동회(洞會)'는 자율적인 사적 소유자들의 결합체로서의 성격을 갖는다. 또 다양한 종류의 계 활동도 사적 소유자들의 자율성을 드러내준다.
2) 공유림, 저수지, 공동목초지 등이 존재했지만 사적 소유에 대한 보충물로서의 성격을 갖는 것이었고, 공동경작지로서의 '동답(洞畓)'도 주로 의례적 기능을 갖는 것이었다.
3) 공동체는 그러나 사적 소유자들의 존재조건이라는 사실에 힘입어 공동체적 규범을 부과하고 그 위반자에겐 다양한 형태의 공동체 제재를 가했다.

하지만 게르만 공동체가 '후페(Hufe)'의 공평한 지급이라는 평등원리에 의해 규제된 반면, 조선시대의 공동체들은 그 내부에 심각한 계급분화를 내장하고 있었다. 이런 의미에서 조선시대의 공동체들은 게르만 공동체들보다, 맑스적 지표에 따를 때, 더욱 진화된 것이라고 볼 수 있다. 하지만 이것은 오히려 맑스적 지표의 허구성을 말해주는 것이기도 하다.

그렇다면 공납적 또는 봉건적 사회구성체의 공동체들에서 사적 소유자들은 어떻게 서로 간에 평화를 유지했을까? 물론 그 평화는 항구적일 수도 없고 근본적일 수도 없다. 사적 소유자들 사이의 이해대립이 전제되어 있기 때문이다. 사적 소유자들은 그들이 '사적인' 소유자들인 한에서 타자들과 대립하는 자신들만의 이해관계를 가질 수밖에 없다. 에릭 울프가 "농민사회는 가구라는 개별자적 단위 사이의 이 중요하고도 불안스러운 관계를 바탕으로 하고 있다"고 말하듯이 말이다(에릭 울프, 1978: 180-181). 사적 소유자들 사이의 이와 같은 이해대립을 해소시켜주는 것이 바로 사회적 결합형태이다.

우선적으로 지적되어야 할 사실은 이러한 공동체들에서 사적 소유자들이 소(小)경영자로서의 성격을 갖는다는 것이다. 그들은 토지를 소유하건 또는 점유하건 간에 가족 단위로 생산을 영위하고 소비를 조직하는 소경영자들이다. 하지만 또 다른 사실은 생산력의 저발전으로 인해 이들의 소경영이 완전한 자립성을 가질 수 없다는 것이다. 이들은 생산력의 저발전으로 인해 어쩔 수 없이 공동체 내의 다른 사적 소유자들과 협력관계를 맺어야 한다. 공동노동, 노동교환, 공유림·저수지·목초지 등의 공동관리 등이 그러한 것들이다. 만약 누군가가 이러한 협력관계에서 배제된다면, 그는 자신의 생산활동을 제대로 영위할 수 없다. 예컨대 조선시대 때 공유림을 공동으로 관리하던 송계(松契)나 물을 공동으로 관리하던 수리계(水利契)에서 규약을 어겨 출계(黜契)를 당하게 되면 생산과 생활의 영위에 곧장 결정적 타격을 입게 되는 것이다(김홍식, 1982: 277-287).

결국 전자본주의적 공동체 내부의 사적 소유자는 아직 공동체적 족쇄로부터 완전히 벗어난 존재가 아니다. 공동체는 사적 소유자들의 '반복된 회합'으로 현상하는 것이지만, '반복된 회합'은 오히려 사적 소유자들에게 강력한 구속력을 행사한다. 사적 소유자들이 오로지 공동체 성원의 자격으로서만 자신들의 사적 소경영을 완수할 수 있도록 말이다. '반복적 회합'의 이러한 구속력을 지탱해주는 것은 바로 생산력의 저발전에 따른 의존의 필연성이다. 여기에서 생산력의 저발전이란 사적 소유자 혼자서 자신의 소경영을 완수하는 것을 저발전된 생산력이 허용하지 않는다는 의미이다.

자, 두 가지 사실이 있다. 첫째는, 생산력의 저발전에 따른 의존의 필연성이다. 둘째는, 국지적 소우주로서의 공동체에 의한 의미의 독점이다. 이 두 가지 사실로부터 도출되는 것은 공동체적 규범의 중요성이다. 공동체적 규범은 한편으로 공동체적 협력관계로부터 배제되지 않기 위해서 준수되어야 하는 것이지만, 다른 한편으로는 '세계'의 전부로서의 공동체 내부의 의미 있는 타자들로부터 배척당하지 않기 위해서도 준수된다. 맑스는 다음과 같이 말한다.

> 개별적 인간이 공동체에 대한 그의 관계를 변화시킨다면 이는 동시에 공동체를 변화시키는 것이고 공동체에 대한 파괴적 행위를 하는 것이다(K. Marx, 1980: 1권 423).

"공동체에 대한 그의 관계를 변화시키다"는 것은 무엇을 의미할까? 그것은 곧 여태까지 준수해오던 공동체적 규범을 이제 더 이상 준수하지 않는다는 것이다. 그리고 이처럼 공동체적 규범을 준수하지 않는 행위는 곧장 '공동체의 파괴'로 이어진다는 것이다. 왜냐하면 공동체 자체가 공동체 규범을 토대로 지탱되는 것이기 때문이다. 그리하여 맑스는 공동체의 재생산은 "개인과 공동체 사이에 미리 전제된 관계의 재생산"이라고 하는데(같은 책: 423), "미리 전제된 관계"란 다름 아닌 공동체적 규범을 준수하는 관계일 뿐이다. 오오스까 히사오는 다음과 같이 말한다.

> 개인들은 독립하여 자유로운 사적 생산을 영위하기에는 아직 너무 유약하기 때문에, '공동체'의 외부적 틀(=공동조직)은 어떻게 해서든지 유지되지 않으면 안 된다. 따라서 성원들 개인의 사적 활동의 자의성이 '공동체' 전체에 의해 억제되게 된다. 이것이 제2의 기초적인 사실로서 '공동태 규제'이다(오오스까 히사오, 1982: 45).

오오스까 히사오가 '공동태 규제'라고 표현한 공동체 규제는 공동체적 규범의 위반자에 대해 가해지는 집단적 제재이다. 이러한 공동체 규제가 거의 모든 공동체들에서 매우 빈번히 이루어졌음은 두말할 것도 없다. 하지만 공동체 규범이 언제나 외적 강제의 형태로 공동체 성원들에게 부과되는 것은 결코 아니다. 공동체는 성원들의 자발적 조직이다. 물론 공동체적 기구가 일종의 물상화된 위력을 가질 수도 있겠지만, 그러한 위력은 단지 공동체 성원들의 폭넓은 지지에 입각해서만 가능한 것이다. 결국 공동체 규범은 오히려 대부분의 경우에는 일종의 '풍속'처럼 존재한다.

에릭 울프는 공동체적 질서의 재생산에 있어서 의례가 갖는 기능을 강조한다. 그는 다음과 같이 말한다. "우리는 농민공동체들에서 의례가 사람들을 공동체의 일원으로서 포용하고 공동의 사회질서를 지탱하고 무질서를 추방하고 통합감(統合感)을 간직하게 하는 것을 보게 된다"(에릭 울프, 1978: 179). 하지만 의례들이 축제나 잔치 또는 제의 같은 사건적 형태만을 취하는 것은 아니다. 오히려 더욱 중요한 것은 루이 알뛰세르가 말한 것과 같은 일상생활에서의 '상호인정의례'이다.

'상호인정의례'란 바로 공동체 내에서 서로의 위치를 확인해주는 의례이다. 서로의 위치를 확인해준다는 것은 각자의 위치에 걸맞게 행해져야 할 것을 행한다는 것이다. 공동체 내의 각각의 위치들에는 그것에 부합하게 행해져야 할 것들과 행해져서는 안 될 것들의 목록이 존재한다. 이것을 차별적 지위들에 대한 공동체적 규정성이라고 한다면, 이러한 규정성은 일상적인 상호인정의례를 통해 확인, 재생산, 강화된다. 이처럼 일상적으로 행해지는 상호인정의례를 통해 공동체적 규범은 풍속화한다. 그리고 풍속은 고립된 소우주로서의 공동체가 '세계 전부'를 구성하고 의미를 독점하는 상태에서, 또 공동체적 의존이 생산력 저발전에 따라 필수적인 상태에서 공동체의 주체가 된다. 즉 공동체를 지배하고 공동체를 움직여나가는 것이 풍속이라는 것이다.

풍속이 이처럼 공동체의 주체가 될 수 있는 것은 사람들이 공동체 내부의 의미 있는 타자들로부터 배척당하는 것을 두려워하기 때문이다. 의미 있는 타자들에 의해 받아들여지기 위해 그들이 공유하고 있는 기존의 상징적 질서를 받아들일 수밖에 없다는 것이다. 삐에르 부르디외는 이러한 사태를 알제리 카빌 사회에서의 복수 관행을 예로 들어 설명한다. 카빌 사회에서 누군가가 다른 공동체 성원에 의해 모욕을 받을 경우, 그것에 대한 복수는 피해자 본인에 의해 이루어져야 하지만, 그 복수가 이루어지느냐 아니냐의 문제는 그가 속한 공동체 성원 전체의 명예가 달린 문제가 된다. 그리하여 당사자는 생명을 거는 위험을 수반하는 복수를 망설이지만, 결국은 공동체의 명예가 주된 관심인 공동체 성원들의 무언의 압력에 굴복하고 만다. 당사자가 봉착하는 고민은 "어떻게 사람들 앞에서 얼굴을 들 수 있는가", "어떻게 사람들 앞에서 입을 열 수 있는가" 하는 것이고, 결국 모두가 서로를 알고 있는 '국지적 소우주'에서 집합적 비난에 따른 수치(羞恥, honte)를 피하기 위해 복수를 결정하게 된다는 것이다(Bourdieu. 1972: 29).

결국 이러한 풍속의 지배가 함의하는 것은 단지 우연적인 것일 뿐인 풍속을 모든 공동체 성원이 동일하게 준수해야 한다는 것이다. 양말을 신고 있는 모든 사람들이 양말을 안 신은 단 한 사람에게 양말을 신을 것을 강요하듯이 말이다. 그리하여 적어도 표면적으로는 일종의 '가족주의적 교류형식'과 같은 것이 도출된다. 비록 이해관계의 대립이 그 배후에 깔려 있더라도 말이다.

'가족주의적 교류형식'은 모든 사회적 관계를 가족화하려는 동기에 의해 지배된다. '자기 집에 있음'의 느낌을 '자기 집'을 벗어나서도 항상 유지하려는 것이 그것이다. '자기 집에 있음'의 느낌을 유지하려는 것은 자기의 '세계'를 떠나는 것에 대한 두려움을 감내하지 못하기 때문이다. '망명(exil)'을 감당하지 못한다는 것이다. 결국 가족주의적 교류형식에서 개인, 주체 또는 인격과 같은 것들은 '망명'을 상징하는 것이기 때문에 배척된다. 누군가가 개별적 내면성을 갖는다는 것 자체가 바로 망명적인 것이고, 그리하여 견딜 수 없는 것이 된다. 누군가가 해독되지 않는 개별적 내면성을 갖는다는 것은 '세계'로부터 이탈한다는 신호인 것이고, 그리하여 그 단독적인 내면성은 무시될 뿐만 아니라 파괴되어야 하는 것이다. 가족적 혼융 관계를 회복하기 위해서 말이다.

이러한 가족주의적 교류형식에서는 모두가 가족 또는 의사(疑似)가족의 구성원으로서 유기체의 요소일 뿐이다. 유기체의 요소들 사이의 교류 원리는 가족적 노출과 외면적 배려이다. 가족적 구성원들의 모든 내면성은 해독될 수 있고, 그리하여 해독 불가능한 내면성이란 원리적으로 존재하지 않는다. 그리하여 내면성의 완전한 노출, 달리 말해 내면성의 부재라는 조건 하에서 오직 외면적일 뿐인 배려가 행해진다. 내면성이 부재하므로 내면적 배려는 불필요한 것이다. 즉 개별성은 철저히 억압된다.

중국의 전통적 공동체에 대한 친후이와 쑤원의 다음과 같은 지적은 가족주의적 교류형식의 관철을 드러내준다.

인성, 곧 자유 개성은 정말로 천지간에 도망할 곳이 없었다. 이런 문화는 인간답지 못한(곧 개성이 없는) 인간에 대해서는 더 많은 애정을 베풀고 인정이 충만했지만, 일단 인간이 자신의 가치를 증명하려고 시도하면 이런 문화의 잔혹하고 무정하며 어떤 인성도 없는 일면이 곧바로 표출된다(친후이·쑤원, 2000: 306).

풍속에 종속된 자에게 인정을 베풀다가 개별적 내면을 가진 자에게 갑자기 "잔혹하고 무정해지는" 변화가 바로 공동체적 규범을 유지하기 위한 것임은 두말할 것도 없다. 즉 맑스가 말했듯이 "개인과 공동체 사이에 미리 전제된 관계"를 재생산하기 위한 것이다. 따라서 사회적 결합이 풍속의 지배와 가족주의적 교류형식에 의해 결정적으로 매개된 공동체에서는 진정한 주체성이 존재할 수 없다. 맑스는 게르만 공동체에서의 사적 소유자들의 자율성에 대해 말했지만, 그 자율성은 단지 자신의 소경영의 이해관계를 지키기 위한 도구적 주체성일 뿐이다. 전자본주의적 공동체의 사적 소유자들의 주체성은 단지 소경영을 위한 도구적 행위에서의 주체성일 뿐이고, 결코 공동체적 풍속에 대한 자립성을 갖는 자유로운 개별자적 주체성이 아니다.

칼 폴라니는『거대한 변환』에서 "사회공동체는 재난에 의해 그 자체가 붕괴되지 않는 한, 그 구성원들을 굶어 죽게 내버려두지 않는다"고 말한다(칼 폴라니, 1991: 65). 폴라니의 이러한 발언은 제임스 스콧의 도덕경제 개념─원래 이 개념은 E. P. 톰슨으로부터 비롯된 것이다─을 통해 체계적으로 설명된다. 스콧에 따를 때, 공동체적 경제는 모든 구성원들의 최저 생계를 보장하는 '도덕경제'로서의 성격을 갖는다는 것이다(제임스 스콧, 2004). 그러한 도덕경제는 물론 공동체적 규범에 의해 규정된 것이다. 하지만 공동체적 규범이 그처럼 '생활'을 보장하는 대신 개별자의 '자유'를 억압한다는 것은 물론이다.

4. 형제맹약과 신종선서의 예외성

중세 유럽의 봉건적 질서는 아시아 공납제적 국가의 신분적 질서와 구조적 차이를 갖는다. 봉건적 질서는 폭력 독점에 입각한 공납제적 국가가 일정하게 붕괴되어

가는 과정 중에 성립되는 것이기 때문이다. 봉건적 질서는 분산적으로 할거하는 무장집단들 사이의 대립적 질서로 나타나고, 그러한 무장집단들은 기본적으로 탈(脫)국가적인 집단들이므로, 그들이 예속민들에 대해 행하는 지배 또한 사적 성격을 갖게 된다. 즉 국가적으로 보장받는 신분제가 더 이상 통용되지 않는다는 것이다. 공납제적 국가에서는 누구든지 제도적으로 부과되는 신분제 속에서 하나의 위치를 차지하고 있어야 한다. 하지만 봉건적 질서에서는 그렇지 않다. 다만 영주적 존재들과 그들에게 예속된 존재들만이 존재할 뿐이다. 물론 영주와 예속민 사이의 관계가 일정하게 신분제적 외장을 취하더라도, 그것은 근본적으로 사적 지배의 성격을 갖는 것이다.

봉건적 질서를 특징짓는 지배관계는 '……의 사람'이란 표현 속에 집약된다. 예속민들은 언제나 특정 영주에게 '속'하는 '특정 영주의 사람'이란 것이다. 이것이 말해주는 것은 국가권력의 유제적(遺制的) 지속물로서의 방(ban) 영주권이나 영주의 토지를 경작하는 농민에 대한 권리로서의 토지영주권보다 자신에게 '속'해 있는 예속민들에 대한 지배권으로서의 인신(人身)영주권이 봉건적 질서의 근간을 이루었다는 것이다(조르주 뒤비, 1999 참조). 봉건적 질서는 사적으로 결합된 집단들의 병렬체로 드러난다. 사적 집단들의 병렬체에서는 그러한 집단들로부터 벗어나 있는 자유로운 섬들이 그 틈새에 존재할 수 있다. 자유농민의 자유토지가 그것이고 또 도시꼬뮌이 그것이다.

여기에 덧붙여 더욱 흥미로운 것은 봉건적 지배집단 내부의 결합원리나 도시꼬뮌의 결합원리가 우리가 이미 살펴본 증여나 공동체 규범 같은 공동체적 결합원리와는 기본적으로 성격을 달리 한다는 것이다. 아마도 그러한 차이는 자유인들의 연합체로서의 게르만 전사집단의 전통으로부터 비롯되었을 것이다.

헤겔은 『역사철학강의』에서 "역사는 중국으로부터 시작하지 않으면 안 된다"라고 한다. 중국은 역사의 출발점으로서, 그리하여 앞으로 전개될 변증법적 부정성의 역사의 첫 단계로서 동일성의 제국을 구성하기 때문이다. 그 동일성은 가족적인 동일성이다. 가족적인 동일성은 이미 보았듯이 개별적 내면성을 타자성으로 간주하여 부정한다. 헤겔은 다음과 같이 말한다. "중국인은 자기가 그 가족에 속하는 동시에 국가의 자식이라고 생각하고 있다. 그들은 가족 안에 있어서는 인격이 아니다.

왜냐하면 그들이 속하는 그 실체적 통일은 혈통과 자연성의 통일이기 때문이다. 국가에 있어서도 역시 그들은 인격이 아니다"(헤겔, 1993: 188). 역사의 첫 단계인 중국은 동일성의 제국으로서의 자신의 성격을 최고로 발전시킨 후 정체(停滯)한다. 즉 하나의 구조가 지니는 잠재성을 최대로 전개시켰지만, 아니 바로 그처럼 전개시켰기 때문에 그 구조를 탈피하지 못한다. 동일성의 제국의 자기정교화만이 전개되었지, 자기부정은 생산될 수 없었던 것이다. 그리하여 다른 가능성들은 중국이 아닌 다른 장소에서 전개된다.

헤겔에 따를 때 게르만 세계는 동일성의 제국인 중국과는 전혀 달리 "개인의 절대적 자유" 위에 서 있다. 절대적 자유를 지닌 자립적 개인들은 서로 간에 어떻게 결합했을까? 게르만 세계의 자유인들은 무장 전사로서의 성격을 갖는다. 자립적인 무장 전사들은 서로 간에 서약을 통해 결사체를 형성한다. 그들의 회합은 자연적 풍속이 주체를 이루는 공동체가 아니라 오히려 이차적인 서약에 의해 형성된 결사체이다. 이와 같은 서약결사의 원리는 중세 유럽을 관통하여 지속된다. 영주와 가신 사이의 신종선서에서도 그러하고 도시 꼬뮌의 형제맹약(conjuratio)에서도 그러하다.3) 우선 도시꼬뮌의 형제맹약을 먼저 살펴보자.

중세유럽의 도시꼬뮌을 특징짓는 것은 형제맹약이다. 도시꼬뮌의 구성원들은 누구든지 선서를 통해 형제맹약에 가입을 했고, 그러한 한에서 모두 시민으로서 동등한 자격을 향유했다. 선서를 하지 않는 자는 물론 꼬뮌으로부터 추방되었다. 결국 **형제맹약은 도시꼬뮌의 조건이다**. 왜냐하면 형제맹약을 통해 도시가 동등한 시민들의 연합, 더 나아가서는 동등한 생산자들의 연합으로서의 꼬뮌으로 전화하기 때문이다. 막스 베버는 도시꼬뮌의 성립과 관련하여 "순수하게 인적인 선서단체였던 것이 영속적인 정치적 단체로 전화하여 그 단체소속자는 도시시민의 특별한 신분법의 법단체를 형성하게 된 것"이라고 말하고 있는데(막스 베버, 1981: 372), 이때 '신분법'이란 모든 형제맹약 가입자들의 동등성을 규정한 법이고, '영속적인 정치적 단체'란 바로 형제맹약에 입각한 꼬뮌 자체를 말하는 것이다.

형제맹약은 물론 사회적 연대의 내적 필요로부터 비롯된 것이다. 키비타스

---

3) 영주에 대한 농노의 탁신도 그러한 서약 형태를 취하기도 하고(조르주 뒤비, 1999: 61), 영주와 농촌 공동체 사이의 협정도 마찬가지이다.

(civitas)의 주교들로 대표되는 영주권력에 대한 집단적 방어의 필요, 사법적 자치의 필요, 꼬뮌 자체에 의한 경제적 독점의 필요 등이 그것이다(막스 베버, 1981: 370). 하지만 중요한 것은 형제맹약이 필요에 따른 차가운 합리적 결합에 머무른 것이 아니라 진정한 형제애적 결합을 추구했다는 것이다. 물론 형제맹약은 그 가입자들에게 엄격한 의무를 부과하였지만, 그 의무는 바로 꼬뮌 구성원들 사이의 강력한 연대를 위한 것이었다. 앙리 삐렌느가 "서약한 모든 도시민은 도움을 필요로 하는 모든 도시민을 반드시 도와야만 했다"고 말하고 있듯이 말이다(앙리 피렌느, 1997: 166). 삐렌느는 또한 실질적인 형제애에 입각한 꼬뮌 구성원들 간의 강력한 연대가 일종의 자발적인 애국심을 생산했다고 말하는데(같은 책: 166-173), 이것은 페르낭 브로델도 마찬가지로 지적하고 있는 것이다. "이 도시들은 서양에 있어서 최초의 '조국들(patries)'이었다. 이 도시들에서의 애국심은 그 이후 영토국가들에서의 애국심보다 명백히 정합적이고 또 훨씬 의식적(意識的)인 것이었다"라고 말이다 (Braudel, 1979: 451).

동등한 시민들, 더 나아가서는 동등한 생산자들의 연합으로서의 도시꼬뮌은, 막스 베버의 표현을 따르자면, 자기규율적이고 자기임명적일 수밖에 없다(막스 베버, 1981: 367-368). 동등한 시민들 간의 자유로운 결사로서의 도시꼬뮌은 스스로의 규율을 스스로에게 부과하며 자신들의 공통의 법에 스스로 복종하는 하나의 자발적 '법단체'로 나타나는데, 이때 법은 결코 계급지배사회에서처럼 '지배집단의 선언'에 불과한 것이 아니라 동등한 시민들 사이의 강력한 연대를 보장하기 위해 자발적으로 만들어진 자율적 기구인 것이다. 꼬뮌의 관리기구로서의 평의회(Rat) 또는 참사회(consilium curia)와 그 행정관들은 선거 또는 추첨을 통해 임명되었고, 위임된 권력을 자기권력화 할 수 없도록 임기가 매우 짧았다. 또 꼬뮌의 운영경비는 형제맹약에 가입한 모든 시민들이 재산에 비례한 방식으로 공평하게 분담했다(앙리 피렌느, 1997: 170-174). 도시꼬뮌의 이러한 자기규율과 자기임명이 형제맹약이라는 기초 위에서 가능하다는 것은 물론이다.

형제맹약에 입각한 도시꼬뮌의 정치는 '공생적 재생산'의 정치로 특징지어진다. 동등한 생산자들이 연합하여 권력을 행사한다면, 자본주의에서처럼 경쟁을 통해 서로를 파멸시킬 정치를 행할 필요가 없다는 것이다. 즉 도시꼬뮌에 의한 '공생적 재생산'의 정치는 동업조합에 의한 정치지배와 생산통제의 결합의 표현으로서 그 경제정책 속에 구체화하여 나타난다.

막스 베버는 도시꼬뮌의 경제정책의 목적이 대중급양(給養)의 항상성과 공정성 확보, 영리기회의 안정, 생산조건들의 고정화에 있다고 하면서, 동업조합이 정치적 지배권을 장악하고 있던 시대에 도시경제정책이 완전히 발전된다고 한다(막스 베버, 1981: 337). 베버는 동업조합의 대내적 정책으로 기회균등, 이를 위한 자본력 증가 규제, 품질통제, 도제와 노동자 수의 통제, 원료구입 공동대응, 최종생산품에 따른 전문화, 생산과정통제, 경영관리통제 등을 든다(막스 베버, 1983: 179-181).

이러한 꼬뮌적 경제정책의 핵심적 목표는 자유경쟁의 제한을 통한 경제활동의 공생적(共生的) 재생산이다. 맑스는 「『자본론』의 미간행 제6장」에서 자본주의적 재생산양식을 도시꼬뮌의 재생산양식과 비교한다. 그는 도시꼬뮌의 재생산양식에 서는 노동방법, 노동가격, 직인과 장인의 수가 "동업조합의 규정된 규범"에 의해 엄격히 통제되고 그 규범은 "의무적인 것으로 준수된다"는 것을 지적하고, 그 규범 들의 목표가 "기존의 소비요구 전체의 한계 내에서 생산을 유지하는 것"이고 이를 위해 장인은 꼬뮌의 행정기구에 참가할 정치적 권리를 갖는다고 덧붙인다(Marx, 1968: 373-374).

도시꼬뮌의 형제맹약은 봉건적 질서 내부에서, 그렇지만 봉건적 지배질서에 대 립하여, 성립된 하나의 사회적 결합형식이다. 그러므로 그것은 봉건적 질서를 일정 하게 이탈하고 있었던 것이다. 하지만 도시꼬뮌의 형제맹약이 자본주의적 질서와 연관성을 갖는 것은 결코 아니다. 자본주의란 바로 도시꼬뮌의 형제맹약을 붕괴시 키고 들어선 것이기 때문이다. 사실상 그 내용에 있어서는 도시꼬뮌이 자본주의보 다 훨씬 더 전복적 '성격'을 갖는다. 비록 도시꼬뮌이 생산단위 내부에 일정한 가부 장적 지배관계를 내포하는 한계를 지니고 있었더라도, 모든 생산자들의 동등성에 입각한 공생적 재생산의 정치라는 그 근본적 내용에 따를 때 말이다. 하지만 부단한 상호파괴적 경쟁을 통해 발전하는 자본주의적 생산성은 국지적으로 고립되어 존 재하던 도시꼬뮌의 혁명성보다 비교할 수 없이 강력한 전복적 '효과'를 갖는 것이 었다.

도시꼬뮌의 형제맹약 이외에 봉건적 질서를 특징짓는 또 다른 사회적 결합원리가 바로 신종선서이다. 신종선서를 엄밀한 의미에서의 하나의 사회적 결합형태로 간주할 수 있는 것은, 그것이 일종의 신분적 지배관계로 환원될 수 있는 것이 아니고 봉건적 지배계급 내부의 동맹관계 또는 결속관계를 매개하는 것이었기 때문이다.

카롤링 왕조 이후 봉건 유럽에서 영주와 가신 사이의 동맹관계는 신종선서를 통해 이루어진다. 마르끄 블로끄에 따를 때 신종선서는 10세기에 형태가 완성되는데(마르크 블로크, 1986: 1권 263-264), 그 고유성은 바로 동등한 사람들 사이의 계약의 성격을 갖는다는 데에 있다.[4] 신종선서는 분명히 '예속'의 의식이다. 그리고 그 '예속'은 '인격적 예속'이다. 하지만 그 '예속'은 보다 엄격한 의미의 한 '자유인'이 다른 자유인에 대해 행하는 '자발적인' 예속이다.

동등한 사람들 사이의 인격적 예속은 어떻게 가능한 것일까? 어떻게 동등한 자에 대해 인격적 예속의 상태로 들어갈 수가 있을까? 그것은 바로 계약에 의해서이다. 임금노동자가 계약을 통해 자본가에게 자신의 노동력의 처분을 맡기듯이 말이다. 하지만 신종선서를 통해 맺어진 영주와 가신의 관계는 자본가와 임금노동자 사이의 실질적으로 불평등한 계급지배적 관계보다 훨씬 더 동등한 성격의 것이다. 심지어 임금노동자는 계약을 통해 단지 자신의 육체만을 저당 잡히고 가신은 계약을 통해 영주에게 자신의 육체뿐만 아니라 영혼마저도 저당 잡히는 데에도 말이다.

신종선서의 의식에서 두 당사자의 입맞춤은 그들 서로 간의 동등성을 상징한다. 오직 자유의사에 입각해서만 행동하는 존엄한 두 개인이 계약을 통해 스스로의 자유를 구속하는 것이다. 계약을 통한 자유의 구속이란 계약당사자들 간의 관계를 고정시키는 것이다. 싸르트르가 『존재와 무』에서 얘기했듯이 타자의 의식, 타자의 내면이란 결코 포착될 수 없는 성격의 것이다. 모나드적 존재인 타자의 내면을 들여다볼 수 없는 상황에서, 누군가를 전폭적으로 믿을 수 있다는 것은 큰 중요성을 갖는다. 전적인 신뢰관계는 타자가 나에 대해 항상 유동하는 '자유'의 태도가 아니라 고

---

4) 봉건적 질서의 일차적 권력은 폭력이다. 일차적 권력인 폭력의 담지자들과 맺는 동맹관계가 이차적 권력인 영토 그 자체보다 더욱 중요했기 때문에, 가신들은 영주와 동등한 자격으로 신종선서를 맺을 수 있었다. 폭력의 담지자들인 가신들이 없다면 영주도 존재할 수 없다는 것이다. 또 영주가 원칙적으로 이미 지급된 봉토를 박탈할 수 있다고 하더라도, 가신의 충성이 영주의 존립조건이 된 다음에는 봉토 박탈은 실질적으로 불가능해진다는 것이 중요하다.

정적이고 항구적인 '헌신'의 태도를 가짐으로써 가능해진다.

신종선서는 동등한 두 주체가 헌신의 관계를 형성하는 것이다. 헌신의 관계란 내면을 바친 관계, 전폭적 믿음의 관계이다. 물론 그 헌신은 무엇보다도 영주에 대해 가신이 행하는 헌신으로서 인격적 예속의 성격을 갖는다. 하지만 그것이 인격적 예속의 다른 형태들과는 달리 비천한 성격을 갖지 않는 것은 첫째로, 생명까지 바치는 최고의 헌신이기 때문이고 둘째로, 생명까지 바치는 최고의 헌신이 강제가 아닌 자유의사에 의해서 선택되었기 때문이다.

신종선서는 우선 그 자체로 가치를 가지고 있는 실질적 자유를 전제한다. 그 후 자유인이 자신의 자유의사로써 자신의 자유를 철회하고 헌신을 맹서한다. 이 맹서는 일종의 계약인데, 만약 계약이 아니라면 강제에 의한 것일 수밖에 없기 때문이다. 다시 말해 자유인이 자유의 철회를 계약하는 것이다. 그 헌신에 대한 약속이 신뢰될 수 있는 것은 그것이 결코 외적 힘에 의해 강제된 것이 아니라 자유의지에 의해 선서되었기 때문이다.

신종선서의 계약성은 다음의 두 사실을 통해 명백히 드러난다. 첫째로, 그 관계가 영주의 동의 하에 철회될 수 있다는 것이고 둘째로, 다른 영주들을 대상으로 또 다른 신종선서를 할 수 있다는 것이다. 비록 평생의 헌신을 맹세하지만, 그것이 일종의 합리적 계약인 이상 다시 합리적으로 폐기될 수 있었던 것이다. 또 그것이 합리적 계약인 이상 반드시 한 명의 영주만을 대상으로 행해질 강제성도 없는 것이다. 블로끄는 일본의 봉건제에는 유럽의 봉건적 질서에서와 같은 계약적 성격이 결여되어 있음을 지적한다(같은 책: 2권 260). 페리 엔더슨은 일본 봉건제에서는 유럽과는 달리 주군과 종신의 관계가 비대칭적임을 지적하면서, 계약적 요소의 미약, 반(半)가족적 성격, 법률에 호소하려는 경향의 미흡, 한 종신이 다른 주군을 섬길 수 없었다는 사실 등을 일본 봉건제의 특징으로 열거한다(페리 앤더슨, 1993: 503). 일본과의 이러한 대비를 통해서도 신종선서의 독특성이 명료하게 드러난다.

신종선서에서 '자유의 철회'가 자유의사로써 행해졌다는 것은 그것이 갖는 계약적 성격을 통해 명확해진다. '자유의 철회' 또는 헌신은 자유인이 자유의사로써 자유롭게 선택한 것이고, 그렇기 때문에 언제든지 취소될 수 있다. 신종선서의 이와 같은 성격은 도시꼬뮌의 형제맹약에서도 일정하게 발견된다. 형제맹약은 '맹약'으로서 일정한 인격적 헌신을 내포하는 것이기 때문이다. '맹약'은 그 단어 자체가 표상하듯이 일정하게 자기 자신을 헌신하겠다는 약속이다. 그렇다면 '맹약'으로서의 형제맹약의 참가자들은 과연 무엇을 위해 일정하게 자신을 헌신하려고 하는 것일까? 그것은 물론 그들의 '자유'를 위해서이다. 서로의 자유를 보장하기 위해 지켜야 할 최소한의 것이 바로 맹약의 내용을 이룬다. 그것이 사회가 위기에 처했을 때 생명을 바쳐야 한다는 내용의 것일지라도 말이다. 그 사회가 자신의 자유를 보장해주었던 결사체였던 한에서는 자신의 생명마저도 필요시에는 사회를 위해 바칠 수 있다는 것이다.

신종선서와 형제맹약은 인간의 개별자적 성격을 이미 일정하게 전제한다. 개별자로서의 인간은 그 내면을 포착할 수 없는 모나드적 존재이고, 그리하여 '선서' 또는 '맹약'을 통해 그 내면을 구속하는 것이 필요하다는 것이다. 따라서 신종선서와 형제맹약은 개별자들 사이의 연합으로서의 성격을 일정하게 갖는다. 비록 신종선서가 그 결과로 인격적 예속을 도출하더라도 말이다. 개별자들 사이의 연합은, 심지어 무척이나 역설적인 신종선서에서도, 결코 개별자적 자유를 완전히 포기하지 않는 것으로 특징지어진다.

하지만 그렇다고 하여 개별자들의 연합이 '생활의 포기'를 요청하는 것은 결코 아니다. 개별자들의 연합은 어디까지나 '연합'인 한에서 오히려 생활을 공동적으로 보장하는 내용을 갖는다. 개별자들의 연합에서 자유와 생활이 결합하는 것이다. 다만 그들의 연합은 일정하게 전(全)인격적인 헌신을 요청하는 것인데, 이러한 요청은 '자유와 생활의 결합'을 위해 지불해야 할 대가로서의 성격을 갖는다. 물론 그 대가는 신종선서의 경우처럼 영주에 대한 헌신을 위해 자기 자신을 포기해야 하는 위태로운 내용을 가질 수도 있지만 말이다.

봉건적인 사회결합의 두 형태인 형제맹약과 신종선서는 참여자들의 인격을 개입시킬 것을 요청한다는 점에서 원리적 동질성을 갖는다. 그리하여 형제맹약과 신종선서는 원리적으로 자본주의적 계약과 대립한다. 자본주의 사회의 결합형태로서의 계약은 어떠한 인격적 개입도 허용하지 않는 차갑고 합리적인 것이기 때문이다. 과연 자본주의적 계약은 형제맹약이나 신종선서에 비해 '진보'를 구성하는 것일까?

5. 자본주의적 결합형태의 비정성(非情性)

자본주의의 형성과 더불어 '개인'은 교류형식의 범주로 자리 잡게 된다. 즉 부르주아 사회에서 타자들과의 교류는 타자와 자기 자신을 '개인'으로 간주하는 형식에 의해 짜여진다는 것이다. 한 개체적 인간이 사회적으로 '개인'으로 간주되기 위해서 요청되는 것은 무엇일까? 그것은 한편으로 신분제적 지배관계의 해체와 다른 한편으로 공동체의 해체이다. 특히 공동체의 해체가 요구되는 것은, 공동체 속에서 타자들은 개인들로 여겨지기보다는 공동체의 성원들로, 공동체 내에서 특정한 위치를 점하고 있는 자로, 또 그들의 가족 내에서 특정한 위치를 점하고 있는 자로 파악될 뿐이기 때문이다.

모든 사람들이 신분적 관계나 공동체적 관계에 따라 파악되기를 그치고 '개인들'로 등장한다는 것은 현대적 의미의 '국민'이 성립되었음을 의미한다. 국민의 범주는 역사적으로 진보적인 성격을 갖는다. 인격적 독립성을 가로막던 온갖 전(前)자본주의적 족쇄들로부터 벗어난 역사적 실체가 국민이기 때문이다. 국민이 그야말로 '국민'으로 성립될 수 있는 것은 신분적 차별의 해체에 기초한 동질성과 국지적 소우주로서의 공동체의 해체에 기초한 보편성으로 인한 것이다. 아그네스 헬러는 "시민사회는 모든 인간을 특정한 공동체의 성원이 아니라 개인으로 인정한다"고 말하는데(Heller, 1981: 138), 이때 시민사회란 바로 국민국가의 성립과 상호 규정적 관계를 맺고 있는 존재인 것이다.

하지만 국민의 범주는 다른 한편으로 반동적 성격을 갖는다. 왜냐하면 기존의 불평등한 사회적 관계들을 인정하려 하지 않기 때문이다. 국민 내부에는 계급적 지배관계와 성적 지배관계를 비롯한 많은 형태의 지배관계들이 존재한다. 이러한 지배관계들은 국민이 하나의 동질적 실체가 되는 것을 가로막는다. 하지만 그럼에도 국민의 범주는 자신을 동질적 실체로 제시한다.

국민이 자신을 동질적 실체로 제시하는 방법은 '불평등한 것 사이에 평등을 설정'하면서이다. 불평등한 계급들과 성 집단의 성원들이 모두 형식적으로 평등한 것으로 설정된다는 것이다. 앙리 르페브르는 그러한 설정의 이론적 기원을 꽁도르세(Condorcet)에게서 찾는다. 꽁도르세는 대의민주주의의 논리적 기초로서 모든 사회구성원들 사이의 평등을 설정하는데, 그러한 평등은 적대적 힘관계들, 파괴적 영향력들, 물질적 이해관계들을 사상(捨象)한 것이다. 즉 꽁도르세는 '일반적 추상화(抽象化)'를 실현하여, 모든 모순들로부터 벗어난 형식적으로 평등한 주체들을 관념적으로 산출한다는 것이다(Lefebvre, 1978: 106-109).

하지만 '형식적으로 평등한 주체들'이 단지 상상적으로만 존재하는 것은 아니다. '형식적으로 평등한 주체들'은 바로 법적 주체들이다. 그리고 우리들은 자본주의적 국가에 의해 규정받은 모든 사회적 제도들 속에서 '실질적으로' 법적 주체로 행위한다. 법적 주체는 엄연한 제도적 실재이고, 우리는 그러한 제도적 실재에 의해 규정받으면서 행위한다. 우리들은 법적 주체로서 공공적으로 행위한다. 그리하여 알뛰세르의 제자인 베르나르 에델만은 다음과 같이 말한다. "인간의 인격은 그의 의지 자체와는 무관하게 법률적으로 '법적 주체'로, '언제나-이미 주체'로, 구성된다"(Edelman, 1980: 28).

그렇다면 법적 주체들은 어떠한 방식으로 서로 간에 관계를 맺는 것일까? 그것은 물론 계약을 통해서이다. 계약은 도대체 무엇을 계약하는 것일까? 계약은 기본적으로 노동력 자체나 서비스, 재화 또는 화폐의 지속적 공급 및 그에 대한 대가 지급과 관련된다. 노동력을 비롯해 상품화될 수 있는 모든 것들이 계약을 매개로 한 손에서 다른 손으로 이전된다. 따라서 계약 참여자들은 일반적으로 상품제공자나 상품구입자의 성격을 갖는다.

계약들 가운데 가장 중요한 것은 노동력 판매 계약이다. 자기 자신의 노동력을 하나의 상품으로 타자에게 판매하는 계약이 그것이다. 노동력 판매 계약이 중요한 것은 생산활동인구의 대부분을 차지하는 모든 임금생활자들이 생존을 도모하는 방식이 바로 그것이기 때문이다. 에델만은 다음과 같이 말한다. "법 속에서 주체는 역설적 형식을 취한다. 한편으로 주체는 자유롭지만, 다른 한편으로 주체의 자유는 자신의 판매를 통해서 실현되기 때문이다"(Edelman, 1980: 11). '자유'와 '판매'야말로 자본주의적인 사회적 결합원리의 전제라는 것이다.

법적 주체들은 상품소유자로서의 성격을 갖는다. 법적 주체들은 상품소유자들로서 서로 관계를 맺는다. 특히 법적 주체로서의 임금생활자들이 소유하고 있는 상품은 그들의 노동력이다. 노동력이 상품화되어 있다는 것은 노동력을 판매해서만 생활할 수 있음을 의미하는 것으로 문제적인 것이다. 즉 노동력을 판매할 수 없으면 생활할 수 없다는 것이다.

짐멜이 『돈의 철학』에서 지적했듯이, 화폐소유자는 상품소유자보다 일반적으로 유리한 위치를 점한다(짐멜, 1983: 474). 화폐소유자는 여러 가지 상품들 가운데서 선택을 할 수 있고, 또 마음에 드는 것이 없을 때는 상품을 구매하지 않을 수도 있기 때문이다. 반면 상품판매자는 많은 경우 자신의 상품을 반드시 판매해야만 하는 상황에 처해있다. 물론 수요공급의 변화에 따라 사태가 일정하게 달라지겠지만, 일반적으로는 화폐소유자가 더 유리한 위치를 점한다는 것이다. 사정은 임금노동자에게도 마찬가지이다. 자기 자신을 팔아야만 생존할 수 있는 임금노동자보다 자본가가 언제나 유리한 위치를 점한다. 자본가들은 오직 더 많은 화폐를 획득할 수 있는 한에서 임금노동자들에게 화폐를 지급한다. 즉 동등한 법적 주체로서의 임금노동자와 자본가의 관계는 '불평등한 자들 사이의 평등한 관계'에 불과하다.

계약은 장기적으로 지속될 교환관계의 조건을 규정하는 것이다. 신분적 관계와 공동체적 관계로부터 자유로워진 개인들은 계약을 통해 관계를 맺는다. 자유로운 개인들은 이제 더 이상 신분적 강제나 공동체적 규범에 복속되지 않는다. 따라서 자유로운 개인들을 구속할 수 있는 방법은 계약밖에 없다. 계약은 법적 주체들 사이에서 자유롭게 맺어지지만 한 차례 맺어진 이후에는 법적 강제력을 갖기 때문이다. 하지만 자유로운 개인들은 서로 간에 무엇 하러 계약을 맺는 것일까? 그들이 취미생활의 영위나 우정의 증진을 위해 계약을 맺을 필요가 없다는 것은 당연하다. 계약을 맺는 것은 그것이 법적 구속력을 갖기 때문이다.

계약은 이해관계의 대립을 전제한다. 이해관계가 대립되니까 법적인 구속을 가할 필요가 있는 것이다. 하지만 이해관계의 대립이 서로 상이한 것을 추구하기 때문에 발생한다고 생각해서는 곤란하다. 이해관계의 대립은 종종 모두가 동시에 필요로 하는 어떤 것을 둘러싸고 벌어진다. 예컨대 권력이나 화폐가 그 어떤 것일 것이다. 신분제적 관계나 공동체적 관계로부터 해방된 자본주의적 개인들이 서로 관계를 맺는다는 것은 특정한 교환관계를 성립시키기 위한 것이다. 이러한 교환관계는 무엇을 위한 것일까? 그것은 한편으로는 임금노동자나 채무자에게서처럼 현재 필요한 화폐를 위한 것이고, 다른 한편으론 자본가들에게서처럼 미래의 더 많은 화폐를 위해서이다. 즉 자본주의적 개인들은 생존수단이자 권력의 자원인 화폐의 획득을 위해 서로 간에 '이해대립적인 관계'를 맺는 것이고, 그러한 '이해대립'에도 불구하고 평화롭게 관계를 유지하기 위해 계약을 필요로 한다.

앞서 언급했듯이 개인이 교류형식의 범주로 성립되기 위해서는 공동체가 해체되어야 한다. 공동체는 어떻게 해체되는 것일까? 그것은 물론 공동체적 결합원리가 붕괴됨으로써 이다. 공동체적 결합원리가 존재하지 않는 공동체는 더 이상 공동체일 수 없기 때문이다. 공동체적 결합원리에 대립하는 것이 바로 화폐를 매개로 한 결합원리이다. 짐멜은 "화폐경제는 상호의존관계를 해체시킬 뿐 아니라, 최대한의 자유를 허용하는 특별한 종류의 상호의존관계를 가능하게 한다"고 말한다(짐멜, 1983: 375). "상호의존관계를 해체"시킨다는 것은 공동체적 관계를 해체시킨다는 것이다. "최대한의 자유를 허용하는 특별한 종류의 상호의존관계"란 공동체적 관계로부터 완전히 이탈한 사회적 결합형태이다. 짐멜은 또 "화폐에 의해 사람들은 인격적인 자유 및 고유영역을 포기할 필요가 없이 다른 사람과 결합하는 것이 가능하게 되었다"고도 말하는데(같은 책: 434), 이 말은 곧 인격적 교류가 공동체적 교환관계로부터 이탈할 수 있게 되었다는 것, 그리하여 공동체적 규범과는 상관없이 자신이 내적으로 소통하고 싶은 자와 진정으로 교류할 수 있게 되었다는 것이다. 이것은 곧 화폐의 해방적 효과이다.

맑스는『자본론』3권의「자본주의적 지대의 발생」에 관한 장에서 "화폐지대는 점진적으로 농민적 자유소유와 자본주의 경제에 고유한 지대로 귀착될 수밖에 없다"고 말하고, 화폐지대로 인해 농촌의 생산관계가 중상주의적인 계약관계로 변화한다고 한다(Marx, 1968: 1408). 맑스의 이러한 입장은 일정하게 낙관적이다. 화폐지대 자체만의 힘으로 자본주의적 계약관계가 성립할 수는 없기 때문이다. 물론 화폐지대의 성립에 따라 봉건적 영주는 지대수취자로 변화하고 농민들의 인격적 예속은 약화된다. 하지만 그렇다고 해서 봉건적 지배관계가 해체되는 것은 아니다. 12~13세기에 화폐지대가 일반화되기 시작하지만 봉건적 지배관계는 프랑스 혁명 때에 이르기까지 지속되는 것이다. 화폐지대와 더불어 봉건적 영주와 농민 사이에 일정한 계약적 관계가 성립하지만, 그 관계를 자본주의적인 것 또는 자본주의로 향해나가는 것으로 간주하는 것은 그 이후, 즉 16~17세기에 성립하는 자본주의의 시각에서 사후적으로 구성한 것에 불과하다.

마찬가지로 화폐 자체가 공동체적 유대를 해체시킬 수는 없을 것이다. 공동체적 유대의 해체는 기본적으로 자본주의적 침입의 부단한 전복적 효과와 본원적 축적 국가의 폭력적 개입에 따른 것이다. 화폐 자체만의 힘으로 공동체적 유대를 해체시킬 수 없는 것은, 단순한 화폐만의 개입은 공동체적 방어장치들에 의해 간단히 무력화될 수 있기 때문이다. 그러한 방어장치들을 파괴할 수 있는 것은 부단한 전복적 힘으로서의 자본주의 자체 그리고 그것을 지원하는 본원적 축적 국가이다. 하지만 명확한 것은 공동체적 유대의 작동원리와 화폐의 작동원리가 정면으로 대립한다는 것이다. 그리고 자본주의와 본원적 축적 국가에 의한 공동체의 교란은 그 종국적 형상에 있어서 화폐의 논리에 따른 공동체적 유대의 붕괴로 현상한다는 것이다.

중요한 것은 화폐가 인간들을 인격적인 구속의 모든 관계들에서 해방시킨다는 것이다. 이것은 물론 인격적 교류를 경제적 교환으로부터 분리시킴으로써이다. 짐멜은 다음과 같이 말한다. "화폐거래 속에서 모든 개인들은 동등한 가치를 갖게 된다. 왜냐하면 모든 개인이 가치를 갖기 때문이 아니라 화폐 이외의 어느 것도 가치 있는 것이 아니기 때문이다"(짐멜, 1983: 540). 화폐는 이처럼 모든 사람들을 평등화하고 자유롭게 한다. 이제 화폐 앞에서 모든 사람들은 그저 '개인'일 뿐이다. 따라서 '국민적 평등화'는 결코 완전히 허구의 것이 아니다. 다만 국민적 평등화가 허구적 성격을 갖는 것은 모든 사람들을 자신 앞에서 평등화시켰던 화폐가 다시 사람들을 차별화하기 때문이다.

"화폐 이외의 어느 것도 가치가 없다"는 것은 이제 화폐 이외의 다른 모든 것은 가치를 잃었기 때문에 사람들을 차별화하는 지표로써 작용할 수 없다는 것이다. 이제 신분이나 인종 같은 지표들도 가치를 잃어 사람들을 차별화하는 역량을 상실한다. 화폐가 그러한 지표들을 무력화하기 때문이다. 이제 오직 화폐만이 사람들을 차별화할 수 있는 역량을 갖는다. 화폐 앞에서 모든 차이들이 사라진다는 것은 역설적으로 화폐만이 차별화의 능력을 독점한다는 것이기 때문이다. 그리하여 우리는 다음과 같이 말할 수 있다. 화폐에 의한 평등화는 실질적으로는 모든 신분적 관계나 공동체적 관계로부터의 '자유'를 뜻하는 것이고, 그렇지만 그 '자유'는 또 다른 불평등을 가져다주는 것이라고 말이다.

화폐가 모든 차이들을 무력화하고 차별화의 능력을 독점하게 됨에 따라 화폐 소유의 크기가 개인의 정체성을 구성하기에 이른다. 이제 화폐 소유의 크기만이 사람들을 구별짓는 진정한 지표로 작용하기 때문이다. 차별화는 정체성을 형성시키고, 정체성은 차별화를 실천하는 것이다. 정체성으로서의 화폐는 소유되고 있는 양적 크기에 따라 개인의 위치를 평가하여 자기의식을 부여하고, 또 그가 사물과 인간에 대해 얼마만큼의 '권력의 자원'을 갖고 있는지를 가늠해준다.

"나는 어떠한 사람"이라는 정체성의 향유는 인간에게 존재의 의미를 부여하는 중요한 것이다. 이미 보았듯이 공동체적 결합원리의 한 가지는 증여이다. 하지만 이제 정체성과 차이의 원천이 된 화폐는 원칙적으로 증여의 대상에서 배제된다. 이때 '원칙적'이란 생활규범 속에서 관철된다는 것을 뜻한다. 매우 가까운 친구들에게 돈을 꾸어주는 것도 힘들여 고민해야 하는 어려운 문제가 되고, 보증은 절대로 서서는 안 되며, 누군가가 중요한 양의 화폐를 어딘가에 증여한다는 것은 매우 예외적인 행위가 된다. 애정을 표현하더라도 화폐가 아닌 것으로 하여야 한다는 또 다른 생활규범은 역설적으로 화폐의 비정성(非情性)에 대한 실천적 인식을 표현해준다.

자본주의 사회의 결합형태는 화폐의 '증여'에 의해 매개되는 것이 아니다. 자본주의 사회의 결합형태는 노동과 화폐의 교환에 의해 매개된다. 화폐가 노동의 대가로 지급되면서 사회적 결합이 이루어진다는 것이다. 노동의 대가로서의 화폐의 지급은 노동결과물에 대한 화폐의 지급이라는 형태로 현상되지만, 그 자본주의적 전제조건은 노동력과 화폐의 교환이다. 그러나 자본주의 사회의 결합형태로서의 노동과 화폐의 교환이 정의로운 교환 또는 정당한 교환으로 드러나지 못하는 것은 정체성의 원천을 이루는 화폐가 최종적 목적으로 상승하기 때문이다.

자본주의 사회에서의 노동과 화폐의 교환방식과 뚜렷한 대조를 이루는 것은 과거 메소포타미아 지역과 중세 유럽 그리고 인도, 아프리카, 라틴아메리카 등지에서 발달되었던 등가제도이다. 등가제도는 대외교역에서부터 비롯된 것으로 추정된다. 대외교역이 가능하기 위해서는 집단 사이에서 벌어지던 강도행위나 해적행위가 상호신뢰에 근거한 평화적 교역으로 이행되어야 한다(폴라니, 1991: 80-82). 그러한 상호신뢰의 제도적 장치가 등가제도이다. 등가제도란 어느 한쪽에도 이익이나 손해가 돌아가지 않게 상품이 엄격하게 공정한 가격에 따라 교환되도록 하는 제도이다. 만약 등가제도가 제대로 작동하지 않아 어느 한쪽에 이익이나 손해가 돌아간다면 정의가 파괴되고 곧바로 전쟁이 일어날 수 있다. 등가제도는 정의로운 교환을 실현하여 전쟁을 방지하려는 제도인 것이다. 이러한 등가제도는 대외교역에서 비롯된 것이지만 곧이어 대내교역에도 적용되어 국내적 정의를 실현하게 된다. 폴라니는 다음과 같이 말한다. "공동체의 연대에 대한 위험을 제거하려면 우선 그러한 교환에 내재하는 불공평한 요소를 제거할 필요가 있다. 이것은 신의 대리인의 이름으로 등가에 대한 포고를 행함으로써 달성되었다"(폴라니, 1983: 1권 103).

하지만 자본주의 사회에서의 노동과 화폐의 교환이 등가제도적 성격을 갖지 못하는 것은 교환의 목적이 단지 필요한 무엇을 구입하는 것이 아니라 더 많은 이득, 더 많은 화폐를 획득하는 것이 되었기 때문이다. 즉 그 목적은 노동자의 생활 보장이 결코 아니다. 노동력을 구매하는 자본가는 노동력 판매자의 온갖 약점을 이용하여 노동력 상품의 가격을 깎아 내린다. 예컨대 자본가들은 가정주부, 노인, 청소년들에게 가계보조적 임금을 제공하면서 성인남성 노동력과 거의 동등한 사용가치를 끌어낸다. 집에서 노는 것보다는 이것이라도 받는 것이 낫지 않겠느냐고 하면서 정상 노동력과 동일한 사용가치를 끌어내는 것이다. 또 정상적인 노동력을 구입하는 경우에도 해고당하면 굶주릴 수밖에 없다는 약점을 이용하여 노동력을 과잉착취한다. 물론 노동자들의 연대가 자본가들의 그러한 행위들을 제약하겠지만, 그럼에도 자본가들이 언제나 상대적 과잉인구를 만들어내고 또 그것을 이용하여 노동력의 정당한 가격제공을 회피하려는 것이 사실이다.

화폐는 공동체적 결합원리를 붕괴시키는 요소로 작용하면서 스스로의 '전능성'을 획득한다. 여기서 중요한 것은 화폐의 '전능성'이 거꾸로 공동체적 결합원리의 붕괴를 조건으로 한다는 것이다. 공동체적 결합원리의 붕괴는 '굶주림의 공포'를 만들어내는 것이기 때문이다. 폴라니는 자본주의 경제의 두 동인을 "굶주림의 공포와 이득의 희망"이라고 하는데(폴라니, 1983: 1권 87), 이 말은 '생활'을 보장하지 않음으로써 오히려 자본주의가 작동한다는 것이다. '생활'을 보장하지 않아야만 화폐의 획득을 위해 노동력을 판매할 것이기 때문이다. '굶주림의 공포'가 강화될수록 화폐의 지위도 강화된다. 하지만 자본주의 사회의 집합적 무의식을 지배하는 굶주림의 공포는 단지 하나의 객관적 상태에 그치는 것이 아니라, 타자에 의한 모멸과 동정의 대상이 되어 정체성을 훼손당하는 것에 대한 주관적 두려움과 결합되어 있는 것이다. 따라서 '굶주림의 공포'를 체험하는 상황에서도 화폐는 단지 생활재료의 구매수단으로서만이 아니라 정체성의 확보수단으로 현상하는 것이다.

짐멜은 최종적 목적으로서의 화폐에 의해 규정된 인간의 내면에 대해 다음과 같이 말한다. "돈을 벌기 위해 주어지는 기회를 닥치는 대로 이용하는 사람들의 삶의 내용은 선험적 규정성을 완전히 결여하고 있다"(짐멜, 1983: 542). 이 때 '선험적 규정성의 결여'가 의미하는 것은 삶을 인도하는 어떤 원천적인 도덕성이나 존재의 미의 결여일 것이다. '선험적 규정성의 결여'는 화폐가 최종목적이 되어버린 사회에서는 예외가 아니라 일반성을 이룬다. 오직 돈을 벌기 위해 사람들을 이용하고 속이는 사태가 일반화된다는 것이다.

노동과 화폐의 교환이 정의롭게 이루어지지 못하는 상태에서 계약은 어떤 성격을 가질까? 물론 노동결과물과 화폐 사이의 일상적 교환이 계약에 의해 매개되는 것은 아니다. 계약은 다만 장기적으로 지속될 교환관계의 조건들을 규정하는 것이다. 어쨌거나 노동력 제공이나 투자 등을 통해 지속적 결합관계를 맺는 자들은 계약을 통해 서로간의 결합조건을 명확히 한다. 하지만 계약은 기본적으로 원심적인 힘들을 결합시키기 위한 것이다. 오직 자신의 이익만을 쫓는 원심적 힘들 말이다.

계약은 '맹약'이 아니다. 계약은 인격적 개입을 요구하지 않는다. 그래서 계약은 부담스럽지 않고 가벼울 수 있다. 하지만 화폐가 최종목적으로 자리 잡고 있는 한에서, 계약 당사자들 사이의 관계는 근본적인 신뢰불가능성으로 특징지어진다. 계약은 단지 최종목적으로서의 화폐를 획득하기 위해 타자를 이용하는 수단에 불과하다. 계약은 제임스 스콧이 개념화한 것과 같은 '도덕경제'의 요소일 수 없다. 계약을 통한 결합은 지극히 외적인 도구적 결합일 뿐이다.

시몬느 베이유가, "노동자가 파업 때는 공장을 자기 집으로 생각하고, 일하고 있을 때는 스스로를 이방인으로 생각한다"고 지적한 것은 매우 시사적이다(시몬느 베이유, 1983: 139). 자본가와 계약을 맺는 노동자들은 결코 '자신의 장소'일 수 없는 곳에서 노동력을 착취당한다. 공장은 단지 자본가의 장소인 것이다. 물론 이 사실은 계약이 인격적 교류와 분리된 순수한 경제적 교환을 매개할 뿐임을 드러낸다. 계약은 그것이 순수한 경제적 관계를 매개하는 한에서 언제든지 취소될 수 있다. 따라서 계약에 의해 매개된 임금노동은 언제든지 '임시노동'일 수밖에 없다. 물론 계약은 쌍방이 체결하는 것이기 때문에 사회적 투쟁의 전개에 따라 점진적으로 합리화될 수 있지만, 그렇다고 화폐획득을 위한 순수경제적 교환관계를 매개하는 계약의 성격 자체가 달라지는 것은 아니다.

착취와 해고는 노동력 판매를 전제하고, 노동력 판매는 생활조건의 부재를 전제한다. 다시 말해 자본주의적 자유는 생활의 붕괴에 입각한 것이다. 그 자유는 신분제적 관계로부터의 이탈에 의해서뿐만 아니라 공동체적 결합원리로부터의 이탈로도 특징지어지기 때문이다. 물론 공동체적 결합원리는 생활을 보장하지만 자유를 보호하지는 못한다. 이것은 레닌주의적 계획형태도 마찬가지이다. 하지만 우리는 이미 자유와 생활의 접합형태의 한 가지를 중세 유럽의 도시 꼬뮌을 통해 살펴보았다. 이제 자유와 생활이 결합할 수 있는 또 다른 통로를 모색해보자.

6. 보편적인 사회적 약속

'보편적인 이해관계'는 과연 존재하는 것일까? 그리하여 특정한 사회적 결합원리가 '보편적인 이해관계'를 구현할 수 있는 것일까? 특히 국민국가적 수준이나 세계적 수준에서 그것이 가능할까?

헤겔은 '사회'를 특수한 이해관계들이 격돌하는 장소로 표상한다. 그렇다면 사회의 특수한 이해관계들을 하나로 모아주는 보편적 이해관계가 존재할 수 있을까? 특수한 이해관계들이란 사회가 서로 이해관계를 달리 하는 다양한 집단들로 이루어졌음을 전제한다. 그렇다면, 즉 사회가 상이한 이해관계를 갖는 다양한 집단들로 나누어져 있다면, 보편적 이해관계란 존재할 수 없는 것이 아닐까?

사실상 보편적 이해관계를 구현한다는 대부분의 주장들은 허위에 지나지 않는다. 모두들 보편적 이해관계를 전면에 내세우면서 자신들의 특수한 이해관계만을 관철시키려 하기 때문이다. 부르주아적 정당들이 오직 자본가계급의 이해관계만을 추구하거나 레닌의 정당이 농민보다는 노동자계급의 이해를 중심에 두는 것이 그러한 예이다. 특히 이른바 사회주의나 꼬뮨주의를 내세우는 정당들마저도 전혀 보편적 이해관계를 구현하지 못하고 있다는 사실은 보편적 이해관계의 구현이 불가능하다는 것을 말해주는 것이 아닐까?

그렇지 않다. 특수적 이해관계들 사이의 대립이란 결국 특정한 가치들의 불평등한 분배문제로 귀착되는 것이기 때문이다. 서로 상이한 대상을 추구해서 이해관계가 대립되는 것이 아니라 동일한 어떤 것을 더 많이 갖고자 해서 이해관계가 대립된다는 것이다. 그렇다면 특수한 이해관계는 진정으로 '특수한' 것이 아닐 수 있다. 결국은 모두들 동일한 것을 추구하기 때문이다. 예컨대 행복, 안락함, 사랑, 명예, 마음에 드는 집 등이 그처럼 모두가 추구하는 것들이다. 다만 그것을 더 많이 갖거나 또는 독점하려고 하기 때문에 이해관계의 대립이 시작되는 것일 뿐이다.

결국은 모두가 동일한 것을 추구한다고 할 때, 보편적 이해관계는 존재한다. 모두가 동일한 것을 추구하고 있다는 것 자체가 바로 보편적 이해관계이기 때문이다. 그렇다면 보편적 이해관계를 어떻게 '실현'할 수 있을까? 특수적 이해관계들 사이의 대립이 결국은 가치들의 분배문제로 귀착된다고 할 때, 보편적 이해관계의 실현은 가치들을 특정한 한계 내에서 모두에게 분배함으로써 가능할 것이다. '특정한 한계 내에서'란 무엇을 뜻하는 것일까? 그것은 물론 사회구성원들의 '자유'를 손상하지 않는 한에서라는 뜻이다. 왜냐하면 '자유'야 말로 가장 중요한 가치 중의 하나이기 때문이다. 그렇지만 우리는 '특정한 한계 내에서'라는 제한을 반드시 부정적 규정으로서가 아니라 좀 더 '포지티브한' 것으로 받아들일 수도 있다. 예컨대 사회구성원들의 자유를 더욱 진작시키는 한에서라는 뜻으로 말이다. 이러한 해석은 예컨대 생활의 보장이 우리의 자유를 더욱 보호해준다는 의미에서도 이미 충분히 타당한 것이다.

'보편적인 사회적 약속'은 존재하는 보편적인 이해를 실현하기 위해 모든 사회구성원들이 지켜야 할 최소한의 것들일 수 있다. 만약 그것이 '최소한의 것'이기 때문에 '반드시' 지켜야만 한다면, 이 '반드시'의 무게는 어느 정도가 될까? 혹시 그것은 지나치게 무거워서 억압적인 것이 되지 않을까? 혹시 그것은 그 무게로 인해 단지 외적으로 부과되는 강제적 규범의 성격을 갖게 되는 것은 아닐까?

중요한 것은 보편적인 사회적 약속이 자유의 조건을 이룬다는 것이다. 보편적인 사회적 약속이 자유의 조건을 이루는 것은, 단지 생활의 보편적인 보호가 자유를 지켜준다는 의미에 국한되는 것은 아니다. 보편적인 사회적 약속이 자유의 조건을 이루는 것은 그것이 바로 자유의 존립을 교란시키는 반(反)사회성을 부정하는 것이기 때문이다. 따라서 보편적인 사회적 약속에서 지켜야 할 최소한의 것들이란 결코 생활을 위해 자유가 양보해야 하는 것들이 아니라 자유를 위해 부정되어야 할 반(反)사회성을 규제하는 것들이다.

물론 '반(反)사회성'이란 표현은 이데올로기적으로 사용될 수 있다. 자신이 강제적으로 부과하려는 '사회상'에 부합하지 않는 것을 제거하기 위한 목적으로 말이다. 그러므로 '반(反)사회성'이란 용어의 적법한 사용은 오직 사회구성원들의 자발적 합의에 의한 것이어야만 한다. 이것이 바로 보편적인 사회적 약속에서 '약속'이 갖는 의미이다. 즉 보편적인 사회적 약속은 그야말로 사회구성원들 모두가 기꺼이 '약속'할 수 있는 내용의 것이어야 한다는 것이다. 그리하여 그 내용은 보편적인 이해관계의 실현을 위해 반드시 필요한 것이어야 할 것이다. 이러한 '사회적 약속'으로서의 보편적인 사회적 약속은 민중적인 생활경험으로부터 비롯된 민중적 공공성이 제도적으로 결정화되는 형태를 취할 수도 있을 것이다. 어쨌거나 중요한 것은 첫째로, 보편적인 사회적 약속은 민중들의 자발적 합의에 입각한 것이어야 하고 둘째로, 민중적 생활경험은 보편적 이해관계가 무엇인가에 대한 적절한 판단을 제공할 수 있어야 한다는 것이다.

과연 부르주아 민주주의 질서의 법들은 진정한 의미의 '약속'으로서의 성격을 가질까? 또는 적어도 헌법은 사회의 구성원들이 서로 간에 행한 진정한 의미의 약속의 성격을 가질까? 과연 우리들은 그것들을 자발적으로 약속했던 것일까? 경제 외적 강제를 통해 유지되던 본원적 축적이 거우 1980년대에 들어 종식된 한국에서 '부르주아적 헌정질서', 특히 헌법은 매우 귀중한 것으로 여겨진다. 헌법이 없을 경우 인간의 기본적 권리들마저도 언제든지 유린될 수 있기 때문이다. 하지만 오늘날의 헌법에 의해 보장되는 권리들은 적극적 형태의 포지티브한 권리들이 아니다. 그러한 권리들은 폭력적 국가권력의 개입으로부터의 자유를 표상할 뿐인 수동적 권리들일 뿐이다. 그러므로 그것들은 권리라기보다는 오히려 '모면', '구제', '방어'에 가까운 것이 아닐까?

사실상 신체의 자유나 결사의 자유와 같은 그러한 권리들은 인간의 자연적 조건에 다름 아니다. 오늘날의 헌법은 그러한 자연적 조건들을 마치 대단한 권리인 듯이 제시한다. 만약에 기존의 헌법이 진정하게 민중들의 '사회적 약속'이었다면, 그것은 한 개인에 의한 집합적 생산수단의 독점을 금지하고, 주거와 노동의 권리, 누구나 다 기본적 생활을 누릴 권리를 확고하게 보장하며, 모든 인간들 사이의 근본적 동등성을 제도적으로 보장하는 내용을 가졌어야 하지 않을까?

라깡은 『세미나』 7집에서 새로운 윤리의 조건을 자신의 진정한 욕망을 결코 양보하지 않는 것에서 찾는다. 하나의 사회적 약속이 진정하게 사회성원들에 의해 자발적으로 합의된 것이라면, 그것은 서로가 진정하게 욕망하는 것을 존중하고 보호하는 내용을 가져야 하는 것이 아닐까? 하지만 과연 어떤 욕망이 진정한 것일까? 특정한 사물들에 대한 자본주의적 욕망은 진정하지 않은 것이고, 명예를 가져다주는 위대한 피아니스트가 되려는 욕망은 진정한 것일까? 음악에 대한 진정한 열망과 위대한 피아니스트가 되려는 나르시스적 욕망은 언제나 서로 침투되어 있는 것이 아닐까?

존중받을 만한 욕망과 그렇지 못한 욕망, 진정한 욕망과 허구적 욕망을 구분하는 엄밀한 지표는 존재할 수 없다. 물론 기존의 욕망 형태들에는 사회적 지배의 효과들이 내재되어 있다. 가부장적 욕망들이나 자본주의적 욕망들을 보면 너무도 명확히 드러나듯이 말이다. 그러나 진정한 욕망과 허구적 욕망을 구분하는 지표에도 마찬가지로 사회적 지배의 효과들이 개입한다. 즉 그러한 구분들이 사회적 지배를 재생산하기 위한 이데올로기적 구분들의 성격을 갖는다는 것이다.

물론 욕망에 대한 존중은 하나의 중요한 조건을 갖는다. 한 욕망이 타자의 주체성을 손상해서는 안 된다는 것이다. 타자의 주체성을 존중하지 않는 욕망은 존중받을 수 없다. 예컨대 타자를 사물화하는 욕망은 존중받을 수 없는 욕망이다. 그렇다면 우리는 또다시 존중받을 수 있는 욕망과 존중받을 수 없는 욕망의 이데올로기적 구분 속으로 떨어진 것이 아닐까? 그렇지 않다. 왜냐하면 타자의 주체성을 존중하는 것은 스스로가 존중받기 위한 최소한의 조건이기 때문이다.

'존중될 수 없다'는 것은 억압해야 한다는 의미가 아니다. 억압은 이미 선악의 규범적 설정을 내포하는 것이다. 반면 '존중될 수 없다'는 것은 단지 상호 주체적 관계를 맺을 수 없다는 것을 의미할 뿐이다. 이는 결국 타자의 주체성을 존중하지 않는 욕망의 소유자는 엄격한 의미의 주체로, 다시 말해 자신을 원리적으로 규제할 수 있는 주체로 인정받을 수 없다는 것을 뜻하기도 한다. 그렇다면 존중받지 못하는 욕망은 어떤 운명을 갖게 될까? 그러한 욕망들은 혹시 분산적이면서도 전면적으로 사회성 자체를 내적으로 잠식하여 붕괴시켜 버리는 것이 아닐까? 물론 그럴 수 없다. 왜냐하면 동등성의 인정과 개별성 존중에 입각하여 성립하는 상호 주체적 관계야말로 대기를 감싸는 수증기처럼 그러한 반(反)주체적 욕망들의 서식지들을 소멸시켜 버릴 것이기 때문이다. 결국 그 발생조건이 사라진 그러한 욕망들은 자연스러운 자기지양의 운명을 갖게 된다는 것이다.

어쨌거나 보편적인 이해관계는 이미 말했듯이 기본적 욕망의 동일성에 기초하는 것이다. 각각의 개인들은 자신들에게만 고유한 욕망들을 갖는다. 그러한 욕망들은 모두 서로 간에 차이를 갖는다. 집에 대한 욕망만 해도 그렇다. 우리는 모두 다른 형태의 집들을 욕망한다. 정원이 딸린 집, 포도나무가 있는 집, 슬레트 지붕의 집, 꽃밭이 있는 한옥, 20층 아파트 등등. 그렇지만 이처럼 다양한 욕망들 밑에는 욕망의 동일성이 존재한다. 좋은 집에 대한 욕망이 그것이다.

욕망의 동일성은 인간이 인간인 한에서, 즉 인간동물의 보편성에 따라서, 존재할 수밖에 없는 것이다. 모든 인간들에게 관철되는 인간적 보편성이 존재하는 한에서 욕망의 기본적 동일성이 존재한다. 자기보존본능, 나르시시즘, 성적 본능 등은 모든 인간 존재들로 하여금 기본적으로 동일한 것을 욕망하게 한다. 인간적 보편성으로 인해 나에게 좋은 것은 타자에게도 좋고, 나에게 필요한 것은 타자에게도 필요하다는 것이다. 명예, 권력, 사랑, 돈, 아름다운 집 등은 모두에게서 동일하게 욕망된다. 또 모두가 동일한 것을 욕망하기 때문에 시샘, 질투, 경쟁, 갈등이 벌어지는 것이다.

'보편적인 사회적 약속'은 이처럼 모두에게 동일한 기본적 욕망들을 보호하고 보장하려는 것이기도 하다. 왜냐하면 그 욕망들은 누구에게나 동일한 기본적인 것들이기 때문이다. 누구에게나 동일한 기본적 욕망들을 서로에게 보장해줄 수 있는 통로들을 모색하는 것이야말로 가장 초보적인 사회적 합리성이 아닐까? 모든 인간들에 의해 동일하게 욕망되는 것을 어떻게 공정하게 분배하거나 공유하면서 공생할 것인가를 사고하는 것이 가장 초보적인 사회적 합리성이라는 것이다.

그리하여 아마도 '보편적인 사회적 약속'을 성립시키는 사회적 판단형태는 보편원칙적 판단의 형태를 가져야 할 것이다(이종영, 2003 참조). 보편원칙적 판단은 기존의 분류체계 내의 특정한 위치에 개별자를 귀속시키는 분류적 판단이나 기존의 이데올로기를 도식적인 해석틀로 삼아 그대로 적용하는 이데올로기적 판단과 대립한다. 그래서 보편원칙적 판단은 두 가지 계기를 거친다. 첫째로, 타자의 평가가 아닌 개인적 원칙에 따른 판단이어야 한다는 것과 둘째로, 사회적 일반성이 아니라 인간적 보편성을 존중해야 한다는 것이 그것이다. 물론 이 때 첫 번째 계기는 단지 두 번째 계기로 진전하기 위한 조건일 뿐이지만, 첫 번째 계기가 존재해야만 보편원칙적 판단은 진정한 상호주체성을 그 토대로 가지면서 '보편적인 사회적 약속'으로까지 상승할 수 있다. 결국 보편원칙적 판단은 인간적 보편성에 따른 욕망의 기본적 동일성을 판단의 절대적 소여로 전제하는 판단이다. 그리하여 판단의 내용은 모두에게 동일한 욕망을 어떻게 사회적으로 보호할 것인지로 모아진다.

보편원칙적 판단이 관여하는 것은 모두에게 동일한 기본적 욕망의 대상을 사회적으로 분배하거나 공유하는 방식이다. 예컨대 집에 대한 보편원칙적 판단은, "집은 그 집에서 살고 있는 사람의 것이다"라는 식의 내용을 가질 수 있을 것이다. 또 생산수단에 대해서는 "땅은 그 땅에서 일하는 사람의 것이다", "생산수단은 그것을 가지고 일하는 사람의 것이다", "자신이 해야 할 노동을 타자에게 시키지 말라"는 식의 내용을 가질 수 있을 것이다. 다시 말해 보편원칙적 판단은 우선적으로 모두에게 필요한 생활수단과 생산수단을 공유하는 방식에 관한 것이다.

그러나 보편원칙적 판단은 사랑이나 권력에까지 적용된다. 사랑과 권력이 모두에 의해 동일하게 욕망되는 것인 한에서 말이다. 사랑에 적용되는 보편원칙적 판단이란 어떠한 것일까? 그것은 사랑하는 사람과 함께 사는 것이 인간에게 가장 큰 행복을 이룬다는 전제 하에서 "사랑의 상호주체성이 존속하는 한에서 사랑하는 사람들끼리 더불어 살 수 있어야 한다"는 내용을 가지지 않을까? 그리하여 새롭게 상호 주체적인 사랑이 형성될 때마다 그 담지자들에게 더불어 살 수 있는 권리를 보장하는 방식으로 말이다.

권력에 적용되는 보편원칙적 판단이란 어떠한 것일까? 그것은 무엇보다 투쟁의 대상이 되는 권력의 양을 줄여나가는 것, 그리하여 모두가 일정한 방식으로 권력의 주체가 될 수 있도록 하는 내용일 것이다. 즉 그것은 현재 직업적 정치인에 의해 전담되는 정치를 '정치의 장'으로부터 이탈시켜 모두에게 개방하는 것, 그래서 '정치의 장' 자체를 소멸시키고 모두가 정치의 주체가 될 수 있도록 하는 내용이어야 한다.

이러한 보편원칙적 판단들이 사회적으로 폭넓게 공유될 수만 있다면, '보편적인 사회적 약속'은 의외로 손쉽게 확립될 수도 있다. 그리고 그것이 '사회적인 약속'인 한에서, 그 '약속'의 참여자들은 그것이 모두의 생활과 자유의 보호를 위해 지켜야 할 최소한의 것임을 명확히 인식할 수밖에 없을 것이다. 하지만 '보편적인 사회적 약속'의 준수는 그것이 서로의 자유와 생활을 보호하기 위한 자연적인 태도로 확립되는 한에서는, 어떠한 갈등도 그 참여자들 내부에서 발생시킬 여지가 없는 것이다.

'보편적인 사회적 약속'을 결합원리로 하는 사회의 조직형태는 어떠한 것일까? '보편적인 사회적 약속'이 존재하는 곳에서는 자연스럽게 생산수단이 연합한 노동자들 자신에 의해 집합적으로 전유될 수밖에 없지 않을까? 그리하여 이제 자본주의적 계약은 노동자 소유 공장에서의 집합적 계약으로 형태를 바꾸게 되지 않을까? 또 '보편적인 사회적 약속'을 통해 거주, 노동, 교육, 기초적 생활 등의 권리들이 보장된다면 사유재산의 존재형태도 근본적으로 달라질 것임은 명백하다. 어쨌거나 확고한 것은 '보편적인 사회적 약속'을 결합원리로 하는 사회적 조직형태와 관련된 가장 핵심적 관건이 일하는 사람들 사이의 연합방식이라는 것이다. 생산수단을 집합적으로 전유하고, 또 그러한 자격으로 정치의 단위를 구성하는 연합 속에서 각각의 노동자들이 어떻게 주체적 지위를 유지할 것인가의 문제가 바로 그것이다. 모두가 완전한 주체성을 유지하면서 연합을 형성하는 것. 그러한 연합이 어떠한 이름을 가질 수는 알 수 없지만, '보편적인 사회적 약속'에 의해 조건지어진 사회적 조직형태가 그러한 내용을 가지리라는 것은 확실하다. 그러한 사회적 조직형태에서는 고용이나 실업과 같은 문제가 근본적으로 소멸하리라는 것은 물론이다.

참고문헌

게오르그 짐멜, 1983. 『돈의 철학』, 한길사.

김홍식, 1982. 『조선시대 봉건사회의 기본구조』, 박영사.

마르크 블로크, 1989. 『봉건사회』, 한길사.

막스 베버, 1981. 「도시유형학」, 『사회과학논총』, 을유문화사.

_____, 1983. 『사회경제사』, 삼성출판사.

시몬느 베이유, 1983. 『노동일기』, 이삭.

아리스토텔레스, 1999. 『니코마코스 윤리학』, 을유문화사.

앙리 피렌느, 1997. 『중세 유럽의 도시』, 신서원.

에릭 울프, 1978. 『농민』, 청년사.

오오스까 히사오, 1982. 『공동체의 기초이론』, 돌배개.

이종영, 2003. 「판단의 몇 가지 형태」, 『파라 21』 창간호.

이해준, 1996. 『조선시기 촌락사회사』, 민족문화사.

제임스 스콧, 2004. 『농민의 도덕경제』, 아카넷.

조르주 뒤비, 1999. 『전사와 농민』, 동문선.

친후이 · 쑤원, 2000. 『전원시와 광시곡』, 이산.

칼 폴라니, 1983. 『인간의 경제』, 풀빛.

_____, 1991. 『거대한 변환』, 민음사.

_____, 1994. 「아리스토텔레스, 경제를 발견하다」, 『초기제국에 있어서의 교역과
    시장』, 민음사.

페리 앤더슨, 1993. 『절대주의국가의 계보』, 까치.

한스-마르틴 자스, 1986. 『포이에르바하』, 문학과지성사.

헤겔, 1993. 『역사철학강의』, 삼성출판사.

Bourdieu, P. 1972. Esquisse d'une théorie de la pratique. Droz.

Braudel, F. 1979. Civilisation matérielle, économie et capitalisme I, Armand Colin.

Edelman, B. 1980. Le droit saisi par la photographie. Christian Bourgois.

Godelier, M. 1978. "Préface", CERM, Sur les sociétés précapitalistes. Éditions Sociales.

_____, 1996. L'énigme du don. Fayard.

Heller, A. 1981. "Les femmes, la société civile et l'État", A. Heller et F. Feher. Marxisme et
    démocratie. François Maspero.

Lacan, J. 1972. "Étourdit", Scilicet, 4. Seuil.

＿＿＿, 1986. Le séminaire, VII. Seuil.

＿＿＿, 1991. Le séminaire, XVII. Seuil.

Lefebvre, H. 1978. De l'État/4, Les contradictions de l'État moderne, 10/18.

Marx, K. 1968. Œuvres II, Gallimard. coll. Pléiade.

＿＿＿, 1980. Manuscrits de 1857-1858(<Grundrisse>). Éditions Sociales.

Mauss, M. 1985. "Essai sur le don, forme et raison de l'échange dans les sociétés archaïques", Sociologie et anthropologie. PUF.

Rey, P.-Ph. 1985. "Production et contre-révolution", Revue canadienne des études africaines, n°19.

제2부

주요 사회정책 영역의 대안 모색

제5장
사회보장의 위기와 대안 전략의 모색

이 영환

1. 머리글: 사회보장의 위기

2003년부터 시작된 참여정부(2003~2007년)의 중반에 이른 한국사회에서 가장 큰 사회문제로 대두된 것은 대량빈곤과 양극화 문제이다. 1980년대 후반 정치적 민주화와 병행하여 늦었지만 꾸준한 발전의 양상을 보여 왔던 우리나라 사회보장제도의 성취라는 차원에서 보면 실로 비극적인 사실이 아닐 수 없다.

기실 한국사회에서 빈곤 문제가 가시화된 것은 1997년 말에 발발한 외환위기가 극적인 계기였다. 외환위기는 초유의 대량실업과 대량빈곤사태를 유발하면서 그동안 고도성장의 그늘에 묻혀져 왔던 빈곤을 재발견하는 계기가 되었다. 당시 400만~1,000만 명으로 추산된 대량빈곤의 규모는 첨예한 사회적 논쟁의 대상이 되기도 하였다. 문제는 경제위기가 극복된 이후 2000년대 들어서도 빈곤의 규모나 질이 근본적으로 개선되지 않고 있다는 점이다. 빈곤의 규모나 질을 측정하는 방법은 다양하지만, 최근 도시가계연보를 기준으로 측정한 간단한 자료를 통해서도 그 심각성은 충분히 짐작할 수 있다. 김안나(2005; 허선·남찬섭, 2005 재인용)의 연구에 의하면 최저생계비를 기준으로 한 한국사회의 절대빈곤율은 외환위기 이전 1996년에 5.64% 정도였는데, 외환위기 하 1999년에 10.74%로 최고조에 달하였고, 이후 점진적으로 완화되다가 다시 반등하면서 2003년 6.27%, 2004년 6.53%로 상당한 수준을 유지하고 있다. 중위소득 50%를 기준으로 하는 상대빈곤율의 경우는 이보다 높아서 1996년 9.75%, 1999년 11.15%로 정점에 달한 후 잠시 완화되다가 반등하여 2003년 10.48%, 2004년 11.20%로 외환위기 때의 최고 빈곤율과 유사한 수치를 보여주고 있다. 이같은 수치는 절대빈곤율도 상당한 수준이지만 빈부격차에 의한 상대빈곤의 문제, 즉 양극화 문제가 무엇보다 심각함을 보여주는 것이다. 이보다 심각한 것은 이러한 문제가 고착화되고 구조화되는 양상을 보인다는 점이다.

다른 한편 중시해야 할 점은 이러한 문제들에 대한 한국사회의 대응능력이 매우 취약하다는 점이다. 빈곤문제에 대한 대응은 빈곤발생의 근본적 원인에 대한 대응의 차원과 이미 발생한 빈곤에 대한 치유와 예방을 위한 사회보장적 대응의 차원으로 나누어볼 수 있다.

먼저, 1990년대 이후 급격히 확대된 근로빈곤층의 발생원인으로 간과할 수 없는 비정규 노동의 증대에 대한 적극적 대응이 매우 부실하다. 일용직, 임시직, 파견 근로자 등 비정규직은 1990년대에 꾸준히 증가해 왔고, 외환위기를 계기로 전체 임금노동자의 50%를 상회할 정도로 증가하였다. 특히, 여성 취업자의 경우 비정규직의 비율이 압도적으로 높아서 외환위기 이전에도 60% 정도였지만, 2000년에는 약 70%로 증가하였다. 2004년 현재 비정규직은 전체 취업자의 55.9%, 여성취업자의 69.2%에 달한다(김유선, 2001; 2004).

비정규직은 정규직에 비해 임금이나 근로조건 등 여러 가지 차별을 받으면서 빈곤의 온상이 되고 있지만, 이를 극복하기 위해 비정규직의 규모를 획기적으로 축소하거나 차별을 시정하려는 노력은 매우 미흡하다. 서구 복지국가들의 경우는 노동유연화 차원에서 비정규직의 활용은 허용하지만, 차별을 규제함으로써 비정규직 활용으로 인한 부당한 이득을 원천적으로 제거하는 방법을 취하고 있다(정이환 외, 2003). 그러나 한국의 경우 이러한 방향의 가시적인 노력은 찾아보기 어렵다.[1]

---

1) 이러한 비정규직 문제에 대응하여 2004년 9월에 정부가 제출한 비정규직 보호관련 법률안들은 역으로 노사정 간 격렬한 논쟁의 대상이 되어 사회적 대화를 파국으로 몰아넣는 형국이 2005년 상반기까지 전개되고 있다.

둘째, 사회보장 차원의 대응이 부실하다는 점이다. 대량실업과 양극화의 문제는 결국 우리나라 사회보장제도가 심각한 실효성의 위기를 가지고 있음을 역설하는 지표이다. 다음 장에서 좀 더 자세히 보겠지만, 빈곤문제에 대응하여 전체 국민의 최저생활을 보장하고, 재분배를 통해 삶의 질을 향상시키는 사회보장제도가 본래의 목적을 제대로 달성하지 못하고 있다는 것이다. 나아가 최근 피용자의 절반을 상회하게 된 비정규직의 대부분이 사회보장의 사각지대에 위치하게 됨으로써 그 존재의의와 존재기반이 훼손되면서 지속가능성의 위기마저 초래되고 있다. 여기에 더하여 급격한 고령화와 저출산 추세로 인한 생산 잠재력 감소와 사회적 부양부담의 증대는 그러한 지속가능성의 위기를 배증시키고 있는 것이 현실이다. 2004년도에 급격하게 달아올랐던 'Anti-국민연금' 파동은 사회보장의 실효성과 지속가능성에 대한 국민적 불안감이 진원지였다고 보아야 할 것이다.

이 글의 목적은 한국의 사회보장제도가 이러한 위기에 당면하고 있음을 인식하고 그러한 위기의 원인이 무엇인지, 나아가 위기에 대응하는 국가적 차원의 사회보장제도가 왜 적극적으로 발전하지 않고 있는지, 그리고 이러한 발전을 위한 전략적 과제는 무엇인지를 고찰하는 것이다.

2. 위기 발생의 구조

앞에서 언급한 사회보장제도의 위기를 초래하는 원인은 무엇인가? 물론 단선적인 대답은 불가능할 것이고, 아마도 한국사회보장제도의 뒤늦은 발전과정에서 배태된 제도적 결함들과 급격한 사회환경적 요인의 변화가 결합하여 산출해내는 현상으로 보아야 할 것이다. 좀 더 직접적으로는 정부의 정책적 대응이 미온적이고 적절치 못했다는 점이 간과될 수 없다.

1) 사회보장제도의 전통과 제도적 결함

한국사회보장의 역사는 제도발전의 지체성과 재정투자의 소극성이 주요한 특징이었다. 이에 따라 국가재정의 투자가 최소화되는 사회보험 중심의 복지체제가 발달하면서 공공부조나 사회복지서비스 및 관련 복지정책(주거, 의료, 고용, 교육 등)은 선별적인 제도에 국한하여 매우 부진하게 발전하였다. 결과적으로, 복지제도의 적용대상자 선정이나 확대과정도 주로 차별과 배제의 양상으로 나타났다(이영환, 2003). 이를테면 2000년에 시행된 국민기초생활보장제도 이전의 공공부조(생활보호제도)는 노동 능력자를 배제하는 극히 선별적인 제도를 유지하여 왔고, 사회보험 확대과정은 군인, 공무원, 교사, 대기업 노동자 등 특정한 계층이나 집단을 우선적 적용대상으로 하는 선택적 포섭의 과정으로 전개되었다. 이러한 과정에서 사회적 소수자들의 욕구는 방치되기 일쑤였다.

사회보험제도의 비중이 크다는 것은 탈상품화(decommodification)나 재분배 효과가 크지 않다는 것을 의미한다. 사회보험은 운영방식에 따라 다르기는 하지만, 일반적으로 국가의 재정부담을 최소화하며 대상자 선정이나 급여의 공평성 측면에서 시장적 규율을 관철시키는 경향이 있다. 따라서 계층구조를 유지시키고 이익집단적 파워를 성장시키는 효과가 있다. 2003년부터 본격적으로 준비가 시작된 노인장기요양보장제도에 대한 논의도 별다른 사회적 논란을 거치지 않고 사회보험 방식으로 결정되는 등 우리 사회의 사회보험지향성은 상당히 고착된 모습을 보이고 있다. 사회보험 중심의 복지체제는 또한 정규직 남성부양자 모델의 특성을 갖는다. 에스핑 앤더슨(Esping-Andersen, 1990)은 프랑스와 독일 등 유럽대륙의 국가들을 대체로 사회보험제도를 중심으로 하는 보수주의적 복지국가체제로 분류하였다. 이들 국가들은 정규직 남성부양자를 중심으로 하는 복지체제를 가지고 있으며 상대적으로 사회복지서비스의 비중이 빈약하다. 한국의 경우도 정도의 차이는 많지만 이들 국가들과 많은 측면을 공유하고 있다.

이상과 같은 발전과정과 특성을 감안할 때 한국의 사회보장제도는 전반적으로 소극적(reluctant) 집합주의의 성격을 가진다고 할 수 있다. 즉, 정부 복지지출의 소극성, 선별적이고 차별적인 대상자 선정 및 확대과정, 탈빈곤·재분배효과의 미약함 등을 주요 특징으로 볼 수 있고, 이러한 성격이 지구화 시대의 대량빈곤과 양극화 문제에 제대로 대응하지 못하는 사회보장제도의 곤경을 야기한 것이다. 이러한 특성에 기반을 둔 사회보장제도의 구체적인 제도적 결함들은 다음과 같이 개괄할 수 있다.

먼저, 빈곤자에 대한 구제 및 자활대책이 미흡하다. 빈곤상황에 처한 가족들이 기댈 수 있는 사회복지제도 중에서 가장 대표적인 것이 국민기초생활보장제도이다. 기초보장제도는 노동능력이나 연령 등에 관계없이 전 국민의 최저생활을 보장하는 목표를 가지기 때문에 이론적으로는 절대빈곤의 완전한 해소를 목표로 하고 있다. 하지만 현실적으로 극빈자에 대한 최소한의 생존 보장을 목표로 극히 선별적으로 운용되면서 많은 문제를 야기하고 있다. 대표적으로 다음과 같은 문제들을 들 수 있다.

첫째, 사각지대의 문제이다. 부양의무자가 있거나 일정 재산 이상을 보유한 자에 대해서는 급여를 제한함으로써 사각지대가 광범위하게 존재한다. 구체적으로 2003년도의 경우 한국의 전체 빈곤자 수는 절대빈곤계층과 최저생계비의 120% 이내 소득자인 차상위빈곤층을 포함하여 전 국민의 11%인 510만 명에 달하는 것으로 추산되지만, 기초보장 수급자수는 134만 8천 명(인구대비 2.8%)에 불과하였다. 수급자들과 형편이 별로 다르지 않은 비수급 빈곤층(167만 명, 3.5%)과 차상위빈곤층(216만 명, 4.6%)은 소외되고 있는 것이다(허선, 2004).

둘째, 보충급여방식의 문제가 있다. 총 소득이 항상 최저생계비 근처에 머물도록 함으로써 자활기반을 축적할 여지가 없다. 이를 초과하면 모든 급여를 상실하는 구조(all or nothing)이므로 근로의욕 상실의 문제를 야기한다.

셋째, 최저생계비 항목 구성, 측정의 적절성, 수준의 문제가 있다. 항목구성에서 필수품(특히 교통통신비, 교양오락비, 보건의료비 등) 인정여부의 문제가 있고, 인정되는 경우에도 질적 수준의 시간적 변화를 따라잡기 어렵다(남기철, 2004; 허선, 2004).[2] 그리고 5년 주기로 그 구성을 계측하는데, 비계측년도에는 주로 물가인상률을 적용함으로써 결과적으로 보통 가구와의 격차가 심화되는 현상을 보여왔다(장기성, 2003; 허선, 2004).

빈곤을 예방하는 제도인 사회보험제도의 경우에는 사각지대가 너무 광범위하

---

2) 최저생계비 구성 항목들은 비현실적인 부분이 많다. 예를 들어 양말 1년 3켤레, 런닝 1년 2벌, 아동셔츠 1년 1점. 아동 장난감 1년 1개, 쓰레기봉투 월 4매, 주부 시내버스비 월 6회 왕복 등이다.

다는 점이 두드러진다. 사회보험제도는 현재 혹은 미래에 있어서의 소득상실과 같은 사회적 위험에 대비하고 예방하는 중추적인 사회보장제도이다. 한국의 사회보험제도들은 비교적 제도발달이 늦게 이루어졌고 이에 따라 여러 가지 문제점을 안고 있지만, 무엇보다도 적용범위의 협소함 등 사각지대가 광범위하다는 것이 제일 큰 문제이다. 예를 들어 노후의 소득보장을 주목적으로 하는 국민연금의 경우는 지역가입자 중 납부예외자가 2004년 현재 468만 명으로 지역가입자의 49.7%에 이르고 있다. 건강보험도 원칙적으로는 전 국민이 적용대상이지만, 2003년 현재 3개월 이상 보험료 체납자가 152만 세대로서 지역가입자의 17%에 달하였다. 사회보장의 사각지대가 이렇게 광범위하게 존재하는 데에는 앞서 언급한 비정규직에 대한 차별이 큰 원인이다. 비정규직은 임금과 노동시간 등의 차별뿐만 아니라 사회보장제도의 적용에서도 심한 차별을 받고 있다.

다음으로 사회보장체계의 포괄성이 취약하다는 점을 지적할 수 있다. 사회보장체계는 공공부조와 사회보험 등 소득보장체계를 중심으로 하면서 이를 보완하는 수당제도, 사회복지서비스 및 관련복지정책들이 포괄적으로 연계되어야 하지만, 다음과 같은 문제들을 볼 수 있다.

첫째, 수당제도의 문제이다. 수당제도는 대체로 자산조사 없이 보편적으로 제공되는 제3의 소득보장제도로서 공공부조나 사회보험의 단점을 극복할 수 있는 제도이다. 한국에도 기초보장제도 외에 저소득 노인에게 주어지는 경로연금이나 저소득 중증 장애인을 위한 장애수당 등의 보완적 제도들이 있지만 급여수준이 미미할 뿐 아니라, 대상자 선정도 극히 협소하여 기초보장제도를 부분적으로 보완하는 정도이다.

둘째, 사회복지서비스의 문제이다. 노인, 장애인, 여성, 아동 등 취약계층의 개별적 욕구 충족을 지원하는 사회복지서비스도 대상자나 급여내용이 극히 협소하여 이 역시 기초보장제도를 부분적으로 보조하는 정도를 크게 넘어서지 못하고 있다.

셋째, 관련복지정책의 문제이다. 교육이나 보건의료, 주거 등 관련복지 정책, 즉 보완적 사회보장 영역에서 이루어지는 사회적 서비스의 비중(공공성)은 취약하기 짝이 없는 상황이다. 예를 들어 공공임대주택은 2001년 현재 753,512호로서 총재고주택 11,578천 호의 6.5%에 불과하였다. 보건의료에서 공공부문은 2000년 현재 의료기관수의 6.7%, 병상수의 11.8%에 불과한 실정으로(국민건강보험공단의 자료) 거의 전적으로 시장방임적인 상황이다. 보육기관의 경우도 공공부문은 전체의 10% 이내로 평가된다.

이상과 같이 기초보장 제도 등 현재의 빈곤대책들은 대량빈곤이나 양극화 문제의 해결에 성공적이지 못했고, 나아가 수급자들에게 2등 국민이라는 낙인을 부여함으로써 자칫 사회통합에 역행하는 결과를 낳을 수도 있는 실정이다.

2) 사회환경적 요인들의 변화

사회보장의 제도적 결함에 더하여 사회환경적 요인들의 급격한 변화가 위기의 심화요인으로 작용하고 있다. 물론 이러한 변화들이 사회보장제도 위기의 결정적인 변수가 될 것인가 하는 문제는 단정하기 어렵다.

(1) 지구적 차원의 경제적 경쟁과 노동의 유연화

오늘날 사회보장 위기의 심각한 연원은 지구적 차원의 경제적 경쟁의 확산, 특히 그로 인해 야기되고 있는 노동의 유연화 요구이다. 이는 한국사회뿐만 아니라 범지구적 차원에서 목격되는 현상이다. 심화된 경쟁은 국가의 재원배분에서 사회적 투자보다는 경제적 투자를 우선시하는 결과를 자아내기도 하지만, 한국사회에서 보다 큰 비중으로 영향을 미친 것은 유연화 정책으로 인한 비정규직의 양산이다. 외환위기 당시 IMF의 요구를 구조조정 차원에서 수용한 유연화 정책은 비정규직의 양산으로 이어졌고, 비정규직의 비중은 전체 피용자의 절반을 상회할 정도로 급격히 증가하였다.

비정규직의 증가는 그 자체보다는 차별이 문제이다. 이들은 정규직 노동자들과 비슷한 정도의 노동에 종사하지만, 고용의 불안정과 저임금 등의 차별을 받고 있다. 비정규직의 임금수준은 정규직에 비해 52.6%(2001)~51.9%(2004) 정도에 불과하다. 뿐만 아니라 비정규직은 사회보장제도에서도 차별을 받고 있는데, 사회보험(국민연금, 건강보험, 고용보험) 가입률은 정규직의 81~97%에 비해 30~33%정도에 불과하고, 퇴직금, 시간외 수당, 상여금 등도 정규직은 81~99%, 비정규직은

14~19%만 적용받고 있다(김유선, 2004).

문제는 이러한 차별로 인해 사용자는 부당한 이득을 챙길 수 있기 때문에 비정규직의 확대를 선호하게 된다는 것이다. 따라서 비정규직의 확대는 저임금과 노동유연화를 추구하는 자본의 요구에 주원인이 있지만, 비정규직에 대한 차별을 제도적으로 용인하고 있는 사회보장의 결함 또한 이러한 추세에 일조하고 있는 것이다. 결과적으로 사회보장제도가 노동자의 복지를 강화하는 것이 아니라 역으로 노동자의 궁핍화를 방조하는 기현상을 보인다. 이렇게 볼 때, 빈곤은 분명 차별의 산물이다. 결국 비정규직은 차별적인 대우로 인해 그 자체로 빈곤의 온상이 되고 소득격차 확대의 주요 근원이 되었을 뿐만 아니라, 나아가 정규직 노동자를 근간으로 설계된 사회보험 중심의 복지체제와 상치됨으로써 사회보장의 실효성과 지속가능성의 위기를 야기하는 직접적인 원인으로 작용하고 있다.

하지만 문제의 근원이 차별이라는 것은 곧 우리 사회가 이 문제에 어떻게 대응하느냐에 따라 달라질 수 있는 문제임을 의미한다. 비정규직의 임금이나 노동조건, 사회보장 등에서 차별을 없애거나 획기적으로 감소시킬 수 있다면, 우리 사회의 핵심적인 문제를 해결함은 물론 사회보장의 실효성과 지속가능성도 획기적으로 증대시킬 수 있다는 것이다.

같은 맥락에서 지구화의 영향이 과대평가되고 있다는 주장도 있다. 즉, 지구화로 인해 모든 국가들이 무차별적인 노동유연화를 추구하거나 이로 인해 사회보장의 후퇴를 경험하기보다는 각국의 사정에 따른 상이한 반응을 보이고 있다는 것이다(Esping-Andersen, 1996). 이는 외적 압력보다는 내적인 정치경제적 요인이나 경로의존성이 더 중요하다는 것을 의미한다.

(2) 인구사회학적 변화: 고령화와 저출산

한국사회가 당면하고 있는 또 다른 급격한 변화는 고령화와 저출산으로 인한 인구사회학적 변화이다. 먼저, 고령사회로의 진입은 이제 현실이 되었다. 2002년 현재 65세 이상 노인인구는 전체인구의 7.9%였는데, 2019년에는 14.4%에 달하게 되어 고령사회로 진입할 것으로 추정된다. 이에 따라 노년부양비는 2002년 현재 11.1%에서 2019년에는 20.2%로 늘어나 5명이 1명의 노인을 부양해야 할 것이다. 오래 사는 것은 인류의 오랜 소망이었지만 고령사회에 대한 적절한 대응이 결여된다면 그것은 곧 재앙이 될 것임에 틀림없다. 인구의 고령화와 더불어 세계 최저수준에 육박한 출산율로 인한 인구구조의 변화 또한 비생산인구 부양에 필요한 사회복지재정을 압박함은 물론 경제활동 전반에 심각한 악영향을 미칠 전망이다.

이러한 요인들이 사회보장의 실효성과 지속가능성을 저해하는 중요한 요인으로 작용하고 있는 것은 분명하지만 이를 결정적인 요인으로 간주할 필요는 없다. 국가적 차원의 다양한 사회정책은 이러한 변화의 영향력을 감소시키거나 방향을 돌릴 수 있는 가능성이 있기 때문이다. 이를테면 노인들을 소비적이고 의존적인 존재로 방치하지 않고, 노인의 활력을 유지하고 활용하는 것이 가능하다면 고령사회는 축복이 될 수 있을 것이다(Myles, 2002). 과학기술의 발전과 적극적 복지정책의 결합이 이 같은 과제를 해결하는 중심 수단이 될 수 있다. 또한, 저출산 역시 그동안 남녀차별과 경제성장지상주의, 그리고 빈약한 사회복지로 일관한 정책의 예고된 결과라 할 때 이러한 경향을 되돌리는 것도 불가능한 것은 아니다. 문제는 국가의 대응양식이다.

3) 국가적 대응양식: 외환위기 이후 사회보장개혁의 의미와 한계

1997년 말에 발발한 외환위기는 우리 사회에서 빈곤과 실업을 재발견한 중요한 계기이며 동시에 사회보장제도의 결함도 재발견된 계기였다. 사회보장 영역에서 김대중(DJ) 정부는 당시의 상황에 대해 비교적 적극적인 대응을 보여주었지만, 그에 대한 평가는 논쟁의 대상이 되고 있다. '한국 복지국가 성격논쟁'(김연명 편, 2002)으로 집약되는 논쟁에서 김대중 정부 개혁의 성격을 적극적으로 평가하는 김연명(2002)의 국가책임강화론, 이에 대립하는 조영훈(2001)의 신자유주의론, 남찬섭(2002)의 보수주의론 등의 주장들이 다양하게 개진되었다. 여기에서 한국이 과연 복지국가인가 하는 문제가 선결과제인데, 논쟁 참여자들 누구도 자신있게 한국을 복지국가라고 주장하지는 않았다. 다만, 긍정적으로 볼 때 복지국가의 초입에 들어서고 있다는 정도의 평가이며 신자유주의론은 사실상 반대 방향으로의 후퇴를 의미한다고 볼 수 있다. 문제는 복지국가를 지향하고 있다고 하더라도 어떤 성격의 복지국가로 가고 있는가 하는 것이 논점이다.

이와 같은 논쟁이 존재하는 것은 외환위기 이후 국가복지가 점진적으로 확대되었지만 평가하기 모호한 지점이 있기 때문이다. 김대중 정부 시절(1998~2002년)의 복지개혁을 분야별로 개괄해보면 이러한 모호성을 볼 수 있다(이영환, 2002). 먼저 김대중 정부 초기, 즉 외환위기 발발 초기 정부의 사회복지비 지출은 상당히 높은 증가율을 보였지만, 이후 임시대책비 등이 감소하였다. 이에 따라 4년 동안 복지예산이 2배 가량 증가한 성과를 이룩하였음에도 불구하고, 복지비 지출수준의 비약적 상승을 정착시키지는 못하였다.

다음으로 실업대책으로 다양한 정책이 시행되었지만 고용보험을 제외하면 제도화되지 못한 한계를 보여주었다. 국민기초생활보장제도의 시행(2000년)은 높이 평가할 수 있지만, 그 운영은 지극히 선별주의적으로 진행되면서 효과가 반감되었고 노동연계복지(workfare)의 성격이 강화되었다. 국민연금의 도시자영자 확대(1999년), 건강보험 통합(2000년) 등 사회보험제도의 숙원사업들이 성취된 반면 비정규직의 급격한 확대로 인한 본질적 한계를 방치한 측면이 동시에 존재한다.

끝으로 좀 더 유연하고 효과적인 복지정책의 발전을 위해서 중요한 역할을 담당해야 할 사회복지서비스와 주거, 교육, 보건의료, 고용 등 관련복지제도의 발전은 매우 미미한 것이 중요한 한계로 드러난다. 이상과 같이 김대중 정부의 복지정책은 복지비 지출과 제도 개혁, 대상자 확대 등에 있어 어느 정도의 성취는 이룩하였지만, 실업과 빈곤 등 당면한 문제의 해결에 급급하면서 복지제도의 기본 지향에 대한 고민은 결여된 것으로 판단할 수 있어 근본적인 전환으로 보기는 어려울 것이다.

현재의 참여정부(2003~2007년)의 경우도 모호하기는 마찬가지이다. 참여정부 역시 이전의 김대중 정부와 같이 사회복지와 삶의 질에 대해 비교적 적극적인 관심을 기울이고 있다. 대통령 직속 정책기획위원회에 2개의 복지관련 전문위원회(빈부격차·차별시정위원회와 고령화와미래사회위원회)를 설치하여 복지개혁과 관련된 총괄기획을 담당케 하고 있으며 중기재정운용계획(2004~2008년)에서 복지, 노동 분야의 예산 증가율은 12.2%로 연평균 총예산 증가율 6.3%에 비해 2배에 이르는 증가율을 계획하고 있다. 실제 2005년도 예산안에서 총예산증가율은 6.3% 증가한 반면, 삶의 질 향상(저소득층 생활안정, 보육, 장애인, 노인, 의료급여,

공공임대주택 등) 분야는 10.2% 증가하였다. 하지만 복지비 지출이 OECD 국가 평균의 절반에 불과한 상태에서 이런 정도의 예산확충계획은 사회보장제도의 결함을 근본적으로 개혁하려는 시도와는 거리가 멀다. 또한, 복지예산 증가의 큰 몫은 사회보험제도의 성숙에 기인한다는 점을 감안해야 한다. 참여정부 중반에 이른 현재, 고령화와 저출산 쇼크에 대한 피상적 대응 외에 체감할만한 획기적인 복지확충 실적을 찾기는 어려운 상황이며(이영환, 2005b) 오히려 의료, 교육, 보육 등에서 민영화, 시장화를 추구하면서 공공성을 훼손하는 정책지향이 두드러지고 있다.

이렇게 볼 때 김대중 정부 이래 민주정부들의 복지개혁은 기존의 소극적인 복지 패러다임을 근본적으로 변화시키는 성과를 가져오지 못했다고 평가할 수밖에 없다. 달리 말하면 국가복지 확대의 방향성이 분명치 않고, 동시에 양적 성장에서도 나름대로의 한계점에 다다른 교착상태라고 볼 수 있다. 물론, 한국의 복지비 지출은 OECD 국가 평균의 절반 정도에 불과한 실정이어서 이러한 양적 성장의 '한계'는 분명 서구와는 다른 의미를 갖는다. 어쨌든 비약적인 돌파가 필요한 교착상태인 것은 분명하다.

결국, 무엇이 위기인가? 앞의 논의를 종합할 때 사회보장의 위기는 외적 환경변화(지구화)와 내적 환경변화(고령화, 저출산)가 초래하는 문제들(비정규직 양산, 대량빈곤과 양극화 등)에 대해 사회보장제도가 효과적으로 대응하지 못하는 교착상태에 빠지면서 사회보장의 실효성(탈빈곤, 재분배효과)이 저하되고 장기적으로 지속가능성의 위기가 증폭되는 상황으로 규정할 수 있다. 이제 이러한 교착상태를 야기하는 요인들, 다시 말해 적극적 복지개혁을 저해하는 정치사회적 요인들을 살펴보기로 하자.

3. 적극적 복지개혁을 저해하는 정치사회적 요인들

사회보장발전의 교착상태를 야기하는 요인, 즉 적극적 복지개혁을 저해하는 요인들은 어떻게 설명할 수 있는가? 다시 말해 1980년대 말 이후 비교적 빠른 속도로 확장되어 온 한국의 사회보장제도가 소극적인 복지체제를 근본적으로 개혁하는 패러다임적 전환을 성취하지 못하는 이유는 무엇인가?

1) 점진적 복지발전은 어떻게 가능했나?

대체로 한국의 사회보장은 1980년대 말 정치적 민주화의 진전과 병행해서 본격적으로 발전하기 시작하였다. 그 이전에는 노동배제적이고 재벌중심적인 발전주의 이데올로기와 냉전체제가 상호작용하면서 최소한의 사회안전망조차 갖추지 못하는 사회보장의 극단적 저발전 상태가 지속되었다. 간혹 비민주적 정부의 정통성 위기를 계기로 간헐적인 복지발전의 기회가 주어지는 정도였다.

그렇다면 1980년대 후반 이후 점진적이지만 꾸준한 복지발전이 가능했던 이유는 무엇이었나? 일반적으로 사회복지의 발전은 그 사회의 사회경제적 요구(산업화와 그에 따른 자본의 요구 및 사회적 수요에 대한 대응)와 정치사회적 요구(노동, 시민, 사회운동의 요구)에 대응하여 이루어진다고 볼 수 있다. 한국의 경우도 빈곤과 실업, 고령화 등 긴급한 사회적 수요가 존재하였고, 탁아정책과 같이 여성노동력 활용을 지원하는 제도의 필요성, 국제적인 농업협정에 따른 농촌사회의 변화에 대응하기 위한 조처(농어민 연금)의 필요성 등이 존재하였다. 이에 따라 서구복지국가들이 대체로 복지정책의 축소조정국면을 거치고 있는 동안, 한국의 복지정책은 점진적이지만 꾸준히 확대될 수 있었다.

이와 더불어 정치적 민주화와 동반 활성화된 노동운동, 사회운동, 시민운동의 사회복지 확대 요구, 그리고 1990년대 후반 이후 비교적 친복지적 성향을 가진 정당들의 집권 등이 복지발전의 중요한 동인으로 작용하였다. 또 하나 간과할 수 없는 요인은 한국의 사회보장 발달이 매우 저조하여 글로벌 경제가 요구하는 최소한의 사회적 안전망에도 미달하는 상황이었던 점이다. 이로 인해 외환위기 상황에서는 긴축재정을 신조로 하는 IMF 조차도 사회적 안전망 확충을 권유하면서 적자예산을 용인할 정도였다.

역으로 보면 그동안 사회복지의 점진적 확대가 비교적 순조로웠던 것은 아직 반복지세력의 적극적 대응을 유발하는 임계점에 도달하지 않았던 때문으로 볼 수 있다. 따라서 교착상태에 빠진 현재의 국면은 10여 년에 걸친 점증적인 복지발전이 일종의 고비를 맞으면서 갈등과 조정을 겪는 국면으로도 볼 수 있다.

2) 왜 비약적 변화가 일어나지 않는가?

대량빈곤과 양극화, 광범한 사각지대 등 급격한 변화를 요구하는 수요의 존재, 혹은 상황적 조건의 변화에도 불구하고 급격하고 근본적인 변화는 쉽사리 일어나지 않고 있다. 점진적인 발전은 가능하지만 비약적인 발전은 어렵다는 것이다. 일종의 교착상태를 야기하기도 하는 이러한 상황은 정책의 선택을 좌우하는 다양한 요인들의 작용으로 해석할 수 있다. 이러한 요인들에 대한 설명으로, 서구 복지국가들의 곤경에 대한 해석을 시도하는 이론적 접근들과 더불어 한국의 특수한 상황적 요인들의 작용을 살펴보기로 하자.

(1) 복지발전의 경로의존성—제도주의적 해석

1990년대 이후 서구 복지국가들은 세계화의 외압에 대응하여 국내 경제구조는 물론 복지제도와 노동시장의 운영을 혁신해야 하는 과제에 직면하였고, 이러한 과정에서 개별 복지국가들은 상당히 다양한 반응을 보였다. 제도주의적 입장의 학자들은 이러한 국가별 차이는 개별 국가들의 제도적 차이를 반영한 것이라고 주장하면서 복지국가 발전의 경로의존성을 역설하였다(Esping-Andersen, 1999; Piersen, 2001; 신동면, 2004). 이러한 경로의존성은 결국 복지체제의 혁명적인 변화를 거부하는 메커니즘이 존재함을 의미한다.

이와 유사하게 홀과 소스키스(Hall & Soskice, 2001) 등 비교정치경제 학자들은 생산레짐의 유형에 따라 서로 다른 복지체제가 발전되어 왔다고 주장한다. 이들은 복지국가가 노동정치의 산물 혹은 노동계급 권력자원의 증가에 따른 결과라는 주장에 비판적 태도를 보이면서, 복지국가는 생산체제의 필요에 의해 그리고 자본가들의 요구를 반영하여 발전한다는 인식을 공유한다. 여기에서 생산레짐을 구성하는 제도적 요소들은 노사관계, 상품생산체계, 금융체계 및 기업지배구조 등이다.

하지만 같은 생산레짐에 속한 국가들도 서로 다른 복지체제와 관련되는 경우들이 존재하기 때문에 그 관계는 정합적 관계가 아니라 선택적 친화성을 보인다는 것이다. 신동면(2004)은 생산레짐과 복지체제 간의 친화성은 정치체제의 산물인 정부정책 간의 연계를 통하여 확인할 수 있다고 주장한다. 즉, 경제정책과 사회정책의 연계를 통하여 확인 가능하다는 것이다. 하지만 이렇게 정책적 요인을 강조하는 것은 결국 정책을 산출하는 정치적 요인의 중요성을 강조하는 결과가 되어 딜레마에 빠질 수 있다는 비판이 가능할 것이다. 나아가 생산레짐에 조응하는 복지제도의 선택적 친화성, 혹은 제도적 유산들의 영향을 받는 경로의존적 발전경향이 복지체제의 합리적, 근본적 전환을 저해하는 요소로 작용한다면 생산레짐이나 제도적 속성들의 친복지적 전환을 위한 정치적 노력이 필요할 것이다. 구체적으로 노사관계, 상품생산체계, 금융체계 및 기업지배구조 등의 경제구조 및 이와 관련된 정책들의 친복지적 전환을 위한 관심과 노력이 중요함을 인식하게 된다.

(2) 정책목표의 상충—중첩된 곤경

오늘날의 복지국가들은 모순된 정책목표들을 동시에 추구해야 하는 것이 문제의 핵심이라는 주장이다. 서구 복지국가들은 고용증대, 소득평등, 건전재정의 세 마리 토끼를 모두 좇아야 하는 3중고(trilemma) 상황에 처해 있고(Iversen and Wren, 1998; Esping-Andersen, 1999; 양재진, 2003), 실제로는 어느 하나를 희생하면서 나머지 두 개를 추구하는 양상을 보인다는 것이다. 대체로 영국과 미국은 소득평등을 희생시키고 있고(자유주의 모형), 북구 유럽의 사민주의 국가들은 건전재정을 희생시키며 유럽대륙의 기독교민주주의 국가들은 고용확대를 희생양으로 삼아왔다. 이러한 3중고 상황 또한, 기존 복지체제로부터의 단절적(radical) 전환을 방해하는 요인으로 볼 수 있다.

이와 관련하여 양재진(2003)은, 김대중 정부도 마찬가지의 선택의 기로에 있었고 그 선택은 결과적으로 고용증대와 건전재정을 추구하면서 소득평등을 희생시키는 자유주의 모형에 근접했다고 평가한다. 이와 같이 모순적 정책목표들을 추구해야 하는 사정은 우리의 경우도 어느 정도 사실일 것이다. 실제 김대중 정부 하에서 재정건전화특별법이 제정될 만큼 건전재정에 대한 압박이 존재하였다. 하지만 서구 복지국가들의 3중고 상황이 우리 사회에도 여과없이 적용될 수 있는 적합한 상황진단인지는 재고할 여지가 분명히 있다. 왜냐하면 서구복지국가의 경우는 재정건전성 유지가 유럽연합의 가입조건이므로 제도적 제약이 좀 더 분명한 상황이지만, 우리의 경우는 좀 더 유연한 정책 선택이 가능할 수 있기 때문이다. 서구 국가들은 3중고 상황에서도 다양한 선택을 보였다는 것 또한, 정책선택의 중요성을 보여주는 단서이다.

(3) 개혁적 복지이념과 담론의 취약성

개혁적인 정책지향에 대한 정치적 지지확보, 혹은 정치적 동원력 확보를 위해서는 이데올로기 혹은 담론적 헤게모니 확보가 필수적이라고 볼 때, 이제까지 소극적이고 차별적인 사회보장체제를 지탱해온 지배담론을 극복하는 대항력이 충분히 길러지지 않았다고 볼 수 있다.

반복지적 지배담론은 한국전쟁을 계기로 굳어진 반사회주의 담론과 1960년대 산업화 전후 시기부터 현재까지 지속되고 있는 발전주의 담론이 기본이 되면서 시대에 따라, 사안에 따라 보완적 담론들이 결합되는 양상이다. 그러한 보완적 담론들로 1980년대까지는 대체로 온정적 가부장주의와 복지부담-재정취약론 류의 담론들을 볼 수 있고, 1990년대 이후에는 신자유주의적 복지축소공세 하에서 시장중심주의와 국가개입반대론, 세계화와 경쟁력 담론 등이 주류를 형성하였다. 이와 동시에 이익집단의 기득권을 방어하는 공평성(equity)과 이해관계 담론들이 확장되면서 복지발전의 직접적 장애요인이 됨과 동시에 시민사회운동의 분열을 초래하는 요소로 작용하고 있다.

특히 오늘날 신자유주의적 복지축소 공세는 국제적으로나 국내적으로 사회보장의 발전을 저해하는 중요한 요인이다. 신자유주의는 복지제도와 재정지출의 축소를 목표로 하고 있으며, 그 유력한 수단으로 사회보장제도의 민영화를 강조한다. 이러한 민영화 요구의 실현과 복지지출 삭감은 가뜩이나 취약한 사회보장제도의 실효성과 존재의미를 심각하게 훼손할 것이다. 보육료 자율화, 의료의 산업화(영리병원허용 등), 민간 의료보험 도입, 산재보험 민영화 등 신자유주의적 주장은 광범한 영역에 걸쳐있다. 신자유주의 이데올로기는 그 실체가 모호하기는 하지만, 해방이후 한국사회를 지배해왔던 발전주의 이데올로기의 새로운 담지자로서 오늘날

시장경제를 신봉하는 경제관료들과 경제학자들을 중심으로 막강한 정책영향력을 형성·행사하고 있다.

이러한 반복지 이념에 대응하는 대중적 복지이념이나 담론의 형성은 아직도 과제이다. 1990년대 후반 이후 정권 차원에서 제시된 '생산적 복지'와 '참여복지'는 그 의미의 모호성과 함께 슬로건과 실천의 불일치로 인해 대중적 호소력을 획득하지 못하는 상황이다.

(4) 사회복지운동의 취약성

적극적 복지모델의 형성과 실현을 위해서는 이를 추구하는 운동의 주체형성이 선결과제이다. 한국의 복지운동은 1980년대 후반 정치적 민주화와 함께 활성화되어 시민사회운동과 당사자 운동, 사회복지 종사자 및 전문가 운동 등으로 분화 발전하였지만 아직도 그리 원숙한 상태로 보기 어렵다. 특히 서구에서 복지운동의 주력이었던 노동운동의 역할이 제한적이고, 2004년 총선에서 민주노동당이 의석을 차지하기 이전에는 진보정당 역시 그동안 거의 존재가 없었던 약점이 존재한다(이영환, 2005a).

복지정치의 문제는 다른 한편 정부 내 개혁 주체세력의 취약성 문제이기도 하다. 실제로 김대중 정부 이후 집권여당은 비교적 친복지적인 자세를 가지고 있었지만 실제로 정권장악력은 매우 취약했고, 그러한 취약성이 복지개혁의 희생을 초래하는 경우가 많았다. DJP 연합으로 집권했던 김대중 정부는 보수적인 김종필(JP) 계열에 복지부 장관 자리를 주로 양보하였고, 간신히 단독집권에 성공한 참여정부는 내각에 대한 장악력을 확보하기보다는 대통령 직속의 각종 특별위원회를 통한 개혁 추진에 주력하는 양상이다.

또 하나의 위협요인은 이익집단과 기득권 세력의 요구이다. 사회보장 영역에서 이해집단 간 그리고 이해집단과 국가 간 갈등이 본격화된 것은 1990년대 초부터였는데, 한의사와 약사의 갈등을 시작으로 의약분업을 둘러싼 의사, 약사, 국가 간의 갈등, 연금보험이나 건강보험과 관련된 직장가입자와 지역가입자의 갈등, 유아교육법을 둘러싼 유아교육과 보육계의 대립 등 갈등의 폭과 깊이가 날로 확대되는 추세를 보여 왔다. 이러한 갈등은 근본적으로 사회보장의 발전이 지체되는 과정에서 형성된 비대한 민간영리부문이 사회보장의 뒤늦은 발전에 시장논리로 개입하면서 빚어지고 있다. 문제는 갈등의 존재 자체가 아니라, 이를 통제할 만한 적절한 사회적 합의 및 조정구조가 결여되면서 기득권적 요구가 심각한 제도적 왜곡을 야기하고 있다는 점이다. 이와 같은 반복지적 혹은 시장친화세력, 그리고 이익집단이나 기득권세력 등에 대응하는 복지동맹의 형성과 복지정치의 구현이 대단히 취약하다는 점이 문제이다.

이상과 같은 요인들이 복합적으로 작용하여 사회보장의 합리적 발전을 저해하면서, 한편으로 '두개의 국민'으로의 사회해체적 위기가 초래되고 있고, 다른 한편으로 정치적 지지와 재정적 기반의 상실로 인한 사회보장 자체의 지속가능성의 위기에 처해 있는 것이 우리 사회의 위기적 상황이다.

4. 사회보장 개혁을 위한 전략적 과제

앞서 논한 바와 같이 한국의 사회보장제도는 많은 제도적 결함과 그에 따른 개혁의 과제를 가지고 있지만, 그러한 과제를 해결할 수 있는 전망이 분명치 않은 교착국면에 봉착하고 있다. 이러한 교착국면은 다양한 상황적 요인들의 작용에 의한 것이지만 내부적 요인으로는 대안적 복지이념의 결여, 그리고 복지개혁을 견인할 복지지향적 정치력의 취약함이 핵심적인 문제라 할 수 있고, 이러한 장애를 해소하는 것이 전략적 과제일 것이다.

1) 전략적 과제와 복지정치

먼저 대안적 복지이념과 이에 바탕을 두는 현실적 복지모델에 대해 생각해보자. 오늘날 대부분의 복지국가들은 내외적 상황의 변화와 도전에 직면하여 다양한 대안적 복지모델을 모색하고 있지만 많은 아이디어의 존재에도 불구하고, 손쉽게 모방하거나 이식할 수 있는 이상적인 복지모델이 존재하지 않는다는 것이 고민이다.

우리의 경우도 마찬가지인데, 과도한 단순화를 무릅쓴다면 우리 사회에 적용할 수 있는 대응모델을 자유주의적 복지국가와 근접한 시장지향형 모델과 사회민주주의형 복지국가와 친화적인 적극적 복지모델의 양극으로 나누어 볼 수 있을 것이다. 경향적으로 볼 때 시장지향적 모델에서는 노동연계복지(workfare)의 강조, 복지지출의 축소, 사회보험 등에 있어 계층적으로 분립된 제도의 선호, 빈약한 사회복지서비스, 자선적이고 잔여적 성격의 사회안전망 등의 방향이 추구될 것이다. 적극적 복지모델에서는 이와 달리 복지지출의 확대, 인생주기별 욕구에 따른 사회복지서비스 지원체계 확충, 통합적 사회보험제도, 시민적 권리로서의 사회보장, 평등지향적 복지체제, 사회정책의 공공성 확대 등의 특징이 추구될 것이다.

하지만 현실은 양극단의 중간 어디쯤에 위치하게 될 것이며, 그 위치는 각 국가의 형편에 따른 조합으로 국민적 선택을 반영할 것이다. 다시 말해 현실적인 방향은 양 극단 모델이 주장하는 속성들의 다양한 결합 양상으로 나타날 것인데, 이는 곧 양자를 대변하는 정치적 세력 간의 양보와 타협을 의미한다고 볼 수 있다.

사실상 2차 세계대전 이후 서구의 복지국가 형성과정도 정치적 타협을 통해 가능했다. 당시의 복지합의(welfare consensus)는 수정자본주의와 복지국가로 상징되는데 자본은 산업사회에 대한 독점적 지배권을 양보하는 대신, 노동은 자본의 소유권과 경영권을 인정하였다. 이러한 양보와 타협은 국가의 적극적 역할을 기반으로 한 것인데, 국가의 역할은 완전고용을 보증하면서 케인즈주의에 기반한 복지국가를 건설하는 것이었다. 결국 조합주의의 강약을 막론하고 자본, 노동, 국가의 삼자주의가 복지국가의 초석이 되었다. 이렇게 볼 때 오늘날 복지국가들이 당면하고 있는 3중고, 즉 실업문제 해소, 재정건전성 확보, 소득불평등 완화를 동시에 추구해야 하는 상황은 전통적인 복지합의가 붕괴되면서 새로운 정치적 합의를 구현하지 못하는 상황을 반영하는 것으로 볼 수 있다.

이러한 복지국가의 전통 외에 우리 사회가 합의의 복지정치를 중시해야 할 또 다른 이유가 있다. 주지하듯이 우리 사회는 오랫동안 자본-국가(독재정권)의 야합구조가 전횡하는 노동배제의 정치가 지배하였다. 이러한 구조 하에서 일차적으로 노동세력이 약화되었지만, 결국 견제와 균형을 통한 단련이 결여되기 때문에 3자 모두 취약한 상태를 초래하게 되었다. 문제는 그렇게 형성된 우리의 허약한 정치사회적 구조가 급변하는 경제적 현실 속에서 무력할 수밖에 없다는 점이다. 따라서 이제 우리 사회도 이러한 타협과 합의에 기반한 복지정치를 추구해야 하는 상황이다. 하지만 이러한 복지정치가 가능하려면 노동을 중심으로 한 친복지연합이 우선적으로 강화될 필요가 있다. 이는 힘의 균형을 위해서도 필요하며, 나아가 타협정치의 복지지향성을 확립하기 위해서도 필수적인 과제이다. 결국 우리 사회에서 적극적 복지이념과 현실적 모델의 정립은 노동을 중심으로 한 친복지연합이 견인하는 복지정치적 타협의 산물이 될 것이다. 다음에서는 이러한 타협의 장으로서의 가능성을 서구와 한국의 경험을 통해 검토하면서 대안적 노력의 방향을 모색해 보기로 하자.

2) 새로운 사회적 협약—서구의 경험

조합주의적 3자 협상구조는 서구 복지국가 건설의 초석으로 작용했지만, 1970년대 이후 신자유주의적 지구화와 유럽 통합으로 상징되는 다양한 사회경제적 변화에 직면하여 위기를 겪고 있는 것으로 평가된다. 특히 3자 중 개별 국가의 정책적 자율성의 훼손과 노동세력의 약화 경향이 대표적으로 지적된다. 이러한 위기가 조합주의의 용도폐기를 의미한다는 일각의 주장도 있지만, 적어도 전통적 조합주의의 새로운 버전으로 이해할 수 있는 '새로운 사회적 협약' 방식은 현대 자본주의 국가들이 당면하고 있는 중첩된 곤경에 대응하는 유력한 방식으로 네덜란드나 아일랜드 등에서 부각되고 있는 점은 분명한 사실이다(피서르 · 헤이머레이크, 2003).

새로운 사회적 합의 전략은 실업문제 등 각국의 경제적 곤경 심화에 대응하기 위해 1980년대 중반 이후 부각된 노력으로, 사회적 합의를 통해 실업문제와 저성장 등의 난관을 타개함으로써 성장과 분배를 동시에 달성하자는 것이 목적이다. 이 역시 과거 조합주의와 유사하게 노동과 자본의 상호양보, 그리고 국가의 사회보장적 대응이 핵심요소이지만 지구화과정의 경제적 요청인 노동시장의 유연성을 수용하면서 이를 사회보장개혁과 결합하는 유연-보장성(flexicurity)을 추구하는 것이 상징적이다. 로즈(Rhodes, 2002)는 이에 대해 모순어법을 사용하여 '경쟁적 조합주의(competitive corporatism)'라고 명명한다.

로즈가 예로 드는 새로운 '경쟁적 조합주의' 국가들은 대표적으로 두 가지 유형으로 나뉘는데, 한편으로 아일랜드와 네덜란드 같은 소규모 개방경제국가, 그리고 다른 한편으로 이태리, 스페인, 포르투갈, 그리스 같은 남유럽국가들로 유럽에서는 상대적으로 복지발전이 지체된 국가들이다. 이 두 유형 국가들의 공통점은 전통적으로 복지국가의 강력한 추진요인이었던 노동운동세력이 약해서 조합주의 전통이 원래 약했거나 그 힘이 쇠잔해진 나라들이다. 사용자측의 조직적 기반이 약한 나라들도 있다. 그런데 이렇게 노동자와 사용자의 조직적 기반이 약하다는 것은 조합주의의 전통적 전제조건이 취약함을 의미하는 것인데 새로운 사회협약은 어떻게 가능했던 것일까?

첫째, 국가의 역할확대가 관건이다. 전통적인 조합주의에서 중심은 노동과 자본이고 국가의 역할은 이차적이었다. 하지만 새로운 전략에서는 국가의 역할이 중시되는데, 국가는 협약의 정당성을 보증하고 제도화시키는 역할을 담당한다.

둘째, 여러 가지 관련 정책들에 대한 일괄 협상이 진행되면서 주체의 확대와 강화가 이루어진다. 즉, 협상의제가 고용과 임금뿐만 아니라 사회보장, 경제, 산업 정책 등 포괄적 협약으로 확대되는 경향인데, 이러한 과정에서 복지동맹과 생산동맹의 형성을 통해 협상파트너들의 조직력 강화가 이루어진다는 것으로, 특히 아일랜드, 포르투갈의 경우에 두드러진다. 이에 따라 협상 참여자도 초기에는 노동과 자본 양 진영의 내부자(insider)에 국한되었다가 다음 단계에서는 이러한 내부자들이 보다 확대되고(broad insider), 더 나아가 내부자를 넘어서 '확대된 사회적 대화(augmented social dialogue)'의 성격으로 발전한다는 것이다. 이러한 요인들이 새로운 사회적 협약을 가능케 하는 요인으로 작용하고 있다.

이와 같은 기반 위에서 추진되는 구체적인 협상전략을 로즈는 분배측면과 생산측면에서 어떤 목표들이 추구되었는지를 통해 설명하다. 먼저, 분배측면에서는 다음과 같은 목표들이 추구되었다. 첫째, 핵심 노동자의 보장수준을 낮추고 임시직이나 파트타임 노동자의 보호를 강화한다. 네덜란드의 '유연성과 보장(Flexibility and Security)' 협약(1996년)은 그 대표적 예이다. 둘째, 사회보장에서의 차별과 배제를 극복하기 위해 사회보장체계를 재구성하는데 여성과 비정규직은 우선적 고려 대상이다. 셋째, 전통적인 연대임금정책의 완화로 저생산성 부문의 노동력도 퇴출되지 않도록 배려한다. 넷째, 평생교육체계를 확립하여 기술습득과 사회적 서비스를 언제든지 받을 수 있도록 보장한다. 이와 같이 분배측면의 요구는 유연화된 노동자가 영구히 배제되지 않도록 하는 메커니즘을 형성하기 위하여 전통적 기득권을 양보하는 경향을 보여준다.

다음으로 생산 측면의 요구는 다음과 같이 나타난다. 먼저, 최저임금 등 노동시장의 규율을 법으로 정하기보다는 협상 중심으로 운영하며, 둘째 중앙집중적 임금협상을 완화하여 분권화함으로써 임금과 생산성 연계를 강화한다. 셋째, 개별회사나 공장단위의 조정절차를 통해 변화하는 시장의 요구에 대응하는 조정협상을 가능케 하며, 넷째 노사관계는 대결보다는 합의 지향적으로 운영하고, 훈련체계 등도 합동으로 운영한다.

이상과 같은 기반과 전략을 통해 새로운 사회협약 전략은 해당 국가들에서 상당한 정도의 성과를 거둔 것으로 평가되고 있다. 물론 이러한 성과가 항상 일관된 것은 아니다. 수시로 상황이 변화하여 위기적 요소가 높아지기도 한다. 이러한 약점은 분명히 존재하지만, 항상 변화하고 압력의 수위가 점점 높아지는 지구적 차원의 경제적 경쟁에 대응하는 유력하고도 유연한 방법으로 관심을 받을 충분한 가치가 있다. 사회협약은 만능이 아니고, 더욱이 항상 고정된 틀로 존재하는 것도 아니기 때문에 유연하게 활용할 수 있는 가능성도 그만큼 크다는 역설 또한 가능하다.

3) 한국에서 사회적 합의의 경험과 과제

한국에서 사회적 합의를 위한 노력은 1990년대 이후 시작되었지만 아직도 제대로 정착되지 않고 있다. 현재 진행되고 있는 노사정위원회 설치 이전의 노력들을 개괄하면 다음과 같다(유범상, 2003).

첫째, 1990년대 초반의 국민경제사회협의회(1990~1997년)는 한국노총의 제안으로 출발했으며, 논의주체는 한국노총과 한국경영자총협회(이하 경총)이었다. 경총과 정부는 이 협의회에서 임금문제가 논의되기를 희망했지만, 소득세법, 근로자주택, 국민연금 등 사회복지 의제들이 논의되었다. 하지만, 제대로 반영되지 못했다는 평가를 받고 있다.

둘째, 문민정부 초기에 추진된 노경총 임금합의(1993~1994년)였다. 여기에서 자본은 중앙차원의 노사합의를 통한 임금안정화와 분규예방을 꾀했고, 노동은 사회복지 이슈를 논의하기 희망하였다. 이에 따라 임금문제는 양자협상, 그리고 물가, 세제, 근로자복지 등이 3자 협상으로 논의되었지만 대화가 지속되지는 못하였다. 노동 내부의 결속과 정부의 신뢰성 문제가 걸림돌이었다는 평가이다.

셋째, 문민정부 후반에 추진된 노사관계개혁위원회(1996~1998년)였다. 이 위원회에는 진보적 노동세력을 대변하는 민주노총도 참여하였고, 노동법과 고용, 인력문제, 근로기준, 근로세제, 노동시장 유연화, 사회보험제도 등의 포괄적 의제들이 논의되고 공론화되었다. 이러한 과정에서 관련 주체들이 사회적 대화를 훈련하는 효과가 일부 있었지만, 실효성 있는 정책입안까지 진행되지는 못하였고, 이에 대한 정치적 관심도 크게 끌지 못했다고 평가된다.

총괄적으로 노사정위원회 이전, 1990년대 초중반의 사회적 합의 노력은 주로 임금인상과 노동법 개정 이슈에 집중하였고, 사회복지에 대한 관심과 공론화에는 한계가 있었다고 평가되고 있다(유범상, 2003). 국가와 자본은 중앙집중적 임금협상을 통한 산업평화를 중요한 목적으로 삼았고, 노동은 임금협상을 수용하는 대가로 노사관계, 근로조건, 복지문제 등을 논의하기 희망하였지만, 이러한 과정은 순탄하게 진행되지 않았다. 노동은 내부 결속문제를, 정부는 신뢰성 문제를 안고 있었고, 자본은 양보의 자세가 결여되어 있었다.

1998년 초에 시작된 노사정위원회는 본격적인 한국판 3자 협상 실험의 시작이었다. 이러한 실험이 가능했던 것은 IMF 경제위기 하의 절박성이 중요하게 작용하기도 했겠지만, 이제까지의 대화 경험과 비교적 친노동적인 김대중 정부의 성립이 중요한 요인이 되었을 것이다. 노사정위원회의 경과는 다음과 같은 네 시기로 구분된다: 1기, 1998. 1. 15~29(한광옥 위원장). 2기, 1998. 6. 3~1999. 8. 31(김원기 위원장). 3기, 1999. 9. 1~2003. 2(김호진, 장영철, 신홍 위원장). 4기, 2003. 2~2005. 5. 현재(김금수 위원장). 1기 때는 노사정과 정당이 참여하였고, 2기 이후에는 정당 외 공익대표도 참여하였다. 특히, 1기에는 민주노총도 참여하여 명실상부한 노사정 대화가 가능하였다(노사정위원회, 2005).

노사정위원회 초기의 성과는 자못 컸다고 평가된다. 비록 그것이 신자유주의적인 노동유연화 정책이나 구조조정 등을 수용한 대가이고, 실질적인 이행은 미흡하기도 하였지만, 노동의 입장에서는 처음으로 자본과 대등한 지위를 확보할 수 있었고, 노조의 정치활동에 대한 법적 승인, 공무원 및 교원의 노조조직화 권리 인정, 실업자 노조결성 및 가입권 등에 관한 합의를 도출하였다(이영환 · 김영순, 2001). 복지부문 개혁의 성과는 더 컸다고 할 수 있다. 즉, 고용보험이 빠른 속도로 확대 적용되었고, 긴급 사회안전망 확충, 국민연금 도시지역 확대, 의료보험 통합, 국민기초생활보장제도 입법 등의 성과가 있었다.

이에 대해 유범상(2003)은 노사정위원회로 인해 본격적인 사회복지 논의의 장이 시작되었다고 평가한다. 노사정위 1기에서 체결된 10대 의제 90개 항목의 사회협약 중 사회보장제도 확충과 노동기본권 신장에 관한 항목이 50개 항목에 달하였고, 2기 이후에는 아예 사회복지 전담 테이블이 마련되었다는 것이다. 2기에는 사회보장소위와 고용실업대책소위가 설치되었고, 3기 이후에는 경제사회소위, 비정규직대책특별위, 근로시간단축소위가 설치되었다. 하지만 노사정위원회에서 사회보장 관련 아젠다의 비중은 시간이 흐를수록 축소되어 갔다. 즉, 2002년 1/4분기까지 총 119개의 합의도출 중 사회보장 의제는 47개였는데 1기에 36개 의제가 합의된 반면 2기와 3기 이후에서는 각각 6개에 불과하였다. 노사정위원회의 의제가 갈수록 노사관계제도 개선 논의로 축소되면서 사회복지 논의는 형식화되었다는 것이다(유범상, 2003; 류만희, 2005).

노사정위의 의미를 반감시킨 더욱 중요한 요인은 노사정위원회가 거의 줄곧 파행적으로 운영되었다는 점이다. 특히 민주노총은 1차 노사정위에서 정리해고 법제화를 수용하기로 한 지도부가 불신임을 받았고, 2차 노사정위에서 1998년 6월, 1차 탈퇴한 후 12월에 완전탈퇴를 선언하였다. 민주노총의 복귀 문제는 2004년 이수호 위원장 체제 출범 이후 본격적으로 추진되고 있지만, 내부의 진통이 심각한 상황이다. 한국노총 역시 1999년 4월 탈퇴를 경험하였고, 경총도 1999년 5월에 탈퇴한 바 있다. 각 주체들의 탈퇴 이유는 다양하지만, 궁극적으로 상대방을 정치주체로 인정하는 데 인색했던 것이 주요인이라고 해석할 수 있다(유범상, 2003). 그 외, 의제 확장에 대한 찬반, 합의이행에 대한 신뢰문제 등이 존재하였다.

이와 같이 노사정위원회는 한국판 3자 협상의 실험무대로서 특히 초기에는 여러 가지 성과를 도출했지만, 갈수록 그 위상과 역할이 저하되고 있는 실정이다. 이러한 상황의 원인은 단순하지 않겠지만, 각 주체별로 볼 때, 우선 정부와 재계는 신자유주의적인 시장지상주의 이데올로기가 만연한 상황에서 사회적 합의방식에 소극적일 수밖에 없는 것 같다. 즉, 양보할 의사와 카드가 빈약하고 합의 사항을 이행할 의지도 빈약한 것으로 보인다.

반면 노동은 내부 분열 등 사정이 심각하다. 우선 보수적인 한국노총과 진보적인 민주노총으로 분열되어 있는 상황인데, 한국노총은 비교적 지속적으로 사회적 대화에 참여해왔지만, 지도부 중심의 편협한 참여를 극복하지 못하고 있다. 민주노총은 1998년 탈퇴 이후 2004년부터 복귀를 추진하고 있지만, 참여파와 반대파 및 관망파 등으로 나뉘어 2005년 상반기까지도 갈등국면을 벗어나지 못하고 있다. 내부 분열과 더불어 노동운동의 지속적인 조직률 저하는 사회적 대화를 뒷받침하는 세력기반 자체의 잠식을 의미하며, 2004년 이후 불거진 노동조합 내부의 비리로 인한 도덕적 타격도 심각한 상황이다. 또한 대기업 정규직이 중심이 되고 있는 현 노동운동의 행태는 집단이기주의로 비추어져 고립을 자초하는 양상마저 보이고 있다. 이러한 상황에서 노동운동은 사회적 대화에 관한 일관된 입장이나 전술, 전략 마련에 실패하고 있다.

이러한 사정으로 인해 결국 노사정위의 현재 위상은 참여당사자나 국민 모두 큰 관심과 신뢰를 부여하고 있지 않는 상황이 되었다. 이러한 상황을 최장집(2005)은, 우리나라의 노동운동은 시민권(사회적 권리로서의 복지권 등)을 획득하지 못한 상황에서 다수 형성을 위한 연대(노동대중 연대와 중산층을 포함한 계급간 연대)에도 실패하면서 어떻게 퇴행하는가를 보여주는 전형적 사례라고 질타하였다. 이와 같이 노사정위원회는 한국에서 사회적 합의 노력의 실험장으로서 그 가능성과 한계를 동시에 보여주고 있다. 그러한 한계를 극복하고 노사정위원회가 좀 더 실효성 있는 사회적 협의기구로 거듭나기 위해서는 다음과 같은 두 가지 보완이 필요할 것이다.

첫째, 노사정위원회의 위상과 역할 제고를 위한 의제 확장이 필요하다. 노사정위원회가 국민경제의 주요한 곤경을 타개하는 역할을 담당하기 위해서는 노동권이나 임금 문제뿐 아니라 사회보장, 조세, 보건정책 등을 포괄하는 통합적 협상이 필요하다는 것이다. 최근 한국 경제의 큰 난관은 대외적 경쟁력 문제 외에 대내적으로 실업과 고용불안정, 노동유연화로 인한 비정규직 양산과 차별, 그리고 역으로 기업의 입장에서의 고임금 부담 등일 것이다. 이러한 문제들에 대한 유력한 해결책의 하나가 바로 사회보장 확충을 통한 사회임금 확대전략이다. 즉, 시장임금에 대한 의존을 줄이고 사회임금의 비중을 확대한다면 고임금에 대한 압박이 완화되어 대외적 경쟁력이 높아지고, 비정규직에 대한 차별 유인도 상당 정도 완화될 것으로 기대할 수 있다. 따라서 사회보장의 확충은 사회적 합의에 필수적인 상호양보의 물적 기반의 의미를 가질 수 있게 된다.

하지만 사회임금을 확대할 경우 사회보장 확충에 필요한 재원마련이 문제이다. 이를 위해서 우선 적정급여를 위한 적정부담의 원칙이 확립되어야겠지만, 좀 더 중요한 것은 부담 주체별로 적정 분담이 이루어져야 한다는 것이다. 이러한 분담의 원칙을 확립하기 위해 사회적 합의 노력이 필요하며 이것이 곧 사회적 대화기구의 중요 과제이다. 이러한 대화와 합의가 필요한 것은 사회적 의존집단을 부양하는 복지체제의 문제는 결국 재원을 어떻게 분담할 것인가의 선택의 문제이기 때문이다. 예를 들어 노인이나 장애인을 부양하고 나아가 비정규직 근로자의 부족한 임금을 보완하는 것을 가족이 담당할 것인가, 혹은 사회적으로 분담할 것인가를 선택해야 하는 것이다. 복지국가는 이러한 선택을 합의의 정치로 만들어나가는 국가들이다.

나아가 노동의 입장에서 이러한 의제 확장은 다수 형성을 위한 연대전략의 핵심 과제일 것이다. 노동계급의 다수를 차지하는 비정규직 문제나 실업, 빈곤 등의 사회정책적 과제를 포괄하는 것은 곧 노동운동을 중심으로 복지동맹을 형성하는 과제의 수행에 다름 아닐 것이다.

둘째, 노사정위원회의 좁은 틀을 개혁하고 참여자를 확대함으로써 범국민적인 공론장으로 승격시켜야 한다. 현재 노사정위원회는 노사정 및 공익위원으로 구성되는데, 각 주체들의 대표성 문제와 더불어 구성의 편협성 문제도 존재한다. 우선 10% 정도에 불과한 노동조합 조직률 등을 감안할 때 노동운동의 대표성이나 대표 선출 방식에 문제가 제기될 수 있다. 공익위원 역시 정부의 입김에 좌우되는 등 시민사회의 대표성은 담지하지 못하고 있다. 따라서 우선은 노사정 및 공익위원의 대표성을 강화하고, 나아가 시민사회 영역의 참여를 확대하는 노력이 필요하다. 시민사회 영역은 아일랜드의 사회적 합의노력에서 보듯이 비교적 중립적인 비영리기구(NGO)와 사회적 소수자집단(클라이언트 집단 등) 등이 참여권을 가져야 할 것이다. 이는 위에서 언급한 의제확장 및 복지동맹 형성과 직결되는 문제인데, NGO의 참여는 사회적 협의기구의 조정 및 중재 능력을 크게 높여줄 것으로 기대할 수 있다. 이렇게 확장된 사회적 대화기구에서는 노사 간의 핵심적 협상 외에 다수 참여자들로 구성되는 다양한 협상창구가 중층적으로 작동할 수 있을 것이다.

5. 맺음말

이 글의 목적은 한국 사회보장제도가 당면한 위기를 극복하는 대안적 전략을 모색하는 것이다. 이를 위해 먼저 사회보장제도 위기의 실상과 발생 구조, 그리고 사회보장 발전의 장애요인 등을 검토하였다.

이 글에서는 한국 사회보장제도의 위기에 대하여 외적 환경변화(지구화)와 내적 환경변화(고령화, 저출산)가 초래하는 문제들(비정규직 양산, 대량빈곤과 양극화 등)에 맞서 사회보장제도가 효과적으로 대응하지 못하는 교착상태에 빠지면서 사회보장의 실효성(탈빈곤, 재분배효과)은 저하되고, 장기적으로 지속가능성의 위기가 증폭되는 상황으로 규정하였다. 그리고 이러한 교착상태를 야기하는 요인들, 다시 말해 적극적 복지개혁을 저해하는 정치사회적 요인들로는 사회복지와 친화적이지 않은 자본주의 축적체제와 소극적 복지제도의 유산, 상충되는 정책목표들의 각축, 개혁적 복지이념과 담론의 취약성=반복지 이념의 헤게모니, 사회복지운동의 취약성 등을 제시하였다. 이러한 요인들이 복합적으로 작용하여 사회보장의 합리적 발전을 저해함으로써, 한편으로 '두 개의 국민'으로 사회해체적 위기를 초래하고, 다른 한편으로 정치적 지지와 재정적 기반의 침식으로 인한 사회보장 자체의 지속가능성의 위기를 야기하고 있는 것을 우리 사회의 위기적 상황으로 진단하였다.

그리고 사회보장 발전의 교착국면을 타개하기 위해서는 근본적으로 한국 자본주의 축적체제 자체의 성격을 문제삼아야 하겠지만, 좀 더 실천적으로는 대안적 복지이념의 정립과 적극적 복지개혁을 견인할 복지지향적 정치력을 구축하는 것이 핵심적인 과제라고 제시하였다. 나아가 이러한 과제를 풀어나가기 위한 유력한 방안으로 사회적 합의와 타협의 복지정치를 중시할 필요가 있다는 것이 이 글의 주장이다.

조합주의적 3자 협상을 상징으로 하는 이러한 합의적 복지정치는 2차 대전 이후 서구의 복지국가를 탄생시킨 전통도 가지고 있지만, 오늘날 글로벌 경제가 초래하는 곤경을 극복하는 데에도 모범적인 사례를 제공하고 있다. 새로운 조합주의적 노력으로 성장과 분배(복지)의 두 가지 목적 달성에 상당한 성과를 올리고 있다고 평가되는 네덜란드, 아일랜드, 이태리, 스페인, 포르투갈, 그리스 등의 사례가 그러하다. 물론 그 성과가 항상 일관되지는 않고 새로운 위기가 발생하기도 한다. 하지만 이러한 기복이 존재하는 것 자체가 글로벌 경제의 위협적 속성이라고 볼 때, 이에 대응하는 유연한 사회적 대화전략은 더욱 의미가 있을 것이다. 사회적 합의 노력은 일방적 과정이 아니라 조정과 합리화를 꾀하는 과정이다. 이러한 과정에서 사회복지 부문은 영역에 따라 축소와 확대의 변이가 가능하지만, 적어도 지구적 차원의 경제적 압박에도 불구하고 다양하고 창조적인 노력이 가능하며, 나름대로 복지국가 확충의 길도 가능하다는 증거로 충분하다. 실상 서유럽과 일본 등이 전후의 충격을 딛고 복지국가 건설에 성공했다는 점도 상기할 필요가 있다.

대화와 타협의 복지정치가 필요한 이유는 오늘날 각 국가들이 당면하고 있는 경제적, 사회적 정책 과제들은 점점 더 복잡해지고, 점점 더 많은 이해당사자들이 관여하면서 중심 계급의 위세가 약화되는 양상이어서 다양한 정치적 세력 간의 양보와 타협이 불가피하기 때문이기도 하다. 나아가 한국의 경우 복지운동의 주체세력이 취약한 상황이므로 사회적 대화전략을 통해 복지동맹 형성을 꾀하는 것이 더욱 필요한 상황이다.

실제 한국 사회보장의 위기는 소극적 복지제도의 전통과 급속히 팽창한 비정규직에 대한 차별이 결합됨으로써 야기되는 빈곤과 실업의 문제가 중심이 되고 있다. 따라서 이러한 차별을 극복하기 위해서는 사회보장(즉, 사회임금)의 확대를 통해 시장임금에 대한 압박을 완화하는 노력이 유력한 대안으로 제시되어야 할 것이다.

이와 같이 사회보장의 확대와 임금압박의 완화를 중심으로 이와 관련된 사회정책적 수단들을 종합적으로 조율하고, 비용을 사회적으로 공정하게 분담하기 위해서는 사회적 대화를 통한 협상과 타협이 불가피할 것이다. 그리고 이러한 과정에서 사회적 소수자, 취약계층에 대한 우선적 배려가 기본 원칙으로 정립되어야 광범위한 복지동맹의 형성이 가능할 것이다.

결국, 한국사회에서 적극적 복지이념과 현실적 모델의 정립은 노동을 중심으로 한 친복지연합이 견인하는 복지정치적 타협의 산물이 될 것이지만, 노사정위원회를 비롯한 한국의 사회적 대화 실험은 그다지 높은 공신력을 확보하지 못하고 있다. 당사자들 서로 사회적 파트너로서의 인정과 신뢰가 확립되지 않고 있는 것이 문제이다. 상황적으로 보면 정부와 재계는 절박하지 않고, 노동은 내부분열이 심각하고 돌파할 여력이 없다. 이러한 상황을 극복하기 위한 과제는 첫째, 노사정위원회가 국민경제적 난관을 극복하는 핵심 의제를 다루는 방향으로 위상과 역할이 제고되어야 하고, 둘째 이와 관련하여 노사정위원회의 좁은 틀을 개혁하고 참여자를 확대함으로써 범국민적인 공론장으로 승격시켜야 한다는 것이다. 우선은 노사정 각 주체들의 대표성과 신뢰성이 강화되어야 하고, 사회적 소수자나 약자를 포함한 다양한 사회적 주체들의 참여를 보장하는 방향으로 개혁이 이루어져야 한다.

이와 같은 주장이 사회복지 발전에 있어 정치적 요인의 중요성을 과도하게 강조하는 것이라는 비판도 가능할 것이다. 하지만 자본의 이념적 공세가 전성기를 구가하는 신자유주의 글로벌 경제 시대에 우리 나름대로의 복지합의를 성취하지 않고는 난관을 돌파하기 어렵다는 현실을 직시해야 할 것이다. 노동계급의 각성과 폭넓은 계급 연대가 절실히 필요한 시점이다.

참고문헌

김안나, 2005. 「동반성장을 위한 참여정부의 사회정책 방안」, 『보건복지포럼』 100, 2.

김연명 편, 2002. 『한국복지국가 성격논쟁 I』, 인간과 복지.

김연명, 2002. 「김대중 정부의 사회복지정책 - 신자유주의를 넘어서」, 김연명 편, 『한국 복지국가 성격논쟁 I』, 인간과 복지.

김유선, 2001. 「비정규직 규모와 실태」, 『노동사회』 59, 2001. 11. 한국노동사회연구소.

김유선, 2004. 「비정규직 규모와 실태」, 『노동사회』 93, 2004. 11. 한국노동사회연구소.

김종일, 2001. 『복지에서 노동으로』, 일신사.

남기철, 2004. 「체험지역 가계부 및 생활비조사 결과」, 참여연대사회복지위원회, 『최저 생계비의 현실과 적정화방안 토론회 자료집』(2004. 8. 31).

남찬섭, 2002. 「경제위기 이후 복지개혁의 성격」, 김연명 편, 『한국복지국가 성격논쟁 I』, 인간과 복지.

노사정위원회, 2004. 『사업보고서 2005』.

류만희, 2005. 「노동운동과 사회복지」, 이영환 편, 『한국의 사회복지운동』, 인간과 복지.

신동면, 2004. 「생산레짐과 복지체제의 선택적 친화성에 관한 이론적 논의」, 미발표 원고.

양재진, 2003. 「노동시장 유연화와 한국 복지국가의 선택: 노동시장과 복지제도의 비정합성 극복을 위하여」, 『한국정치학회보』 37-3.

유범상, 2003. 「한국의 노동정치와 사회복지의 '만남': 의미, 구조, 전략」, 『상황과복지』 14, 인간과 복지.

이영환, 2002. 「DJ 정부 사회복지정책의 평가: 탈빈곤과 재분배의 관점에서」, 『경제와 사회』 55.

_____, 2003. 「차별과 배제의 복지정책과 담론」, 이영환 편, 『통합과 배제의 사회정책과 담론』, 함께읽는책.

_____, 2005a. 「사회복지운동의 전개과정」, 이영환 편, 『한국의 사회복지운동』, 인간과 복지.

_____, 2005b. 「참여와 통합의 성숙한 복지사회」, 『참여정부 2년 평가와 3년 전망 심포지움 자료집』, 대통령자문정책기획위원회.

이영환 · 김영순, 2001. 「사회복지발달의 계급정치」, 이영환 편, 『한국시민사회의 변동과 사회문제』, 나눔의집.

이태수 외, 2003. 『복지와 경제의 선순환관계 연구』, 보건복지부.

장기성, 2003. 「한국의 최저생계비 계측조사연구에 대한 비판적 고찰」, 성공회대학교 석사논문(미간행).

정이환·이병훈·정건화·김연명, 2003. 『노동시장 유연화와 노동복지』, 인간과 복지.

조영훈, 2001. 「유교주의, 보수주의, 혹은 자유주의? 한국의 복지유형 검토」, 한국사회학회, 『한국사회학』 35-6.

조희연, 2004. 「세계화·민주화 속에서의 대안레짐에 대한 탐색」, 미발표 원고.

최장집, 2005. 「사회적 시민권 없는 한국 민주주의」, 최장집 편, 『노동의 위기』, 후마니타스.

피서르·헤이머레이크, 최낭호·최연우 역, 2003. 『네덜란드의 기적』, 뜨님.

허선, 2004. 「체험을 통해 나타난 최저생계비의 쟁점과 과제」, 참여연대사회복지위원회, 『최저생계비의 현실과 적정화방안 토론회 자료집』(2004. 8. 31).

허선·남찬섭, 2005. 「한국사회 빈곤대책의 개선방향, 빈곤문제해결 어떻게 할 것인가」, 『참여연대 토론회 자료집』.

Esping-Andersen, G.(ed.), 1996. Welfare States in Transition-National Adaptation in Global Economics. Sage Publications, 한국사회복지학연구회 역(1999), 『변화하는 복지국가』, 인간과 복지.

Esping-Andersen, G. 1990. The Three Worlds of Welfare Capitalism. Cambridge: Polity Press.

_____. 1999. Social Foundations of Postindustrial Economies. NY: Oxford Univ. Press.

Esping-Andersen, G., Gallie, D., Hemrijck, A., & Myles, J. 2002. Why We Need a New Welfare State. Oxford University Press.

Hall and Soskice(eds.), 2001. Varieties of Capitalism. Oxford Univ. Press.

Iversen & Wren, 1998. "Equality, Employment and Budgetary Restraint: The Trilemma of the Service Economy", World Politics, vol. 50, No. 4, 507-546.

Myles, J. 2002. "A New Social Contract for the Elderly?", Esping-Andersen, G., Gallie, D., Hemrijck, A., & Myles, J. Why We Need a New Welfare State, Oxford Univ. Press.

Piersen, P.(ed.), 2001. The New Politics of the Welfare State, Oxford Univ. Press.

Rhodes, 2001. "The Political Economy of Social Pacts: 'Competitive Corporatism' and European Welfare Reform" Piersen, P.(ed.), The New Politics of the Welfare State, Oxford Univ. Press.

제6장
여성노동권의 재개념화에 따른 대안적인 복지체제 모색

강남식

1. 문제제기

한국에서는 IMF 경제위기 이후 신자유주의 세계경제 질서의 확산과 그에 따른 기업의 고용 전략에 의해 노동의 유연화가 급속하게 이루어지고 있다. 그 결과 한국에서도 비정규직 노동자가 전체노동자의 절반 이상을 차지하게 되었다. 특히 IMF 이후 성별기준에 의해 여성들이 우선적으로 구조 조정의 대상이 되면서 2003년 8월, 여성노동자 가운데 임시, 일용직 비율은 70.2%였듯이 여성의 고용불안정이 날로 심각해지고 있다. 이와 같은 고용상태의 불안정성은 성별 임금격차로 이어지고 있다. 고용 형태별 임금차이를 보면, 남성 정규직 월평균 임금을 100으로 할 때 여성 정규직은 72, 남성 비정규직은 52, 여성 비정규직은 38에 불과하였다(통계청, 2003).[1] 아울러 경제활동 참여율도 저조해 2003년 한국 여성의 경제활동 참여율은 48.9%로 OECD 국가 중 최하위이다.

IMF 이후 여성의 경제활동 참여율은 일시적으로 감소되었으나 곧바로 남성에

---

1) 2002년 성별임금격차는 63.2%로, 이를 기준으로 한다면 정규직 간의 성별 임금격차는 줄어들고 있지만, 여성의 비정규직화 속도를 고려하면 여성빈곤이 심화되고 있음은 자명한 일이다. 앞으로 이러한 격차는 더욱 확대될 추세이며, 간접적인 부가급여 등을 포함할 경우, 격차는 더욱 커질 것이다. 아울러 여성노동자의 조직율도 1987년 11.1%였으나 1997년에 5.6%로 감소되었는데, 남성은 같은 기간에 15.3%에서 14.9%로 큰 변화가 없는 것과 대비된다.

비해 빠른 속도로 증가하여 노동의 여성화 현상으로까지 진단되기도 했다. 그러나 최근 1~2년의 흐름을 보면 노동시장의 양극화가 심화됨으로써 여성 고용불안정은 확대되고 여성의 경제활동참여율은 기대만큼 증가하고 있지 않다. 이러한 현상은 소득 1만 달러 이상 국가의 여성 경제활동 참여율이 GDP 증가율과 정비례하고 있는 외국의 추이와도 다른 것이다.

한국 여성의 경제활동 참여율이 낮은 요인에 대한 분석을 보면, 성별화된 노동시장구조와 함께 직장과 가정생활을 병행하기 어렵기 때문인 것으로 분석되고 있다(장지연, 2004; 한국여성노동자회협의회, 2004). 특히 육아의 부담은 여성 취업에서 최대 장애요인으로 작용하고 있는 것으로 나타난다.[2]

서구 자본주의 국가의 경우 신자유주의적 질서가 강화되는 상황에서 여성의 경제활동 참여율이 60~70%를 상회하여 가계소득을 남녀 모두가 책임지는 방향으로 나아가고 있고, 그에 부응하는 노동 및 가족 정책이 모색되어 왔다.[3] 복지국가체제에 관한 대표적인 연구자인 에스핑 앤더슨(Esping Andersen) 역시 미래 복지국가는 어떻게 여성의 경제활동이 가족 형성과 조화를 이루냐에 달려있으므로, 앞으로의 사회발전은 여성이 취업, 경제활동과 출산·육아를 병행할 수 있는 사회정책을 어떻게 만들어 가는가에 있다고 분석하고 있다(Andersen, 1990).

그러나 현재 한국에서는 여성의 저조한 경제활동 참가율이 전체 경제성장에 걸림돌이 된다며, 국가 장기발전전략의 일환으로 여성, 특히 고학력 여성들의 경제활동 참여율을 높이는 정책이 필요하다는 인식이 제기된 정도이다(국정과제회의보고자료, 2004). 아직은 여성들이 직장과 가정을 병행할 수 있는 노동 및 가족 정책

---

2) 실제 이는 지난 10여 년 간의 통계조사에서도 일관되게 나타나는데 '성, 교육정도 및 연령별 여성취업 장애 요인에 관한 견해'에 대한 조사결과에 의하면, 1995년에는 '육아, 가사부담'이 54.6%, '사회적 편견' 24.8%, '승진 및 근로여건' 9.9% 였고, 2002년에는 '육아, 가사부담' 50.3%, '사회적 편견' 21.7%, '승진 및 근로여건' 13.2% 등으로, 지난 7년 간 급격한 경제위기 및 사회변화가 있었음에도 여성 취업장애 요인은 거의 변화가 없으며, 여전히 '육아(41.1%), 가사부담(9.2%)'이 50%를 넘고 있다(한국여성개발원, 2005).
3) 임시직에 종사하는 여성 비율이 높은 국가에서도 비정규직 여성노동자들의 직업만족도는 한국과 다르다. 유럽의 경우 EU 평균 파트타임 비율은 2000년 17.7%이고 파트타임 여성종사자 중 82%가 상용직이며, 파트타임 취업 이유도 59.5%가 풀타임 일자리를 원하지 않아서이다. 아울러 상용직 종사자와 비교한 임시직 노동자의 직업만족도는 93.9%(임금만족도 91.6%, 고용안정만족도 70.5%, 노동조건만족도 99.0%)로 한국과 많은 차이가 있다(최상림, 2004).

을 제시하지 못하고 있고, 결과적으로 OECD 국가 중 여성의 경제활동 참여율은 가장 낮으면서도 출산율은 세계 최저 상태를 나타내고 있다.

여성의 경제활동과 출산율은 대체로 반비례하는 관계로 알려져 있으나(Becker, 1965; Schultz, 1974), 국가 간 비교를 보면 경제활동과 출산율이 상호 대체하는 정도는 각 사회가 제공하는 경제활동의 기회와 양육지원의 체계에 따라 다르다. 한국을 위시해 스페인, 이탈리아 등은 출산율과 여성의 경제활동비율이 모두 낮은 국가군에 속하는 반면, 북구나 서구의 경우 출산율과 경제활동 참가율이 모두 높은 수준을 유지하는 국가군에 속한다(장지연, 2004).

한국에서 여성의 낮은 경제활동 참여율은 경제 및 사회발전에도 걸림돌이 되고 있고, 저출산으로 인한 급속한 고령화는 사회적 생산성을 저하시키고 안정적 재생산에 심각한 타격을 주어 미래사회에 격심한 세대갈등을 야기할 위험이 크다.[4] 그러나 이러한 상황은 무엇보다 여성의 이해와 배치된다. 실제 25 ~ 29세의 기혼여성 중 71.8%가 자녀양육 문제로 취업 장애를 경험하고 있으며(장혜경, 2004), 미혼 여성의 경우 결혼하지 않는 가장 중요한 요인으로 '자신의 일에 열중하기 위해'를 들고 있다.[5] 여성들은 결혼이나 자녀 유무를 떠나 일(직장)을 하기를 희망하고 있다.

여성의 경제활동은 소득을 위해서든 자아실현을 위해서든 더 이상 선택의 문제가 아니다. 하지만 여전히 한국에서는 저출산 문제조차 여성의 책임으로 떠넘기면서 여성들에게 일과 자녀, 즉 가정과 직장을 택일하도록 강요하고 있다.[6] 여성들은

---

4) 2002년 노년부양비는 11.1로 생산가능 인구 9명이 1명의 노인을 부양하고 있으나, 2019년에는 동비가 20.2로 늘어나 5명이 1명의 노인을 부양해야 할 것으로 전망된다.

5) '미혼자들이 결혼계획이 없는 이유'에 대한 다중응답 결과를 보면, 여성의 경우 '나의 일에 열중하기 위해' 26.2%, '결혼해야 한다고 생각하지 않기 때문' 24.4%, '결혼할 수 있는 경제적 기반이 부족' 20.1% 순이고, 남성은 '결혼할 수 있는 경제적 기반의 부족' 35.7%, '나의 일에 더 열중하기 위해' 21.4%, '결혼해야 한다고 생각하지 않기 때문' 14.8% 순으로 성별 간의 차이를 보여주었다. 여성은 자아실현 의지가 강하게 작용하고 있는 반면, 남성은 부양자로서의 전통적인 의식이 강한 상태를 잘 나타내 주고 있다(여성부, 2004a). 올로프는, "여성이 경제활동을 한다는 것은 독립성을 제공하고, 결혼과 가부장적 가족 내에서 권력을 강화해 주기 때문에 많은 여성들이 소득수입이 보장되는 취업활동을 희망해 왔다"라고 한다(Orloff, 1993).

6) 미혼여성 중 64.9%가 결혼 후 자녀가 필요하다고 응답하고 있다. 그럼에도, 자녀를 낳지 않을 계획을 하는 가장 중요한 이유는 '부부 간의 애정으로 충분' 43.6%(미혼남성 41.6%), '경제적 부담' 38.1%(미혼남성 45.5%)로 미혼남녀들의 경우 고용불안이 결혼과 출산을 기피하게 하는 가장 중요한 요인으로 나타났다(여성부, 2004b).

노동자로서의 노동권과 부모로서의 권리가 상충되지 않고 양립되기를 희망하고 있다. 이는 노동과 가족 정책을 포함한 사회정책 패러다임의 근본적인 변화를 요구하는 것으로, 그러한 변화는 여성의 노동권 및 여성노동에 대한 재개념화에 기초하여 시작되어야 한다.

따라서 이글은 먼저 여성의 노동권에 대한 재개념화를 시도하고, 다음으로 직장과 가정 양립을 위한 여성노동정책을 발전시키기 위해 요구되는 대안적인 사회정책모델을 모색하고자 한다.

2. 노동권에 대한 여성주의적 접근

1) 인권으로서 여성 노동권[7]

여성노동에 대한 재개념화를 위해 먼저 기본적인 인권으로서 여성의 노동권을 살펴보도록 한다. 근대 이후 발전한 인권 개념은 크게 두 영역으로 구분할 수 있다. 첫째, 시민적 · 정치적 권리 영역 둘째, 경제적 · 사회적 권리 영역이다.[8] 이러한 구분은 이념적 경향에 따른 것으로, 전자는 자유주의에 근거하여 신분사회의 불평등을 해체시키면서 근대사회를 여는 데 기여한 자유와 평등 개념에 입각한 것으로 자유권 내지 시민권으로 범주화되고 있는 영역이다.[9] 반면 후자는 사회주의 이념에 의해 근대사회가 획득한 자유권의 내용들이 경제적인 불평등으로 인하여 허구

---

7) 이 절은 졸고 "여성인권으로 본 여성노동권과 여성노동정책"(『아시아여성연구』41권, 2002, 숙명여대) 제2장의 발췌임.
8) 근대적 인권은 이 두 가지 외에도 다원적 시민권 개념을 포괄한 영역을 개발하였는데, 이 개념은 20세기 후반 여성, 흑인, 장애자 등 새로운 다양한 세력들이 사회의 주력 계층으로 부각되면서 등장하였다. 새로 등장한 이들은 기존의 두 가지 인권 개념이 자신들을 제대로 포괄하거나 고려하고 있지 못하다고 비판하며 다원적 시민권 개념을 개발하였다(장미경, 2000). 이외에도 인권에 대한 세대론적인 구분이 존재하는데, 시민적, 정치적 권리를 가리켜 제1세대인권(first generation human rights)이라 하고, 경제적, 사회적, 문화적 권리는 제2세대 인권, 민족자결권, 평화에 대한 권리, 발전권 등 집단적 권리는 제3세대 인권이라고 부르기도 한다(이근관, 2002).
9) 이때 시민권은 기본적인 법적, 정치적 권리에 초점이 맞추어진 협의의 개념으로 볼 수 있다. 이후 이 개념 사용 시는 개념상의 혼란을 막기 위해 자유권으로 지칭한다.

화됨을 지적하면서 자유권의 실질화를 요구한 것으로 사회권으로 범주화되는 영역이다.

사회권은 근대시민사회의 발전 속에서 노동자들의 생존 권리를 보장하기 위한 개념으로 등장하였다.[10] 자유권이 근대사회에서 이미 생존의 물적 기초를 가진 사람들을 위한 권리라고 한다면, 사회권은 자유권보다 더 긴급한 생존의 물적 토대를 보장받는 권리이다. 따라서 사회권은 자유권 성립의 전제가 되면서, 다른 한편 자유권을 더욱 풍요롭게 만드는 측면이 있다(강경선, 2002). 즉 자유권이 개체의 독자성을 존중하고 그의 자유를 보장하는 것이라면, 사회권은 개체의 자유를 사회와 공동체 전체 차원에서 함께 보장하고자 하는 안전장치로서의 의미를 담고 있다. 이런 의미에서 사회권 보장은 전 세계 어느 나라에서도 아직 충분치 않다고 볼 수 있다. 자유권과 사회권을 다 같이 보장하고자 했던 서구 복지국가들에서조차 실질적으로 사회권 보장은 자유권 수준에 못 미치고 있는 현실이다. 그럼에도 사회권의 실현 정도는 곧 바로 자유권의 질적 보장의 수준을 결정한다. 이는 곧 자유권이 가지는 사회권적인 측면이 존재함을 의미하는 것이다. 따라서 모든 자유권이 실질적으로 보장되기 위한 조건으로 사회권의 보장을 전제할 수밖에 없다.

또한 사회권은 부르주아적 개인의 권리인 자유권 대신 노동자의 집단적 요구에 근거해 발전해 왔기 때문에, 집단적 권리 개념을 갖고 있다. 사회권은 우리가 살고 있는 이 사회를 사회적 연대(solidarity)를 구현하는 공동체로 파악한다(강경선, 2002). 개체는 자신의 자유와 권리 보장을 위해 국가와 사회에 일정한 급부를 요구할 수 있으며, 그에 부응하여 국가와 사회는 가능한 한 그러한 급부를 이행할 의무를 지게 된다는 것이다.

이러한 내용의 사회권이 국제규약에 명시되어 현실에 적용되기 시작한 것은 1919년 ILO창설과 더불어서이다.[11] ILO는 현재 우리가 사회권으로 이해하고 있

---

10) 마샬은 시민권이 역사적 시기에 따라 발전되어 왔다며, 18세기에는 시민적 권리(civil right)가, 19세기에는 정치적 권리(political right)가, 20세기에는 사회적 권리(social right)가 발전했다고 설명한다. 이때 마샬이 의미하는 시민적 권리는 언론, 사상, 신앙의 자유와 재산권, 계약의 자유를 뜻하고, 정치적 권리는 참정권과 피선거권 등을 의미하며, 사회적 권리는 최소한의 경제적 복지와 안전권에서부터 사회적 자산을 충분히 분배하고 사회의 통상적 기준에 따라 문명화된 삶을 누릴 권리를 의미한다(Marshall, 1964).

11) 박찬운은 이에 대해, "실제 사회권의 역사적 연원은 다양한 뿌리를 가지고 있어서 어떠한 역

는 광범위한 권리들에 대해 국제적인 최저기준을 설정하였다. 이후, 사회권이 본격적으로 적용되기 시작한 것은 1966년 국제인권조약에서 '경제적, 사회적 및 문화적 권리'라는 새로운 인권 범주를 명문화하여, 〈세계인권선언〉에 규정된 권리를 더욱 발전시켰기 때문이다. 사회권을 다룬 경제적·사회적·문화적 권리에 관한 국제협약(A협약)의 내용에는 남녀평등, 공공복지 및 사회보장권, 가족 및 어머니 보호, 건강권, 그리고 노동권 등이 포함되어 있다. 특히 노동권의 경우, A협약 제3부의 제6조 노동의 권리, 제7조 공정·유리 노동조건 향유권, 제8조 노동기본권 조항들에서 그 원칙과 방향을 제시하고 있다. 즉 제6조에서는 시민으로서 노동할 권리를 명시하고 있는데, 노동자는 스스로 일자리를 가질 권리가 있고, 그렇지 못할 경우 국가는 노동자에게 일자리를 확보해 주어야 한다는 것이다. 다음으로 제7조는 인간다운 조건에서 일할 권리를 명시하고 있다. 구체적으로 노동자는 자신과 그 가족의 평균적인 생활이 가능하도록 정당하고 적정한 임금을 받을 권리가 있으며, 안전하고 위생적인 작업조건과 함께 균등한 승진기회를 가져야 한다는 것이다. 제8조에서는 이상과 같은 노동자의 권리를 주장할 수 있도록 파업권을 포함한 노동기본권을 명시하고 있다. 아울러 제10조에는 유급 모성보호와 유해한 아동노동의 금지를 명시하고 있다.

한국 역시 이와 같은 국제규약에 근거하여 노동자의 기본적 권리를 보장하기 위해 헌법 제32조에 근로권을, 제33조에 노동3권—단결권, 단체교섭권, 단체행동권—보장에 관한 내용을 명시하고 있다. 이러한 노동자의 기본권을 구체화한 것으로 노동법이 있다. 이처럼 인권으로서 노동권은 사회권의 영역에 속하며, 국제규약과 한국 헌법을 통해 남성이든 여성이든 기본권으로 보장되고 있다.

사적 배경이 결정적으로 오늘날의 권리를 형성시켰는가는 논란의 여지가 있다고 한다. 철학적으로는 페인, 마르크스, 칸트, 롤스 등에 의해 심각히 문제제기 되었고, 정치적으로는 19세기 영국의 페이비언주의자들과 독일의 비스마르크에 의해 정치적 프로그램으로 시도되었고, 이후 미국의 뉴딜정책으로 이어졌다. 헌법적 권리로서 등장한 것은 1917년 멕시코 헌법과 소비에트 헌법, 그리고 1919년 바이마르 공화국 헌법이라고 한다. 사회권에 있어서 획기적인 발전은 ILO라고 할 수 있을 것이다. 〔……〕 ILO는 현재 우리가 경제적·사회적 권리(사회권)로 이해하고 있는 광범위한 권리들에 대한 최저기준을 설정하였다.”라고 언급하였다(박찬운, 1999).

2) 여성주의 관점에서 여성노동권의 재개념화

(1) 여성주의 관점에서 여성인권 개념

여성주의 관점에서 여성의 노동권을 재개념화하려면 먼저 여성주의 관점에서 인권 개념을 정리할 필요가 있다.12) 여성주의적 관점의 인권 개념은 기존의 인권 개념이 남성 중심적이라는 여성주의자들의 비판 속에서 출발하여 그 내용이 구성되어 가고 있다.13) 따라서 아직 완성된 개념이라고 볼 수 없으며, 인권 논의 자체가 그러하듯이 여성 인권 개념도 권리를 누리는 당사자들의 노력에 의해 확장되어 갈 것이다.

현재, 여성주의자들에 의해 국제적으로 개념화된 여성 인권은 소극적 개념과 적극적 개념이 있다(심영희, 2001). 먼저 소극적 개념은 지금까지의 인권 논의가 공적 영역을 중심으로 했던 데 반해, 여성의 경험을 중시하여 사적 영역에서 발생하는 인권침해나 인권유린의 문제까지 포괄한다. 다른 한편, 적극적인 개념은 "여성의 권리는 곧 인권"임을 내세우면서, 기존의 인권 논의를 여성에게 확대 적용하는 것으로 만족하지 않고 여권 자체가 인권이라고 이해하는 것이다. 결국, 적극적 개념은 소극적 개념을 포괄하고 있다.

이상과 같이 여성인권 개념을 소극적, 적극적 개념으로 정리할 수 있다면, 여성 인권의 구체적 분야들은 크게 공적 영역과 사적 영역으로 나누어 볼 수 있다. 인권 이론에 대한 여성주의자들의 비판은 그동안 인권론자들이 공/사 영역을 이분화하고, 여성과 관련된 범주들을 무시하거나 누락시켜왔다는 점에서 시작된다. 근대적 인권 논의에서 가족과 여성 영역은 사적인 것으로 간주되어 공적 영역에서 배제되

---

12) 게어(Gaer)는 여성인권이 확립되기 위해서는 세 가지 법적 개념이 전제되어야 한다고 했다. 첫째, 국제법상 국가에 대한 권리를 가진 존재로서의 여성에 대한 인정, 둘째 법적 권리를 가진 존재로서의 여성에 대한 인정, 셋째 여성과 남성의 동등한 권리의 인정이다(Gaer, 1998).
13) 많은 여성주의자들은 기존의 근대적 인권 개념에 여성이 들어가 있지 않다며 인권 개념에 성(gender)을 결합시키고자 하는 노력들을 해왔다. 이러한 맥락에서 이리가라이는 〈세계인권선언〉의 남성중심성을 여성주의 시각에서 조목조목 지적하는 주장을 펼쳤다. 이 글은 학문적인 분석을 통한 결과물이라기보다 〈세계인권선언〉이 얼마나 남성중심적인 인권 개념에 근거하여 쓰여졌는가를 드러내는 에세이류의 글이다. 그럼에도, 이 글은 여성주의 시각에서 〈세계인권선언〉을 재해석했을 때, 그 내용에 여성의 인권이 얼마나 부재한지를 잘 드러내준다(이리가라이, 1995).

어 왔다는 것이다. 마샬은 근대사회가 공/사를 엄격히 구분하고, '공=남성영역, 사=여성영역'이라는 가정 하에서 지금까지 인권논의에서 여성을 배제해 왔다고 주장한다(Marshall, 1994). 이와 같은 상황을 악화시킨 것은 근대 이후 가족영역이 사적 영역으로 고정되면서 여성의 삶은 공적 영역과 정치 논의에서 배제되었기 때문이라는 것이다.

따라서 여성주의자들은 시민사회의 전통적 측면과 분리되는 것으로 가정되거나, 보여지는 가족 영역의 지위문제를 조명하면서 가족이 시민사회에서 분리된 것이 아니라 시민사회의 핵심에 위치한다고 보고 있다. 즉 이들은 가족을 중요시하면서 어떻게 가족생활이 정치적으로 조절되는지를 탐구해왔다. 또 이들은 가족이 어떻게 국가의 주요한 관심사가 되고 있으며, 결혼 및 섹슈얼리티와 관련된 법과 복지국가 정책을 통해 여성의 종속적 지위가 국가 권력에 의해 어떻게 가정되고 유지되고 있는지 드러낸다. 사회주의 여성주의자인 엘쉬테인은 '가족'의 중요성을 환기시키며, 인권개념은 어머니 또는 사적 영역 내의 여성의 경험 속에서 재개념화되어야 한다고 주장했다(Elshtain, 1983). 맥키넌 역시 인권 개념과 원칙이 여성의 경험에 근거하지 않기 때문에, 인권 이론과 실천에서 여성은 광범위하게 배제되어 있음을 강력히 비판한다(맥키넌, 1993). 맥키넌은 여성의 경험을 배제한 기존의 인권 담론과 개념의 문제점을 교정하기 위해서는 지금까지의 인권개념이나 규범체계의 기초를 이룬 형식적 평등 개념을 실질적 평등 개념, 즉 "인간의 존엄과 자격에 관한 단일한 기준 아래 뭔가를 구축함"을 거부하는 평등 개념으로 바꾸도록 촉구하고 있다(같은 글, 1993).

결국 여성주의자들의 입장은 공적 영역에 근거했던 인권 개념 및 분야가 사적 영역으로 여겨진 여성의 삶의 영역까지 포괄하여야 한다는 것이다. 따라서 인권 개념은 여성의 재생산과 신체에 대한 자율권까지 고려해야 한다는 주장이다. 특히 지금까지 인권 개념에서 남성과 신체적으로 다른 특질을 보이고 있는 여성들에 대한 신체적 폭력의 문제를 고려하지 못했다며 여성들에 대한 성희롱, 강간, 성매매 등 각종 성폭력에서 여성이 피해받지 않을 권리인 성적 자율권 개념이 고려되어야 한다는 것이다.

이상과 같은 논의에 비추어볼 때, 여성인권개념은 이전에 고려되지 않았던 여성

경험을 포괄하여, 자유권이나 단순한 경제적 차원뿐만 아니라 사회문화적 차원까지 포함할 수 있도록 확장된 틀 속에서 정립이 가능할 것이다. 이렇게 정립된 여성주의적 인권개념은 실질적인 남녀평등을 실현하는 데 기여할 수 있을 것이다.

(2) 여성인권으로서 여성노동권

이상과 같은 여성인권에 관한 개념 논의에 근거하여 여성노동권을 재개념화 해보도록 하자. 이를 위해서는 먼저 '무엇을 노동이라고 정의하는가', 더 나아가 '여성노동 개념에는 무엇이 포함되어야 하는가'라는 문제제기부터 시작되어야 한다.

이와 같은 문제제기는, 지금까지 노동 개념은 공적 영역의 교환가치를 갖는 이성 중심적인 노동을 초점으로 구성되어 왔기 때문에, 감정을 포괄하면서 주로 사적 영역인 가정에서 행해지고 있는 사용가치를 갖는 돌봄 노동은 노동으로서 평가받지 못한 데서 비롯된다(정고미라, 2000). 여성주의자들은 여성주의 관점에 의해 기존의 노동 개념이 비판되고 재해석됨으로써 여성의 가정 내 역할에 주목하며 감정노동 영역으로까지 노동 개념을 확장하고자 한다. 즉 여성주의 관점에 의하면 기존의 노동 개념은 서구 철학이 보여 주는 남성 중심성과 연관되며 '남성-이성/여성-감성'이라는 이분법 속에서 후자를 가치 절하시키는 관점에 기초하고 있다는 것이다. 이분화된 성역할의 현실 속에서 여성 역할의 대부분은 노동이라는 인간적·사회적 가치로 파악되지 않았다는 주장이다. 따라서 여성주의 노동 개념은 사적인 영역에서 주로 여성들이 무급으로 담당해 온 돌봄노동—가사, 육아, 그리고 수발 노동—을 포괄하여 재개념화 하고, 노동이 행해지는 사회적 관계들 속에서 그 의미를 구성해야 한다는 것이다.

이같은 노동의 재개념화와 시민권자로서의 여성노동권 개념을 바탕으로 공사 영역에서의 여성노동권을 살펴보자. 먼저 공적 영역에서의 여성노동권을 살펴보면, 소극적인 관점으로는 일할 기회에 동등하게 참여할 수 있는 법적·형식적 권리로서 모집, 배치, 승진, 임금 등(직장 내 성별분업, 임금차별, 성희롱 등)에서 차별받지 않을 권리를 의미한다. 다음으로 적극적 관점에서 보면, 실질적으로 평등한 조건에서 경제활동에 참여하고 능력을 발휘할 수 있는 권리로서, 구체적인 예를 들면 육아와 가사노동 등 돌봄노동의 사회화가 병행되어야 하는 노동권을 의미한다. 다음으로 사적 영역으로 여성노동권을 확장하여 살펴보면, 소극적인 관점에서는 돌봄노동을 선택하든 사회적 노동을 선택하든 자발적인 선택이 가능하여야 하며, 이때 여성은 자신이 선택한 노동의 성격으로 인해 가정과 사회에서 불평등한 지위에 놓여서는 안 된다. 적극적인 관점으로는 가정 내 가부장제의 억압과 성별분업으로부터 자유로울 권리가 있다. 특히 여성의 경우 사회적 노동의 참여 여부와 관계없이 진정한 선택으로써 혼인, 임신, 출산의 권리가 전적으로 보장되어야 하며, 돌봄노동에 대한 적절한 보상이 주어져야 한다.

국가는 재정적 자원을 보장하는 경제적 권리와 함께 출산, 육아, 건강 및 교육과 연계된 광범위한 사회적 권리를 보장하여야 한다. 여성이 임금노동이나 무급 돌봄노동 중 어느 것을 선택하더라도 이를 권리로 보장해 주어야 하고, 특히 여성의 출산 자유권이 실현되기 위해 국가는 어떠한 차별도 동반하지 않고 특별한 보호와 지원의 조치를 취하여야 한다. 선진국의 경우, 복지국가 유형에 따라 차이는 있지만 대체적인 흐름을 파악해 본다면, 직장과 가정 양립을 위한 여성노동정책의 일환으로 다음 3단계 전략을 모색하고 있다. 즉 여성노동정책은 '돌봄의 나눔' (caresharing)을 통해 '여성의 돌봄노동을 사회적으로 재분배'하고, '다리놓기' (bridging)에 의해 '가족과 직장 양립을 위한 가족생활의 영역과 직장생활의 영역을 연결'하며, '활성화'(activating)에 의해 '노동시장에서 능동화'를 이루어내는 방향이다(강남식 외, 2003). 여성주의자들은 여성노동정책이 caresharing - bridging - activating 전략의 패키지로 정책화될 경우, 돌봄 노동의 사회화를 내용으로 하는 여성노동정책은 결국 양성평등한 가족 정책의 발전, 더 나아가 사회정책의 패러다임의 변화까지 견인해 낼 것으로 기대하고 있다. 따라서 복지국가 유형화와 시민권 이론을 둘러싼 논의에서 돌봄노동은 핵심 쟁점이 되어왔다.[14]

3. 대안적 사회정책모델

---

14) 가장 치열한 논쟁은 돌봄노동에 대한 경제적 보상을 둘러싼 논의로, 경제적 보상을 해야 한다는 찬성의 입장과 성별분업의 강화를 막기 위해 반대하는 입장이 나뉘어지고, 다시 전자의 입장은 최소주의와 보편주의로 나누어진다(김혜경, 2004).

1) 복지국가 유형화에 대한 여성주의자 비판

여성주의자들은 정책연구에서 에스핑 앤더슨이나 코르피(Korpi) 등이 행한 권력자원에 입각한 주류 복지국가에 대한 연구가 몰(沒)성적(gender-blind)이라고 비판한다. 이들의 연구는 공/사 영역의 분리를 전제로, 공적 영역의 남성노동자 임금노동을 중심으로 연구함으로써 사적 영역의 가족과 여성의 역할에 대해서는 간과하였다는 것이다.

〈표 1〉 에스핑 앤더슨의 복지국가 유형 분류

구분	자유주의적 복지국가	조합주의적 복지국가	사민주의적 복지국가
주요 프로그램	공공부조와 사회보험	사회보험	기초연금을 기본으로 하는 보편적 사회보장제도
급여 단위	(결혼)가족	(결혼)가족	개인
급여 수혜 조건	자산조사	취업활동 및 사회보험 가입	시민권
급여와 서비스질	시장에서 행한 역할에 따라 차이가 있음	수평적 재분배: 사회적 지위의 차이 유지(보상원칙)	수직적 재분배
여성의 취업과 돌봄노동	무보수 돌봄노동, 높은 취업률 (대부분 불완전고용)	돌봄노동 담당자로서의 여성(복지국가의 자원), 노동시장에서의 성차별, 낮은 취업율	높은 취업률, 공공서비스 망을 통한 돌봄노동 부담 경감
탈상품화 수준	최소화: 사회적 위험 발생시 최소한의 수준을 보장하는 사회적 연결망	중간 수준	높은 수준
주요국가	미국, 캐나다, 영국, 호주	오스트리아, 프랑스, 독일, 이탈리아, 네덜란드	스웨덴, 덴마크, 노르웨이, 핀란드

출처: 박영란 외(2000)를 참조해서 재구성.

여성주의자들로부터 가장 비판의 대상이 된 복지국가 연구는, 시민권과 탈상품화의 개념을 통해 복지국가 체제를 유형화하고 사회정책의 모델을 구성해 낸 에스핑 앤더슨의 연구이다. 에스핑 앤더슨은 복지국가의 내용을 특징짓는 세 차원으로, 복지제공에서 국가-시장-가족 관계, 복지국가의 사회계층에 대한 영향, 그리고 탈상품화 정도를 제안하였다. 그는 세 차원에 근거하여 자유주의, 보수주의-조합주의, 그리고 사회민주주의라는 "복지 자본주의의 세 개의 체계"로 대표되는 복지국가 유형을 제시하였다.

그러나 여성주의자들은 권력자원의 분석틀에서 젠더는 존재하지 않으며, 복지국가 연구가 국가-시장-가족이라는 삼각체제를 통합했다고 하지만, 실제로는 국가-시장 관계에 집중하고 있다고 비판한다. 특히 복지국가 유형화의 핵심 개념인 탈상품화는 남성의 생활주기에 기초한 개념으로 공/사 영역 중 공적 영역에서의 남성들의 임금노동활동을 표준으로 삼아 몰성적이며, 사회권의 성별 차이를 모호하게 만든다는 것이다. 즉 탈상품화는 노동시장에 진출한 표준화된 노동자인 남성들의 생활양식에 기초하고 있으므로, 공/사 영역에서 모두 역할을 하고 있거나, 주로 가정 내에서 가사와 양육 등 돌봄노동을 전담하고 있는 여성들에 대해서는 제대로 설명하지 못한다는 것이다.

이로써 발생하는 문제점은, 첫째 국가나 시장을 통해서 제공되는 복지만 계산됨으로써 가족과 여성의 무급노동으로 제공되는 복지의 중요성을 간과한다는 점, 둘째 복지가 노동자로서 남성의 삶에 초점이 맞추어져 제공됨으로써, 아내와 어머니의 지위를 갖는 여성들이 복지수급권에서 불평등을 당하는 것이 잘 드러나지 않게 된다는 점, 셋째 탈상품화 논의는 임금노동에 기반한 것으로, 공/사 영역에서 이중 역할을 하거나 가정에서 무급 돌봄노동을 전담하고 있는 여성의 권리에 대한 분석틀로 적절치 않다는 것이다.

따라서 여성주의자들은 젠더관계에 대한 국가의 영향력을 제대로 평가하기 위해서는 권력자원 분석의 세 차원 이외에 새로운 두 가지가 부가되어야 한다고 주장한다(Orloff, 1993). 하나는 여성의 유급노동에 대한 접근에 관한 것으로, 특히 기혼여성들이 고용과 경제적, 정치적 권력을 확보할 수 있는가에 대한 것이다. 다른 하나는 여성들이 독자적인 가구를 형성, 유지할 수 있는 능력에 대한 것으로, 여성들이 경제적 필요 때문에 결혼하거나 불행한 결혼을 유지하는 강제적인 상황에서 자유로울 수 있는가의 여부이다. 이 논의는 결국 사회권의 재개념화, 즉 돌봄노동을 포괄한 노동권의 재개념화를 통한 수급권 획득의 문제로 초점이 맞추어진 복지국가 모색으로 모아진다.

2) 여성주의적 복지국가모델 모색

복지국가에 대한 여성주의적 접근은 복지국가의 비교와 사회정책의 분석에서 젠더를 결합시켜 남녀의 사회권에 대한 새로운 분석을 한다. 이러한 분석에서는 기존의 복지국가 유형화에서는 잘 고려되지 않았던 새로운 차원이 개입된다. 즉 공/사의 상호 연관성과 복지 제공의 공/사 결합에 주의를 기울이는 것이다.

대표적으로 세인즈베리는 공/사 영역 간의 경계, 가족 이데올로기의 유형과 사회정책에 대한 영향, 가족 내 성별노동 분화를 강화하는 다른 정책의 영향, 여성노동의 유·무급 정도, 그리고 돌봄 노동의 수급권 등을 분석하였다. 이러한 분석 기준으로 복지국가의 사회정책을 부양자(breadwinner) 모델과 개인적(individual) 모델로 유형화하였다(표 2 참조).15)

〈표 2〉 사회정책의 부양자 모델과 개인적 모델

차원	부양자 모델	개인적 모델
가족 이데올로기	엄격한 성별노동분화 (남편=소득, 아내=보호)	역할공유 (남편=소득/보호 아내=소득/보호)
수급권	부부 간 차이 있음	부부 간 동일함
수급권의 근거	부양자	기타
복지 혜택 수여자	가장	개인
복지 기여 단위	가구 또는 가족	개인
조세	부부 공동 조세 :피부양자 공제	부부 분리조세 :동일한 조세 감면
취업 및 임금 정책	남성에게 우위	양성에게 동일함
돌봄의 영역	사적	공적(강력한 국가 개입)
돌봄의 업무	무급	복지수급에 기여
주요 국가	독일, 영국, 아일랜드 등	스웨덴, 핀란드 등

출처: Sainsbury, D., 1994.

---

15) 세인즈베리 이외에 제인 루이스와 일로나 오스트너는 부양자 모델의 특성에 따른 일반화된 국가유형을 제안하여, 복지국가를 강한 남성부양자 모델(영국, 독일, 네델란드), 온건한 남성부양자 모델(프랑스), 약한 남성부양자 모델(스웨덴,덴마크)로 구분하기도 했다(Lewis, J. & Ostner, I., 1991; Lewis, J., 1992).

부양자 모델에서 가족 이데올로기는 남녀의 전통적인 성별분업에 기초한 '부양자 남편/의존자 아내'라는 전통적인 가족 유지를 중시한다. 남편은 가장으로 전일제 고용에 종사함으로써 아내와 자녀들을 경제적으로 부양할 의무를 갖고, 아내는 가정을 꾸리며 가족을 돌보는 것이다. 이러한 성별분업은 노동 규칙이나 가족법, 조세 체계 등에 명문화되어 있고, 일상의 생활양식을 형성한다. 복지 혜택의 단위는 가족이며 최저 임금과 보수는 가족 임금의 개념을 반영한다. 남편과 아내는 다른 권리를 가지며 복지 수여의 자격은 부양자 지위와 가족 유지에 기반을 둔다. 따라서 대부분 아내의 권리는 그 가족과 남편의 수급권 내에서 피부양자의 지위에서 발생하는 것으로, 기혼여성은 개인적 수급권이 없다. 노동시장정책에서도 남성의 취업과 소득에 우선권이 주어지고 공/사 영역의 경계는 엄격히 강요되며 보호와 재생산 등 돌봄노동은 사적 영역에 속하여 무급노동이 된다.

반면 개인적 모델에서 가족이데올로기는 남편과 아내가 각각 자신의 소득유지에 책임이 있으며, 재정과 자녀의 보호를 공유한다. 복지의 혜택, 기여 및 조세의 단위는 개인이고 피부양자에 대한 공제나 수당이 없다. 노동시장정책은 남녀 모두를 대상으로 하며, 공/사 경계는 유동적이다. 즉 재생산 영역의 많은 일들이 공적 영역에서 행해지고 있고 가정에서 행해지는 돌봄 노동은 사회보장체제에서 수급권을 받을 수 있는 근거로 사용된다. 돌봄 노동 제공자는 유급 노동의 피부양자가 아니라 돌봄 활동에 기초한 수급권을 가진다.

여성주의자들은 돌봄 노동에 대한 급여가 현금급여냐 공적서비스냐에 따라 정책적 결과가 달라지는 것으로 분석한다. 현금 급여의 경우에는 세인즈베리가 제기했듯이, 여성의 양육자 역할에 기초한 현금급여가 단기적으로는 피부양자인 사회보험 층 내 여성의 불완전한 지위를 상쇄하고, 남편에 대한 사적 의존과 공공부조에 대한 공적 의존을 약화시키는 탈가족화 측면이 있다. 또한 루이스가 주장하였듯이 전업 양육자가 남편의 소득에 의존하지 않고 결혼관계 내에서 재정적 자율성을 획득하게 할 잠재적 가능성도 있다. 그러나 현금급여 방식은 '남성=고용연계 급여', '여성=돌봄연계 급여'로 수급자를 이원화시킴으로써 전통적인 성별분업을 강화하고 성평등의 잠재력을 약화시킬 가능성이 있다는 비판이 제기되고 있다(마경희, 2005).

반면 공적서비스와 유급 노동자의 돌봄 역할 인식에 기초한 다양한 급여는 돌봄 제공자를 유급 노동자의 자격으로 복지 수급권에 접근하도록 한다. 이 방식은 여성의 노동시장 참여를 장려하고 개인화된 급여에 대한 접근을 가능케 한다. 이에 여성주의자들은 전략적으로 이 방식을 선호하고 있다. 그러나 이 방식 역시 노동시장 자체의 성별화된 속성이 급여수준에 반영되어 차별적인 결과를 가져올 수 있고, 돌봄의 역할을 부모 모두에게 분배하기 위한 조치들이 병행되지 않을 때 기존의 성별분업이 재생산될 가능성이 있다.

이와 같은 사회정책의 '부양자 대 개인적' 모델은 가족이나 부부를 복지단위로 삼는 것에 대해 문제를 제기하고, 복지제도에 의한 가족 내 경제적 의존관계에 대해 관심을 불러일으켰다. 그러나 '부양자 대 개인적' 모델은 가족 이데올로기를 지나치게 단순화하여, 21세기에 나타나는 다양한 가족 구성 요건에 따라 복지 수급권의 근거나 복지 혜택의 수여 단위가 다를 수 있음을 간과하고 있다. 뿐만 아니라 많은 국가에서 남성부양자 모델을 택하고 있음에도, 순수한 남성부양자 모델이 존재할 수 있는가 하는 의문도 제기된다. 예를 들어 전형적인 남성부양자 모델로 분류되는 독일, 영국과 아일랜드의 경우, 영국의 여성 경제활동 참가율은 높은 편이나 독일이나 아일랜드는 낮은 편이다.

결국 이상과 같은 기존의 서구복지국가 중심의 복지국가론 및 그 비판에 대한 이론들이 드러내는 한계가 시사하는 바는 전통적인 성별분업을 전제로 한 탈상품화와 제한적인 가족 구성에 기반한 복지체제, 그리고 무엇보다도 여성이 주로 전담하고 있는 무급 돌봄노동을 전제로 한 복지 패러다임으로는 21세기 지구 자본주의 시대에 새로이 등장하는 복지욕구에 대응하기 어렵다는 것이다.

프레이저(Fraser, 2000)가 주장하였듯이 미래의 대안은 부양자나 개인적 모델이 아닌 보편적 양육자(universal caregiver) 모델로써, 돌봄의 가치를 중심으로 한 여성들의 삶의 방식을 토대로 사회를 재조직해야 하는 것일지도 모른다. 이제 대안적인 복지국가에 대한 논의는 돌봄노동을 키워드로 삼아 젠더 구조를 해체하는 급진적인 도전에 부응하는 새로운 복지 패러다임의 모색 하에서 가능할 것으로 여겨진다.

4. 맺음말

이 글은 직장과 가정 양립을 위한 여성노동정책을 발전시킬 수 있는 대안적인 사회정책 모델을 모색하기 위한 것이었다. 이를 위해 먼저, 여성이 주로 담당해 온 돌봄노동을 포괄한 노동권의 재개념화를 통해 사회권을 확장시킴으로써 돌봄노동 제공자의 권리 확대를 모색했다. 이에 기반하여 모색된 여성주의적인 복지체제를 위한 노동시장정책은, 남녀 모두를 대상으로 하면서 이들이 실질적으로 평등한 조건에서 경제활동에 참여하고 능력을 발휘할 수 있는 권리를 갖도록, 공/사 경계는 유동적이면서도 직장과 가정 양립을 위한 것이었다. 이와 같은 노동시장정책을 보장하기 위한 복지모델은 기본적으로 여성이든 남성이든 간에 성별분업과 가부장제의 억압으로부터 자유로울 수 있는 정책 지향점을 가져야 한다. 즉 성별을 떠나 임금노동이든 돌봄노동이든 자발적인 선택이 가능해야 하며, 이 때 선택된 노동의 성격으로 인해 가정과 사회에서 불평등을 당하지 않아야 한다. 특히 여성들에게는 혼인, 임신, 출산의 권리가 전적으로 보장되어야 하며, 출산 자유권이 실현되도록 차별을 동반하지 않는 특별한 보호와 지원이 이루어져야 한다.

결국 대안적인 복지체제는 국가와 사회가 돌봄의 책임성을 강화시켜가면서 성별을 떠나 돌봄의 주체가 됨으로써, 성별분업과 이에 기반한 공/사 영역 분리, 더 나아가 직장이나 가정을 선택해야 하는 문제가 제기되지 않아야 한다.

이와 같은 복지체제의 구현은 결국 공/사 영역 분리에 기초한 주류 복지제도의 몰성성(gender-blindness)을 비판하고 젠더를 복지국가 구조를 형성하는 주요 원리로 통합해 가면서 이루어질 것이라고 기대한다.

참고문헌

강남식 외, 2003.『보육정책의 새로운 관점 정립 및 개선 방안 연구』, 여성부.

강남식, 2003. 「여성노동정책과 담론 분석: 성별화된 노동시장과 모성보호정책을 중심 으로」, 이영환 편,『통합과 배제의 사회정책과 담론』, 함께읽는책.

그리스도 철학연구소 편, 1995.『현대사회와 정의』, 철학과 현실사.

김혜경, 2004. 「보살핌 노동의 정책화를 둘러싼 여성주의적 쟁점: 경제적 보상을 중심으 로」,『한국여성학』20-2, 한국여성학회.

마경희, 2005. 「사회권으로서 돌봄의 제도화를 위한 대안적 패러다임의 모색」,『여성과 사회』16, (사)한국여성연구소.

박영란 외, 2000.『외국의 여성복지서비스에 관한 연구』, 한국여성개발원.

박찬운, 1999.『국제인권법』, 한울.

신인령, 1996.『노동인권과 노동법』, 녹두.

심영희, 2001. 「여성의 인권: 성적 자기결정권을 중심으로」, 한상진 편(2001),『현대사회 와 인권』, 나남.

여성부, 2004a.『<전국가족조사>에 따른 한국가족의 현실과 정책 전망』

＿＿＿, 2004b.『한국여성정책의 뉴 패러다임 정립』

유네스코한국위원회 엮음, 1995.『인권이란 무엇인가』, 오름.

이근관, 2002. 「아시아적 가치와 인권 - 인권의 보편적 명제에 대한 비판적 검토」,『동아 시아 인권에 대한 새로운 탐색』, 성공회대학교 인권평화센터 제4회 학술심포지 움 자료집.

이리가라이, 1995. 「성적 차이와 <세계인권선언> 비판」, 윤소영(1995),『마르크스주 의의 전화와 '인권의 정치'』, 문화과학사.

이봉철, 2001.『현대인권사상』, 아카넷.

이혜경 외, 1999.『보건복지 여성정책의 중장기계획 수립』, 보건복지부.

장미경, 2000. 「'시민권의 정치'와 여성노동운동(1987-1999)에 관한 사회학적 연구」, 연 세대학교 사회학과 대학원 박사학위논문.

장지연, 2004. 「일, 가족양립(재가-family balancing) 정책의 방향」,『한국여성단체연합 워크숍 자료집』.

정고미라, 2000. 「노동개념 새로 보기: 감정 노동의 이해를 위한 시론」, 조순경 엮음,『노 동과 페미니즘』, 이화여대출판사.

캐더린 맥키넌, 1993. 「전쟁시의 범죄. 평화시의 범죄」, 스티븐 슈트·수잔 헐리 편, 민주주의법학연구회 역(2000), 『현대사상과 인권』On Human Rights, 사람생각.
캐롤린 모저, 장미경 외 역, 2000. 『여성정책의 이론과 실천』, 문원출판.
테레사 쿨라빅 외, 한국여성정책연구회 역, 2000. 『복지국가와 여성정책』, 새물결.
한국여성개발원, 2005. 『2004 여성통계연보』

Buvinic, M. 1983. "Women's issues in Third World poverty: A policy analysis", Buvinic, M., Lycette, A., & McGreevy, W. P., Women and Poverty in the Third World. Johns Hopkins Univ. Baltimore.

Elshtain, J. B. 1983. Public Man, Private Woman: Women in Social Political Thoughts. Prinston Univ. Press.

Esping-Andersen, G.(ed), 1998, Welfare States in Transition: National, Adaptations in Global Economies. Sage.

Esping-Andersen, G. 1990. Three Worlds of Welfare Capitalism. Polity Press.

Fraser, N. 2000. "After the Family Wage: A Postindustrial Thought Experience". Hoboson, B.(ed), Gender and Citizenship in Transition. New York: Routledge.

Gaer, F. D. 1998. "And Never the Twain Shall Meet? The Struggle to Establish Women's Rights as International Human Rights", Lockwood, Magraw, Spring, & Strong(ed)., The International Human Rights of Women. American Bar Association.

Lewis, J., & Ostner, I. 1991. "Gender and the Evolution of European Social Policies", Paper Presented at CES Workshop on Emergent Supranational Social Policy: The EC's Social Dimension in Comparative Perspective. Center for European Studies. Harvard Univ.

Lewis, J. 1992. "Gender and the Development of Welfare Regimes", Journal of European Social Policy, 3.

Marshall, B. L. 1994. "Gender Politics: Regulation and Resistance", Engendering Modernity: Feminism, Social Theory and Social Change. Polity Press.

Marshall, T. H. 1964. "Citizenship and Social Class", Brayn S. T., & Peter H.(eds), 1994. Citizenship: Critical Concepts. London and New York.

Orloff, A. S. 1993. "Gender and the Social Rights of Citizenship: The Comparative Analysis of Gender Relations and Welfare States", American Sociological Review, June: 303-328.

Sainsbury, D.(ed), 1994. Gendering Welfare States. Sage.

Tilly, C. 1996. Citizenship Identity and Social History. Cambridge Univ. Press. .

Whitehead, A. 1979. "Gender-aware planning in agricultural production", Gender and

Third World Development. Module 7. Institute of Development Studies. Brighton.

제7장
한국의 빈곤문제, 대안전략의 모색

정원오

1. 빈곤의 담론

빈곤은 가난한 상태이다. 필요한 자원이 결핍된 상태이다. 자원이 결핍되어 보편적인 사회구성원으로서 요구되는 사회적 행위에 참여할 기회가 박탈된 상태이다. 사회에는 자원이 불평등하게 배분되는 경향이 있고, 불평등의 극단에는 빈곤이 존재한다. 그러나 어디까지가 불평등의 극단이며, 어떤 상태가 구체적으로 빈곤한 상태인가? 학자, 사회운동가 그리고 정치가들을 포함하여 많은 사람들이 빈곤문제에 관하여 이야기할 때, 그들의 토론의 기저에는 모두가 동의하는 개념규정이 존재할 것으로 가정한다. 그러나 우리가 항상 경험하듯이 빈곤문제가 도대체 무엇인지에 대해 그들 모두의 의견은 반드시 일치하는 것이 아니다. 물론 대부분의 사람들은 빈곤에 대한 그들의 이해가 논리적 토론을 통해, 혹은 과학적 조사에 기초하여 객관적이라고 주장한다. 그러나 정확하고 과학적이며 의견이 일치하는 객관적 빈곤 개념이 진정 존재하기는 하는 것인가?

빈곤은 단순히 불평등한 어떤 상태가 아니다. 빈곤은 참을 수 없는, 특정 사회가 특정 시점에서 허용할 수 없다고 규정하는 불평등한 상태이다. 그러므로 빈곤은 불평등과 같은 기술적(descriptive) 개념이 아니라 규정되는(prescriptive) 개념이다.

아마도 객관적 빈곤이 존재한다면, 특정 사회에서 그리고 특정 시점에서 다수가 합의하고 있는 것처럼 보이는, 다수가 합의하는 것처럼 가장된 어떤 결핍된 상태를 의미할 것이다. 그래서 '빈곤'과 관련된 토론은 본질적으로 담론 투쟁적 성격을 지닐 수밖에 없다.

빈곤을 객관화 하려는 노력은 수많은 학자들에 의해 시도되었지만, 초기의 대표적 시도는 라운트리(Rowntree, 1901)로부터 찾을 수 있을 것 같다. 그는 빈곤을 일차적 빈곤(primary poverty)과 이차적 빈곤(secondary poverty)으로 구분하고, 누구나 인정할 수 있는 빈곤 상태를 육체적 효율성의 유지라는 개념에서 출발한다. 육체적 효율성을 유지할 수 없는 일차적 빈곤은 객관적 빈곤이며, 이는 그 사회의 누구나 인정할 수 없는, 허용할 수 없는, 그래서 해결해야 하는 자원의 결핍상태로 규정했다. 그는 또한 이러한 자원의 결핍상태를 화폐단위로 치환하는 데 성공함으로써, 수치로 위장된 빈곤 담론이 객관적 빈곤 개념의 지위를 성공적으로 획득한다. 비록, 그가 제시한 빈곤수준에 육체적 효율성과 전혀 관련 없는 차(tea) 구입 가격이 포함되었음에도 불구하고, 그 이하로 떨어져서는 안 된다는 절대적 빈곤수준을 제시하였다는 데 의혹을 제기하는 사람은 드물었다. 그의 빈곤에 관한 연구는 1936년과 1951년 두 차례나 더 지속되었으며, 후속 연구에서 그가 설정한 빈곤 기준은 시기마다 달랐다. 예컨대, 1936년의 연구에서는 라디오와 신문 구독요금, 자녀와 기념일을 위한 선물 구입비용 등이 필수품에 포함되었다. 빈곤의 절대적 기준이 시시각각 변화했음에도 불구하고, 동일한 연구자가 시기에 따라 상이한 빈곤기준을 제시했음에도 불구하고, 그의 빈곤 담론은 정책형성 지형에서 지배력을 상실하지 않았다. 육체적 효율성을 유지하는 방식이 사회의 보편적 방식이 변화함에 따라 변화되어야 한다는 그의 주장은 '변치 않는' 절대적 빈곤 개념이 아니라 '변화'하는 절대적 빈곤이라는 묘한 빈곤 담론을 형성하는 데 적절한 것이었다.

라운트리의 빈곤 담론이 용도 폐기되는 것은 그 담론의 논리적 취약성보다는 정책지형의 변화에 따른 것이었다. 전후 복지국가의 출범은 라운트리의 빈곤기준에 입각한 것이었고, 절대적 빈곤 근절을 목표로 하는 각종 사회정책이 실시됨에 따라 해결하고자 하는 빈곤문제는 점차 사라져 갔다. 1950년대 라운트리의 빈곤연구에서 1930년대에 비해 영국의 빈곤은 성공적으로 줄어든 것으로 조사되었는데, 이는

1950년대의 절대빈곤수준을 1930년대에 비해 상향조정하였음에도 불구하고 그러하였다. 1950년대와 1960년대의 다수의 조사연구들은 공통적으로 절대적 빈곤의 감소를 보고하고 있다. 이러한 상황은 보수적인 정치인들에 의해 잘 활용되고 있는데, 1980년대 대처 수상 시기에 장관을 역임한 바 있는 무어(Moore, 1989)는 다음과 같은 주장을 전개하기도 한다. "영국에서 더 이상 빈곤문제는 없다. 기존의 빈곤은 기존의 사회정책에 의해 훌륭히 제거되었으며, 더 이상의 새로운 대책은 필요하지 않다." 이러한 주장은 역설적으로 새로운 빈곤 담론의 출현을 촉구하는 것이다.

여전히 빈곤은 존재하고 있고, 다수의 사람들이 빈곤하다고 느끼는 객관적 빈곤 상태가 있음에도 불구하고 절대적 빈곤 담론은 정책지형에서 담론투쟁의 지위를 상실하였다. 1979년 타운젠드(Townsend)의 빈곤연구는 변화하는 정책지형에서 적절한 빈곤 담론을 생산해 낸다. 그는 객관적 빈곤은 존재하며, 이는 상대적 박탈의 개념을 통해 일관성 있게 적용할 수 있다고 주장한다. 그에 의하면 빈곤은 사회구성원으로서 보편적으로 행위하도록 요구되는 사회적 행위에 참여할 수 있는 기회가 박탈된 상태이다. 빈곤은 단순히 물질적 자원의 결핍만을 의미하는 것은 아니며, 물질적 자원을 환산한 소득의 개념으로는 객관적 빈곤을 포착해 낼 수 없다. 좀 더 포괄적인 자원의 영역이 소득의 개념을 대체해야 하며, 단순한 '소비'의 차원을 넘어서, 개인의 행위와 레저, 직업 등이 조직화된 '생활양식'을 고려하는 다원적인 접근을 통해 객관적 빈곤은 포착될 수 있다는 것이다. 1970년대 영국의 빈곤은 라운트리의 절대적 빈곤 담론으로 포착되지 않는다. 타운젠드의 연구에 의하면, 1950년대, 1960년대에 지속된 경제성장과 생활수준의 향상, 사회정책을 통한 대응 등으로 기존의 절대적 빈곤수준 이하로 평가되는 사람들은 급속하게 줄어들었지만, 이들의 상대적 위치는 1930년대에 비해 나아지지 않았거나 오히려 더 나빠졌다는 것이다. 이들은 절대적 기준에 의하면 1930년대에 비해 점차로 나아졌지만, 여전히 자원의 결핍으로 인하여 일반적인 사회구성원들이 보편적으로 기대하는 사회적 행위에 참여할 수 없으며, 이러한 자원의 결핍은 곧 빈곤상태인 것이다.

타운젠드의 빈곤 담론은 담론의 전선을 절대적 담론에서 상대적 담론으로 이동시켰으며, 정책형성의 지형에서 일부 정치집단들이 상대적 빈곤 개념을 정책의 목표로 채택함으로써 지배적 담론의 지위를 획득한다. 예를 들어 노동당 정부에서 빈곤대책은 중위소득의 60% 수준을 빈곤선으로 설정하고, 이 수준 이하에 있는 사람들의 생활조건을 개선하는 데 정책의 목표를 두고 있다. 즉 빈곤에 대한 접근방식은 육체적 효율성을 유지하기 위해 필요한 자원의 절대적 수준이라는 측면에서부터 사회의 일반적인 생활수준과의 격차라는 측면으로 이동한 것이다. 그러면 사람들은 평균적인 생활수준에서 어느 정도 격차가 벌어졌을 때 빈곤이라고 느끼며, 해결을 촉구하게 되는가? 허용할 수 없는 빈곤이라고 규정되는 격차는 어느 수준에서 설정될 수 있는가? 이러한 문제는 여전히 개념적 과제로 남겨져 있지만, 상대적 박탈이 빈곤 현상의 본질이며, 이를 통해 객관적 빈곤을 포착할 수 있다는 담론이 먹혀드는 정치적 지형에서는, 개념의 논리적 한계가 상대적 빈곤 담론이 획득한 지배적 담론의 지위를 약화시키지 못하는 것 같다. 중요한 것은 해결되어야 할 문제들이 상대적 빈곤 담론에 의해서 포착되고, 사회구성원들의 다수가 이를 인정한다는 점이다. 물론 타운젠드는 그의 연구에서 상대적 박탈 개념에 입각하여 객관적 빈곤수준을 제시하고 있으며, 또한 상대적 빈곤 개념을 받아들이는 다수의 국가들에서 특정 시점에서 특정 빈곤수준이 제시되기는 한다. 예컨대 평균소득의 50% 수준, 혹은 중위소득의 50% 또는 60% 수준 등으로 설정된다. 특정 사회의 특정 시점에서 상대적 빈곤상태는 어떤 방식으로든 '규정'되는 것이다. 그런데 이 과정이 과학적이고 논리적이라기보다 '나름의 방식'으로 논거를 덧붙여 '주장'되는 것이다. '나름의 방식'으로 논거를 덧붙인다는 것은, 그 논거가 엄밀한 의미에서 논거로 간주될 수 없는 경우에도 '마치 논거인 듯' 제시된다는 뜻이다.

흥미로운 것은 우리가 하나의 정치적 정세를 대면할 때, 그 정세는 언제나 특정한 담론이 '먹혀들고 있는' 정세로 나타난다는 것이다. 여기서 중요한 문제는 두 가지이다. 그처럼 '먹혀들고 있는' 담론은 그 정세 속에서 당연한 것처럼 여겨진다는 것, 결코 의문이나 반성의 대상이 되지 않는다는 것이다. 또 한 가지의 문제는 그 '먹혀들고 있는' 담론이 거대한 '전통'에 의해 지탱되고 있다는 것이다(이종영, 2003). 우리가 빈곤문제에 직면하여, 무엇이 객관적 빈곤이며, 어떻게 이에 도달할 수 있는가와 같은 과학적 논의보다는, 빈곤의 담론에 관심을 집중하는 이유가 여기에 존재한다. 빈곤은 해결되어야 할 문제로 제기되고, 허용할 수 없는 상태라고 인정되고, 참을 수 없는 상태라고 규정될 때 비로소 그 의미를 획득하기 때문이다.

최근 우리사회는 불평등이 심화되고 있고 사회적 양극화 현상이 급속하게 진행되고 있다. 변화하는 정치적 정세와 이를 반영하는 정책형성의 지형들 속에서 한국의 빈곤문제를 적절히 포착할 수 있는 빈곤 담론은 무엇일까? 기존의 빈곤 담론이, 먹혀들고 있는 빈곤 담론이 해결해야 할 문제들을 적당히 덮고 지나가는 것이라면, 먹혀들 수 있는 담론 지형의 틈새를 포착하는 새로운 빈곤 담론 형성이 시급히 요구되는 시점이다. 새로운 빈곤 담론 찾기, 그 여정의 출발점에 우리사회는 위치해 있다.

2. 빈곤 양상의 변화

빈곤이라는 사회현상은 다른 모든 사회적 현상과 마찬가지로 사회적 구성물이다. 객관적 빈곤은 특정 사회가 특정 시점에서 제기하는 빈곤이며, 해결이 촉구되는 빈곤문제로 구성된다는 의미에서 사회적 구성물이다. 사회의 구조가 변화하고 사회구성원의 삶의 질과 생활양식(life style)이 변화함에 따라 제기되는 빈곤의 양상은 변화한다.

근대 한국은 매우 급속한 사회변화를 경험하였고, 이에 따라 빈곤의 양상도 매우 다이내믹하게 변화하였을 것으로 생각되지만, 이러한 양상을 간략하게 압축하여 표현하기는 쉽지 않다. 왜냐하면 빈곤은 빈곤한 삶과 생활양식을 의미하며, 삶의 질과 생활양식은 다차원적이어서 특징적 현상을 중심으로 한 하나의 빈곤양상으로 묘사하는 것은 기본적 한계를 지니기 때문이다.

포괄적이고 다차원적인 빈곤현상을 하나의 빈곤양상으로 묘사하는 작업은 과대단순화의 위험성이 있다. 그럼에도 불구하고 특정 시기의 특정 사회에는 고유한 빈곤양상이 존재하며, 이에 대한 정확한 규정은 적절한 빈곤대책을 모색하고 빈곤발생의 사회구조적 원인을 포착할 수 있게 한다는 점에서 의미를 지닌다.

필자는 한국에서 빈곤현상이 시기에 따라 변화해 왔으며, 이는 사회와 경제구조의 변화에 따른 필연적 결과라고 생각한다. 사회 · 경제적 구조의 변화에 따라 '제기되는' 빈곤문제는 상이할 수밖에 없으며, 제기되는 빈곤문제에 대한 적확한 포착은, 적절한 빈곤대책을 논의하는 출발선을 마련하는 것이다.

한국 빈곤의 양상은 크게 네 시기로 구분하여 살펴볼 수 있으며, 다음에서는 이러한 변화가 일어나는 사회구조적 요인과 빈곤의 양상을 구체적으로 살펴보기로 한다. 시기 구분은 일제 식민지 시대 이후부터 1960년대 초반까지, 1960년대 중반부터 1970년대 말까지, 1980년대 초반부터 1990년대 중반까지, 그리고 1990년대 중반 이후 현재까지로 구분된다.

일제 식민지 시대 이후 1960년대까지 한국에서 빈곤의 양상은 일부 계층의 빈곤문제가 아니라 사회전체의 절대적 빈곤 상태로 묘사된다. 이 시기 빈곤의 양상은 사회적 자원의 불평등한 배분과 이로 인한 일부 계층의 빈곤화 현상이라기보다는, 사회적 자원의 총체적 부족으로 인해 대부분의 사회구성원이 궁핍으로부터 벗어나지 못하는 상황으로 묘사된다.

1960년대 중반 이후 산업화가 본격적으로 진행되면서 빈곤문제는 점차 사회 전체의 빈곤에서 일부 계층의 빈곤문제로 전화되며, 불평등과 하층 노동자의 절대적 빈곤이라는 양상으로 나타난다. 1960년대와 1970년대의 빈곤은 농촌으로부터 도시로의 인구이동, 주거부족과 취업기회의 부족, 산업화 초기의 저임금과 열악한 노동환경, 이러한 환경 속에서 이주농민의 대부분이 도시빈민으로 전환되는 양상을 보여준다.

1980년대에 접어들면서 한국의 빈곤은 1970년대와 다른 양상으로 변화되는 모습을 보여주기 시작하는데, 도시빈민의 재생산구조가 고착화되면서 이주농민의 도시빈민화 현상은 점차 줄어들고 도시빈곤계층의 2세대가 도시빈민을 구성하는 비중이 증가하기 시작한다. 다른 한편, 산업화 초기의 극단적인 저임금과 노동환경의 문제가 점차 완화되면서 절대적 빈곤인구의 규모가 점차 감소하기 시작한다. 절대빈곤인구의 감소 경향은 1990년대 중반까지 지속되는 것으로 보인다.

1990년대 중반 이후 한국경제는 심각한 위기에 직면하였고, 국제 금융기관인 IMF로부터 긴급 지원을 받는 상황으로 이어졌다. 이후 한국경제는 고강도의 구조조정을 피하기 어려웠고, 이 과정은 1990년대 말을 거쳐 2000년대 중반인 현재까지 이어지고 있다. 1990년대 중반까지 지속된 생활수준의 향상, 절대빈곤의 감소 경향은 일시적으로 붕괴되었고, 구조조정과 기업의 도산 과정에서 발생한 대량실 업과 소득의 급속한 감소 등은 절대빈곤인구 규모를 다시 팽창시켰을 뿐만 아니라 이후 노동의 수량적 유연화 전략에 의존하는 경제구조 재편과정은 한국사회의 양 극화경향을 심화시키고 있다. 2000년대 한국사회는 절대빈곤인구가 줄어들지 않 는 상태에서, 다른 한편 사회전체적인 불평등은 심화되고 있고, 이에 따라 일을 하 고 있음에도 불구하고 빈곤한 상태로 느끼는 사회구성원의 규모가 점차 증가하고 있다. 소위 '신빈곤'이라는 용어가 사회적으로 설득력을 획득하고 있는데, 이는 한 국사회에서 빈곤의 양상이 점차 상대적 박탈과 상대적 빈곤 문제로 전환되고 있음 을 의미한다. 최근의 빈곤 양상은 대체로 육체적 효율성을 유지하기 어려운 절대적 빈곤의 문제보다는 보편적 사회구성원으로서 요구되는 사회적 활동에 참여할 수 있는 기회의 박탈이 점점 더 중요해지고 있다.

1) 일제 식민지 시대에서 한국전쟁 전후 시기: 사회 전체의 절대적 빈곤

한국에서 빈곤문제가 변화해온 역사적 과정은 한반도에서 민족의 삶이 시작된 시기까지 거슬러 올라가야겠지만, 대체로 근대적 의미의 빈곤문제는 일제 식민지 수탈과 이에 따른 한국경제의 해체로부터 논의를 시작하는 것이 일반적이다. 일제 의 식민지 수탈, 일제 침략전쟁의 병참기지화, 강제 징용으로의 동원, 일본의 패전 과 징용동포의 귀환 등의 일련의 역사적 과정은, 궁핍과 빈곤의 문제가 소수의 특정 집단의 문제일 수 없도록 한국사회 전체를 궁핍화시켜 대다수의 구성원들은 하루 하루의 생존이 힘겨운 절대적 빈곤의 기아선상에 이르게 되었다. 이러한 상황은 이 어지는 한국전쟁으로 더욱 악화되었다. 3년 간의 전쟁이 남긴 것은 잔존하던 산업 기반시설의 붕괴, 초토화된 국토, 젊은 남성의 사망과 성비의 불균형, 전쟁고아와 장애인, 해체된 가족, 절망과 분노, 궁핍과 빈곤 등이었다.

전후의 한국경제는 외국의 원조로 힘겹게 지탱되었고, 1960년대~1970년대 산업화와 경제개발정책은 전 국민의 절대 빈곤으로부터 탈출이 그 목표였다. 따라서 이 시기까지 한국에서 빈곤은 계층 간의 갈등이나 불평등의 문제, 또는 불평등의 참을 수 없는 한 극단으로서의 문제가 아니라 대다수 사회구성원의 궁핍의 문제였다. 이러한 점은 당시의 시점에 가장 근접하는 1965년의 빈곤인구를 추정한 자료를 통해 간접적으로 유추해 볼 수 있는데, 한국개발원(1981)의 연구에 의하면 당시의 빈곤인구를 41%로 추정하고 있다. 즉 1965년의 최저생계비를 도시 1인당 월 1,720원, 농촌 1,441원으로 설정하고, 이 최저생계비 이하의 인구를 도시 424만 명, 농촌 751만 명, 합계 1,175만 명으로 추정한 것이다. 이는 당시 인구의 약 41%로서, 인구의 거의 절반 정도가 최저생계비 이하 혹은 최저생계비 수준에서 크게 벗어나지 못하는 절대적 빈곤상태에 있었다는 점을 잘 보여주는 지표이다.

불평등과 빈곤이 연결되는 시기는 대체로 산업화가 어느 정도 진척되고, 해체된 농민들이 일자리를 찾아 도시의 공장으로 밀집하기 시작하는 1970년대로 보아야 할 것이다.

2) 산업화와 노동자의 빈곤문제(1960년대~1970년대): 불평등과 절대적 빈곤

1960년대 이후 산업화를 통한 경제성장정책은 농업 기반이 해체된 한국 경제를 공업 중심으로 재구축하는 계기가 되었으며, 사회전체의 궁핍을 벗어나는 탈출구가 되었다. 그러나 수출 중심의 급속한 산업화는 도시로의 인구 집중, 저임금과 불평등, 도시빈민의 출현이라는 새로운 사회문제를 등장시켰다. 이 시기에 대도시를 중심으로 폭발적인 인구증가가 이루어졌는데, 대표적 사례로 서울시의 경우, 그 인구가 1960년~1965년 사이에 연평균 증가율 6.5%, 1966년~1970년 사이에 9.4%라는 엄청난 속도로 늘어났다. 또한 1960년대 전반기 총인구 증가의 58%, 후반기 총인구 증가의 81%가 순 이입인구에 의해 이루어졌다(국토개발연구원, 1989). 농촌에서 도시로, 중소도시에서 대도시로 끊임없이 이동하는 격변의 한국사회의 한 단면을 잘 보여주는 수치이다.

당시 농촌으로부터 도시로 이동하는 농민들의 대부분은 영세 소농이거나 농지를 보유하지 못한 소작농들이었으며, 절대적 빈곤상태를 벗어나기 어려운 이들의 상황은 도시의 공장에 풍부한 잉여노동자를 끊임없이 제공해주는 구조적 기반이었다. 산업화는 절망적인 농촌빈곤으로부터 탈출하는 출구이자 다른 한편 저임금과 장시간 노동, 불안정한 자본주의 고용구조로 편입되는 입구였다. 1960년대 중반에서 1970년대 중반까지 약 10년 간은 보릿고개로 표현되는 절망적인 빈곤으로부터 해방될 수 있는 가능성을 보여줌과 동시에, 새로운 빈곤문제가 축적되고 심화되는 시기였다. 자원의 절대적 부족 문제가 점차 해소되면서 불평등한 자원의 배분이 빈곤문제의 중요한 원인으로 작동하기 시작하는 것이다.

새로운 도시빈민의 출현, 이들은 한국사회의 구조변화를 반영하는 것이며, 전통적인 빈곤문제와는 다른 차원에서 문제를 제기하는 것이었다. 저임금과 장시간 노동, 열악한 노동환경과 산업재해, 불안정한 고용 상태와 만성적인 실업은 새로운 취업기회를 찾아 도시로 무작정 흘러 들어온 대부분의 이농민들이 직면해야 하는 것들이었다. 더욱이 도시는 이들을 맞이할 준비가 전혀 되어 있지 않았다. 급격한 인구 팽창에 비해 주택은 턱없이 부족했고, 의료, 교육시설 등 집합적 소비재에 대한 정부의 투자여력은 미약한 상태였다. 이들은 기존 도심지 주변의 국공유지나 하천, 높은 구릉지대 등에 무허가 판자집을 짓고 도시빈민 밀집지역을 형성하기 시작하는데, 당시 농촌으로부터 이동의 대부분은 가족단위의 이동이었으며, 자본, 기술, 학력이 부족한 이주민의 대부분은 이러한 열악한 주거지역에 세들거나 또 하나의 판자집을 늘려 가는데 기여하게 된다. 비좁은 단칸방에 4~5명으로 구성된 한 가족이 생활하는 것이 보편적이었고, 상·하수도 시설이 없거나 화장실이 없는 두세 개의 방으로 구성된 한 채의 무허가 주택에 몇 개의 가구가 밀집하여 생활하는 것이 일반적이었다. 불결하고 비위생적인 주거환경은 하루하루 일자리를 마련해야 하는 생존의 문제에 비하여 덜 중요한 문제였다. 저임금과 열악한 작업환경, 장시간 노동은 그나마 공장 노동자로 편입 가능한 젊은 이농 가구원 일부의 문제였고, 산업 노동자로 편입이 어려운 중, 장년의 이농 가구주들은 행상, 막노동 등 도시비공식부문에 종사할 수밖에 없었다. 가구주들의 만성적인 실업상태와 불안정 고용상태는 노동 가능한 연령의 가구원 전체를 취업전선으로 내몰았으며, 그럼에도 불구하고 가구원 전체가 절대적 빈곤상태를 벗어나지 못하는 상황이 당시의 도시빈민들의 실태였다.

1970년대 하층 노동자의 열악한 생활 상태는 다음의 신문기사 내용에 잘 나타
난다.

나이 어린 여자들이 좁은 방에서 하루 최고 16시간 동안이나 고된 일을 하며 보잘것
없는 보수에 직업병까지 얻고 있어 근로기준법을 무색케 하고 있다. 이들은 서울시
내 청계천 5~6가 사이에 있는 평화시장 내 각종 기성복 가공업에 종사하는 미싱사,
재단사, 조수 등 2만 7천여 명으로, 노동청은 7일 실태조사에 나서 근로기준법을 위
반한 업체는 전부 고발키로 했다. 노동청은 이밖에 5백여 개나 되는 서울 시내 기성
복가공업소의 근로자의 실태를 조사키로 했다.
평화시장 내의 피복가공공장은 4백여 개나 되는데, 이들 대부분의 작업장은 건평 2
평 정도에 재봉틀 등 기계와 함께 15명씩을 한 데 넣고 작업을 해, 움직일 틈이 없을
정도로 작업장은 좁다. 더구나 작업장은 1층을 아래 위 둘로 나누어 천정의 높이가
겨우 1.6m 정도밖에 안 되 허리를 펼 수 없을 정도인데, 이와 같이 좁고 낮은 방에 작
업을 위해 너무 밝은 조명을 해 이들 대부분은 밝은 햇빛 아래서는 눈을 똑바로 뜰 수
없다고 노동청에 진정까지 해왔다. 이들에 의하면 이런 환경 속에 하루 13~16시간
의 고된 근무를 하고 있으며, 첫째 · 셋째 일요일을 제외하고는 휴일에도 작업장에
나와 일을 하고, 여성들이 받을 수 있는 생리휴가 등 특별휴가는 생각조차 못할 형편
이라는 것이다. 특히 13세 정도의 어린 소녀들이 대부분인 조수의 경우, 4~5년 전
부터 받는 3천 원의 월급을 현재까지 그대로 받고 있다. 이밖에도 이들은 옷감에서
나는 먼지가 가득 찬 방안에서 하루 종일 일해 폐결핵, 신경성 위장병까지 앓고 있어
성장기에 있는 소녀들의 건강을 크게 위협하고 있다는 실정이다(경향신문, 1970.
10. 7).

1970년 4/4분기 경제기획원의 조사에 의하면 도시 노동자 월평균 가계지출이
34,230원이었다는 점을 참고로 하면 당시 어린 여공의 월급 3천 원은 얼마나 낮은
수준인지 알 수 있다. 또한, 피복가공공장의 주류 노동자라고 할 수 있는 미싱사의
월평균 임금은 1만 5천 원에 불과했다.
당시 한국의 공업화는 섬유 산업 등을 위주로 하는 경공업 중심의 공업화가 진행
중에 있었고, 대부분의 영세 공장들은 위에서 언급한 열악한 작업환경, 연소 노동

자의 임금 착취구조, 장시간 노동 등의 문제를 공유하고 있었지만, 신문 등 대중언론에서 이러한 노동문제를 심층적으로 보도하는 사례는 매우 예외적이라고 할 수 있다. 전태일이라는 20대 초반의 젊은 재단사가 자신보다 더 어린 여공들의 비인간적이고 비참한 노동실태를 사회에 고발하고 이러한 상황에 대한 개선을 요구하면서 분신자살하는 사건이 발생하면서 비로소 대중언론이 노동문제에 주목하기 시작하였다. 그러나 이러한 관심은 일시적인 것이었으며 또한 근본적인 대책을 촉구하기보다는 당시의 한국경제의 수준에서 어쩔 수 없다는 시각이 주류였다. 다음의 신문사설은 이러한 시각을 잘 보여주고 있다.

근로조건의 개선을 요구하면서 스스로 목숨을 끊은 한 청년의 이야기는 눈시울을 뜨겁게 한다. 사회에 대한 항의의 방법으로써 죽음을 택할 수밖에 없었던 이 청년의 비극은 낮은 임금, 나쁜 작업환경, 그리고 비인도적인 사업주의 횡포에 대한 마지막 의사의 표시였던 것이다.

그러나 한 청년을 죽음에까지 이르게 했던 나쁜 근로조건은 아직도 평화시장 일대의 남녀 종업원 2만 7천여 명에게 그대로 적용되고 있는 것이다. 이는 사회의 그늘진 한 단면을 노출시킨 것이며 이것이 고도성장의 짙은 그림자가 아닌가 해서 우울해지는 것이다. 이 열악한 근로조건, 낮은 임금이야말로 대기업과 중소기업의 엄청난 격차의 불가피한 소산이며 사회적으로는 중소기업주의 비인도성 내지 사회적 책임의 망각이 드러낸 배금주의의 결과라고 밖에 볼 수 없을 것이다.

이처럼 나쁜 근로조건 아래서 청소년들과 소녀들이 일하고 있다는 것은 사회적으로 큰 문제가 안 될 수 없다. 소녀들이 특히 보호를 받아야 하는 것은 내일의 어머니이기 때문이며 청소년노동이 보호되어야 하는 것도 그들이 장래 이 나라의 근로층의 주인일 뿐 아니라 이 나라의 운명을 두 어깨에 짊어져야 할 이 나라의 주인공들이기 때문이다.

그러나 그런데도 불구하고 이들 부녀자와 청소년의 노동을 보호해 나간다는 것은 중소기업, 특히 가내공업에 있어서는 상당히 어려운 일이다.

현재의 근로기준법이 15인 이하를 고용하고 있는 사업체를 법 적용대상에서 제외하고 있는 것도 중소기업이나, 특히 가내수공업에서의 근로기준법을 준수케 한다는 것은 거의 불가능에 가까운 것이기 때문이다. [……]

그러므로 중소기업 특히 가내공업의 근로조건개선은 대부분 사업주의 사회적 책임에서 그 해결책을 풀어나가는 수밖에 없다고 생각한다. 사실 대기업과의 생산성, 수익성 그리고 사회적인 감시 등에 있어서도 격차가 있는 가내공업에 노조의 결성이나 법의 적용을 강행한다는 것은 안 될 일이다. 외국의 가내공업들처럼 가족주의적인 인간적 유대가 우리의 가내공업에서도 아쉽다고 하지 않을 수 없다. 하지만 이는 기업주의 양심에 호소하는 것 이외의 다른 도리는 없을 줄 안다(한국일보, 1970. 11. 16).

이 신문은 '고도성장의 짙은 그림자', '이 열악한 근로조건', '낮은 임금' 등의 문제점을 지적하면서도 근로기준법의 적용확대, 노동조합운동의 저변확대는 불가능한 일이며, 해결책은 기업주의 양심에 호소해야 한다고 주장한다.

자원의 불평등한 배분과 이로 인한 육체적 효율성을 유지하기 어려운 절대적 빈곤의 문제는 1960년대 중반부터 시작되어 1970년대에 점차 심화되는 경향을 보이는데, 1970년대 후반과 1980년대에 접어들면서, 빈곤문제는 새로운 양상으로 변화한다. 1970년대 도시빈민의 문제가 산업화 초기의 저임금, 이를 가능하게 하는 농촌으로부터의 과잉인구 유입, 이에 따른 급속한 도시화의 문제와 슬럼화 등의 양상으로 요약된다면, 이러한 양상은 1980년대부터 변화하기 시작한다.

3) 빈곤의 재생산과 절대빈곤의 감소(1980년대~1990년대 중반)

1980년대에 접어들면서 한국의 빈곤은 1970년대와 다른 양상으로 변화하는 모습을 보여주기 시작하는데, 도시빈민의 재생산구조가 고착화되면서 이주농민의 도시빈민화 현상은 점차 줄어들고 도시빈곤계층의 2세대가 도시빈민을 구성하는 비중이 증가하기 시작한다. 다른 한편, 산업화 초기의 극단적인 저임금과 노동환경의 문제가 점차 완화되면서 절대적 빈곤인구의 규모가 점차 감소하기 시작한다. 절대빈곤인구의 감소 경향은 1990년대 중반까지 지속되는 것으로 보인다.

주요한 변화 중의 하나는 농촌에서 도시로의 이동 양상이 변화하였다는 점이다. 이 시기를 전후하여 이농민의 규모가 줄어들기 시작하며, 또한 가구 단위의 이동에서 젊은 층을 중심으로 하는 단신이동의 형태로 변화하고 있다.

다음의 표 1은 농촌에서 도시로의 이동이 심화됨에 따라 농가인구의 변화와 농가인구 유출 규모를 추정한 것인데, 연도별 변화 경향을 살펴 볼 수 있다.

〈표 1〉 농가인구 유출규모의 추정   (단위: 천 명)

년 도	농가인구	총유출인구	연평균 유출인구
1960년	14,,559	-	-
1966년	15,781	1,227*	205
1970년	14,422	2,571	645
1975년	13,244	2,679	539
1980년	10,831	3,459	692
1985년	8,521	2,310	462
1990년	6,661	1,860	372
1995년	4,851	1,810	362
2000년	4,031	820	164
2004년	3,414	617	154

출처: 1980년까지는 장상환, "80년대 한국 자본주의와 농업문제", 『한국의 사회구성I』1985: 325 에서, 그 이후는 통계청 농업기본통계조사에서 재구성함.
* 1960년의 농가인구에 비해 1966년 농가인구가 더 높은 수치임에도 불구하고 유출인구로 계측 된 것은 당시의 통계청 공식수치의 부정확성을 지적하고 추정농가인구를 계측한 장상환의 연구 작업을 그대로 인용함에 따른 것임.

전반적으로 농업인구의 급격한 감소경향을 보여주고 있는데, 1966년에 약 1,578만 명으로 공식 추정된 농업인구가 1980년에 약 1,083만 명으로 감소하였으며, 2004년에는 341만 명으로 줄어들었다. 농촌으로부터 도시로의 이동은 1960년대 점차 늘기 시작하여 1970년대 매년 50만～60만 명의 대규모 이동이 이루어졌으며, 1980년을 정점으로 점차 이동량이 감소하고 있다. 농촌에서 도시로의 이동 자체가 멈춘 것은 아니지만 1980년대 이후 이동량이 급격하게 감소하고 있으며 이동의 형태가 가구 단위의 이동에서 젊은 층의 단신이동으로 변화하였다는 점이 중요하다. 이러한 이동 형태의 변화는 농가인구의 연령별 변화추세에서도 확인되고 있는데, 통계청 자료에 의하면 1980년 60세 이상 농가인구는 10.4%에서 1985년 13.7%, 1990년 17.8%, 1995년 26.0%, 2000년 33.0%로 급격하게 증가하는 반면, 15세 미만 농가인구는 1980년 33.0%에서 각 해당 연도 별로 24.8%,

20.6%, 14.0%, 11.4%로 급격하게 감소하고 있다.

농가 이동의 감소, 젊은 연령층의 단신이동으로의 형태 변화가 의미하는 바는 1980년을 전후하여 농촌빈곤이 도시빈곤층으로 연결되는 현상이 점차 단절되고, 도시 중심의 자본주의적 생산체제가 재생산하는 빈곤구조가 점차 정착되고 있음을 의미한다. 1970년대 중반 이후 서서히 진행되던 도시 내 노동자계급과 자영업자들의 하강이동으로 인한 도시빈곤층의 내부 재생산의 경향은 1980년대를 진입하면서 일반적 빈곤양상으로 자리 잡게 되는데, 1987년에 발표된 김익기・장세훈의 "도시빈민의 내부분화와 빈곤의 재생산 과정"에 대한 연구는 이러한 경향을 구체적으로 보여주고 있다. 이 시기는 이농민들의 미혼자녀들이나 노동자계급의 자녀들이 1세대 노동자들을 대체하여 제2세대 노동자로 충원되는 시기와도 일치한다. 따라서 세대 간 빈곤의 재생산이 관찰되는 시점이기도 하다.

한편, 이시기 빈곤과 관련하여 관찰되는 두드러지는 변화 중의 하나는 절대적 빈곤인구의 감소 경향이다. 물론 절대 빈곤인구는 1960년대 이후 지속적으로 감소경향을 보였겠지만, 그러한 사실을 구체적으로 보여주는 연구를 1980년대 이전 연구보고서에서는 발견하기 어렵다. 이는 인구의 대부분이 궁핍한 생활수준을 영위하던 1960년대, 그리고 산업화 초기의, 대부분의 노동자가 궁핍한 생활수준을 벗어나기 어려웠던 1970년대에 '절대적 빈곤'이라는 사회정책적 용어가 정책지형에서 구체적인 의미를 지니지 못했기 때문일 것이다. 정책지형에서 주요한 관심사항은 일부 극빈 계층의 문제가 아니라 경제성장을 통한 국민전체의 생활수준 향상이었다. 이러한 사회적 분위기는 연구경향에서도 반영되고 있는 것으로 보이는데, 빈곤을 주제로 다루는 학자들의 연구논문이나 저서들이 1980년대 이후에 주로 등장하고 있다는 점에서 그러하다. 따라서 1980년대 이전인 1960년대와 1970년대의 절대빈곤인구를 체계적으로 보여주는 연구는 거의 발견하기 어렵다. 이러한 점에서, 한국사회에서 빈곤이 '문제'로 등장한 시점은 아이러니컬하게도 절대적 빈곤문제가 상당히 해소된 1980년대 이후이며, 이 시기를 전후하여 다수의 연구들이 최저생계비를 설정하고 절대빈곤인구를 추정하는 작업들을 시도한다.

1979년에 발표된 서상목의 "빈곤인구의 추계와 속성분석"은 절대빈곤인구를 추정한 초기의 대표적 연구 중의 하나이며, 이어지는 1981년의 한국개발연구원의 연구보고서 "빈곤의 실태와 영세민대책"에서도 최저생계비를 측정하고 이를 기준으로 절대빈곤인구를 추정하고 있다. 이 보고서에서 한국의 절대빈곤인구는 1965년에 1,175만 명(40.9%)에서 1976년에 520만 명(14.8%)으로 줄어들었으며, 1980년에는 364만 명(9.8%)으로 감소한 것으로 추계하고 있다.

절대빈곤인구의 규모가 어느 정도인가의 문제는 최저생계비를 어느 수준으로 설정하는가에 따라 달라진다. 따라서 연구자와 연구의 배경에 따라 최저생계비 추정이 상이하고, 상이한 기준에 따라 상이한 규모의 절대빈곤인구 규모가 추정되는 경향이 있다. 이러한 문제로 인해 시계열상의 빈곤인구 변화경향을 체계적으로 파악하는 데 기본적인 어려움이 있다. 그러나 이러한 어려움은 1980년대로 접어들면서 절대빈곤층을 지원하는 공공부조제도인 생활보호제도가 과학적이고 체계적인 틀을 갖추면서 어느 정도 해소된다. 즉 생활보호제도에 의한 보호대상자가 절대빈곤인구의 비율을 어느 정도 체계적으로 반영하기 시작하는 것이다. 이러한 틀을 갖추게 된 배경에는 앞에서 언급한 한국개발연구원의 1981년 연구보고서가 있는데, 이 보고서의 정책제안 중에는 대상자 선정의 객관성과 합리성을 확보하기 위한 전달체계 마련과 전담 전문공무원 배치, 그리고 이를 통한 정확한 자산조사 등의 내용이 포함되어 있으며, 이러한 제안의 많은 부분이 채택된 바 있다.

물론 공공부조 대상자의 규모를 절대빈곤인구 규모로 간주하는 것은 무리가 있다. 공공부조의 기준이 되는 최저생계비가 그 사회의 최저생활수준을 정확하게 반영하는 것인가의 문제가 있고, 이 문제를 무시하더라도 부양의무자의 문제 등으로 생활보호대상자의 규모가 절대빈곤인구를 정확하게 반영하지 못한다. 그럼에도 불구하고 연도별, 시계열상의 변화 경향을 체계적으로 추정하는 데에는 커다란 장점을 갖는다. 정부가 공식적으로 정하는 일관된 기준을 장기간에 걸쳐서 적용할 수 있다는 점에서 그러하다.

표 2는 1980년 이후 1990년대 중반까지 생활보호대상자 규모의 변화를 선정기준(최저생계비)의 변화와 함께 살펴본 것이다.

최저생계비는 물가수준의 상승과 생활수준의 변화에 따라 지속적으로 상승되었음에도 불구하고, 최저생계비 이하의 절대빈곤인구에 속하는 생활보호대상자의 규모는 지속적으로 축소되고 있다. 1982년의 생활보호대상자는 인구대비 8.7%에 달하였는데, 1980년대 중반까지 5.6%로 감소하였고, 이후 1990년대 중반까지 지속적으로 감소되어 1997년의 경우 3.1%까지 줄어들고 있다. 앞에서 언급한 바와 같이 생활보호대상자의 규모가 절대빈곤인구 전체를 대표하는 것은 아니지만, 절대빈곤인구의 규모가 변화하는 추세를 반영한다는 점을 인정한다면, 1980년대 이후 한국의 절대빈곤인구는 지속적으로 감소하는 양상을 보인다고 규정할 수 있다. 이러한 변화는 세계적인 불황이 지속된 1980년대에도 한국경제는 경제성장이 지속되었고, 연평균 10%를 상회하는 GDP의 성장이 1990년대 중반까지 이어졌다는 점을 감안하면 당연한 귀결일수도 있다. 분배상황이 악화되지 않는 상태에서 사

〈표 2〉 생활보호대상자 선정기준 및 규모 변화 추세

연도	1인당 소득(원)[1]			대상자 수(천 명)[2]	인구대비율
1980	20,000	18,000	16,000	1,782	4.8
1981	26,000	23,000	20,000	2,090	5.4
1982	33,000	29,000	25,000	3,420	8.7
1983	35,000	31,000	27,000	2,954	7.4
1984	36,000	32,000	28,000	2,556	6.4
1985	38,000	34,000	30,000	2,273	5.6
1986	42,000	38,000	34,000	2,174	5.3
1987	43,000	43,000	54,000	2,354	5.6
1988	44,000	44,000	54,000	2,310	5.5
1989	46,000	46,000	54,000	2,246	5.3
1990	48,000	48,000	54,000	2,256	5.2
1991	55,000	65,000	85,000	2,264	5.2
1992	80,000	100,000	140,000	2,176	5.0
1993	130,000	140,000	150,000	2,001	4.5
1994	160,000				
1995	190,000	200,000		1,755	3.9
1996	200,000	210,000		1,506	3.3
1997	210,000	220,000		1,414	3.1

주 1) 1980~1986년은 대도시, 중소도시, 농촌에 따른 선정기준임. 1987년부터는 거택, 자활, 의료부조대상자로 구분.
   2) 1981년까지는 생활보호(또는 거택보호)+영세민이며, 1982년 이후는 시설보호＋거택보호＋자활보호자임.
출처: 장기성, 『한국의 최저생계비 계측조사연구에 대한 비판적 고찰』, 2003.

회전체의 생활수준 향상이 한국사회에서 절대적 빈곤이 감소하는 배경적 요인이 되고 있다.

4) 풍요한 사회 속의 불평등과 빈곤(1990년대 말 이후): 사회적 양극화와 신빈곤

1990년대에 접어들면서 한국사회는 풍요로운 사회로 급속하게 진입하기 시작한다. 특히 1987년 이후 소비규모의 증대는 연평균 11.2%에 이르며, 그 중에서도 내구재 및 외식 등의 서비스에 대한 소비증가와 함께 교육, 교양오락 등 문화적 서비스에 대한 소비가 두드러지게 증가하였다(정건화, 1994). 소득 계층 간 차이는 있지만 점차 필수품에 대한 소비에서 여유와 풍요로움을 상징하는 비필수품으로의 소비의 고도화가 급속히 진행되었고, 이는 1987년 노동자 대투쟁 이후 지속된 임금인상과 1990년대에 지속된 연평균 10%대의 GDP 성장률에 의해 뒷받침되었다.

그러나 풍요로운 사회로의 진입 배후에는 세계적인 경제불황과 경쟁의 고도화에 따른 한국 산업구조의 변화가 불가피하게 내재되어 있었다. 지연된 경제체제의 개편은 1990년대 말 외환위기로 표출되었고, 외부로부터 강제된 구조개혁은 한국경제를 심각한 위기상황으로 내몰았다. 연쇄적인 기업의 도산은 실업자를 양산하였고, 실질소득과 소비지출의 급격한 하락을 초래하였다.

1997년까지 지속적으로 증가하였던 소득수준이 1997년 말 외환위기 이후 급감하여, 1998년 도시 근로자 가구 실질소득은 전년대비 -10.8%의 증감률을 보였다. 다음의 표 3에 의하면 마이너스 성장률은 이듬해인 1999년까지 이어졌고, 2000년부터 회복국면으로 접어들어 2001년에 이르러 외환위기 이전의 소득수준으로 복귀하는 것으로 추정된다.

한국은 매우 빠른 속도로 외환위기 국면을 탈출하였고, 수출이 크게 증가하면서 1990년대 후반의 소득수준을 회복하였을 뿐만 아니라, 최근에는 달러가치의 하락으로 1인당 GNP가 1만 5천 달러에 육박하고 있다. 소득 2만 달러 시대를 목전에 두고 있는 것이다. 그러나 문제는 외환위기 시기에 벌어졌던 소득의 격차와 불평등의 심화가 완화될 기미를 보이지 않을 뿐만 아니라 구조적으로 심화, 고착되고 있다

〈표 3〉 연도별 명목소득 및 실질소득 추이   (단위: 천 원, 전년동기대비, %)

구 분	1998	1999	2000	2001	2002	2003
명목소득	2,232.3	2,221.7	2,349.0	2,579.8	2,788.3	2,907.5
증감률	-2.8	-0.5	5.7	9.8	8.1	4.3
실질소득	2,308.3	2,281.1	2,365.6	2,507.1	2,642.9	2,648.0
증감률	-10.8	-1.2	3.7	6.0	5.4	0.2

실질금액: (명목금액/2000년 기준 소비자물가지수)×100
출처: 통계청, 「2003년 1/4분기 도시근로자가구의 가계수지동향」, (2003. 5. 보도자료)

〈그림 1〉가구소득 불평등도 추이(1996-2000)

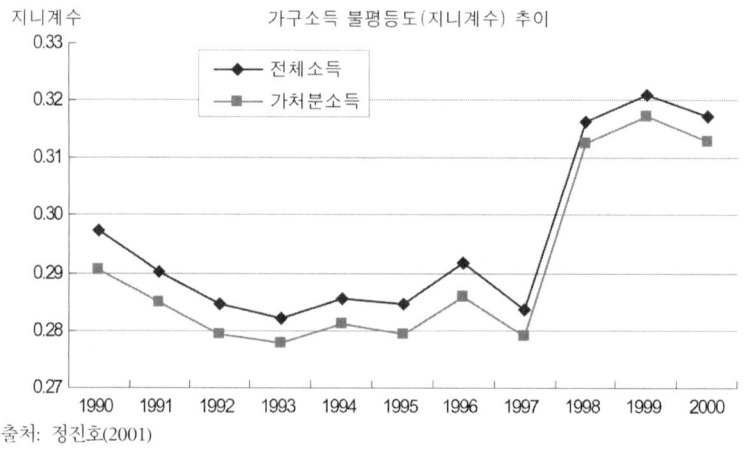

출처: 정진호(2001)

는 점이다.

　위의 그림은 연도별 가구소득 불평등도 추이를 지니계수의 변화양상을 통해 제
시한 것이다. 외환위기를 전후하여 불평등이 심화되었음을 가시적으로 보여주고
있는데, 가구소득의 지니계수는 1997년 약 0.28 수준에서 1998년 약 0.31을 상회
하는 수준으로 급격하게 상승하고 있다. 이렇게 급격하게 심화된 불평등은 2000년
이후에도 지속되고 있는데, 통계청의 자료에 의하면, 도시가구소득의 지니계수는
2001년에 0.319, 2002년에 0.312로 계측되어, 1998년의 수준을 크게 벗어나지
못하고 있음을 보여주고 있다. 즉 심화된 불평등은 경제위기에 따른 일시적 현상이

아니라 장기적으로 지속될, 구조변화의 산물인 것이다.

다음의 표 4는 소득계층별 소득의 변화양상을 보여준다. 도시가구의 소득을 낮은 순위부터 높은 순위로 5등분하여, 하위 1분위 소득계층에서 상위 5분위 소득계층까지 연도별 소득변화양상을 1997년 1/4분기부터 2005년 1/4분기까지 추적하고 있다. 외환위기를 거치면서 대부분의 소득계층은 명목소득의 하락을 경험하고 있으나, 상위 5분위 계층만이 유일하게 명목소득의 하락을 경험하지 않았으며, 또한 소득분위별로 소득이 낮을수록 소득 하락의 비율이 더 높게 나타나고 있다. 그 결과 계층 간 소득격차가 급격하게 증가하고 있는데, 하위 1분위 대비 상위 5분위 소득은 1997년 4.81배에서, 외환위기를 거치면서 1998년 5.52배로 증가하고 이듬해인 1999년에는 5.85배로 더욱 격차가 벌어지고 있다. 2000년부터 2003년까

〈표 4〉 소득 5분위별 월소득 추이   (단위: 천 원, 전년동기대비, %)

구분	I 분위	II 분위	III 분위	IV 분위	V 분위	배율 (V/I)
1997. 1/4	908.9	1,517.3	2,015.7	2,665.9	4,376.1	4.81
(증감률)	(8.1)	(9.6)	(9.6)	(9.2)	(9.4)	
1998. 1/4	800.1	1,433.9	1,927.1	2,582.7	4,415.3	5.52
(증감률)	(-12.0)	(-5.5)	(-4.4)	(-3.1)	(0.9)	
1999. 1/4	784.4	1,366.5	1,853.2	2,511.4	4,590.6	5.85
(증감률)	(-2.0)	(-4.7)	(-3.8)	(-2.8)	(4.0)	
2000. 1/4	860.7	1,469.3	1,982.0	2,646.6	4,784.9	5.56
(증감률)	(9.7)	(7.5)	(6.9)	(5.4)	(4.2)	
2001. 1/4	927.5	1,566.7	2,144.2	2,912.8	5,343.4	5.76
(증감률)	(7.8)	(6.6)	(8.2)	(10.1)	(11.7)	
2002. 1/4	1,043.7	1,744.3	2,340.9	3,176.8	5,633.4	5.40
(증감률)	(12.5)	(11.3)	(9.2)	(9.1)	(5.4)	
2003. 1/4	1,062.5	1,865.8	2,480.2	3,319.8	5,806.8	5.47
(증감률)	(1.8)	(7.0)	(5.9)	(4.5)	(3.1)	
2004. 1/4	1,095.4	1,996.8	2,683.2	3,630.3	6,240.9	5.70
(증감률)	(3.1)	(7.0)	(8.2)	(9.4)	(7.5)	
2005. 1/4	1,123.0	2,068.7	2,836.7	3,838.4	6,587.3	5.87
(증감률)	(2.5)	(3.6)	(5.7)	(5.7)	(5.6)	

* 전체 조사가구를 소득 순으로 5등분하여 각 분위별 평균값을 집계. I 분위에서 V 분위로 갈수록 소득수준이 높아짐
* 소득 5분위 배율: V 분위계층의 평균소득 / I 분위계층의 평균소득
* 자료: 통계청, 도시근로자가구의 가계수지동향, 2003, 2005.

지 이러한 격차는 다소 완만하게 감소하는 추세를 보이다가 최근에 다시 격차가 증가하고 있다. 2003년 5.47배에서 2004년 5.70배, 그리고 2005년 1/4분기에는 5.87배로 하위 1분위 대비 상위 5분위 소득의 격차가 점점 증가하고 있는 것이다.

소득계층별 소득의 변화 양상을 좀 더 구체적으로 살펴보면, 상위 5분위를 제외하고 모든 소득계층에서 IMF경제위기를 겪으면서 명목소득의 감소를 가져왔다. 이러한 소득의 감소는 1998년과 1999년 2년 간 이어졌고, 2000년부터 반전되어 모든 소득계층에서 명목소득이 증가하는 경향을 보이며, 2001년에 이르러 모든 소득계층에서 1997년의 명목소득 수준을 회복하고 있는 것으로 파악된다. 그러나 2001년의 소득증가율은 분위별로 매우 상이하게 나타나는데, 상위 4분위와 5분위의 소득증가율이 상대적으로 높았고, 그 결과 하위 1분위와 상위 5분위 간의 소득배율은 5.76배로 다시 증가하게 된다. 이후 매년 모든 계층에서 명목소득이 증가하고 있으나, 소득의 상대적 격차는 1997년 이전의 수준으로 회복되기는커녕, 오히려 최근에 더욱 증가하는 양상을 보이고 있다.

이러한 변화 양상이 일시적인 현상이 아니라 장기적이며 구조적이라는 주장은 다양한 측면에서 포착되고 있다. 송태정(2003)에 의하면 한국경제가 양극화되고 있으며, 경기순환적 측면에서 일시적인 현상이 아니라 경제구조변화에 따라 경제 각 부문에 걸쳐 광범위하게 확산되고 있다고 주장한다. 산업 양극화, 수출 양극화, 실적 양극화, 주가 양극화, 고용 양극화, 그리고 소득의 양극화는 우리사회에서 나타나는 다양한 양극화 현상들이며, 이러한 현상들은 구조적 측면에서 상호 연관되어있고 상호 작용하고 있다.

산업 양극화는 IT산업과 비IT산업, 내수산업과 수출산업, 대기업과 중소기업, 중화학공업과 경공업으로 양극화되고 있으며, 각 부문에서 전자의 생산증가율은 매우 높은 반면, 후자는 지체되거나 감소하고 있다. 산업 양극화는 수출 양극화 및 실적 양극화와 연결되어 있다. 수출품목이 몇몇 특정상품에 과도하게 편중되면서 산업 양극화는 구조적으로 심화된다. 우리나라 전체 수출에서 상위 5대 품목(반도체, 무선통신기기, 자동차, 컴퓨터, 조선)이 차지하는 비중은 1990년대 이후 꾸준히 증가해 왔으며, 2003년 10월까지의 통계에 의하면 42.9%까지 그 비중이 높아졌다. 특히 반도체 단일품목의 비중이 10.0%, 무선통신기기 9.6%, 자동차 9.5%

에 달하고 있다. 이러한 경향은 점차 확대될 것으로 예상되고 있다.

산업별 양극화는 기업실적 양극화로 이어지고 있다. 외환위기 이후 실적 양극화가 심화되면서 일부 우량기업의 실적 과점화 현상이 나타나고 재무구조나 부채상환능력의 양극화 심화로 이어지고 있다.

외환위기 이전 주가 수준 상위 20%와 하위 20% 간의 평균 주가 차이는 10배 정도였으나 외환위기를 거치면서 주가 차별화 현상이 심화되었고 그 차이가 40배 정도로 확대되었다. 최근 외국인이 주식시장을 주도하면서 외국인이 선호하고 실적 개선이 기대되는 대형주 중심의 매매편중이 일어나고 있는 반면, 소형주는 철저히 소외되고 있다. 앞으로 외국인의 영향력이 지속되는 가운데 기관투자자를 통한 간접투자의 비중이 점차 높아질 것으로 보여 외국인이나 기관투자자의 관심기업과 소외기업 간의 주가 양극화 현상은 더욱 심해질 것으로 예상된다(송태정, 2003).

일자리에도 양극화가 나타나고 있다. 한국노동연구원에서 최근 10년 간 창출된 일자리의 특성을 분석한 결과, 새로 늘어난 일자리를 임금수준에 따라 10등분으로 나누었을 때 상위 30%와 하위 30%의 직업에서는 일자리가 크게 늘어난 반면, 중위권 직업인 40~70%의 직업에서는 일자리 증가가 거의 정체 상태인 것으로 나타났다. 이는 노동수요의 분화가 진행되고 있는 것으로 해석된다. 1990년대 들어 창출된 새로운 일자리는 누구나 할 수 있는, 즉 특별한 기술이나 노하우가 없는 일반 사무직보다는 아예 양극단, 다시 말해 고임금-전문 직종과 저임금-저숙련 직종이 상대적으로 많다는 것이다. 또한 일자리의 양극화는 임금의 측면에서뿐만 아니라 고용조건에서도 동시에 진행되고 있는데, 정규직의 감소와 비정규직의 증가현상이 급속하게 진행되고 있다. 구체적으로, 중위 임금근로 일자리에서 정규직 일자리가 소멸되고 있으며 동시에 저위 임금근로 일자리에서 비정규직화가 진전되고 있음이 1993년에서 2002년까지 일자리 변화추세에서 드러나고 있다(한국노동연구원, 2003).

이상과 같은 다양한 측면에서의 양극화는 우리사회 구조의 양극화 현상을 반영하는 것이며, 궁극적으로는 임금과 소득의 양극화로 귀결되고 있다. 이러한 양극화 현상은 1990년대 전시기에 걸쳐서 진행되어 왔으며, 1990년대 말 외환위기를 계기로 빈곤과 불평등이라는 현상으로 구체화된 것이다. 과거의 임금 계층별 분포는 절대 저임금층이 빠르게 줄면서 중간임금계층이 두터워지는 항아리형의 정규분포 형태를 갖추고 있었다. 그러나 1990년대 중반 이후 외환위기를 거치고 최근으로 올수록 임금계층별 분포에서 고임금층이 급격히 늘어났다. 아울러 비정규직 급증 등, 고용의 질은 빠르게 악화되어 중간임금층의 상당수가 저임금으로 전락하면서 정규분포 형태가 저임금층과 고임금층으로 양극화되고 있다. 이러한 구조적 변화는 빈곤의 문제가 절대 빈곤계층의 양적 증가의 문제가 아니라 중산층으로부터 점점 멀어지는 다수의 노동하는 빈곤(working poor)의 문제로 전환되는 배경이 되고 있다. 필수품을 소비하지 못하는 문제에서 사회적 필수품이 점점 증가하고 이 사회적 필수품을 소비하지 못함으로써 빈곤하다고 느끼는 계층이 점점 늘어나는 상대적 박탈의 문제가 21세기 한국사회의 빈곤문제의 핵심으로 부각되는 것이다.

3. 대안적 접근: 사회적 배제 담론

빈곤의 양상이 과거와는 매우 다른 모습으로 빠르게 변화하고 있다. 1980년대 중반에서 1990년대 중반까지 약 10년 간은 한국사회에서 정책대상이 되는 절대빈곤이 지속적으로 감소되었고, 빈곤은 우리사회의 정책 이슈에서 점차 사라지는 듯했다. 1990년대 말 외환위기를 계기로 빈곤은 한국사회에 다시 정책 현안으로 대두되었다. 그러나 대두된 빈곤은 과거의 빈곤과 그 성격을 달리하고 있다. 외환위기 이후 급증하였던 절대빈곤은 빠르게 감소되었다. 객관적인 통계치에 근거한 다수의 연구들이 최근의 절대빈곤의 감소를 보고하고 있다. 통계청의 도시가계조사에 기초하여 1996년부터 2003년까지의 절대빈곤율 추이를 살펴보고 있는 한국노동연구원(2005)의 연구에 의하면 경상소득 기준 절대빈곤율의 추이는 외환위기를 전후하여 드라마틱하게 변해왔다.

절대빈곤율은 1997년 4.6%에서 외환위기를 거치면서 1998년 8.9%까지 치솟았다가 1999년 8.2%, 2000년 6.4%로 감소하였으며, 2003년에는 4.9%로 외환위기 이전의 수준으로 빠르게 감소하고 있다. 절대빈곤을 계측하는 방법상의 어려움으로 인해 2003년 이후 최근의 통계수치를 확인하기 어렵지만, 앞에서 살펴본 소득분위별 소득변화를 고려할 때 추세상의 큰 변화 없이 4.9% 내외를 유지하고 있으리라 생각한다. 왜냐하면 2004년과 2005년에 하위 1분위의 명목소득이 낮은 수치지만 증가하고 있기 때문이다. 그러나 2005년을 살아가고 있는 한국사회의 구성원들이 느끼는 빈곤문제, 해결해야 하는 빈곤문제는 감소되지 않았을 뿐만 아니라 제시되는 수치와 매우 큰 괴리감이 있다.

〈표 5〉 절대빈곤율 추이 (단위: %)

1996년	1997년	1998년	1999년	2000년	2001년	2002년	2003년
5.1	4.6	8.9	8.2	6.4	5.3	4.2	4.9

출처: 한국노동연구원, 『한국의 근로빈곤 연구』, 2005.

절대빈곤율은 줄어들고 있고, 실업률도 감소하고 있으며, 정책대상이 되는 빈곤, 즉 기초생활보장대상자의 규모도 감소하고 있지만, 생활고를 비관하고 일가족이 자살하는 사건은 대중일간지에 끊이지 않고 등장하고 있으며, 비정규직에 종사하고 있는 저임금계층의 대부분은 중산층으로부터 점점 멀어지는 빈곤을 경험하고 있다. 정책대상이 되는 빈곤은 점점 줄어드는 반면, 빈곤하다고 느끼는 계층은 줄어들지 않는 모순과 불일치, 이것이 곧 21세기 한국의 빈곤문제이다. 빈곤의 양상은 변화했지만, 빈곤 담론은 이를 포착하지 못하고 있으며, 새로운 빈곤 담론은 정책형성에서 지배적 지위를 획득하지 못하고 있다.

현재의 빈곤은 화폐로 환산된 빈곤선으로 포착되지 않는 양상으로 변화하였다. 빈곤선 위의 소득계층에 속하는 사람들의 다수가 빈곤하다고 느끼며, 또 한편으로는 실제 객관적으로 빈곤하다. 이들의 다수는 육체적 효율성을 유지하기 위한 식품비가 없어서 문제가 아니라, 자녀의 사교육비를 마련하지 못해 빈곤하다고 느끼며, 또한 그러한 상황은 한국에서 객관적으로 '문제'이다. 이들에게 이동통신비용의 연체와 이로 인한 통신수단의 단절은 한 끼 식사보다 때로는 더 중요하다. 왜냐하면 일용노동자의 불안정한 고용상태를 연결시키는 수단으로부터의 단절을 의미할 수도 있기 때문이다. 풍요한 사회에서 빈곤은 다차원적이다. 소비는 고도화되었으며, 일반적으로 요구되는 사회활동은 매우 다양하게 분화되고 있다. 사회적으로 요구되는 필수품이 다양화됨에 따라 박탈과 결핍의 요소들이 매우 다양하게 분화되고 있으며, 이러한 요소들은 화폐로 환산된 소득보장정책만으로는 대응을 어렵게 한다.

　풍요한 사회에서 빈곤문제를 사회적 배제라는 담론으로 대응하는 이유는 이러한 측면에서 기인한다. '사회적 배제'라는 용어는 빈곤의 문제를 소득의 부족과 이로 인한 물질적 자원의 결핍이라는 단순한 차원을 넘어서게 하는 담론적 도구로 채택되고 있다. 주지하다시피 사회적 배제라는 용어가 처음으로 등장한 시기는 1970년대이며, 시민권과 사회통합(social cohesion)이라는 가치를 중시하는 프랑스 사회를 배경으로 하고 있다. 차별과 장기실업 그리고 사회보장으로부터의 배제 등 프랑스 시민으로서의 권리를 향유하지 못하는 현상을 설명하는, 지극히 프랑스적 용어인 사회적 배제(social exclusion)가 유럽 각국에 보편적 사회정책적 용어로 지배적 담론의 지위를 획득하는 계기는 1996년 마스트리히트 조약을 통해 유럽연합(EU)의 사회정책의 목표로 채택되면서부터이다. 물론 사회적 배제의 개념이 유럽 각국에서 동일한 의미로 이해되고 해석되지는 않는다. 각국은 이념적 지향과 정치적 입장 그리고 사회정책의 역사적 맥락 속에서 '사회적 배제'의 개념을 활용한다. 그러나 한 가지 중요한 공통점은 전통적인 사회정책의 목표 가운데 하나인 '빈곤' 해소라는 개념을 '사회적 배제'의 근절이라는 개념으로 대체하고 있다는 점이다.

　사회정책의 대상이 되는 빈곤은 오랫동안 경제적 측면에서 이해되고, 파악되고, 규정되고, 측정되어 왔다. 그것의 원인이 사회적이고 구조적인 것이라 할지라도, 현실에서 직면하게 되는 빈곤은 다양한 인과관계가 사상된, 결과로서의 자원의 결핍상태로 관찰되며, 이는 소득의 부족과 직접적으로 연결된다. 부족한 화폐의 양, 부족하다고 판단할 수 있는 기준선이 빈곤의 정도와 빈곤 여부를 판단하는 중요한 개념적 지위를 차지하게 되었고, 사회정책은 오랫동안 화폐의 단위로 수량화된 빈곤문제에 집중해왔다. 빈곤이란 삶의 질의 특정 상태를 의미하므로, 삶의 다양한 양태를 수량화한 빈곤은 본질적으로 빈곤 그 자체를 온전히 포괄할 수 없다는 한계가 있음에도 불구하고 그러하였다. 사회정책의 대상이 되는 빈곤은 객관성이 요구되었고, 화폐의 단위로 측정되어 하나의 수치로 제시되는 빈곤은 빈곤한 생활상태의 목록을 하나하나 나열하는 방식보다 훨씬 매력적으로 보였다. 적어도 물질적 자원의 절대적 부족이 빈곤상태의 대부분을 설명하는 시기에, 빈곤을 곧 소득의 부족으로 간주하여 부족한 화폐의 양으로 빈곤을 나타내는 방식은 빈곤계층의 소득보장을 촉구하는 대책마련에 효과적이었다. 그러나 소비수준이 고도화된 풍요한 사회에서 빈곤은 물질적 자원의 절대적 부족이라는 측면으로 치환되지 않을 뿐만 아니라, 그러한 방식이 갖는 장점도 효력을 상실한다. 물질적 자원의 부족은 여전히 중요한 요소임에는 틀림없지만, 그 사회의 관습적인 생활방식에 참여할 수 있는가, 그래서 그 사회의 구성원으로 받아들여지는가, 혹은 사회참여로부터 배제되고 있는가의 문제가 더 중요한 판단기준이 되며, 이러한 참여에 필요한 다양한 자원이 중요한 요소로 대두되는 것이다.

사회적 배제의 관점은 결과로서의 빈곤에 초점을 두는 것이 아니라 과정에 초점을 두는 동태적 개념으로 나아가며, 소득의 결핍이라는 일차원적 접근방식으로부터 벗어나 생활양식(life style)이라는 다차원적인 결핍과 직면하게 한다.

오늘날 한국에서 빈곤은 최저생계비 이하의 특정 집단을 대상으로 부족한 생계비를 지원하는 방식만으로는 대응할 수 없는 양상으로 변화하였다. 빈곤계층을 위한 소득보장정책인 국민기초생활보장제도는 다양하게 대두되고 있는 빈곤문제의 극히 일부영역에 대한 대응에 불과할 뿐이다. 새롭게 대두되고 있는 여성빈곤과 아동빈곤, 그리고 장기실업, 불안정 고용으로 인한 근로빈곤 등의 문제는 소득의 결핍이라는 일차원적인 접근방식만으로는, 혹은 결핍된 소득을 보충하는 전통적 공공부조제도를 확대 개편하는 방식만으로는 대응이 어려워 보인다. 새로운 빈곤계층이 당면하고 있는 다차원적인 결핍과 박탈 요소들에 직접적으로 대면하여 각각의 영역에서 사회구성원으로의 참여를 배제하는 구조적 요인들을 차단하는 다양한 차원의 대책이 요구되는 것이다. 여성의 사회참여를 배제하는 요소의 근절, 아동빈곤을 예방하는 사회적 서비스 확대, 고용 및 취업서비스의 확대, 건강 및 보건서비스의 확대, 여가 및 레저를 위한 공공시설의 확충, 공공주택 및 주거서비스의 확대 등 생활양식을 구성하는 다양한 측면을 지원하는 포괄적인 대응책이 전통적인 소득보장정책에 우선하여 강구되어야 하는 것이다. 이러한 정책이 전통적인 빈곤정책에 우선하여야 한다는 점은 기본적으로 중요하다. 새로운 빈곤에 대응하는 정책은 '결과'로서의 빈곤, 화폐단위로 환산된 빈곤, 최저생계비 이하의 생활수준으로 확인된 빈곤에 대응하는 것이 아니라, 개별 생활영역에서 결핍이 확인되는 빈곤에 대응하는 것이어야 하기 때문이다. 새로운 빈곤은 동태적이고 역동적인 양상으로 나타나고 있으므로 이에 대응하는 정책 또한 다이내믹하지 않으면 안 된다.

사회적 배제 담론이 한국사회의 빈곤에 대응하는 대안 전략으로 모색되어야 하는 이유가 여기에 있다. 사회적 배제 담론은 경제적 측면뿐만 아니라 사회적 관계망에서 단절과 배제를 해결해야 할 중요한 문제로 부각한다. 결과로서 경제적 결핍뿐만 아니라, 결핍의 과정과 원인에 대한 사회구조적 맥락에 논의를 집중한다. 따라서 문제의 해결방식이 부족한 소득을 보완하는 방식에서 더 나아가, 사회의 다수 집단으로부터 체계적으로 '배제'되는 현상의 고리를 끊고 이들을 사회의 구성원으로 '포섭'하는 전략으로 나아간다.

전통적 빈곤 개념에서, 확인되는 빈곤만을 대응하는 방식에서, 한 걸음 더 나아가기 위해서는 다양한 양태로 나타나는 빈곤의 원인이 되는 '사회적 배제' 현상이 직접적인 문제로 제기되어야만 한다. 사회적 배제 현상을 제거하고 사회적 포섭 전략을 통한 사회적 관계망의 복구가 중요한 현안으로 등장하는 순간 '소득의 결핍'이라는 전통적인 빈곤 개념과 이에 입각한 빈곤대책은 용도 폐기될 수 있다.

참고문헌

국토개발연구원, 1989.『도시빈곤층 대책에 관한 연구』.

김익기·장세훈, 1987.「도시빈민의 내부분화와 빈곤의 재생산 과정: 난지도 빈민지역을 중심으로」, 한국사회학회,『한국사회학』21, 겨울호.

서상목, 1979.「빈곤인구의 추계와 속성분석」, 한국개발연구원,『한국개발연구』1-2.

서상목 외, 1981.『빈곤의 실태와 영세민 대책』, 한국개발연구원.

송태정, 2003.「우리 경제의 양극화 진단」,『LG주간경제』2003. 12. 31.

신명호, 2004.「빈곤·실업과 한국도시연구소 10년」,『도시와 빈곤』71.

_____, 2004.「한국사회의 새로운 빈곤 혹은 사회적 배제」,『도시와 빈곤』67.

이종영, 2003.「정치적 프락시스로서의 담론투쟁」, 이영환 편,『통합과 배제의 사회정책과 담론』, 함께읽는책.

장기성, 2003.「한국의 최저생계비 계측조사연구에 대한 비판적 고찰」, 성공회대학교 석사학위논문.

장상환, 1985.「80년대 한국 자본주의와 농업문제」,『한국의 사회구성I』, 도서출판 화다.

정건화, 1987.「한국 도시빈민의 형성과 존재형태」,『한국사회연구』, 한길사.

_____, 1994.「한국의 자본축적과 소비양식 변화」,『경제와 사회』21. 봄호.

정진호, 2001.「최근의 소득불평등도 변화와 소득원천별 분해」, 한국노동연구원,『노동정책연구』창간호.

통계청, 2003.「2003년 1/4분기 도시근로자가구의 가계수지동향」2003. 5. 보도자료.

_____, 2005.「도시근로자가구의 가계수지동향」보도자료.

_____,「각년도, 농업기본통계조사」, 통계청 홈페이지.

한국기독교교회협의회, 1984.『1970년대 노동현장과 증언』, 도서출판 풀빛.

한국노동연구원, 2003.「일자리 양극화 경향과 빈곤 정책의 방향」보도자료.

_____, 2005.『한국의 근로빈곤 연구』

Alcock, P. 1993. Understanding Poverty. Palgrave.

Moore, J. 1989. "The End of the Line for Poverty", speech to Greater London Area CPC, 11 May.

Rowntree, B. S. 1901. Poverty: a Study of Town Life. Macmillan.

1941. Poverty and Progress: a Second Social Survey of York. Longman.

Townsend, P. 1979. Poverty in the United Kingdom: a Survey of Household Resources and Standards of Living. Penguin.

_____, 1987. "Deprivation", Journal of Social Policy. vol. 16. no. 2.

제8장
참여 커뮤니케이션 활성화를 위한 법과 정책

김서중

    언론은 특히 19세기 말과 20세기 초에 걸쳐 매체 기술의 발달, 사회 민주화의 확대, 대중의 정신적·물적 성장 등을 기반으로 매체의 절대 수에서 급격한 증가를 보였다. 그리고 이러한 경향은 지금도 계속되고 있다. 매체 수의 증가는 언론 매체의 영향력 확대로 이어졌다. 언론이 삶의 일부가 되고 말았다. 즉, 전통적인 공동체 커뮤니케이션 영역을 대신하게 되었던 것이다. 결국, 언론의 외적 다양성이 증대함으로써 언론의 사회적 중요성 또한 커지게 되었다는 것을 의미한다. 이러한 변화를 언론 자유의 확대라는 측면에서 긍정적으로 평가하기도 한다.

    그러나 이러한 외적인 확장의 이면에는 왜곡된 커뮤니케이션의 구조화라는 문제점도 동시에 발생하고 있었다. 그 첫째가, 언론의 집중화이다. 법적으로는 언론 매체의 소유가 모두에게 가능해졌지만, 현실에서는 자본력 있는 일부만이 영향력 있는 매체를 소유할 수 있는 구조로 변하였다. 둘째는, 매체의 거대화이다. 규모가 비대해지고 자본력의 크기는 매체의 생존을 좌우하는 구조로 변하였다. 셋째는, 매체의 사유화이다. 매체의 영향력이 비대해지면서 매체 소유주와 경영진이 매체 영향력을 사유화하는 경향이 높아지고 있다는 것이다. 넷째로, 매체의 증가는 오히려 매체와 수용자 사이의 일방적 커뮤니케이션을 구조화하였다. 따라서, 이러한 요인들로 인해 수용자들이 커뮤니케이션 과정에서 소외되는 현상이 발생하였다.

    최근의 새로운 매체 기술 및 통신 기술의 발달과 이에 따른 매체 통합의 가능성으로 인해 매체 환경은 이제는 전통적인 언론이라는 개념에 근거한 논의로부터 벗어나고 있다. 기술적으로는 기존 언론 매체의 한계를 극복할 수 있는 잠재적 가능성이 존재하기도 한다. 그러나 정보화로 대변되는 새로운 경향은 기존 산업이 지니는 비능률적인 측면을 해소하려는 산업의 정보화와 기존 정보 영역(언론)의 산업화라는 이중적인 경향의 융합을 보여 준다[1]. 이 과정에서 기존 정보영역이 지녔던 언론이라는 특성은 자본화의 커다란 물결에 의해 뒤로 물러서고 있다. 정보화라는 대세 속에서 효율성만을 고려하면 정보화가 과연 산업적으로 성공할 수 있는가가 중요한 관심사일 수밖에 없다. 그러나 더욱 중요한 문제는 사회적으로 볼 때, 정보산업화가 소수의 정보생산자가 아닌 다수의 정보소비자에게 이익을 가져다 줄 것인가 여부이다. 한때 정보화는 전자민주주의의 환상을 심어준 적도 있었다. 그런데 정보화는 이미 산업화의 길을 걷기 시작했다는 점에서 그 한계를 예측할 수도 있다. 따라서, 정보화 사회가 진행되고 있는 이 시점에서도 수용자의 커뮤니케이션 참여는 매우 중요한 과제로 남아 있다.

참여의 관점에서 보았을 때 오히려 기존 방송매체에서의 변화가 괄목할 만하다. 한국 방송의 경우는 2000년 방송법 개정으로 세계에서 드물 정도로 수용자의 참여를 보장하는 법적 장치들을 도입하였다. 시청자위원회, 시청자 평가 프로그램, 시청자 평가원, 시청자참여 프로그램 등 시청자 주권과 관련된 개념들이 그것이다. 시청자위원회는 어느 나라에서나 찾아 볼 수 있는 제도이지만 시청자 평가 프로그램, 시청자 평가원 제도, 특히 시청자 참여 프로그램을 법적으로 강제하고 있는 나라는 매우 드물다. 방송의 경우 시청자의 의사 참여 구조가 비교적 열려있다고 보아야 한다. 운영에 난항을 겪는 면이 있기는 하지만 한국방송(KBS)의 '열린 채널'은 지상파의 퍼블릭 액세스를 법으로 보장한 것으로서 세계적으로 드문 참여 보장 방식이다. 이러한 참여 제도가 가능했던 것은 2000년 방송법 개정 당시 언론운동의 강화, 방송의 공공성을 강조하는 사회적 분위기, 김대중 정부의 민주적 성격 등이 적절하게 조화를 이루었기 때문이다.

반면 신문은 법적 강제에서 벗어나 있다. 아주 일부이기는 하지만 신문들에 따라

---

1) 이광석(1997: 79-83 참조)은 이를 자본의 정보공간화와 정보공간의 자본화라는 개념으로 정리하고 있다.

옴부즈맨 칼럼에서부터 독자 위원 제도까지도 마련하고 있다. 하지만 그 역할과 기능이 방송에 못 미칠 뿐만 아니라 형식적으로 운영하는 곳이 대부분이다. 신문의 경우 수용자의 참여를 제도적으로 보장하는 장치가 드문 것은 신문이 '사적 영역'이라는 잘못된 인식이 확산되어 왔기 때문이다. 제도적 장치를 위한 논의 자체를 언론 자유의 침해로 인식하는 상황에서 자율적 결정에 의존할 수밖에 없었고, 결과적으로 제도적 장치의 도입은 지체될 수밖에 없는 것이다. 2005년 1월 개정된 '신문 등의 자유와 기능에 관한 법률'은 수용자 중심의 법 개정을 요구한 시민단체의 노력에 의해 진행된 것이었지만 정치적 역학관계에 따라 그 중 많은 내용이 변질되었다. 예를 들어, 독자권익위원회 설치의 중요성에도 불구하고, 개정된 법에서는 관련조항이 신문이라는 이유로 권고 조항으로 바뀌었다. 그런데 이 권고 조항조차도 보수 언론들은 위헌이라고 소송을 제기하였다. 하물며 신문의 내용을 수용자의 참여 과정을 통해 제작할 것을 기대하는 것은 무망한 일일 것이다.

언론의 현실은 의사(擬似)참여조차도 힘겨운 상태에 있다. 하지만 당위론 차원에서 볼 때 권력을 지닌 소수에게 집중되고 있는 언론의 문제점을 극복하는 것이 필요하고, 이를 위해서는 개량적 성격에 불과한 '참여 제도의 확충'에만 머물러서는 안 된다. 기존에 존재하는 참여제도 또는 새롭게 제안되고 있는 참여제도들은 수용자의 참여를 확대하는 측면은 있지만, 그 역시 제한된 수용자에게 열려 있는 제도에 불과한 측면이 있다. 이 참여제도들이 사회적 소수자들의 다양한 의견을 최대한 반영할 수 있는 다양한 언론의 존재 가능성을 보장하는 것은 아니기 때문이다. 그러므로 '언론 자유'의 존재 이유가 민주적 정치제도를 유지하고, 개인의 커뮤니케이션 참여를 보장하기 위한 것이라면 더욱 다양한 언론의 존재 가능성을 열어야 한다. 이는 전체 사회의 커뮤니케이션 구조를 재구조화함으로써만 가능한 것이다.

예를 들면, 언론의 집중화 방지와 소매체의 존재 기반을 보장해주는 정책이 중요하다. 언론의 집중화로 인해 발생한 커뮤니케이션의 소외, 즉 사회적 약자로서 '언론 약자'의 문제를 극복하기 위해서는 기존 매체에 대한 접근권을 보장하는 것과 더불어 그들을 위한 매체의 존재 가능성을 높이는 것으로 가야 한다는 것이다.

다음에서는 참여적 커뮤니케이션의 잠재적 가능성을 내포하고 있음에도 산업화에 경도되어 있는 정보화 과정을 서술하고, 그 한계를 극복할 수 있는 대안 매체의 가능성, 그리고 이의 정착을 위한 법제적 고려 등을 제시하고자 한다.

대안매체란 매우 다양한 의미로 쓰이고 있다(김은규, 2005: 256). 급진적 미디어, 시민 미디어, 대안미디어, 지하미디어, 커뮤니티 미디어, 풀뿌리 미디어, 인디미디어 등 그 발생의 차이와 기존 매체에 대응하여 어떤 목적으로 존재하는가에 따라 다양한 양태를 띠고 있다. 미디어 생산에 연루된 것을 강조할 수도 있고, 미디어 조직을 강조할 수도 있는 것이다. 또, 내용의 측면에서 정치적 주장의 차이를 강조할 수도 있고, 미디어가 지향하는 새로운 사회적 전망을 의미할 수도 있다. 이 글에서는 매체의 규모와 그 소유 형태를 고려하여 기존의 '자본'에 포섭되어 있지 않은 매체를 의미하고자 한다. 이러한 매체의 경우 자본의 논리에 따르지 않는 급진적 경향을 가질 수 있는 가능성이 증대한다.

1. 산업화로서 정보화의 추세와 의미

정보산업화를 위해 제시되고 있는 정책들은 그 명분에서 산업화를 통한 다수의 이익을 가정하고 있다[2]. 게다가 정보산업의 발전에 대한 장밋빛 전망은 전자민주주의 논의를 촉발시키기도 했다. 그러나 실질적으로 다수의 이익 보장을 위한 정보통신기반의 구축이 가능할 것인가, 더 나아가 설사 정보통신기반이 일반에게 보장되더라도 그것이 다수의 이익을 위해 사용될 수 있는 필요충분조건일 수 있겠는가는 여전히 논란의 여지가 있다[3]. 본 연구는 정보화의 경향을 정리하고 이 정보화가 갖는 의미를 소비자의 시각에서 정리하여, 문제점을 지적하고 이를 극복할 수 있는 하나의 대안을 제시하고자 하는 데 목적이 있다.

---

2) 한국의 정책을 대변할 수 있는 정보화 촉진법이나, 통합방송법안에서는 그런 측면이 적다는 사실이 지적되고 있으나 미국의 1996년 통신법의 경우, 적어도 그 취지는 경쟁을 통한 소비자의 이익을 전제하고 있다(방석호, 1996: 129)고 한다. 한국에서의 정보화의 문제는 뒤에서 다시 논의하기로 한다.

3) 최근 몇 년 간 '오마이뉴스'를 비롯해 인터넷 저널리즘의 약진은 전자민주주의의 가능성을 엿보게 하는 측면도 있었다. 아직 이들의 가능성에 대해 결론을 내리기는 힘들지만, 많은 인터넷 저널리즘이 다시 자본에 포섭되고, 수용자는 여전히 의사참여자로 전락해가는 모습을 발견하게 된다. 자신의 문제를 통해 언론에 접근하는 것이 아니기 때문에, 또 다시 관중으로서 함성을 지르면서 마치 실제 경기에 참여하는 듯 착각하고 있다는 것이다.

1) 정보산업화의 추세

정보화는 겉으로 제시하고 있는 인류 복지 신장이라는 장밋빛 미래와 달리 산업적 성장과 이를 통한 국부증대라는 궁극적인 목적을 지닌다. 따라서 정보화는 산업적 측면에서 가장 두드러진 징후를 발견할 수 있다. 표면적인 변화이지만 매우 상징성을 지니는 사건은 1995년 미국에서 이루어진 방송사에 대한 매수 통합 건이었다. 1995년 7월 월트 디즈니사의 ABC 매수·통합, 웨스팅하우스 일렉트릭사의 CBS 매입, 그리고 8월 타임워너사의 터너방송시스템 합병 등이다. 이 사건들은 충격적이면서도 정보화의 방향이 어떻게 나아가고 있는가를 보여주는 상징적인 예였다고 할 것이다4).

이들의 변화는 미국의 국가 정책 측면과 관련하여 국가정보기간화(NII: National Information Infrastructure, 국가정보기반구조)와 맥을 같이한다. 실제로 미국은 초고속정보망을 통해 국제정보시장의 제패를 목표로 하고 있으며(전석호, 1997 가을: 233), 초고속정보망이 하드웨어 시장의 제패를 위한 기반이라면 방송산업의 매수통합은 소프트웨어 시장의 장악을 위한 기반이라고 할 것이다.

미국의 세계지배 전략은, 미국이 UNESCO에서 탈퇴하면서까지 거부하였던 신세계정보질서(NIIO)에 대응할 수 있는 새로운 세계 질서(New World Order)를 구축함으로써 가능한 것으로 파악하고 있다(임동욱, 1997 가을: 207). 일각에서는, 정보산업은 미국이 세계지배를 하기 위한 첨병 역할을 할 것이라고 예측하기도 하였다. 이러한 예측은 미국의 정책적 움직임을 살펴보면 더욱 명확해진다. 미국은 기존에 보여 왔던 방송의 공공성에 대한 논의를 사실상 포기하였다. 미국의 정보 산업에 대한 정책은 1996년 통신법에 잘 드러나 있다. 1996년 통신법은 보편적 서비스의 보장을 강조하고 있기도 하지만5) 궁극적으로는 민간 자본에 의지한 국가정보기간화를 이룩하려는 것이었으며 이를 위해 그동안 방송 등에 대해 가해 왔던 공공

---

4) 언론들은 이들의 결합을 '환상의 결합', '천생배필' 등으로 표현했다고 한다. 문화산업이 창작과 아이디어의 영역이라고 생각을 하는 경향이 있지만 실제로는 시장의 논리에 의해 움직이기 때문에 "덩치가 곧 생존의 열쇠라고까지 규정돼 온 오늘의 미국시장 특징"(김지운, 1995,10: 76-77)을 나타낸 것이라고 할 수 있다.
5) 구체적인 내용으로는 교육, 공중보건, 공공의 안전 등 공중의 이익, 편의 그리고 필요성에 부합하도록 사용되어야 한다는 것을 의미한다(방석호, 1996년 여름: 123-124).

적 규제나 정책의 개입을 최소화하고 경쟁을 도입하려는 의도를 지닌 것이었다. 예를 들면, 방송서비스 분야에서는 소유 방송사의 수에 대한 제한을 없앴으며, 단지 한 회사 소유 방송사들이 미국 전체 시청자 중 도달할 수 있는 범위를 35%로 제한했을 뿐이다(물론, 이것도 이전에 25%로 제한되었던 것에 비하면 오히려 제한이 완화된 것이다). 전화사업의 경우도 케이블 텔레비전과 전화회사의 상호 겸영을 허용하고 전화회사에 내려졌던 수정동의판결(Modification of Final Judgement)[6]을 폐지하는 것이다.

이러한 미국의 정책은 궁극적으로 미국 내 정보산업의 육성만을 의도하고 있는 것은 아니다. 미국은 NII를 기반으로 삼아 세계정보기반구조(GII: Global Information Infrastructure)를 구축한다는 목표를 가지고 세계 정보산업에서 기술적, 산업적 목적을 달성하고자 하였다(임동욱, 1997 가을: 223). 구체적으로 보면, 첫째 미국은 GII를 통해 NII의 상승효과를 노리고 있다. 이는 민간자본이 NII의 참여 과정에서 투자한 자본의 회수를 GII를 통해 이룩할 수 있다는 구상인 것이다. 둘째, 정보기반 구축 과정에서 획득한 기술적 우위를 이용해서 외국시장 진출을 확대하고 신규시장에서 미국의 교두보를 확보하려 한다는 것이다. 마지막으로, 세계 정보기반구축의 표준으로서 NII를 강조하여 정보통신 관련 표준화와 저작권 보호 등 각종 국제 제도적 측면에서 미국의 주도권을 확보하려는 것이다.

세계적인 정보산업화의 추세는 미국이 주도하는 미국 내 정보산업의 세계화라는 경향을 배제하고 논의할 수 없다. 반면, 우리나라의 정보화는 어떤 경향을 지니고 있는가. 우리나라 정보화는 민간주도형이기보다는 정부주도형이라고 보아야 할 것이다. 동시에 민간자본의 투여도 분야별로 강점을 지니고 있는 분야에 대한 경쟁시스템이기보다는 "네트워크 구축에서부터 내용물 제공사업까지 전 분야를 대상으로 하는 모습에 가까울 뿐만 아니라 정부의 모습도 정보의 전달경로인 망의 구축에 집중적 투자와 관심을 보이고 있다는 점에서 한쪽에 경도된 형태로 나타나고 있다"(방석호, 1996 여름: 131)고 한다. 이러한 주장은 산업적인 관점에서 보았을

---

6) 수정동의판결(MFC)은 1982년 AT&T를 분할하는 명령을 내리면서 AT&T의 자회사는 장거리 통신서비스, 통신기기의 제조, 정보서비스의 제공 등 세 영역에 진출하는 것을 금지한 원칙이다.

때, 한국의 정보산업구조가 경쟁력을 강화하기 어려운 한계를 지니고 있다는 것이며, 정책적인 관점에서 보았을 때는 한국의 정보 산업화가 정부주도형인 점에 문제가 있음을 지적하는 것이다[7]. 그러나 이 역시 미국과 비교했을 때 부족한 한국 정보화의 문제점을 지적하고 있는 것이지 기본적으로는 정보산업화는 당위적인 것으로 간주하는 인식에 기반하고 있다.

정보산업화가 필연적인 추세라 인정한다 하더라도, 정보산업화와 관련하여 우리가 취할 수 있는 선택안이 오로지 공익의 희생을 전제로 하는 산업화뿐일까?

2) 정보화가 갖는 의미

기술적 측면만 강조한다면 매체 기술의 변화로 개인의 매체 접근이 쉬워진다거나, 상호작용적 커뮤니케이션이 가능해진다는 논리도 가능할 것이다(김주환, 1997: 53-56)[8]. 즉, 이러한 변화는 매체 생산물의 관점에서 보면 기존의 대량생산에서 대량 개별생산으로 변화하고 있다는 것을 의미한다(김주환, 1997: 54). 그리고 이는 기존의 매스미디어 체제에서 비판된 획일적, 일방적인 매스미디어 생산체계가 가지는 문제점을 극복할 수 있는 청사진으로 확대 해석되기도 한다.

그러나 실제 현실에서는 이미 정보산업이 국가의 기간산업으로 간주되고 있기 때문에, 이제 논의는 '정보화가 왜 필요한가'에서 '어떻게 하면 정보화를 달성할 수 있는가'로 옮겨가고 있다고 하겠다. 구체적인 논의들도 정보화의 방향은 어떻게 진행되고 있는가(한광접, 1996 여름), 또는 정보화의 산업적 대응 방안 등(김명중, 1996 겨울; 원우현 · 주정민, 1996 겨울)에만 집중하고 있었다.

---

7) 정보화를 촉진하기 위해 정부가 1995년 8월 4일 제정한 정보화촉진기본법은 "정보화를 촉진하고 정보통신산업의 기반을 조성하며 정보통신기반의 고도화를 실현함으로써 국민생활의 질을 향상하고 국민경제의 발전에 이바지함"을 목적으로 "민간투자의 확대와 공정경쟁 촉진"을 규정하고 있음(제3조 ①)에도 실제로는 정부가 정보화 촉진 기본계획을 수립하고(5조 ①) 정부 주도의 정보화추진위원회가 모든 것을 추진하도록 하고 있으며 민간투자의 활성화와 효율적 배치에 관한 규정을 어디에서도 찾아 볼 수 없다는 점에서 미국과 차별성을 지닌다고 하겠다.

8) 물론, 김주환은 매체의 기술적 측면을 긍정적으로만 평가하고 있는 것은 아니다. 오히려 커뮤니케이션 구조가 개인 위주로 변화하면서 타인과 격리된 '소내(疏內)'가 진행된다고 지적하고 있다.

이들의 주장에 따르면 매체 정보화는 매체 융합의 과정으로 파악하는 것이 정확하다는 것이다. 매체 융합이란 기술적 융합뿐만 아니라 '산업 간의 기술, 경영, 혹은 소유권의 결합'(한광접, 1996 여름: 34)을 의미하는 것으로서 매체 정보화는 정보산업의 성장에 따라 매체 융합의 가능성과 그 시장성의 관점에서 보아야 더 정확히 볼 수 있다는 것이다. 물론, 위성방송의 성장으로 인해 발생하고 있는 전파 월경이 문화침투라는 문제점 못지 않게 저작권법, 광고 등의 산업적인 문제를 발생시키고 있다는 적절한 지적을 하면서도 이에 대한 근본적인 대응을 고민하기보다는 위성방송의 산업적 발전에 주목하고 있을 뿐이었다(원우현·주정민, 1996년 겨울).

이러한 연구들은 정보화를 궁극적으로 산업화로 보고 산업화 과정에서 성공할 수 있는 가능성을 고찰하려는 시도들이라고 볼 수 있다. 물론, 정보화의 문제점을 근본적으로 지적하려는 시도들도 있다. 임동욱(1997 가을)은 정보화가 기본적으로 기술적 우위에 있는 미국을 중심으로 주도되며, 이는 초국적 정보질서 구축을 통한 미국의 세계지배전략의 일환이라고 보았다. 임동욱의 논리는 미국의 산업적 측면을 전 세계적 정보질서의 관점에서 접근함으로써, 미국의 산업적 주도를 걱정하면서도 이에 대한 대응책은 우리나라의 빠른 정보화라는 점을 강조하는 것에 머물던 기존의 논리와 분명한 차별성을 보이는 것이었다. 그러나 임동욱도 미국주도의 세계정보질서 재편이 정보화가 갖는 진정한 의미임을 지적하고 있을 뿐 그 극복방안에 관해서는 구체적 언급을 하지 않고 있다. 자본주의가 자본의 과잉축적 문제에 대한 '정보공간'이라는 영구해결책을 찾아내고 있음을 '정보 공간의 자본화'라는 개념을 통해 적절히 지적하면서, 자본주의 영속화의 가능성을 우려하는 시각으로 서술하고 있는 이광석(1997)의 견해도 그 정보화의 특성과 정보산업화의 폐해만을 지적했을 뿐 그 대안을 제시하고 있는 것은 아니었다. 즉 일반적으로 정보화 또는 정보산업화는 이제 반드시 이룩하여야 할 당면과제로서 그 자체를 부정하기는 어려운 시점이라는 것이다. 어떤 시각에서 정보화의 문제점을 지적하든 정보화를 이룩하는 방법이 문제일 뿐, 정보화 자체를 거부할 수 없다는 것이다. 이러한 인식은 국가 부의 증대가 국가 목표의 핵심이 되고, 산업화의 주방향은 정보화라는 인식에 기반하고 있기 때문이다.

3) 정보화가 간과하고 있는 부분

정보화 논리 속에는, 기술 발전의 결과로 기존 매체에 비해 다양한 매체의 사용이 가능해진다는 논리와 더불어 기술 정착을 위해서는 산업화가 필수적이라는 논리가 맞물려 돌아가고 있다. 그렇지만 이 논리는 매체 사용의 다양성과 이를 통해 수용자가 얻는 이점을 명분으로 산업화라는 궁극적인 목적을 치장하고 있는 것에 불과하다. 다시 말해 매체 기술이 다양해져도 궁극적으로 수용자에게 의미 있는 것은 내용, 즉 문화이며 문화는 정보기반구축이라는 산업화의 논리로만 채색될 수는 없다는 점을 간과하고 있다.

산업적인 관점에서 문화는 이윤을 창출할 수 있는 상품에 불과하지만, 수용자의 관점에서는 정신적 자양분이며, 국가의 관점에서 보면 국가 정체성의 문제이다. 더군다나 매체 기술 그 자체가 곧 문화를 좌우하는 것이라는 점을 고려하면9) 세계정보기반구조(GII) 구축을 통한 정보산업화는 미국의 관점에서 볼 때 문화적 침투이며 상대국의 처지에서는 문화적 종속을 의미하는 것일 수 있다.

정보산업화가 이루어진다는 것은, 새로운 매체기술에 의한 메시지 생산이 이전과 달리 대량생산체제가 아닌 대량 개별생산체제라 할지라도 결국 산업적 고려를 지닌 대자본에 의한 생산체제라는 것을 의미한다. 따라서 제3세계 문화의 관점에서 보면 정보기반구조의 표준화를 통한 미국 문화의 전파와 더불어 자본에 의한 문화시장 지배라는 이중고를 겪을 수밖에 없다. 채널 또는 매체의 확장은 다양한 접근을 가능케 할 수도 있지만, 경쟁을 통한 생존의 문제가 중요한 관심사인 상황에서는 초기 투자 자본의 크기가 증대됨으로써 정보 산업의 상업화는 더욱 가속화될 것이다.

---

9) 과연 매체 기술이 곧 그 내용을 결정짓는 것인가에 대해 아직도 확실한 이론적 결론에 이르렀다고는 할 수 없지만, 맥루한의 주장을 빌지 않아도 매체 기술은 일반 기술과 달리 그것을 운용하기 위한 기초 기술과 더불어 응용하기 위한 소프트웨어를 필요로 하며, 여기에는 기술 개발 국가의 정신적 내용이 들어 있기 마련이다. 아주 피상적인 예이기는 하지만 방송사들이 컴퓨터 그래픽 기계의 도입을 하기 시작하면서 그렇지 않아도 서구적이었던 화면 구성은 더욱 서구적으로 바뀌었던 적이 있다. 이는 시간을 다투는 방송에서 기존의 그래픽 자료(소프트웨어)들을 쉽게 응용함으로써 나타난 현상이었다고 본다.

2. 정보산업화 문제점 극복을 위한 대안 모색

정보산업화는 전술한 대로 어떤 관점에서 접근하느냐에 따라 그 문제의 차원이 달라질 수 있다. 즉, 산업의 관점에서 접근하면 산업 기반 구축을 위한 경제적 대처 방안이 중요해질 것이며, 수용자의 관점에서 접근하면 정보 산업화가 초래하는 문화적 상업화가 더욱 중요해질 것이다. 기존의 논의들이 산업화의 달성에 관심을 가지고 있는 것에 비해 이 글에서는 정보산업화에 따르는 문화의 상업화를 극복할 수 있는 대안에 관해 논하고자 한다.

1) 대안매체의 중요성

1990년대에는 세계화의 중요성에 대한 강조와 정보화에 대한 기대가 같은 맥락 속에 존재했다고 볼 수 있다. 정보화는 곧 새로운 매체 기술을 통해 세계로 통하는 첩경인 양 논의되었고, 따라서 세계화가 사회의 주요 테제로 자리 잡았던 1990년대에 정보화는 한국사회가 추구해야 할 절대 명제였다. 한편 동시에 1990년대의 또 다른 화두는 지방화(지역화)였다. 이는 정치적으로 지방자치제가 다시 실시되기 시작했던 현실의 영향을 받은 탓도 있었으나, 언론의 측면에서 보면 기존의 중앙 집중 사회에서 획일화된 문화에 대한 반발로서 지역 중심의 사회발전을 추구한다는 측면이 강조되었던 때문이라고 보아야 할 것이다.

1990년대에 이루어졌던 지방화의 논의들은 그 다양성에도 불구하고 기본적으로 몇 가지 공통점을 가졌다. 그 첫째는, 당연히 지역성의 확보이다. 지역민의 독특한 특성이 반영되는 매체로 재정립되어야 한다는 것이다(김서중, 1992). 이 과정을 통해서 지역의 자동생산체계가 작동할 수 있을 것이라는 견해이다. 전환성(1989: 59)은 자동생산체계를 "그 지역에 존재하는 모든 인적, 물적 자원이 그 지역의 사회 성원들의 필요에 따라 지역민의 참여와 스스로의 결정에 의해, 그 지역의 발전을 위해 최대한 활용된다는 의미"라고 해석하였다. 따라서 언론의 지역성 반영은 지방화를 위해서는 필수적이라는 결론에 이르게 된다. 두 번째는, 참여적 언론을 의미한다. 변동현(1990: 62)은 지역신문의 역할에 대한 바이얼리(Kenneth R. Byerly)[10]의 의견을 요약하면서, "지역행정과 지역선거에의 관심과 참여를 유도"하여 "지역문제와 지역사업에 지역민이 심리적 및 행동적으로 동참할 수 있도록"이라는 조건을 제시하였다. 결국, 지역신문이 참여적이 될수록 그 존재 의의가 더 커진다는 점을 강조하였다.

지역 언론이 지역성을 회복한다는 것은 이제 집중화된 기존 언론의 폐해, 즉 일방적이고 획일적이며 수용자를 수동적인 존재로 전락시키는 속성으로부터 벗어나야 한다는 것으로 재해석이 가능할 것이다. 이러한 전제 위에서 소매체의 중요성은 더욱 의미를 가진다. 여기서 소매체란 전파매체에서는 커뮤니티 라디오 또는 텔레비전 등을 의미하며, 신문에서는 비상업적 자주 신문 등을 의미하는 것으로 보아야 할 것이다(존 다우닝, 1989)[11]. 소매체가 가지는 특성은 각 나라마다 발생 연원이나 사회·경제적 조건에서 차이가 있을 수밖에 없다. 프랑스의 경우는 전파매체가 국영으로부터 출발하였기 때문에 여타 라디오 방송들은 1981년 합법화되기까지 '자유라디오'라는 해적방송을 할 수밖에 없었으며 이들은 그 대안적 성격에도 불구하고 기본적으로는 상업방송의 형태로 출발하였다고 할 수 있다(Kleinsteuber & Sonnenberg, 1990: 92-94). 물론, 합법화 이후에는 '라디오 연합(radios associatives)'라는 이름으로 지역 커뮤니케이션을 강화하기 위해 노력하는 400여 개의 작은 방송사가 설립되어 운영되고 있다. 이들은 상업방송이라기보다는 개인적으로 결합되어 있는 커뮤니티 라디오라고 하는 것이 더욱 적절할 것이다. 반면, 상업방송이 기조를 이루었던 미국과 같은 나라에서는 방송재단, 즉 PF(Pacifica Foundation)에 소속된 여러 방송사들처럼 대부분의 커뮤니티 라디오들이 비상업적 라디오의 성격으로 존재하고 있다. 그러므로 이러한 방송들을 하나로 묶기에는 어려움이 존재한다. 그럼에도, 이들 라디오들은 공영도 아니면서 상업적도 아니라

---

10) Byerly(Kenneth R.), *Community Journalism*, Chilton Company: New York, 1961: 5.
11) 물론, 지역언론의 중요성으로부터 소매체의 중요성을 도출했다는 사실만을 고려한다면 상업적 지역신문의 포함 여부가 논란이 될 수 있을 것이다. 그러나 지역언론의 중요성은 곧 지역언론의 '존재' 자체의 필요성을 의미한다기보다는 지역성을 보장하는 참여적인 언론을 의미하며 이를 가장 잘 보장할 수 있는 매체는 비상업적 자주 매체라고 보아야 마땅할 것이다.

는 점에서 공통점을 지닌다고 한다(Kleinsteuber & Sonnenberg, 1990: 90-91). 어떤 경우에는 지방정부나 공공교육기관이 주도하여 설립하기도 하지만 개인 주도하에 설립되기도 하고 다양한 원천으로부터 그 재원을 공급받는다는 점에서 공통점을 지닌다는 것이다. 그리고 이들은 지역적 기반을 중요시하고, 다양한 집단이나 개인들이 매체에 용이하게 접근할 수 있도록 한다는 점에서 일치한다는 것이다. 이러한 특성들로 인해 소매체는 기존 매체에 대한 대안 매체로서 기능할 수 있다. 그러나 소매체의 지역성과 참여성은 기존 매체뿐만 아니라 다채널의 정보화 시대에 오히려 역으로 집중화 현상을 보이고 있는 매체들에 대한 대안 매체로서 기능할 수도 있는 가능성을 보여주는 부분이다. 매체 기술의 발전으로 매체 또는 채널의 수가 증대하고 있음에도 불구하고 언론의 상황은 자본화, 상업화가 강화되고 이로 인해 오히려 매체 집중화가 이루어지고 있는 것이 현실이다[12].

한편, 외국 신문의 경우는 소지역 공동체(community)를 대상으로 하는 신문들의 존재가 일반화되어 있다. 그 중에서도 여기에서 관심을 갖는 신문은 자주적 관리 매체의 속성을 지니는 급진적 신문이다. 이들에게 특별히 관심을 갖는 것은 존 다우닝이 미국의 대표적 급진매체로 꼽고 있는 〈내셔널 가디언〉지(National Guardian, 후에 〈가디언〉지로 바뀜)의 다음과 같은 특성 때문이다. 즉, 존 다우닝에 따르면 〈내셔널 가디언〉지는 "…직원들에 의한 민주적 논의, 명백히 규정된 최종적 편집권, 그리고 기사작성과 표현에 있어서 최대한의 전문가적 완벽성을 기하려는 노력"과 더불어 "…비상근기자들을 광범위하게 활용"했고 "이 관행은 상근 직원들의 밖에 있는 사람들에게 그 신문의 지면을 일관성 있게 개방하는 데 기여했다"는 것이다(1989: 72). 〈가디언〉지의 내적 민주주의와 참여적 성격의 유지는 상업적인 소지역 신문(community paper)에서는 찾아보기 어려운 특성이라고 할 것

---

12) 비록, 정보화 사회를 직접 겨냥하고 있는 것은 아니지만 Jan Drijvers(1992: 193-201)는 유럽의 작은 나라들이 공통적으로 문화적 위기에 처해있음을 지적한다. 이는 공영이건 상업방송이건 시장경제의 원리에 따라 많은 비용을 들여 자체 제작하는 프로그램보다는 외국(미국)의 값싼 프로그램을 선호하는 경향을 보이고 있으며, 위성방송의 시험장이 되고 있기 때문이라는 것이다. 그리고 그는 이에 대한 대안으로써 적은 비용이라는 장점(상근과 비상근 직원의 결합)과 참여적 언론의 성격을 지닌 소지역 방송(Community broadcasting)을 내세운다. 미국의 영향 아래 문화적 정체성의 위기에 있는 우리 현실에서도 유사한 모습을 발견할 수 있을 것이다.

이다. 반면, 급진적 신문들에서는 일반적으로 나타나는 모습이라고 할 것이다. 이들 급진적 신문에 관심을 갖는 것은 그들의 이념성 때문이 아니고 이들 신문이 조직을 운영하는 방식과 참여적 언론을 달성하는 방식에서 보여 주는 기성신문과의 차별성 때문이다. 따라서, 급진적 자유론자들은 라디오 개혁의 방향을 급진적 소지역 신문(radical community press)을 닮은 소출력 지역 라디오(low-power community radio)의 발전에서 찾고 있다(James Curran, 1986: 96).

2) 소매체의 현황과 그 가능성

이제까지 지적한 기존 매체의 모든 문제점은 소수에 집중된 대량생산체제로부터 비롯된 것이라고 할 수 있다. 새로운 매체들은 수용자의 선택 폭을 넓힌다던가, 상호작용적이라는 점에서 기술적으로는 기존의 문제점을 극복할 수 있는 가능성을 지니고 있음에도, 산업화된 정보화 과정에서 이러한 가능성은 사라지고 있다고 할 것이다. 따라서, 수용자의 관점에서 이를 극복하기 위한 대안이 필요하며, 이러한 대안은 기존 매체와 새로운 매체를 구분하는 기술적인 측면에서가 아니라 기술적 가능성을 구현하고자 하는 인간의 의지에서 발견할 수 있다. 이런 전제 아래 매체별로 그 가능성을 찾아보자.

(1) 커뮤니티 신문 또는 소지역 신문

존 다우닝의 분석에 따르면 서구사회에서는 급진적 신문들이 주로 운동적인 소매체 성격을 띠고 있다. 그 이유는 실제로 서구사회에는 어디에나 소규모 지역 신문이 존재하기는 하지만 근본적으로 이들 대부분이 상업적 성격을 띠고 있기 때문이다. 물론, 대도시 신문들에 의한 독과점은 표현의 자유를 제한하는 것이므로 상업적 신문이라 하더라도 다양한 의견의 수집·전파를 위해서 소규모 지역신문의 존재는 필요하다고 할 수 있다. 그러나 상업적 신문은 그 운용상 수용자의 참여를 보장할 수는 없는 것이다. 이러한 체계 아래서는 신문사의 규모의 차이에도 불구하고 정보 생산자인 신문과 정보 소비자인 독자로 역할이 명확히 구분될 수밖에 없다. 그러나 급진적 신문은, "…'다양한' 경험과 관심을 가진 사회적 존재들 간의 횡적 커뮤니케이션에 개방되어 있지 않다면 우리는 그것을 해방의 힘으로 볼 수 없"다는 존 다우닝(1989: 30)의 지적처럼, 기본적으로 수용자들이 생산에 참여하고 개방적일 수 있는 가능성을 지니고 있다. 존 다우닝이 사례로 들고 있는 〈내셔널 가디언〉, 〈유니언 웨이지〉(Union Wage), 〈아크웨사스네 노츠〉(Akwesasne Notes) 등은 앞에서 언급한 대로 비상근직원의 참여와, 관련 집단들이 기부하는 기부금을 근거로 운영이 가능한 신문들이다. 이 사실은 비상업적이면서 동시에 제작진들의 희생을 요구하는 운동의 한 형태라는 것을 의미한다. 물론, 이들이 이념적으로 단일한 성격을 띠고 있는 것은 아니다. 즉, 이들이 급진적이라고 해서 모두 좌파신문을 의미하지는 않는다는 것이다.

이러한 점들을 고려할 때 대안적인 소매체로서 신문이 갖추어야 할 몇 가지 전제를 다음과 같이 정리할 수 있다. 첫째는, 비상업적이어야 한다는 점이다. 둘째는, 비상업적 재정을 유지하기 위해서는 직원들이 희생을 감수할 수 있는 운동가여야 한다는 점이다. 셋째는, 재정상의 어려움으로 인해 상업적 신문들처럼 외형적인 규모를 지닐 수는 없다는 점이다. 넷째는, 신문 수용자가 신문 제작에 참여적이어야 한다는 점이다.

우리 사회는 오랫동안 법적·정치적 이유로 지역 언론을 비롯한 소규모 언론이 존재하거나 활성화될 수 있는 여지가 없었다. 1987년 '정기간행물 등록 등에 관한 법률 제정(이하 정간법)' 이후로 새로운 신문들이 우후죽순처럼 증가하였으나[13] 이들 신문들이 위에서 제시한 조건을 충족시킬 수 있었는가는 의문이다.

물론 우리 사회에서도 이러한 조건을 가졌던 몇 개의 신문을 열거할 수 있다. 〈노동자 신문〉, 〈대학정론〉과 같은 것들이다. 이들 신문들은 출발부터 운동적 성격을 띠었고 내부 민주화를 통한 조직운영의 노력을 기울였다. 그런 점에서 비상업적 자주관리 매체에 비교적 접근했던 신문이라고 할 수 있다. 그러나 이 신문들은 현실에서 실패하였다. 그 요인들이 다양할 수 있으나, 근본적으로 재정상의 부담을 극복하기 어려운 점과 신문 발행 의도에 맞는 신문형태를 가지고 있지 못했던 점이

---

13) 예를 들면, 1987년 6월 현재 10개 회사였던 지방신문이 1996년 6월 현재 61개 회사로 증가하였으며(한국언론연구원b, 1996), 지역신문의 경우에는 1996년 4월 말 현재 등록된 신문은 582개 신문이며, 정상적으로 발행·납본되고 있는 신문만도 192개 신문이라고 한다(한국언론연구원a, 1996).

중요한 요인이다14). 이들 신문이 발행의도에 맞지 않은 신문형태를 띠게 된 것은 법적인 제약으로부터 비롯되었다. 이들 신문의 발행 당시 일반 주간 신문을 발행하기 위해서는 윤전기 1대 이상을 소유하고 있어야 했고, 이를 맞추지 못하는 한계로 인해 특수 신문으로 등록을 해야만 했기 때문이다(정간법, 6조 3항). 따라서, 소매체의 활성화를 위해서는 법적 정비가 필요했다15).

(2) 전파매체

한국의 방송은 전국적 방송이건 지역방송이건 대규모 방송만이 존재해왔기 때문에 방송의 운영은 일반 수용자의 몫이 아닌 것으로 인식되어 왔다. 그러나 서구에서 비상업적 소출력 방송은 최소 상근자 체제에 비상근자의 자원봉사로 조직이 운영되며 개인 또는 집단에 대한 시간대 할애라는 방식을 통해서 운영되기 때문에, 초기 투자뿐만 아니라 운영비용도 적게 드는 특징을 가지고 있다. 소출력 라디오의 경우는 출력이 5와트부터 100와트 사이에 있으며 10와트가 일반적이라고 한다. 우리의 행정 지역 단위로 해석하면, 작은 군 또는 면을 대상으로 하는 방송을 의미한다. 이들 소출력 전파매체에서 일반적으로 나타나는 공통점들을 살펴보면 (Kleinsteuber & Sonnenberg, 1990: 99-103), 허가는 정부 당국 또는 중앙의 공적 기구에서 담당한다. 그리고 조직, 재원, 방송구역, 내용 등에 관한 엄격한 조건을 부가하고 있다. 그러나 이들 국가는 그 규정을 정함으로써 규제를 가하는 것 같지만 사실상 소출력 라디오의 존재가능성을 인정하고 있다. 이들 소출력 라디오는 그 재원의 경우 일반적으로 수신자 부담을 원칙으로 한다. 즉 유료라는 것이다. 한국의 현실에서 소출력 라디오가 유료 방송을 하는 것은 법적인 근거가 없다. 물론, 이들

---

14) 〈대학정론〉과 〈노동자신문〉은 발행초기부터 일반 주간신문으로서 발행할 의도를 가지고 있었으나 재정상의 이유로 특수 주간신문으로 등록하게 되었다. 〈대학정론〉은 〈한겨레신문〉(1989년 6월 27일자)과 인터뷰에서 "내용면에서는 구호적인 수준을 뛰어넘는 구체적이고 과학적인 정세관련 자료·분석기사가 많아 ……"라고 답변하고 있으며, 발행인인 오세철은 "사회변혁운동에서 …… 민중언론운동의 획기적 계기" 등을 언급하면서 〈대학정론〉이 일반주간신문의 성격을 띨 것임을 밝혔다. 〈노동자신문〉 역시 창간준비문건에서 정치, 경제, 문화 등에 관한 "보도와 해설기사를 통해"라고 하여 일반 주간신문의 성격을 띨 것임을 명백히 하였다.
15) 후술하는 바와 같이 2005년 개정 '신문 등의 자유와 기능보장에 관한 법'에서는 이 제약이 사라졌다.

소출력 라디오는 그 외의 재원도 인정받고 있다. 거기에는 기부금, 모금, 지원금 등이 모두 포함된다. 이러한 방식 역시 우리 법제에서는 인정되지 아니하고 있는 요소이다. 따라서, 우리 사회에서 소출력 방송이 가능하기 위해서는 법제적 정비가 필요할 것이다.

(3) CATV

케이블 텔레비전을 소매체의 영역으로 포함시킬 수 있는가는 논란의 여지가 있으나 우리 사회에서 케이블 텔레비전의 자주방송채널(지역채널)과 액세스채널이 소매체의 전제 조건인 지역성 확보와 수용자의 참여를 유도할 수 있는 가능성을 내포하고 있는 점은 인정해야 할 것이다. 그러나 케이블 텔레비전의 현 실정은 자주방송채널을 제대로 활용하고 있지 못하다. 지역방송사들은 대개 1개 채널만을 운영하고 있으며 자체 프로의 경우 하루 1～2개에 그치고 있었다(강상현, 1995: 97). 최근, 복수종합유선방송사업자(MSO: Multiple System Operator)가 늘어나면서 자체 제작 프로그램이 늘어나고 있기는 하지만, 아직도 액세스채널의 경우에는 이 채널을 상시적으로 활용하고 있는 사례를 찾기 힘들다. 2000년 통합방송법이 지상파에 대해 액세스 프로그램을 인정하고 있는 것과 비교되는 지점이다. 물론, 법적으로는 액세스채널의 존재를 규정하고 있다. 통합방송법 70조 7항은 "종합유선방송사업자 및 위성방송사업자는 위원회규칙이 정하는 바에 의하여 시청자가 자체 제작한 방송프로그램의 방송을 요청하는 경우에는 특별한 사유가 없는 한 이를 지역채널 또는 공공채널을 통하여 방송하여야 한다"라고 액세스채널의 존재를 규정하고 있다. 하지만, 아직도 이 채널의 존재가 일반에게 잘 알려져 있지도 않고, 따라서 활용되고 있는 것도 아니다.

(4) 지역공동체 네트워크(인터넷 활용)

정보에 대한 무제한 접근을 주장하는 인터넷은 이용 여하에 따라 참여적 정보 생산과 소비의 수단이 될 수 있을 것이다. 인터넷은 세계적인 정보망으로 형성되어 있는 것이지만 이용자의 이용 여하에 따라 회사들이 인터넷을 이용한 인트라넷을 구축하듯이 지역 공동체 구성원끼리의 지역네트워크를 형성할 수도 있다. 이는 앞서의 세 가지 매체 양식보다 더욱 참여적인 양식으로서 지역네트워크가 형성되면 지역성 확보도 가능한 것으로 판단된다. 이를 위해 김주환은 다음과 같은 제안을 하고 있다(김주환, 1997: 68-69).

① 우선 우리는 뉴미디어를 정치 참여의 한 방식으로 받아들여야 한다. 하버마스가 제안한 바 있는 '열린 마당'이라는 비현실적인 개념을 컴퓨터통신망을 통해 현실화할 수 있는 가능성에 대해서도 우리는 심각하게 고려해보아야 한다.
② 인터넷 등의 컴퓨터통신망과 관련해서는 누구나 이러한 서비스를 이용할 수 있어야 한다는 정보서비스의 기본권의 개념을 세워가야 할 것이다. 마치 누구나 깨끗한 물과 전기를 싼값에 공급받을 수 있어야 하는 것처럼 누구나 인터넷에 최소한의 비용으로 접근(universal access)할 수 있어야 한다.
③ 정보 빈자와 정보 부자의 격차 문제도 더 이상 심각해지기 전에 논의를 시작하여야만 한다.
④ 인터넷을 또 하나의 대중매체로 만들려는 갖가지 노력에 대해서는 경계해야 한다.
⑤ 앞으로 정보화사회를 주도해 갈 인터넷을 통해 우리가 추구하는 기본적 가치를 실현하는 가장 현실적인 방안은 지역공동체 네트워크 운동일 것이다.

김주환의 제안은 선언적이기는 하지만 중요한 시사점들을 제공해주고 있다. 그러나 이를 위해서는 정보화 추진을 산업화가 아니라 정보 수용자를 위한 방향으로 수정하여야 한다는 대전제가 필요하다.

3. 참여커뮤니케이션 활성화를 위한 법적 고려

매체와 관련하여 참여 커뮤니케이션을 활성화하기 위해서는 법적인 문제만을 고려하여서는 안 될 것이다. 그러나 앞에서 살펴 본 바와 같이 기본적인 틀 자체가

법적으로 제약되어 있는 상황에서는 법적인 조건을 갖춰 놓은 이후에야 활성화를
위한 기타 논의가 가능할 것이다.

1) 구 정간법의 제약적 요소와 그 의미

2005년 정간법을 개정하여 '신문 등의 자유와 기능보장에 관한 법률(이하 신문
법)'을 제정하였으나 이전 정간법에서 소매체의 가능성을 억제했던 조항은 우리 사
회의 성격을 이해하는데 도움이 된다. 정간법에서 시설기준은 언론기본법과 다를
바가 없었으나 1992년 6월 26일 헌법 재판소의 판결 이후 시행령을 개정하였다.
시설기준을 요구하는 것(7조 1항)과 이 시설이 자기 소유여야 한다고 해석하는 것
이 위헌인지에 대하여 1990년 서울 형사 지방 법원이 해석을 요구하자 헌법재판소
는 다수 의견으로 다음과 같은 판결을 내렸다(1992. 6. 26. 90헌가23).

첫째, 정간물법 제7조 1항은 발행인들에 의한 정간물의 난립을 방지하고, 언론·출판
의 공적 기능과 언론의 건전한 발전을 도모할 목적으로 제정된 법률규정으로서 헌법
상 금지된 허가제나 검열제와는 다른 차원의 규정이다. 또한 언론·출판의 자유를 본
질적으로 침해하는 것도 아니므로 헌법상 제 37조 2항에 반하는 입법권 행사라고 할
수 없다.
둘째, 본 법률 제7조 1항 9호의 '해당시설'은 임대 또는 리스 등에 의하여도 갖출 수
있는 것이다. 그러므로 위 조항의 등록 요건인 9호와 제6조 3항 1호 및 2호의 규정에
의한 '소정의 해당 시설'이 자기소유이어야 하는 것으로 해석하는 한 신문발행인의
자유를 제한하는 것으로서 허가제의 수단으로 남용될 우려가 있다. 따라서, 이는 헌
법 제12조의 죄형법정주의의 원칙에 반하고 헌법상 금지되어 있는 과잉금지의 원칙
이나 비례의 원칙에도 반한다.

이 결과 전술한 대로 정간법 시행령에서 시설은 자기 소유와 대여 시설도 가능한
것으로 수정되었다. 그러나 여전히 문제점은 남는다. 구입과 비교할 때 비용의 절
감은 이루어질 수 있겠으나 이러한 시설의 대여 또한, 상당한 자금을 필요로 한다.

결국 이러한 시설기준은 여전히 일간지의 경우 최소 몇 만 부 이상 발행하는 경우만을 산정하고 있다고 보아야 할 것이다. 이는 재력 있는 소수만이 언론을 소유할 수 있음을 암묵적으로 상정하고 있는 것으로 비판할 수 있다. 앞의 판결에서 변정수 재판관은 7조 1항은 누구나 발행을 할 수 있는 평등권을 근본적으로 침해하는 위헌적 조항임을 소수 의견으로 지적하였다. 조그만 지역을 대상으로 매일 500부 씩 발행하는 일반 일간신문을 내겠다는 의사를 갖고 있는 사람은 이를 위해서 얼마나 많은 비용을 들여야 할 것인가? 이러한 예는 자본주의사회에서 가상의 사례에 불과한 것으로 간주되는 경향이 있으나 서준식씨가 이끌어 온 〈인권사랑 한마당〉이 내고 있는 〈인권하루소식〉은 적절한 예를 제공해준다. 이 〈인권하루소식〉은 A4 용지 한두 장 분량으로 매일 발행하여 팩스로 송신하는 것으로 경찰이나 안기부도 그 구독자에 포함된다고 한다(〈한겨레신문〉, 1997. 11. 6. 사설). 그렇지만 정간법에 따라 서준식씨가 이를 합법적인 신문으로 발행하고자 한다면 시사·정치를 다루지 않을 경우라 하더라도(인권소식이 시사·정치를 다루지 않을 수 없는 것이지만) 윤전기 1대 이상 임대해야 하는 경제적 부담을 가져야 하는 것이었다.

결국, 구 정간법은 소매체의 존재 가능성을 애초에 배제하고 있었던 것으로 보아야 할 것이다. 이것이 다양한 의견의 존재를 위해 언론의 자유를 보장하는 자유주의의 기본 원칙에 합당하지 않음은 재론의 여지가 없다. 신문법은 구 정간법의 6조 3항을 폐지하였다. 그런 점에서 비록 늦은 감은 있지만 소매체의 활성화 가능성은 증대하였다.

신문법은 오히려 작은 매체를 지원할 수 있는 신문발전지원을 규정하고 있다. '제4장 신문산업의 진흥'에서 여론 다양성을 보장하기 위하여 신문발전기금을 구성하고, 신문발전위원회를 설치하여 지원할 수 있도록 하였다. 또한, 신문유통원을 설립하여 배달 능력(유통자본능력)에 따른 매체 간 차이를 극복하고, 그럼으로써 수용자의 접근권을 동등하게 보장하는 것을 국가가 지원하도록 하고 있다. 그러나 이 조항들은 매체의 능력을 불문하고 사회적 지원을 가능하게 하여 매체 다양성을 보장하려는 애초의 취지가 약화된 측면이 있다. 문화관광부는 시민단체들의 의견을 받아들여 지면에서 광고의 비율, 독자권익위원회 설치 여부, 편집위원회 설치 여부 등에 따라 우선 지원 조항을 시행령에 규정하는 초안을 내놓았다. 하지만 〈조선일보), 〈중앙일보〉, 〈동아일보〉 등 보수 언론은 일제히 사설을 통해 이를 위헌적 조항이라며 공격하였다(2005. 5. 12). 또, 〈동아일보〉는 신문법의 편집권 조항, 겸영금지 조항, 시장지배적 사업자 등 제 조항에 위헌적 요소가 있다고 위헌소송을 제기하였다. 신문법이 지향하는 여론 다양성이 기존 언론에 불편함을 초래한다는 것은 기존의 언론 상황이 다양하지 못했음을 역으로 입증하는 것이라고 하겠다.

지역의 작은 매체가 참여적 커뮤니케이션 매체로서 기능할 수 있도록 지원하려는 노력은 2004년에도 있었다. '지역신문발전지원특별법'의 통과가 그것이다. 이 법은 지원 예산 확보에 대한 고려가 적었던 관계로 일정 기간 시행의 어려움을 겪었지만 전술한 신문법에서는 시행령 수준에서 제안하고 있는 우선지원 기준 조항을 이미 법 수준에서 규정하고 있는 법률로서 내용상에서는 신문법을 앞서 나가는 것이라고 할 수 있다.

새로운 신문법은 많은 점에서 구 정간법의 문제점을 해결하고 있다. 그러나 새로운 신문법에서도 여전히 잔존하는 구 정간법의 문제 조항이 있다. 발행 정지의 경우, 여전히 3개월에서 6개월까지는 공보처 장관이 발행정지를 명할 수 있게 하고 있다. 비록 청문의 절차를 거치도록 하여 대상자에게 항의할 수 있는 기회를 주고 있는 점에서 언론기본법보다 나아졌다는 주장도 가능하나 사실상 공보처가 발행정지의 의도를 가지고 있을 때는 시간이 지연되는 것 말고 하등 차이가 없다. 언론사에게 등록 취소를 사형이라고 한다면 발행정지는 무기징역과 같은 것으로서 단지 3개월 또는 6개월 휴간하는 것에 그치는 정도가 아니라, 언론사도 기업이라는 점을 감안할 때 재기 불능의 상태에 빠지게 될 수 있다. 더군다나 이것이 문화관광부 장관의 소관사항이라는 점은 이 조항이 권위주의적 잔재라는 것을 의미한다. 모든 처분은 사법부의 소관으로 이전되어야 할 것이다.

더불어 신문법은 오히려 정기간행물 보호 법률로서 자리 매김하기 위하여 소매체의 구체적 보호 방안을 포함하여야 한다. 즉, 방송에서 전파사용료의 명목으로 확보한 공익자금(방송발전기금)을 지역 단위의 소매체의 경영을 돕기 위한 지원금으로 사용하도록 법률적으로 규정하는 것도 하나의 방법이 될 것이다. 신문법 시행령에서 방송발전기금의 전입금을 신문발전기금의 구성요소로서 규정하려는 시도가 그 한 예이다. 물론, 이는 방송계의 반발에 부딪히고 있다. 이해 당사자의 갈등이 여론 다양성을 확보해야 하는 사회적 필요성에 앞서는 한 예이다.

2) 전파매체의 제약적 요소와 개선책

전파매체의 운용은 어느 나라에서든 허가사항인 점은 동일하다. 그러나 한국의 방송관련법은 근본적으로 소출력 방송의 운영을 허가할 수 없는 조항들을 포함하고 있다.

그 첫째는, 방송법에서 방송국(법 용어라 그대로 쓰지만 방송사라는 표현이 적절하다고 봄)을 경영하는 주체를 방송법인으로 규정하고 있다는 점이다(방송법 2조). 방송법인을 전제하고 있는 것은 결국, 기업적인 또는 기업 규모의 방송사만을 전제하고 있다고 해석할 수 있다. 물론 방송법인을 규정하고 대주주의 주식 소유 한계와 대기업의 주식 소유 금지를 규정하고 있는 6조가 방송매체의 독과점과 경제권력 및 언론권력의 유착을 방지하려는 우리의 현실상 필요한 조항이라고 할 수 있으나, 소매체의 필요성을 고려하면 수정이 필요한 측면이 있다. 일정 규모를 정하고 그 규모 이상의 매체와 이하의 매체에 대한 차별적 적용이 필요하다. 규모를 정하는 기준에는 출력 또는 방송지역의 크기 또는 매출액 등을 사용할 수 있다. 요점은 대 방송사와 소규모 출력 방송사를 동일한 차원에서 규제하는 것이 바람직하지 않다는 것이다. 최근에 비영리지역방송이라는 개념이 등장하고 있는 것도 이러한 이유 때문이다.

둘째는, 방송사의 허가 절차와 기준이 분명하지 않다는 것이다. 방송의 허가는 방송을 하고자 하는 사람이 사용 가능한 주파수 한계 속에서 허가 신청하면 받을 수 있는 것이어야 하는데, 한국의 경우 정부가 주파수를 할당하겠다고 결정하여야만 방송할 수 있는 여지가 생기는 것이다. 즉 방송법은 방송을 하기 위해서는 방송위원회가 허가 추천을 하면 전파법에 따라 정보통신부 장관의 무선국 허가를 받아야 한다고 규정하고 있다(방송법 9조, 10조). 그런데 전파법은 6조에서 무선국을 운용할 수 있는 기술적 측면과 재정적 측면만을 규정하고 있다. 이런 과정에서 소출력 방송이 도입될 수 있는 여지는 방송위원회의 결단에 의존할 수밖에 없게 된다. 다행히도 방송위원회의 방침은 소출력 라디오를 허가하겠다는 쪽이다. 2004년 방송위원회는 소출력 라디오의 시범사업자로 5개 사업자를 선정하였다. 하지만, 이들에게 허가한 출력은 1와트에 불과하다. 최대 반경 5㎞ 전파 발사만이 가능해 외국에 비해 매우 작은 방송이다. 경우에 따라서는 그 정도의 방송도 필요하겠지만 기본적으로 5와트 이상이어야 한다는 인식의 변화가 필요하다. 그러나 이러한 변화를 위해서는 현재의 법체계상 방송에 대한 인식이 부족한 정보통신부의 인식의 변화가 선행하여야 한다. 그런데 이러한 해결책은 개별 조직의 정책적 판단에 의지하여야 한다는 점에서 애초부터 한계를 지닌 방식이다. 따라서, 소출력 라디오의 허가를 방송위원회 소관사항으로 변경하여야 한다. 더 바람직하기는, 정부가 방송사 허가에 개입하여 의혹을 받아 왔던 과거의 전례가 반복되지 않으려면 방송의 인·허가권을 완전히 방송위원회로 이관하여야 한다. 또한, 법적인 보장을 정확히 받기 위해서는 방송법 또는 전파법은 방송사를 허가하기 위한 명확한 기준을 명시하여 방송에 진입하는 장벽을 없애야 할 것이다[16].

3) 케이블 텔레비전 및 인터넷의 활용을 위한 법적 고려

전술한 대로 케이블 텔레비전은 지역채널이나 액세스채널을 통해 지역성의 확보, 또는 참여적 커뮤니케이션을 이룰 수 있는 유용한 매체이다. 방송법상으로도 지역채널을 운용하도록 하고 있으며, 공공채널의 액세스 프로그램 방송의 가능성을 열어두고 있다. 방송법은 특별한 사정이 없는 한 액세스 프로그램의 방송을 하도록 하고 있지만 액세스채널을 강제하고 있는 것은 아니다. 따라서, 현실에서 종합유선방송의 액세스채널을 위한 노력은 찾아보기 힘들다. 참여커뮤니케이션의 활성화 차원에서 본다면 액세스채널은 그 설치를 강제하여야 할 뿐만 아니라, 케이블 텔레비전이 교육하고 기초 장비를 대여하여 지역주민이 액세스채널을 적극적으로 이용할 수 있도록 돕게 하는 법적 규정이 있어야 한다. 최근 방송위원회 주도로 각 광역단위의 미디어 센터 설립이 이어지고 있다. 따라서, 수용자의 프로그램 제작

---

16) 이는 기존의 대기업에 대한 제한을 풀자는 의미는 아니다. 단지 소출력 방송의 경우 많은 가용 주파수의 활용도를 넓히고, 명확한 기준으로 소출력 방송을 하고자 하는 사람이 주도적으로 방송 허가 신청을 할 수 있도록 만들자는 것이다.

능력은 향상될 것이라고 예상할 수 있지만 참여할 수 있는 장은 여전히 제한되어 있다.

인터넷을 통해 지역공동체 네트워크를 형성할 수 있어야 한다는 김주환의 제안은 실질적으로 다수의 주민이 네트워크에 접근 가능하고 네트워크를 이용할 능력이 향상되어야 한다는 것을 전제한다. 따라서, 현재 정보화촉진법 3조 '정보통신정책의 기본원칙'에서 '정보통신기반에 대한 자유로운 접근' '지역적·경제적 차별이 없는 균등한 조건의 보편적 역무 제공'을 선언적으로 규정하고 있는 것만으로는 달성 불가능한 것이라고 보인다. 이를 위해서는 정부의 개입을 통해 공공영역의 정보화 추진 방안을 구체적으로 반영한 법조항의 완비가 필요하다. 방석호에 따르면 미국의 경우 민간주도형으로 이루어지고 있으며 이를 위해 1996년 통신법은 규제완화를 목표로 하고 있으나 우리는 아직 법제가 미비하고, 민간 투자부문이 전문화되어 있지 못한 한계를 지니고 있다고 한다(1996 여름). 그리고 미국과 달리 한국은 정보화, 정보 산업 진흥 등을 정부주도형으로 진행하여 왔다고 한다. 그러므로 정부가 제시한 한계 속에서 방송사업자와 통신사업자의 역할 구분과 각자의 역할 등을 정책과 법을 통해 분명히 제시해야 하는 것은 정부의 역할이라고 못 박고 있다.

4. 결론에 대신하여

정보화의 추세가 다양한 정보의 다양한 유통이라는 기술적 가능성에도 불구하고 산업화, 자본화, 집중화의 경향을 보이고 있다. 이러한 경향은 궁극적으로 또 다시 문화적 종속이라는 현상을 빚어낼 수밖에 없으며 이 과정을 통해서 정보화는 다수의 사람에게 새로운 질곡으로 작용하게 될 것이다. 이를 극복할 수 있는 방안의 하나로 다양한 참여커뮤니케이션을 활성화시켜야 하는 필요성을 제기하고 그것을 보장할 수 있는 법적 측면을 살펴보았다. 구체화되지 않은 현상에 대한 제안이라는 점에서 추상적인 방향만 제시하고 법적 조항을 구체적으로 제시하지 못한 한계가 있다. 하지만, 엄밀한 법적 대안의 제시는 구체적인 상황 전개와 비례할 것이다.

소출력 방송의 허가와 관련하여 정책 추진의 실질적인 관심과 책임을 가지고 있다고 볼 수 있는 방송위원회가 방송의 인·허가권을 가져야 다양한 방송이 가능할 것인데, 현재는 정보통신부에 의해 제약되는 측면이 있다. 이것이 바로 그동안 소출력 방송의 허가 정책이 지체되어 왔던 이유이다.

구 '정기간행물 등록 등에 관한 법률' 시절, 정부는 WTO 체제 이후 '불가피'하게 개방되는 신문시장의 현실을 반영하여 4조 '외국자금 유입의 금지' 조항을 '외국자금의 출연' 조항으로 개정한 바가 있다. 외국 자본에 대해 원천적 금지에서 허용으로 방향을 선회한 것이다. 게다가, 발행질서의 개선을 이유로 직권등록취소를 강화하였다. 외국자금의 유입 허용과 발행질서 개선 모두 기업적 언론의 보장이라는 측면에서 공통점을 지닌다. 이러한 조치는 1963년 '신문·통신 등의 등록에 관한 법률' 이후 줄곧 견지되어 온 소규모 언론은 사이비 언론이라는 인식의 다른 표현에 불과하다. 이 조항들은 여전히 2005년 개정 신문법에도 그대로 남아 있다. 다양한 언론의 보장이라는 개정 취지를 앞세운 신문법의 한계를 보여 주는 사례이다.

비록 개정 신문법에서 시설기준 조항이 폐지되었지만 여전히 소자본(무자본)의 언론행위자는 설 땅을 찾기가 쉽지 않다. 게다가, 신문법에서 여론 다양성을 보장하려는 조항들은 여론독과점 신문들의 공격대상이 되고, 매체 다양성을 위한 사회적 자본의 사용은 기존 매체의 공격대상이 되고 말았다. 법, 제도상의 변화가 정치적 선택과 밀접한 관련이 있음을 다시 한 번 각인시켜주는 사례이다.

참고문헌

강상현, 1995. 「지역매체로서의 CATV의 기술적 가능성과 제도적 장애」, 『한국사회와 언론』 6. 9, 한울.

김서중, 1992. 「공공성 제고를 위한 방송제도 개선에 관한 시론」, 『학술단체협의회 심포지엄 자료집』.

김은규, 2005. 「다윗과 골리앗을 넘어서: 대안 미디어 정체성에 대한 새로운 논의틀과 그 함의」, 『한국언론학보』 49-2, 4.

김주환, 1997. 「정보화사회와 뉴미디어, 어떻게 볼 것인가 - 상호작용의 커뮤니케이션과 디지털 정보의 의미」, 『한국사회와 언론』 8.

김지운, 1995. 「미 연예오락·미디어 업체 매수·통합의 의미와 전망」, 『신문과 방송』 10.

방석호, 1996. 「우리나라 멀티미디어 관련 법제의 개편방향에 관한 연구 - 미국의 '96년 통신법에 대한 비판적 분석을 토대로」, 『방송연구』 여름호.

변동현, 1990. 「한국지역신문의 좌표와 방향」, 『신문과 방송』 240, 12.

원우현·주정민, 1996. 「위성방송의 국제적 환경변화와 대응방안 - 아시아 지역의 위성방송 현황과 전파월경을 중심으로」, 『방송연구』 겨울호.

이광석, 1997. 「현실공간에서 가상공간으로 - 정보공간을 통한 초국적자본의 재생산구도」, 『한국사회와 언론』 8.

전석호, 1997. 「초고속정보망과 국가정보기간화의 과제 - 미국의 사례를 중심으로」, 『한국언론학보』 42-1, 가을호.

전환성, 1989. 「한국방송제도 활성화 방안」, 『방송연구』 여름호.

존 다우닝, 1989. 『변혁과 민중언론 - 미국·서구·동구의 저항매체』, 김종철 역, 창작과 비평사.

한광섭, 1996. 「매체융합의 산업적 영향 - 미국의 경우를 중심으로」, 『방송연구』 여름호.

한국언론연구원, 1996a. 『한국의 지방신문』, 연구조사 96-1, 10.

_____, 1996b. 『한국지방언론의 발전방안』, 연구보고서 96-3, 12.

Curran, James. 1986. "The different approaches to media reform", Bending Reality - The state of the media, eds. by James Curran et al., Pluto Press: London.

Drijers, Jan. 1992. "Community broadcasting: a manifesto for the media policy of small European countries", Media, Culture and Society, vol. 14. Sage: London.

Kleinsteuber & Sonnenberg, 1990. "Non-commercial Local Radio", European Journal of

Communication, v.5. n.1. 3.

제9장
사회통합 기제로서의 대안적 평생교육 방안

고병헌

1. 머리말

한국사회의 사회통합(social integration) 정도는 2003년 현재 경제개발협력기구(OECD) 회원국들 중에서 '사회 통합성 지표[1]' 산출이 가능한 20개국 중 18위로 나타났다. 또한, 유엔개발계획(UNDP)이 발표한 『인간개발보고서 2003』에 따르면, 한국의 인간개발지수(HDI)의 순위가 27위(2001년과 2002년)에서 30위(2003년)로 내려갔다. 인간개발지수 순위의 하락은 보건이나 교육문제 등을 개선하기 위한 국가차원에서의 조처가 시급함을 의미하는 것이다.

물론 지금까지 사회적 약자에 대한 국가의 정책적 배려가 없었던 것은 아니다. 국민기초생활보장제도(보건복지부), 실업자와 저소득층을 위한 직업훈련(노동부), 교육복지사업과 저소득층을 위한 학교교육지원정책(교육인적자원부), 저소득 비진학 청소년 지원정책(문화관광부) 등 적지 않은 수의 사회정책들이 소외계층에 초점을 맞추어 왔다. 그런데 소외계층을 위한 이러한 사회복지정책들이 '최저임금

---

[1] 사회통합지표는 청와대 정책실 사회통합기획단에 딸린 '빈부격차·차별시정 태스크 포스팀'이 "한국사회의 사회 통합성과 실생활을 더욱 정확하게 파악하기 위해 처음 개발한 것으로, 빈곤율·실업률·소득배율·부패지수·국내총생산 대비 사회보장 지출 비용 등 기존의 5개 지표에 값을 매겨 하나로 재구성한 개념"(한겨레, 2003. 6. 21)이다.

제', '최저생계보장', '의무교육보장' 등과 같이 '최저 수준에서의 지원'에 그침으로써 취약 계층이 소외 상태에서 벗어나는 데 별 효과가 없고, 오히려 소외계층을 재생산하는 데 기여하는 경향이 있다.

한편 여러 가지 국가정책 중에서도 특히 교육정책이 이러한 사회적 불평등을 확대 재생산하는 데 주요 기제로 기능하고 있다. 흔히 지식기반사회로 표현하는 현대 사회에서, 그리고 특히 한국과 같은 학력사회에서 학력의 차이는 그대로 경제적, 사회적 불평등으로 연결될 가능성이 높기 때문이다. 한마디로, 교육이라는 것이 종전에는 '탈(脫)빈곤'의 주요 수단이었는데, 이제는 '빈곤의 재생산', '사회적 배제'의 기제로 기능하고 있으며, 사회적 배제의 폭도 학교교육 단계에서 평생교육 단계로, 개인에서 가정으로, 그리고 부모세대에서 자식세대로 확대되고 있는 것이다.

문제는 사회적 배제의 폭이 넓고 깊어지고 있다는 데에만 있는 것이 아니다. 한국이 고령사회, 초고령사회로 진입하면서 지금까지와는 전혀 다른 양상의 사회적 갈등이 예측되고 있는데, 2020년대에는 경제활동인구 안과 밖의 '세대간 갈등'이 사회통합의 가장 핵심적인 과제로 등장할 전망이다. 세계보건기구(WHO)는 고령화를, "조용하게, 거의 눈에 띄지 않게 진행되지만 점차 속도가 붙어 앞으로 25년이 지나면 그 윤곽이 분명해질 사회혁명"으로 정의했고, 유엔(UN)이 발간한 『세계인구 고령화 1950~2050 보고서』는 2050년이 되면 60살 이상 노인인구가 14살 이하의 아동인구를 추월하는 '인구의 대역전' 현상이 발생해서 인구 피라미드는 역삼각형이 될 것으로 전망하고 있다(박동석 외, 2003: 18).

실제로 한국인의 평균수명은 2005년 현재 77.9세에서 2050년엔 83.3세로 높아지고, 65살 이상 인구는 2005년 현재 438만 명에서 2026년께 1천만 명을 넘어서고 2050년에는 1579만 명(전체 인구의 34.4%)에 이를 전망이다(중앙일보, 2005. 1. 20). 그리고 2019년에는 65살 이상 노인인구 비율이 14.4%에 달해 유엔이 정한 고령사회(Aged Society)로 진입할 것으로 예상된다(박동석 외, 2003: 21). 반면, 출산율은 1960년대에 평균 6명이던 것이 2002년에는 한국 사상 최저이자 세계 최저인 1.17명으로 집계되었고(이현승·김현진, 2003: 20), 따라서 당초 5천만 명이 넘을 것으로 예상됐던 남한 인구는 2020년 4996만 명을 정점으로 점차 감소할 것으로 추산된다. 이러한 통계는 한국이 세계에서 노인은 가장 빨리 늘고 신생

아는 가장 빠르게 줄어드는 나라라는 것을 의미하며, 65살 이상 인구 비율이 7%가 넘는 '고령화 사회(Aging Society)'에서 20%가 넘는 '초고령 사회(Super-Aged Society)'로 진입하는 데 앞으로 불과 26년(2020년대)밖에 걸리지 않을 것으로 예상된다.[2] 이는 독일과 이탈리아(80년), 미국(86년), 프랑스(156년) 등은 물론 세계적으로 노령화가 가장 빠르게 진행된 일본(36년)을 추월하는 속도인데(이현승·김현진, 2003: 18), 이렇듯 급속한 노령화는 경제성장의 잠재력을 현저하게 떨어뜨리고, 젊은 세대의 노인 부양 부담은 2005년 현재보다 4~5배 정도 늘어날 것으로 전망된다(중앙일보, 2005. 1. 20일). 통계적으로, 2005년 현재 15~64살의 경제활동인구 7.9명당 1명 꼴로 노인을 부양하지만, 2030년에는 2.7명, 2050년에는 1.4명이 노인 1명을 부양해야 하는 것으로 나타났다(한겨레, 2005. 1. 20일).

인구 구성의 급속한 노령화가 국가 경제에 주는 영향을 예측해보면, 일본 후지종합연구소가 1993년 대기업 관리직(98%가 남성)을 대상으로 노부모 수발이 직무에 미치는 영향을 조사한 결과, "노인 수발 문제는 단지 가정 문제가 아니라, 일본 경제의 중추를 옭아매는 문제로 취급해야 한다"고 결론지었는데(김동선, 2004: 56-57), 일본보다 경제력이 취약한 한국은 노령화에 따른 경제적 부담이 훨씬 더 심각할 것이라는 것은 미루어 쉽게 짐작할 수 있다.

따라서 앞으로 사회적 배제를 줄이고 사회통합을 이루는 데 도움이 될 수 있는 교육복지정책은 경제활동인구에 초점을 맞춘, 사회·경제·교육·정치·문화적 요인에서 비롯한 사회적 배제(빈곤형 사회적 배제)뿐만 아니라, 근로능력과 근로의지가 있는 비경제활동 노령 인구에 초점을 맞춘, 세대 간 갈등에서 비롯한 사회적 배제(세대갈등형 사회적 배제) 모두를 겨냥할 때 그 효과를 기대할 수 있을 것이다.[3] 그리고 교육복지정책이 이렇듯 고령사회, 초고령사회에서의 '세대 간 갈등' 문제까지도 포함하게 될 때, 그것은 필연적으로 평생교육적 접근을 하게 될 것이다.

---

2) 아직은 초고령화 사회에 진입한 나라는 없지만 일본은 2006년, 독일은 2012년, 그리고 한국을 포함하여 영국, 프랑스, 미국 등이 2020년대에 초고령화 사회가 될 것으로 내다보고 있다(이현승·김현진, 2003: 19).
3) 편의상 사회적 배제를 빈곤형과 세대갈등형으로 구별하였지만 그 내용은 사실 용어처럼 쉽게 구별되거나 나눠지는 것이 아니다. 다만, 본문에서의 논의를 통하여 용어에서 오는 혼란을 어느 정도는 해소할 수 있을 것으로 기대하지만, 좀 더 적합한 용어를 찾는 작업이 필요하다고 본다.

미래예측가 피터 슈워츠(Peter Schwarts)는 노인 노동력에 대한 사회의 인식이 달라지기 때문에 초고령사회에서는 많은 사람들이 아예 은퇴라는 것을 하지 않고 더이상 일을 할 수 없게 될 때까지 계속 일하려고 할 것이며, 나이가 들면서 직업을 바꾸고, 스스로를 재교육하고, 지속적으로 배우고, 생산 활동을 계속할 것으로 예측하였는데(Schwarts, 2005: 56-58), 그런 때가 오면 "학습에 최고의 가치를 두는 것"이야말로 고령인들뿐만 아니라 모든 사람들에게 있어서 미래를 대비하는 데 필요한 가장 중요한 자세가 될 것이기 때문이다. 피터 슈워츠는 지금의 교육체제는 미래를 대비하는 데 극도로 비효율적이라고 비판하면서 학습에 최고의 가치를 둬야 하는 이유를 다음과 같이 설명하고 있다(Schwarts, 2005: 346-347):

> 상황의 변화에 적응하는 데 실패하는 것은 변화된 상황에 대해 제때 제대로 학습하지 않기 때문이다. 미래에는 배울 것이 더 많아질 것이다. 앞으로의 과학과 기술 발전에 대한 전망을 근거로 이야기하자면, 우리가 하는 일은 점점 더 지식 집약적으로 바뀔 것이고, 과학적 지식의 가치는 지금보다 훨씬 더 커질 것이다.

그러면 세계화시대, 정보화시대, 지식기반사회에서 빈곤형 사회적 배제와 세대 갈등형 사회적 배제 모두를 겨냥한 평생교육복지정책의 방향과 프로그램 내용은 어떠해야 하는가? 그 가능한 대안을 모색하는 것이 본 연구의 목적이다.

2. 사회적 배제의 개념과 양상

1) 빈곤형 사회적 배제

사회 · 경제 · 교육 · 정치 · 문화적 요인 때문에 발생하는 빈곤형 사회적 배제를 바라보는 대표적 관점으로 크게 다음 네 가지가 있다(국가인권위원회, 2004: 22-25):

● (신)자유주의적 시각: 영 · 미 계통의 (사회적)분화 패러다임

사회적 배제를 사회의 통상적인 도덕 · 규범에서 벗어난 일탈적인 행위를 하는 사람들, 이른바 '하류계급(underclass)'에 대해서 사회의 주류에 속하는 대다수 사람들이 가지는 사회적 태도라고 파악한다.

● 공화주의적 시각: 프랑스 계통의 사회적 연대 패러다임

사회적 배제를 개인과 사회 간의 관계가 끊어지거나 해체된 상태로 파악한다. 사회적 배제의 원인을 자유주의적 시각에서처럼 배제당한 당사자들 개인에게서가 아니라 사회구조적 모순에서 찾고, 그 당사자들은 원인 제공자가 아니라 희생자라고 본다.

● 사회민주주의적 시각: 신베버주의자들의 독점 패러다임

사회적 배제를 다양한 사회세력들 사이의 갈등 과정에서부터 설명한다. 즉, 가진 자들이 못 가진 자들의 진입을 통제하는 사회적 봉쇄(social closure)를 제도적으로 재생산함으로써 못 가진 자들의 참여가 전반적으로 제약받는 일련의 과정이 사회적 배제라는 것이다.

● 맑스주의자들의 시각

맑스주의자들은 사회적 배제 논의가 사회 · 경제적 불평등을 좀 더 명쾌하게 설명하는 빈곤과 계급이라는 분석틀과 개념을 '사회적 배제' 개념으로 대체함으로써, 은연중에 사회적 불평등의 문제를 희석시키거나 은폐하는 부작용을 낳는다고 본다. 따라서, 사회적 배제보다는 빈곤이나 불평등과 같은, 전통적인 사회과학적 개념으로 회귀할 것을 주장한다.

사회적 배제는 이처럼 관점에 따라 다소 다르게 정의할 수 있지만, 일반적으로 "사회구조적으로 다양한 영역에서의 박탈과 결핍, 불이익을 당해 사회 · 경제 · 정치 활동에 제대로 참여할 수 없게 됨으로써 인간으로서의 최소한의 기본권마저 침해당하는 상황"(국가인권위원회, 2004: XV)을 의미한다고 볼 수 있다.

사회적 배제는 주거, 교육, 노동, 건강, 사회적 관계, 물질적 결핍 등 삶의 다양한 영역에서 발생한다. 그리고 각 영역에서 사회적 배제를 유발하는 원인이자 사회적 배제의 결과로 나타나는 것이 바로 빈곤이다. 빈곤 현상은 경제적 불평등의 척도이면서 동시에 사회발전의 척도이지만, 빈곤에 대한 절대적 의미를 규정할 수 있는 보편적 합의나 기준은 아직 없다.[4] 일반적으로, "'소득의 부족', 또는 '경제적 자원의 결핍', 즉 인간다운 생활을 누리는 데 필요한 최소한의 자원을 보유하지 못한 상태"(국가인권위원회, 2004: 7)를 '빈곤 현상'이라고 표현하는데, 빈곤은 지역적으로 심각한 편차가 존재하며, 선진 산업화 국가들이라 해서 빈곤의 문제에서 자유롭지 못하다. 빈곤의 개념은 절대적이거나 고정적인 것이 아니며, 사물의 상대적 관계 속에서 규정되기도 하고, 때로는 정신적 가치의 영역 속에서 평가되기도 한다(허구생, 2002: 15). 최근 경향은 빈곤을 주로 경제적 생활수준과 관련하여 개념정의를 내리고 있는데(윤도현 외, 2004: 19), 그럼에도 빈곤선(poverty line)의 설정은 그 사회의 경제발전 단계나 문화, 관습, 주류(主流) 가치관, 역사적 경험 등의 영향을 받기 때문에 그리 간단한 문제가 아니다(허구생, 2002: 18).

빈곤 연구의 이와 같은 제약적 조건을 전제로 할 때 교육 영역에서 일어날 수 있는 사회적 배제는 크게 다음의 두 가지 형태가 있다:

먼저 '학력(學歷)에 의한 사회적 배제'를 들 수 있다. 이것은 다시 두 가지 형태의 배제로 나눌 수 있는데, 첫째는 학교를 못 다니거나 학업을 중단하는 것 등 학교교육의 기회가 배제되는 형태이고, 둘째는 주로 첫 번째 형태의 배제가 원인이 되어 나중에 사회활동을 하는 데 있어서 학력 때문에 차별과 불이익을 겪는 형태이다. 학력에 의한 차별은 비단 소득 수준뿐만 아니라 근로조건, 승진기회, 대인관계 등에서도 나타난다(국가인권위원회, 2004: 158).

두 번째는 '자발적 배제'이다. 이는 자퇴나 학업포기처럼 '겉으로 보기에 스스로 한 결정' 때문에 생기는 배제 현상을 의미하는데, 사실 학업을 중도에 포기하는 것을 전적으로 개인의 탓으로 돌리는 것은 매우 안일한 현실인식이다. 학업성취도나

---

4) 반면, 불평등은 경제적 생활수준은 물론, 자유, 권리, 기회 등까지 포함된 '사회적 가치'의 불공정한 배분 또한 포괄하는 개념으로 이해된다. 따라서, 불평등의 개념은 소득과 부의 불평등은 물론, 생산관계 내에서의 불평등, 성별 불평등, 법적 불평등, 교육기회의 불평등 등 다양한 차원과 종류의 불평등을 포함한다(윤도현 외, 2004: 19).

학습의욕은 취학 전부터 가정과 사교육 영역에서의 적극적인 지원과 보살핌을 받는가의 여부와 밀접한 관련이 있다(국가인권위원회, 2004: 161). 실제로 성인이 되어서 성공적인 삶을 살기 위해서는 아주 어린 시절부터 많은 관심과 지적 자극이 필요하다는 연구 결과들이 나오고 있다.

예를 들어, 미국 국립연구회의(National Research Council)와 의학협회(Institute of Medicine)가 공동으로 발간한 『신경계에서 이웃까지: 조기교육에 관한 과학적 연구(From Neurons to Neighborhoods: The Science of Early Childhood Development)』라는 연구보고서에 따르면 어릴 때부터 사랑과 관심을 많이 받은 아동들은 취학 후, 그렇지 못한 아동들보다 학습 능력이 높으며, 어릴 때 사랑과 관심을 제대로 받지 못한 아동들은 처음부터 학습능력이 떨어지는 것으로 나타났다(Reich, 2003: 98). 이반 일리히의 다음의 글은 빈곤 현상과 상호 작용하는, 교육 영역에서의 사회적 배제 현상과 영향에 대해서 매우 잘 정리하고 있다(Illich, 2004: 20-21):

> 빈곤가정의 아동은 학교의 질이 같다고 하여도 부유한 가정의 아동을 위한 교육과 비교해 그들을 거의 따를 수가 없다는 것이 분명해 보인다.5) 비록 그가 같은 학교에서, 더욱이 같은 나이에 다니기 시작했어도 가난한 아동에게는 중간계층의 아동이 때때로 이용할 수 있는 교육적 기회가 대부분 결여되어 있다. 중간계층의 아동을 위해 유리하게 되어 있는 점은 가정에서의 대화나 서적의 풍부함으로부터, 방학 중 여행이나 자아를 인식하는 방법의 차이에까지 확대되고 있다는 것이며, 이러한 기회를 이용할 수 있는 아동에게는 그것이 교내·외의 활동에서 유리하게 작용하는 것이다. 그렇기 때문에, 일반적으로 말해 더 가난한 아동은 진급이나 학습을 학교에 의존하고 있는 한 더 부유한 아동보다는 뒤떨어지게 마련이다. 빈민에게 필요한 것은 학습을 하는 데에 필요한 자금이지, 그들에게 크게 부족한 제도적 혜택을 얻기 위한 증명을 부여받는 일이 아니다.

---

5) 한국사회의 경우도 2004년 9월 기준으로 '결식 학생'이 점점 늘어나 공식적인 통계에 잡힌 수만을 보더라도 서울에서만 7만 명을 넘어선다. 반면, 사교육비 지출은 최근 4년 동안 80% 가량 늘어났는데, 같은 시기에 소득의 불평등 정도를 나타내는 지니계수가 1998년 0.280이던 것이 2003년에는 0.312까지 상승했다. 즉, 한국사회에서도 부모의 경제력에 따라 자녀가 누리는 교육의 질도 현격하게 양극화하는 현상이 뚜렷해지는 것이다(성현석, 2004: 66).

그런데 더 큰 문제는 교육 영역에서의 사회적 배제는 교육에서 그치지 않고 삶의 다른 영역에서의 사회적 배제를 만들고 악화시키며, 특히 정보사회, 지식기반사회, 그리고 세계화시대에서는 '가난을 대물림' 하는 핵심 기제로 작용한다는 사실이다. 미국 헬러대학원(Heller Graduate School)의 사회경제정책학 교수이면서 과거 3개 행정부에서 두루 요직을 거치고 최근에는 클린턴 행정부에서 노동부장관을 역임한 로버트 라이시(Robert B. Reich)는 오늘날처럼 빈익빈 부익부 현상이 심화된 것을 '컴퓨터기술의 발달'과 '경제의 세계적 통합' 때문으로 보고 있다. 이 두 가지가 서로 상승 작용을 일으키면서 변화를 적극적으로 활용할 수 있는 교육을 받은 사람들과 그렇지 못한 사람들로 갈라놓았다는 것이다. 정보통신 기술로 집약되는 첨단 기술의 발전은 그러한 첨단 기술을 활용할 수 있는 인력과 그렇지 못한 인력이라는 양극화를 낳았고, 자본이 순식간에 국경을 넘나들며 이동할 수 있는 '경제의 세계적 통합'은 자본과 고급 인력이 자유롭게 공간 이동을 하는 것을 가능하게 하여 그들의 소득에 대해서 각종 세제 혜택을 누리게 하는 반면, 중산층이나 저소득층에 해당하는 근로자들은 오히려 자신들이 거주하는 지역뿐만 아니라 전국적인 차원에서 각종 사회보장제도의 상당 부분을 부담하게 되는 모순을 낳은 것이다(Reich, 2003: 34-35). 그리고 이러한 경제적 차이가 다음 세대의 가정환경과 사회적 자본의 질, 그리고 교육의 질적 차이와 학습의욕의 차이 등으로 연결되면서 가난이 재생산되고 대물림되는 것이다.

2) 세대갈등형 사회적 배제

미래예측 관련 조사자문 회사인 글로벌 비즈니스 네트워크(GBN)의 공동 설립자이자 그 자신이 미래예측가인 피터 슈워츠(Peter Schwartz)는 앞으로 은퇴연령이 계속해서 높아질 것을 예측하고 있다. 그는 미국의 경우 2000년 평균 은퇴연령이 64살에서 63살로 낮아져 바닥을 친 후, 2001년에 다시 64살, 2002년에 66살로 상승하였고, 앞으로도 계속 높아질 추세라고 내다보았다(Schwarts, 2005: 35). 그리고 이러한 추세에 따라서, 앞으로 은퇴는 지금까지와는 달리 '훨씬 덜 극적인 일'

이 되어, 더 이상 휴식하면서 건강이나 신경 쓰고 여홍이나 즐기는 '인생 황혼기의 시작'을 의미하지 않게 될 것이며, 오히려 "새로운 삶을 창출하고 누리기 위해 자신의 경험과 지적 능력을 활용하는 시기"로 인식될 것이라는 것이 피터 슈워츠가 내다보는 '20년 후'의 사회상이다(Schwarts, 2005: 50).

피터 슈워츠가 '20년 후'를 이렇게 예측할 수 있는 것은 노인 노동력에 대한 '변화된' 인식 때문인데, 지금까지 많은 고용주들이 노인 노동력이 젊은이들보다 생산성이 떨어진다고 생각했는데, 연령대에 따른 생산성 변화에 대한 연구 결과는 오히려 나이가 많은 노동자들의 생산성이 약간 더 높다는 것이다. 여기에 더하여 노인 노동력은 다음과 같은 장점이 있다:

- 노인들은 일반적으로 젊은 사람들에 비해 교육이 덜 필요하다.
- 노인들은 단기간의 질병이나 가정사로 인해 결근하는 빈도가 낮다.
- 70살 이상의 노인에게 드는 복지비용이 젊은이보다 더 적다.
- 기억력 감퇴 등 몇 가지 중세에도 불구하고 복잡한 상황에 대처하는 능력 면에서는 노인들이 젊은이들보다 훨씬 더 유능하다(의학의 발전이나 정보기술의 지속적인 발전을 감안하면, 기억력 감퇴 문제도 앞으로는 지금처럼 중대한 문제가 아니게 될 것이다).
- 노인 노동력이 은퇴 연령에 새로운 일자리를 갖게 될 경우, 그것은 최소한 두 번, 혹은 세 번째 이상의 직장이 될 것이며, 따라서 새로운 일자리에서는 그전의 여러 분야가 융합된 관점을 불어넣으면서 매우 유연하게 새로운 일에 대처할 것이다(실제로 오늘날 인터넷 사용자들 가운데 가장 빠르게 늘어나는 연령대가 50대 이상이다).

노인 노동력의 이러한 가능성을 우리가 적극적으로 수용하든 아니든, 한국사회의 인구 구성의 급속한 노령화와 함께 산업현장의 노동력의 노령화는 빠르게 진행될 것이다. 그런데 지금의 고용구조가 그대로 간다면 2050년에는 50대 중반 이상이 인구의 절반 가까이 되지만 대부분 직장을 떠나야 하기 때문에 생산가능인구가 급감한다는 예측이 가능하다. 이는 노동력 투입의 증가가 그동안 경제성장에 상당히 기여해온 우리 경제의 특성상 향후 경제성장을 크게 위협하는 요인이 될 가능성이 있다6)(이현승 · 김현진, 2003: 23). 한국개발연구원(KDI)은 『비전 2010』 보고서에서 고령화의 영향으로 한국 경제성장률이 2010년에 5.2%, 2020년에 3.2퍼%로 하락한 뒤, 2030년에는 1.7%로 급락할 것으로 전망하였다. 하버드 대학교 제프리 윌리엄슨 교수와 하버드 국제개발연구소 데이비드 블룸 부소장도 인구구성의 변화가 경제성장에 미치는 영향에 관한 보고서를 냈는데, 이 보고서에서 한국을 포함한 동북아 국가들, 즉 말레이시아, 태국, 싱가포르 등은 제2차 세계대전 후유아 사망률의 감소로 노동인구의 양육비 부담이 급격하게 증가했던 단계(인구구성 변화의 첫 번째 단계인 경제발전 부담 단계, burden phase)를 거쳐, 현재 그렇게 부담 단계에서 출산되었던 유아들이 노동인구로 전환되면서 눈부신 경제성장의 원동력으로 활약하는 단계(두 번째 단계인 보너스7) 단계, bonus phase)에 있지만, 현재의 노동인구가 다시 비생산인구가 되는, 인구구성 변화의 세 번째 단계인 고령화 단계(aged phase)에서는 노동인구 부담을 다시 증가시켜 경제발전이 심각하게 지장받게 될 것으로 전망하였다(이현승 · 김현진, 2003: 24-25).

그래서 피터 드러커는 『21세기 지식경영』에서 21세기의 가장 중요한 '현실'은 선진국의 출산율 감소와 고령화 현상이라고 주장하였는데(이현승 · 김현진, 2003: 16), 이러한 저출산 고령화 사회에서는 '세대 간 전쟁'으로 표현할 수 있을 정도의 심각한 사회적 갈등이 생겨날 가능성이 높다. 즉, "노동력의 감소는 그동안 지속되어온 성장의 신화를 무너뜨리게 한다. 나누어 가질 파이가 줄어들면 파이의 분배를 둘러싼 싸움은 더욱 치열해진다. 부모로부터 재산을 무상으로 물려받는 것은 당연시하면서도 부모 부양에는 무관심한 젊은 세대들의 사고는 경로효친 사상의 퇴조와 핵가족 현상으로 더욱 확산될 것이다. [……] 사회의 활력은 떨어지고 노인 부양을 둘러싼 세대 간 전쟁 역시 새로운 양상으로 전개될 것이다"(이현승 · 김현진, 2003: 14). 그러면, 이렇게 심각한 사회적 갈등을 초래할 수 있는 고령자에 대한 부

---

6) '경제성장은 노동력(L) 및 자본(K)의 투입과 기술개발로 인한 생산성(f)의 향상에 따라 결정된다(y=f(L, K))'는 경제학의 일반 공식에 따르면, 자본투입이 고정되고 생산성이 향상되지 않는다고 가정할 경우, 노동력의 투입이 줄어들게 되면 경제성장은 그만큼 저하될 수밖에 없다는 것이다(이현승 · 김현진, 2003: 22-23).

7) '인구 보너스'란 인구학에서 나오는 용어로, 인구 피라미드에서 생산연령인구가 차지하는 부분이 큰 형태를 말한다(이현승 · 김현진, 2003: 80).

담을 어떻게 조절할 것인가? 현재 주류적인 대응 방식은 결국 고령자를 돌보는 비용을 사회가 떠맡고 연금과 의료보험으로 대표되는 공적 부담을 늘리는 방안과 그 비용의 일부를 고령자 당사자에게 떠안기는 방안 사이에서 균형점을 찾는 것이다. 그러나 어느 쪽으로 정책기조 방향을 잡든, 연금과 의료보험과 같은 공적 부담을 위한 사회적 기제는 재정 적자를 피할 수 없을 것이고, 그 적자폭이 가속화되면서 국가재정을 위기 상황으로 몰고 갈 것이라는 것이 고령사회를 바라보는 전문가들의 우려이다(이현승 · 김현진, 2003: 28).

그래서 공적 연금을 수령하기 시작하는 연령을 높이는 거시경제적 대안이 모색되기도 한다. 그러나 문제는 부유하고 활동적인 은퇴자들에게나 경제적으로 어려워서 계속적으로 일을 할 수밖에 없거나 사회보장제도의 뒷받침을 받아야만 생활이 가능한 은퇴자들 모두에게 사회보장제도가 지원하는 돈은 충분하지 않을 것이고, 적잖은 사람들에게는 터무니없이 부족할 것이다(Schwarts, 2005: 51). 따라서 '세대 간의 전쟁'은 어떠한 거시경제적 대안으로도 그리 쉽게 해결할 수 없을 전망인데, 문제는 이러한 '세대 간의 전쟁'을 미연에 방지하지 못하면 고령자의 정치세력화[8]가 진행되어 2010년 이후부터[9]는 고령인구의 이해관계에 따라 한국 정치가 좌지우지되고, 그럼으로써 사회발전, 정치발전 방향이 매우 불투명해질 수 있다. 이렇듯 합리성보다는 '수(數)적 우세'가 국가 정책방향을 결정하는 시대가 오면 사회통합은 훨씬 더 어려워지는 것은 물론, 그때까지 이룩한, 지역 단위 혹은 국가 단위에서의 민주적 의사결정 시스템과 민주주의 성과가 심각한 도전을 받게 될 것이다. 그리고 "세계경제의 구조와 한국 경제의 내부 구조는 정치적인 것이 경제적인 것이고 경제적인 것이 정치적인 단계"(유철규, 2004a: 39)에 이미 와 있는 상황에서, 세계화의 영향으로 국민경제는 거의 해체됨으로써 외부적 충격과 압력에 대한 저항력이 약화되어 민주주의 발전이 크게 지장을 받은 상태이므로 사회통합은 거의 '파괴'될 수 있다.

---

8) 노인들의 정치세력화를 가리켜 '고령 시민 파워(senior citizen power)' 또는 '회색 파워(gray power)'라고 한다(이현승 · 김현진, 2003: 31).
9) 전체 선거권자 중에서 50살 이상의 비율이 2010년에 38%, 2020년에는 46%, 2030년에는 53%에 이를 전망이다(이현승 · 김현진, 2003: 34).

3. 사회통합을 위한 평생교육적 접근의 필요성

그러면 한국사회는 빈곤형과 세대갈등형 사회적 배제에 대해서 어떻게 대비하고 있는가? 앞서 언급한 대로 정부는 실업자와 저소득층을 위한 각 부처 차원의 사회정책을 마련해 왔다. 청와대 빈부격차완화 및 차별시정전담팀, 교육인적자원부, 보건복지부, 여성부, 청소년보호위원회 등이 함께 마련한 '빈곤아동 종합대책'에 따르면 2007년까지 전국 시군구에 18살 미만 빈곤층 어린이와 청소년들의 급식이나 방과 뒤 공부 및 특별활동을 지원하는 '지역아동센터'를 1,500개 정도 만들 계획이다(한겨레, 2004. 6. 10). 또한, 대통령 자문기구인 '고령화 및 미래사회위원회'는 2008년까지 0~4살 어린이에 대한 부모의 보육료 부담을 2004년 현재 70% 수준에서 50%까지 낮출 계획도 가지고 있으며(한겨레, 2004. 6. 12), 2004년 10월 20일에는 '참여정부 교육복지 종합 계획'도 발표했다. 이번 '종합 계획'은 '모든 국민의 주체적인 능력 개발을 최대화하여 개인의 삶의 질 향상, 사회 통합 및 국가 발전 실현'이라는 전망과 '국민 기초 교육수준 보장', '교육 부적응 및 불평등 해소', '복지 친화적 교육환경 조성' 등 3대 정책 목표를 설정해서 그동안 나온, 교육복지와 관련된 모든 내용을 포괄하고 있다.

1) 현행 교육·복지정책의 철학과 관점의 한계

앞에서 이미 지적했지만, 사회통합을 위한 국가 교육·복지정책들 대부분이 '최저 임금 보장', '최저 생계 보장', '의무교육 기회 보장' 등과 같이 '최소주의'에 입각하고 있다는 사실에 주목할 필요가 있다. 한 개인이 인생을 성공적으로 살아나가기 위해 요구되는 능력이자 평생에 걸쳐 육성시켜 주어야 할 핵심적인 능력인 생애능력[10]은 '공정한 교육기회의 최소한의 보장'만으로는 가능하지 않다. 가난은

---

10) 생애능력이란 "한 인간이 평생을 통해 다양하고 변화무쌍한 삶의 장과 과정에 적용하여 삶의 각 영역에서 성공적인 삶을 영위하기 위해서 요구되는 주요 능력이 있으며, 그러한 능력은 매우 복합적이고 다면적인 능력으로서 지식, 기술, 태도, 경험 등을 모두 포함하는 것으로, 여러 분야에서 통용될 수 있고, 다행스럽게도 학습될 수 있는 것이라는 이론적 전제를 가지

돈이 없다는 것 그 이상으로, 모든 종류의 자원이 없는 것이고 자원에 접근하지 못하는 것이며, 의사결정에 진입할 수 없다는 것을 뜻한다(Venturella, 2002: 167). 앞에서 인용한 이반 일리히의 말처럼 가난한 가정환경, 열악한 사회 환경에 처한 아이들은 같은 교육을 받아도 다양한 놀이경험과 문화경험의 부족, 언어생활과 인간관계의 편협성, 앎과 삶의 괴리를 낳는 생활환경 등으로 학업성취도가 떨어지게 된다. 특히, 고급한 정보를 가공, 처리할 수 있는 능력이나 최신 기술을 활용한 의사소통체계에 자유롭게 참여할 수 있게 하는 인지적 능력(cognitive abilities)은 보편교육의 시작단계인 유아교육 단계에서부터 어떠한 질(質)의 교육을 받았는가에 심대한 영향을 받으며, 이러한 인지적 능력에서의 차이는 사실 어린 시절에 겪는 가난과 매우 밀접하게 관련이 있다. 유아기 아동에게 빈곤은 곧 불충분한 교육을 의미하게 되며, 이는 다시 '열등한' 인지적 능력으로, 그리고 결과적으로는 열등한 삶의 질로 이어진다. 왜냐하면 '열등한' 인지적 능력은 낮은 학업성취도와 학습욕구의 상실을 낳고, 이는 다시 실업과 낮은 임금, 낮은 문화생활과 불안정한 가정생활, 자녀교육의 부실과 자녀의 사회적 자본의 부재 등으로 이어지는 악순환을 형성하기 때문이다(Esping-Andersen, 2002: 55). 그리고 바로 이러한 이유 때문에 가난한 가정의 아이들이 나중에 성인이 된 후에 또다시 가난한 가정을 꾸릴 가능성이 높은 것이다(Esping-Andersen, 2002: 54). 따라서 영유아기에서부터 빈곤가정의 아동에게 '최적한 교육수준'을 보장하는 교육복지정책은 이들이 성인이 된 후에 겪게 될 수도 있는 실업과 사회적 불평등의 문제, 그리고 가난의 대물림 문제 등과 같은 사회복지의 핵심적 문제에 대한 조기(早期) 대응책이기도 한 것이다(대통령자문 교육혁신위원회, 2004: 46-47).

그런데 '국민최저교육수준'의 보장에서 '최적한 교육수준'의 보장으로 관점을

고 있다. 이러한 생애능력이라고 하는 것들은 사회전반에 걸쳐 여러 영역에서 기능하며 개인의 삶의 전반적인 성공에 기여하므로, 정규교육과정의 교수-학습과정을 통해서만 길러지는 것은 아니다. 오히려 정규교육과정과 비정규교육과정 모두를 통해서 발달되므로, 원칙적으로 학교와 같은 교육 체제 외에, 가족, 기업, 매스 미디어 등과 같은 모든 사회의 구성 주체들이 그 발달에 대한 책임을 공유하고 있다고 볼 수 있다. 〔……〕 지식기반사회가 현실로 펼쳐지면서 나타나게 되는 정치·경제·사회·문화적 변화로 인하여 누구든 성공적 삶을 살기 위해서는 최소한의 기본 요건을 갖출 것을 요구받게 되었다. 이에 대응하기 위해 요구되는 필요능력이 바로 생애능력이다"(한국교육개발원, 2003: 53-54).

전환하기 위해서는 사회발전을 위한 '투자비용'과 사회통합을 위한 '(교육)복지비용' 간의 조화와 균형점을 찾는 노력보다도 사회발전이 사회통합에 기초할 때 비로소 가능할 수 있다는 인식의 전환이 있어야 한다(대통령자문 교육혁신위원회, 2004: 3). 또한 세대갈등형 사회적 배제를 고려한 사회통합을 위해서는 기존의 학교교육 중심의 접근 방식을 바꿔 평생교육적 관점에서 접근할 필요가 있다. 이미 빈부격차가 심각하고 교육의 기회에 따라 인생의 성패가 갈리는 오늘날, 이러한 문제를 해결하기 위한 한 대안으로 로버트 라이시는 "초등학교 입학 전부터 시작하여 노년에 이르기까지 보편적인 교육을 실시하기 위한 새로운 제도", "모든 사람들이 최고를 목표로 노력하기는 하지만 획일적인 방식을 강요하지는 않는 제도"(Reich, 2004: 4)가 필요하다고 말한다. 또한 학교교육을 통해 모든 사람이 동일한 보편교육을 받는다는 것은 거의 불가능하다고 생각한 이반 일리히는 그 대안으로서 "개개인을 위해 인생의 모든 순간들을 학습하고, 지식·기술·경험을 나누어 가지고, 서로 도와주는 순간으로 바꾸어 놓을 수 있는 가능성을 높일 수 있는 교육망(educational webs)"(Illich, 2004: 7)을 형성해야 한다고 제안한다. 이반 일리히의 '교육망'은 '통합사회'로서의 평생학습사회의 '중추 신경계'라고 할 수 있을 것이다.

2) 교육프로그램의 한계

한국에서 실행되는 사회통합을 위한 교육프로그램으로는 문해교육(文解敎育, literacy education)과 직업(훈련)교육이 주류를 이룬다. 그런데 문해교육 대상자의 경우는 엄밀한 의미에서 사회적으로 배제된 사람들이라고 단정할 수 없다. 무학력자(無學歷者)나 학력이 매우 낮은 사람들이 사회적으로 배제된 사람들 축에 포함될 가능성이 높은 것은 사실이지만 반드시 그런 것은 아니기 때문이다. 따라서 한국사회에서는 사회통합을 위한 교육프로그램이라 하면 직업(훈련)교육이 거의 전부라고 할 수 있는데, 그러다 보니 사회적 배제를 경제적 소외계층, 즉 빈곤 계층에 초점을 맞춰 접근하고 있는 현행 빈곤 연구가 지닌 한계를 사회통합을 위한 현행 평생교육도 그대로 이어받는 경향이 있다. 현행 빈곤 연구는 크게 다음 두 가지 문제를 가지고 있다(국가인권위원회, 2004: 8):

첫째, 현행 빈곤 연구는 빈곤 현상에 대한 구조적 접근으로서 상당한 장점을 가지고 있지만, 바로 그 장점이 오히려 빈곤의 동학(動學)을 파악하는 데 걸림돌로 작용하고 있다는 것이다. 즉, "사회·경제적 약자층이 빈곤 상황에 떨어지게 되는 과정이나 이들이 빈곤의 늪에서 쉽사리 헤어 나오지 못하면서도 빈곤을 탈출하려고 애쓰는 과정, 즉 빈곤의 형성 및 재생산 과정을 파악하기 어렵다는 것"인데, 이는 "경제적 접근이 총량자료(aggregate data)를 통해 거시적 차원에서 빈곤층의 전반적인 규모와 추이를 살펴보는 데 주력한 나머지 미시적 차원에서 빈민들이 빈곤 상황에 적응하고 대처하는 구체적인 행태를 밝히는 데 관심의 눈길을 두지 않기 때문"이라는 것이다.

둘째, 현행 빈곤 연구는 '경제결정론적 시각'으로 편향되어 있어서 빈곤 현상의 다차원적이고 복합적인 성격을 제대로 드러내지 못하고 있다는 것이다. 물론 경제적 자원의 결핍이나 부족이 빈곤 문제의 핵심이기는 하지만, 빈곤 문제에는 심리적 고립감, 사회·문화적 소외, 정치적 배제, 공간적 격리 등과 같은 다른 차원의 문제들이 중첩되어 존재하는데, 현행 빈곤 연구는 이러한 문제들을 제대로 다루지 못하고 있다는 것이다.

빈곤 문제에 대한 미시적 접근의 부족과 경제결정론적 편향이라는 현행 빈곤 연구의 문제점은 경제적 소외계층을 위한 평생교육 정책과 프로그램이 거의 대부분 취업이나 재취업을 위한 직업훈련에 초점을 맞추게 하는 결과를 낳았다. 빈곤 문제에 대한 기존 관점에서는 사회적 배제를 해소하는 거의 유일한 방법은 사회적 배제의 근본 원인인 빈곤 문제의 해결이며, 빈곤 문제를 해결하는 거의 유일한 길은 바로 빈곤층의 총량적 규모를 줄이는 것이다. 그런데 한국 경제가 고도성장의 시기에서는 성장이 곧 복지대책이자 빈곤 탈출전략이었지만 외환위기 이후 안정성장 단계로 진입하면서 "계층상승의 통로가 좁아지고 빈곤층이 빈곤 탈출의 희망을 상실하게 되면서 이들에게 기약 없이 무제한으로 지원하는 양상이 빚어지자, 경제적 차원의 생계비 보조 대책의 정책 효과에 의문이 싹트기 시작"한 것이다. 신자유주의적 입장에서 제기된 '일하는 복지', '근로복지(workfare)' 개념은 바로 이러한 문제의식에서 나온 한 대안인 것이다(국가인권위원회, 2004: 9-12). 그러나 이것도 해결책은 아니다.

그럼에도, 한국 평생교육의 중심적인 화두는 여전히 '인적자원개발'이다. 이는 한국 국가교육정책이 경제정책 방향에 따라 크게 좌우지되는 현실의 반영인 측면도 있지만, 평생교육계의 자발적, 능동적 '특성화' 전략의 결과이기도 하다. 아무튼 평생교육에서 강조하는 인적자원개발론(HRD)은 경제인, 경영인들의 현실 인식이 교육에 충실하게 반영된 것이다. 그들이 주장하는 것의 핵심은 앞으로의 사회는 지식사회이며, 지식사회에서는 지식이 가치 창출의 원천이고, 지식은 길어야 4~5년 안에 바뀌기 때문에, 따라서 기업은 경쟁력을 갖추기 위해서 기업에 평생학습체제를 도입하고 기업 자체를 학습조직으로 바꾸어야 한다는 것이다. 이러한 주장에 대한 교육적 응답이 '교육부'의 '교육인적자원부'로의 개칭이며, 평생교육에서의 인적자원개발론인 것이다. 즉, 인적자원개발론은 기본적으로 주류(主流) 경제활동인구의 노동을 좀더 건강하고 생산적으로 만드는 일과 관계된 것이며, 시장경제의 발전과 경쟁력 강화를 위한 핵심 수단으로서의 '인적 자원'을 개발하자는 것이다.

인적자원개발론이 시장경제 영역에서 소외된, 즉 경제적 소외계층을 위한 직업훈련의 필요성도 강조하고 있지만, 이는 그 이론의 틀을 경제적 소외계층에도 그대로 적용한 것뿐이지 처음부터 빈곤 문제 대책을 주된 목적으로 하는 것은 아니다. 따라서 "일자리 창출이나 인적자원개발 등을 통해 빈곤을 탈출하도록" 하는 '근로복지' 대책이 사회적 공감을 넓혀가고 있는 현실과는 반대로, 인적자원개발론에 기초한 평생교육 프로그램이 "이미 폐질화된 노동력을 지닌 상당수의 빈곤층"에게 어떤 의미 있는 교육효과를 내지 못하고 있는 것은 어쩌면 처음부터 예측된 '한계(限界)적 문제'라고 할 수 있겠다.

4. 교육복지적 평생교육을 위한 대안적 관점과 프로그램

1) 기존의 '인적자원'에 대한 대안적 관점으로서의 '비시장경제 영역에서의 노동'

앞에서도 지적하였듯이, 최근 정부의 대(對) 빈곤정책은 주로 직업훈련과 같은, 인적자본의 생산력을 높이는 데 과도하게 치중하고 있다. 하지만, 빈곤계층의 소득 향상에 관한 연구에 따르면, 소득 크기는 직종(職種)이 결정하며, 직업훈련은 생산성 향상이나 취업의 증가에는 기여할 수 있지만, 소득의 증가에는 별 영향력이 없다는 것이 밝혀졌다. 특히, 경제적 이유로 자살이 늘어가고 '신빈곤층'(아무리 열심히 일을 해도 지금의 가난에서 벗어날 수 없는 계층)이 확대되고 있는 상황에서, 직업훈련은 빈곤해소를 위한 보조적인 수단일 수는 있어도 결코 근본적인 해결책일 수는 없다. 또한 세대 간 갈등의 한쪽 당사자인 노령인구는 처음부터 기존 인간자원개발론의 관심 영역 밖에 있다. 그러면, 무엇이 근본적이면서 현실적인 대책인가?

최근 한국사회에서 평생교육에 대한 관심이 부쩍 커지고 있다. 이는 아마도 21세기가 '지식기반사회'라고 특징지어져 이해되고 있는 현상과 깊은 관련이 있는 것 같다. 지식기반사회에서는 지식의 내용과 가치가 하루가 다르게 바뀌기 때문에 직업인들의 혁신적인 고급지식과 유연한 전문성, 일반인들의 창조적 사고능력과 문화향유·창조능력, 그리고 국가와 지방자치단체의 변화된 시대적 요구에 부응하는 적절한 교육환경과 교육내용 제공 능력과 의지 등이 국가경쟁력의 핵심적 요소가 된다. 경제개발협력기구(OECD) 회원국들이 평생교육에 새삼 주목하고 투자를 늘리는 것은 지식기반사회에서 국가와 개인 발전 동력으로서의 평생교육의 역할을 우리보다 선도적으로 인식한 결과라고 할 수 있다.

지식기반사회에서 지식이 생산과 경제발전의 핵심적 요소로 기능한다 함은 그 사회 구성원들의 선진 지식과 기술에 대한 정보에 신속하게 접속하고 해석하며 창조적으로 활용할 수 있는 능력을 높인다는 의미와 함께, 그 사회 고유의 문화유산을 '지식자본화' 하는 것을 뜻한다. 즉, 지식기반사회에서는 변화하는 세계의 본질적 성격을 이해하고 자기 직업분야에서의 고급 전문지식을 지속적으로 학습할 수 있는 능력과 안목, 그리고 개인적 차원과 지역적 차원에서의 문화자본력과 사회자본력을 높일 수 있는 능력이 필요하다.

이처럼 지식기반사회의 국가경쟁력은 궁극적으로 국민 개개인의 능력의 다변화와 고급화에 달려있는데, 현행 국가평생교육체제는 기본적 체제는 갖추어가고 있다고 하나, 지식기반사회가 요구하는 새로운 지식에 대한 '접속권' 행사를 '수혜자부담의 원칙'의 미명 하에 국민 개개인의 경제적 능력에 떠넘김으로써, 국가경쟁력 고양의 동력으로서의 역할을 못하고 있는 것이다. 중·장기적인 관점에서 국가경쟁력 고양을 위하여 국민 개개인이 자신에게 필요한 지식을 경제적 이유로 '제한당하지 않고' 접속하여 학습할 수 있는 기회를 제공하는 것을 국가와 지방자치단체의 '교육적 의무'로 삼을 필요가 있다. 하지만, 국가는 인적자원개발이 국가와 기업의 경쟁력을 높이는 가장 중요한 요소임을 인식하고 있지만 인적자원을 고급화하는 데 소요되는 비용을 '수혜자 부담의 원칙'에 따라 개인의 책임으로 전가시키고 있는 것이다. 그리고 바로 이 점이 현행 평생교육체제가 제도를 갖추고 있음에도 제 기능을 하지 못하는 근본적 이유 중의 하나이다.

국가의 요구와 의무의 불일치는 바로 인간을 바라보는 관점에서 비롯하기 때문에, 빈곤형 사회적 배제를 해결하기 위한 평생교육은 무엇보다도 '인적자원'에 대한 대안적 관점을 세워야 하며, 이것이야말로 근본적이면서 현실적인 대책 마련의 시작이다.

'인적자원'에 대한 대안적 관점의 필요성은 세대갈등형 사회적 배제의 경우도 마찬가지다. 고령사회와 관련하여 예견되는 사회적 갈등으로서, 노동-자본관계를 축으로 형성된 자본주의 갈등구조와 성격이 세대 간 분배관계에 기초한 갈등구조로 바뀌리라는 전망이 대세를 이룬다. 서구사회 사례를 보면, 고령화에 따른 세대 간 갈등론은 실재하는 계급 간과 계층 간의 소득분배 불균형을 희석시키고 상대적으로 다루기 어려운 것처럼 보이는 부모세대와 자식세대 간의 문제로 탈바꿈한 듯이 보인다(유철규, 2004: 42).

그러나 고령사회에 대한 이러한 전망의 적확도는 좀 더 면밀하게 검토될 필요가 있다. 우선, 인구 고령화에 따른 생산 가능 인구의 감소는 앞의 전망에서처럼 노동공급의 부족 원인이 되기도 하지만, 동시에 조기퇴직자의 재고용과 여성노동자의 취업기회 확대를 가능하게 하는 요인이 될 수도 있다. 실제로 유럽의 경우, 고령화가 진행되고 있지만 청년 실업률은 감소하지 않았고 조기퇴직도 늘어났다. 즉, 어느 쪽도 노동력 부족 현상과는 잘 맞지 않았으며, 한국의 경우도 청년 실업률은 급증하고 있지만 그에 못지 않게 50대 실업률도 급증했다. 반면, 생산가능 인구의 감소는 인력고급화를 촉진시켜 생산성을 증대할 수 있으며 이 경우, 한국사회가 노동자의 교육비용을 기꺼이 부담할 준비만 되어 있다면 인구의 고령화가 반드시 성장률 하락으로 이어질 이유가 없는 것이다(유철규, 2004: 47-48). 따라서, 고령사회에 대한 거시경제적 전망은 매우 신중할 필요가 있으며, 현재 주류 경제학자들이 힘을 실어 대세론이 되어 있는 세대 간 갈등론, 연금제도 위기론을 고령사회의 핵심적 위기요인으로 무비판적으로 받아들이는 것은 매우 위험하다는 것이다.

유철규는 고령화가 자본주의 사회에 야기하는 진정한 위기요인에 대해서, "오늘날 서구 산업국가들이 부딪치고 있는 과다한 부양부담의 문제는 생산력이 급속히 발전하는 결과로, '상업적' 가치를 상실한 노동인구는 증가하는 데 반해, 그들이 먹고 살 소득을 제공하는 제도적 장치는 점점 더 취약해지고 있기 때문에 실제 사회의 부담능력보다 훨씬 더 악화된다"(유철규, 2004: 43)고 진단한다. 그는 고령화와 사회복지제도의 관계를 다음과 같이 분석한다(유철규, 2004: 43-44):

상업적 가치, 즉 생산요소 제공자로서의 가치를 상실한 노동인구가 고령화 현상 때문에만 증가하는 것이 아니다. 부유한 산업국가들은 더 이상 미숙련 노동자를 필요로 하지 않는 경제구조로 빠르게 접근해가고 있다. 이는 자본의 세계적 자유 이동과 아웃소싱(outsourcing), 그리고 독점된 기술의 급속한 변화에 기인한다. 육체적으로 건강하나 자의든 타의든 상업적 가치면에서 조로(早老)한 청년층과 육체적 노령층이 함께 증가한다. 〔……〕 세계화된 자본주의는 고령화 때문에 문제에 직면해 있는 것이 아니다. 극단적 이윤추구 경쟁에 몰입한 채, 그 과정에 불필요해진 광대한 인구집단을 부양할 제도적·정치적·도덕적 장치들을 스스로 해체해 버렸고, 스스로의 존재 공간인 사회를 해체해가고 있기 때문이다. 현대 세계의 생산 능력은 미국의 경우 단 2%에도 못 미치는 농업인구가 과잉농산물을 생산하고 있다는 점에서 상징적으로 확인된다. 〔……〕 세계화된 자본은 더 이상 노동자의 숙련을 상승시킬 비용을 스스로 부담할 필요성을 느끼지 못하고 있다. 필요한 숙련 노동력이 있는 곳으로 이동할 수 있기 때문이다. 이와 함께 상업적 가치를 상실한 노동인구를 자신의 이윤을 가지고 부양해야 할 정치적 이유도 약해지고 있다. 사회의 총생산 능력은 불황 속에서도 끊임없이 증가해가고 있지만, 점점 더 많은 인구는 소득분배 대상에서 제외되어 간다. 이것은 사회복지의 정당성의 위기이다.

유철규는 결국, 고령화 문제는 인간 수명의 연장이 아니라 노동의 가치와 관련된 문제라는 것이며, 따라서 "상업적으로는 가치가 없으나 사회적으로 유용한 노동을, 소득을 분배받을 자격이 있는 노동으로 인정하는 순간 복지와 고용의 딜레마는 풀릴 수 있다"는 것이 그의 주장의 핵심적 내용이다. 예를 들어, 자녀양육이나 병간호, 그리고 노약자를 돌보는 노동 등은 상업적 가치를 낳지는 못하지만 사회적 가치를 가질 수 있기 때문에 그러한 노동을 하는 사람들에게는 사기업의 임금이 아닌 '사회적 임금'이 주어져야 한다는 것이며, 이것이 바로 복지창출의 근본이라고 그는 말한다(유철규, 2004: 44).

만약 고령사회에 대한 거시경제적 전망을 이와 같이 할 경우, 한국 평생교육의 주류(主流) 관점인 인간자원개발론은 '인적 자원'에 대한 인식의 틀을 근본적으로 수정할 필요가 있다. 사실 인간노동의 가치를 경제적 생산요소라는 단순한 기능차원으로 환원한 관점에 기초한 교육을 통하여 취업, 혹은 재취업의 가능성과 생산성을 높이는 방향에 초점을 맞춘 한국 평생교육 이론체계는, 자본의 세계적 자유 이동과 아웃소싱, 기술의 독점에 따른 노동시장의 변화(육체적으로 건강하나 자의든 타의든 상업적 가치 측면에서 조로(早老)한 청년층과 육체적 노령층이 함께 증가하는 현상), 특히 필요한 숙련 노동력이 있는 곳으로 자본은 언제든지 자유롭게 이동할 수 있기 때문에 노동자의 숙련성 향상을 위해서 투자할 필요를 더 이상 느끼지 못하는 세계화된 자본주의 환경에서 과연 목적한 역할을 수행할 수 있을지 매우 의문이다. 그래서 만약 상업적 가치는 없지만 사회적 가치를 지닌 노동이 생존자원을 분배받을 수 있는 중요한 근거로 인정받는 거시경제적 전망을 한국사회가 공유할 수 있다는 전제가 가능하다면, 현행 평생교육은 그 관점을 근본적으로 바꿔야만 시대변화의 흐름과 호흡할 수 있을 것이다.

그러면 '인적자원'에 대한 대안적 관점을 어떻게 세울 것인가? 여기서 에드가 칸(Edgar Cahn)이 정리한 네 가지 대안적 관점은 매우 의미 있는 시사점을 준다(Cahn, 2004: 65, 74):

▶ 자산

사회의 진정한 자산은 사람이다. 모든 인간은 건설자이며 동시에 기여자가 될 수 있으며, 더 이상 무용한 인간은 없다.

▶ 노동의 새로운 정의
노동은 자녀를 양육하고, 가족을 보존하며, 이웃의 안전과 활력을 도모하고, 약한 사람들을 돌보고, 불의를 개선하고 민주주의가 이루어지도록 하는 데 필요한 활동을 모두 포함하도록 새로이 정의하여야 한다. 그래서, 시장경제가 예속, 차별, 착취를 통해 얻는 무상이익(예를 들어, 여성, 아동, 가족, 이민자, 외국인노동자, 자원봉사자들의 기여)을 없앤다.

▶ 호혜성
사람들은 일반적으로 자신이 받은 선의의 행동에 대해서 되갚고자 하는 마음이 있다. 따라서, 가능할 수만 있다면 일방적으로 베푸는 행위를 쌍방향의 거래로 바꿔 자원봉사 수혜자도 '지불'하게 함으로써 수혜자의 의존성이 생겨나지 않게 하고 더 이상 그들을 '부담스러운' 존재로 전락시키지 않는다. 즉, "당신은 내가 필요해"를 "우리는 서로가 필요해"로 바꾸어야 한다.

▶ 사회적 자본
모든 사람은 도로, 다리, 생활시설과 동일하게 사회적 인프라를 필수적으로 요구한다. 사회적 관계망은 신뢰, 호혜, 시민참여에 의해서 생겨난 사회적 자본을 지속적으로 투자할 때 안정적으로 구축될 수 있으며, 이를 통해서 더 이상 경제적, 사회적 도굴(盜掘), 즉 가족, 이웃, 지역사회를 수탈하는 일이 발생하지 않도록 한다.

이상의 대안적 관점들은 우선 '더 이상 쓸모없는 사람은 없다'는 원칙을 확고하게 해준다(Cahn, 2004: 189). 사실 인적 자산(에드가 칸은 '인적 자원' 대신 '인적 자산'이라는 말을 선호한다)을 사용한다는 것은 "중립적이고 객관적인 과정이 아니다. 그것은 상황적인 것이며, 목적의식과 자산을 중요시하는 의식에 의해 생겨나는 것이다. 자산 목록을 기계적 방법으로 만들게 되면 진정한 자산을 놓치게 된다"(Cahn, 2004: 162). 예를 들어, 한국사회가 고령사회로 빠르게 진입하고 있는 반면, 여전히 노인 인력은 '노동시장 외부에' 있는 것으로 분류되고 있다. 그러나 "우리가 '노인'이라고 이름 붙이는 사람들은 최소한 한 번의 세계대전, 냉전, 유인 (有人) 우주비행, DNA의 발견, 로제타석, 인권·환경·여성운동, 베를린 장벽의 무너짐, 남아프리카 인종차별의 종말, 정보시대의 초기 30년을 거쳐 온 사람들이다. 그런 사람들이 미래를 만들어가는 치밀한 과정에서 통찰력 있는 기여를 할 수 있을 것이라고 생각하기가 그렇게 어려운가?"(Cahn, 2004: 164) 특히 지식기반사회에는 가치창출의 원천이 지식이라는 관점에서 볼 때 지적 능력은 근육의 힘보다 더 중요해지는데, '노인'은 근육의 힘이나 신체적 민첩성, 그리고 '현대적 재능'이 젊은이들에게 뒤떨어질지 모르나 지혜와 통찰력에서는 매우 뛰어나며, 아울러 '바쁜 일상' 속에서 시민으로서의 의무를 수행하는 데 필요한 '한가한 시간'을 가진 거의 유일한 사람이기에 민주주의를 실현할 수 있는 매우 중요한 주체이다(Cahn, 2004: 165).

이렇듯 인적 자산 범위를 시장경제 중심의 인적자원개발론(HRD)[11]에서 탈피하여 '비시장경제 영역에서의 노동'에까지 확장하는 것은 가사노동을 하는 사람들이나 노인들과 같은 당사자들뿐만 아니라 지역사회에도 매우 유리하다. 왜냐하면, 비시장경제 영역에서 행해진 노동들(예를 들어, 지역소식 나눔, 사교행사 조직, 지역정보 검색과 전달, 거리 식물 물주기와 거리 청소, 다양한 자원봉사 등……)에 대해서 시장경제에 하는 것만큼 '정당한 평가와 대우'[12]를 해준다면, 상품과 서비스

---

11) 인적자원개발론(HRD)은 그것을 아무리 '인간적인 냄새'가 풍기도록 포장하더라도, 그 핵심은 국가발전과 기업발전을 위해서 '인적자원의 양성과 공급, 인적자원의 배분과 활용, 인적자원 관련 인프라 개발'을 잘해보자는 것이다. 그리고 여기서 국가발전이란 경제성장을 통한 발전을 의미하는 것이므로, 인간이라는 생산자원의 생산성을 극대화하여 경제성장을 잘 해보겠다는 담론체계가 바로 인적자원개발론인 것이다.

12) 시장경제가 개인의 이익, 경쟁력, 공격성, 취득성 등에 대해서 '법정화폐'로 보상하는 것처럼, 인격, 보살핌, 협력, 이타주의적 행동이나 서비스와 같은 '비시장경제 영역에서의 노동'에 대해서 대안화폐로 지불할 수 있을 것이다(Cahn, 2004: 97). 그런데 대안화폐가 교육복지나 사회복지, 혹은 문화복지 등과 같이 사회적 소외계층을 위한 구제도구 정도로 '오해'되는 것은 경계해야 한다. 예를 들어, 최근 한국사회에 '주5일 근무'와 '웰빙' 문화가 확산되면서 중산층 이상의 많은 가정이 문화예술에 대한 관심을 높이고 있다. 그러나 체감경기가 회복되지 않고 있는 현실에서 문화예술에 대한 욕구를 충족하기 위하여 현금지출을 늘리는 데에 현실적, 심리적 저항감은 큰데, 이는 "문화예술에 대한 절대가치는 인정하지만 아직까지 자신들의 생활 속에서의 교환가치는 인정하기 힘들기 때문"(김해보, 2004: 39)이라고 볼 수 있다. 문제는 이러한 상황은 새로운 소비문화로서의 '웰빙'에 대한 상대적 박탈감을 느끼게 될 문화소외층이 '공공적 웰빙'으로서의 문화적 사회복지를 공적 비용으로 해결할 것을 요구

를 위한 시장경제 영역도 확장되는 동시에 "서로 돕는 사람은 누구나 품위 있게 살고 발전하고 성장하며, 다음 세대에 더 나은 세계를 물려주기에 충분한 구매력을 획득할 수 있는 사회"(Cahn, 2004: 96-97)도 가능할 수 있기 때문이다.

2) '자립과 공영'의 사회통합을 위한 대안적 평생교육 프로그램

(1) '학습형' 사회적 일자리 만들기와 '인문학 강좌'

정부는 지금까지 공공근로 형태로 운영해오던 '사회적 일자리' 만들기 사업을 2005년부터 비영리기업 형태로 바꾸고, 사업을 '공익형'과 '수익형'으로 나눠, 일자리의 지속성과 노동조건 개선이 이뤄질 수 있도록 수익형 일자리를 확대하는 방향으로 추진하겠다는 입장을 밝혔다(한겨레, 2005. 1. 4). '사회적 일자리'란 사회적으로 유용하지만 수익성 때문에 시장에서 충분하게 공급되지 못하는 사회적 서비스 분야에서 비영리단체 등을 통해 만들어지는 일자리를 말한다. 노동부에서 주관하는 사회적 일자리의 주요 유형은 다음과 같다:

- 외국인 노동자 상담과 적응 지원
- 산재근로자 간병
- 저소득 계층이나 맞벌이 부부의 자녀 방과후 교실
- 어린이 안전문화 교육
- 노숙자 돌보기
- 재활용품 수거
- 문화재 보존과 관리

하는 상황을 초래하게 될 것이고(김해보, 2004: 65), 국민의 이러한 문화욕구를 만족시켜줄 수 있는 공적 문화재원에 한계가 있을 수밖에 없는 한국사회에서 '웰빙' 열풍은 기존의 교육적, 사회복지적 소외계층에 덧붙여 문화적 소외계층을 양산할 가능성이 높다. "이런 상황에서 지역통화제는 문화지출의 저항문턱을 낮추어 주는 역할을 할 수 있을 것이며, 반대로 문화거래품목의 확대는 지역통화제의 거래를 촉진하는 촉매가 될 것이다"(김해보, 2004: 39). 이처럼 대안화폐체제는 빈곤층을 위한 사회복지적 대안일 뿐만 아니라 다양한 욕구를 가진 일반인들의 '삶의 질' 고양을 위한, 국가 제반 정책의 '협력파트너'로서 기능할 수 있는 것이다.

2005년 노동부에서는 실업자, 중장년・고령자, 여성, 장애인 등 취업이 힘든 계층을 중심으로 3,910명에게 사회적 일자리를 제공하기로 하였고, 보건복지부는 사회복지시설 증설에 따라 5천여 명의 일자리를 공급하는 등 범정부 차원에서 모두 1,513억 원의 예산으로 4만 1천 명의 사회적 일자리가 만들어질 예정이다. 그런데 지금까지는 주로 정부의 재정지원에만 의존하는 방식이어서 한시적이고 단기적인 일자리에 그치고 임금과 노동조건도 최저수준이라는 문제를 드러냈다. 이러한 문제를 해결하고자 노동부는 2005년부터 민간비영리단체가 사업을 운영하되 서비스의 수혜자도 일부 운영비를 부담하도록 함으로써 자체적으로 수익을 얻을 수 있도록 하거나, 민간단체가 일반기업의 사회공헌활동과 연계하여 재정을 확보하도록 유도할 방침으로 알려졌다(한겨레, 2005. 1. 4).

〈그림 1〉 사람입국비전 체계도

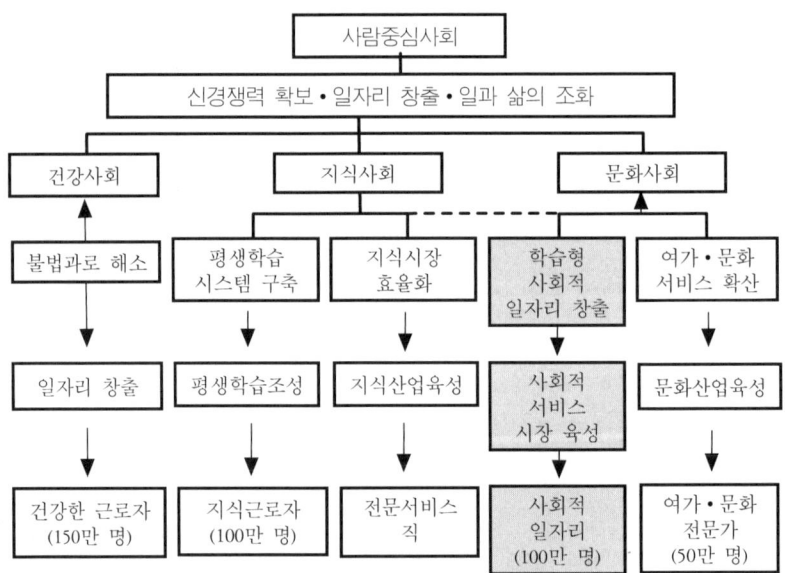

출처: 시민의 신문(2004. 12. 27)

또한 대통령자문 사람입국신경쟁력특별위원회와 뉴패러다임센터, 뉴패러다임

포럼 등은 사회적 일자리에 '학습'을 결합하여 100만 명을 위한 '학습형 사회적 일자리'를 창출해서 '문화사회'를 이룩한다는 계획을 내놓았다. 이러한 기획은 '사회적 일자리' 만들기에 '학습'을 결합시킴으로써 정부 정책을 한 단계 '현실화'시킨 것으로 해석할 수 있다. 그러나 '사회적 일자리'에 어떻게 '학습'을 결합시킨다는 것인지, 그리고 이러한 '학습형 사회적 일자리'가 과연 사회통합에 얼마나, 그리고 어떤 방식으로 기여할 수 있는지에 대해서는 아직 구체적인 언급이나 대안을 제시하지 못하고 있다. 특히 '학습형 사회적 일자리'는 일의 성격상 '비(非)시장경제' 영역에 머물러야 '경쟁력'을 가질 수 있는데, 오히려 시장경제 영역으로 편입되는 것으로 계획되어있다는 사실이다(그림 1의 음영부분 참조). 여기에 덧붙여, 어떤 내용의 '학습'을 결합할 것인지에 대한 언급이 없는 것도 문제이다.

앞에서 지적한 대로, 한국은 전통적으로 직업교육을 '특정한 직업 활동에 필요한 기술이나 지식을 가르치는 취업교육(vocational education for job)'으로 간주하는 경향이 있는데, 자칫하면 '학습형 사회적 일자리'에서의 '학습'이 현재의 취업(훈련)교육의 틀에서 크게 벗어나지 않을 가능성이 있다. 그런데 이러한 좁은 의미의 직업교육은 경제적인 실용성만을 추구하므로 자본주의 사회의 심각한 비인간적 역기능 현상을 낳는 등 많은 문제를 낳고 있다. 특히 산업시대의 '소품종 대량생산' 체제가 약화되고 '유연한 전문성'이 가치 창출의 핵심 동력인 지식기반사회에서는 '숙련성'에 초점을 맞춘 '취업형 직업교육'은 별다른 기능을 할 수 없게 된다. 왜냐하면, 단순기능중심의 '숙련공' 양성 직업교육은 세계화, 3차산업화로 특징지어지는 산업세계가 요구하는 상징과 코드의 해석 능력, 관계 능력, 의사소통 능력, 문화 능력 등에 초점을 맞추고 있지 않기 때문이다.

따라서 지식기반사회에서의 직업교육은 무엇보다도 인문교육의 보강을 통해 균형을 잡는 일이 시급한데, 한국의 경우에는 직업교육과 인문교육이 사회 계층적 성격을 반영하고 있어서 이러한 균형을 이루는 작업이 쉽지 않다. 인문교육은 지배층을 위한 것이고 직업교육은 피지배층이 받는 교육이라는 사회적 인식이 있어서 인문교육과 직업교육의 경계가 사회적 불평등을 조장하고 직업교육 이수자는 사회적으로 소외계층으로 전락하는 경향이 있기 때문이다(김수원, 2002: 116-117). 또한 그나마 중등교육단계 이후에는 그러한 직업교육마저도 받을 수 있는 곳이 많지 않은 것도 심각한 문제이다. 점점 빨라지는 사회변화에 뒤쳐지지 않고 안정적인 직업생활을 하기 위해서는 필요한 정보와 기술, 지식 등을 가능한 시간에 편리한 곳에서 받을 필요가 있는 사람들은 바로 직장생활을 하고 있거나 전직(轉職)을 원하는 사람, 혹은 퇴직 상태에 있는 사람들이기 때문이다.

21세기형 직업교육은 특정한 기술을 숙련시키는 것이 아니라 다양한 문제를 해결하고 대처하는 유연하고 다차원적인 능력을 길러주는 방향으로 나아가야 하며, 이러한 교육은 단지 중등교육 단계뿐만 아니라 전 생애에 걸쳐서 진행되어야 하는 것이다. 그리고 이러한 인문학에 기초한 직업교육이 가장 필요한 집단은 한국사회에서는 바로 경제적 소외계층과 소액자본으로 창업을 원하는 사람들이다. 물론, 그들은 인문학이 자신들에게 필요하다는 생각을 전혀 하지 않고 있을 것이며, 따라서 그들을 인문학 강좌에 끌어들일 마땅한 인센티브가 별로 없다. 그런데 만약 창업을 위한 대출 조건으로 인문학 강좌를 듣게 한다든지, 공공근로를 하는 사람들에게 교육을 받는 시간만큼 근로시간으로 인정해주는 인센티브를 제공한다면 그렇게 불가능한 것만도 아니다.

인센티브의 종류가 약간 다르긴 하지만, 재활교육 프로그램의 한 부분으로 인문학 강좌를 개설해서 성공한 사례가 있는데, 시카고 '여성 노숙자 쉼터'의 인문학 코스가 바로 그것이다. 시카고 외곽에 위치한 여성 노숙자 재활교육소인 '데보라의 집(Debora's Place)'에서는 2001년부터 재활교육 프로그램의 하나로 인문학 코스를 운영하고 있는데, 그 결과 인문학 코스를 수강한 여성 노숙자들의 경우, 타인에 대한 배려와 적극적인 삶의 자세를 가지고 자신 앞에 닥친 문제를 스스로 해결하려는 모습을 보였고, 여성들의 직업안정도(직업유지기간)가 인문학을 수강하지 않은 여성보다 훨씬 높게 나타나는 것을 확인하였다(KBS 수요기획 '가난한 자들의 철학자 얼 쇼리스의 희망수업', 2004. 7;『광명시 평생학습도시 건설 2차 5개년 계획 (2006~2010)』의 128 재인용).

광명시평생학습원이 시민대학의 한 전공과정으로 신규 개설하는 1년 과정의 '창업경영학과'는 6개월 간의 이론교육과 6개월 간의 인턴십 교육으로 구성된다. 그리고 이론교육의 교육과정은 창업과 관련한 전문지식과 기술습득을 위한 교육과정, 그리고 인문학 교육과정으로 구성되어 있다(광명시, 2005: 67-68). 경제적 소외계층, 여성가장 창업 희망자들은 창업 희망 분야에 대한 정보와 유망 업종에 대한 정보, 시장 분석, 창업 준비를 위한 기술지도, 창업 준비금 지원 등 창업과 직접적으로 관련된 것들을 필요로 할 뿐만 아니라, 창업 이후에도 안정적 사업을 유지하기 위해 경제 분석과 시장동향, 사회변화의 특성 등에 대한 정보와 함께 특히 사업이나 경제가 고비일 때 그러한 어려운 순간을 버틸 수 있게 하는 '마음의 힘'이 무엇보다도 필요하다. 시민대학의 창업경영학과 인문학 코스는 어려운 조건에서 창업을 통해 새로운 삶의 희망을 만들어보고자 하는 사람들에게, 그리고 마지못해 하는 공공근로가 자존심을 손상시키는 사람들에게 세상을 스스로 분석하고 이해할 수 있는 능력과 어려운 환경을 버틸 수 있는 '마음의 힘', 자존심, 그리고 학습하는 기쁨을 맛볼 수 있는 기회를 제공할 것이다.

(2) '광명시교육복지은행'(가칭) 설립을 통한 '자립형 교육복지' 모형의 창출

광명시는 평생학습도시의 실현 전략의 하나로서 가칭 '광명시교육복지은행'의 설립을 계획하고 있다. '광명시교육복지은행'은 한편으로는 '사회적 일자리' 창출을 위한 지역 지원시스템의 핵심 축으로서 '사회적 일자리'에 대한 제반 정보 제공과 '수익형' 사업 준비를 지원할 수 있고, 또 한편으로는 지역 주민의 창업에 필요한 정보와 기술지도 등을 상담하고 담보나 보증 능력이 없는 사람들을 위해서 창업자본을 대출하는 업무를 주관하면서, 동시에 광명 지역통화체제와 연계, 지원하는 업무를 담당하는 것을 목적으로 설립된다. 또한, 창업자본 대출 조건으로 '인문학 교육과정' 수강을 의무화함으로써, 그렇게 하지 않으면 결코 '인문학 교육'을 찾지 않을 사람들에게 인문학 교육을 받을 수 있게 하며, 그렇게 해서 배출된 '전문 인력'을 지역 내에서 순환, 소화할 수 있는 교육환경을 창출하는 것도 중요한 사업목표이다 (광명시, 2005: 126).

'광명시교육복지은행'은 국내외에서 활동하고 있는 '특수한 형태'의 금융기관인 '사회연대은행(Social Solidarity Bank)'을 모델로 하고 있다. 사회연대은행이란 기존 은행을 이용할 수 없는 사회적 취약계층(실업자나 국민기초생활보호 수급자,

차상위 계층 등)에게 '소액창업대출(Micro-credit, Micro-finance, Micro-loan)'을 통해 '자립을 위한 자금'을 지원하는 것을 목적으로 하는 금융기관이다. 소액대출 기관으로서의 사회연대은행은 다음과 같은 목표를 가지고 운영되고 있다(한국보건사회연구원 기초보장·자활정책평가센터, 2003: 14-16):

- 일자리를 창출하고 경제성장에 기여할 수 있는 소규모 사업체(micro-enterprise)에 사업자금을 제공하는 것
- 빈곤완화를 위해 소득창출의 기회와 서비스를 제공하는 것
- 인종적·사회적 이유로 제도권 금융기관을 이용할 수 없는 소규모 사업체에 금융서비스를 제공하는 것

외국사례로는, 가장 대표적인 것으로 방글라데시의 그라민은행(Grameen Bank, 1983)을 비롯하여, 미국의 ACCION(1991), 영국의 GRF(1993), 프랑스의 ADIE(1988) 등이 활발하게 활동하고 있고, 국내에서는 2003년 '한국사회연대은행'이 설립되어 역시 활발하게 활동하고 있다. 각국 사회연대은행은 금융관련 업무뿐만 아니라 대체로 다음과 같은 사업들도 전개하고 있다[13](한국보건사회연구원 기초보장·자활정책평가센터, 2003: 17-42):

- 기초교육 프로그램: 기초능력뿐만 아니라 자활의지 강화, 공동신뢰감 형성과 강화, 임파워먼트(empowerment)에 초점을 맞춘 교육
- 사전교육 프로그램: 가격결정, 품질관리, 고객서비스, 변화하는 시장 환경 진단, 홍보 등

---

13) 사회연대은행이 하는 사업은 은행마다 각기 다르다. 예를 들어, 돈을 맡기는 사람과 이를 대출받는 사람 사이의 인간적인 믿음에 바탕을 두고 있으며 돈이 아니라 인간의 행복을 목적으로 하고 있는 이탈리아의 '윤리은행'은 크게 다음 네 가지 분야에 예금주가 자신이 원하는 분야에 투자할 수 있다(〈한겨레신문〉, 2004. 11. 17):
- 사회적 협동조합이나 사회적 일자리
- 환경연합과 영농 조직
- 제3세계 협동조합 발전과 공정거래
- 문화·교육적 활동

- 사후관리 서비스: 은행 직원들이 정기적으로 전화 상담이나 사업장 방문서비스를 제공하고, 필요한 경우 판로확보를 위한 시장개발을 지원하거나 외부 기관을 통해 무료 법률 상담 서비스를 제공
- 자치모임 활성화: 보험, 시간관리, 회계, 장부정리 등 워크숍 개최, 정보교환 등 융자 대상자 상호간의 지원망을 형성할 수 있는 기회 제공

저소득층 근로능력자를 위한 취업기회가 매우 좁고 신용불량자가 크게 늘어나고 있는 한국사회에서 사회연대은행과 같은 금융기관은 기존 창업지원 서비스의 취약성을 보완하면서 사회통합을 위한 사회적 기제로서 매우 의미 있는 성과를 낼 수 있을 것으로 기대된다. 각국 사회연대은행과 비교하여 '광명시교육복지은행'의 가장 중요한 특징은 사회적으로 배제되었거나 그렇게 될 가능성이 높은 사람들에게 '자립을 위한 자본'을 지원함에 있어서, 창업을 위한 융자금 지원뿐만 아니라 교육비 대출, 교육프로그램 대출, 강사 지원 등의 교육지원 서비스를 통하여, 취약계층의 탈(脫)빈곤을 위한 사회적 자본 형성을 지향하는 윤리은행(Ethic Bank)의 기능과 함께 사회통합을 위한 평생교육기관의 역할을 수행한다는 점이다. 특히 교육통화와 같은 대안화폐제도를 금융지원 사업과 연동하여 운영하면 그 효과는 더욱 클 것이다.

(3) '노인시민대학' 설립을 통한 비시장 경제활동 지원 시스템 구축

앞서 살펴보았듯이, 한국사회가 맞이하게 될 고령화 사회의 전망은 현 단계에서 이뤄지고 있는 준비과정을 고려해 볼 때 매우 암울한 상황이라 하겠다. 고령사회에 대한 다각적 대응 방안이 사회정책의 영역에서 모색되어야 하는데, 특히 평생학습의 관점에서 접근을 하자면 학습도시 내부에 '노인시민대학'을 설립함으로써 고령사회에 대비한 적극적인 방식을 감행해 나갈 수 있을 것이다.

현재 광명시에는 노인요양센터가 건립되어 있으며, 2005년과 2008년에 각각 1곳씩 2개의 노인복지회관을 신설할 예정이다. 여기에 종합사회복지관 등 노인들이 거주지 가까운 곳에서 이용할 수 있는 관련 5곳의 시설을 '노인시민대학'으로 지정하여 비시장경제 활동과 관련된 다양한 영역의 교육을 제공한다는 것이다. 개설 가

능한 학습 영역을 예시하자면 다음과 같다:

- 아이 돌보기, 노인 돌보기, 장애인 돌보기
- 청소년 상담
- 소외 계층 어린이들의 방과 후 지도
- 시정 지킴이, 또는 의정 지킴이 활동
- 범죄, 산업오염, 환경오염, 오존층 파괴를 막기 위한 시민활동
- 자녀와 가족이 안정하게 살 수 있도록 가정과 이웃을 보호, 유지해 주는 활동
- 기타 지역 사회에서 이뤄지는 다양한 공익적 활동

위와 같은 영역은 사회적으로 매우 유용하고 가치 있는 활동들을 포함하고 있지만 시장경제 영역에서 그 가치를 올바르게 인정받지 못하고 있는 것이 대부분이다. 취약층을 돌보며 불의를 시정하고 지역의 민주주의를 정착시키는 데 필요한 고귀한 활동에 대해서 지역사회가 정당하게 평가하고 인정하는 체계를 만들어 간다면 그 자체가 지역 사회의 힘을 키워나가는 혁신적 과업이 될 것이며, 여기에 참여하는 노인들의 시민의식도 함께 성장할 것임이 분명하다.

삶의 다양한 경험이 풍부하며, 상대적으로 시간적 여유가 있는 시민으로서 이러한 활동에 참여할 의사가 있는 노인들에게 전문 강좌를 실시해서 지역사회의 인적 자산으로 양성하는 일은 지역 활성화와 지역 민주주의의 발전을 위한 핵심적 동력으로 재인식되어야 할 것이다. 이와 같은 활동의 거점이 될 노인시민대학은 지역의 노인복지 관련 시설을 중심으로 개설되며, 수강생들에게 최적의 교육환경이 마련될 수 있는 강사진의 구성, 노인 교육자의 특성에 걸맞은 교육방식의 개발, 비시장경제 영역의 활동에 도움이 되는 교육과정의 개설 등을 통해 점진적 발전을 해나가도록 광명시평생학습원이 지원한다.

이러한 사업은 네트워킹을 통해 더욱 풍부한 결과를 가져올 수도 있다. 이를테면 현행 '재단법인 광명시자원봉사센터' 내에 노인자원봉사센터를 별도로 구성하여 노인평생교육 체제와 유기적인 관계를 맺어 사업을 전개하는 것이다. 자원봉사센터는 자원봉사 수요처를 꾸준히 발굴하여 노인 인력을 연결시키는 한편, 평생학습

원과 협력하여 자원봉사에 필요한 교육요구를 부단히 창출해낸다. 특히 '자원봉사 마일리지 제도'나 대안화폐의 한 종류인 '타임달러' 시스템과 연계한다면 비시장 경제 영역에서 일어난 노동의 대가를 법정 화폐가 아닌 다른 방식으로 지불해 줄 수 있을 것이다.

한편, 광명시 시내의 91곳에 산재해 있는 경로당과의 네트워킹도 빼놓을 수 없는 과업이다. 무엇보다도 노인들의 거주지와 가까워 쉽게 모일 수 있는 장소이며, 시에서는 2005년 현재 월 13만 원의 운영비, 60만 원의 난방비를 지원하고 있어 기본적인 시설 사용이 가능하다. 기존에는 적절한 프로그램 지원이 없어 노인들의 모임 장소로만 활용되던 공간을 교육과 작업이 가능한 공간으로 탈바꿈시킨다면 노인시민대학을 뒷받침하는 지역 센터로서의 역할을 충분히 수행할 수 있을 것이다.

5. 맺음말

로버트 라이시는 앞으로 미국의 미래를 결정할 수 있는 소중한 자산이 바로 '인적 자원'이며, 미국 사회에서 가난한 청소년들, 장애인, 유색 인종, 소수 민족, 여성 등 어느 누구라도 차별을 받는다면 그것은 미국의 잠재력을 스스로 버리는 것이나 마찬가지로 윤리적으로 잘못된 것은 물론, 경제적으로도 커다란 손실을 초래한다고 말한다(Reich, 2003: 162). 그래서 그는 빈곤에 대한 대책으로써 "사람들이 이미 빈곤에서 허덕이고 있는 상태에서 소득을 재분배하는 것보다는 그들이 자신들의 미래를 설계할 수 있도록 자립을 위한 자본을 제공"(Reich, 2003: 89)할 것을 제안한다. 그리고 빈곤에 대한 이러한 대책이 실현되기 위해서는 무엇보다도 정부의 역할에 대한 기존의 생각이 바뀌어야 한다고 한다. 앞으로 계속해서 "모든 사람이 함께 나눌 수 있는 번영"을 이룩하기 위해서는 금융자본이 세계 전 지역을 자유롭게 이동하는 새로운 글로벌 경제체제에서 교육, 의료보험, 탁아서비스, 대중교통 등의 문제가 결코 지출 항목이 아니라 '공적 투자(public investment)'라는 사실을 정부가 인식하는 것이 매우 필요하며14), 만약 그러한 환경을 조성하지 못하면 어느 사회든지 생활수준이 점차 낙후할 수밖에 없는 운명에 처하게 될 것(Reich, 2003: 159)이라는 게 로버트 라이시의 생각이다.

그런데 정부의 인식전환만으로는 부족하다고 그는 덧붙인다. 왜냐하면, "원래 모든 개혁은 시민들이 적극적으로 요구하지 않으면 정부에서 먼저 실시하지 않는 법"(Reich, 2003: 39)이기 때문이다. 정보사회와 지식기반사회로의 전환의 시대에 사회통합을 위해서 우리가 무엇보다도 시급하게 인식을 전환해야 할 부분은 바로 '노동'이다. 에드가 칸은 "우리가 대면하는 중요한 문제는 그 문제들이 발생했을 때 우리가 가지고 있던 생각의 차원에서 해결될 수 없다"는 아인슈타인의 생각이 옳다면서 복지 개혁도 시장과 자본이 제공하는 것보다 큰 틀에서 노동을 새롭게 인식할 때 가능하다고 주장한다(Cahn, 2004: 91). 기존의 노동에 대한 정의(定義)에 집착해서는 복지 개혁도 사회통합도 처음부터 없다.

성공적인 복지의 중심에는 노동을 새로이 정의하는 것이 있다고 에드가 칸은 말한다. 그에 따르면, "미국과 유럽에서는 노동을 새로이 정의하는 것이 공적 부조와 법적 자격의 이슈에 접근하는 열쇠"인데, "현실적으로 공적 부조에 관한 논의의 중심은, 시장경제에서 생산된 풍요의 몫을 누가 가질 것인가에 관한 것"이지만 결국 "그 풍요는 비시장경제와, 정부가 만들고 보호해 주는 재산권의 막대한 보조에 의해 가능해진 것"일 뿐이다. 그는 현재 공적 부조에 관한 논의가 여전히 '시장경제에서 일하는 것'과 '공적 부조에 의존하는 것' 등 두 가지 대안에 집착하는 사고방식 때문에 축소되고 방해받는다고 분석하면서 "우리에게 부족한 것은 모든 사람이 자산이라는 분명한 이해와 그 자산을 건강하고 지속적인 사회 건설에 사용하게 하는 노동의 정의"라고 주장한다. 그렇게 노동을 새롭게 인식함으로써 "지금 분명히 밝히지 않으면 쓰레기 더미로 던져질 광대한 인간 자산", 전문화된 지식이 아닌, '일반적인 능력'으로서의 광대한 인간 자산을 찾아내는 일이야말로 참다운 복지 개혁의 길이라는 에드가 칸의 조언(Cahn, 2004: 243-245)은 빈곤형 사회적 배제와 세대갈등형 사회적 배제 모두를 극복하고, 진정한 사회통합을 위해 현실적인 평생교육정책과 프로그램 개발이 어느 방향으로 나아가야 할지를 판단하는 데 큰 시사점

---

14) 국가의 책임에 대한 자세한 논의는 임정아·고병헌의 "평생교육의 공적 책임화(公的 責任化)를 제안하며" 참조.

을 준다.

광명시에서 하고 있는, 그리고 하려고 하는 인문학 코스 결합형 '학습형 사회적 일자리 만들기' 사업과 '광명시교육복지은행', 그리고 '노인시민대학' 등은 변화하는 시대의 흐름에 맞춰 인적 자원에 대한 대안적 관점을 세워서 그것을 사회적으로 실현한다는 의미를 지닌다. 평생학습사회란 사회적 배제의 출구인 교육적 불평등이 사라지고 모든 이들에게 학습 기회가 열려진 사회를 말한다. 따라서 이러한 실험은 빈곤형과 세대갈등형 사회적 배제 모두를 겨냥한 평생교육적 대응인 동시에, 그동안 평생교육 영역에서 주창하고 '선언'했던 평생학습사회에 대한 꿈과 이상을 적극적으로 '실현'하기 위해서 비로소 내딛는 의미 있는 '또 한 걸음'인 것이다.

이제 평생교육계가 왜 사회통합에 새롭게 관심을 가져야 하는지 그 교육적 의미를 다시 한번 정리함으로써 이 글을 마무리하고자 한다. 교육의 궁극적 지향점은 평화이다. 평화로운 삶, 평화로운 관계, 평화 충만한 세상이야말로 우리가 교육하는 이유, 즉 교육이 존재해야 하는 이유인 것이다. 그런데 이러한 평화가 꽃피기 위한 정치·경제·사회·문화적 환경이 바로 사회통합이다. 모든 사람들이 자기의 능력을 제한당하지 않고 각자의 행복추구권을 마음껏 실현할 수 있는 정치·경제·사회·문화적 환경이 조성된 '통합된 사회'가 생산하는 에너지의 총량은 소수의 능력이 있는 한 사람이 10만 명을 먹여 살리는 사회, 그리고 자기 노동의 사회적 가치가 제대로 평가받지 못하는 사회가 발휘할 수 있는 국가경쟁력의 최대치를 훨씬 뛰어넘는다. 그래서 평생교육이 '통합된 평화로운 사회'의 실현을 위한 실천전략을 세운다 함은 교육의 궁극적 존재 이유를 실현하는 의미를 가지는 동시에 지식기반사회, 정보사회, 고령사회를 대비한, 시대선도적인 사회적 안전망 구축을 통하여 국가경쟁력을 지속적으로 유지, 강화할 수 있는 길인 것이다. 본 연구에서 소개된 세 가지 프로그램은 바로 자본주의 시장경제 체제에서 '경쟁 이전 단계에서의 경쟁력'을 키우는 것까지도 포함하는 사회통합을 위한 평생교육 실천전략의 방향과 방안을 모색한 것이라는 데 가장 큰 의미가 있다.

참고문헌

광명시, 2005.『광명시 평생학습도시 건설 2차 5개년 계획 (2006~2010)』.

국가인권위원회, 2004.『'사회적 배제'의 관점에서 본 빈곤층 실태 연구』.

김동선, 2004.『야마토마치에서 만난 노인들』, 궁리.

김창엽 외, 2003.『빈곤과 건강』, 한울아카데미.

김해보, 2004.「지역문화재단의 문화통화 도입 및 활용 방안 연구」, 추계예술대학교 예술경영대학원 석사학위논문.

대통령자문 교육혁신위원회, 2004.『도시영세민 유아 및 장애아교육 발전방안 연구 - 빈곤아동을 중심으로』.

박동석 외, 2003.『고령화 쇼크』, 굿인포메이션.

방하남 외, 2004.『현대 한국사회의 불평등』, 한울아카데미.

성현석, 2004.「지금, 왜 교육복지인가?」,『우리교육』 2004. 12: 66-67.

유철규, 2004a.「고령화라는 사회변동과 경제적 계급의 양극화」,『황해문화』2004. 여름: 38-53.

_____, 2004b.「양극화와 국민경제 해체의 경제구조: 사회적 갈등의 심화와 민주주의의 위기」,『아세아연구』118: 23-41.

윤도현 외, 2004.『한국의 빈곤과 불평등』, 민주화운동기념사업회.

이현승 · 김현진, 2003.『늙어가는 대한민국』, 삼성경제연구소.

임정아 · 고병헌, 2004.「평생교육의 공적 책임화(公的 責任化)를 제안하며」,『평생학습사회, 선언에서 실현으로』, 광명시평생학습원 주최 제3회 평생교육 국제심포지엄 자료집, 2004. 9. 10: 37-45.

한국교육개발원, 2003.『국가수준의 생애능력 표준 설정 및 학습체제 질 관리 방안 연구 (Ⅱ)』.

한국보건사회연구원 기초보장 · 자활정책평가센터, 2003.『저소득층 창업지원모형에 관한 연구』.

허구생, 2002.『빈곤의 역사, 복지의 역사』, 한울아카데미.

柄谷行人, 1998.『은유로서의 건축』, 김재희 역, 한나래.

柄谷行人, 2003.『일본 정신의 기원』, 송태욱 역, 이매진.

Cahn, Edgar. 2004.『이제 쓸모없는 사람은 없다』, 구미요한센터 역, 아르케.

Ehrenreich, Barbara. 2002.『빈곤의 경제』, 홍윤주 역, 청림출판.

Illich, Ivan. 2004.『학교 없는 사회』, 심성보 역, 미토.

Korczak, Janusz. 1998. 『아이들을 변호하라』, 송순재 역, 내일을 여는 책.

Müller, Klaus. 2004. 『돈과 인간의 역사』, 김대웅 역, 이마고.

Reich, Robert. 2003. 『미래를 위한 약속』, 김병두 역, 김영사.

Schwartz, Peter. 2005. 『이미 시작된 20년 후』, 우태정 · 이주명 역, 필맥.

Venturella, Karen. 2003. 『도서관을 통한 지역사회프로그램』, 도서관운동연구회 역, 한울.

Esping-Andersen, Gøsta et al. 2002. Why We Need a New Welfare State. Oxford and New York: Oxford University Press.

Hart, N. Stuart et al. 2001. Children's Rights in Education. London and Philadelphia: Jassica Kingsley Publishers.

Ranson, Stewart et al. 1998. Inside The Learning Society. London and New York: Cassell.

제3부

사회적 약자에 대한 대안적 정책의 모색

제10장

이혼부모의 자녀양육 체험과 사회적 대안

김유순

1. 문제제기 및 연구목적

2003년도 한국의 협의이혼 건수는 176,000건이고 그 당사자 수는 352,000명이며, 재판이혼 건수는 46,000건(문준필, 2004)으로 인구 천 명당 3.5건(7명)의 이혼이 발생해서 10년 전의 1.3건에 비해 2.5배 이상 증가하였다(변철식, 2004). 이혼의 85.9%를 차지하는 협의이혼은 당사자가 합의하고 가정법원의 확인을 받아 3개월 이내에 시청, 구청 또는 읍, 면사무소에 호적 신고함으로써 성립되는 간단한 절차로 되어 있어, 부부가 서로 간의 문제나 이혼이 본인과 자녀에게 미치는 영향 등에 대해 심사숙고할 수 있는 제도적 기회가 없는 실정이다. 타국의 입법례에 비추어 볼 때, 한국의 협의이혼제도는 "혼인의 신속한 해소"에만 치중함으로써 실질적인 도움을 부부에게 주고 있지 못하다고 평가받고 있다. 실질적인 도움을 계획하기 위해 필요한 실태파악조차 제대로 되지 않는 실정이다.

이혼의 급증과 용이성으로 인해 그 문제가 심각하지만 이혼으로 인한 가족의 변화와 가족구성원이 당면하는 어려움을 이혼당사자와 가족의 책임으로만 규정해 온 것이 한국의 실정이다. 이혼은 개인적인 문제일지 모르지만, 이혼이 초래하는 문제들은 많은 경우 개인들이 해결할 수 있는 문제 이상의 것들이며 법적, 경제적,

사회복지정책적인 여러 사회적 대책들이 필요한 문제들이다. 이미 다른 나라들은 이혼에 대한 여러 가지 대응책들을 마련하여 이혼이 초래하는 문제의 심각도를 낮추고자 노력하고 있다. 그러나 한국에서는 다만 경제적 측면에서 국민기초생활보장법과 모자복지법, 아동복지법에서 규정하고 있는 아동수당을 빈곤가정 아동에게 지원하고 있는 정도이다. 다른 나라에 비하면 이혼 문제에 대한 대응이 매우 소극적이라고 할 수 있다.

그러나 얼마 전부터 사회적으로 해법을 고민하게 되었으며 그 해법으로 시도한 것 중 하나로 현재 전국 법원 중 서울 가정법원이 유일하게 협의이혼에 한하여 시험적으로 1주일 간의 숙려기간제도를 시행하고 있다. 최근에는 서울가정법원이 가칭 '이혼절차에 관한 특례법' 시안을 만들어 성급한 결정에 의한 이혼의 부작용을 막고자 하는 계획을 발표하였다(중앙일보 2005. 5. 5). 그 내용의 골자는 모든 협의이혼의 경우에 3개월 간의 숙려기간을 가지게 하거나 법원이 지정하는 상담기관에서 3시간의 상담을 받게 하는 것이며 협의이혼 시 미성년자녀를 둔 경우에는 자녀양육에 관한 합의서를 제출하도록 하는 것이다.

이와 같이, 한국사회에서 이혼문제에 대한 관심은 성급한 이혼의 문제를 해소하는 데에 주된 관심이 놓여 있고, 이제야 이혼으로 인한 자녀양육의 문제에 관심을 두기 시작하는 것으로 보이는데, 과연 성급한 이혼만이 문제인지 혹은 이혼과 관련한 다른 문제점들이 있는지, 그리하여 사회적으로 해결책을 강구해야 할 부분이 있는지를 파악할 필요가 있다. 그런데 이혼율이 한국보다 먼저 급증한 미국의 경우, 이혼 자체에 대한 문제점 이외에는 주로 사회적 관심과 걱정이 이혼 이후의 자녀양육에 관련한 문제에 모아졌던 것을 알 수 있다. 따라서, 한국사회에서 이혼제도를 정비하기 시작하는 이 시점에서 이혼체험자들의 체험에 바탕을 둔 이혼 후 자녀양육 문제의 어려움을 체험자의 관점에서 좀 더 심도 있게 파악하여 이혼가족을 위한 정책과 서비스 대안을 모색해보는 것은 시기적절하고 의미 있는 일이라고 생각된다. 이혼 후 자녀양육의 문제를 다룬 양적 연구들이 일부 있지만, 이 문제를 깊이 있게 파악하기 위하여서는 양적 연구보다는 체험자들을 심층 면접하는 질적 연구 방법이 적당하다. 따라서, 본 연구에서는 한국의 이혼부부와 자녀들의 복리에 도움이 될 수 있는 기초연구로서 먼저, 외국과 한국에서 이루어진 선행연구들을 검토한 후,

본 연구의 결과를 분석해 보고 이를 바탕으로 이혼가족을 위한 사회적 대안을 제언해 보고자 한다.

2. 문헌고찰

1) 이혼 후 전배우자와의 관계

부부는 이혼하여 '부부로서의 관계'를 종결하더라도 '부모로서의 관계'까지 종결할 수는 없다. 이혼으로 부부로서의 법적 관계는 끝난다. 하지만, 자녀 때문에 일정한 접촉이 필요하고 실제로 관계가 완전히 끝나지 않기 때문에 이혼으로 인해 부부의 관계가 '변형'되는 것으로 보기도 한다(Arditti & Kelly, 1994). 이런 의미에서 진정한 의미의 이혼이란 존재하지 않을 수도 있다. 따라서 서양에서는 이혼 후 전배우자와의 관계, 즉 협력적 부모역할 수행(coparenting)에 관한 필요성이 인식되고 있으며 이혼 후 전배우자와의 관계가 긍정적일 경우 자녀들의 적응에 도움이 된다고 인식되고 있다(Hetherington, Cox & Cox, 1982).

한국의 이혼부모들의 전배우자와의 관계와 협력적 부모역할에 대한 연구는 거의 없는 편으로 연구 결과를 보면, 자녀를 둔 이혼여성 중 전남편과 접촉하는 빈도는 매우 저조하다. 약 3분의 2가 전배우자와 전혀 만나지 않고 있으며 만나는 경우에도 대부분 1년에 한 두 번이었으며, 자녀 문제를 전배우자와 의논하는 정도는 절반에도 못 미치는 것으로 보고되고 있다(장혜경·민가영, 2002; 한경혜·김영희, 1994). 자녀가 문제행동을 보이거나 비양육 부모의 도움이 필요한 경우에만 의논을 하는 경우는 3분의 1정도 되어서 대부분이 자녀에게 문제가 있어도 전배우자 간에 의논을 하지 않음을 알 수 있다(한경혜·김영희, 1994). 또한, 3분의 2가량의 이혼여성들은 자녀가 전남편과 관계유지를 잘하도록 돕는 데 별 관심이 없었다(장혜경·민가영, 2002).

이러한 현상은 배우자의 외도, 폭력, 음주, 무책임 등이 한국의 이혼부부가 지적하는 이혼의 주된 원인이라는 점을 고려해 볼 때, 이혼 후 전배우자에 대한 적대적 감정 때문에 부부 간의 접촉을 회피하게 되고 자녀에 관한 문제조차 의논하지 않는 것으로, 즉 적절한 부모역할의 수행까지 막게 되는 것으로 짐작된다. 또한, 우리 사회에서 이혼이 급증한 기간은 아직 얼마 되지 않아 이혼가족에 대한 연구가 별로 없고, 따라서 전배우자와의 협력적 부모역할의 필요성에 대한 사회 전체의 인식이 부족한 때문인 것으로 생각된다.

2) 이혼 후 자녀적응의 어려움

미국의 경우, 많은 연구자들이 이혼으로 인해 영향 받는 자녀들에 대해서 연구하고 있는데, 매해 일백만 명 이상의 어린이들이 이혼에 의해 새로이 영향을 받게 되어 이 어린이들에 대한 이혼의 영향은 가족과 사회의 관심거리가 되었다(Fischer, 1999). 어린이들은 이혼으로 인한 가족 내 변화에 대해서 분노, 상실감, 배반감, 수치심, 창피함, 충성심의 갈등, 죄책감 등 여러 종류의 반응을 보이는 것으로 나타나고 있다(Brady, Bray, & Zeeb; Peterson, Zill, & Fischer, 1999 재인용). 또한, 이혼가정 자녀들은 자존심이 낮고 사회적 지지와 대처기술도 부족하여 위에 열거된 반응들과 감정들을 다루는 능력도 떨어지는 것으로 보고되고 있다(Kurtz & Fischer, 1999 재인용). 자녀들의 성별과 나이도 이혼에 대한 반응에서 중요한 요소인 것으로 보이는데, 일반적으로 여자아이들보다 남자아이들이 이혼을 경험하는 데 더 힘들어하고 더 자주 공격적 감정을 표출하는 경향이 있는 것으로 알려져 있다(Robey, Cohen, Epstein, & Fischer, 1999 재인용). 나이 차이에서는, 나이가 어린 자녀들은 좀 더 공격적이거나 돌출 행동을 하는 반면, 상대적으로 나이가 든 자녀들은 위축과 우울을 보이는 경향이 있다(Hodges & Fischer, 1999 재인용). 학령전기나 초등학교 저학년 자녀의 경우에는 부모의 이혼에 대해 이들의 인지능력의 발달적 특징에 의하여 자신들의 잘못으로 해석하는 경향이 높다(Wallerstein & Kelly, 1980). 부모로부터 이혼에 대한 정확한 설명을 듣지 못한 자녀들의 경우는 시간이 지난 후에도 이혼에 대한 부정적인 개념과 잘못된 판단이 변화되지 않고 지속되는 경우도 많다(주소희, 2002). 이에 따라 이혼 시 자녀들의 복지를 위하여 이혼의 원인 및 내용,

앞으로 일어날 생활의 전반적인 변화 등에 대해 솔직한 자녀교육이 행해져야 할 필요성이 대두된다.

이 분야의 연구들에 대한 메타 분석 결과에서는 평균적으로 이혼가정의 자녀들은 어린이기 후기와 사춘기, 그리고 혹은 장년기에 이르기까지 비이혼가정 자녀들보다 행동 문제와 적응문제를 더 자주 보이는 것으로 밝혀져 왔다(Amato & Gilbreth, 1999; Amato & Keith, 1991). 또한 비이혼가정 자녀들보다 낮은 학업성취, 낮은 수입, 더 잦은 복지 의존도, 한부모 가족의 부모가 될 가능성과 이혼하는 경우도 더 많은 것으로 보고되고 있다.

3) 이혼 후 부부관계와 자녀적응의 관련성

이혼한 부모 사이의 관계는 자녀의 적응에 밀접한 관련이 있는 것으로 여겨지는데, 일반적으로 이혼한 부모 양측과 모두 밀접한 관계를 유지하는 것이 자녀의 적응에 도움이 되며, 이혼한 부모들이 지속적으로 갈등을 가지는 경우 자녀에게 심각한 정서문제를 일으키는 경우가 많다고 알려져 있다(Emery & Dillon, 1994; Johnston & Roseby, 1997). 또한, 부모가 심각한 정신병리적 문제를 가지고 있거나 학대가 있는 경우, 오히려 부모와 접촉을 하지 않는 것이 자녀에게 더 좋다고 알려져 있다 (Wallerstein & Kelly, 1980).

미국의 경우, 이혼부모를 위한 부모역할 프로그램이 진행되어 왔는데 이 프로그램들의 목적은 이혼부모들에게 긍정적 영향을 주어 부모 이혼 이후의 자녀의 적응을 간접적으로 돕고자 하는 것이다(Arbuthnot, Segal, Gordon, Schneider, & Fischer, 1999 재인용). 즉 부모 간의 갈등을 줄이는 것이 자녀의 이혼적응을 돕는 가장 중요한 방법이다. 예를 들면 존스톤(Johnston; Fischer, 1999 재인용)은 갈등이 심한 가정의 자녀들은 정서적 문제와 행동적 문제를 미국 평균치에 비해 2~4배 더 보이는 것으로 보고한 바 있다. 다른 연구들도 이혼에 대한 자녀의 적응은 부모의 적응과 부부관계 등에 긴밀히 연결되어 있다는 것을 보고해 왔다(Fischer, 1999).

국내의 연구에서도 이혼가정 자녀들은 이혼 후의 부모 간 갈등이 심할수록 더 유기불안을 경험하고, 부모의 갈등을 자기 탓으로 돌리는 정도가 더 강해지며(주소희·조성우, 2004), 비친권 부모와의 접촉이 많을수록 자녀가 이혼 후 생활에 잘 적응하고 자존감이 높은 것으로 보고되었다(정현숙, 1993; 이삼연, 2002). 그러나 부모 간 갈등이 심하더라도 부모의 양육태도가 온화하면, 이혼 후 아동이 경험하는 유기불안을 감소시키고 자기비난을 줄인다는 연구결과도 있어서(주소희·조성우, 2004), 부부 간 갈등과 함께 다른 요소들이 자녀의 적응에 매개 변인이 됨을 짐작할 수 있다.

3. 연구방법

1) 연구 참여자 선정

질적 연구방법은 일상생활이 당사자에게 갖는 의미를 그 맥락 속에서 심도 있는 관찰을 통하여 이해하고자 하는 것이기에 연구 참여자의 선정이 매우 중요하다. 본 연구에서는 연구의 목적에 적합한 참여자를 선택하는 의도적 표집방법으로 연구 참여자를 선정하였다.

먼저, 본 연구에서 연구 참여자 선정의 전제로 삼은 원칙들은 다음과 같다. 첫째, 연구 참여자가 면접을 쾌히 받아들이고 연구의 목적과 필요성에 공감하는지 둘째, 연구 참여자가 자신의 생각과 느낌, 경험을 표현하는 데 문제가 없을 정도의 의사소통 능력을 가졌는지 셋째, 연구자와 연구 참여자 간의 신뢰 관계 형성이 가능한지의 세 가지를 선정의 원칙으로 삼았다.

조사는 연구의 목적에 따라 자녀를 둔 이혼부 또는 이혼모 총 6명을 대상으로 실시되었다. 연구 참여자의 선정방법은 2명은 비영리 가족치료상담소의 내담자를 소개받았고, 2명은 복지관의 이혼가족 프로그램에 참여하는 가족을 복지관에서 소개받았고 2명은 재혼을 위한 동호인 모임에서 소개받았다. 연구 참여자는 사전에 모두 확정되지 않았고 인터뷰를 병행하면서 필요하다고 생각되는 참여자를 선정했다. 더 이상 새로운 정보가 나오지 않는다고 판단되었을 때, 연구 참여자 선정을 중단하였고, 결과적으로 총 참여자 수는 6명이었다.

2) 자료수집

본 연구에서 자료수집 방법은 심층면접과 관찰 방법을 이용하였으며, 자료수집 기간은 2005년 3월 초부터 4월 말까지 약 2개월 간이었다. 참여자들은 34세부터 55세까지의 이혼부/모로, 자녀를 두었으나 자녀를 양육하는 경우가 5사례, 비양육하는 경우가 1사례였다. 면접 시간은 참여자당 1시간 30분에서 3시간 가량이 소요되었다. 면접내용에 있어서 누락된 부분이나 부족한 부분은 전화통화를 활용해 추가로 자료 수집하였다.

면접 시 녹음기 사용에 대한 양해를 구한 후 모든 질문과 응답을 녹음기로 녹음하였다. 이렇게 하여 수집된 자료는 각 사례별로 녹음된 내용을 전부 필사하였다. 그리고 문서로 작성된 내용은 한 줄 한 줄 내용을 검토하였고, 진술은 참여자가 말한 그대로 문장이나 단락의 기술적인 형태로 다시 옮겨 정리하였다.

면접을 위하여 연구자는 사전에 "이혼부/모들은 어떻게 자녀양육을 감당하는가?", "이혼부/모가 겪는 자녀양육의 어려움은 무엇인가?", "이혼부/모들의 이혼 후의 생활은 전반적으로 어떠한가?", "이혼부/모의 자녀양육을 돕기 위해 사회에 필요한 제도나 서비스는 무엇인가?"와 같은 개방형 질문을 준비하여 가능한 참여자들이 이혼 후의 자녀양육 체험과 의미를 자유롭게 이야기할 수 있도록 하였다.

3) 자료분석

수집된 자료는 지속적 비교분석방법(constant comparison method)(Strauss & Corbin, 1990)으로 분석하였다. 이 분석방법에서는 자료수집과 분석이 동시에 이루어지는데 연구 참여자와의 면접내용을 필사한 자료에 나타나는 개념들을 지속적으로 비교해 나가는 과정에서 이전의 면접 자료를 다시 검토하는 작업을 여러 차례 반복한다. 이것은 의미를 누락하거나 오해하는 부분이 없도록 하기 위한 것이다. 따라서, 자료분석은 참여자들의 진술 하나 하나에 의미를 부여하고 그 의미를 범주화하는 작업이 주가 되었다. 면접 자료를 통독하면서 범주를 머릿속에 그리고 다른 참여자와 면접한 자료를 읽으면서 범주를 수정 보완하거나 새로운 범주로 확장해 나갔다. 새로운 범주가 나타나면 다시 앞의 면접 자료를 재검토하는 과정을 반복하였다.

4. 연구결과

1) 연구 참여자의 특성

우선 연구 참여자는 여자가 5명, 남자가 1명으로 여자가 많았고 연령별로는 30대가 1명, 40대가 4명, 50대가 1명이어서 40대가 많았다. 학력별로는 고졸이 3명, 전문대졸 1명, 대졸이 2명이었다. 직업은 판매사원, 사무원, 텔레마케터, 피아노레슨 등 다양하였으나 월수입은 남성 1명을 제외하고 나머지는 모두 100만 원에서 150만 원 수준으로 저소득층이 많았다. 이처럼 참여자의 경제적 위치가 열악한 것은 이혼여성의 현실을 보여주는 것이라고 하겠다.

가족상황은 참여한 6명 중 양육모가 4명, 양육부가 1명, 비양육모가 1명이었다. F는 큰아들은 자신이 양육하고 둘째 아들은 전남편이 양육하고 있었다. 자녀수는 2명인 경우가 4명, 3명인 경우가 2명이었다. 이혼 후 기간은 6개월에서 5년까지로 대부분이 이혼 후 3～4년이 경과했으며 C는 이혼 전에 별거를 2년 경험하였다. 이혼 사유로는 절반의 사례에서는 성격차이였고 나머지 절반의 사례에서는 폭력과 함께 음주, 무책임, 의처증 등의 복합적 원인이 작용하였다.

2) 이혼 후 자녀 양육자

총 6사례 중 자녀양육을 모가 맡는 사례가 4사례, 부가 맡는 사례가 2사례였다.

<표 1> 연구 참여자의 특성

참여자	부/모	연령	직업	학력	월수입 (만 원)	자녀양육여부	자녀수 (성별, 연령)	결혼기간 (년)	이혼후기간 (년)	이혼사유
A	모	55	피아노레슨	고졸*	100	양육	1남 2녀 (33, 30, 28)	30	5	폭력, 무책임
B	모	41	판매사원	전문대졸	100	비양육	1남 2녀 (15, 11, 6)	16	0.5	성격차이 정서적 폭력
C	모	42	판매사원	고졸	150	양육	2남 (11, 7)	5	4 (별거2 별도)	성격차이
D	부	46	교직원	대졸	250	양육	1남 1녀 (12, 8)	10	3	성격차이
E	모	43	사무원	대졸	100	양육	2녀 (9, 7)	7	3	폭력, 무책임 의처증, 속임
F	모	35	텔레마케터	고졸*	120	양육	2남 (12, 8**)	9	4	폭력, 음주

* 이혼 후 방송대 재학
** 전배우자가 양육

6사례 모두 협의이혼이었고 양육권이나 친권문제에 대해서는 법적 소송 없이 합의하였다. 그러나 이혼 시 합의한 대로 자녀양육방식이 유지되지 않은 경우가 있었다. 이혼부인 D의 경우 이혼 직후 6개월 간 자신이 양육하다가 큰자녀인 딸은 전배우자에게 1년, 아들은 자신의 어머니(자녀들의 친할머니)에게 1년을 맡겼다가 다시 자신이 둘 다 양육한 지는 1년여 되었다. F의 경우는 이혼 후 6개월 간 전배우자가 두 아들을 양육하다가 큰아들에게 전배우자가 폭력을 행하고는 아동의 어머니인 F 에게로 쫓아버린 이후 F가 큰아들만 양육하고 있다. 이 여섯 사례의 검토를 통해 두드러지는 것은 어떤 가정도 자녀양육에 대해서 무엇이 자녀에게 최선일지 진지하게 배우자 간에 논의하지 않았다는 점이다. B의 큰딸은 강압적이고 엄격한 아버지 밑에서 더 이상 살기 싫으니 어머니인 B에게 보내달라고 최근 선언하였고, F의 아들의 경우는 위에서 언급하였듯이 이혼 후 6개월 후에 아버지에게 폭력을 당하고는 모에게로 쫓겨오는 경우를 통해 이혼 후 자녀양육에 있어서 자녀의 복리가 제대로 고려되고 있지 않음을 알 수 있다.

3) 결과분석

(1) 이혼 후의 전반적 생활

전반적으로 참여자들은 이혼 후의 생활에 대해 비록 경제적으로 쪼들리지만, '편하고,' '시원하고,' '재미있는 생활' 등이라고 긍정적인 평가를 하고 있었다. 일부는 가끔 '좀 더 참았으면 어땠을까'하고 후회하는 적도 있지만(F) 그러면서도 대부분의 시간에는 미래에 자녀들에게 떳떳하게 살기 위해 열심히 지내고 있었다. 여섯 참여자들 중 두 명이 이혼 후에 방송대학에 등록하여 재학 중이었는데 두 사람 모두 현재 생활에 매우 만족해하고 미래에 대한 구체적인 계획을 가지고 희망적인 분위기를 가지고 있었다. 이들에게 있어 이혼의 의미는 '꼭 해야 할 일을 해낸 것'이고 '살면서 제일 잘 한 일 중 하나'이다. 이들은 '아픈 경험도 혜택이다'라고 생각하고 자신의 아픈 경험이 다른 사람에게 도움이 되면 좋겠다고 생각하고 있었다.

"지금은 편하고 좋아요."(E)

"애들과 재밌게 지내고 있어요."(E)

"시원해요."(A)

"…… 지금까지 내 자식들을 기르고 정상으로 산 것은 내가 그렇게 결단을 내렸기 때문이고 '잘 했다'고 생각해요. (만약 이혼하지 않았다면) 남편문제에 있어서도 죄를 더 많이 지었을 것 같아요. 서로가……자식들도 아버지 미워하고 아버지도 자식 미워하고 ……다 미움뿐이 없었거든요. 그런데……이제 그것을 내가 그래도 해냈다는 거죠. 나름대로 행복을 찾으려고 노력하고, 다들 진짜 노력하고 있거든요. 딸들도……아들도 그렇고 그런데 문제는 아버지만 자기 스스로 노력을 안 하고 누구한테 기대려고 (하고 있어요)."(A)

"(내 이혼 경험이) 나만의 것으로 해서 없어지는 것보다……많은 혜택을 받았으니까……. 많이 이용을 했으면 좋겠어요. (아픈 경험을 했는데 다른 사람은 안 아프게 도와주고 싶으시군요) 아픈 경험도 혜택이에요……. 아프지 않은 사람은 경험

해 보지 못한……제가 상담을 받으니까……. 아플 만큼 아프고 일어나서
……."(A)

"그런데요, 세상 사람들이 저 사는 거 보면 저러고 싶을까 하겠지만……. 저는
이제 편하고 그때처럼 그렇게 사는 거보다는 없으면서도……전 없어요. 한 달에
월급이 백만 원 안팎……. 그런데도 그것 가지고 편해요."(E)

"처음에 공부를 하게 된 계기가 '내가 노력하지 않으면 나중에 아이들한테 보여
줄 게 없다' 그래서 '성공하자'. 그래서 공부를 하게 되고 노력을 하게 된 계기가 됐
는데 내가 나중에 노력하고 성공해서 (남편이 양육하고 있는) 둘째 아이를 만나게
되고 전남편을 보게 되더라도 떳떳한 모습을 보여주기 위해서 노력을 하는 거거든
요. 나중에 큰아이에게 '너한테는 그 때 (엄마가 대학 공부할) 당시에는 많이 바
쁘고 잘 못해줬지만 이만큼 해주기 위해서 그런 거야'라고 말하면 아이도 이해할
거라고 생각해요."(F)

(2) 공동부모역할이 필요한 경우에도 이루어지지 않음

자녀양육을 위해 필요한 경우에 최소한도로 전배우자와 협력하는 사례가 둘 있
었다(C, D). 성격 차이로 이혼한 D의 경우 빈번하지는 않지만 자녀의 학교에 가는
일 등 필요할 때에는 전배우자와 통화하고 있었다. 역시 성격 차이로 이혼한 C의 경
우에는 전배우자와 자녀문제에 관해 최소한도의 논의를 하는 편인데, 현재 낮 시간
동안 자녀를 돌보아주고 있다. 하지만, 함께 거주하고 있는 친정 부모가 협력적 부
모역할에 대해 전혀 이해를 못하고 '재결합 하려는 것이냐'며 못마땅하게 생각하
여 전배우자 간의 협력적 부모역할에 방해가 되는 면이 있다.

반면, 나머지 네 사례에서는 공동부모역할이 필요한데도 불구하고 적대적이거
나 갈등적인 부모 간의 관계로 인하여 공동부모역할이 이루어지지 않고 있었다. 대
부분의 참여자들은 예능, 특기 교육 같은 데서는 자녀에게 최선을 다하려고 노력하
면서도 공동부모역할 수행으로 가능한 자녀의 심리적 적응에 대해서는 배려를 못
하고 있었다. 이는 자녀의 복리에 대한 고려보다는 전배우자에 대한 부정적인 감정
이 앞서고 이러한 자신들의 행동이 자녀에게 미치는 영향에 대한 인식이 없기 때문
인데, 자녀 앞에서 전배우자에 대한 욕을 한다거나 해서 자녀에게 상처를 주는 것이

그 한 예라고 할 수 있다. B의 전배우자는 B가 자녀를 면접하는 것을 불허하는 것으로써 '이혼을 감행한' B를 응징하는 방법을 삼기도 하였다. 여기에는 B로 하여금 자녀들을 만날 수 없게 하면, B가 자녀를 그리워해서 집으로 돌아올 것이라는 남편 중심의 생각이 깔려 있다고 볼 수 있다. 이러한 생각은 부모 사이의 갈등이 자녀의 복리에 미치는 영향을 전혀 고려하지 못한 것이며, 실제로 B의 남편이 B의 자녀면접을 불허하는 사이에 B의 막내아들은 지갑에서 돈을 가져가는 등 돌출행동을 보이기 시작하였다. 반대로, 이혼 당시에는 면접교섭권을 적극적으로 요구했던 어머니가 이혼 후 시간이 지나면서 자녀를 덜 찾아오는 경우도 있었다(D).

부모가 서로 간에 불편하다는 이유로 자녀양육에 있어서 필요한 최소한의 논의도 전혀 하지 않으려 하는 경향이 많았다. E의 경우, 혼자 집에 있던 둘째 딸이 지나가는 남자로부터 집에서 성추행을 당했고 이로 인해 집에 자녀들만 홀로 놔두기가 두려워져서 방과 후에 할머니(아버지) 집으로 자녀들을 다시 보내게 되었다(참여자는 이혼 후에도 이전과 같은 동네에 거주함). 자녀더러 할머니에게 성추행 사실을 말씀드리라고는 했으나, E는 전시어머니에게 말하거나 전배우자에게 말하지 않았고, 자녀들에게 용돈 주는 횟수와 액수도 참여자와 전배우자 간에 생각이 달라 참여자는 전배우자에게 불만스럽게 생각하고 있으면서도 전혀 이를 의논하지 않고 있었다. 이와 같이, 가정폭력이 있었던 경우로 미성년 자녀를 둔 가정들은 이혼 후 단 한 번도 전배우자 간에 의사소통을 하지 않고 있으며(B, E, F), 길에서 마주치더라도 참여자들은 전배우자 대하기를 피하고 있었다(E).

— 자녀 앞에서 전배우자에 대한 욕을 함

"(저희 아이는) 아빠 좋아해요. …… 제가 아빠 욕을 막 하면 그냥 눈물만 뚝뚝뚝 흘리고 있더라구요." (E)

— 자녀의 면접을 불허함으로써 전배우자에 복수하는 방법을 삼음

"그런데 합의이혼이라도 꼭 지킬 수밖에 없게끔 했으면 좋을 것 같아요. …… 근데, 말로만 한 게 소용이 없는 거예요. 자기(전남편) 생각대로만 하고 있으니까. …… 어른들 감정은 접고 아이들을 만나게 해주는 게 어떨지……. 정말 감정적으

로 한다는 것은 그러면 안 되는데……."(B)

— 자녀양육에 관한 꼭 필요한 논의도 하지 않음

"하여튼 저는 애기 아빠는 보고 싶은 마음이 없고 길거리에서 여태까지 살면서 딱 한 번 부딪쳤는데 그냥 보는 순간에 외면하고 싶어서 나름대로 숨어버렸어요. 그러니까 '너 왜 그러냐' 그러더라구요. 그래서, 서로 가다가 부딪치는 상황에서 서로 얼굴을 봤으니까, 제가 보고 도저히 어떻게 할 수 없는 상황에서 제가 교회로 들어가 숨어버렸거든요. 교회로 쫓아 들어와서, '너는 사람을 보고 왜 도망가냐', 그러더라구요. 제가 그냥 지나간 상황이 아니고 제가 오는 방향으로 애를 찾으러 '○○야!', 교회에 애를 찾으러 '○○야!' 부르면서 가는데 그 사람이 오길래 도망을 가서 그러더라구요. 그래서, 아직은 마음이……틀렸구나……안 보고 싶어요. (그리고 나서 일부러 통화를 하거나 그런 적도 없으시고요?) 안 해요."(E)

"집에 혼자 있는데 어떤 남자가 찾아와 가지고……그러면, 나한테 전화를 했어야 하는데, 좀 하여튼……문을 먼저 따주었어요. 어떤 아저씨라는 분이 와서 애를 쪼물락거리고 입에다 뽀뽀를 하고 난리를 쳤나봐요. 한 시간쯤 그러고 갔어요. 가고 나서 혼자 가만히 있으니까 자꾸 그 아저씨 얼굴은 왔다 갔다 하고 밖에 창문 지나가는게 그 아저씨가 또 오는 거 같고……그러면서 이야기를 막 해요. 엄마, 그랬다, 무섭다. 그래서 제가 열 받아서 죽을 줄 알았는데……크게는 아니고 가볍게 그렇게 한 거 같아요. 그런데 문제는, 그 시간대에 걔가 혼자 있다는 것을 아니까 또 올거잖아요. 그게 또 걱정이 되니까……계집애니까……그래서, 할머니 집에 가게 됐거든요……'할머니한테 이야기해라' 했어요……(그런 것은 할머니 쪽이랑 의논할 거리인데……그런데 그것을 지금으로서는 의논하고 대화할 생각이 없으신 거죠?) 근데 그거는요, 의논을 해도 할머니가 뭐라고 하겠어요. 할머니가 열만 받지."(E)

"엄마 고생하는 건 안 보이고 만날 할머니랑 아빠가 천 원짜리 백 원짜리 주고, 그렇게 하면 제가 하지 말라……그러면, 받지 말라고 하거든요. 그렇게 주는 거 버

룻되고, 그리고 그렇게 하는 거 아니라고. 엄마도 이렇게 하고 너희들 공부시키고 힘들게 하면서 일주일에 한 번씩 정기적으로 (용돈)주는데 할머니가 천 원 주는 거 좋아하면 안 된다고……"(E)

"그것 땜에 (친정)엄마랑도 갈등이……(애들을) 아빠랑 만나게 해주는데…… 자연스럽게 만나는데, 옛날 노인네들은 '너 아직도 마음 있느냐'…… 거기서 오는, 의식 차이에서의 갈등……. 오히려 친정 부모님이 양육 때문에 힘들어하셔서 갈등 하는 것은 아니고. 의식차이에서 오는 갈등이 힘들어요."(C)

— 면접교섭권에 대한 합의내용을 지키지 않음

"저 같은 경우는 전처가 요구를 해서 서로 합의서를 써서 자녀, 재산관계 합의를 했는데 이혼할 때는 전처가 어거지로 월 4회 면접권을 달라 해서 줬죠. 솔직히 형제 들도 마찬가지고 자식들도 마찬가지고 멀어지면 남입니다. 멀리 있으면 남이잖아 요. 전처는 처음에 1주일(에 한 번 자녀 면접하다가) 2주일(에 한 번 하다가), 하다보 니까 지금은 (자녀를) 안 찾아와요."(D)

"아이들을 만나는 요구조건이 있다고는 하지만 또 따로 청구를(소송을) 해야 하 는 거잖아요. 그런데 합의 이혼이라도 꼭 지킬 수밖에 없게끔 했으면 좋을 것 같아 요……. 그러면은 제가 지금 겪는 이런 어려움이 없을 것 같아요……. 근데 말로만 한 게 소용이 없는 거예요. 자기(전남편) 생각대로만 하고 있으니까……. 돈을 들여 서 해야 되는 거고 또 사실 그렇게(소송) 한다고 해서 제가 생각하는 대로 청구를 하 고 시간을 내고 소송을 내는 게 그게 꼭 지킬 수 있게끔 아이들의 권리를 생각해서 분명하게 (자녀를 방문)할 수 있게끔 (되는 것도 아니거든요)……어른들 감정은 접 고 아이들을 만나게 해주는 게 어떨지……. 정말 감정적으로 한다는 것은 안 되는 것인데. 그 사람(전남편)이 아무리 저를 못 믿어도 그 사람도 저도 아이들이 잘 되기 를 바라는 마음은 같을 텐데……"(B)

(3) 이혼 전과는 달리 자녀 교육을 제대로 못함

자녀가 성년이 된 후 이혼한 A의 경우는 이혼한 것이 옳은 결정이었다고 생각하면서도 서류를 발급받으러 동사무소에 갈 때, 자녀의 서류는 한 장도 발급받을 수 없게 되자 죄인 같은 기분이 들고 일시적으로 자신의 행동에 대해 확신이 서지 않고 심리적 방황을 하게 되었다. 자신의 심리적 방황으로 인해 자녀양육의 원칙에 대해서도 확신하지 못하게 되었고 이로 인해 아들과의 갈등을 경험하고 상담을 받게 되었다. 자녀가 성년인 경우는 부모자녀 간에 비교적 권력이 비슷해서 갈등이 표면에 올라온 사례라고 볼 수 있다. 이 참여자는 자녀에 대한 종교교육의 필요성을 느끼면서도 심리적으로 방황하는 동안 자신감이 없어서 하지 못하였다. A는 이혼 후의 방황하는 시기에 이혼결정에 대해 확신을 갖도록 어떤 종류의 가이드가 필요하다고 느꼈으며 상담이 그에 해당한다고 보았다. 상담 전화가 홍보되어 많은 사람이 상담으로 도움을 받으면 좋겠다고 생각하였다.

"아이들을 대하는 데 있어서도……그때는 그냥 아이들이 불쌍했으니까 미안하고, 그러니까 뭐든지 아이들 하자는 대로 하다보니까. (이혼 전보다 훨씬 애들이 하자는 대로 하고 어머니로서, 어른으로서 부모가 애들을 훈육해야 하는데 그게 잘 안됐었고……) 못했죠……. 내가 죄인이기 때문에……."(A)

"아이들하고 딱 떨어져 나왔는데……주위에서 보는 시선들이……. 그 나이에 무슨 이혼을 하느냐……그리고 또 이혼했으니까……이런 시선들이 느껴지는데 이혼할 때까지는, '나는 꼭 해야 된다……옳다' 생각했는데 점점 시간이 갈수록 '내가 괜히 했나'……. 후회는 아니지만 확신이 안 서는 거에요. 내가 죄인 같고……죄책감에 사로잡히기 시작해서 힘들었거든요."(A)

"작년까지만 해도……처음에는 작년까지 한 3년, 4년은 몇 달에 한번 서류 발급받으러 동사무소에 가면, 애들 것은 안 된다는 거에요. 본인이 아니라서……심적으로는 옳은 일을 했는데도, 살기 위해 했는데도, 사회적으로 시선들이 곱지 않으니까……. 누군가 그런 데 대해서 이야기를 해 줬으면 좋겠어요. 이제는 권리 같은 거……당연히 그런 상황(폭력상황)에서 이혼했으니까 살아야 한다. 어떻게든 살아야 한다. 자녀들에 대해서는 어떻게 대처를 해야 된다. 이렇게 했어야 했는데 제가 이제 이혼하고 나서 죄인이라 생각을 하고 아이들한테도 못할 짓을 했다 생각이 들었기 때문에……그건……힘을 다 뺐어요."(A)

"신앙적인 것도, 애들이 성당에 같이 나갔으면 좋겠다고 생각은 하면서도 '그래. 너희들이 하고 싶은 대로 해.' 그래서 지금은 다들 뿔뿔이 됐어요. 그런 것들……가정에 나름대로 지켜야 할 것들이 있잖아요. 그런 것들을 다들 그냥, '니가 알아서 해라' 계속 그렇게 했거든요. 그럼 안 되는데. 지금은 어떤 생각이 드냐면……그때는 지들이 알아서 하고……그냥 안 되겠다……이건 아닌데……. 그래도 가정에 룰(규칙)이 있어서 서로 지키려고 해야지 힘이 되고……가정이 만들어져 가는 건데……이런 생각도 들고……. 부정적으로……안될 때 쟤들이 나를 무시하나 생각이 들었어요. 늦게 들어온다 그러면 엄마를 무시해서 그런다라고 생각이 들고. 그러면, 애들이 그래요. 엄마를 무시하는 게 아니고 일이 있어서 그런 건데……."(A)

"제일 힘들었던 게 저를 이끌어 줄 사람이 없었어요. '너가 옳았다. 그렇게 처지가 바뀌었으니까(이혼했으니까) 사회에 이런 식으로 적응을 해나가야 한다'는 가이드가 없어서 (힘들었어요)……(이런 가이드가) 진짜 필요한 것 같아요."(A)

(4) 육아문제의 어려움

이혼부가 혼자 자녀를 양육하는 D의 경우, 자녀를 양육한다는 사실 자체는 각오했기에 괜찮았지만 살림살이에 익숙하지 않아서 자녀들이 영양부족이 될까봐 신경이 쓰이는 등 구체적인 면에서 어려움이 많았다. 친정에 거주하며 낮 시간 동안 친정어머니에게 육아를 부탁하는 C의 경우에는 떳떳하지 못하고 가치관 차이 등으로 친정어머니와 갈등도 있고 연로한 친정어머니에게 짐을 맡기는 것 같아 미안함을 느끼고 있었다. 또한, F의 경우는 아버지 없이 양육하면서 적절한 남성 역할 모델이 없는 것이 괜찮을지 걱정하기도 하였다.

"큰아이가 남자에 대한 상이 없거든요. 아버지의 부재도 있고, 남자에 대한 가치 관이 없고, 도대체가 그 아이가 (바라보고) 살아야 할 남성관이 없는 거예요."(F)

(5) 자녀의 심리적 어려움

참여자들의 자녀들은 여러 가지 심리적인 어려움들을 보이고 있다. 매우 위축되어 있거나(B, C, E, F), 분노문제(A, B), 우울(B), 행동문제(B)를 가지고 있거나 성인인 경우에 음주문제(A)를 보이기도 하였다.

"작은 딸이 복지관에서 미술치료를 3개월을 받았는데 사람 그림을 그리는데 몸만 그리고 팔다리는 그리지 않았고 미술치료 선생님 말씀이 매우 심적으로 힘든 표시라고 했고 더 심하면 자폐가 될 수도 있다는 식으로 얘기했어요."(E)

"전남편이 굉장히 주벽이 심해서요. 주벽이 있은 다음에 폭력이 굉장히 심했어요. 큰아이가 출산하기 이전부터 폭력이 있었는데, 갓난아이까지 던지는 폭력이 있었고, 나중에 아이가 한 돌 반쯤에 저한테 폭력이 있었는데 아이가 그 때 심한 충격을 받았어요. 그 때 당시에 충격으로 아이 아버지에 대한 반발감이 크게 자라기 시작했고, 그 이후로는 아버지가 폭력이 없어도, 아버지가 술 취한 모습만 봐도 굉장히 큰 스트레스를 받기 시작했거든요. 현재는 아버지에 대한 존재감을 다 잊고 싶어하는 상태예요. 지금 현재, 아이는 3년 전의 자기 생활을 다 잊고 싶어해요. 3~4년 전의 과거를 다 잊고 싶어해요. 하다못해 3~4년 전에 주위에 관련되어있던 모든 지난 과거까지. 저보다 더 심해요. 아이가 받은 상처가……제가 그래서 아이가 저한테 올 때까지 처음에 그 쪽에서 원하기를……아이들은 떨어져 있으면 안 된다……. 그래서 저도 그게 낫겠다 그렇게 생각하고, 그래서 위자료를 한 푼도 안 받고……아이들을 데리고 있으니까 위자료를 안 주는 대신에 아이들 데려 가겠다……. 그럼, 그렇게 해라……. 아이들 위해서 그거 희생 못하겠냐……. 차라리 내가 안 맞고 그 정도 조건에서……했는데 6개월 후에 큰아이가 저한테 왔을 때 큰아이가 심하게 맞고 왔어요. 그래서, 아이가 더 큰 상처를 입은 것 같고요."(F)

"애같은 경우에는 3살, 4살 때부터 아빠랑 떨어져서 원래 임신할 때부터 그랬기 때문에 아이들 상태나 정서적인 상태가 미약해요. 미안하죠. 상처도 눈에 보이는 상처를 느낄 때가 있어요."(C)

(6) 기타

현행 이혼제도 중에 협의이혼 과정이 너무 간단하게 되어 있어서 어느 정도는 이혼을 조장하는 측면이 있다고 생각하고 있었다(D, F). 이에 대한 보완책으로는 법원에서의 상담을 의무화하여 법원에서 최소한 1시간이라도 이혼에 대해 생각할 수 있는 상담시간을 가질 것을 제안하였다. 현재 새로이 논의 중인 이혼제도의 대안에 대하여는 천편일률적인 이혼숙려제도에는 반대하는 입장을 보였으며, 그 이유는 가정폭력 같은 경우에는 이혼을 속히 허락해야지 그렇지 않을 경우 살인이 발생할 수도 있기 때문이라는 것을 이유로 들었다(D).

성혼클럽의 운영자인 D는 많은 회원들의 상담역이 되어 준 경험의 결과를 통해 볼 때, 이혼 후 보통 6개월이 지나면 이혼부모들은 어느 정도 생활에 적응하는 것으로 보았다. 또한, 참여자 중 유일한 남성이었던 D는 전배우자와 친구사이로 지내는 것의 필요 이유 중 부모역할 외에 개인적인 생활상의 목적, 즉 생활을 즐겁게 하기 위한 것, 가슴 속의 응어리를 없애기 위한 것을 들었다. 또한, 주위사람들이 참여자들에게 조심하는 것과 선입관이 참여자들에게 거리감을 느끼게 하고 있었으며 자연스레 대해 주기를 원하고 있었다.

"협의이혼할 때 1분? 1분 정도 걸렸거든요. 근데, 그것을 이혼 숙려기간을 만들기 이전에 가정법원에서……재판부에서 충분하게 변론하고……당사자들한테 상담 역할도 해줄 수 있고 해야 할 것 같아요. 왜 이혼을 하려고 하는지……왜 텔레비전에도 나오잖아요. '사랑과 전쟁'이라는 프로그램 있잖아요. 사실, 그런 과정이 꼭 필요하다는 거예요. 왜냐하면, 서로 둘이 싸우다 보면 감정싸움이 되는데 제3자가 개입해서, 그것도 재판부에서 판단했을 때 그렇게 되면 이혼에 대해 상당히 조심스럽게 되거든요. 그러다 보면 오히려 서로 반성할 수 있는 기회가 될 것 같아요. 심리학자가 아니더라도, 뭐 재판부라도 그런 것들을 하면. 제가 봤을 땐, 법적인 것이 있겠지만 그런 것들은 한 가정이 깨짐으로써 엄청난 사회적 파장이 있는 거잖아요. 그 파장에 비하면 법적인 인력을 더 두더라도 국가적으로 이익이라는 거죠."(D)

"(숙려제도는) 불필요한 제도예요. 불필요한 제도인데 그걸 천편일률적으로 적용하는 것은 문제가 있다고 봐요. 이혼하는 사람들은 이혼까지 가는 과정에서 수많은 고민들을 하거든요. 물론 요즘 젊은 세대들은 순간에 할 수도 있겠지만 (대부분의 사람들은) 그렇지 않거든요. 거의 대부분이 오래 고민하고……이런 경우가 있어요. 이혼을 했다가……3개월 넘어버리고……. 이런 경우가 사실 많이 있습니다……. 아…… 필요 없다는 것이 아니라, 그게 천편일률적으로 적용하면 문제가 있다는 거죠. 그 전단계로 가자마자 '며칠 있다 와!' 그러면, 아무 의미가 없다는 거죠."(D)

"상담을 하는데 (법원에) 오자마자 '상담하고 와' 그러면 안 되겠죠. 재판부가 판단해서 (화해) 가능하다, 아니면 심리학자를 앉히던지, 상담가를 앉혀놓으면 그러면 알잖아요. 오래 해보면 알잖아요. 그리고 이 케이스는 이런 게 필요하다, 나오잖아요. 그러면, 나름대로 전문가들 양성하고 해야지 천편일률적으로 무조건 했을 때 더 큰 문제가 생길 수 있다고 보거든요……. 어떤 문제냐 하면……이혼을 빨리 해야 문제가 안 생기는 경우가 생기겠죠. 숙려기간을 만약 6개월 주었는데 6개월 동안 겪다가 요즘 사람 하나 죽이는 거……가정폭력……그런 거 요즘엔 쉽잖아요. 살인까지도 불러일으킬 수 있다고 봐요. 이혼은 상당히 강력한 거예요. 감정이 앞서요. 이런 거를 천편일률적으로 한다면 더 큰 문제가 있을 거예요."(D)

"두 사람이 홧김에…… '그래 우리 둘이 이혼하자.' 홧김에 가서……둘이 도장 꽝 찍어서 내는데……. (그리고 금방 냈어요?) 둘이 홧김에 가 가지고 '그래 이혼하자' 해서 법원에서는 석 달 안에 접수하면 된다고 했고 '그래! 너랑 나랑—서로 다 혈질이어서 둘 다—그래! 너 아니면 남자 없고 여자 없나!' 그래서 둘이 바로 가서 접수를 했어요. 그러니까, 그 당시에 협의이혼 했어도 프로그램 자체가 부부 자체를 만약에, 관찰해서 양쪽에 별거 상태를 두고 기간을 줘서 서로 보류를 하고……
유예기간을 1년이나 3년을 주면 어떨까……. 그런 기간은 3개월밖에 안 주고
……. 너무 짧다는 생각을 해요. 홧김에 생각을 하는데 그러면은……. (그러면 후
회를 하시는 순간이 있으신 건가요?) 후회한 순간 있죠. 그럼요."(F)

　"남자입장에서는 제일 문제가 되는 게 먹고 사는 문제……식사가 제일 문제고,
아마 여자들 입장에서는 경제적 능력 그런……. 그건 온 세계 공통의 문제……. 우
리나라 남자들이 지금이야 많이 의식이 됐지만은 다행히 저 같은 경우는 학교를 다
니면서도 자취를 하고 많이 해봤기 때문에 어려움이 없었죠. 우리 사람들도 적응해
나가더라고요. 많은 회원들하고 상담을 하거든요. 들어오자마자 펑펑 울면서 일주
일 동안 울면서 전화도 받아주고……. 그리고, 6개월 정도 지나면 다른 남자 기대
하고……. 언제 내가 울었냐는 식으로……."(D)

　"그리고 드라마를 보더라도 현실과 동떨어졌다고 해도 이혼하는 부부가 친구처
럼 차 한 잔 마시는……그런 게 필요하다고 봐요……. 애들 때문에도 아니고 그 사
람이 사회생활을 하는 데도 영향이 미치나 봐요. 내가 이혼을 한다고 해서 배우자한
테 감정을 가지고 항상 가슴속에 응어리가……. 그래서 생활자체가 즐겁지 못한
거죠. 즐겁지 않기 때문에 다른 사람과 인간관계도 멀어지는 거죠."(C)

　"이혼했다고 하니까 이 사람들의 편견…… '힘들게 살겠다!' '안됐네!'……이런
경우……. 저는 '이혼하니까 재미있다', '살도 찌고 그렇다', '너희들은 나를 왜 위
로하려고 하냐' 그래요. 그런데 이 사람들의 편견을 제가 하루아침에 바꿀 수는 없
잖아요. 그래서 점점 멀어지더라고요……. 사람들이 저에게 조심해요. 나는 그게
싫은 거죠. 그러니까 멀어지는 거예요. 직장 동료와 일로는 멀어지지 않는데 사적
으로는 멀어져요……. 저는 이겨내려고 노력해요. 사실 아무것도 아니죠. 동료들
하고 농담도 하고. '혼자 사는 놈이 어떻게 가냐, 애들 키워야지'……. 그것을 자기
가 어떻게 생각하느냐에 따라 달라요. 자기가 사회적 편견을 이겨내려고 노력해야
지."(D)

5. 결론 및 제언

본 연구에서는 이혼부모의 자녀양육을 위한 정책과 서비스 대안을 모색하기 위하여 이혼부모의 자녀양육체험을 분석해 보았다. 연구 참여자들은 이혼 후의 생활을 비록 경제적으로 쪼들리지만 '편하고,' '시원하고,' '재미있는 생활' 등으로 긍정적으로 평가하고 있었다.

부모역할에 있어서는 문제가 심각했다. 무엇보다도 어떤 가정도 자녀양육에 대해서 무엇이 자녀에게 최선인지를 진지하게 배우자 간에 논의하지 않는다는 점이다. 자녀의 거처를 정하는 데 있어서 부모의 생각대로 결정할 뿐이지 자녀의 의사를 물어보는 경우는 단 한 사례도 없었다. 따라서, 이와 같이 신중한 고려 없이 결정한 탓에 자녀들이 계획에 없이 거처를 옮겨야 하는 경우가 여러 사례 있었다. 공동부모 역할에 있어서는, 이혼 후에도 공동부모역할이 필수적임에도 불구하고 적대적이거나 갈등적인 부모 간의 관계로 인하여 공동부모역할이 제대로 이루어지지 않고 있었다. 이러한 현상은 선행연구 검토 결과와 크게 다르지 않았다. 배우자의 외도, 폭력, 음주, 무책임 등이 한국의 이혼부부가 지적하는 이혼의 주된 원인이라는 점을 고려해 볼 때, 이혼의 원인을 제공한 전배우자에 대한 적대적 감정 때문에 이혼 후 부부 간의 접촉을 회피하게 되고 자녀에 관한 문제조차 의논하지 않는 것으로, 즉 적절한 부모역할의 수행까지 막게 되는 것으로 짐작된다. 그러나 이와는 반대로 그동안 순종적이었던 아내가 권위적이고 정서적 폭력이 심한 남편을 참다못해 이혼을 제기하자 남편이 아내에 대한 응징의 방법으로 아내가 자녀들과 접촉하는 것을 허락하지 않는 경우도 있었다. 이 경우에도 이혼 시에 면접교섭에 대한 합의를 보았으나 이혼 후 남편의 마음이 바뀌어 면접을 허락하지 않았다. 이는 모두 자녀의 복리에 대한 고려보다는 전배우자에 대한 부정적인 감정이 앞서고 이러한 자신들의 행동이 자녀에게 미치는 영향에 대한 인식이 없기 때문이었다.

참여자들의 자녀들은 여러 가지 심리적인 문제들을 보였다. 매우 위축되어 있거나, 분노문제, 우울, 행동문제를 가지고 있거나 성인인 경우에 음주문제를 보이기도 하는 것으로 나타났다. 그러나 전반적으로 가정폭력을 경험하지 않았거나, 비양육부모를 자주 만나는 경우에 자녀의 적응상태가 양호함을 알 수 있었다. 어린아들에게 이혼을 설명하지 못하고 병원에 입원한다고 거짓말하고 이혼한 경우, 아들(6세)이 집에서 돈을 꺼내 가는 문제를 보였다. 양육부로부터의 폭력이 심해 중간에 어머니에게로 거처를 옮긴 참여자의 아들은 다른 사람에게는 자신은 외아들이라고 말하며(아버지와 살고 있는 동생에 대해서도 숨김) 아버지와 동생이 없는 것처럼 행동하고, 3〜4년 전 일은 '지우고' 싶어하는 등 가정폭력의 후유증을 심각하게 느낄 수 있었다. 따라서, 이와 같은 문제점에 대한 대안을 연구과정에서 나타난 문제점을 바탕으로 제언하면 다음과 같다.

1) 협력적 부모역할(coparenting) 교육 프로그램이 필요하다

본 연구의 결과에서 논의했듯이, 이혼부부가 이혼한 부부로서의 역할과 자녀의 부모로서의 역할이 별개의 것임을 인식하지 못할 때 자녀에게 부정적인 결과를 초래함을 알 수 있다. 자녀의 심리적 안녕을 위하여서 무엇보다 이혼부모를 대상으로 한 협력적 부모역할에 관한 프로그램이 시급히 필요하다. 부모가 정서적으로 건강하고 부모역할과 갈등해결에서 더 능숙할 때 가족이 더 탄력적이고 자녀들도 더 잘 지내기 때문에 부모를 위한 프로그램이 중요한 것이다. 또한, 가족 안에서 노인들의 영향력이 큰 것을 감안하여 노인들을 대상으로도 이혼 재혼 가족 관련 의식을 전환시킬 수 있는 프로그램을 마련하여 경로당, 노인복지관 등에서 실시하는 것도 필요하다. 한국에서는 이혼부모를 위한 협력적 부모역할 교육이 이루어진 것이 전혀 없으며 단지 서울가정법원에서 재판이혼을 신청한 부부들을 대상으로 미국의 자료를 활용한 팜플렛과 비디오필름을 사용하여 협력적 부모역할교육 실험을 실시한 적이 있다(김재연, 2005). 따라서, 미국에서 진행된 프로그램 내용을 참고로 살펴보면 다음과 같다.

미국 테네시 주의 아동 및 가족 관련부서(Child and Family Services)가 제공하는 부모교육 프로그램의 경우에 구조는 보통 6〜8주(1회/1주), 또는 8〜10회기, 부모는 2〜3시간, 자녀는 1시간 이하로 5〜15명이 참석하였다(이하 Buehler, Betz,

Ryan, Legg, & Trotter, 1992 참조). 이 프로그램에 참석하는 부모들은 이혼이 최종화되기 전에, 그러나 이혼 소장이 접수된 이후에 참석하였고 배우자끼리 다른 날에 참석할 수 있도록 같은 내용을 이틀에 걸쳐 두 번 진행한다.

구체적인 세션별 내용은 첫 세션에서는 부모의 적응에 초점을 둔다. 부모가 심각한 적응문제를 가지지 않으면 자녀들은 더 잘 적응한다고 보기 때문에, 주제는 일반적인 정서적 인지적 반응들, 애도 과정, 떠나거나 떠나보냄과 관련된 감정들, 자존심, 변화의 긍정적인 측면 등이다.

둘째 세션에서는 어린이들이 부모의 이혼으로 인해 보이는 흔한 반응들과 부모가 어린이들의 관심사를 어떻게 다룰 것인지에 초점을 둔다. 부모가 자녀의 반응에 적절히 반응할 수 있으면 자녀들은 심각한 문제를 덜 보이며, 이를 위해 부모들은 세션을 통해 강의와 토론으로 적절한 반응 방식을 배운다.

셋째 세션에서는 법률적 측면을 다룬다. 지방가정법원 판사를 인터뷰한 비디오 자료를 보여주는데 양육권과 양육비 문제, 이혼절차에 대해서 설명한다. 이혼변호사가 도움이 되지 않는 경우가 있어서, 이런 법률적인 내용을 포함시키는 것이며 이런 기술적인 도움이 사회정서적 안녕에 도움이 되기 때문이다.

넷째와 다섯째 세션에서는 전배우자와의 관계와 부모-자녀 관계를 다룬다. 내용은 나-전달법, 경청기술, 대화통로를 열어두는 기술, 갈등의 건강한 측면, 논쟁 규칙, 협상 기술 등을 포함한다. 협상에 강조를 두는 것은 부모 사이의 계속되는 적대감이 자녀들의 이혼 후 적응에 방해가 되기 때문이다. 특히 이 때 공동부모역할에서의 갈등과 경쟁에 관해서 강조하는데 자녀를 삼각관계 속에 빠뜨리는 부모의 문제 행동들로, ① 자녀를 통해 배우자에 관한 정보를 알아내는 것, ② 자녀를 부모 한 쪽과 한 편으로 만들려고 애쓰는 것, ③ 자녀에게 배우자에 대한 욕을 하는 것 등이 제시되고, 이런 것들을 조심하여 자녀의 안녕에 기여하는 것에 초점을 맞춘다 (Buehler et al., 1992).

2) 이혼중재가 필요하다

이혼 후 협력적 부모관계를 저해하는 큰 요인 중의 하나가 본 연구결과에서도 드러나듯이, 이혼결정이 남편의 폭언, 폭력, 외도 등 극단적인 상황에서 이루어지며 그 가운데 폭력을 경험하는 경우가 많기 때문이다. 따라서, 이혼 후 협력적 부모관계를 유지하기 위해서는 부부간의 상담이나 치료 등을 제공해야 하고 이혼 과정에서 자녀면접, 양육방법, 재산분할 등에 대한 의견들이 협상될 수 있도록 제3자에 의한 이혼중재 서비스가 제공되어야 한다.

이혼중재란 이혼 중이거나 이혼한 부부가 분쟁거리를 밝히고 논의하고 더 나아가 해결하기 위하여 어느 배우자에게도 치우치지 않을 제3자의 도움을 받아 협상을 하는 것이다(Emery, 1995). 이혼에는 여러 가지 심리적이고 인간관계적인, 그리고 실질적인 갈등 영역이 있으나 중재자는 전형적으로 법에서 언급하는 다섯 가지 문제에 관한 협상만을 다룬다. 재정문제에서는 재산분할, 배우자 원조(spousal support), 아동원조(child support)를 말하며 나머지 두 가지 문제는 양육권과 면접교섭권 문제이다. 이혼에서 가장 중심적인 두 가지 자녀양육에 관련된 논쟁은, (1) 자녀가 어디에서 어떤 계획표에 의해 거주할 것인가와 (2) 자녀양육에서 부모가 일상적인 결정권이나 더 중요한 결정권을(예: 종교적 훈련) 어떻게 공동 소유할 것이냐, 또는 분할할 것이냐에 관한 것이다(Emery, 1995).

그런데 이혼중재의 정신을 이해하기 위하여 이혼중재가 급속히 발전한 이유를 검토하면 다음과 같다. 첫째, 가족법의 발전과 둘째, 심리학적 연구의 발전 때문이다(Emery, 1995). 가족법의 변화로 인해 이혼 시 분쟁해결을 하는 방법으로 중재, 협상, 조정을 대안으로 검토하게 되었는데, 그 한 가지 이유는 미국의 각 주에서 "파탄이혼"이 도입되어 빠르게 퍼져 나간 것과 관련이 있다. 즉, 전통적으로는 폭력, 간통 등 부부가 함께 계속해서 살아갈 수 없는 이유를 증명해야 이혼이 허용되는 유책이혼제도이었으나 파탄이혼제도가 채택되면서 이혼은 결혼생활을 할 수 없는 이유를 증명할 필요가 없는 사적인 일이 되었다. 따라서, 이혼을 규제하는 정부의 역할이 축소되면서 자연스럽게 이혼을 원하는 사람들 스스로의 협상을 강조하게 되었다(Emery, 1995). 한국의 경우도 이혼의 대부분이(86%) 협의 이혼으로 이루어지며 재판이혼에서도 6호 사유가 늘어나서 사실상 유책주의 의미가 퇴색되고 있다는 점에서 미국과 비슷하다고 할 수 있다.

둘째, 심리학적 연구의 발전이라는 과정으로서의 이혼(Emery, 1995)에 대한 발견을 의미한다. 즉, 이혼 및 이혼이 자녀에게 미치는 영향에 대한 연구와 임상적 논의가 이혼중재를 급속히 발달시킨 면이 있다. 정신건강 관점에서 이혼을 하나의 사건(event)이라기보다는 과정이라고 보는 것이 자극제가 되었다. 이혼은 하나의 사건이라기보다는 이혼 전의 별거 이전부터 시작되어 법적 이혼 한참 이후까지 계속되는 가족관계에서의 일련의 변화라고 할 수 있다(Hetherington, 1989; Wallerstein & Kelly 1980). 가족과정에 대한 연구자들이나 실천가들은 각기 다른 부분(부모역할 효과성, 비거주 부모와의 관계, 자녀의 생활수준)에 강조점을 두었지만 강조점이 무엇이던 간에 과정관점은 이혼 자체가 아니라 이혼에 연관된 스트레스 요인들이 자녀의 이혼 후 적응에 어려움을 갖게 하는 원인이라고 지적하고 있다(Emery, 1988; 1995).

가족과정 관점으로부터, 이혼 전후와 이혼 동안의 부모 간 갈등이 자녀의 심리적 문제와 많은 연관이 있다는 연구들은 중재를 발달시키는 동기가 되었다. 양육권 분쟁이 치열할 경우 부모 간의 악감정이 증가되는데, 이혼중재는 이혼을 좀 덜 악의적인 분위기로 만들고자 하고 잠정적으로 치료적인 것이 되도록 만들고자 하기 때문이다(Emery, 1995). 본 연구 결과에서도 나타났듯이 부모 간의 악감정이 매우 심각하여서 한국의 경우도 중재의 필요성은 더 이상 논할 필요가 없이 명백하다. 최근에 서울가정법원에서 미성년자가 있는 협의이혼의 경우 합의서 제출을 의무화하는 법안을 마련했는데, 의무화뿐 아니라 합의서 내용의 이행을 강제하는 제도의 마련이 필요하다. 이것은 본 연구 결과를 통하여도 명백히 드러났는데 전배우자에 대한 적대적 감정 때문에 이혼 후 전배우자와의 접촉을 회피하게 되고, 이혼 시 면접교섭에 대한 합의를 보았음에도 불구하고 이혼 후 마음이 바뀌어 면접을 허락하지 않는 경우들이 있기 때문이다. 이는 모두 자녀의 복리에 대한 고려보다는 전배우자에 대한 부정적인 감정이 앞서고 이러한 자신들의 행동이 자녀에게 미치는 영향에 대한 인식이 없기 때문이었다. 이혼에 관련된 여러 가지 협상과 결정을 하는 데 있어서 자녀의 복지가 우선적으로 진지하게 고려되도록 보장할 수 있는 법적, 제도적 장치들이 마련되어야 한다. 합의서의 내용을 법원이 확인하는 것, 자녀면접교섭권은 어버이의 권리라기보다 자녀의 권리라는 것을 명확히 하고 면접시간, 장소, 면접 시 주의사항 등 구체적이고 세부적인 기준이나 조항을 마련하여야 할 것이며, 무엇보다도 이행을 강제하여 불이행 시의 처벌이나 불이익의 기준을 마련하여 부모의 이혼으로 자녀의 복리가 가능한 한 덜 침해당하도록 해야 할 것이다.

이혼중재는 법률적인 측면과 심리적인 측면을 모두 가지고 있다. 그러나 중재와 법률적 해결에 차이점이 있으며, 중재와 가족치료 간에도 차이점이 있다(Emery, 1995). 먼저, 중재가 판결과 다른 것은 재판에서는 판사가 결정하지만 중재에서는 당사자들이 결정한다는 점이다. 즉, 이혼중재는 협력적 협상에 근거한다는 점이 뚜렷한 차이점이다. 협력적인 협상의 장점은 소위 승-승 결과, 또는 부가적인 이점을 가져올 수 있다는 것이다. 또 다른 장점은 협력적 과정은 서로 예의바르고 구조화된, 그리고 정서적으로 거리를 둘 수 있는 의사소통 방식을 확립할 수도 있다는 점이다. 이혼하는 배우자들이 친구가 되어야 하는 것은 아니다. 그러나 부모인 전배우자들은 어떤 형태로든 자녀문제 때문에 서로 연락을 하며 살아야 한다. 이런 의미에서 전배우자들은 결코 완전히 이혼하는 것은 아니라고 말할 수 있다(Emery & Dillon, 1994; Emery, 1995).

중재와 가족치료 간에도 차이점이 있다(Emery, 1995). 이혼중재와 가족치료의 공통점은 법률이 명시하지 않는 자녀양육의 측면과 분야에 대해서 언급해야 한다는 점이다. 예를 들면, 변호사가 성사시킨 것보다 이혼중재에 의해서 결정된 양육 합의서가 훨씬 더 구체적인 자녀양육 내용을 담고 있다(Emery & Dillon, 1994; Koopman, Hunt, & Stafford, 1984). 자녀의 매우 구체적인 시간표인 일상 시간표의 매우 사소한 것까지 포함한 계획, 즉 자녀를 교환하는 정확한 시각과 교통편, 휴가, 방학 등에 관한 것, 자녀에 관해서 정기적으로 어떻게 의사소통할 것인지(그래서 계획되지 않은, 원치 않는 접촉을 줄일 것인지) 등 구체적으로 계획할수록 도움이 되며, 이혼 후 갈등이 줄어든다. 많은 전문가들은 구체적인 합의가 이혼 후 갈등을 줄인다고 믿는다. 현재 워싱턴 주에서는 모든 이혼 부모에게 구체적인 자녀양육 계획을 요구하고 있다(Ellis, 1990).

이러한 측면이 중재를 가족치료와 비슷하게 만들지만 중재는 심리치료를 하고자 하는 것은 아니다. 가장 중요한 것은 중재는 공평하고 실현 가능한 합의에 도달한다는 궁극적 목적에 의해 끊임없이 안내되고 규제된다는 점이다. 중재자는 이상적인 합의결과를 만들어낼 책임이 있지 않고, 자녀에게 해로운 합의가 되지 않도록 한 쪽 편을 들지 않을 의무가 있다는 점이다(Emery, 1995).

이혼중재와 관련하여 마지막으로 전문적 훈련에 관한 이슈를 언급하면 다음과 같다. 현재 미국의 경우, 이혼중재를 변호사, 사회사업가, 심리학자 등 여러 분야의 전문가들이 하고 있다. 그러나 특히 지역사회 중재기관에서 자원봉사하는 중재자들은 전문훈련을 받지 않은 사람들이다. 중재사(mediator)라는 호칭은 대부분의 주에서 규제받지 않고 있으며 규제가 있다면 최소한도의 것이다. 예를 들면, 학사학위와 중재에 관련된 40시간의 훈련만을 요구하는 경우가 있다(Hendricks; Emery, 1995 재인용). 어떤 사람들은 이혼중재를 새로운 직종이 출현하는 것으로 바라보는 경우도 있으나 대부분은 현재의 변호사나 정신건강 전문가의 세부 전공 분야로 생각하고 있다. 여러 사람들이 이혼중재만을 하는 독립적인 개업을 하려했으나 실패하였고 이혼중재만 전적으로 하는 전문가는 없는 것으로 보인다.

미국의 경우, 누가 중재자(mediator)라는 호칭을 사용할 것인지에 대한 논란이 (어떤 배경, 어떤 훈련, 어떤 형태의 실천을 하는 사람들이 이 칭호를 쓸 수 있느냐) 법률가와 정신건강 전문가 간에, 전문가와 일반인 간에, 개업한 사람들과 기관에서 일하는 사람들 간에 많이 이루어진다. 그러나 어느 정도는 해결이 되어 가고 있다. 즉, 논쟁해결이 사법 훈련의 일부분이 되어가고 있고 변호사들은 중재라는 업무를 인정하고 있다. 일반적으로 중재가 새로운, 독립된 분야로 발전하기보다는 법조계나 정신건강 분야에서 발전해 나갈 것으로 생각되고 있다(Emery, 1995). 앞으로 우리나라에서도 이혼중재를 도입할 것에 대비해 관련학회나 연구자들이 이혼중재의 모델(신성자, 2000)을 연구하는 등의 준비가 필요할 것으로 생각된다. 서울가정법원에서 마련한 가칭 '이혼절차에 관한 특례법(안)'에 따르면 이혼가정의 자녀양육에 대한 합의서 제출을 의무화했고 이 법안이 통과되어 시행된다면 모든 이혼부모가 합의서를 제출해야 하며, 합의서를 작성하는 데 중재자의 개입이 당장 필요하게 될 것이기 때문이다.

3) 자녀들을 위한 개별 및 집단 프로그램이 필요하다

이혼 이후 부모 간의 갈등이 심한 경우에는 자녀들은 부모에 대한 양가감정과 감정의 억압, 유기불안 등 심리적 갈등을 경험하고, 또래 관계 등 사회성에 어려움을 겪을 수 있다. 따라서, 부모의 이혼으로 아동이 경험하는 다양한 감정을 표출하도록 하고, 이러한 감정들을 공감해 주고 치유해 주기 위하여 개별 및 집단 프로그램이 필요하다.

부모의 이혼에 대한 9~12세 어린이들의 전형적인 반응은 불안, 애도, 외로움, 무기력감이다(Wallerstein, 1990). 이 또래를 위한 집단프로그램의 커리큘럼은 월러스틴(Wallerstein, 1983)이 제안한 이혼자녀의 여섯 가지 심리적 과업의 내용을 고려해 볼 만하다. 이 여섯 가지 과업은, (1) 자기비난을 해소하고 가족의 분열을 초래한 요인을 이해하는 것, (2) 상실감을 극복하는 것, (3) 이혼의 영구성을 인정하기, (4) 분노를 덜기, (5) 학교와 놀이에서 나이에 맞게 할 일을 다시 시작하기, (6) 미래에 대한 희망과 자신감 만들기이다.

프로그램의 목적은 가족변화의 다양한 측면을 인정하고 이해하고 수용하도록, 자신의 분노와 혼돈을 다루는 방법을 배우도록, 변화의 긍정적 측면을 바라보고 미래를 위해 준비하도록 돕기 위한 것이다. 프로그램에는 여러 가지 활동이 포함되는데 예를 들면, 풍선과 새에게 주는 모이를 사용하여 "스트레스 공"을 만들어 분노관리의 보조도구로 사용한다거나, 이혼과정에서 어린이들이 가진 아픈 감정들을 상징적으로 집어넣을 "상실상자"를 만든다거나, 자신들의 삶에서 이루어진 변화가 더 넓은 지지체계를 만들 수도 있다는 것을 바라볼 수 있게 하는 "빛의 고리" 의식에 참가한다거나 하는 활동들이 포함된다. 모든 아이들은 개개인이 개인적인 활동 책(activity book)을 받아 활동 동안에 얻게 되는 여러 가지 교훈들을 기록하여 영구히 보관할 수 있게 한다(Fischer, 1999; Schaller & Bradburn-Sterm, 1997). 이 외에 현재 한국의 복지관에서 많이 이루어지는 음악치료, 미술치료 등이 이혼가정 자녀의 심리적 갈등 표현에 유용한 도구가 될 수 있을 것이다.

참고문헌

김수정, 2003. 「이혼협상의 실태와 주요 변인에 관한 연구」, 『대한가정학회지』 41(12): 69-89.

김재연, 2005. 「이혼재판절차 중 부모교육프로그램의 효과」, 숙명여자대학교 대학원 박사학위논문.

문준필, 2004. 『이혼숙려기간 및 이혼 전 상담 제도화를 위한 심포지엄 자료집』, 한국가정법률상담소.

변철식, 2004. 『이혼숙려기간 및 이혼 전 상담 제도화를 위한 심포지엄 자료집』, 한국가정법률상담소.

성정현·송다영·정미숙·한정원·김진, 2001. 「재판이혼의 사례를 통해 본 한부모 가족의 자녀양육비 실태와 대안」, 『사회복지연구』 18: 29-58.

신성자, 2000. 「이혼과정에 있는 부부들을 위한 학제간 팀 이혼중재에 관한 연구」, 『한국가족치료학회지』 8(1): 31-58.

이삼연, 2002. 「이혼가정 청소년자녀의 적응에 관한 연구」, 『한국가족복지학』 10.

장혜경·민가영, 2002. 「이혼여성의 부모역할 및 자녀양육지원방안에 관한 연구」, 『한국여성개발원 정책보고서』.

정현숙, 1993. 「부모의 이혼에 따른 자녀들의 적응」, 『한국아동학회지』 14(1): 59-75.

조성연, 2004. 「여성 한부모 가족의 모자녀 관계」, 『한국가정관리학회지』 22(1): 153-167.

주소희, 2002. 「이혼가정 자녀의 적응향상을 위한 프로그램 개발과 효과성 연구」, 『한국가족사회복지학』 9: 76-106.

주소희·조성우, 2004. 「이혼가정자녀의 행동적응문제에 영향을 미치는 부모요인과 아동의 이혼지각 분석」, 『한국사회복지학』 56(4): 215-238.

중앙일보, 2005. 5. 5. 「이혼 신청 부부에 석달 간 '생각할 시간'」.

한경혜·김영희, 1994. 「이혼여성의 전배우자와의 관계 및 협력적 부모역할에 관한 탐색적 연구」, 『가족학회지』 6: 103-128.

Amato, P. R. & Gilbreth, J .G. 1999. "Nonresident Father and Children's Well-Being: A Meta-Analysis", Journal of Marriage and the Family 61: 557-573.

Amato, P. R. & Keith, B. 1991. "Parental divorce and the well-being of children: A meta-analysis", Psychological Bulletin 111(1), 26-46.

Amato, P. R. 2000. "The Consequences of divorce for adults and children", Journal of Marriage and the Family 62. November: 1269-1287.

Arditti, J. A. & Kelly, M. 1994. "Fathers' perspectives of their co-parental relationships postdivorce", Family Relations 43, 61-67.

Buehler, C., Betz, P., Ryan, C. M., Legg, B. H., & Trotter, B. B. 1992. "Description and evaluation of the orientation for divorcing parents: Implications for postdivorce prevention programs", Family Relations 41: 154-162.

Ellis, J. W. 1990. "Plans, protections, and professional intervention: Innovations in divorce custody reform and the role of legal professionals", University of Michigan Journal of Law Reform 24: 65-188.

Emery, R. E. & Dillon, P. 1994. "Conceptualizing the Divorce Process: Renegotiating Boundaries of Intimacy and Power in the Divorced Family System", Family Relations 43: 374-379.

Emery, R. E. 1995. "Divorce mediation: Negotiating agreements and renegotiating relationships", Family Relations 44: 377-383.

_____, 1988. Marriage, divorce and children's adjustment. Beverly Hills. Sage.

Fischer, R. L. 1999. "Children in changing families: Results of a pilot study of a program for children of separation and divorce", Family and Conciliation Courts Review 37(2): 240-256.

Hetherington, E. M. 1989. "Coping with family transitions: Winners, losers, survivors", Child Development 60: 1-14.

Hetherington, E. M., Cox, M., & Cox, R. 1982. "Effects of divorce on parents and children", M. Lamb(ed), Nontraditional families. NJ: Erlbaum: 233-288.

Johnston, J. R. & Roseby, V. 1997. 『부모의 갈등과 폭력을 경험하는 이혼 가족 자녀를 위하여』, 유희정 외 편역, 창지사.

Koopman, E. J., Hunt, E. J., & Stafford, V. 1984. "Child-related agreements in mediated and non-mediated divorce settlements", Conciliation Courts Review 22: 19-25.

Oliphant, E., Brown, J. H., Cambron, M. H., & Yankeelov, P. 2002. "Measuring children's perceptions of the Families In Transition Program (FIT): A qualitative evaluation", Journal of Divorce & Remarriage 37(3/4): 157-164.

Schaller, B. & Bradburn-Sterm, B. 1997. Rollercoasters: A curriculum for children of change: An activity book of children of change. Atlanta: Families First.

Strauss, A. & Corbin, J. 1990. Basics of qualitative research: Grounded theory procedures and techniques. Newbury Park: Sage Publications.

Wallerstein, J. S. & Kelly, J. B. 1980. Surviving the break up: How children and parents cope with divorce. New York: Basic Books.

Wallerstein, J. S. 1983. "Children of divorce: The psychological tasks of the child", American Journal of Orthopsychiatry 53: 230-243.

_____, 1990. "Through child's eyes: How to help the youngster cope", Family Advocate 13(1): 25-27.

제11장
한국 장애인복지 변천과 대안담론 모색

김용득

1. 머리말

장애에 대한 사회복지 대처의 역사는 분리와 통제에서 지역사회 참여에 대한 지원으로, 개별적 · 자선적 접근에서 사회적 · 제도적 접근으로 변화되어 왔다. 사회경제적 조건에 따라 장애를 보는 시각이 변하였으며, 시각의 변화에 따라 장애인에 대한 사회적 접근도 달라졌다.

우리나라 장애인복지는 1970년대 후반까지 별다른 진전 없이 개별적인 자선에 의존하는 수준이었다. 근대적 의미의 장애인복지는 1976년 UN의 '세계장애인의 해(1981)' 선포라는 국제적 흐름과 군사정권의 정치적 정당성 확보 차원이 접합되면서 1977년에 '특수교육법'이 제정되고 1981년에 '심신장애자복지법'이 제정되면서 형성되기 시작했다. 1980년대 후반 생계와 고용에 대한 장애계의 문제제기에 따라 1989년에 '장애인복지법'이 개정되었고, 1990년에 '장애인고용촉진등에관한법률'이 제정되었다. 1997년 제정된 '장애인 · 노인 · 임산부등의편의증진보장에관한법률', 1999년 개정된 '장애인복지법'은 사회 환경 개선과 장애인에 대한 사회정책의 제도적 틀을 규정하였다는 점에서 의미를 부여할 수 있을 것이다.

현재 한국의 장애 영역에서 핵심적인 이슈는 장애인차별금지법 제정, 장애연금

제도 도입, 장애인 자립생활 실천 등으로 요약된다. 이러한 쟁점들은 1990년대 후반부터 논의되고 있는데, 각 쟁점들은 각각이 중요한 과제이지만 그 논의 흐름이 장애 문제에 대한 총체적인 담론이나 원리에 기초하고 있는 것 같지는 않다. 이러한 문제들은 정치적 구호가 난무하는 선거 시기에 주목을 받았다가 시간이 지나면 수면 아래로 사라지는 경향을 보여준다. 이 점은 장애계에서 제기되는 쟁점들이 거시 차원의 대안적 틀이나 담론에 의해 주도되기보다는 사안별로 시급한 이슈에 따른 파편적 성격의 것이라는 반증일 수도 있다.

본 연구는 이러한 문제의식에 기초한다. 한국사회의 장애문제를 이해하고 접근함에 있어 이제는 큰 맥락의 대안적 틀이나 담론이 모색될 필요가 있으며, 이러한 대안적 틀에 의해서 장애계의 주요 쟁점들이 일관성 있게 논의되고 구체적인 장애인복지정책의 대안도 일관성 있고 통합적으로 제시될 필요가 있다. 이러한 연구 목적을 달성하기 위하여 본 연구에서는 우선 1960년대 이후 한국의 장애인복지 변천을 알아볼 것이며, 이러한 변천 과정에 대한 비판적 검토를 토대로 대안 담론을 모색해 볼 것이다.

2. 한국 장애인복지의 변천

1) 변천 맥락

우리 사회에서 장애인을 인식하는 수준은 예전과 크게 달라진 것 같지 않다. 장애인에 대한 일반적인 인식은 장애는 신의 징벌이나 불운의 결과이고, 장애인은 장애로 인해 생활에 곤란을 겪기 때문에 누군가의 도움을 받아야 하는 존재라고 보는 것이다. 과거와 부분적으로 달라진 점이 있다면 예전에는 장애인이 비하와 놀림의 대상이면서 사회와의 단절을 강요당하는 존재였다면 현재는 무관심, 회피의 대상이면서 국가가 최소수준의 생활을 보장해야 하는 존재로 본다는 정도이다.

그러나 장애인 관련 복지의 외형은 외국제도의 유입, 정치적 상황에 따른 제도의 변화, 국제적인 압력, 장애 운동 세력의 요구 등에 따라 빠른 속도로 변화하고 있다. 즉, 사회 전반의 담론의 영향에 의해 정책이 변화한 것이 아니었다. 법률과 제도의 변화에도 불구하고, 우리 사회의 지배 담론은 여전히 장애인을 사회적 참여에 적합하지 않은 능력의 결함을 가진 존재로 보는 것 같다.

서구사회에서 장애인에 대한 사회복지 서비스의 본격적인 발전은 2차 세계대전 이후 장애인에 대한 사회적 인식 변화와 함께 시작되었다. 1945년 이후, 장애인을 위한 서비스의 성격은 세 단계를 거치면서 발전하였다(김용득, 2002a). 첫 번째 단계는 보호에 중점을 두는 서비스 단계로서, 장애인을 방치의 대상이나 노동 가치를 상실한 무가치한 존재로 파악하던 이전의 방식보다는 진일보한 것으로, 장애에 대한 사회의 책임을 인정하면서 장애인을 일정한 수준의 치료와 보호를 받으며 살아가야 하는 존재로 인식하였다. 두 번째 단계는 훈련과 교육에 중점을 두는 서비스 단계인데, 장애인의 기능적·직업적 재활을 위한 기능훈련에 중점을 두는 서비스들이 집중적으로 개발된 시기라고 할 수 있다. 이 단계는 장애인의 기능훈련을 통한 능력향상의 잠재력을 인정했다는 면에서 전단계보다 진일보한 것이며, 장애인에 대한 교육과 훈련이 강조되는 특징을 가진다. 세 번째 단계는 지역사회에서의 통합된 생활, 즉 지역사회생활에 초점을 두는 서비스의 단계이다. 장애인의 기능회복과 교육훈련의 성과는 일정한 한계가 있을 수밖에 없고, 이러한 한계의 근본적인 원인은 사회적인 장애요소에 기인한다. 그에 따라 사회에 내재해 있는 물리적·심리적 장애요소들을 제거하는 일이 강조되고 또 지역사회에서 독립적으로 생존할 수 있도록 하는 보편적 서비스들이 제공되었다.

각 단계에서는 장애를 파악하는 시각이 달랐으며, 따라서 장애인을 위한 서비스의 방향도 완전히 다른 것이었다. 우리나라도 적어도 외형적인 제도 측면에서 보면 비슷한 과정을 거쳤다고 볼 수 있다.

첫 번째 단계는 1961년 '생활보호법'에서 재활시설을 설립할 수 있는 근거를 만든 이후로 장애인시설을 통한 수용과 보호에 중점을 둔 시기이다.

두 번째 단계는 1977년 '특수교육진흥법' 제정과 시설에서의 교육 및 재활의 정책방향을 제시한 보건사회부의 1978년 '심신장애자 종합보호대책' 이후로 장애인의 훈련과 교육에 중점을 둔 시기이다. 이 시기는 장애 원인을 개인적인 것으로 보고 장애인을 변화시켜 장애인이 사회에 적응하도록 하였다.

세 번째 단계는 1989년 '장애인복지법' 개정 및 1990년 '장애인고용촉진등에 관한법률' 제정[1] 이후의 시기로 지역사회에 있는 장애인에 대한 지원을 확대한 시기이다. 이 시기는 아주 미미한 수준의 생계보장을 우선적으로 추진하던 시기로, 장애인 문제를 사회 문제로 인식은 하나 사회적 환경에 대한 투자를 할 수는 없고, 극빈층에 속하는 장애인의 최소한의 생활은 보장하여야 한다는 정책 기조를 유지하던 시기이다.

네 번째 단계는 1998년 '장애인·노인·임산부등의편의증진보장에관한법률'의 시행, 1999년의 '장애인복지법' 개정과 '장애인고용촉진및직업재활법' 개정의 시기로 경제적 지원에 더불어 사회 환경의 개선 및 차별 해소를 위한 움직임이 시작된 시기이다. 이 시기는 장애인 문제의 원인을 개별적인 장애 자체뿐만 아니라 사회적인 방해요소에 기인하는 것으로 보고 사회에 내재해 있는 물리적, 심리적 장애요소들의 제거를 강조하였다.

그러나 제도들이 이 시기별로 명확하게 구분될 수 있는 것은 아니며 이전 단계에 속하는 제도나 프로그램들이 다음 단계에서는 사라지는 것도 아니다. 이전 시기의 제도들은 그 이후의 단계에서도 지속되며, 어떤 경우에는 확대되기도 한다.

2) 변천 과정

(1) 수용보호 단계: 1961년부터

1960년 이전까지는 일반 장애인에 대한 이렇다할 법제나 국가의 개입은 없었다. 장애인 문제는 문제로 인식되지 못했고 빈곤 문제의 일부로 다루어졌다. 그나마 빈곤 문제도 정부가 적극적으로 개입하지 못했고, 민간 사회사업이나 외원단체, 종교단체의 역할에 맡겨졌다. 다만, 전쟁 이후인 1950년대와 군사정권이 들어선

---

1) 장애인고용촉진등에관한법률의 제정은 최소 수준의 생계보장의 수준을 넘는 장애인의 사회 참여를 위한 적극적 조치로 볼 수 있으며, 따라서 이 법률의 시행을 제한적인 경제적 지원단 계에 포함시키는 것은 적절하지 않을 수 있다. 여기서는 시간적인 맥락에 따라 이 단계에 포함해서 다루고 있지만, 이 문제는 법률의 성격과 제정과정에 대한 좀 더 심도 있는 논의를 통한 검증이 필요할 것으로 본다.

1960년대에는 전쟁 군인에 대한 예우차원에서 상이군경에 대한 지원이 확대되었다. 또한, 1960년대 및 1970년대는 경제성장을 국정지표로 내세운 정권에 의해 산업재해보상제도가 발전하여 산업재해 장애인에 대한 지원이 시작되었다.

정부가 장애인문제에 대하여 개입을 시작한 것은 1961년 '생활보호법' 제정부터라고 볼 수 있다. 이 법은 노령, 질병, 기타 근로능력의 상실로 인해 생활유지 능력이 없는 자에 대하여 생계보호, 의료보호, 해산보호 등을 실시하는 것을 목적으로 하였다. 이 법의 대상자에는 불구, 폐질, 상이, 기타 정신 또는 신체의 장애로 인해 근로능력을 상실한 자가 포함되어, 장애로 인한 빈곤자에 대한 국가의 보호가 이 법과 더불어 시작되었다고 볼 수 있다. 이 법에 따른 시설보호는 재활시설을 포함했지만, 당시에는 재활보다는 수용, 보호에 중점을 두었다. 그리고 이 시기는 장애인에 대한 우생학적 접근이 이루어지기도 하였다. 유전학적 이유가 있다거나, 특수 전염병 질환자가 임신한 경우에 대해서는 임신중절을 허용하도록 하는 법 규정을 만들었다(황나미, 1996). 또한, 1973년에는 '정신지체인불임수술관계법'을 정부에서 제정하려다 논란이 있어 폐기되었다.

(2) 훈련 및 교육 단계: 1977년부터

국제적으로 1970년대는 장애인의 권리에 대한 관심이 증폭된 시기이다. UN은 1971년에 '정신지체인 권리선언'을, 1975년에 '장애인 권리선언'을 제정하였으며, 1976년에는 1981년을 '세계장애인의 해'로 지정하였다. 1981년 '세계장애인의 해'의 후속조치로 1982년부터 1991년까지가 '세계장애인 10년'으로 선포되었다. 국내적으로는 1980년대 초반 전두환 정권이 자신의 정통성 부재를 '복지국가 구현'이라는 구호로 무마시키려 하였으며, '1988년 서울올림픽' 유치에 따라 '장애자 올림픽'이 열리게 되었고, 그리하여 정부는 장애인복지 문제에 대한 관심을 갖지 않을 수 없게 되었다. 이 시기는 '장애자 올림픽'을 앞두고 국제적인 흐름을 의식하여 장애인복지시설을 현대화하고, 직업재활에 대한 인식이 시작된 시기이다.

'특수교육진흥법'이 제정되기 이전에도 특수학급 및 특수교육에 대한 법률은 존재했다. 1949년 제정된 교육법에는 교육기관의 종류에 특수학교와 특수학급에 관한 규정을 두었다. 그러나 1970년대 초반까지는 장애인 교육에 대한 일부 민간의 움직임이 있었을 뿐 정부의 적극적인 개입은 없었던 것으로 보인다(석은영, 2001).

일반교육에서의 장애인 차별도 심했다. 1950년대와 1960년대에 태어난 소아마비 장애인들은 고등교육 및 취업에 대한 욕구가 강하였다. 그러나 체능검사와 면접 등에서의 불이익 때문에 입시에서 우수한 성적에도 불구하고 불합격하는 사례들이 늘어나게 되었다. 이런 문제들이 여론화되면서 정부는 1972년 장애인에 대한 체능검사 면제를 실시하게 되었다. 그러나 대학입시에서 장애를 이유로 탈락하는 사례들은 매년 반복되었다(김윤정, 1997).

1977년 '특수교육진흥법'을 제정할 당시 특수아동 중 극히 일부만이 특수학교와 특수학급에 취학하고 나머지 대부분은 방치된 상태에서 이들에 대한 교육대책이 요망되었다. 또한, 입시 차별에 따른 영향으로 이 법에서는 각급 학교의 장은 특수교육대상자가 당해 학교에 입학하고자 할 때에 그가 특수교육대상자임을 이유로 입학거부 등의 불리한 처분을 하여서는 안 되는 것으로 규정하였다[2]. 이는 우리나라 장애인 정책에서 차별금지 법리를 도입한 최초의 것이라고 할 수 있다.

1978년 6월, 보건사회부의 '심신장애자[3] 종합보호대책'을 보면, 보호시설에 수용 중인 장애어린이에게 직업훈련을 실시하고, 보호시설에 물리치료실, 작업치료실, 언어치료실, 직업훈련시설을 설치하며, 영양급식을 위해 지급물자의 양과 종류를 개선하고, 목발과 보청기 등 보장구를 지급하고, 보건사회부 안에 장애자보호제도 수립을 위한 전담기구를 설치하는 방안을 모색하였다. 이는 '세계장애인의 해'를 앞두고 정부 차원에서 장애인문제를 인식하기 시작했음을 의미한다(송영욱, 1996). 이 종합대책에 이어 1981년 '심신장애자복지법'이 제정되었다. 이 법의 시책을 보면 시설에 관한 사항이 주를 이루고 있다. 1980년 이전까지의 장애인 시설은 단순 수용·보호에 머물러 있었으나 법 제정에 따라 직업재활시설, 이용시설 등

---

2) 그러나 '입학제한에 있어 감독청의 승인을 얻은 경우에는 예외로 할 수 있다'고 규정하고, 차별을 한 경우에 대한 처벌 규정도 없었기 때문에 실효성을 확보하기는 어려웠다.
3) 본 연구에서 '장애자'와 '장애인'이라는 용어가 혼용되고 있는데, 이는 1981년 '심신장애자복지법'에서 1989년 '장애인복지법'으로 명칭이 변경되었기 때문에 발생하는 문제이다. 본 연구에서는 현행법의 용어인 '장애인'이라는 용어를 주로 사용하지만, '심신장애자복지법'이 적용된 기간 동안 공식적으로 사용된 법률, 보고서, 위원회 등의 명칭으로 '장애자'가 사용된 경우에는 이를 그대로 적는다.

이 생기게 되었다.

장애인의 직업재활에 관한 정부의 개입으로는 1982년부터 한국장애자재활협회를 통해 장애인 취업알선이 있었다. 또한 1986년에 노동부가 '직업훈련법'을 개정하여 장애인이 일반인을 위한 직업훈련시설에서 직업훈련을 받을 수 있도록 하였고, 같은 해 보건사회부는 중증장애인을 위한 보호작업장 운영계획을 수립하고 자립작업장을 시범 운영했다. 이는 장애인에게 직업 훈련을 통해 재활을 도모하고자 한 조치였다.

이처럼 장애인에 대한 교육, 치료, 직업재활은 1970년대 후반부터 시작되었다. 그러나 1970년대 및 1980년대는 정부가 '선성장 · 후복지'라는 정책기조에 입각해 사회정책을 추진하였기 때문에 극소수의 시설 장애인 및 저소득장애인에 대한 재활정책에 그치고 말았다.

(3) 제한적인 경제적 지원 단계: 1989년부터

복지급부로 경제적 지원이 시작된 것은 1989년 '장애인복지법' 개정 및 1990년 '장애인고용촉진등에관한법률'의 제정부터이다. 이전에도 상속세법과 소득세법에 의하여 장애인에게 세금을 감면해주는 제도는 있었으나 이는 장애인에게 직접 급부한 것이 아니기 때문에 본격적인 복지급부로 보기는 어렵다.

1987년 민주화 투쟁 이후 각계 · 각층에서 분출된 민주화 요구와 더불어 진행된 저소득층의 복지요구는 장애계에도 많은 영향을 미쳤다. 이전까지는 자신들의 목소리를 내지 못했던 장애인 및 장애인단체들은 1988년 '서울장애자올림픽' 개최를 계기로 운동이라는 틀을 통해 장애인문제를 해결하고자 하였다. 서울장애자올림픽대회를 앞두고 기존의 장애인운동 주체들과 젊은 장애인들이 주축이 되어 여러 장애인단체를 설립하고, '1988년 장애자올림픽 개최 반대' 운동을 비롯한 장애인운동을 펼쳐나가기 시작하였다. 이 단체들은 장애인 문제가 사회 · 환경적 문제임을 인식하고, 제도변혁을 위한 노력을 시도하였다. 이 당시 장애계가 표출한 문제는 장애인의 생계문제, 고용문제 등이었다(김윤정, 1997). 이러한 장애인들의 요구와 당시의 여소야대라는 국내정치 상황에 의해 1989년 '장애인복지법', 1990년 '장애인고용촉진등에관한법률'이 제정되게 되었다(이인영, 2001).

개정 '장애인복지법'에서는 '심신장애자'라는 용어를 '장애인'으로 바꿨고, 장애인등록제를 실시하였다. 또한, 국가 및 지방자치단체의 책무로 장애발생의 예방, 재활의료, 중증장애인의 보호, 보호자에 대한 배려, 장애인의 교육, 장애인의 직업지도, 장애인용 주택의 보급, 문화환경의 정비, 경제적 부담의 경감 등을 규정하였으나 선언적 규정에 불과했다. 하지만, 개정법에 따라 장애인에 대한 복지서비스는 확대되었다. 저소득 장애인에 대한 의료비·자녀교육비 지급, 보장구 교부, 자금의 대여, 생업지원, 자립훈련비 지급, 생계보조수당 지급 등 주로 저소득 장애인에 대한 경제적 지원이 시작되었다. 또한, 일반 장애인에 대한 경제적 지원도 확대되어 전화요금감면(1989), 장애인 승용 자동차 LPG연료 사용 허용(1990), 국·공립 박물관, 고궁 및 능원의 장애인 무료입장(1990), 철도 및 지하철도 요금 50% 할인(1991), 국내선 항공료 50%할인(1991), 지하철 무임승차(1993) 등 각종 이용요금 할인이 시작되었다. 그러나 저소득장애인에 대한 국가지원은 한정된 자원으로 인해 생존권을 보장하기에는 미흡한 수준이었고, 일반 장애인에 대한 지원은 소득 지원이 아닌 필요경비를 감면해 주는 것으로 중산층 이상의 장애인이 저소득 장애인보다 더 많은 혜택을 받는 문제점을 드러냈다.

'장애인고용촉진등에관한법률'은 장애인 의무고용제도를 도입한 것으로, 300인 이상의 근로자를 고용하는 사업주는 그 근로자 총수에서 적용제외 직종을 감안하여 100분의 2이상 장애인을 고용하도록 하는 것이다. 일정률 이상의 장애인을 고용하는 사업주에게 고용지원금, 보조금을 지급하고, 일정률 미만의 장애인을 고용하는 사업주에게는 장애인고용부담금을 징수하였다. 또한, 이 법에 따라 장애인고용촉진기금 및 공단이 만들어져 장애인고용에 관한 재원 및 행정체계를 갖추게 되었다. '장애인고용촉진등에관한법률'은 장애인의 고용 활성화를 통한 자립생활을 목표로 하는 것으로 장애인의 경제적인 문제를 고용을 통해 해결하고자 한 것이었다.

장애인의 주거생활 보호를 위해 1993년에 영구임대주택 입주 신청 시 가산점 적용을 확대하였으며, 1995년에는 '주택공급에 관한 규칙'을 개정하여 국민주택의 특별 공급대상에 장애인을 포함시키는 등 장애인의 주거권 확보를 위한 입법조치도 시행되기 시작하였다. 이 시기에는 장애인 운동세력의 노력에 의해 장애인 문제가 사회문제로 인식되기 시작하였으며 이에 따라 시설에서의 보호뿐만 아니라 재가 장애인에 대한 복지급부가 시작되었다.

(4) 제한적인 사회적 지원 단계: 1998년부터

1992년 '세계장애인 10년'이 끝남에 따라 UN 아시아 · 태평양경제사회위원회(ESCAP)는 '아 · 태 장애인 10년(1993-2002)'을 선포하였다. 여기에서 '장애인의 완전 참여와 사회통합'이라는 구호가 제시되었고, 장애계의 최대 화두도 사회통합에 맞추어졌다. 이를 위해 장애인 문제는 인권의 문제로 다루어져야 하며, 국민이라면 갖게 되는 모든 권리를 장애인도 가져야 된다는 의식이 나타났다. 장애계에서는 복지서비스, 고용, 특수교육뿐만 아니라 참정권 확보, 편의시설 확충, 지역정치 참여, 일반교육에서의 차별 철폐, 복지시설의 투명한 운영 등에 대한 문제의식을 표출하였다. 이 시기에 사회적 지원이 확대된 데는 장애인 운동세력의 성숙과 장애인의 현실정치 참여가 관련이 있는 것으로 보인다. 장애인단체들은 시민단체와 국제단체와의 연대를 통해 외연을 확대하였으며, 운동의 내용도 생계보장의 차원을 넘어 다양한 권리의 보장을 요구하였다.

1998년 12월 9일, 정부는 국무회의 의결을 거쳐 대통령이 서명한 '한국장애인인권헌장'을 제정 선포하였다. 그러나 이 헌장은 선언적 규정일 뿐 어떤 강제력도 가지지 못했기 때문에 현실에 반영되지는 못했던 것으로 보인다(조문순 · 이동석, 2002). 1999년에는 '장애인복지법' 및 '장애인고용촉진등에관한법률'의 개정이 있었다. 개정 '장애인복지법'에서는 장애인의 정의를 변경하여 장애 범주를 확대하였다. 그리고 이 법에서는 장애인의 정보접근권 보장을 위해 수화통역, 폐쇄자막, 점자 및 음성도서 등의 제공과, 장애 유형에 따른 재활서비스 제공, 장애인 생산품의 구매, 재활보조기구의 개발 · 보급 등의 시책이 포함되었다. 또한, 장애인 사용 자동차에 대한 지원, 장애인 보조견의 훈련 및 보급지원, 장애아동 부양수당 및 보호수당 지급에 대한 규정이 마련되었다.

이 시기 동안 장애인에 대한 사회적 지원이 시작되었으며, 경제적 지원도 다소 강화되었다. 저소득 장애인에게만 교부되던 보장구를 일반 장애인들이 1997년부터 의료보험 및 의료보호를 통하여 구입할 수 있도록 하였으며, 급여 대상 보장구의 범위도 확대되었다. 1996년부터는 이동전화 가입비 면제 및 사용료 30% 할인이 시행되었고, 1997년에는 시각청각장애인 가정에 대한 TV 수신료 면제, 전화요금 할인율 50%로 확대, 장애인 차량 고속도로 통행료 50% 할인, 1998년에는 장애인 자동차 특별소비세 면제 확대, 면허세 면제, 2001년에는 장애인용 LPG 차량에 대한 세금 인상분 지원 등이 시행되었다.

'장애인고용촉진등에관한법률'은 제정 이후 10년 동안 시행되었으나 장애인 고용 문제는 크게 개선되지 않았다. 고용되는 장애인도 경증 장애인에 한정되고, 상대적으로 중증 장애를 갖고 있으면서 전문적인 직업훈련 및 재활의 기회를 상실한 중증 장애인의 취업은 극히 제한되고 있다는 비판이 제기되었다(조문순, 2001).

장애인의 사회통합을 이루기 위해서는 장애인이 사회생활을 불편함 없이 할 수 있어야 하며 이를 위해 장애인 편의시설은 필수라고 할 수 있다. 이를 위해 1997년 4월, 국회에서는 '장애인·노인·임산부등의 편의증진보장에 관한 법률'을 제정하였다. 신규 민간 시설은 이 법의 적용을 받으나 이미 지어진 시설의 경우 적용을 받지 않고, 공공기관의 경우 2년에서 7년 내에 편의시설을 설치하도록 되어 있어 편의시설 개선의 급속한 진전은 없었으나, 공공기관에 경사로 설치, 장애인 전용 주차장 설치 등은 어느 정도 효과를 거둔 것으로 보인다. 또한 장애인의 자기 차량을 통한 이동권을 보장하기 위해 1999년 도로교통법을 개정하여 양팔장애인도 운전면허를 받을 수 있게 하였다.

투표권과 관련하여 장애인의 요구가 본격화된 것은 1995년 6.27 지방선거부터이다. 장애인단체에서는 장애인들의 선거권 보장을 위해 투표소를 일 층으로 할 것, 청각장애인 및 시각장애인의 정보 접근을 보장할 것, 시설에서의 대리투표를 방지할 것 등을 요구하였고, 이런 내용들이 '공직선거및부정선거방지법'에 일부 반영되기도 하였다(김윤정, 1997).

이 시기의 장애인시설은 대규모 시설 중심에서 지역사회 내의 작은 시설로의 변화가 일어났다. 1996년에는 주간보호시설, 1997년에는 공동생활가정에 대한 국고지원이 시작되었다. 1999년부터는 청각장애인과 시각장애인의 지역사회 생활을 지원하기 위해 시각장애인심부름센터 및 수화통역센터에 대한 국고보조가 시행되었다.

이 시기는 장애인에 대한 복지 급부 중 경제적 지원은 다소 확대되고, 1996년부터 '장애인 먼저 운동'이 실시되는 등 사회인식이 개선되며 편의시설 설치 등 사회환경의 변화를 위한 조치들이 시행된 시기이다. 한편, 시설도 대형 중심에서 지역사회에 기반을 둔 소형 시설이 강조되기 시작했다.

그리고 2003년 대통령선거와 2004년 국회의원 선거를 거치면서 장애인 단체를 중심으로 장애인차별금지법의 제정과 장애연금제도 실시에 대한 요구가 집중적으로 제기되었으며, 이들 내용들은 주요 정당의 공약으로 채택되었다. 장애인차별금지법은 현재 정부안과 장애인단체안이 발표된 상태이며, 이 법안에 대하여 실효성과 현실성 논쟁이 계속되고 있다.

3) 변천의 성격

우리나라 장애 관련 제도 변천의 특징 가운데 하나는, 장애에 대한 사회인식의 변화가 그리 크지 않았음에도 불구하고 제도의 외형은 선진 외국 제도를 받아들여 급속히 발전되었다는 점이다. 일반적으로 사회적 소수자에 대한 복지정책을 논의함에 있어서 사회적 합의의 문제를 중요하게 다룬다. 장애인복지를 다룸에 있어서도 이러한 사회적 합의와 사회복지정책의 관계는 동일하게 적용될 수 있을 것이다. 서구사회의 산업혁명기는 장애인들에게는 역사적으로 혹독한 시련기였다. 산업혁명 기간 동안에는 생산에 참여할 수 있는 노동력의 소유 여부가 개인의 가치를 규정하는 가장 중요한 척도로 작용하였기 때문이다. 노동능력이 취약한 장애인은 사회적으로 무가치한 존재로 인식되었고, 이들에 대한 사회적 합의는 사회에서 추방되어야 하는 존재라는 것이었다. 이러한 사회적 합의 아래서 장애인에 대한 정책도 배제와 분리라는 극단적인 차별로 나타났다.

한편 1, 2차대전을 거치면서 장애인에 대한 사회적 합의가 변화하였으며, 이에 따라 사회복지정책도 다른 모습을 나타내게 된다. 전쟁 부상으로 장애인이 속출하였고, 이들을 이전의 방식으로 처우하는 것은 도덕적으로 심각한 문제가 있음을 사회적으로 인식하게 되었다. 이에 따라 사회복지정책도 장애인들에게 최소한의 인간다운 삶을 보장해줄 의무를 사회나 국가가 지고 있음을 인정하게 되었다. 이러한 사회적 합의의 변화라는 공간에서 1960년대와 1970년대에는 장애인 부모와 장애 당사자를 중심으로 대규모시설 철폐운동, 평등한 사회적 참여의 요구 등이 광범위하게 확산되면서 장애인에 대한 긍정적 사회적 합의를 견인해 나갔다. 그리고 사회적 합의의 변화와 장애 운동의 집요한 노력에 힘입어 장애 현실을 설명하고, 사회복지정책 대안을 탐색하기 위한 다양한 이론적 노력들이 가시화되기 시작하였다. 이처럼 서구사회의 장애인복지는 사회적 합의를 움직이게 한 유력한 사건의 존재, 이 사건에 따른 사회적 합의의 변화, 사회적 합의의 변화에 따른 사회복지정책의 시행, 사회복지정책을 견인하기 위한 이론적 논의의 다양화라는 상호연관성 있는 일련의 과정을 거쳐서 발전해 왔다. 이러한 변화는 1900년대 중반부터 현재까지 50여 년의 과정을 통해서 이루어진 것이었다.

그러나 한국의 경우는 서구와는 아주 다르게 전개되었다. 장애인에 대한 사회복지정책과 이론의 서구적 발전 논리를 따른다면 한국전쟁은 장애인에 대한 사회적 합의와 사회복지정책을 획기적으로 변화시킬 수 있는 중요한 사건이 될 수 있었다. 수많은 전쟁장애인이 발생하였으며, 이들을 국가유공자로 분류하는 입법도 있었다. 그러나 우리나라의 경우는 전쟁으로 인한 국가유공자를 장애인으로 인식하는 수준에 이르지 못하였다. 전쟁부상 장애인은 '상이군경'이라는 이름으로 별도 분류하였으며, 이들만을 대상으로 하는 복지정책이 시행되었지만, 이들을 장애라는 범주로 사회적으로 인식하기보다는 단지 국가유공자로 인식하였을 뿐이었다.

대규모의 전쟁이 서구사회에서는 장애인에 대한 사회적 합의와 사회복지정책의 급격한 변화를 초래하였던 반면, 한국사회에서는 전쟁 장애인에 대한 사회적 예우라는 방식으로 귀착되었다. 이러한 차이는 당시의 복지 전반의 저발전에서 그 원인을 찾을 수 있을 것이며, 전쟁 이후에 전개된 한국사회변화의 특징과도 긴밀한 관련이 있는 것으로 보인다. 전쟁이후 30여 년 간 한국사회는 군사독재정권의 장기집권으로 사회적 약자에 대한 논의 자체가 억압된 상황이었으며, 또한 경제 일변도의 정책기조로 인하여 이러한 논의가 사회적 목소리를 가지기 어려운 상황이었다. 따라서, 장애인에 대한 사회적 인식이 변화할 수 있는 기회 자체가 차단된 기간이었다고 볼 수 있다.

정치적 민주화와 함께 1990년대에 들어오면서 한국사회에서는 사회복지정책이 조금씩 그 모습을 드러내기 시작하였으며, 이때부터 '장애인고용촉진등에관한 법률' 제정, '장애인복지법' 전면 개정, '장애인·노인·임산부등의편의증진보장 에관한법률' 제정 등이 이루어졌다. 이러한 장애인복지정책관련 주요 법률들은 사 회적 합의에 기초해서 이루어진 것이라기보다는 일부 장애운동가들과 엘리트 정 치인들의 주도 하에 이루어진 것이다. 이러한 점 때문에 법률 규정에 의한 급여가 실제 집행에서는 법률에서 기술하고 있는 취지와는 판이하게 낮은 수준에 그치고 있다. 그리고 1990년대 이후 한국사회에서는 서구 국가들에서 논의되어온 장애인 문제와 관련된 주요 담론들이 단기간 동안 홍수처럼 수입된 시기이기도 하다. 정상 화이론, 사회적 모델, 자립생활 패러다임 등이 그 예라고 할 수 있다.

1990년대 이후 지금까지 한국 장애인복지정책의 현실을 정확하게 이해하고 대 안을 제시하기 위해서는 장애인에 대한 인식 또는 사회적 합의, 사회복지정책의 변 화, 장애이론들에 대한 논의 방식 등으로 나누어 살펴볼 필요가 있다. 서구사회가 경험했던 사회적 합의, 복지정책의 출현, 장애이론의 기여 등은 상당한 일관성을 갖는 것으로 보이는데, 한국사회의 경우는 이러한 세 가지 요소들이 상당한 편차를 보이고 있다.

장애인에 대한 사회적 인식이나 사회적 합의 수준에서는 한국사회는 이렇다할 변화를 경험하는 기회를 가지지 못했다. 이러한 결과로 장애인에 대한 사회적 인식 이나 합의 수준은 전근대적인 수준에 머물러 있다. 장애인복지정책 부문에서는 사 회적 합의에 기초한 정책이 아니었기 때문에 각 개별 입법의 조문들은 서구 선진국 들의 수준에 가깝게 기술되어 있는 반면 실제로 집행되는 내용에서는 현실적인 예 산상의 한계로 인하여 양적으로 충분하지 못하고, 질적으로 낙후된 모습을 보이고 있다. 반면에 장애이론은 1990년대 이후 매우 빠른 속도로 다양한 논의들이 소개 되고 실제로 정부부처나 장애인단체, 민간장애인복지기관의 중요한 정책을 규정 하기도 하였다.

1990년대 이후부터 지금까지의 장애인 문제와 관련된 현실을 보면 여전히 전근 대적인 장애인 인식의 문제, 주요 입법들은 완비되었지만 양적으로 미흡하고 질적 으로 낙후된 장애인복지정책의 문제, 장애인에 대한 사회적 합의수준과 장애인복 지정책에 걸맞지 않게 과도하게 서구 이론이 팽배해 있는 장애이론의 문제로 요약할 수 있다. 이러한 특징이 한국의 장애인복지를 규정하고 있는 총체적 현실이라고 볼 수 있으며, 우리사회의 장애인복지에 대한 대안을 제시하기 위해서는 이러한 현실을 명확히 인정하고, 장애인복지를 규정하는 중요한 세 가지 요소들이 상호 연관된 발전 구도를 가질 수 있는 방안을 모색할 필요가 있다.

3. 대안담론의 모색

1) 장애담론과 현실

우리나라 장애인복지의 대안을 모색하기 위해서는 우선 현재에 대한 평가가 필요하다. 전체적으로 볼 때 우리나라 장애인복지의 수준은 그간의 상당한 변화와 발전에도 불구하고 대단히 미흡한 수준에 있다. 장애인의 기초생활보장을 위한 장애수당, 아동부양수당, 보호수당 등은 급여액이나 급여대상에서 다른 나라들과 비교할 때 낮은 수준을 벗어나지 못하고 있고(유동철, 2001), 장애인 생활시설 및 지역사회재활서비스의 총 제공 능력은 등록장애인구 대비 7~8% 정도의 수준에 불과하며(김용득, 2002b), 직업재활 부분에서는 장애인 교육의 미흡, 체계화되지 못한 직업재활 정책 등으로 어려움에 봉착해 있으며(변경희, 2002), 이동권과 정보접근권의 보장 수준도 매우 열악하고(권선진, 2002), 공적 전달체계에서는 부서 간 연계협력의 미흡, 인력 부족과 전문성 미흡 등 근본적인 문제들을 갖고 있는 실정이다(이선우, 2002). 이러한 현실과 더불어 장애인복지정책의 방향에 관한 논의도 서구의 논리체계가 한국적인 문화적 적합성을 보유하지 못한 채 표류하고 있는 것으로 보인다(이성규, 2002).

그렇다면 서구의 장애인복지의 발전 경험을 충분히 참고하면서 한국적인 문화적 적합성을 확보하기 위해서는 어떤 대안적 틀이 필요할 것인가를 고민하는 것이 필요하다. 여기에 대하여 이성규(2002)는 한국의 역사와 문화, 그리고 시대상황을 반영하기 위해서는 장애당사자들의 고유한 경험을 정책형성과정에 반영시킬 수 있는 절차적인 틀을 갖출 필요가 있으며, 이와 더불어 시민권이라는 개념을 중심으로 그에 수반되는 하위 개념들을 정비할 필요가 있음을 지적하고 있다. 그리고 유동철(2002)은 한국의 장애인들이 기본적인 권리를 제대로 보장받지 못하고 있으며, 이러한 문제를 해결하기 위해서는 장애인이 권리의 주체로 적극적으로 등장할 수 있도록 하는 시민권적 접근이 필요함을 주장하고 있다.

이러한 대안을 논의함에 있어, 한국의 특수성을 고려한다면 장애계 내의 담론과 장애에 대한 일반사회의 대중 담론을 구분할 필요가 있다. 장애계 내의 담론이란 장애인 당사자 또는 전문가들의 활동을 주도하는 담론이고, 일반사회의 대중담론은 장애인에 대한 국민 대중의 인식과 태도를 지칭하는 것이다. 장애계 내의 담론은 1960년대 이후부터 1970년대 후반까지는 대형 시설 일변도의 장애인복지정책이 주를 이루었기 때문에 보호와 분리 담론에 의해 주도되었던 것으로 볼 수 있다. 1970년대 후반과 1980년대까지는 특수교육, 의료적 치료, 직업재활 등이 강조되기 시작하였으며 훈련 또는 재활 담론에 의해 주도되었다. 그리고 1990년대 이후는 장애인생계보조수당, 장애수당, 각종 감면 및 할인제도가 발달하기 시작하였으며, 또한 장애인의 편의시설, 장애인의 자립생활, 장애인 차별 문제 등이 본격적으로 거론된 점으로 미루어 볼 때 사회적 모델 또는 자립생활 담론이 주도한 것으로 보인다.

우리나라 장애인복지 변천의 역사는 장애 내의 담론으로 설명될 수 있으며, 이는 서구의 장애담론의 역사와 비슷한 경향을 보이는 것으로 볼 수 있다.[4] 그러나 이러한 담론 구도의 변화에도 불구하고 한국 장애인복지의 현실은 서구의 수준에 비해 크게 열악한 것으로 평가된다. 그렇다면, 장애계 내의 담론의 지형 변화가 서구의 그것과 큰 차이가 없음에도 불구하고 장애인복지 현실의 낙후되어 있는 원인은 장애계 내의 담론이 선진 외국의 이론이나 담론들을 도입하는 데 급급한 나머지 한국의 사회적 여건이나 장애인의 삶을 제대로 반영하는 데 실패했다는 점에서 찾을 수

---

4) 서구사회의 장애담론의 대립구도와 변화는 분리 대 정상화 담론, 개별적 모델 대 사회적 모델의 담론, 전문가 주도 대 당사자 주도 담론으로 요약될 수 있으며, 서구 장애담론의 역사는 이러한 지배담론과 저항담론의 대립과 각축의 역사라고 할 수 있다. 여기에 대한 자세한 논의는 〈김용득 · 이동석, 2003. "장애담론과 한국장애인복지의 변천", 『성공회대논총』17: 195-236〉 참조.

있을 것이다. 한국에 도입되어 논의되었거나 논의되고 있는 정상화, 사회적 모델, 자립생활 등의 담론은 그 사회의 특징적인 전통과 현실, 그리고 이데올로기를 반영한 결과라고 할 수 있다. 이러한 외국에서 제기된 담론들이 우리 현실 조건과 적절한 접합지점을 찾지 못하는 경우에는 공허하게 될 수 있고, 우리나라 장애계 내의 담론은 이런 점에서 공허한 주장이 난무할 수 있는 상황을 초래했다고 볼 수 있다. 정상화는 북유럽의 사회복지서비스 개혁에 기원을 두고 있는 담론으로 1970년대 후반부터 1980년대에 걸쳐서 한국에서 논의되었지만 장애인 영역 전반에 대한 당시의 사회적 무관심으로 인하여 현실적인 진입점을 찾지 못하였던 것으로 보인다. 사회적 모델의 담론은 1980년대 중반 영국에서 개별적·의료적 모델에 대항하여 제기된 담론으로 우리나라에서는 1990년대 중반부터 논의되기 시작했으나, 개별적·의료적 접근조차도 빈약한 우리 현실에서 행동적인 실천의 준거로 채택되기 어려웠던 것으로 보인다. 자립생활 담론은 1980년대 중반부터 전문가에 대한 절대적 의존에 대항하여 미국에서 제기된 담론으로 우리나라에서는 1990년대 중반부터 현재까지 소개와 논의가 진행되고 있는데, 이것 역시 장애인의 적절한 소득보장 체계를 선결요건으로 한다는 점에서 실천상의 현실적인 한계를 안고 있는 것으로 보인다. 따라서 우리나라에서 현실적인 접합지점을 가지는 대안담론의 모색을 위해서는 다양한 접근들이 검토될 필요가 있다.

장애계 내의 담론이 장애계에 속해 있는 사람들에게 유행처럼 회자되다가 사회적 반향을 만들어 내지 못한 과거 20여 년 간의 역사를 볼 때, 우리사회에서 장애담론은 일반 대중에게 설득력 있고 친숙하며 한국적인 특수성에 부합하여야 한다는 조건을 충족해야 한다. 이런 조건들에 부합되는 담론으로는 인권담론을 생각해 볼 수 있다. '인권'이라는 용어도 서구적인 색채가 강하지만, 세계적으로 보편성을 가진 담론으로 자리 잡고 있다는 점에서 대중적인 접근성이 높다고 할 수 있다. 그리고 우리나라는 1960년대 이후 장기간의 군사독재와 독재정권에 의한 인권 유린의 경험을 통해서 대중들의 인권의 중요성에 대한 이해와 민감도가 상대적으로 높다는 특징을 가지고 있다. 국가인권위원회의 설립은 이러한 상황을 잘 설명해주는 것이다.

장애계 내의 담론의 급속한 변화에도 불구하고, 우리나라 일반 대중의 장애담론은 여전히 전근대적 수준에 머물러 있다. 이러한 사실은 한국 장애인복지정책의 겉모습은 서구적인 진일보된 담론을 표현하고 있지만, 그 구체적인 내용이나 수준은 현저히 열악하다는 사실을 설명해 주는 것이다. 따라서 앞으로 한국 장애인복지정책을 주도해야 할 대안담론은 서구적 진일보성을 반영하고 있는 정상화, 사회적 모델, 자립생활 등의 서구담론과 여전히 수용·보호 중심의 접근에 머물러 있는 일반대중의 담론 간의 괴리를 좁힐 수 있어야 할 것이다. 따라서 대안담론은 그 내용에 있어 정상화, 사회적 모델, 자립생활 등의 서구적 논의를 포괄하면서, 한국의 일반대중들이 친근하게 접근할 수 있는 것이어야 할 것이다.

2) 인권 담론의 의미

우리나라의 장애담론 변화의 특징을 볼 때, 여러 가지 조건을 만족할 수 있는 가장 유력한 것으로 '인권' 담론을 생각해 볼 수 있다. 인권이라는 용어도 서구의 역사적 경험에 기원을 두고 있는 것이 사실이지만 최근에 우리나라에서도 대중매체를 통하여 일반대중들에게 친숙한 용어가 되었다. 특히 인권의 개념은 시대와 역사에 따라 변화·발전하여 자유권 혹은 시민적·정치적 권리(1세대 인권), 사회권 혹은 경제·사회·문화적 권리(2세대 인권), 집단권 혹은 연대의 권리(3세대 인권)로 확장되어 왔다는 점에서(Ife, 2001) 소극적 의미에서의 장애인 차별금지, 적극적 의미에서의 사회권의 확보, 운동적 의미에서의 당사자주의와 장애인 자조운동 등을 포괄하는 용어가 될 수 있을 것이다.

근대 헌법의 권리 가운데 '인간의 권리'와는 별도로 '시민의 권리'라는 용어가 자주 사용된다(구병삭, 1996). 법학적 견지에서 보면 인권은 국가 이전의 자연권인 반면, 시민권은 국가 구성원의 권리로 자연권을 확보할 수 있도록 국가가 인정한 것이라는 점에서 양자는 서로 구별된다(김철수, 1996). 전통사회학의 견지에서도 시민권과 인권은 구별되는데, 시민권은 국가의 존재를 전제로 하는 시민자격을 가진 사람에게 부여되는 것이고, 인권은 이러한 전제를 필요로 하지 않는다(Bickenbach, 2001). 그러나 시민권과 인권은 서로 불가분의 관계에 있으며, 전략적인 목적에 따라 선택적으로 사용되기도 한다. 시민권은 시민자격에 대한 제한이 발생할 수 있으며 권리에 대한 수사학적 논거에 더 많이 의존한다는 한계가 있지만, 인권은 문화적·정치적 맥락과 관계없이 인간이면 누구에게나 주어지는 보편적인 것으로 받아들여질 수 있다(Bickenbach, 2001). 우리나라의 장애정책에 대한 대안을 논의함에 있어서 시민권이라는 용어보다는 인권이라는 용어가 대중적으로 훨씬 친숙하며, 국가인권위원회가 설치되어 있는 등 인권에 대한 대중적인 인식이 높아져 있다는 점을 고려할 필요가 있다.

3) 인권과 장애인복지정책

인권은 현대의 사회적·정치적 담론 중에서 가장 영향력이 있는 개념들 가운데 하나이며, 다양한 문화나 이데올로기적 배경을 가진 사람들도 기꺼이 지지하는 개념이다(Ife, 2001). 많은 사람들이 인권 개념은 주로 계몽사상의 산물이며, 따라서 본질적으로 서구의 모더니즘 맥락에서 이해해야 한다고 주장하고 있지만, 세계의 여러 주요 종교적 전통에는 인권과 관련된 개념이 담겨 있고, 또한 여러 다양한 문화적 양식에서도 비록 '인권'이라는 용어를 꼭 사용하지는 않았지만 인권과 관련된 개념들이 발견된다(Ife, 2001). 인권은 이처럼 보편적인 특질을 가지고 있지만, 다른 한편으로는 개관적으로 존재하는 어떤 것이 아닌 구축·형성되는 것이며, 인권 개념이 포함하고 있는 보편적 가치를 명확히 하는 대화, 논의, 그리고 상호작용 과정이 중요하게 다루어져야 한다(Ife, 2002).

인권 개념에 근거하여 대안을 제시하거나 어떤 조치를 요구하기 위해서는 어떤 요구들이 인권의 범주에서 다루어질 수 있는가에 대한 기준이 필요하다. 아이프(Ife, 2001)는 이의 근거로 다섯 가지의 기준을 제시하고 있다. 첫째, 인권의 실현은 개인 혹은 집단이 타인들과 마찬가지로 자신들의 완전한 인간성을 구현하는 데 필수적인 것이다. 둘째, 인권은 모든 인간에게 적용되는 것, 따라서 그 권리를 요구하는 개인 혹은 집단이 그 밖의 다른 모든 사람들에게 적용되기를 원하는 것으로 간주된다. 셋째, 인권의 정당성에 대해서는 실질적인 보편적 합의가 존재한다. 즉 문화의 경계를 넘어서는 광범위한 지지가 없다면 그것은 인권으로 볼 수 없다. 넷째, 인권은 모든 정당한 요구자들에게 실제로 실현되는 것이 가능하다. 따라서 전망이 좋은 집에 살 권리 등과 같은 공급이 제한되는 것들에 대한 권리는 제외된다. 다섯째, 인권은 다른 인권과 충돌하지 않는다. 즉 무기를 소유할 권리나 타인을 노예로 소유할 권리 등은 인권으로 인정되지 않는다.

세계적인 차원에서 볼 때, 장애인에 대한 기본적 인권을 인식하기 위한 노력은 1960년대 초반부터 시작된 정치적 운동과 설득의 성과라고 할 수 있다. 그러나 장애인에 대한 사회정책은 기본적으로 전쟁 장애인의 요구에 대한 정치적 대응의 산물이기 때문에 장애 프로그램과 정책은 전체 사회정책 속에 통합·조정되어 있지 못하고, 장애인의 특수한 조건에 대한 단편적이고 수동적인 내용들이 주를 이루고 있다. 장애정책은 장애당사자들의 요구나 신념보다는 서비스 공급자나 관료의 요구 또는 신념에 더 큰 영향을 받아온 것으로 보인다(Bickenbach, 2001).

장애인의 권리운동은 이러한 사실에 대한 반대와 저항에 기원을 두고 있으며, 따라서 현재의 수동적이고 단편적인 프로그램이나 급여의 확대보다는 장애 관련법이나 정책의 근본적인 재구조화를 주장하는 경향을 보이고 있다. 한국에서도 이동권 투쟁을 통해 특수한 장애인 전용 셔틀버스가 아닌 일반버스나 지하철을 장애인이 다른 사람과 같이 이용할 수 있도록 하는 조치를 요구하고 있고, 또 현재 진행되고 있는 자립생활 운동이 장애인 전문가의 판단에 따른 서비스 제공이 아닌 당사자의 자기결정에 의한 서비스를 요구하고 있다는 점에서 장애운동의 재구조화 요구가 이미 가시화되기 시작했다고 볼 수 있으며, 앞으로 이러한 경향은 더욱 강화될 것으로 예상된다.

현재의 한국 장애인복지의 특징은 '제한적인 경제적 지원'과 '제한적인 사회적 지원'으로 묘사될 수 있다. 여기서 제한적이라는 의미는 장애인에 대한 수동적이고 단편적인 경제적, 사회적 지원책들은 계속해서 확대되어 왔지만, 이러한 지원책들이 보편적인 사회정책의 차원에서 이루어지기보다는 특수한 장애관련법의 특수 서비스 형태를 띠고 있으며, 따라서 양과 질에서 충분하지 못할 뿐만 아니라 서비스의 접근성도 낮다는 사실을 의미한다. 현재의 제한적인 경제적, 사회적 지원은 충분한 또는 보편적인 지원으로 질적인 변화가 필요하며, 이런 방향으로의 변화는 장애인에 대한 보편적 사회정책을 견인하는 담론에 의해 주도되어야 한다. 그리고 이를 위해서는 장애인에게 특별한 사회정책이 필요하다는 특수 담론이 아닌 보편적으로 모든 인간에게 필요한 사회정책의 내용을 제시할 수 있어야 한다(Williams, 2001). 여기에 가장 적합한 대안이 인권 담론이다.

최근의 조사 결과에 의하면 한국의 장애인들은 광범위한 영역에서 차별과 인권 침해를 받고 있다(한국장애인단체총연맹, 2000). 인권 담론은 이러한 현실에 대하여 장애인의 인권에 대한 명확한 인식을 요구하고, 장애인의 권리는 자선이나 동정의 차원에서 주어지는 것이 아니라 사회의 동등한 구성원의 자격으로 향유하여야 하는 것임을 주장할 수 있는 대안으로 설정될 수 있을 것이다.

4. 대안의 모색: 인권 담론으로의 재구조화

인권 담론으로의 전환은 현재의 정책 내용이나 서비스의 단순한 양적인 확대를 주장하는 것이 아니라 지금의 방식과는 다른 정책과 서비스의 재구조화를 요구하고 실현하는 것이다. 인권 담론은 사회제도나 사회적 태도가 장애인들의 사회적 참여를 가로막는 장애요소를 만들어낸다고 주장한다는 점에서 사회적 모델과 상호 지지적인 관계를 갖는다(Bickenbach, 2001). 그리고 인권 담론과 운동은 이론이나 정치적 주장을 평등한 기회의 확보, 완전한 참여의 보장, 차이에 대한 존중이라는 목표를 달성할 수 있도록 하는 구체적인 과제로 전환할 것을 요구한다. 구체적인 과제는 크게 도덕적·운동적 접근과 법적 접근을 통하여 설정될 수 있다. 법적 접근은 강제적인 차별금지법, 평등에 대한 헌법상의 보장, 구체적인 권리부여 프로그램, 자발적인 인권선언 등의 네 가지 방식으로 표현된다(Bickenbach, 2001).

1) 도덕적·운동적 접근

(1) 장애에 대한 사회적 인식 개선

인식의 변화를 위해, 즉 장애인의 '다름'에 익숙해지기 위해 비장애인과 장애인이 자주 만나는 것이 필요하다(Miller & Sammons, 1999). 장애인과의 접촉을 어색

하거나 불안하게 느끼는 것은 장애인을 일상이나 대중매체를 통해서 자주 접하지 못했기 때문이다. 장애인들과 쉽게 접촉할 수 없는 이유는 사회 환경이 장애인의 활동을 제한하기 때문이며, 문제해결을 위해서는 편의시설 설치가 우선되어야 한다.

또한 이런 인식 변화를 일반화하기 위해 우선 일반 교육에서 장애인에 대한 편견을 제거하고 장애를 만드는 사회현상에 대해 문제의식을 가질 수 있도록 교육하여야 한다. 장애인의 인간다운 생활이 보장되기 위해서는 사회에 장애인을 맞춰 가는 것이 아니라, 비장애인이 장애와 장애인을 어떻게 이해힐 것이며, 더불어 살기 위해 어떻게 행동하고 인식해야 하는지에 대한 교육이 강조되어야 한다. 인권교육의 일환으로 어렸을 때부터 장애를 체험하고, 어떻게 함께 살아가야 할 것인가를 교육하는 일이 필요할 것이다.

언론의 장애인에 대한 태도도 바뀌어야 할 것이다. 언론에서 제시되는 장애인에 대한 상은 두 가지다. 장애를 훌륭히 딛고 일어선 인간승리의 상, 그리고 불쌍함을 극대화하여 동정을 유발하게 하는 상이다. 현실사회에서 장애인과 자주 접촉하지 못하기 때문에 언론이 전달하는 장애인 상은 일반 대중의 장애인에 대한 인식에 강력한 영향을 미친다. 언론을 통해 장애인은 일반 사람과 다른 불쌍한 존재이거나, 아니면 대단한 노력으로 엘리트가 되어 살아가는 존재로 비쳐진다. 이 점이 우리사회에서 장애인을 동떨어진 특수한 집단으로 인식하게 하는 데 크게 기여하고 있는 것으로 보인다. 따라서 언론은 이제 장애인 상을 영웅이나 불쌍한 사람이 아니라 동등한 인권을 가진 사람으로 보아야 하며, 장애문제를 장애인 개인의 문제가 아니라 장애를 만드는 사회의 문제로 바라보아야 할 것이며, 장애인이 사회에서 주체적으로 살아갈 수 있도록 하는 사회적 환경을 개선하는 데 초점을 두어야 할 것이다(조문순·이동석, 2002).

(2) 자조적인 집합적 역량강화

장애문제를 전문가 집단에게만 의존할 경우 장애인은 언제까지나 '환자', '클라이언트'의 지위를 벗어날 수 없다. 장애문제는 장애대중의 '집합적 역량강화'를 통해서 근본적인 해결이 가능하다. '역량강화'란 힘을 가지지 못한 사람들이 다른 사람들의 억압에 대항하는 투쟁에 참여하는 과정이다. 따라서 집합적 역량강화는 집단이 억압에 반대하는 투쟁을 시작하는 집합적 과정이라고 할 수 있다. 이와 같은 장애대중의 적극적이고 민주적인 참여를 통해서만 장애문제가 해결될 수 있다(Oliver, 1996). 이를 위해서는 장애인단체의 민주적 운영 및 공공선을 위한 의제 형성이 필수적이다. 장애인 운동의 정치적인 의제들은 구체적인 장애인의 삶의 문제를 반영할 뿐만 아니라 더 나아가 더 넓은 사회의 공동체들과 관련을 맺을 수 있는 것이어야 한다. 이럴 경우 더 많은 장애인들이 자신의 정체성을 인정하고 운동에 참여할 것이다(조문순·이동석, 2002).

2) 법적 접근

(1) 차별금지법

차별로부터의 자유는 기본적인 인권의 핵심 요소들 중의 하나이며, 따라서 장애인의 인권을 확보하기 위한 구체적인 수단으로 차별금지의 원리가 언급되고 있다(Hurst, 2004). 장애인차별금지법은 장애에 대한 시민권 개념의 확대 및 전반적인 사회적 프로그램의 확대에 기반하여 장애인들의 사회적 배제를 조장하는 방해물을 제거하기 위하여 제정되었다. 입법례를 보면, 1990년 미국의 ADA(Americans with Disabilities Act), 1992년 호주의 DDA(Disability Discrimination Act), 1993년 뉴질랜드의 HRA(Human Rights Act), 1993년 인도의 DPA(Disabled Persons Act), 1995년 영국의 DDA(Disability Discrimination Act), 1998년 이스라엘의 IDPA(Israel's Disabled Person Act), 1998년 캐나다의 CHRA(Canada's Human Rights Act) 등이 있다(Bickenbach, 2001). 장애인차별금지법의 제정은 장애인의 보편적 인권에 대한 각성과 장애 당사자의 권리주장 운동의 결과라고 할 수 있다. 이러한 영향을 받아서 우리나라에서도 장애인 단체를 중심으로 장애인차별금지법 제정운동이 본격적으로 진행되고 있다[5].

---

5) 장애인차별금지법은 공통적으로 두 가지 요소를 포함하고 있다. 첫째, 차별의 기준으로 합리적 배려(reasonable accommodation)의 개념을 도입한다. 여기서, 합리적 배려란 고용주나 공공기관의 장이 과도한 부담이 발생하지 않는 범위에서 장애인의 참여를 위하여 제공될 수 있는 수준의 배려를 의미한다. 둘째, 장애인의 개별적 차별과 배제를 예방하는 목적을 갖고 있지만 법 집행의 원리는 기본적으로 차별 사실에 대하여 개별적으로 불만을 제기하여 권리를 구제하는 개별적 불만처리 과정이다. 이러한 두 가지 특징으로 인하여 장애인의 차별과 배제

장애인에 대한 차별 여부는 해당시책이나 시설에서 인권을 보장해 줄 수 있는 배려가 되어 있느냐의 문제를 포함한다. 인권을 확보하기 위한 구체적인 수단과 사회적 지원이 없는 것도 차별로 보아야 진정한 차별의 제거가 가능할 것이다. 광범위한 일상생활에서 보편적 인권을 배척하는 각종 차별로부터 장애인을 보호하는 것이 필요하며, 이를 위해 실효성 있는 '장애차별금지법'의 제정이 필요하다.

장애차별금지법은 장애인의 사회권을 보장하기 위한 법으로서 장애인이 차별을 받았을 경우 이 차별로부터 장애인을 구제하기 위한 실효성 있는 장치가 필요하며, 또한 장애인의 평등권을 확보하기 위해 긍정적 차별을 담보해낼 수 있어야 할 것이다(유동철, 2002). 또한 장애차별금지법의 제정은 헌법상의 평등권 명령을 구체화할 뿐 아니라, 차별을 위법한 행위로 규정하고 이에 관한 피해의 구제를 법적으로 보장하는 입법적 의의를 갖게 된다.

현재 우리나라에서 진행되고 있는 차별금지법 제정 논의의 핵심 쟁점은 실효성과 현실성 간의 조화의 문제이다. 실효성의 문제란 고용, 교육, 공공시설, 교통수단, 정보통신, 행정 및 사법절차, 선거 등의 영역에서 장애인에 대한 합리적인 배려가 단지 선언적인 수준에 그치지 않고, 실제로 합리적인 배려가 미흡한 경우에 여기에 대하여 구체적인 권리구제가 가능하여야 함을 요구하는 장애인 단체의 주장이다. 반면에 현실성의 문제란 장애인의 보편적 인권에 대한 사회적 각성이 미흡하고 아직 장애인에 대한 사회적 프로그램이 충분히 발달하지 못한 상황에서, 많은 영역에서의 구체적인 합리적 배려와 권리구제 수단을 포함하여 입법하는 경우 현실적으로 법적 장치가 작동하기 어려우며, 법을 실현하는 데는 감당하기 어려운 공공재정이 소요된다는 정부의 주장이다.

따라서 실효성과 현실성의 문제는 장애인에 대한 사회적 인식 수준, 장애에 대한 사회적 프로그램의 수준, 장애운동단체의 대중 설득을 위한 운동 역량 등에 따라 그 절충점이 모색될 것으로 보인다. 장애인차별금지법이 실효성과 현실성을 동시에 갖추기 위해서는 법 제정 과정에 장애인단체, 시민사회단체들이 광범위하게 참여하는 담론 운동과정이 중요하다.

에 대한 강력한 구제수단이 될 수 있지만, 다른 한편으로는 차별이 발생하였는가의 여부를 판단하는데 상당한 시간과 비용이 발생할 수 있다(Bickenbach, 2001).

(2) 헌법상의 평등 보장

장애인에 대한 인권 보장의 문제를 헌법에 포함시키는 경우 강력한 법적, 정치적 구속력을 가지게 된다. 세계 각국의 헌법은 정신적, 신체적 장애를 명시적으로 제시하고 있지는 않지만 장애인도 국민의 일원으로 동일한 권리를 가진다는 점을 규정하고 있는 것으로 해석된다. 캐나다의 헌법에서는, "인종, 민족, 피부색, 종교, 성, 연령, 정신적 또는 신체적 장애를 이유로 차별받지 아니한다."는 명시적인 규정을 포함하고 있다(Bickenbach, 2001).

헌법상의 인권 관련 규정은 광범위한 영향을 미치지만 현실에서는 재판관의 정치적 입장에 따라 상당한 편차가 있을 수 있으며, 헌법에 근거해서 인권 침해를 주장하는 경우 피고는 국가가 되기 때문에 수많은 입증 자료가 필요하게 된다. 아직 우리나라에서는 장애로 인한 인권 침해에 관련된 근거 규정의 필요성에 대한 논의는 이루어지지 않고 있다.

(3) 구체적 권리부여 프로그램

구체적인 권리부여가 명시된 프로그램이 있는 경우에 개인은 이 권리부여의 자격에 기초하여 그들의 급여와 기회를 구체적으로 요구할 수 있다. 이 접근 방식은 차별적 방해물의 제거보다는 자원과 기회의 제공을 강조하기 때문에 적극적인 권리실현 방식이라고 할 수 있다. 이러한 방식의 예는 사회보장, 조세감면, 무료이용 등의 방식이 있다. 구체적 권리부여 방식에는 의무고용제와 같이 국가가 사적 영역에 대하여 영향력을 행사하여 간접적으로 특별한 자격을 부여하는 방식도 포함된다. 구체적인 권리부여 방식은 급여 요구의 구체적 근거를 제공한다는 장점이 있지만, 상대적으로 일시적 성격이 강하며, 정부의 정치적 신념에 따라 권리부여의 내용이 달라질 수 있다는 단점이 있다(Bickenbach, 2001). 한국에서 장애와 관련된 구체적인 권리부여 프로그램 입법은 '장애인복지법', '특수교육진흥법', '장애인고용촉진및직업재활법', '장애인·노인·임산부등의편의증진보장에관한법률' 등이 있다.

이러한 권리부여 프로그램에 입각한 입법내용들은 장애인의 인권 보장과 이를 위한 독립적인 지역사회생활 지원이라는 새로운 패러다임에 맞게 재구성되어야 할 것이다. 지역사회 안에서의 독립적인 생활을 위해서는 여러 지원이 필요하다. 이 지원은 단순한 복지혜택이 아니라 헌법에 보장된 평등을 추구하기 위한 '긍정적 차별'이어야 한다. 예를 들면 장애인이 버스에 탈 수 있도록 단순히 기회를 주는 것이 아니라, 안전하고 편리하게 버스를 탈 수 있도록 리프트 등을 설치하여야 하는 것이다. 또한 다양한 지원으로 주거보조 프로그램, 주택반(反)차별 입법, 고용에 있어서의 차별의 철폐 및 고용의 확대 등이 필요하다(Chubon, 1996). 복지서비스에서는 장애인이 자립적으로 살아갈 수 있고 자신의 생활에 주도적이 될 수 있도록 지원할 수 있어야 한다. 그리고 서비스의 전달과정에서는 장애인의 선택권과 자기결정권을 신장시킬 수 있는 방안이 포함되어야 한다(김용득, 2002a; 김동호, 2000).

(4) 인권선언

인권선언은 법적 강제력은 없으나 담론의 대중화 차원에서 적극적으로 고려될 수 있는 접근방법이다. 이 방식은 국가, 법, 행정에 의한 강제방식보다는 사회적 합의에 기초하여 장애인에 대한 인권보장을 표현하는 것이다. 인권선언의 방식은 국제적 흐름과 보조를 맞추어 이루어지는 경향이 있으며, 우리나라에서도 그러하다.

국제적으로는 UN에 의한 정신지체인권리선언, 장애인권리선언, 세계장애인의 해 지정, 장애인에 대한 세계 행동계획 채택, 세계장애인 10년 선언과 UN 아태지역경제사회위원회(ESCAP)의 아태장애인 10년 선포 등이 있다. 한국에서는 1998년 장애인인권헌장이 선포된 바 있다.

자발적인 인권선언 방식은 적극적 조치를 분명하게 표현할 수 있다는 장점이 있으나 강제력을 확보하기 어렵다는 단점이 있다. 하지만 이 접근 방식은 국제적인 장애운동과의 연대를 통하여 장애인권에 대한 적극적 조치를 요구하는 담론운동의 한 방법으로 적극적으로 활용될 필요가 있다.

5. 맺음말

  오늘날 한국의 장애인복지는 제한적인 경제적 지원, 제한적인 사회적 지원의 단계에 머물러 있다. 한국의 법과 제도는 장애에 대한 세계 담론의 영향을 받으면서 분리에서 정상화로, 개별적 모델에서 사회적 모델로, 전문가 주도에서 당사자 주도 모델로 외면적인 변화를 겪고 있는 것으로 보인다. 그러나 이러한 변화가 다양한 영역에서 광범위하게 이루어지기보다는 대단히 제한적인 영역과 수준에 그치고 있음을 확인할 수 있다. 예를 들면, 장애인복지법에서는 1999년 개정을 통하여 장애인생계보조수당을 폐지하고 장애정도와 경제적 생활수준을 고려한 장애인의 소득보전을 위하여 장애수당을, 장애아동의 보호자에게 장애로 인한 추가 비용의 보전을 위하여 장애아동 부양수당을, 성인장애인의 보호자에게 장애로 인한 추가 비용의 보전을 위하여 보호수당을 규정하였다. 그러나 그 집행 내용을 보면 국민기초생활수급자 가운데 장애등급 1, 2급 및 3급의 중복장애인에 한하여 월 6만 원을 장애수당으로 지급하고 있으며, 국민기초생활수급자이면서 1급의 중증장애아동에 한하여 월 5만 원의 장애아동부양수당을 지급하고 있는 실정이다. 더구나 보호수당의 경우는 전혀 집행이 되지 않고 있다. 법률체계와 조문은 서구 선진국가의 내용에 뒤지지 않는 수준이지만 실제 집행내용에서는 현격히 제한적인 급여가 이루어지고 있다는 사실은 이제 한국의 장애인복지가 일부 엘리트 정치인, 관료, 학자들이 주도해 온 발전의 한계점에 이르렀음을 시사한다.

  장애계 내부에서는 정상화 담론은 당연시되고 더 나아가 사회적 모델, 자립생활 모델 등의 담론이 주도적 역할을 하고 있으며, 이러한 담론들에 입각한 장애인복지정책이 속속 도입되고 있지만, 실제의 내용을 보면 외피만 가져오는 방식으로 전개되고 있다. 그래서 한국의 장애인복지정책의 수사는 대단히 선진적이지만, 그 정책은 극히 일부의 장애인 당사자에게만 적용되는 실정이다. 이는 장애계 내부의 논의가 사회일반의 장애인에 대한 인식, 또는 장애의 국가적 대처에 대한 사회적 합의 수준을 고려하지 못하고 있고, 또 사회적 합의 수준을 바꾸는 데 실패하고 있음을 보여주는 증거이다. 이런 면에서 장애계 내에서 오랫동안 제기되어온 정상화, 사회적 모델, 자립생활 등의 담론은 장애인에 대한 대중의 인식을 바꾸거나 대중의 그릇된 인식에 저항할 수 있는 보편성을 가지기에는 한계가 있는 것으로 보인다. 이런 점에서 대중 담론과 장애계 내의 담론이 상호 작용할 수 있는 보편적인 수준의 대안 담론이 모색되어야 한다면, 인권 담론이 대안적인 담론으로 제기될 수 있을 것이다.

장애인의 기본적 인권과 사회참여를 진작하기 위한 인권 담론은 크게 도덕적·운동적 접근과 법적 접근으로 구분될 수 있다. 도덕적·운동적 접근에서는 장애인에 대한 사회적 인식 개선 노력과 장애 당사자들을 중심으로 하는 집합적 역량강화 운동이 강조될 필요가 있다. 그리고 법적 접근은 장애인차별금지법의 제정, 구체적인 권리 부여 프로그램에 속하는 장애인복지법 등의 인권 패러다임에 부합하는 방식으로의 재편, 장애인의 인권에 대한 헌법상의 근거 마련, 선언의 형식을 통한 담론 운동의 활성화 등이 강조될 필요가 있을 것이다.

지금까지 장애인에 대한 사회적 노력이 개별적, 파편적 수준에서 이루어져 왔다고 주장한다면 이는 다소 자학적인 표현일 수도 있다. 장애인에 대한 복지수준이 심각하게 열악한 수준일 때는 우선 급한 일부터 먼저 해결한다는 차원에서 개별적·파편적 방식으로 전개될 수밖에 없기 때문에 지금까지의 발전 방식은 어쩌면 자연스러운 현상이라고 볼 수도 있을 것이다. 그러나 장애인복지법이 그 시행령에서 열다섯 영역의 장애유형을 포함하고 있고, 특수교육진흥법은 통합교육을 우선적인 원칙임을 선언하고 있으며, 차별금지법의 제정이 공론화되고 있고, 장애연금의 도입 또한 사회적 논쟁거리로 제기되고 있는 최근의 시점은 접근 방식의 근본적인 변화를 요구하는 것으로 보인다. 향후의 장애인에 관련된 대안적 접근은 개별적·파편적 방식에서 벗어나 사회적·체계적 방식으로 전환되어야 하며, 이러한 방식으로의 전환을 견인할 수 있는 대안담론이 설정되어야 한다. 대안담론으로서의 인권 담론은 장애계 내의 담론이 가지고 있는 장애에 대한 기본적인 입장과 가장 잘 결합될 수 있으며, 한국의 특수한 경험과 상황에도 부합할 수 있을 것이다.

참고문헌

구병삭, 1996.『헌법학원론』, 박영사.

권선진, 2002.「장애인의 편의는 모든 이의 편의: 장애인편의시설의 평가와 과제」,『복지동향』46: 20-23.

김동호, 2000.「자립생활패러다임에서 본 한국장애인복지관 연구」연세대학교 석사학위논문.

김용득, 2002a.「장애개념 변화와 사회복지실천 함의」,『한국사회복지학』51: 157-182.

_____, 2002b.「지역사회 안에 녹아드는 장애인복지시설」,『복지동향』46: 10-14.

김용득 · 이동석, 2003.「장애담론과 한국장애인복지의 변천」,『성공회대논총』17: 195-236.

김윤정, 1997.「우리나라 장애인운동의 역사적 전개에 관한 고찰」가톨릭대학교 석사학위논문.

김철수, 1996.『헌법학원론』, 박영사.

박순국, 1996.「장애인 복지단체의 변천」, 한국재활재단 편,『한국장애인복지변천사』, 양서원.

박을종, 1996.「장애인 편의시설 설치의 변천」, 한국재활재단 편,『한국장애인복지변천사』, 양서원.

변경희, 2002.「한국형 직업재활체계와 프로그램 개발 절실: 장애인고용 활성화 방안」,『복지동향』46: 15-19.

보건복지부, 2004.『장애인복지사업안내』.

보건사회부, 1978.『심신장애자 종합보호대책』.

석은영, 2001.「우리나라 특수교육 발전에 관한 연구: 제도 및 법령 변천을 중심으로」, 단국대 특수교육대학원 석사학위논문.

송영욱, 1996.「장애인복지제도의 변천」, 한국재활재단 편,『한국장애인복지변천사』, 양서원.

오혜경, 1998.「장애인 자립생활 실천에 관한 연구」,『사회복지리뷰』3: 7-34.

유동철, 2001.「장애인의 사회보장 체계」, 김용득 · 유동철 편,『한국장애인복지의 이해』, 인간과 복지.

_____, 2002.「장애인 시민권 모델을 위한 시론: 장애차별금지법」,『사회복지연구』19: 183-202.

이선우, 2002.「수준 높은 장애인복지행정을 위하여: 장애인복지 전달체계의 현황과 대책」, 『복지동향』 46: 24-28.

이성규, 2002. 「장애인복지이념의 평가와 과제」, 『복지동향』 46: 6-9.

이익섭, 1993. 「한국장애인복지정책의 이념정립을 위한 고찰」, 『'93추계세미나자료집』, 한국사회복지학회.

이인영, 2001. 「신사회운동으로서의 장애인운동에 관한 고찰: 장애인고용촉진등에관한법률과 장애인고용촉진및직업재활법 정책결정과정을 중심으로」, 중앙대학교 사회개발대학원 석사논문.

장애우권익문제연구소, 1998. 『장애인선거의식 및 선거환경 조사보고서』.

_____, 2002. 『선거법 개정 공청회 자료집』.

조근태, 1996. 「국민인식의 변천」, 한국재활재단 편, 『한국장애인복지변천사』, 양서원.

조문순, 2001. 「장애인직업정책 결정과정의 참여자 갈등에 관한 연구」, 성공회대학교 석사학위논문.

조문순·이동석, 2002. 「장애인의 인간답게 살 권리를 확보하기 위한 일 제언」, 『대구재활연구』 12: 69-99.

한국보건사회연구원, 1996. 『장애인취업실태조사보고서』.

한국보건사회연구원·장애우권익문제연구소, 1998. 『장애인 인권헌장 실천을 위한 대토론회 자료집』.

한국장애인단체총연맹, 2000. 『한국장애인인권백서』.

황나미, 1996. 「장애발생 예방 사업의 변천」, 한국재활재단 편, 『한국장애인복지변천사』, 양서원.

Bickenbach, J. E. 2001. "Disability human rights, law, and policy", Handbook of disability studies. Ed. by Albrecht, G. L., Seellman, K. D., & Bury, M. London: Sage, 2001: 565-584.

Brisenden, S. 1989. A charter for personal care in progress. Disablement Income Group.

Chubon, R. A. 1996. Social and psychological foundations of rehabilitation. Charles Thomas Publisher

DeJong, G. 1981. Environmental accessibility and independent living: Directions for disability policy and research. University Center for International Rehabilitation, Michigan State University.

Hurst, R. 2004. "Legislation and human rights", Disabling barriers — enabling environments. Ed. by Swain, J., French, S., Barnes, C., & Thomas, C., London: Sage, 2004: 297-302.

Ife, J. 2001. 『인권과 사회복지실천』, 김형식·여지영 역, 인간과 복지.

Miller, N. B. & Sammons, C. C. 1999. Everybody's different. Paul H. Brookes Publishing

Co.

Oliver, M. 1991. Social work: disabled people and disabling environments. Jessica Kingsley Publishers.

Oliver, M. 1996. Understanding disability. St. Martin's Press.

WHO, 2001. ICF: International classification of functioning, disability and health. Geneva: Author.

Williams, J. 2001. "1998 human rights act: social work's new benchmark", British Journal of Social Work 31: 831-844.

Wolfensberger, W. 1972. The principle of normalization in human services. National institute of mental retardation. Toronto: Leonard Crainford.

제12장

고령자 고용정책 비판과 시민권적 대안 모색

이가옥

1. 머리말

정보화 · 세계화에 따른 노동구조 변화의 가장 큰 특징은 노동의 양극화와 노동의 유연화를 꼽을 수 있다. 그렇다면 이러한 시대적 변화가 고령자들에게 어떠한 영향을 미칠까? 예상은 크게 둘로 나뉜다. 위기일 수도 있고, 동시에 기회로 작용할 수도 있다는 것이다. 고령자들은 대체로 노동시장에서 정보기술과 정보노동에 대한 적응력이 떨어지는 경향이 있기 때문에, 이러한 변화들은 일단 위기로 작용할 수 있다. 그러나 한편 정보화는 시간과 공간의 면에서 분산적이고 새로운 유연한 노동양식을 가능케 하면서, 다양한 형태의 원격근무와 재택근무의 가능성을 열어 줄 수 있다. 또한 세계화는 기업의 연공체계와 내부노동시장의 해체를 촉진한다. 그리하여이 같은 사회구조적 변화 추세는 신체적 · 기술적 · 지적 능력의 퇴화로 인해 주변화되었던 고령 노동자들에게 사회참여와 소득활동을 위한 새로운 기회로 활용될수도 있다. 따라서 이러한 직업구조 및 노동양식의 변화가 고령자 고용정책에 어떤함의를 가지며, 그 변화의 흐름 속에서 어떤 가능성을 찾아낼 수 있는가에 대한 검토가 필요하다.

---

* 이 글을 쓰는 데 도움을 준 성공회대학교 노인복지연구소 이지영 연구원에게 고마운 마음을 전한다.

그러나 현 고령자 고용정책은 거세어지는 외부의 압력에 의해서 변화의 의미를 충분히 검토해 볼 사이도 없이, 빠른 변화를 요구받고 있다. 이러한 외부 압력의 요인 가운데 가장 대표적인 것이 '고령화에 따른 비관적 시나리오'이다. 이 시나리오에 의하면, 노인의 평균수명 연장과 저출산으로 인하여 급속한 고령화가 진전됨에 따라 사회적 부양부담이 급증하게 되며, 인구의 고령화에 따라 노동구조 역시 변화됨으로써 근로자의 평균연령은 높아가고 생산인구(15~64세)의 감소가 전망된다는 것이다. 이렇게 고령화가 진전되면서 저축률이 하락하고 경제성장률이 둔화되며 연금 등 사회보장제도에 대한 재정적 압박이 점점 심해진다. 따라서 사회보장제도가 대폭 축소되지 않으면 사회보장제도의 파국은 불가피해지며, 베이비붐 세대와 베이비붐 이후 세대 간의 갈등 및 긴장관계가 점증하리라는(방하남·신동균·김동헌·신현구, 2004) 것이다. 인구고령화가 우리 경제에 위기를 초래할 것이라는 시나리오는 현재 언론계는 물론 학계에서도 당연한 주장으로 받아들여지고 있으며, 고령화의 경제·사회적 파급효과를 매우 단정적으로 예측하고 있다. 그리고 이러한 인구고령화에 따른 경제위기의 대처방안으로 고령자 고용정책의 방향이 제시되고 있다. OECD는 현재 고령자정책의 가장 최상의 방식을 '생산적 노화'라고 제시하고 있으며, 최근 우리나라 노인복지정책도 노인들의 일할 권리를 강조하는 노년기 노동담론이 주류를 이루고 있다.

이러한 흐름 속에서 현재 우리나라에서 새롭게 논의되고 있는 고령자 일자리 전략은 크게 두 가지로 정리될 수 있다. 하나는 노년기에도 일을 계속할 수 있도록 하는 일자리 연장 방식이며, 다른 하나는 사회적 일자리를 통하여 재취업의 기회를 부여하는 방식이다. 이 두 가지 방식을 살펴보면, 전자는 연공급적 임금체계로부터 성과위주의 임금체계로 변화하기 위한 과도기적 제도라고 할 수 있는 임금피크제와 연령차별금지법, 거시적으로 연령 통합적 사회에 관한 논의까지를 포함한다. 후자는 공공근로에서 사회적 임금까지를 포함한다. 즉 일자리 연장의 방식은 제도적 접근에서 거시적 접근까지, 사회적 일자리는 협의의 의미에서 광의의 의미까지, 그 개념의 범위가 넓게 분포하고 있음을 알 수 있다. 이는 개념을 누가 어떻게 해석하느냐에 따라, 그 실행의 결과는 매우 달라질 수 있음을 의미한다.

그렇다면 현재 두 전략은 어떻게 해석되고 실행되고 있는가? 먼저 일자리 연장 방식은 실현 가능성이 적다는 이유로 소극적으로 이루어지고 있다. 그 논의의 내용은 주로 정책적 논의(임금피크제, 연령차별금지법)가 주를 이루고 있으며, 거시적인 수준의 연령통합적 사회에 대한 논의는 미래 노년기의 사회상을 제시하는 이론적 수준에서 이루어지고 있다. 이러한 논의는 유연화된 삶이 고령 노동자에게 유리하리라는 막연한 기대를 전제로 하고 있다. 따라서 노동의 유연화에 따른 고령자 노동의 불안정성에 대한 논의는 별반 거론되지 못하고 있다. 사회적 일자리의 방식은 현재 취약한 계층에 한하여 저임금의 구조 속에서 이루어지고 있다. 현재와 같은 사회적 일자리 방식은 불안정한 일자리를 증가시키며, 사회적 낙인을 부여하는 등의 문제점을 초래할 수 있다. 일자리의 양적 확보에만 초점을 두면서, 일자리의 질에 대한 논의는 현재 관심에서 밀려나 있다.

여기서 주목해야 할 점은, 일자리 연장 방식에서 유연화가 이상화되어 강조되는 양상과 사회적 일자리가 잔여적 복지의 일환으로 협소하게 해석되어 적용되는 기저에는, 경제의 활성화를 우선시하는 시장의 논리와 연령차별적 논리가 맞물리고 있다는 것이다. 현재 고령자 고용정책의 방향은 과도하게 경제논리의 영향을 받아서, 노년층의 인력개발을 통한 국가 경제발전에 주로 초점을 맞추고, 고령자 개개인의 삶의 질 측면을 간과하고 있다. 두 전략 모두 외현적으로는 고령자의 삶의 질을 높여 주리라는 기대감을 갖게 한다. 하지만 시장의 논리와 연령차별적 관점으로 고령자 고용정책을 해석하고 운영함으로써 고령자 고용정책들은 그 기대에 못 미치고 있다. 물론 이러한 우려는 앞으로 더욱더 현실화될 수도 있고, 경우에 따라 그렇지 않을 수도 있다. 이러한 논의들은 이론적 단계이거나 혹은 시행 초기라는 점에서 변화의 여지를 기대할 수 있다.

중요한 점은 좀 더 나은 사회상을 구축하기 위해서 국가의 경제적 측면뿐만 아니라 주체인 고령 노동자의 입장에서 현재의 고령자 고용정책의 전략을 해석하는 일이 필요하다. 국가의 정책은 국가경제의 성장뿐만 아니라, 궁극적으로는 삶의 질 향상을 통하여 실현되는 것이라고 할 수 있다. 만약 어떤 정책으로 고령자 개인의 삶의 질이 향상되기는커녕 그 반대 방향으로 간다면 개인적 고통은 사회적 고통으로 이어지고, 국가는 이에 대한 또 다른 대책을 내 놓아야만 하는 상황을 초래할 수 있다. 따라서 고령자 고용정책은 국가의 경제적 측면과 고령자의 개인적 측면을 함께 고려하여 상생적 관계를 만드는 것이 필요하다.

결론적으로 OECD 회원국들이 그렇게 한다고 해서, 우리 사회도 그렇게 가야 한다고 주장할 수 있는 논리적 근거가 될 수 없다(고병헌, 2004). 또한 국가경제의 시각이 아닌 정책 수용자의 입장에서는 다르게 해석될 가능성이 있다는 점을 감안하여야 한다. 따라서 본 연구에서는 시대변화에 따라 현 고령자고용정책의 전략에서 강조되어야 할 것은 무엇이고, 혹시 빠진 것은 무엇인지에 대해서 살펴보고, 시대의 변화에 좀 더 대응력 있고 우리 현실에 맞는 정책과 그 가능성에 대해서 논의해 보고자 한다.

2. 고령노동의 현황과 고령자 고용정책의 실태

1) 정년제의 고용보장 기능의 약화

많은 사회에서 정년퇴직제도는 공식노동시장에서 노년 노동을 배제하는 제도로 활용되어 왔다. 긍정적인 의미에서 은퇴제도는 노동력의 비용과 생산성을 통제하며, 세대 간 소득이전을 원활하게 하고, 젊은 노동력의 실업문제를 완화하는 데 기여할 수 있었다(Esping-Andersen & Sonnberger, 1991; 박경숙, 2000 재인용). 또한 정년제는 장기고용관계에서 연공임금·연공승진·퇴직금제도를 전제로 하면서, 개인의 능력 대신에 연령에 의해 일률적으로 강제를 행하는 것이다. 정년제는 집단주의적인 연공체계 하에서는 그것 자체로 공평성을 확보하고 있었고, 정년연령까지 고용관계를 보장하는 고용보장기능도 가지고 있었다. 하지만 이제는 그 기능이 약화되었다. 평균수명이 길어지고 가족, 사회부양체계의 역할 정립이 불안한 조건 속에서 정년연령은 낮아지고 있다. 뿐만 아니라 이에 앞서 정년까지 고용보장이 이루어지는 경우가 많지 않다는 점은 더욱 노년의 삶을 위협하고 있다.

우리나라 근로자의 은퇴는 기업의 정년을 기준으로 행해진다. 이 점은 서구의 선진국들에서 주로 공적 연금의 지급개시연령이 은퇴의 기준인 점과 비교해 볼 때, 우리나라 고령자 노동시장의 특징이라고 할 수 있다. 고령자고용촉진법상 60세 정년을 권장하고 있으나, 대부분 기업이 55〜58세 사이에서 정년을 규정하고 있다(고준기, 2004). 한국노동연구원이 2002년 조사한 실태조사 자료를 토대로 하면 조사대상 사업체 근로자 수 66만 9천 명 중 50세 이상 고연령 근로자는 3만 3,600명으로 전체의 5.0%이다. 고연령 근로자의 비중이 높은 직종은 관리 인력과 단순노무 인력이다. 조사대상 사업체 중 정년제도를 가지고 있는 사업체는 76.2%이다. 사업체의 규모가 커질수록 정년 제도를 운영하는 사업체의 비율도 높다. 상당수의 기업, 특히 대다수의 대규모 기업에서 정년제를 운영하고 있음에도 불구하고 대부분 사람들이 정년연령에 이를 때까지 고용보장을 해주는 것은 아니다. 조사결과에 따르면 퇴직자의 단지 2.9%만이 정년퇴직이었다. 즉 2001년 하반기의 경우 50〜60대 고연령 근로자들 중에서 정년퇴직으로 인해 직장을 떠난 경우는 상대적으로 매우 적다는 것이다. 오히려, 높은 비중을 차지하는 것은 명예퇴직이었던 것으로 나타나고 있다.

이러한 실태를 볼 때, 정년연령이 너무 낮다는 것도 문제이지만, 이에 앞서 정년까지 고용보장이 이루어지는 경우가 많지 않다는 것이 더욱 문제이다. 대다수 정규직 근로자의 경우 50대 초반이나 40대 후반에 직장에서 퇴출되는 경우가 흔하다. 인사관리에서 가장 문제가 되는 것 중의 하나가 고용조정에서 연령을 기준으로 삼는 관행이다. 기업은 명예퇴직이나 정리해고를 실시할 때 연령을 중요한 기준으로 삼고 있다. 이에 비하여 법률에 의해 60세 정년을 의무화하고 있는 일본의 경우 82% 이상의 기업에서 만 60세 이상을 정년으로 하고 있다. 반면 우리나라에서 60세 이상을 정년으로 삼고 있는 기업은 10%에도 미치지 못한다. 더욱이 정년이 55세 이하인 경우도 전체 기업의 65.8%에 이르고 있다.

2) 단계적으로 하향화·주변화되는 고령 노동자

1998년 한국노동연구원에서 실시한 노동패널조사 자료를 이용하여 55세 이상 고연령층의 취업안정성과 재취업 기회를 연속·비연속 사건사 모형을 중심으로 살펴본 연구에 따르면(박경숙, 2000), 고연령층의 취업에서 미취업으로의 전이율은 고연령층이 정규직과 공식부문에 종사하였을 때 더 강하게 나타나고 있다. 아울러 미취업에서 재취업으로의 전이율은 고연령층이 비정규직, 비공식부문에 재진입할 경우 더 강하게 나타나고 있다. 이와 같은 결과에 비추어볼 때 고연령층의 취업기회는 공식부문에서의 조기퇴출과 하층 노동부문에 집중된 재취업구조에 의해서 이중적으로 주변화되고 있다고 볼 수 있다.

취업구조의 연령차별화 정도는 업종과 종사상 지위, 그리고 사업체 규모에 따라 유의미한 차이를 보인다. 일부 상층 전문 관리직의 경우는 노년기에 더욱 취업 안정성이 유지되는 경우도 있지만, 소수의 부문을 제외하면 공식부문에서의 취업기회는 55세 이후 불안한 특성을 보인다. 분석결과에 따르면, 정규직과 공식부문에 종사한 고연령층의 미취업으로의 전이율은 자영업과 비공식부문에 종사한 고연령층보다 더 높은 것으로 나타난다. 일단 노후 전기에 노동시장에서 전출될 경우, 대다수는 노동시장에 재진입하지 않는다. 이와 같이 재취업률이 약한 것은 재취업기회가 하층노동부문에 한정되어 있는 데 주 원인이 있다. 실제 55세 이상에서 취업을 유지하는 응답자 대다수는 과거에도 하층 부문에 종사한 경력이 강하며, 일부는 과거 직종에 비하여 하강이동을 경험한 특성을 나타낸다. 다시 말하여 현재 노동시장으로부터의 노년층의 배제는 일시적 퇴출에 의해서라기보다 단계적으로 노년층 노동의 가치를 하향화시키고 주변화시키는 과정으로 볼 수 있다.

단계적으로 노년층의 노동 가치를 하향화·주변화하였다는 증거는 고령자가 주로 종사하는 업종을 살펴보면, 더욱 잘 드러난다. 박경숙(2003)에 따르면, 고연령층이 주로 종사하는 업종은 농업, 어업, 임업이며 55세 이상 취업자 중 농업, 어업, 임업에 종사하는 취업자의 비율은 1980년 74%, 1990년 61.8%, 2000년에는 52.1%로 감소하고 있지만, 여전히 고연령 취업자의 과반수가 농어림에 종사하고 있다. 비농업부문으로는 도소매, 음식, 숙박업 등 영세규모의 3차 산업에 주로 종사하고 있다. 직업분포에서도 농어업 관련 종사자의 비율이 지배적이며, 비농업 부분에서는 단순노무직에 종사하는 비율이 최근으로 올수록 증가하고 있다.

결론적으로, 지난 20년 간의 산업, 직업구조의 변화 과정 속에서 업종·직종에서의 연령분리현상은 유지 혹은 강화되었다고 요약할 수 있다. 정보·기술 부문의 확장에 따른 전문직의 확대는 젊은 연령층 중심으로 이루어졌으며, 고연령층에게 열려 있는 업종은 전통적 농업부문이나 임시 단순노무직에 집중되어 있다.

3) 계속되는 노동의 강요

이러한 열악한 노동구조 속에서도 고령자의 경제활동률은 증가하고 있다. 1980년 전체 남자 경제활동인구 가운데 55세 이상 인구가 차지하는 비중은 10.4%이었지만 2000년에는 15.4%로 증가하였다. 이와 같이 고연령층의 상대적 경제활동 기여도가 증가한 것은 무엇보다 노인인구 자체의 상대적·절대적 비중이 증가한 결과, 경제활동인구에 대한 고연령층의 상대적 비중이 커졌기 때문이다. 65세 이상 연령집단에서의 취업률은 지난 20년 동안 크게 증가되어 왔다. 65세 이상 인구의 취업률이 증가하고 있는 것은 과거부터 농어업에 종사하였던 고연령층과 함께 조기정년 이후 노동시장에 재진입한 고연령층의 비율이 증가하고 있기 때문으로 보인다. 또한 가족에 의한 부양기회가 약화되고 연금 혜택을 받지 못함으로써 노년기 노동의 필요성이 증대되었기 때문이기도 하다.

우리나라 고령자의 경우, 경제활동 참여율이 높을 뿐만 아니라, 경제활동 기간 역시 매우 긴 것으로 밝혀지고 있다. 다른 나라와 비교해본 우리나라 은퇴연령의 수준은 높은 편이다. OECD 국가의 은퇴연령은 모두 1970년대를 거치며 급격히 감소하는 추세를 보이는데, 1998년 현재 우리나라는 일본과 함께 최고 연령 은퇴국가로 분류될 수 있다(장지연·호정화, 2002). 그러나 유의해야 할 점은 한국의 높은 은퇴 연령이 고령자를 위한 근로복지가 확충되어서라기보다는, 사회보장제도의 미비로 인해 고령자의 경제부양을 고령자 본인이 책임져야 하는 경우가 많기 때문이라는 점이다.

4) 미흡한 고령자 고용정책

고령자 고용정책은 크게 노동시장 내에서의 일자리 창출 정책과 노동시장 밖에서의 일자리 창출 정책으로 나누어 볼 수 있다. 먼저 노동시장 내에서의 정책을 살펴보면, 의무고용률, 노인적합직종, 노인고용인센티브 및 노인고용장려금제도, 정년제도 등이 있다. 의무고용률은 권고사항에 그치고 있으므로 기업에서 이를 지키지 않아도 강제적 처벌이 없어 실제적인 효과는 미미한 실정이며, 노인적합직종은 현재 실태파악이 제대로 이루어지지 못하고 있는 상태이다. 노인고용인센티브 및 노인고용장려금제도는 정부에서 고령자의 취업활성화를 위해 고령자 고용촉진장려금을 지급하고 있음에도 불구하고, 고령자 고용률은 매우 저조한 실정이다. 민간기업의 경우 노력할 의무를 부과하였을 뿐, 그 외의 커다란 제재가 없으므로 고령자 채용을 기피하고 있는 실정이며, 규모가 큰 사업장일수록 고령자 고용률은 더욱 저조한 것으로 나타나고 있다(변재관 외, 1998). 노동시장 밖에서는 공공부문의 보호된 일자리로 취약계층을 위한 자활사업이나 공공근로가 운영되고 있으며, 현재 사회적 일자리 사업이 추진 중에 있다.

따라서 기존에 실시되고 있던 노인취업관련 정책이나 프로그램들은 취업을 원하는 노인의 욕구를 충족시키기에는 양적으로나 질적으로 매우 미흡한 실정이라고 할 수 있다. 그 정책이나 프로그램을 보면, 과연 고령자 고용정책에 대한 의지가 있는지 의심스러울 정도이다. 노인의 신체적·심리적·사회적 특성을 고려하지 않은 채 제공되고 있으며, 오히려 좌절감과 수치심을 일으켜 근로동기를 상실하게 하는 등 적절치 못한 경우가 대부분이다(김동배, 2003). 일을 통해 경제력이나 사회적 정체감을 유지하려는 고령자는 증가하고 있는 데 반해, 일자리는 양이나 질적인 면에서 매우 미흡하다.

3. 고령자 고용정책에 대한 비판적 성찰

1) '일자리 연장을 통한 고령자 고용정책'에 대한 비판적 성찰

일자리 연장 방식은 앞에서도 언급했듯이, 실현 가능성이 적다는 이유로 소극적으로 이루어지고 있다. 그 논의의 내용도 몇몇의 제도적 수준에 대한 논의가 주를 이루고 있으며, 학문적 차원에서 노년기의 이상적 상으로 연령 통합적 사회가 제시되는 수준이다. 이 중에서 본 장의 내용은 현재의 정책에 대한 구체적인 비판이라기보다는, 거시적으로 노년기의 이상적인 상으로 막연하게 제시되고 있는 연령통합적 사회상에 대한 비판이다. 어쩌면 본 장의 논의가 얼핏 현실과는 동떨어진 내용으로 보일 수도 있을 것이다. 하지만 연령 통합적 사회상에 대한 논의가 현실 속에서 하나의 이데올로기로 작용하고 있다는 점에서, 이는 어떠한 제도를 만드는 데 기반이 된다는 점에서, 그리고 현재 우리가 많은 영향을 받는 영미의 국가들이 추구하는 사회상이라는 점에서, 결코 현실과 동떨어진 논의라고 할 수는 없다. 본 장에서는 연령 통합적 사회에 대한 논의의 내용이 무엇인지, 이와 관련한 현재의 논의는 어떠한 방향으로 진행되고 있는지, 고령자의 삶의 측면에서 볼 때 어떠한 점이 강조되고 우선시되어야 하는지에 대해 살펴보고자 한다.

(1) 기회의 신화

연령분리적 사회에서는 젊은이는 교육을, 중년은 일과 가족에 대한 책임을, 노인은 퇴직 후의 여가를 수행하는 것을 당연한 생애과정으로 간주하였다. 그러나 연령분리적 사회의 '정상성'이라는 개념은 많은 사람들에게, 특히 성인들에게 발전의 기회를 제한한다는 점에서 비판을 받았다. 최근 이러한 연령의 경계가 희미해지는 경향을 보이고 있다.

연령분리적 사회에서 노년기는 오직 여가만을 강제하던 시간이었지만, '세 가지 상자'[1]에서 해방된 연령통합적 사회는 노년기에 일과 교육의 기회를 부여할 수 있는 가능성을 제시하고 있다. 이를 통해 궁극적으로는 성공적 노화를 이룰 수 있다는 것이다. 노년기에 일과 교육과 여가를 함께 함으로써 성공적 노화를 이룰 수 있다는 담론은, 개인적 측면뿐만 아니라 시대적 추세나 국가적 이익에도 보탬이 된다는 점에서 동의를 얻고 있다.

먼저 개인적인 측면에서 노령화에 따른 정신적·생리적인 퇴화가 사람마다 다르므로, 현재의 틀에 박힌 질서는 개인적 욕구와 맞지 않는다는 점에서 그러하다.

---

[1] 연령 구별적 구조는 '세 개의 박스'로 구분된 것으로, 젊은이에게는 교육을, 중년에게는 일과 가족에 대한 책임을, 노인에게는 퇴직 후의 여가를 주는 것이다. 연령통합구조는 이러한 연령의 경계가 제거되고 좀 더 유연화되는 것이다(Riley, 2000).

그리고 시대적 측면에서 보면 고령자들은 이전 사회에서는 '연령'으로 인해 어느 정도의 보호와 차별을 동시에 받았지만, 현재의 상황은 '연령'에 의한 보호는 희석되면서 차별이 강조되는 상황이다. 더욱이 노인인구의 규모가 무시할 수 없는 부분을 차지하고 더 이상 육체적인 능력이 중요시되지 않는 탈산업화 시대에는 연령통합적 사회가 더 적합한 사회구성원리라는 점에서(정경희, 2004) 동의를 얻고 있다. 경제적 측면에서 보면 인구고령화 현상으로 인하여 사회적 부양부담이 증가되기 때문에, 연령통합적 사회가 고령자 개인에게는 안정적인 노후소득보장을 가능하게 하고 사회적으로는 부양부담을 줄일 수 있는 방안으로 지지받고 있다.

연령통합 구조는 교육과 일과 여가에 관한 연령의 경계를 허물어뜨리고, 고령자가 일할 의욕과 능력이 있으면 얼마든지 일할 수 있는 여건을 조성하여, 생산과정을 지속시킬 수 있는 가능성을 높일 것으로 기대된다. 어찌 보면 연령통합적 사회상은 일과 노동과 여가를 이상적으로 결합시킨 마르크스가 말한 유토피아를 연상시키기도 한다. 그러나 연령의 벽이 약해진다는 것은 바로 연령에 의한 보호막이 없어지는 것을 의미한다. 이는 결국 개별화가 촉진되는 결과로 연결된다. 개인의 삶에서 모든 책임의 원천이 더욱 개인화되면서, 삶의 위기에 대한 두려움이 현실적으로 더 증가하게 된다. 따라서 이전의 사회처럼 보호막이 존재하지 않는다는 '두려움'은 현실적으로 간과할 수 없는 부분이다.

(2) 기회의 역설

현재 우리나라의 유연화와 관련된 연구는 삶 전체의 유연화와 관계된다기보다는, 노동의 유연화에 주로 초점이 맞추어 논의되고 있다. 이에 반해 노년학에서 언급되고 있는 연령통합적 사회는 삶의 전체적인 유연화를 강조하고 있다. 따라서 이 둘 사이에는 차이가 있다고 할 수 있다.

일반적으로 유연화에 대한 논의는 특별히 연령 구분 없이 이루어지고 있지만 주로는 청장년층, 그 중에서 남성이 그 중심에 놓여 있다. 따라서 기존의 노동의 유연화에 대한 논의는 남성 청장년층 노동자들의 일자리의 유연화에 따른 부작용이 강조되고 있다. 이와 비교하여 노년학에서 주로 다루어지고 있는 노동의 유연화는 노년기의 일자리가 증가하리라는 기대로 유연화를 환영하는 목소리도 적지 않다. 주로 노년학은 노년기의 노동을 일반적인 노동과 분리하여 다루고 있다. 노동뿐만 아니라 삶의 전반이 유연화되는 연령통합적 사회가 되면, 적어도 지금보다 노년기에 더 많은 기회를 제공하리라는 것이다. 즉 연령분리적 사회에서 노년기가 연령차별에 의해 가장 피해를 받은 집단이었다면, 반대로 연령통합적 사회에서 가장 수혜를 입는 집단일 수 있다는 것이다.

이러한 상은 현재의 노년기와 비교해 볼 때, 이상적인 상으로 비추어질 수 있다. 하지만 실제로 그럴 수 있을지는 명확히 살펴보아야 할 것이다. 미국의 경우를 살펴보면, 그러한 기대감이 허상일 수 있다는 가능성을 보여준다. 우리보다 훨씬 앞서 1986년에 고용연령차별법(Age Discrimination in employment act)이 통과된 미국의 경우, 이로 인해 일부 고령 근로자가 노동시장에서 상대적으로 장기간 동안 근로활동을 할 수 있으리라 생각되었다. 그러나 실제로는 고령 근로자를 채용하지 않을 뿐더러 실적에 의거해 고령 근로자를 해고하는 경향이 커졌다고 한다. 예를 들면 미국 매사추세스주의 교육훈련부(Division of Employment and Training)가 1995년에 발간한 보고서에 따르면, 55~64세 노인층이 일자리를 찾는 데 평균 27주가 걸렸으나, 25~54세 근로자 층이 일자리를 찾는 데는 19주밖에 걸리지 않았다고 한다. 더구나 정규직은 노인에게 더 어려워지고 있다고 한다. 또 다른 예로 미국의 연령차별을 반대하는 한 단체의 대표에 따르면, "예전에는 젊은 근로자가 구조 조정되고 있는 노인 근로자들을 대치하였다. 그러나 현재는 이런 것은 불법이다. 현재의 경우, 고용주들은 젊은 근로자로 하여금 일자리를 대치하게 하는 것이 아니라, 파트타임 근무자나 임시 직원이나 상담직을 고용하여 업무를 진행하고 있다. 고용주들은 노인 근로자를 상담직으로 고용하는데, 이 경우에는 직장급부도 없고 일자리도 안정되어 있지 않고 승진할 전망도 없다(Cooney, 1996; 노병일, 2004 재인용)"고 한다. 미국에서 고령 근로자를 대상으로 수십 년 동안 연령차별법이 시행되었으나 결과적으로 미국의 현재 평균 퇴직연령은 62세로(전병유 외, 2004) 현재와 크게 달라지지 않았다.

앞으로 사회가 정보화됨에 따라, 연령통합 사회가 과연 고령 노동자들에게 유리하게 작용할지는 의문이다. 미국에서 신경제의 중심이라 할 수 있는 IT노동시장에서 발견되는 특징 중 하나가 연령차별의 문제라고 한다(김동재, 2000). 중간경력

기술노동자들은 일자리를 찾기가 어려워지고 있으며, 젊은층 중심의 기업문화가 형성됨으로써 미국에서도 IT산업에서는 3/4이상이 45세 이하의 근로자들이고, 20~30대 관리자들은 자기보다 놓은 연령의 노동자를 채용하기를 꺼려한다. 또한 나이든 노동자들은 장시간의 강도 높은 노동시간을 버텨내기 힘들다는 점, 최신 숙련이 부족하고 서로 다른 작업을 하기에 유연하지 않으며 젊은 연령층에 비해 덜 혁신적이라는 인식, 그리고 더 많은 임금을 요구하고 각종 보험 프리미엄이 높다는 점 등 때문에 차별받고 있다고 한다.

연령통합적 사회를 지향하는 서구의 국가들을 살펴보면, 이들의 삶의 양상은 기대했던 유토피아적인 모습과는 거리가 있다. 물론 특별한 지식과 기술을 가진 이에게 유연화된 삶의 양식은 자신의 능력과 욕구를 최대한 충족시킬 수 있는 기회가 되기도 한다. 하지만 그렇지 못한 이에게는 일과 삶이 '단기화(shortism)'되는 결과가 초래될 수 있다(Dannefer, 2000).

이러한 추세를 유럽에서는 '위험사회(risk society)'로 명명하였다. 그러나 독일은 미국과는 달리 개인적 차원의 위험을 구조적으로 뒷받침함으로써 다르게 대처하고 있다. 예를 들어, 독일은 법률상 기업이 밤이나 주말, 그리고 휴일에 여는 것을 법적으로 막고 있으며, 물론 다른 한계점으로 유연화되는 변화가 있기는 하지만, 미국과 비교한다면 여전히 잘 유지되고 있다. 독일은 노동자의 이익과 욕구에 대해 제도적 보호를 요구하는 데 반해, 미국은 개인적인 차원의 적응과 생존을 위한 노력을 더 많이 요구하고 있다고 볼 수 있다.

삶의 유연화가 개인에게 풍부한 기회를 제공하리라는 관점은 한편 더 진보적인 것으로 여겨질 수 있다. 하지만 기회가 모두에게 평등하게 제공되지 않는다는 점 또한 간과하지 말아야 한다. 앞서 비교한 독일은 겉으로는 미국보다 더 연령이 단계화된 나라이며, 미국은 연령의 유연함을 더 우호적으로 수용하는 곳이다. 그렇지만 독일과 같이 중년에도 재훈련과 교육을 위한 제도화된 기회가 주어진다면, 비록 '진보적인' 느낌은 덜 하더라도 역설적으로 독일이 고령자에게 더 많은 기회를 부여하는 곳이라고 할 수 있다.

지금까지 언급한 예들은 주로 노동인의 측면에서 고령자의 삶의 질을 파악해 본 것이다. 노동인의 측면에서 볼 때, 연령통합적 사회에 대한 지향이 반드시 삶의 질과 정적인 관계가 아닐 수 있다는 점을 지적하였다. 만약 여가인의 측면에서 연령통합적 사회와 고령자의 관계를 살펴본다면, 그 예상이 다를 수 있을까? 현재와 같이 강제된 여가의 개념에서 달라질 수 있을까? 생산적 노화가 강조되는 상황이 쉽게 변하지 않으리라는 점을 감안한다면, 여가인의 측면은 노동인의 기반이 갖추어졌을 때 이루어질 수 있다는 점에서 더욱 노년기의 노동인으로의 안정화는 필수적이라고 할 수 있다.

(3) 불평등한 기회를 강화하는 사회안전망

기회의 불평등을 해소하기 위한 방안으로, 사회보장정책과 평생교육이 제시되고 있다. 하지만 고령층에 대해서는 이에 대한 언급조차 제대로 이루어지지 않고 있다. 물론 사회보장정책이나 평생교육의 필요성이 언급되는 것과 실제로 현실화되는지의 여부는 별개의 문제이기는 하다. 고령층에게 기회의 불평등 해소를 위한 방안조차 언급되지 못하는 상황은 연령차별적 사고에 기인한다고 볼 수 있다.

① 상업적 노동가치에 기초한 평생교육

노동사회에서 지식사회로의 전이는 노동력의 핵심을 구체적 개인으로부터 추상적 지식으로 전환시키는 과정이라고 할 수 있다. 산업사회에서의 고용은 구체적 개인에 대한 고용이었고, 그 물리적 존재를 확보하는 데에서 출발하였다. 중요한 것은 확보된 노동시간이었으며, 노동의 질은 생산과정에서 그리 큰 영향을 주지 못하였다. 반면 지식사회에서 노동력의 핵심은 구체적이고 물리적인 존재로서의 노동자 개인이라기보다 지식이라고 할 수 있다. 개인에 대한 고용은 '지식'이 고용된다는 전제 하에서 조건부로 이루어지는 것이다. 이러한 변화에 따라, 노동자의 고용가능성을 최대화하기 위하여 유연한 학습을 지원할 수 있는 대안적 사회안전망으로써 평생학습지원체제의 구축이 중요하다.

이제까지 고령자 인력활성화를 위한 교육은 평생교육적 접근보다는 흔히 직업훈련으로 불리어 왔다. 고령자 직업훈련은 단기적응훈련이 거의 전부로 훈련 후 취업률이 낮다. 그뿐 아니라 훈련직종은 단순 노무직종 중심으로 이루어져 있으며,

중고령층의 훈련에서도 고령자가 상대적으로 소외되고 있다. 또한 취업알선 시스템이 고령자의 개별 특성을 고려하지 못한 채 제공되고 있으며, 정책의 수혜층이 대도시에 편중되어 있다는 점 등이 개선해야 할 과제로 제기되고 있다(손유미, 2004 재인용).

선행 연구에서 밝히고 있는 직업훈련의 문제점을 살펴보면, 다음의 두 가지로 정리된다. 첫째, 기존의 직업훈련은 노동시장에의 흡수에 대한 깊이 있는 통찰이 부족하다는 점이다. 직업훈련활용의 기저에는, 직업훈련을 통한 노동력의 질적 향상은 고용창출로 연결되어 노동자의 인적 부가가치를 산출할 것이라는 논리가 전제되어 있다. 그래서 직업훈련을 통한 노동력의 질적 향상은 노동공급에 영향을 미칠 뿐, 노동수요와 공급 간의 역학의 산물인 고용창출은 결국 노동시장구조에 종속된다. 따라서 직업훈련을 통한 인력활성화와 활성화된 인력의 실질적인 노동시장에의 흡수에 대한 깊이 있는 통찰 없이 효과적인 직업훈련제도의 마련은 불가능하다(김미혜 · 최혜지, 2003). 둘째, 기존의 직업훈련은 고용가능성이 없거나 낮은 사람에게 별 도움이 되지 못한다는 점이다. 활성화 정책의 '성공'은 고용가능성이 높은 단기 실업자에 국한된 현상이다. 특히 취업 우선 전략을 선호하는 나라일수록 더욱 그러하다. 취업우선 전략에 의거한 노동중심적 복지정책은 기본적으로 취업준비가 이미 되어 있는 사람에게 초점을 맞추며, 여러 가지 구조적 이유로 고용가능성이 없거나 낮은 사람은 정책의 우선순위에서 뒤로 밀리게 된다. 또한 취업우선 전략은 시간과 돈이 많이 들어가는 교육 훈련을 기피하는 경향이 있으므로, 이들의 고용가능성은 시간이 흘러갈수록 더욱 희박해지면서, 그 결과 이들의 노동시장 재진입비용은 더욱 높아지고 정책대상으로서의 선호도는 더욱 나빠진다(김종일, 2002). 요약하자면, 기존의 직업훈련은 노동 구조 속에서 어떻게 위치해야 하는지 자리매김이 되지 않은 상태에서, 우선 '성공' 가능성이 높은 실업자에 국한하여 실시되고 있다. 따라서 고용 가능성이 낮은 고령자에게는 별로 도움이 되지 않는다는 점에서, 앞서 제기한 유연한 사회에서의 불평등 구조를 해소할 방안이 되기에는 부족하다.

그렇다면 현재 조금씩 논의가 진행되고 있는 평생교육의 방향은 이러한 문제를 해결해 줄 수 있을까? 이에 대해 한승희(2003)는 '노(no)'라고 대답하고 있다. 그에 따르면, 현재 우리나라 평생교육 영역에서의 인적자원개발론 역시 상업적 노동가치에 기초하여 이론을 전개하고 있다. 인간노동의 가치를 경제적 생산요소라는 단순한 기능차원으로 환원한 관점에 기초하여 교육을 통하여 취업, 혹은 재취업의 가능성과 생산성을 높이는 방향으로 초점을 맞춘 우리나라 평생교육 이론체계가 자본의 세계적 자유 이동과 아웃소싱, 기술의 독점에 따른 노동시장의 변화(육체적으로 건강하나 자의든 타의든 상업적 가치 측면에서 조로한 청년층과 육체적 노령층이 함께 증가하는 현상), 특히 필요한 숙련 노동력이 있는 곳으로 자본은 언제든지 자유롭게 이동힐 수 있기 때문에 노동사의 숙련성 향상을 위해서 투자할 필요를 더 이상 느끼지 못하는 세계화된 자본주의 환경에서 과연 얼마만큼 설득력이 있을 수 있을지는 매우 의문이라는 것이다.

상업적 노동가치에 기초한 평생교육과 고용 가능성이 낮은 고령자의 불평등 해소는 그 접점을 찾기 어려워 보인다. 더구나 시대는 더욱 고도의 지식을 요구하고 있는 사회로 변하고, 불평등의 해소가 요구되는 고령자들의 고용가능성을 높이기 위해서는 장기적인 투자를 통한 교육과 훈련이 요구된다는 점을 감안한다면, 상업적 노동가치에 기초한 평생교육이 삶의 안전망 역할을 제대로 수행할 수 있을지에 대해서는 매우 회의적이다.

② 언급조차 되지 못하는 고령 노동자의 사회보장정책

현재 우리나라의 고령자 고용정책을 살펴보면, 고령 노동자의 노동을 확장시키고자 하는 논의만 이루어지고 있을 뿐, 안정화의 기반인 사회보장정책에 대한 논의는 거의 이루어지지 않고 있다. 이는 고령자는 불안정한 일자리를 공급받는 것이 당연하다는, 유연화에 대한 안정화 정책을 요구하는 것은 현실의 상황에서 무리라는, 노인에 대한 차별적 인식을 반영하고 있다. 물론 고령자 고용정책의 안정화에 대한 논의가 아주 없는 것은 아니다. 최근 몇몇 연구에서 유연안정성이 간간이 언급되기는 한다.

여기서 다시 한번 생각해보아야 할 점은 유연화와 안정화 어느 것이 우선시되어야 하느냐는 점이다. 이와 관련하여 정이환의 말을 귀담아 들을 필요가 있다. 그는 유연안정성의 지향에 대해서도 조심스러운 접근을 취할 필요가 있다고 경고하고 있다(정이환, 2003). 그 이유로 첫째, 우리나라는 이미 유연성이 매우 높다는 것이다. 한 실증연구에 의하면(Auer & Cazes, 2000), 주요 선진국에서 1990년대 고용안정성은 별로 약화되지 않았으며, 평균 근속기관, 직장유지율 등 몇 가지 지표로 보아도 그러하다. 만일 우리가 글로벌 스탠더드를 따라가려 한다면 유연성을 높이는 것보다 안정성을 높이는 방안을 모색해야한다고 주장한다. 둘째, '유연안정성'을 주장하는 사람들은 설령 개별 기업수준에서의 고용은 불안정하더라도, 직업훈련 등을 통해 전체 노동시장 수준에서의 유연성을 높이고 고용여부와 독립적인 사회보장제도를 통해 삶의 안정성을 보장할 수 있다고 말하지만, 기업수준의 고용불안과 사회적 고용안정이 그리 쉽게 조화될 수 있는 것이 아니라는 점이다. 셋째, 일자리에서의 고용안정성이 전체 삶의 안정성의 조건이라는 점이다. 따라서 우리의 연령통합적 사회에 관한 논의는 노동구조의 유연성을 고려하기에 앞서, 삶의 안정성을 유지해줄 수 있는 인프라에 대한 논의가 먼저 선행되어야 할 것이다.

2) '사회적 일자리를 통한 고령자 고용정책'에 대한 비판적 성찰

사회적 일자리의 개념은 아직 확실한 개념정의나 사회적 합의가 이루어지지 않은 상태이다. 사회적 일자리의 개념은 최근들어 대두되었다. 넓게 본다면, 이전의 자활사업이나 공공근로사업 역시 공적으로 일자리를 제공한다는 면에서, 사회적 일자리의 범위에 포함시킬 수는 있다. 하지만 현재 새롭게 제시되고 있는 사회적 일자리는 공공의 일자리 제공이라는 의미뿐만 아니라, 사회적 연대를 통한 사회통합이라는 의미도 포함하고 있다는 점에서, 그 차이가 있다. 따라서 사회적 일자리의 의미는 사회 통합적 성격을 어느 정도 내포하고 있느냐에 따라 다르게 적용될 것이다. 본 장에서는 사회적 일자리의 배경이 되는 원론적인 논의에서 시작하여, 현재 우리나라에서 시행되고 있는 사회적 일자리는 어떠한 의미를 가지며 그에 따른 문제점은 무엇인지, 그리고 앞으로는 어떠한 방향으로 나아가야 하는지에 대해서 논의해 보고자 한다.

(1) 사회적 일자리의 통합적 의미: 노동의 확대를 통한 복지의 실현

인간은 노동하는 동물이다. 인간은 노동을 통해 자신의 인격을 드러낼 수 있으며, 인간은 노동을 통해 자신의 생존에 대한 보존을 할 수 있을 뿐만 아니라 동시에 노동을 통해 주변의 환경을 바꿀 수 있다. 폰 바이츠작커가 언급한 대로, 인간의 노동은 단순한 생산요소 이상이다. 노동을 통하여 자신의 가치를 발견하는 것은 경제적으로 의미 있고, 인류학적으로 피할 수 없으며, 도덕적으로 바람직한 것이다(고병헌, 2004 재인용). 따라서 실업으로 인하여 사람이 상실하는 것은 단지 물질적인 복지만이 아니다. 실업은 자아실현의 핵심적인 요소를 빼앗기고 이들이 참여할 수 있는 사회적 공간이 사라짐을 의미한다.

하지만 세계화 · 정보화에 따라 일자리는 구조적으로 줄어들고 있는 추세이다. 실업은 당사자를 쓸모없는 '잉여인간'으로 만든다는 점에서 인간에게 그 무엇보다도 혹독한 정체성의 시련으로 체험된다. 그렇다면 다가오는 실업의 시대에 노동의 대안은 무엇일까? 이에 대한 답으로 많은 이들이 노동의 의미 변화를 그 대안으로 제시하고 있다. 기존 의미의 노동만이 인간존재에 유일하게 중요한 행위는 아닐 수 있다는 것이다. 과거의 노동은 물질적 기본 욕구, 의식주와 건강 및 그것과 관련한 지식 전달에 목적을 둔 활동으로 정의된다. 생계유지와 생활향상이라는 경제적 이유 때문에 금전 또는 그 밖의 물질적 반대급부를 기대하고 수행하는 육체적 · 정신적 활동 및 일상 활동으로 이해하는 것이었다. 그런데 여기에는 경제적 관심을 고려하지 않으나 매우 중요한 사회적 가치를 창출하는 자발적 활동이라고 하는 것이 노동 개념에서 제외되었다. 새로운 노동의 대안으로 인간들이 자신의 공동체에 대한 사회적 책임을 실현하는 비전문적 활동도 노동으로 간주할 수 있다는 것이다.

'노동의 종말'에 대한 리프킨(2004)의 대안도 이런 맥락에서 이해될 수 있다. 그는 시장 부문에서 축출된 사람들에게 제3부문, 즉 사회적 경제 부문의 일자리를 제공해야 한다고 주장한다. 포레스테(1997)도 사람들로 하여금 '고용'의 환상에 집착케 하는 노동사회의 패러다임을 버리고 다른 의미의 노동을 찾아야 한다고 주장한다. 낡은 의미의 노동, 즉 사경제적 노동이나 이윤을 창출하기 위한 노동은 이미 종말을 맞았다는 것이다. 이들의 처방은 모두 시장경제의 국외자로 전락한 사람들에게 그들이 삶의 이유를 찾을 수 있게끔, 그들 자신이 쓸모가 있다는 느낌을 가질 수 있게끔 그들의 사회적 유용성을 입증할 기회를 제공해야 한다는 논리로 수렴된다.

결론적으로 사회적 일자리는 사회경제를 발전시켜 구성원들 간에 친밀감, 형제애적 연대, 봉사정신과 같은 인간정신을 재발견하여 새로운 사회로의 대전환을 이루는 데 새로운 고용의 가능성을 모색하자는 것이다. 달리 말하자면, 사회적 일자리는 사회적 약자와 소수의 권리는 유지하면서 좀 더 정의롭고 평등하며 인간적인 사회를 추구하므로 공공선을 추구한다는 의미에서 NGO의 특성을 갖는다고 할 수 있다(정태석, 2000).

(2) 현 사회적 일자리의 협소성: 노동과 복지의 배타적 관계 설정

고용 없는 성장으로 인한 일자리의 부족과 복지 수요의 증가를 동시에 해결하기 위하여, 일자리와 복지, 이 '두 마리 토끼'를 잡기 위해 등장한 것이 사회적 일자리다. 이렇게 사회적 일자리는 모두에게 득이 되는 '윈윈(win-win)' 정책이라는 상(image)을 가지고 있다. 그러나 현재 그에 대한 정확한 개념 정의와 사회적 합의는 이루어지지 않은 상태이다. 사회적 일자리 개념의 모호성에도 불구하고 대강의 지도를 그려본다면, 잔여적 복지의 측면을 강조하는 공공근로의 개념에서 노동의 개념 확장을 통한 사회적 임금의 지급까지를 포함하는 것으로 정의할 수 있다. 따라서 현 시점에서 사회적 일자리의 넓은 스펙트럼 속에서, 이것이 어떻게 해석되고 실행되고 있는지를 살펴보는 것은 매우 필요하다. 사회적 일자리가 현재 어떻게 해석되고 있는지를 살펴보기 위해 사회적 일자리 창출사업 시행지침(2003)을 보면, 취업 취약계층을 위한 빈곤정책으로, 그 개념은 매우 협소한 의미로 사용되고 있음을 알 수 있다. 사회적 일자리는 노동시장에서 취업하기 어려운 취약계층을 주 대상으로 이들에게 최소한의 인건비만을 지원하면서 기업이 전혀 관심을 갖지 않는 영역에 치중하는 방식으로 시행되고 있다.

표 1의 사회적 일자리와 다른 유사사업의 일당 수준을 비교한 표를 보면, 사회적 일자리 임금은 자활근로 시장형이나 공공근로보다 열악한 수준임을 알 수 있다. 더욱이 올해(2005)부터는 정부는 사회적 일자리를 점차 수익형으로 전환하겠다는 발표를 함으로써, 더욱 더 시장의 논리를 드러내고 있다. 물론 사회적 일자리의 경

제적 원칙이 시장논리의 그것과 일치하지 않는다는 점에서, 어느 정도의 갈등의 소지는 이미 노정되어 있다고 볼 수 있다. 어느 쪽을 더 강조하느냐에 따라 나라마다 다르게 운용될 여지는 충분히 있다. 그런데 우리나라는 시장 중심적인 관점이 과도하게 강조됨에 따라, 그 의미가 매우 협소하게 해석되고 운영되고 있다. 다시 말해, 사회적 일자리는 잔여적 복지의 일환으로 간주되고 있다.

〈표 1〉 사회적 일자리와 지활근로 · 공공근로와의 임금비교

구분	사회적 일자리	지활근로		공공근로 (부대경비 포함)
		공익형	시장형	
실내사무보조 등	월 58만원	일당 25,000원	일당 28,000원	일당 30,000원
옥외근로	월 60만원	일당 28,000원	일당 31,000원	일당 35,000원
일정자격보유 높은 노동강도	월 68만원	일당 28,000원	일당 31,000원	일당 35,000원
전문기술직	월 68만원	일당 28,000원	일당 31,000원	일당 35,000원
월급여수준	58만원~68만원	75만원~84만원	84만원~93만원	68만원~100만원

출처: 신명호 · 김종수(2004).

이에 따른 문제점을 정리하면 다음과 같다. 첫째, 이 사업을 통해 창출되는 일자리가 대부분 임시직, 혹은 계약직 등의 비정규직이며 임금수준이 최저임금 수준에도 못 미치는 등 노동조건도 매우 열악하다는 점이다. 둘째, 고령자의 욕구를 고려하지 않은 채 제공되고 있다는 점이다. 사회적 일자리의 사업들은 노인의 신체적 · 심리적 · 사회적 특성을 고려하지 않은 채 제공되고 있으며, 오히려 좌절감과 수치심을 일으켜 근로동기를 상실하게 하는 등 적절치 못한 경우가 대부분이다. 특히 교육수준이 높고 전문기술을 지닌 노인들의 욕구를 충족시킬 수 있는 직종들은 거의 전무한 실정이다. 셋째, 실업급여 등 사회적 안전망이 먼저 확보된 상태에서 일자리를 증대시킬 수 있는 계획이 진행되어야 한다. 사회적 안전망이 턱없이 부족한 상황에서 사회적 일자리 창출은 적극적 노동시장 정책을 취할 경우, 빈곤 실업층을 최저조건의 노동시장으로 내몰 수도 있다.

일자리 수요가 넘쳐나므로 공급만 급조해 제공하면 고령자 고용의 문제가 해소될 것으로 기대하면서 사회적 일자리를 공공근로의 연장선상으로만 인식한다면, 정부는 노동시장의 구조를 왜곡하는 결과를 초래할 뿐이다. 결과적으로 사회적 일자리는 고령자에게는 사회적 낙인이 강화되어 개인적 차원에서도 삶의 질을 높이지 못할 뿐만 아니라, 불안정한 일자리를 증가시켜 일을 강제하면서 빈곤층을 확대시키는 역할을 하기 쉽다.

4. 고령자 고용정책의 대안 모색

1) 고령자 고용정책의 새로운 대안의 필요성

앞서 살펴본 바와 같이, 현재 고령자 고용정책은 고령인력의 활용을 촉진하기 위해 고용을 연장하고 사회적 일자리를 창출하는 데 초점이 있음을 알 수 있다. 그 성격을 살펴보면 노동생활의 지속성은 유지하되 노동의 질적인 측면은 간과되고 있는 실정이다. 그렇다면 고령자 고용정책에서 노동의 양적인 측면만을 강조하고, 질적인 측면이 간과되고 있는 이유는 무엇일까? 여기서 두 가지 측면에서 그 이유를 살펴볼 수 있다.

첫째, 고령자의 고용촉진이 다른 연령층의 고용기회를 축소시키면서, 노동시장의 왜곡을 가져올 가능성이 있다는 점이다. 이는 연령차별적 논리에 근거한다. 예컨대 고령자의 고용촉진을 위해 정부가 노동시장에 개입하는 정책수단은 다른 연령층의 고용기회를 축소시킨다는 의미에서 구축효과(replacement effect)를 갖기 때문에 정책적 선택의 폭이 좁다는 것이다. 즉 고연령층 고용에 보조금을 지급한다면 보조금이 없었을 때 채용되었을 청장년층의 일자리를 구축하는 효과를 가질 수 있다는 것이다. 또한 구축효과를 갖지 않는 경우라면 사중효과(deadweight effect)가 큰 경우도 많다는 것이다. 고령자 고용에 보조금을 줄 경우 그것이 고연령자에 적합한 일자리였다면 구축효과를 갖지는 않겠지만 보조금이 없었더라도 고용되었을 근로자 고용에 보조금을 지급하게 될 수 있다는 점이다. 따라서 보다 강력한 고령층 고용촉진수단들은 노동시장에 구축효과를 넘어서는 왜곡을 가져올 가능성이 높기 때문에, 고령자 고용정책과 관련된 정책들은 권고 차원에서 이루어지고 있다. 이와 같이 고령자 고용정책들은 그 상징적 차원에서 실시되는 것이 적절할 뿐만 아니라 현실적이라는 것이다(허재준, 2002).

둘째, 성장을 통한 일자리 창출이 자연스러운 것이고 현실적인 것이라는 전제 하에, 주로 임시방편적 일자리를 제공하고 있다. 고령자 노동의 필요성이 증가함에 따라, 일자리 연장의 방식이나 혹은 사회적 일자리와 같은 새로운 방식이 논의되고 혹은 실행되고 있다. 하지만 정부는 이것을 시장의 시각으로 해석하여 적용함으로써, 그 근본적인 원리와는 다르게 각색하고 있다. 외현적으로는 새로운 논의인 듯하나, 결론적으로 전혀 새롭지 않은 양상으로 귀결되고 있다.

사회적 일자리 방식은 근본적으로 국가적 보호가 필수적임에도 불구하고, 공공적 성격을 최소화하고 생산성과 효율성을 강조하면서 운영되고 있다. 따라서 이를 통해 사회 통합이 이루어지기는커녕, 오히려 또 하나의 열악한 일자리가 증가하는 상황을 낳고 있다. 연령통합적 사회의 방식은 노년기의 이상적 사회상으로 작용하여, 유연화된 삶이 고령 노동자에게 유리하리라는 막연한 기대를 심어주고 있지만, 기대와는 다르게 하나의 이데올로기로 작용하여, 연령 내의 계층이나 성별에 따른 불평등이나 노동구조의 분절구조 등에 대해서 간과하게 하거나, 유연화에 따른 부작용을 논의의 대상에서 제외시키는 등의 부작용을 보이고 있다. 경제논리로만 일관한다면, 연령통합 사회나 사회적 일자리는 소외된 고령자를 주변적 노동자로 몰아넣는 결과로 이어질 위험이 크다. 현재의 고용불안, 노동시장의 연령장벽, 생산적 복지가 장려되는 상황을 고려할 때, 이러한 우려는 결코 기우라고 볼 수는 없을 것이다.

현 고령자 고용정책은 연령차별의 논리와 경제적 논리가 맞물리면서 이루어지고 있다. 더구나 이러한 조치는 아주 현실적이라는 것이다. 여기서 다시 한 번 생각해 보아야 할 것은, 과연 무엇이 현실적이냐 하는 점이다. 먼저 고령자의 고용촉진이 다른 연령층의 고용기회를 축소시킬 가능성은 실제 과장일 수 있다는 점이다. 많은 사람들은 고령자들의 고용을 안정시키는 정책 또한 청년실업 문제를 더욱 악화시킬는지 모른다고 생각하지만, 이러한 생각에는 다음의 몇 가지 요인들이 간과되어 있다. 장지연 외(2004)에 따르면, 장기 인센티브 및 기업 고유의 인적자본의 관점에서 차라리 노동비용을 같은 수준으로 절약하면서도 연령과 관계없이 '임의로' 해고하는 것이 더 낫다. 임의적인 해고는 고령자 우선해고와 비교하여 적어도 장기적인 근로관계를 덜 해칠 것이기 때문이다. 나아가 고령자들을 우선적으로 방출시키는 관행 하에서 새로 입사하는 청년근로자들은 더 이상의 장기적인 관계를 기대할 수 없게 되어 과연 취업확률과 취업 후의 예상 근속연수라는 두 면들을 모두 고려할 때 고령자 우선해고 관행이 과연 청년층에 득이 될지는 미지수이다. 좀 더 근본적으로는 연령에 근거한 비자발적 퇴직이 하나의 관행으로 정착될 경우 새로 노동시장에 진입하는 젊은 근로자들은 직업에 대한 단기적인 비전을 갖게 되며 이러한 단기적 직업전망이 일반화된 상태에서 기업주들은 경력자를 선호하게 됨에 따라 청년실업을 더욱 심화시키는 악순환의 고리가 형성될 것이다.

또한 경제적 측면에서 보았을 때 성장을 통한 일자리 창출은 자연스러운 것이고, 그 외의 방법은 부자연스러운 조치라는 것이다. 물론 이러한 관점은 경제성장의 측면에서 보면 일견 현실적일 수 있다. 그러나 경제가 아닌 인간을 중심으로 보았을 때, 무엇이 현실적인지는 되짚어 볼 필요가 있다. 만약 경제 논리로만 일관하여, 연령통합적 사회나 사회적 일자리가 소외된 고령자를 주변적 노동자로 몰아넣는 결과로 이어진다는 가정을 해보자. 이로 인해 국가의 경제적 측면에서는 효율적일지는 모르지만, 개인적 차원에서는 고통을 야기하는 결과에 이르게 된다. 즉 고령자의 삶의 질은 저하되고 빈곤층으로 떨어지게 될 수도 있다. 이러한 개개인의 고통의 몫은 다시 국가의 책임으로 이어질 것이다. 개인적 고통은 거기에서 끝나는 것이 아니다. 정치적 · 경제적 · 제도적 권력은 인간에게 영향을 미치고, 이 권력에 대응하는 방식으로 개인적 고통은 또 다시 사회적 고통을 야기할 것이다.

한 사회의 구성과 운영원리는 자유시장과 공동체적 가치라는 두 개의 가치로 이뤄진다고 볼 수 있다. 만약 양자 중 공동체성이 결여된다면, 경쟁의 승자만이 생존하고 뽐낼 수 있는 약육강식의 사회이다. 단기적 성장이나 위기 탈출에 있어서 자유시장의 가치를 우선시하는 것이 더 효과적일 수 있으나, 그것은 시장경쟁의 열패자들을 시장과 사회로부터 배제하는 것을 대가로 성취될 뿐이다(최장집, 2004). 그로 인해 사회의 양극화는 빠른 속도로 증폭되고 누적된 갈등들은 급기야 사회 안정과 통합의 유지를 어렵게 하며, 미래의 성장잠재력을 해체한다.

현실적인 정책이라는 것은 단기적인 경제적 이익뿐만 아니라, 장기적 관점에서 인간의 삶과 경제적 효율성 양 측면을 함께 고려한 정책이라고 할 수 있다. 특히 평균수명은 연장되는 추세인 반면 퇴출연령은 낮아지는 이 역설적 현상에서 고령층이 노동생활에서 배제되지 않기 위한 대책이 마련되어야 한다. 현 고령자 고용정책이 진정 현실적인 정책이 되기를 원한다면, 현재의 연령 차별적 논리와 경제우선주의를 극복하고, 사회통합을 지향하는 새로운 이념적 틀이 필요하다.

2) 대안으로의 시민권(citizenship) 원리

현재의 고령자 고용정책은 잔여적 복지차원의 일자리 제공을 그 내용으로 하고 있다. 이것의 기저에는 연령차별주의와 경제성장 우선주의가 깔려있다. 그렇다면 이러한 문제점을 극복할 수 있는 대안은 무엇일까? 이에 대한 대안으로 본 고에서는 시민권의 원리를 제시하고자 한다.

시민권은 마샬(T. H. Marshall)이 1949년 옥스퍼드 대학 주관의 기념강연회에서 행한 연설문에서 그 기원을 찾을 수 있다(김형식, 1998). 그는 이 연설에서 서구 자본주의 사회의 발달을 18세기의 공민권(civil rights), 19세기의 정치권(political right), 20세기의 사회권(social right)이라는 각 권리의 발달로 특징짓고 있다. 이들 세 가지 권리가 모두 확보될 경우 완전한 시민권이 실현되며, 이는 자본주의체제의 불평등을 완화시키고 새로운 사회통합을 이루는 기제로서 작동한다는 것이다. 시민권은 법률, 사회경제 구조, 공정성, 사회정의 등을 총칭하며 세 가지 상이한 권리, 즉 공민권, 정치권, 사회권의 진보적 발달이 모두 완성된 최종단계를 의미한다(김형식, 1998)[2].

---

2) 각 권리의 구체적인 내용을 살펴보면 다음과 같다. 첫째, 공민권은 사유재산의 자유, 계약체계의 자유, 언론 출판 집회 결사의 자유, 법 앞의 평등 등 개인의 자유를 실현하는 데 필수불가결한 권리로서 18세기에 성립되었다(Marshall, 1963; 박순우, 1995 재인용). 둘째, 정치권은 정치적 권위를 부여받은 기구의 구성원으로서 혹은 그러한 기구의 구성원을 선출할 수 있는 유권자로서 정치권력을 행사할 수 있는 권리이며, 이를 나타내는 제도는 입법부와 지방의회이다(Marshall, 1963; 박순우, 1995 재인용). 셋째, 사회권은 적정수준(modicum)의 경제적 복

이후 시민권의 원리는 '복지국가 위기' 논쟁의 과정에서 복지국가의 근본 성격과 발달, 그리고 새로운 대안을 모색하는 하나의 패러다임으로서 새로운 관심을 받기 시작하였다. 미쉬라(Mishira)에 따르면, 복지국가의 위기는 경제적 문제, 정부의 문제, 정당성 위기와 결부된 재정적 문제로 표출되었다(박순우, 1997). 이는 곧 복지국가의 위기에 대한 논쟁이 경제적 논리에 종속되어 전개되어 왔음을 의미한다. 이에 대하여 시민권의 원리는 기존의 경제논리에 묶여 있던 복지국가 위기론에 대응하기 위한 대안으로 제시되었다. 시민권은 복지국가 위기론에 관한 논의가 정치시장에서 새로운 차원의 정당성을 확보할 수 있도록 전환되어야 함을 역설하는 데 일조하였다.

시민권의 원리가 세계적 차원에서 경제논리를 극복하는 대안으로 제시되었다는 점은 시각을 좁혀서 볼 때, 우리의 복지 실정에도 시사하는 바가 크다고 할 수 있다. 고령자 고용정책에 한하여 살펴본다면, 고령자 고용정책은 잔여적 성격이 강해서 권리에 기반한 보편적 복지제도가 이루어지지 않고 있다. 뿐만 아니라 고령자들은 '노인'이라는 낙인을 받으며 물질적인 면뿐만 아니라 정신적인 면에서까지 차별을 받고 있다. 참여의 문제를 고찰할 때, 참여는 공동체의 성원의식 및 사회연대를 창출하고 개인의 욕구파악을 위해 필수적임에도 불구하고, 사회적 일자리의 경우 고령자들이 참여할 수 있는 공간이 차단되어 있다. 이 결과 고령자들의 욕구는 반영될 수 없으며 일자리의 질 또한 저하되었다.

현재 고령자 고용정책의 소극적인 복지의 개념의 문제점을 극복하고 권리적 차원의 적극적 의미로 확대시키기 위한 노력이 필요하다. 이에 대한 대안으로 시민권의 원리가 제시될 수 있겠다. 시민권의 원리는 단순히 국가가 국민에게 복지를 제공하는 책임 이행의 측면에 있는 것이 아니라, 국민들의 '복지를 위한 권리'를 이미 획득하고 있음을 인식하고 있다는 점에서(김형식, 1998) 그러하다. 달리 말하면 현재 고령자 고용정책의 개인주의적이고 시장경제의 관점에서 집합적·연대주의적·공동체주의적 관점을 지지하며, 국가가 국민의 삶에 개입하는 목적은 시장경제 속

지 및 보장으로부터, 사회적 유산을 충분히 공유하고 사회의 보편적 기준에 따라 문명화된 삶을 영위할 수 있는 권리에 이르기까지 전 범위의 권리를 의미한다(Marshall, 1963; 박순우, 1995 재인용).

에 깊이 내재해 있는 권력과 기회의 불균형을 수정하고자 하는 사회정책의 목적을 지지하는 관점을 제공할 수 있다는 점에서 그러하다. 따라서 현 고령자 고용정책의 연령차별적 구조와 경제우선주의의 문제점을 극복할 수 있는 틀로 적절하다.

3) 사회권으로서의 고령자 노동권

마샬이 말한 시민권에서 주목할 만한 점은 사회적 시민권을 소유한 모든 국민은 '복지에 대한 권리(right to welfare)'를 갖는다는 점이다. 이러한 복지원칙들이 담겨져 있는 시민적 원리는 생산의 효율성 극대화와 성장을 실현하는 경제의 시장논리와는 달리, 사회권의 개념이 자본주의체제에 내장된 결함인 경제적 불평등의 축소를 가능케 한다는 점에서 가장 중요한 개념이라고 할 수 있다.

사회권의 특징에 대해서 박순우(1997)는 다음과 같이 정리하였다. ① 한편으로 공민권과 정치권에 기반을 둔 자유주의 및 민주주의 원칙들과, 다른 한편으로 복지국가에 의해 표현되는 사회권 간에 근본적인 차이점을 발생시킨다. 공민권과 정치권의 갈등에 대한 타협으로써 얻어진 사회권은 공민권을 일정 정도 제한시킴으로써 적극적이고 개입주의적인 정치제도 내지 국가를 의미하게 된다. 이 권리는 자본주의적 경제원칙을 근거로 그 권리성을 부정할 수 없는, 즉 경제논리에 종속될 수 없는 권리이다. 따라서 사회권은 시민권이 공민권 및 정치권에 국한된다는 사고에 대한 도전이며, 개인의 경제적·사회적 지위가 시장에 의해 결정된다는 자본주의적 사고에 대한 근본적인 도전이다. ② 사회권은 공민권과 정치권을 효과 있게 만들려는 욕구이다. 트와인(Twine)의 주장대로, 공민권과 정치권은 반드시 사회권의 지지를 받아야 한다. 그렇지 않으면, 시민권의 3각발은 서로 균형을 잃게 된다. 물적 자원에 대한 실질적인 사회권의 보장이 없다면 실업자의 시민권은 위험에 처하게 된다. 시민권의 세 요소는 상호의존적이기 때문에 사회권이 확보되지 못하면 노동자 및 그들 가족의 공민권과 정치권은 더욱 보장받기 힘들다. ③ 사회권은 모든 사회성원들에게 '동등한 사회적 가치'를 인정하는 것이다. 이는 또한 모든 사람이 공동체 내에서 완전한 멤버십을 달성하고, 특정 사회가 가치 있는 생활방식이라고 간주하는 것에 참여하는 것을 포함한다. 따라서 이는 사회통합, 즉 사회연대와 관련된다. 동등한 사회적 가치라는 사고는 모든 사람이 이용할 수 있고 그들이 사회 내에서 지위를 유지할 수 있기에 충분한 자원인 '안전망'이 있어야 함을 나타낸다.

마샬에 따르면, 사회권이란 최소한의 경제적 복지와 보장으로부터 사회적 유산을 충분히 나눌 수 있는 권리와 그 사회적 기준에 따른 시민적 존재로서 생활할 수 있는 권리까지를 모두 포함하는 것으로 보았다(김형식, 1998). 따라서 여기에는 구체적으로 교육권, 노동권, 경제적 복지권 등이 포함된다고 볼 수 있다.

사회권에 기초하여 노동권의 개념을 설정해 본다면 다음과 같다3). 첫째, 그동안 배제되었던 영역에 참여할 수 있는 진입의 권리를 의미한다. 둘째, 욕구가 반영될 수 있으며 낙인이 부여되지 않는 일자리를 제공받을 권리를 의미한다. 셋째, 상업적으로는 가치가 없으나 사회적으로 유용한 노동도 소득을 분배받을 권리이다.

그런데 여기서 하나 짚고 넘어가야 할 점은 사회권에 기초한 노동권과 생산적 복지에서 접근하는 노동과는 그 의미가 다르다는 점이다. '생산적 복지'라는 말은 복지혜택의 부여를 사람들의 일할 태세 내지는 일할 조건과 연결시키는 개념이다. 이에 반해 사회적 시민권은 개인의 생산에 대한 기여도와 무관하게 공동체의 성원이라면 누구에게나 기본 생활과 복지를 향유할 수 있는 권리를 주고 이를 통해 삶의 기회가 확대되는 혜택을 부여하는 것이 공동체의 의무라고 인식하는 사회윤리적 기반에 서 있다(최장집, 2004)4).

4) 시민권의 원리에서 본 고령자 고용정책의 발전방향

시민권을 통해서 사회복지에서 도출될 수 있는 구체적 원칙은 ① 복지권의 원

---

3) 사회권은 개인이 사회의 생활방식에 접근할 수 있도록 보장하는 데 중요한 기준인 욕구의 개념에 기초해 있다. 왜냐하면, 사회권이란 분배를 받을 수 있는 권리로서 단순히 동등한 자연적 권리가 아니라 동등한 사회적 가치라는 개념에 뿌리를 두고 있기 때문이다. 그런데 여기서 문제는 사회권의 성격과 내용이 분명하지 않다는 점이다. 사회권의 실현 기준이 되는 욕구의 개념과 한계를 어떻게 설정해야 하느냐 라는 어려운 문제가 남는다. 앞으로 이 부분에 대한 좀 더 구체적인 연구가 필요하다.

4) 본 고에서는 노동권에 한하여 설명하였는데, 왜냐하면 필자는 현재의 상황에서 고령자 고용의 확대가 필요하다는 상황은 거스르기 어렵다는 입장으로, 현재의 고령자 고용정책의 흐름에 대한 비판이 본 고의 주요한 목적이기 때문이다. 그러나 고령자의 특수성을 고려한다면, 경제적 복지권과 노동권 사이의 구조화는 시민권의 논의에서 중요한 쟁점이라고 할 수 있다. 이 점은 본 연구의 범위는 넘어선 것으로 보고, 앞으로 이에 대한 구체화된 후속 연구를 기대해 본다.

칙, ② 복지에 대한 국가책임의 원칙, ③ 보편성에 입각한 선별성의 원칙, ④ 적정 수준의 급여원칙, 곧 양질의 서비스를 받을 수 있는 원칙, ⑤ 정책결정 과정 및 참여의 원칙으로 정리할 수 있다. 이를 바탕으로 고령자 고용정책의 방향을 제시하면 다음과 같다.

(1) 연령 내의 성과 계층에 따른 다양한 욕구의 반영

연령 통합적 사회의 논의에서 고령자의 삶의 질을 고려할 때, 과연 어떠한 점이 고려되어야 하는가? 이 질문의 답으로, 먼저 연령의 개념에 대한 다각적인 고찰의 필요성을 지적할 수 있다. 만약 연령통합사회에서 목표로 하고 있듯이, 나이가 숫자에 불과하여 자신의 가능성을 최대화할 수 있는 사회가 되기 위해서는 기본적으로 나이듦이 생물학적인 것이라는, 어느 시대나 모든 사람에 동일하게 적용되고 객관적이고 평등한 것이라는 개념부터 극복될 필요가 있다(정희진, 2003). 더욱이 연령 내부의 성격은 앞으로 분명히 드러날 것이라는 점에서 더욱 그러하다.

앞으로의 사회는 경쟁력을 갖춘 노동계층에게는 비교적 유리하게 작용할 가능성이 높은 반면, 미숙련 노동자와 취약계층에게는 대단히 불리한 악조건을 선사하리라는 노동의 양극화가 예상된다. 이에 고령 노동자 내부의 계층적 성격은 더욱 분명하게 드러날 것이다. 따라서 연령이란 생물학적이고 중립적인 의미를 넘어서 계급, 계층, 성별 등에 따라 다르게 규정될 수 있는 성격이 포함되어 있음을 고려할 필요가 있다.

연령내부를 세분화할 필요성이 증가되면서 최근 새롭게 등장하고 있는 관심의 대상은 여성고령자이다. 이들은 연령적·성적 차별이 작용하면서 이중적 차별의 대상이 되고 있다. 던컨과 로레토(Duncan & Loretto, 2004)에 따르면, 연령차별의 근원과 양상이 남성과 여성 간에 상당한 차이가 있을 수 있다는 증거가 나타나면서 연령차별을 성 중립적(gender neutral) 현상으로 다룰 경우 향후 비판의 대상이 될 수도 있다는 것이다(Duncan, 2004 재인용). 교육수준이 낮고 이렇다할 기술이 없는 고령자의 경우, 특히 여성의 경우는 더욱더 일자리의 안정성이 보장되지 않는 상태에서 빈곤층으로 전락할 위험이 커지며, 빈곤층으로 전락한 이후에도 '생산적 복지'라는 미명 아래 끊임없는 노동을 강요받으면서도 빈곤탈출이 어려워질 수 있다.

따라서 연령통합사회에 관한 논의는 유연한 삶에 대한 논의뿐만 아니라, 연령 내부의 성·계층 등을 고려한 안정화 정책이 함께 이루어져야 한다.

(2) 사회안전망과 평생교육권의 강화

노년기의 노동이 유연화된 사회에 따른 대비를 위하여, 유연화와 동시에 안정화를 꾀한다는 의미에서 유연안정화 전략이 제시될 수 있다. 고령자를 위한 일자리를 비정규직 중심으로 확대하고 동시에 비정규직의 일자리가 직업으로 가치를 지닐 수 있도록 열등처우금지 원칙과 근로시간 비례 원칙을 중심으로 고용 및 사회보장제도를 갖추도록 하는 것이다(신동면·양기근, 2003). 달리 말하면 유연성을 통해 고령자의 일자리를 늘릴 수 있다는 점을 전제로 하면서, 이에 따른 문제점은 안정화정책으로 뒷받침하는 것이다. 그런데 여기서 한 가지 강조할 점은 안정화와 유연화 중 어느 것이 우선되어야 하는지에 관한 문제이다. 현재는 고령자의 노동의 유연화에 대해서만 언급할 뿐, 안정화에 대한 논의는 전혀 이루어지고 있지 않다. 따라서 안정화를 대비한 사회보장제도에 대한 논의가 그 우선순위에 놓여야 할 것이다.

고령자 노동의 유연화에 따른 사회안전망으로, 평생교육이 사회적 안전망의 역할을 가능케 하는 방안에 대한 논의가 필요하다. 이를 보완할 수 있는 방안은 '평생교육의 공적 책임화'라고 할 수 있다. 지금처럼 국가와 기업이 최종적으로 그 혜택을 함께 나누는 수혜자임에도 불구하고, 개인의 교육비는 '수혜자부담의 원칙'에 따라 개인의 몫으로 남아있기에 경제적 부익부가 교육의 질에 있어서의 부익부로 전이될 수 있는 조건이 형성되고 있고, 실제로 그 징조가 사회적으로 나타나고 있다(한승희, 2004). 따라서 모든 사람이 자신의 경제적 상태에 상관없이 교육을 받을 수 있는 사회 환경을 조성하는 것은 그 개인에게는 물론 기업과 국가에도 경쟁력 있는 인적 자원 확보와 사회통합의 실현을 통한 삶의 질 향상이라는 측면에서 모두 긍정적일 수 있다.

(3) 사회적 일자리의 보편화

노동의 확장을 통한 복지 실현을 목표로 한 사회적 일자리가 매력적이면서 적절한 대안으로 간주되고 있다. 하지만 끊임없는 성장 중심이데올로기와 개발 이데올로기는 노동과 복지 사이의 간극을 깊게 하고 있다. 복지는 은연중에 노동의 성과를 사후적으로 분배하는, 특히 주로 생산성이 모자란 집단에 대한 수혜라는 부정적인 이미지로 고착되어 있어서, 현 사회적 일자리 사업은 취약계층을 대상으로 한 탈복지에만 중점을 두고 노동시장과의 연계성에 대한 고려가 부족한 한계를 지니고 있다. 따라서 사회적 일자리가 고용창출의 새로운 대안으로 발전하기 위해서는 취약계층을 넘어서 국민들이 필요로 하는 사회적 서비스의 공급과 일자리 창출을 연계하는 보편적 정책으로의 변화가 필요하다.

그런데 이런 과제를 풀어가기 위해서는 무엇보다도 사회적 일자리의 저변을 형성하는 관점, 즉 노동을 개개인이 부를 획득하는 수단으로만 보는 노동에 대한 협소한 시각의 변화가 요구된다. 달리 말하자면, 이와 같은 발상에서 중요한 것은 '노동=상품으로서의 부를 생산하는 활동'이라는 등식을 넘어서는 일이다(문성원, 2000). 만일 사회적 일자리를 실행하는 데 이러한 등식만을 고집한다면, 앞으로 노동은 협소한 범위 내에서만 가능하게 되고 사회적으로 낙인이 부여된 일자리로 전락하면서, 상품가치가 높은 일을 하는 소수와 쓸모가 없어진 잉여의 다수로 나누어지는 양극화 사회를 만드는 데 역설적으로 기여할 수도 있다. 이런 귀결을 피하는 길은 사회적으로 필요한 활동에 모두 가치를 인정받게 하는 것이다. 이를 위해서는 현재의 사회적 일자리에 대한 해석과 적용의 범위를 넓혀, 노동의 확대를 통한 복지의 실현을 이루도록 해야 할 것이다.

이와 관련하여 유철규의 말을 귀담아 들을 필요가 있다. "상업적으로는 가치가 없으나 사회적으로 유용한 노동을, 소득을 분배받을 자격이 있는 노동으로 인정하는 순간 복지와 고용의 딜레마는 풀릴 수 있다"는 것이 그의 주장이다. 예를 들어, 자녀양육이나 병간호, 노약자를 돌보는 노동 등은 상업적 가치를 낳지는 못하지만 사회적 가치를 가질 수 있기 때문에, 그러한 노동을 하는 사람들에게는 사기업의 임금이 아닌 '사회적 임금'이 주어져야 한다는 것이며, 이것이 바로 복지창출의 근본이라는 것이다(유철규, 2004).

시민권의 원리에서 사회적 일자리의 발전전략을 구체적으로 정리해보면 다음과 같다. 첫째, 사회적 일자리는 국가의 보호가 필수적이다. 사회적 일자리는 결코 지금까지의 관행대로 노동의 수요와 공급을 연결시켜주는 소극적 활동을 통해서는 개척될 수 없다. 사회적 일자리를 좀 더 적극적으로 개발하고 이에 참여하는 노인 인력을 훈련시키고, 나아가 노인의 노동에 관한 노인 자신과 사회의 인식을 개선시키기 위한 노력이 필수적이다. 둘째, 사회적 일자리는 '양'이 아닌 '질' 중심으로 가야 한다. 일자리의 질에 대한 고민은 전혀 없이 일자리 개수를 늘리는 것은 사회적 낙인을 부여하고 일하는 빈곤층을 가중시킬 수 있다. 셋째, 고령자의 욕구를 고려한 일자리가 제공되어야 한다. 고령자의 근로능력과 근로 욕구 및 연령과 생활수준 등이 고려된 종합적인 정책체계와 세분화된 정책내용으로 이루어져야 한다[5]. 넷째, 사회적 일자리가 고용창출의 새로운 대안으로 발전하기 위해서는 취약계층을 넘어서 국민들이 필요로 하는 사회적 서비스의 공급과 일자리 창출을 연계하는 보편적 정책으로의 변화가 필요하다.

5. 맺음말

그동안 고령화 대책은 주로 '노인복지' 차원에서 접근되어 왔으며 한시적이고 비체계적이었다. 그러나 정부는 2004년도 '고령화 및 미래 사회위원회'를 구성하여 고령화 대책을 집중적으로 마련하고 있어 고령화 정책이 노동정책과 복지정책, 문화정책, 인적자원개발정책이라는 큰 틀로 접근되리라는 기대를 갖게 한다.

하지만 현재 시행되고 있는 고령자에 대한 노동정책이나 인적자원개발정책을 보면, 현재의 틀은 기존의 노인차별적 인식과 복지에 대한 잔여적 성격을 벗어나지 못하고 있다. 이는 보편성의 원리를 담지하지 못하고 있을 뿐만 아니라, 여전히 노

---

5) 고령노동에 대한 안정성과 관련하여 핀란드 정부의 고령노동정책의 모델은 우리에게 여러 가지 점을 시사해 주고 있다. 핀란드 정부는 1998~2002 기간 동안 고령근로자를 위한 프로그램(Finnish National Programme for Ageing Workers: FNPAW)을 추진하였는데, 유럽국가들이 실시했던 고령화 프로그램 가운데 가장 활동적인 고령화 전략에 충실한 프로그램으로 평가받고 있다. 핀란드의 고령근로자를 위한 프로그램은 45세 이상 중고령근로자의 고용가능성을 촉진하기 위한 통합적인 정책프로그램으로, "경험이야말로 국가적 자본"이라는 슬로건을 내세워 고령근로자가 지속적인 경제성장에 기여하는 자원임을 강조한다. 이 야심찬 프로그램의 정책목표는 중고령 근로자들이 좀 더 우호적인 환경에서 근로에 참여할 수 있도록 하는 데에 있으며, 근로가능성이라는 핵심적인 개념에 바탕을 두고 있다(Arnkil, 2004).

인이라는 혹은 실패자라는 낙인을 부여하면서 물질적인 면뿐만 아니라 정신적인 측면까지 위협하고 있다. 또한 참여의 문제를 고찰할 때, 참여는 공동체의 성원의식 및 사회연대를 창출하고 개인의 욕구파악을 위해 필수적임에도 불구하고, 현행 정책은 그러하지 못한다. 이 결과 현재 고령 고용정책은 고령자의 욕구를 반영하지 못하고 있으며, 일자리의 질 또한 매우 낮다.

따라서 기존의 노인차별적이고 경제중심적인 관점의 틀은 변화되어야 한다. 이를 위해 사회통합을 지향하는 새로운 이념적 틀로서 본 고에서는 시민권의 원리를 제시하였다. 노동생활의 지속성을 유지하기 위해서는 기본적으로 생존권과 건강권이, 그리고 질적인 향상을 위해서는 평생학습권 보장이 전제되어야 할 것이다. 시민권에 대한 논의는 기존의 경제논리에 묶여 있던 고령자 고용정책에서 새로운 차원으로 전환되어야 함을 역설하고 그 정당성을 확보해 주는 데 의의가 있다.

시민권의 관점에서 결론을 내린다면, 아마도 고령자 고용정책은 그것의 선택 여부에 따라 노동을 강제하는 잔여적 복지가 될 수도 있으며, 아니면 국민적 연대와 공동체주의의 복지국가라는 두 양상으로 갈라질 것이다. 현재 우리의 상황은 시민권 속에 내포된 복지권이라는 새로운 패러다임을 기초로 하여 복지에 대한 근원적인 인식의 전환이 필요한 시기이다.

참고문헌

고병헌, 2004. 「왜 다시 평생교육이어야 하는가?」, 『제3회 평생교육국제심포지엄 자료 집』: 14-34.

고준기, 2004. 「고령화 사회에서의 노동시장환경변화에 따른 고령자 고용시스템의 한계 와 법적 과제」, 『노동법학』18: 259-289.

김동배, 2003. 「노인의 소득창출과 연계한 능력개발 방안」, 한국노년학회, 『2003년 세 미나 자료집(고령화사회와 노인인력의 활성화 방안)』: 83-102.

김동재, 2000. 「디지털 경제와 노동시장의 변화」, 『노동사회』: 83-102.

김동춘·김수현·정태석·조희연·주성수·차명제, 2000. 『NGO란 무엇인가』, 아 르케.

김미혜·최혜지, 2003. 「고령자 직업훈련의 현황과 정책대안」, 한국노년학회, 『2003년 세미나 자료집(고령화사회와 노인인력의 활성화 방안)』: 44-65.

김종일, 2002. 『복지에서 노동으로: 노동중심적 복지국가의 비판적 이해』, 일신사.

김형식, 1998. 『시민적 권리와 사회정책』, 중앙대학교 출판부.

노대명, 2004. 「사회적 일자리 창출의 쟁점과 과제」, 『국제노동브리프』 2(5): 61-68.

노동부, 2003. 『사회적 일자리 창출사업 2003년도 시행지침』.

노병일, 2004. 「노인근로자를 위한 고용친화적 제도」, 『사회과학논문집』 22(2): 173-194.

마뉴엘 카스텔, 2003. 『네트워크 사회의 도래』, 한울아카데미.

문성원, 2000. 「노동과 소유」, 『사회비평』24: 68-80.

박경숙, 2003. 「노동시장의 연령차별구조와 고연령층의 취업생활」, 『노동경제논집』 23: 241-263.

박순우, 1995. 「T.H. Marshall의 시민권적 복지론의 재조명」, 『사회복지정책』: 71-82.

_____, 2004. 「T.H. Marshall 시민권론의 재해석」, 『사회복지정책』: 87-107.

방하남·신동균·김동헌·신현구, 2004. 『인구고령화와 노동시장』, 한국노동연구원.

변재관 외, 1998. 『한국의 사회보장과 국민복지기초선』, 한국보건사회연구원.

비비안느 포레스테, 1997. 『경제적 공포』, 동문선.

신동면·양기근, 2003. 「고령화 사회의 노인고용정책 방향에 관한 연구」, 『한국노년 학』 23(3): 111-128.

신명호·김종수, 2004. 「사회적 일자리제도의 문제점과 개선방안」, 『도시와 빈곤』68: 37-49.

오리오 기아리니 · 파트릭 라트케, 2000.『노동의 미래』, 동녘.

울리히 벡, 1999.『아름답고 새로운 노동세계』, 생각의 나무.

유철규, 2004.「고령화라는 사회변동과 경제적 계급의 양극화」,『황해문화』43: 38-53.

이창순, 1993.「정보화 사회와 노동의 변화」,『사회과학연구』11: 217-248.

이혜경, 2002.「고령화 사회의 삶의 질」,『연세사회복지연구』8: 27-58.

장지연 · 호정화, 2002.「취업자 평균 은퇴연령의 변화와 인구특성별 차이」,『노동정책연구』2(2): 1-21.

전병유 · 장지연 · 황준옥 · 어수병 · 이재갑 · 김동헌 · 김우영 · 이상일 · 성지미 · 부가청, 2004.『고용 없는 성장에 대한 대응전략 연구』, 한국노동연구원.

정경희, 2004.「고령화시대가 요구하는 사회구성원리: 사회문화적 지체현상의 극복을 위하여」, 한국노년학회,『2004년 추계학술대회 자료집(노년기 삶의 다양성: 조망과 대책)』: 48-59.

정수복, 2001.「유토피아의 일과 여가」,『환경과 생명』28: 178-187.

정이환 · 이병훈 · 정건화 · 김연명, 2003.『노동시장 유연화와 노동복지』, 인간과 복지.

정희진, 2003.「나이듦, 늙음 그리고 성별」,『당대비평』22: 338-351.

제레미 리프킨, 2004.『노동의 종말』, 민음사.

최장집, 2004.『위기의 노동』, 후마니타스.

한국노동연구원, 2002.『사업체실태조사』.

한승희, 2003.「시장인가 공적 영역인가: 참여정부의 평생교육정책의 핵심 논제」,『평생교육학연구』9(3): 1-26.

허재준, 2002.「고령화와 노동정책 방향」, 한국사회보장학회,『2002년도 학술대회 자료집(고령화시대의 지속가능한 사회보장정책토론회)』: 109-129.

Arnkil, R. 2004.「핀란드의 고령화 정책」,『국제노동브리프』2(1): 54-60.

Dannefer, D. 2000. "Paradox of opportunity: education, work, and age integration in the United State and Germany", The Gerontologist 40(3): 282-287.

Duncan, C. 2004.「영국의 고령자 고용정책」,『국제노동브리프』2(1): 61-67.

Riley, M. W. 2000. "Age integration: conceptual and historical background", The Gerontologist 40(3): 266-271.

제13장

국가의 억압과 소수자들의 대응

—한국의 인종·민족적 소수자들을 중심으로

박경태

1. 왜 국가가 문제인가

최근 들어 소수자에 대한 관심이 커지고 있다. 짧은 시일 내에 압축적인 경제성장을 이루느라고 그동안 소홀히 해온 인권 문제에 대한 관심이 높아지면서 소수자들에 대한 관심도 함께 커지고 있는 것이다. 인권 관련 시민단체들과 2001년에 출범한 국가인권위원회가 소수자를 위해서 하고 있는 활동은 늘어가고 있으며, 언론에서도 그들에 대한 보도를 꾸준히 다룸으로써 소수자의 인권은 이제 한국사회에서 매우 중요한 화두로 떠올랐다. 이와 같은 소수자에 대한 최근의 관심은 성적인 측면에서의 소수자들에 의해서 보편화된 측면이 있다. 예를 들면, 연예인 홍석천씨의 타의에 의한 '커밍아웃' 사건이나 '트랜스 젠더'인 하리수씨의 등장은 동성애자나 성전환자와 같은 성적 소수자가 존재한다는 공식성을 부여함과 동시에 그들의 인권이란 무엇인가에 대한 활발한 논쟁을 일으켰다. 물론 이렇게 된 배경에는 '전통적인' 소수자라고 할 수 있는 여성, 장애인, 노인, 빈민 등의 소수자들이 그동안 꾸준히 기울여온 노력들이 있었다. 이제 소수자들은 소수자로서의 집단정체성에 관심을 가지게 되었고, 때에 따라서는 공동행동을 보이기도 한다.

그런데 학계에서 이루어지고 있는 소수자에 대한 연구는 이제 시작인 셈이다. 물론, 개별 소수자 집단에 대한 연구는 예전부터 있었다. 그렇지만 연구자들은 자기가 관심을 갖는 집단에 대해서만 연구를 수행했을 뿐 그 집단들이 소수자라는 공통점을 가지고 있는 사람들이라고 여기지는 않았으며, 따라서 다양한 특성을 갖는 소수자들을 집합적으로 연구하지는 않았던 것으로 보인다. 영어의 'minority'라는 단어가 소수, 소수민, 소수집단 등의 혼용을 거쳐서 소수자라는 용어로 통용되기 시작한 것도 겨우 2000년 이후의 일이다. 게다가 비록 최근에 관심이 커졌다고는 하지만 한국의 소수자는 영향력이나 파급 효과 등의 측면에서 볼 때 여전히 충분한 주목을 받지 못하고 있다. 연구가 활발하게 진행된 '학문 선진국'들과는 달리 한국에서는 이들에게 필요한 만큼의 학문적 관심이 주어지지 않고 있으며, 어떤 사람들이 그 부류에 해당되고 그들이 어떤 상황에 놓여 있는지, 그리고 어떤 정책이 필요한지 등도 제대로 연구되지 못해온 것이 현실이다.

본 연구의 목적은 소수자들의 억압적인 현실을 극복해가기 위한 방안의 모색에 있다. 이것을 위해서 본 연구는 주된 초점 집단을 인종·민족적 소수자로 한정한다. 인종·민족적 소수자라는 개념은 미국 등과 같은 다인종·다민족 사회에서 주로 사용되는 개념일 뿐, 한국과 같이 단일민족의 신화가 강하게 자리 잡고 있는 곳에서는 사용될 일이 별로 없는 것이라는 인상을 줄 수도 있다. 하지만, 단일민족의 신화는 말 그대로 신화일 뿐이다. 한국사회에는 이미 백년 이상을 함께 살아온 화교를 비롯해서 40만 명이 넘는 외국인 이주노동자, 주한미군과의 사이에서 태어났던 혼혈인, 그리고 최근에 급증하고 있는 국제결혼한 배우자와 그 자녀들과 같이 다양한 인종·민족적 소수자들이 존재하고 있으며, 이들에 대한 차별도 엄연한 현실이다.

소수자가 차별과 억압의 대상이라면 그것을 가하는 주체는 소수자의 상대어에 해당하는 '다수자'가 되며, 소수자의 존재는 기본적으로 '다수자'의 존재를 전제로 한다. 그러나 다수자라는 표현은 별로 사용되지 않고 있으며 오히려 지배집단, 주류, 다수집단 등의 표현이 주로 사용된다. 다수와 소수의 관계는 원칙적으로 한 사회 안에서의 관계이며, 그 사회는 대개 국민국가를 의미한다. 따라서 소수자에 대한 차별과 억압을 살펴볼 때, 국가의 역할을 빠뜨릴 수 없다. 국가는 소수자의 존재

양식과 인권에 중요한 영향을 끼쳐왔으며, 특히 인종·민족적 소수자의 존재는 '국민'과 밀접한 관련이 있다. 근대 국민국가와 민족주의의 탄생이 어떻게 '국민'을 만들어왔는가, 그리고 국민을 만들기 위해서 소수자가 왜 필요했는가를 살펴보는 것은 소수자들의 현재 모습을 파악하는 데 중요한 역할을 할 것이다.

2장에서는 국민국가에서 소수자가 탄생하게 된 배경과 소수자에 대한 국가의 억압을 살펴본다. 이런 과정은 인종·민족적 소수자들뿐만 아니라 소수자 일반이 단지 자기가 속한 집단의 이익 추구가 아니라 현재 처해있는 궁극적인 억압의 탈피를 위해서 필요한 대안이 무엇인가를 파악하는 데 중요한 시사점을 제공할 것이다. 3장은 국가의 틀을 이용한 다수자의 억압에 소수자들이 어떻게 대응하는가를 살펴본다. 현실적인 힘의 불균형 때문에 소수자들은 다수자의 억압에 수동적이고 소극적으로 대응할 수밖에 없다. 그러나 소수자들은 주어진 불리한 환경 속에서도 자신에게 가장 유리한 결과를 가져오기 위해서 나름대로의 전략을 가지고 대처한다. 처한 환경이 매우 열악하면 수동적인 '수용' 전략을, 필요하다면 '회피' 전략을, 그리고 가능성이 있다면 '저항'의 전략을 구사한다. 대응 전략의 일반적인 측면을 서술한 후에 한국의 인종·민족적 소수자들이 취해온 대응방식을 적용해본다. 마지막 장에서는 소수자 운동의 가능성을 살펴봄으로써 소수자들의 존재가 사회운동으로 연결될 수 있는 가능성을 점검해본다.

2. 인종 · 민족적 소수자와 국가

1) 인종 · 민족적 소수자의 탄생

인종·민족적 소수자는 근대가 만들어낸 것이다. 물론 유럽에서 오랜 전통을 가진 반유대주의에서 보듯이 특정 집단에 대한 구별과 차별은 근대 이전에도 존재했다. 그러나 근대 이전의 차별은 대체로 신분적·계급적 차이에 기초하거나 종교적 차이에 기초한 차별이었을 뿐, 인종이나 민족적 차이 자체가 차별의 출발점은 아니었으며 국가가 그와 같은 차별을 의도적으로 강화해내지는 않았다. 반면에, 근대에 들어와서는 인종·민족적 소수자라는 사실 자체가 차별의 원인이 되기 시작했으며, 국가는 의도적으로 차이를 과장하고 차별을 지휘해왔다. 이성의 꽃이 활짝 핀 계몽의 시대에 차별이 시작되었다는 말은 매우 역설적으로 들린다. 그러나 근대국가와 필연적인 관계를 갖는 민족이나 국민의 개념이 이(異)민족이나 비(非)국민의 존재를 필요로 했다는 점에서 근대국가는 차별을 낳을 수밖에 없는 한계를 안고 출발했다.

근대국가는 귀족, 영주 등의 신분질서를 무력화하면서 '법 앞에서의 평등'을 내세우며 평등한 '국민'을 만들어냈다. "국민교육에 의해 주입된 문화적 내셔널리즘 = 내셔널 아이덴티티는 일반적으로 국가와 민족, 국적과 혈통이 일치된 관념적·고정적 성질을 띠는 것으로서 타자에 대한 편견, 차별의식을 포함한다. 따라서, 여기에는 '민족' 또는 '국가' 자체가 피아를 구별하는 이데올로기적 근거가 되며, 공인된 차별의 원리로서 기능하게 된다"(윤건차, 2002: 76). 이렇게 볼 때 민족·인종적 소수자는 근대가 내포하고 있는 모순을 집약적으로 안고 있는 존재가 되며 국가의 억압성이 가장 잘 드러나는 주체가 된다.

자본주의 국가의 이데올로기는 동질화 이데올로기와 차별화 이데올로기의 접합으로 나타난다(이종영, 2003: 53). 사회적 통합의 필요에 의해, 그리고 노동력 판매의 자유를 위해 '국민'이라는 가상의 존재를 설정하는 것이 동질화 이데올로기다. '국민'의 형성은 신분제적 관계에 대한 부정을 내포한다는 의미에서 역사적으로 진보적 성격을 띠기도 했지만, 자본의 관점에서 볼 때에는 계급투쟁을 약화시키는 무기의 역할을 하기도 한다. 국민이 계급을 통합할 수 있는 배경은 무엇보다도 다른 '국민'을 가상의 적으로 설정하기 때문이다. 다른 '국민'들과의 경쟁에서 승리해야 한다는 긴장감이 '국민' 내부의 계급적 분열을 무력화시키고 대내적 통합을 이루어준다.

한편, 대내적 통합 대상에서 애초에 제외되거나 또는 굳이 포함시키지 않아도 되는 사람들이 있다. '우리나라'에 살고 있는 적대적인 국가 출신 사람들이 바로 대표적인 예가 될 수 있다. 유고 내전 중에 세르비아 지역에 살고 있던 알바니아계 사람, 또는 반대의 위치에 있는 사람을 그려보면 알 수 있다. 이런 사람들은 통합 대상인

'국민'에서 철저하게 제외되는데, 이것이 바로 차별화 이데올로기다[1]. 물론, 예전에는 사회 구성원으로 받아들여지지 않았던 사람들이 '국민화' 과정을 통해서 국민이 될 수도 있다. 예를 들면, 과거의 식민지 출신들이 식민 종주국의 국민이 되는 것이나 이민을 간 사람이 현지의 시민권을 획득해서 국민이 되는 것 등이다. 그러나 정치적인 국적을 취득하는 것이 차별의 끝을 의미하는 것은 아니다. 그 사람들이 국민이 된다는 것은 그 국가 안에서 소수자가 된다는 것을 의미할 뿐이다. 그런 의미에서 국민의 탄생은 소수자의 탄생을 의미한다.

일본에서 역사교과서 '왜곡'을 주도하는 극우단체인 〈새로운 역사 교과서를 만드는 모임〉이 일본인의 자부심과 우수성을 주장하는 '새로운' 역사를 만들 때 일본인들은 '국민화'되어 간다. 국민화 과정은 '비국민(非國民)'인 소수자들을 낳게 되며, 그들은 태어나자마자 배척당하게 된다. '국민화'는 일종의 '문명화' 형태를 띤다. 학교와 군대, 공장, 종교, 문학 등을 비롯한 모든 '문명화된' 제도와 국가장치를 통해 사람들은 국가의 원리를 체현한 국민이라는 개조인간이 된다. 사람은 국가로 '회수'되어 가는 셈이다(니시카와 나가오, 2004: 302). 국가로 회수되지 않은 사람들은 비국민, 비문명인, 미개인으로 남게 되고 소수자라는 딱지를 받게 된다.

소수자를 차별하는 이데올로기의 절정은 민족/국민에 대한 신화다. 앤더슨은 민족이 '상상의 공동체'에 불과한데도 민족에 대한 신화는 더욱 강화되어 왔다고 말한다(앤더슨, 1991)[2]. 프랑스, 독일, 이탈리아 등은 최근의 이민자들을 제외하면 단일민족(국민)국가라고 자랑스럽게 내세운다. 그러나 불과 두 세 세대만 거슬러 올라가도 그 나라들에는 엄청나게 많은 외국출신들이 살고 있었다. 그들은 매우 짧은 시간 내에 단일민족(국민)국가에 '통합'되었을 뿐이다. 심지어는 단일민족(국민)의 신화가 강하게 퍼져있는 일본의 경우에도 그런 신화가 유포되기 시작한 것은

---

1) 이종영은 차별화 이데올로기를 "노동력의 차별적 착취를 보장하기 위해 학교에서, 언론에서, 정책담론에서 긴밀하게 작동하는 것"이라고 보고 있다. 나는 강조의 초점을 조금 달리하여 이것을 국가가 대내적 소수자를 구별해내고 제외하기 위한 노력으로 보려고 한다. 좀 더 자세한 내용은 이종영(2003) 참조.
2) 앤더슨이 자신의 책에서 사용한 'Nationalism'이라는 단어는 한글 번역서에서 '민족주의'로 번역되었다. 나는 'Nationalism'의 올바른 번역이 국민주의라고 생각하지만, 이 단어를 어떻게 번역할 것인가는 이 글의 중심된 논의가 아니므로 여기서는 일단 번역서에 따라 민족주의라는 표현으로 사용한다.

제2차 세계대전 후에 불과하다(고자카이 도시아키, 2003: 58-60). 한국도 예외는 아니어서 식민지 시절 이전에만 해도 느끼기 어려웠던 '민족(국민)성'이 한일합방을 계기로 '탄생'했고, 또 해방 이후에도 '성장'을 거듭해왔다.

식민지를 경험한 나라들이 주권을 회복하고 국민국가를 수립하는 것은 그 나라 사람들의 간절한 소망이었다. 그러나 국민국가의 건국이 반드시 그 나라의 모든 시민의 해방과 환희를 의미하지는 않았다. 대부분의 신흥국가는 구종주국과 열강의 제도를 모델로 하여 국민국가를 형성했고 중앙집권적인 통치기구, 국민문학, 국민문화, 자국 중심적 역사, 중앙과 지방의 격차, 빈부차, 종교와 민족과 성의 차이에 따른 차별 등을 만들어냈다. 식민지 지배로 고통을 겪었던 나라가 국민국가의 건설을 서두르는 와중에 종종 구종주국의 가장 반동적이고 극우적인 담론과 유사한 국가주의를 수용하고 닮아버린 것이다(니시카와 나가오, 2004: 6-8). 바야흐로 국민이 탄생한 순간이다.

2) 인종·민족적 소수자에 대한 국가의 억압

국가는 '압도적 폭력 소유'를 본질로 하고 있다(이종영, 2004: 270). 16세기 중엽에 스페인의 국가 수입 중에서 80%가 군사비에 지출되었고, 1789년 직전에 프랑스의 국가 지출 중에서 3분의 2가 군대에 할당되었다는 사실(같은 책, 308 재인용), 그리고 한국을 포함한 많은 현대 국가들이 '국방비'[3]로 지출하는 재정의 규모를 생각해보면 국가의 핵심이 폭력에 있음은 자명하다. 사실, 근대 국가는 국가 간의 치열하고 폭력적인 권력 경쟁을 통해 형성되었으며, 그 탄생 이래 폭력기구적인 속성을 띠어 왔고, 또 그러한 속성은 생산력의 증진과 국가 기구의 조직화·고도화에 따라 더욱 강화되었다. '국가폭력은 사사로운 감정이나 특정인을 위한 폭력이 아니라 공공의 복리를 위해서 어쩔 수 없이 행사하는 것'이라는 이데올로기는 정당성마저 독점하고 있어서 저항조차 어렵게 만든다. 특히, 현대에 들어 교육과 대중

---

3) 군사상의 준비나 전쟁을 위한 준비에 드는 비용인 '군비(軍費)'가 아니라 국가를 '방어'하는 데 필요한 비용이라는 의미의 '국방비'라는 단어가 사용되고 있다. 국가의 폭력성을 은폐하는 용어로 볼 수 있다.

매체 등 이데올로기 기구에 대한 국가의 장악력이 커짐에 따라, 적절한 제어 장치가 없다면 국가의 폭력성은 국내외적으로 인간의 생존과 권리를 '정당하게' 위협하는 존재가 되었다. 국민의 이익과는 무관한 '국가 이익'의 이름으로 자행된 수많은 전쟁들, 국가 지배력을 장악·유지·강화하기 위해 조작되고 왜곡된 사건들이 국가의 폭력적 본질과 무관하지 않다(조현연, 2000; 황상익, 2001).

그러나 국가 폭력은 매우 선택적이다. 마르크스는 국가가 중립적 실체가 아니라 지배계급의 이해관계에 구속되는 존재로 보았으며, 이후에 이루어진 국가론 논쟁에서도 국가의 부르주아적 본질은 부정되지 않았다. 국가 폭력은 무차별적이지 않으며 특정 집단에게 불리하게 작동한다. 그러나 국가 폭력이 계급적 차별성을 노골적으로 드러낸다고 보는 것은 단순한 시각이다. 이미 자본주의 국가는 계급모순의 누적과 그것의 표출이 체제유지에 도움이 되지 않음을 잘 알고 있으며, 따라서 폭력의 사용 대상을 다양한 기준으로 구별해낸다. 인종·민족적 소수자에 대한 차별과 억압은 국가가 계급모순을 감추는 데 이용될 수 있다. 이를 자세히 살펴보자.

근대를 규정하는 자본주의는 경쟁과 적자생존을 원칙으로 하는 불평등한 체제이다. 적자생존과 경쟁의 원리는 우월한 자에 대한 축복, 열등한 자와 경쟁에서 낙오한 자에 대한 가차 없는 배제를 초래한다. 그런데 기회균등이라는 이데올로기를 내포하고 있는 자본주의는 열심히 일하면 누구나 잘 살 수 있다는 논리를 증명해 보여야 하는데, 경제적으로 소외된 하층계급의 존재와 그들이 느끼는 불평등은 지배층에게 정치적으로 부담이 될 수 있다. 그러나 민족이나 인종으로 포장된 특별한 집단에 대한 차별과 배제는 다수집단에게 부담을 덜 준다. 따라서, 자본주의의 계급적 불평등은 민족·인종적 차별을 통해 걸러지고 매개되면서 별 문제 없는 것으로 여겨진다. 즉, 자본주의의 계급적 불평등을 수용 가능한 것으로 세탁하는 역할을 민족·인종의 차별 이데올로기가 제공한다(Wallerstein, 1991; 이삼성, 108-110 재인용). 이렇게 내부의 불만을 잠재운 자본은 국민국가라는 울타리 안에서 보호를 받았으며, 국가권력을 바탕으로 해서 국제적으로 성장했다. 이때 자본주의의 모순은 민족주의적·국가주의적 이데올로기와 결합하면서 제국주의로 나아간다. "자본을 위해서 싸워 달라"는 것은 말이 안 되므로 "국가와 민족을 위해서 싸워 달라"라고 외쳤던 것이다.

인종 갈등도 자본주의적인 세계화의 당연한 귀결이었다. 근세 이전에는 인종 간의 차별이 심하지 않았고, 인종 문제도 거의 발생하지 않았다. 그 이유는 근세 이전에 살았던 사람들이 평등을 지향하고 차별하지 않는 사람들이어서가 아니다. 차별이 발생하기 위해서는 가하는 사람과 당하는 사람이 일상적으로 만나야 가능한데, 근세 이전에는 이동의 제약 때문에 인종 간에 만날 수 있는 기회가 거의 없었던 것이다. 인류사회에 인종 차별이 발생하게 된 배경은 자본주의의 국제화라고 할 수 있는 제국주의의 등장과 맥락을 같이 한다. 백인들이 아시아와 아프리카 등 세계의 대부분을 식민지로 삼으면서 인종 차별 및 인종에 대한 편견이 발생하게 되었다. 그러나 2차 세계대전 이후 대부분의 식민지들이 독립하면서 국가 간의 인종 문제는 점차 사라지고 있다.

전 세계적으로 볼 때 민족 간의 갈등 및 민족 문제가 발생하는 상황은 크게 보아 두 가지가 있다. 하나는 한 영토 안에 서로 다른 민족이 거주하면서 갈등이 발생하는 경우이고, 다른 하나는 동일한 민족이 서로 다른 국가에 거주하면서 하나의 국가를 건설하려고 할 때 발생하는 경우이다. 전자의 경우는 특히 소수 민족이 다수에게 오랫동안 핍박과 차별을 받은 경우에 주로 나타나는데 보스니아 내전과 최근의 코소보 사태, 팔레스타인 지방의 분규, 르완다 내전 등을 포함하여 대부분의 민족분규가 이에 해당한다. 후자의 경우는 강대국의 이해관계에 따라 하나의 민족이 둘 이상으로 나누어진 경우에 생기는데 중동지역의 쿠르드족 문제, 구소련 시절 아제르바이잔의 아르메니아인 독립 문제, 지중해의 키프로스 분쟁 등을 들 수 있다.

문제는 어느 경우를 막론하고 갈등 발생의 근본 원인이 제국주의적인 영토 나누기와 무관하지 않다는 점이다. 물론, 이런 갈등과 분규의 원인 중에는 종교나 문화의 차이에서 기인하는 면도 없지 않겠지만, 근대적인 국민국가의 탄생과 제국주의적 영토확장이 없었다면 이 갈등 중의 상당수는 발생하지 않았을 것이다. 이렇게 볼 때 여러 나라에서 나타나고 있는 현재의 민족과 인종에 대한 차별은 한 사회나 국가의 일탈행위로서 나타나는 것이 아니라 근대자본주의 질서 자체가 내포하고 있는 모순 때문에 발생하는 것이다.

한국에서의 민족과 인종에 대한 차별도 이러한 국제적인 맥락과 상통한다. 일본 제국주의의 식민지 시절에 민족은 국가의 공백을 메워 주는 '신화적 실체'였다(임지현, 1999). 식민지 국가가 적으로 규정되는 반면 민족은 곧 '우리'로 인식되었던 것이다. 전쟁 이후의 분단 상황과 독재, 자본주의적 경제 발전을 위한 동원체제는 계급으로 구분되는 내적 이질감을 감추기 위해서 하나의 민족이라는 신화를 더욱 강하게 만들었다. 민족은 식민지 시절, 국가를 회복하기 위해서 힘을 하나로 모으는 데 매우 효과적이었으며, 냉전시대에 국가의 경제 발전을 위해 개인을 자발적으로 희생시키는 데 유용한 원천이었다. 그러나 성원들을 동원하기 위해서 사용된 민족 개념은 체제 유지를 위한 이데올로기로 쉽게 전화했다. 이 과정에서 비민족(非民族), 비국민(非國民), 또는 반민족(半民族)인 화교, 혼혈인, 외국인 이주노동자 등은 열외에 놓일 수밖에 없었다.

3. 한국 소수자들의 대응

지배집단은 다양한 방법으로 소수자들을 억압한다. 미국의 노예제도와 남아프리카 공화국의 인종차별정책은 흑인들을 가혹하게 착취했고, 이스라엘은 건국 이후 자국 땅에 살고 있는 아랍인들을 추방하는 방식을 취했고, 나치 시절의 독일과 호주의 백인 지배자들은 유태인, 마오리족과 같은 '비국민'들을 아예 학살했다. 지배집단의 이러한 억압에 대해서 소수자들은 다양한 방식으로 대응해왔다. 주어지는 억압을 그냥 수용하고 살아가는 경우도 있고, 억압을 피해 '주류'사회에서 스스로를 분리하는 방식도 나타나며, 또한 다양한 모습의 저항으로 나타나기도 했다. 이 절에서는 지배집단의 억압에 대한 소수자들의 대응 양식을 수용, 회피, 저항으로 나눠서 살펴보고, 각각에 해당하는 한국사회 소수자들의 현재 모습을 대비해본다.

1) 수용

다수를 차지하고 있는 지배집단에 의한 억압의 정도가 강하고 국가가 직·간접적으로 그것을 지원하고 있는 상황이라면 소수자들은 그 억압에서 벗어나기 쉽지 않다. 설상가상으로 그들이 그 사회에서 탈출할 수 없는 형편이라면 억압적인 주류의 지배를 인정하고 받아들일 수밖에 없다. 이와 같이, 다수가 규정해놓은 소수자들의 종속적 지위를 받아들이는 것, 다시 말해서 다수가 요구하는 방식의 삶을 살아가는 것이 수용이다. 소수자들은 오랜 억압의 역사를 통해서, 그리고 저항에 대한 대가가 가혹했다는 교훈을 통해서 현 체제에 순응하며 살아야 된다는 것을 터득했다.

노예제도 아래에서 살고 있던 미국의 흑인들이 절대적인 물리력을 가진 백인들의 지배에서 벗어나는 것은 오랫동안 실제로 불가능했다. 아프리카 땅에서 벌어진 노예 '사냥'부터 대서양을 건너는 '운송' 과정을 거쳐 미국 땅에서 '판매'되고 각 농장에서 '관리'되는 전체 과정에 있어서 흑인들은 총을 든 백인들의 명령에 순종하며, 또는 적어도 순종하는 척하며 살 수밖에 없었다. 이런 구조는 노예해방이 된 이후에도 크게 변하지 않았다. 비록 형식적인 해방은 이루어졌지만, 흑인들은 여전히 차별이 일상화된 사회에서 살아가고 있다. 가게에 들어갈 때마다 손님으로 여겨지기보다는 도둑으로 의심을 받는 경험, 차를 몰고 갈 때 오직 '흑인이기 때문에' 경찰의 검문을 받아야 하는 경험, 게다가 그 경찰의 첫 질문이 '어디 가냐' 등의 것이 아니라 '이거 누구 차냐'(훔친 것 아니냐)인 경험, 마이클 잭슨이나 마이클 조단을 꿈꾸며 성장하지만 정작 그런 직업 말고는 꿈꿀 수 있는 것이 별로 없는 경험, 감옥이 남성으로서의 성장과정에 자연스럽게 자리 잡는 경험 등이 미국에서 흑인으로 (특히, 흑인 남성으로) 산다는 것을 의미한다.

> 미국에서 흑인으로 산다는 것은 잘 맞지 않는 신을 강제로 신는 것과 같아요. 거기에 적응을 하는 사람도 있지요. 불편하겠지만 그게 유일한 신발이므로 신을 수밖에 없지요. 다른 사람들보다 더 잘 참는 사람도 있겠지요. 불편함에 관한 생각을 아예 지울 수 있는 사람도 있겠고 그렇지 못한 사람도 있겠지요. 〔……〕 그러나 공통적인 것은 그 신발은 불편하다는 것입니다(어느 흑인의 증언: Terkel, 1992: 136).

이렇게 자신이 속한 집단 전체에 대한 멸시와 차별이 존재하는 상황에서는 스스로에 대한 존중심을 유지하기 어렵고 자신의 문화유산에 대한 자부심을 가지기 어렵다. 그래서, 소수자들은 가능하면 자신이 튀어 보이지 않게 하려고 신분을 속이 거나 또는 드러내지 않는다. 그들 중의 일부는 자신의 집단에서 스스로를 분리해내 려 하고 지배집단과 동일시함으로써 불리한 처지에서 벗어나려고 노력한다. 성공 한 흑인들이 가난한 흑인들을 타자화하면서 자기는 그들과 무관함을 애써 증명하 려고 한다. 슬럼에 사는 흑인이 성공을 하면(물론, 슬럼에서 성공하는 흑인이 많지 는 않지만) 제일 먼저 하는 일이 그 동네에서 벗어나 백인 동네로 이사를 가는 것은 그와 같은 현실을 보여준다. 그들이 볼 때 가난한 흑인들은 게으르고 배우려 하지 않으며 현재의 상황을 개선할 의지가 없는 사람들이다. 자기가 그 굴레에서 성공적 으로 탈출했기 때문에 다른 흑인들도 누구나 할 수 있다고 생각한다. 그래서 아직도 그곳에 머물러 있는 사람들이 여전히 그 곳에 살고 있는 이유는 자기와는 다른 종류 이기 때문이라고 생각한다. 결과적으로 성공한 그의 사례는 소수자들이 불리하게 만들어져 있는 현재의 상황이 구조의 문제가 아니라 개인의 문제임을 정당화 해주 는 것이 된다.

한국의 화교들에게도 같은 방식의 설명이 가능하다. 화교들은 한국 땅에서 보낸 100년 이상의 역사에서 자신들을 지켜줄 국가의 부재, 힘의 결핍이 자신들을 얼마 나 무력하게 만들어왔는가를 잘 알고 있다[4]. 화교들은 거의 모든 분야에서 자신들 이 차별을 받고 있다고 생각한다. 그들은 교육세, 주민세를 비롯한 모든 세금을 다 내고 있으면서도 화교학교를 위한 교육지원, 빈곤자와 장애인을 위한 복지혜택 등 을 전혀 받지 못하고 있다는 현실에 억울하다는 생각을 가지고 있다. 공공기관에서 의 불친절과 은행 계좌개설이나 핸드폰 개통과 같은 기본적인 상업 서비스에서도 어려움을 겪는다고 말한다(박경태, 2004).

그렇지만, 화교들은 자신들이 겪고 있는 어려움과 불만을 집단적으로나 개인적 으로 표출하지 않았다. 일부러 화교들의 경제력에 타격을 입히기 위해서 여러 정책 들이 만들어지는 상황에서, 설령 그들이 불만을 표출한다고 해도 그것이 받아들여

---

4) 화교가 한국에 들어온 초기에는 청나라의 보호와 지원이 있었지만, 그 후 조선에 영향력을 가 진 일본이 청나라와 적대적 관계에 놓이면서 지원은 사라졌다. 1949년 중국의 공산화로 인해 서 반공체제인 남한에 살고 있던 화교들은 중국으로부터 아무런 도움도 받지 못하게 되었고, 남한과 같은 '자유진영'인 대만도 해외화교에 대해서 교과서 공급을 제외하면 거의 아무런 지원을 하지 않았다.

질 리가 없었다[5]. 게다가 한국사회는 오랜 동안 한국 사람들의 의견조차도 잘 받아들여지지 않던 시절을 겪지 않았던가. 오랜 독재시절 동안 한국 사람들조차도 함부로 말했다가는 크게 곤욕을 치르던 시절에 '감히' 화교가 나서서 주장을 하는 것은 상상하기도 어려웠다. 결과적으로 화교들에게는 한국사회가 강제하는 차별적인 상황을 수용하는 것 외에는 별다른 선택의 여지가 없었다. 유일하게 열려있던 다른 가능성은 한국을 떠나는 것이었다.

2) 회피

회피는 소수자들이 지배집단인 다수와의 접촉을 최소화함으로써 편견과 차별에서 벗어나려는 것이다. 회피를 통해서 소수자들은 동화의 강제에서 벗어나 나름대로의 문화와 정체성을 유지할 수도 있다. 가장 극단적인 회피의 유형은 그 사회를 아예 떠나는 것인데, 역시 미국 흑인들의 예를 들 수 있다. 그들은 노예제도 아래에서 신음하다가 해방되었지만 정치적인 핍박과 열악한 경제 상태에서 벗어날 수 없었다. 일부 흑인 지도자들은 미국을 떠나 아프리카에 가서 새로운 나라를 건설함으로써 백인들의 지배에서 벗어날 수 있다고 주장했고, 또 실천에 옮기려고 노력했다. 그러나 그들의 예상과는 달리 따라오는 사람이 별로 없어서 이 계획은 실패로 돌아갔다. 유태인들을 포함해서 종교적인 의미의 소수자들이 박해를 피하기 위해 유럽을 떠나 신대륙으로 향한 것도 회피의 예가 된다. 한국의 경우에는 화교들이 다른 나라로 재이민을 간 것이나 혼혈인들이 미국을 비롯한 여러 나라로 흩어져간 것을 회피로 볼 수 있다[6].

한국을 떠난 화교들은 주로 미국이나 대만으로의 이주를 선택했다. 1970년대 중반에 한성화교중(고등)학교를 졸업한 어느 동기생들의 거주지 분포를 보면 졸업생의 절반 이상이 해외에 거주하고 있음을 알 수 있다. 전체 153명의 졸업생 중에서 67명(43.8%)만이 현재 한국에 거주하고 있으며, 48명(31.4%)은 대만에, 그리고

---

5) 한국 정부가 화교들을 겨냥해서 취했던 차별적인 정책들에 관해서는 박경태(2005)를 참조.
6) 물론 어릴 때 입양을 간 혼혈인들의 경우에는 본인이 자발적으로 '회피'를 선택한 것은 아니지만, 양육의 책임을 진 사람들이 한국사회의 제반 여건을 고려해서 그런 판단을 내린 것이므로 회피의 한 유형으로 볼 수 있다.

28명(18.3%)은 미국에 거주하고 있다(화교경제인협회, 1999). 화교들은 한국이 자기들이 떠나도록 만들었다고 말한다. 화교들에 따르면 한국의 정책은 한국으로 귀화를 하게 하거나 불편하게 살게 두거나, 그것도 아니면 한국을 떠나게 하는 것이었다. '절이 싫으면 중이 떠난다'는 말처럼 많은 화교들은 한국을 떠났다. 1973년에 3만3천 명에 이르던 화교인구는 이제 2만2천 명으로 급감했고, 공부나 사업을 위해서 해외에 체류하는 사람들을 제외하면 2만 명이 안 될 것으로 추산한다.

얼마나 많은 혼혈인들이 한국에서 태어났는가에 대한 정확한 통계는 없고, 다만 2만 명에서 6만 명 정도가 태어났던 것으로 추측할 뿐이다. 그 중에서 현재 한국에 살고 있는 혼혈인의 수는 400명에서 600명 정도로 추정되고 있는데, 사망한 극소수를 제외하면 나머지 사람들은 모두 어릴 때 입양을 갔거나 성장한 후에 스스로 이민을 선택한 것으로 보면 된다(김동심 외, 2003). 특히 한국에서 청소년기를 보낸 후 성인이 되어서 미국을 선택한 사람들은 한국사회로부터의 '회피'가 선택이 아니라 필수였다고 말한다.

"미국에 도착하니까 '휴, 이젠 살았구나'라는 생각이 들더라구요. 마치 나쁜 사람에게 잡혀 있다가 탈출한 느낌이었어요." ─혼혈인 A씨.

"우리는 꼭 (한국을 떠나 미국으로) 가야만 했어요. 그곳(한국)에서는 도저히 살 수가 없었어요." ─혼혈인 B씨(KBS, 1996).

자신이 속한 사회를 떠나는 것만이 회피는 아니다. 주류사회로부터 스스로를 격리 또는 분리시키는 것도 회피의 한 유형이 된다. 미국의 몰몬교도들이나 아미쉬[7]들은 자신들의 종교적 순수성을 지키기 위해서 자기들만의 지리적 공간을 선택하여 외부로부터 스스로 격리되었다. 아미쉬들은 일반적인 미국사람들이 사는 방식을 거부하며 살아간다. 전기나 자동차의 사용도 거부하고 나름대로의 교육체계를 갖춰 놓고 산다. 주류 사회와 섞이면 자신들의 신앙이나 생활방식이 유지되기 어렵

---

7) 메노파의 한 분파로 제이콥 아만이 17세기 후반에 스위스에서 창시했으며, 성서를 자구대로 해석한다. 이들은 미국으로 이주한 후 주로 펜실베이니아 등에 집단 거주하며 옛날 생활방식을 지키며 살고 있다.

다는 생각이 그들로 하여금 스스로를 고립시키게 하는 것으로 보인다. 아미쉬들이 접하는 외부인은 그 마을에 놀러오는 관광객들이 대부분이 된다.

미국의 로스앤젤레스에 있는 코리아타운, 마이애미에 있는 리틀 아바나(Little Havana), 그리고 세계 곳곳에 있는 차이나타운 등과 같은 집단거주지역(ethnic enclave)도 회피의 일종으로 볼 수 있다. 집단거주지역은 주류 사회에 휘둘리는 소수자들이 자신들만의 공간을 만들어내기 위한 노력의 결과로 볼 수 있다. 그곳에서는 자기의 언어를 눈치 보지 않고 사용할 수 있고, 자기의 음식을 마음껏 먹을 수 있으며, 다수자들의 간섭이나 제약 없이 자기들만의 규율과 질서를 적용할 수 있다. 물론 집단거주지역이 같은 민족끼리 저임금 문제와 노동착취를 일으키고, 주류의 언어를 습득할 기회를 늦추고, 따라서 주류사회에 진입하는 데 부정적으로 작동한다는 의견도 있지만, 소수자들에게 정서적 안정을 제공하고 주류사회에 나아가는 데 필요한 경험과 자금을 축적할 기회를 제공하는 것으로 알려져 있다.

한국의 소수자들도 회피 전략을 통해서 자신들을 차별하는 지배집단과의 접촉을 최소화하려는 노력을 했다. 일부 혼혈인들은 차별을 피해서 기지촌을 중심으로 생활공간을 구성했는데, 미군을 대상으로 하는 클럽 등에서 일을 하고 그 근처에 거주함으로써 스스로를 보호했다. 화교들은 자기들만의 학교를 세워 나름대로의 교육을 해왔고, 다양한 친목단체를 결성함으로써 주류 사회와의 접촉이 없이도 스스로 연결망을 구축하고 정서적인 도움을 만들어왔다(담건펑, 1985)[8]. 이주의 역사가 길어지면서 외국인 이주노동자들도 자신들만의 공간을 만들어왔다. 중소규모의 공장들이 밀집한 지역에는 자연스럽게 이주노동자들이 모여들게 되었고 이들의 생활공간이 되었다. 일부 지역에는 한국인보다 오히려 외국인들이 더 많이 사는 곳도 있을 정도다. 서울 구로구 가리봉동이나 안산시 원곡동 등을 비롯해서 많은 곳에는 아시아 각국의 음식을 맛볼 수 있는 식당들이 자국 출신 손님들을 위해 '고향의 맛'을 제공하고 있으며, 각국의 글자로 쓰인 간판들을 심심치 않게 만날 수 있다. 이 공간에서 이주노동자들은 자기들의 문화를 누릴 수 있고, 정서적인 안정을 얻고,

---

8) 규모가 크지는 않았지만 과거에는 서울의 소공동을 비롯해서 화교 집단거주지역이라고 부를 만한 곳이 있었다. 그러나 화교인구의 감소와 1970년대의 도심재개발을 거치면서 차이나타운이라고 할만한 집단거주지역은 사라졌다.

취업 관련 정보를 교환한다. 분리 현상이 나타나는 것을 주류 사회에 밀려난 소수자들이 어쩔 수 없이 살아가는 모습이라고 볼 수도 있지만, 지배집단의 차별에 대해서 소수자들이 나름대로 전략적인 선택을 한 결과임을 주목할 필요가 있다.

3) 저항

앞에서 언급한 수용과 회피가 다수의 지배에 대해서 수동적·소극적으로 대응하는 전략이라면, 저항은 능동적·적극적인 대응이다. 저항은 다수가 규정해주는 소수의 지위를 거부는 것으로, 합법적인 행동으로 나타나기도 하지만 비합법적인 행동으로 나타나기도 한다. 합법적인 행동의 예로는 법의 테두리 안에서 이뤄지는 파업이나 농성, 평화적인 시위, 불매운동, 그리고 선거에서 특정 후보나 정당에 몰표를 주는 투표행위 등을 들 수 있다. 비합법적인 행동으로는 테러, 암살, 방화 등과 같은 폭력적인 행동들이 우선적으로 떠오른다. 그러나 그뿐만 아니라 비합법적이지만 비폭력적인 점거농성·시위 등이 있을 수 있다. 유태인들의 억압에 대항해서 아랍계 팔레스타인 사람들은 '테러'라고 알려진 방식들을 동원해서 저항하고 있다. 그들은 심지어 온 몸에 폭탄을 지닌 채로 자폭하는 자살폭탄 테러와 같은 극렬한 형태의 비합법적인 저항을 펴고 있다. 이에 비해 1960년대에 미국의 흑인들이 인종차별에 저항해서 벌였던 민권운동은 비합법·비폭력 저항에 해당한다. 시위나 농성 중에 백인 경찰들이 물리력을 이용해서 진압하려고 할 때에도 흑인들은 평화적으로 대응했다. 물을 뿌리면 그냥 맞고, 끌고 가면 그냥 끌려가고, 감옥에 집어넣으면 그냥 들어갔다.

수용과 회피에 비교해볼 때 한국의 소수자들이 저항의 모습을 보인 경우는 훨씬 적다. 화교들은 영주권이나 부동산 소유권 획득을 위해서 노력하기는 했지만, 그것이 저항의 형태를 띤 적은 없었다. 혼혈인들이 개인적으로 불만을 표출한 적은 있었어도 자신들의 권리 향상을 위해서 집단적으로 저항한 경우는 별로 없어 보인다. 화교나 혼혈인들의 상대적인 숫자가 워낙 적어서 조직적인 저항을 하기도 어려웠겠지만, 그들이 억압당하던 시대의 한국의 국가는 한국인들 또는 비혼혈인들조차 권리 주장을 하기 어려울 정도로 무소불위의 권력을 행사하고 있었다. 그런 국가 권력

앞에서 '일개' 소수자에 불과한 그들이 저항을 한다는 것은 있을 수 없는 일이었다. 심지어는 재산권에 심각한 침해를 당했을 때에도 그저 억울함을 품고 넘어갈 수밖에 없었다.

그러나 외국인 이주노동자들의 경우는 여러 가지로 다른 모습을 보여주고 있다. 한국이 이주노동자들을 받아들이기 시작한 역사가 20년이 채 되지 않았음에도 불구하고, 이주노동자들은 합법적인 저항을 포함해서 다양한 형태의 비합법적인 저항을 보이고 있다. 이들은 직장에서 부당한 일을 당했을 때 파업을 벌여서 합법적으로 저항을 하기도 했고[9], 한국인 지원단체들의 도움을 얻어서 시위를 벌이거나 농성을 하는 등의 비합법적인 저항을 벌이기도 했다(설동훈, 2005). 화교나 혼혈인들의 경우와는 달리 이주노동자들이 한국에 들어오기 시작한 때는 정치적으로 민주화가 이뤄지기 시작한 때여서 과거에 비해 권리 주장이 많이 허용되었다. 게다가, 학생운동과 민주화운동에서 경험을 축적한 한국인 지원단체들이 그들을 적극적으로 도와준 것도 저항이 가능한 배경이 되었다.

4. 소수자의 인권을 위하여

1) 소수자의 길을 선택하는 사람들

한 사회 안에 살면서 남다른 특징을 갖는 사람들이라고 해서 반드시 소수자가 되는 것은 아니다. 어떤 사람들이 기존에 가지고 있던 '사소한' 차이가 특정한 상황에서 결정적인 차이로 인식되는 순간, 그 사람들은 소수자가 된다. 그리고 그 차이가 차별의 정당한 원인으로 여겨지는 순간, 그 사람들이 누리던 인권은 유보된다. 차이는 가지고 태어나는 것이 아니라 만들어지는 셈이다. 1983년 미국의 루이지애나에 살던 수지 핍스라는 백인여성은 해외여행을 위해서 여권을 신청했다가 인종 항목에 '흑인'으로 기재하지 않고 '백인'으로 기재했다는 이유로 발급을 거부당했다.

---

9) 파업을 벌인 이주노동자들은 비록 노동 3권이 없는 산업연수생들이거나 소위 '불법' 체류자들이었지만 파업 자체는 합법적이라고 봐야 한다.

이 여성은 루이지애나 주 법원에 고소를 하였지만 패소했다. 조사 결과에 따르면, (본인도 몰랐던 사실이었는데)수지 핍스 씨의 5대조 조상 중의 한 명이 흑인이었던 것으로 나타났다. 이에 따라 주 법원은 32분의 1에 해당하는 흑인의 피가 섞여 있다면 32분의 31에 해당하는 백인의 피에도 불구하고 흑인이라는 판결을 내린 것이다. 즉, 다섯 대에 걸친 동안의 조상 32명 중에 단 한 명이라도 흑인이라면, 그 이후에 아무리 백인의 피가 섞여도 아무런 소용이 없다는 말이다. 그런데 더욱 놀라운 사실은 이와 같은 '피 한 방울의 법칙'은 라틴계나 아시아계에는 적용되지 않고, 오직 흑인에게만 적용되어 왔으며 현재도 불문율처럼 지속되고 있다는 것이다. 이것은 인종적 차이가 얼마나 인위적인 것인가를 보여주는 예가 된다(장태한, 1993: 104-105).

르완다의 후투족과 투치족 사이의 인종학살도 인위적인 차이가 낳은 끔찍한 결과를 보여주고 있다. 벨기에는 르완다 식민지 통치를 위해서 인구의 14%에 불과한 투치족을 통치의 파트너(또는 앞잡이)로 삼고 85%의 후투족을 억압하는 정책을 폈다. 1962년에 독립을 이룬 후에도 지속되던 적대감정은 결국 1994년 대통령 피살사건을 계기로 종족말살 전쟁으로 번져서, 살해당한 사람의 숫자가 100만 명에 이르는 것으로 알려져 있다. 그런데 문제는 '후투'나 '투치'라는 종족 구분의 기준이 극히 애매모호하며, 일종의 계급적 차이라고 볼 수도 있다는 것이었다. 이런 '사소한' 차이일 수도 있는 것이 마치 결정적인 종족 간 차이로 확대된 것은 유럽 열강들이 이 지역을 효율적으로 통치하기 위해서 의도적으로 조장해냈기 때문이다(이정록 외, 199: 93).

종교를 비롯한 여러 가지 생활습관 등이 다르기 때문에 다른 민족을, 소수자를 차별한다는 논리는 성립하기 어렵다. 우리가 알고 있는 것과는 달리 유태인들은 서유럽 사회에서 놀랄 만큼 동화되어 있었다. 나치는 유태인들에게 '노란 별'을 몸에 달도록 강요했는데, 그것은 그들에게 오명을 각인시키기 위해서 그랬다기보다는 오히려 그렇게라도 하지 않으면 유태인과 비유태인을 구별하기가 어려웠기 때문에 내린 조치였다. 유태인들이 집단으로 학살당한 이유는 그들이 동화가 잘 되지 않는 예외적 존재여서가 아니라 동화가 지나치게 진행되어서 구별할 수 없을지도 모른다는 공포감 때문이었다. 거리가 가까워질수록 경계를 유지하기 위한 차별화의 힘은 더 강하게 작용하는 것이다. 북아프리카에서 프랑스로 이주해간 사람들에 대한 프랑스 사람들의 차별은 그들의 이질성 때문인 것으로 알려져 있다. 그러나 언어나 문화 등의 측면에서 그들보다 오히려 더 이질적인 중국이나 동남아시아 사람들이 그렇게 심한 차별을 받지 않고 있다는 점을 고려해보면 차이 때문에 차별한다는 논리는 성립되지 않는다. 차별하고 싶어서 차이를 강조하는 것이다(고자카이 도시아키, 2003: 43-45).

반면에 소수자가 되지 않을 수 있었지만 자기가 원해서 소수자의 길을 선택하는 경우도 있다. 예를 들면, 한국의 화교와 일본의 재일한국인들이 바로 그 경우이다. 한국 사람이 미국에 이민을 가면 대부분(가능한 사람들은) 미국 국적을 취득하려고 하며, 혹시 본인은 영주권만 가진 채 한국 국적을 유지하려고 애를 쓰더라도 자녀들이 미국 국민이 되는 것은 당연하게 생각한다. 그러나 일본에 살고 있는 한국계들의 경우는 얘기가 다르다. 미국으로 간 사람들보다 훨씬 더 일찍 일본에 정착한 역사를 가지고 있는 재일한국인들은 적어도 지금까지는 압도적인 다수(4분의 3에 해당한다)가 귀화를 하지 않고 있다. 귀화를 하더라도 차별이 별로 개선되지 않을 것이라는 이유도 있겠지만, 더욱 중요한 것은 심리적인 저항감이다(고자카이 도시아키, 위의 책: 197-207). 일본 국적을 취득하는 것을 '악마에게 혼을 파는 것'으로 느끼는 사람이 있고, 두 나라가 겪어온 '특별한' 관계에서 한국 국적의 유지를 사람이 지녀야 할 마지막 자존심으로 느낀다면 귀화는 쉽게 일어나지 않는다. 외모나 언어 등의 문화에서 전혀 구별 불가능한 사람들이 스스로 원해서 소수자의 길을 걷고 있다.

한국의 화교들도 거의 같은 상황에 놓여 있다. 물론 대국(大國) 출신이라는 자부심도 한 몫을 하겠지만, 이미 3대나 4대째 한국에서 살고 있고 또 앞으로도 계속 그럴 사람들이 귀화를 하지 않고 '버티는' 이유는 인종이나 민족적 차이만으로 설명할 수 없다. 한국 음식이 없으면 밥을 먹지 못한다는 사람들이 있고 중국보다 한국에 문화적 친밀성을 더 진하게 느끼는 사람들이다. 동화하지 않는 사람들에게 불이익을 주고 귀화를 강요해온 정부 정책의 결과는 오히려 화교들을 더 똘똘 뭉치게 했고 민족교육의 끈을 놓지 않도록 만들었다. 억압 받는 화교사회가 한국으로 귀화한 사람들을 일종의 배신자로 인식하도록 만든 근본적인 책임은 한국 정부와 한국사회에 있다.

2) 대안을 향한 소수자운동

억압의 대상으로서 소수자를 바라보는 시각은 피해자의 억울한 현실을 드러내 준다는 점에서 긍정적인 측면도 있지만, 주체적인 문제해결의 가능성을 배제해버 린다는 점에서 만족스럽지 못하다. 소수자는 소외당한 객체이기도 하지만 자신이 처한 현실과 문제를 해결하기 위해서 적극적으로 움직일 수 있는 가능성을 지닌 주 체이기도 하다. 운동의 주체로서 소수자는 표준화를 거부하는 사람이다. 이성에 입 각하여 설정된 표준적인 근대 인간상은 백인-남성-이성애자-본토박이-건강인-지 성인-표준어를 쓰는 사람 등으로 나타나는데, 이것은 결국 다수자의 상이며 권력자 의 상이며 국가나 사회의 지배적인 가치로 나타난다. 이성에 집착하는 이러한 인간 상은 표준화된 모형을 준거로 하여 광기(욕망)를 배제하고 주변으로 통하는 모든 통로를 차단하려고 한다(윤수종, 2004b: 1). 반면에 유색인-여성-어린이-동성애자 -이주민-환자-무지렁이-사투리를 쓰는 사람 등은 이에 대항하는 인간상이다. 표준 적인 인간상에 대항하는 소수적인 인간상이 다양하게 표출되는 것은 차이를 강조 하는 탈근대에 접어들면서 새롭게 나타난 현상이라고 할 수 있다(윤수종, 2002: 11-13).

한국의 경우 인종·민족적 소수자들의 사회운동은 미미하다. 외국인 이주노동 자들을 지원하는 한국인 중심의 시민단체들이 벌이고 있는 제도개선 운동이 거의 전부라고 할 정도다. 최근에 이주노동자 노동조합이 결성되어서 활발하게 움직이 고 있지만 아직은 한국인 활동가들의 도움이 없이는 유지가 어려운 걸음마 단계라 고 볼 수 있다. 화교의 경우 한국 사람들조차 권리 주장을 제대로 못하던 상황에서 자신들의 인권을 운운할 처지가 되지 못했고, 혼혈인들은 아예 존재 자체를 부정당 해서 은밀한 입양으로 그 문제를 해소하거나 기지촌에서 알아서 살아갈 수밖에 없 었다. 사회운동은 고사하고 생존 자체가 절박한 상황인 셈이었다. 반면에 인종·민 족적 소수자가 아닌 '일반' 소수자들은 서서히 목소리를 내면서 자신들의 존재를 알려왔다.

사회의 다양성은 이제 사회운동의 다양성을 요구하고 있다. 기존의 사회운동이 하나의 가치(예를 들면, 노동운동의 중심성)를 추구하는 엄숙한(삭발, 단식, 검거,

투옥 등) 운동이었다면 탈근대 시대의 사회운동은 다양한 가치를 추구하는 다양한 방식의 운동을 낳고 있다. 물론 이것이 '경박하고 내용 없는 각자의 목소리'에 그친다고 비판할 수도 있지만, 사회 자체가 그렇게 변해가기 때문에 사회운동도 과거의 가치에만 머무를 수는 없다.

소수자들은 하나의 특징을 갖는 사람들이 아니다. 소수자들은 단순히 다수자에게 적대적이기 때문에 소수자인 것이 아니라 다수자의 작용 방식과는 다른 작용 방식을 지니기 때문에 소수자다(윤수종, 2002: 15). 따라서, 소수자운동은 다수자화하지 않는, 즉 지배장치화 하지 않는 방식으로 작동되어야 하며 그럴 때에 비로소 거부와 부정이 아니라 긍정과 구성으로 나아가는 운동이 될 수 있다.

그렇지만 다양한 가치를 인정하는 사회를 만들기 위한 소수자들의 공동 노력, 즉 소수자들 사이의 연대는 미약해 보인다. 물론 소수자 집단별로 처한 상황이 극적으로 다르기 때문에 연대가 어렵다는 점도 있고, 또 연대의 강요가 기존의 사회운동적 방식을 벗어나지 못한 것이라는 지적도 있을 수 있다. 그러나 소수자와 관련된 문제의 상당 부분은 국가에 있다. 여성고용 평등이나 장애인 고용촉진을 위한 노력이 국가의 강제 없이는 실제로 불가능하다는 점, 동성애자들의 권리 증진을 위해서는 개인의 삶에 국가 개입을 최소화해야 한다는 점, 외국인 이주노동자들의 인권향상을 위해서는 올바른 고용법안이 필요하다는 점 등이 그것이다. 따라서, 소수자운동의 일정한 힘은 제도개선에 모아질 필요가 있으며, 때로는 연대를 통해서 풀어야만 가능할 수도 있다. 수평적인 집단들의 거미줄 같은 연대망, 그것이 바로 국가의 틀에 균열을 낼 수 있는 힘이 된다.

참고문헌

고자카이 도시아키, 2003. 『민족은 없다: 민족이라는 허구에서 열린 공동체로』, 방광석
　　역, 뿌리와 이파리.
김동심 외, 2003. 『기지촌 혼혈인 인권실태조사』, 국가인권위원회.
니시카와 나가오, 2004. 『국민이라는 이름의 괴물』, 윤대석 역, 소명출판.
담건평, 1985. 「재한화교의 사단조직에 관한 연구: 서울지역을 중심으로」, 서울대학교
　　인류학과 석사학위논문.
박경태, 2004. 「한국사회에서 화교들이 느끼는 차별의 수준」, 최협 외 편, 『한국의 소수
　　자, 실태와 전망』, 한울.
_____, 2005. 「화교, 우리 안의 감춰진 이웃」, 『황해문화』 49.
베네딕트 앤더슨, 1991. 『상상의 공동체: 민족주의의 기원과 전파에 대한 성찰』, 윤형숙
　　역, 나남.
설동훈, 2005. 「한국의 이주노동자운동」, 윤수종 외, 『우리 시대의 소수자운동』, 이학사.
윤건차, 2002. 「민족, 민족주의 담론의 빛과 그림자」, 『황해문화』 35.
윤수종, 2002. 「우리는 모두 소수자다!」, 윤수종 편, 『다르게 사는 사람들: 우리 사회의
　　소수자들 이야기』, 이학사.
_____, 2004a. 「맑스주의의 확장과 소수자운동의 의의」, 성공회대학교 사회문화연구
　　소 발표논문.
_____, 2004b. 「소수자 운동의 전개과정과 그 특징」, 성공회대학교 사회문화연구소 발
　　표 논문.
이삼성, 1998. 『20세기의 문명과 야만: 전쟁과 평화, 인간의 비극에 관한 정치적 성찰』,
　　한길사.
이정록 · 김송미 · 이상석, 1997. 『20세기 지구촌의 분쟁과 갈등』, 푸른길.
이종영, 2003. 「정치적 프락시스로서의 담론투쟁: 자본주의 국가의 정책을 둘러싼 담론
　　투쟁에 대하여」, 이영환 편, 『통합과 배제의 사회정책과 담론』, 함께읽는책.
_____, 2004. 『사랑에서 악으로: 권력의 원천에 대한 연구』, 새물결.
임지현, 1999. 『민족주의는 반역이다: 신화와 허무의 민족주의 담론을 넘어서』, 소나무.
장태한, 1993. 『흑인, 그들은 누구인가』, 한국경제신문사.
조현연, 2000. 『한국 현대정치의 악몽: 국가폭력』, 책세상.
한국화교경제인협회, 1999. 『한국 화교의 경제적 위상과 한국경제 참여 방안』(자료집).
한홍구, 2002. 「단일민족의 신화를 넘어서」, 『황해문화』 35.

황상익, 2001. 「국가 폭력과 트라우마: 현대 한국, 특히 제주 '4 · 3'을 중심으로」, 정근식
　　외 편, 『동아시아와 근대의 폭력 2』, 삼인.
KBS 일요스페셜, 1996. 「25시의 아메리안들」.

Terkel, Studs. 1992. Race: How Blacks and Whites Think and Feel About the American
　　Obsession. New York: The New Press.
Wallerstein, Immanuel. 1991. Unthinking Social Science: The Limits of Nineteenth-
　　Century Paradigms. Cambridge, UK: Polity Press.

글쓴이 약력

강남식 ltskns@mail.skhu.ac.kr

성균관대학교 사학과에서 박사학위를 하였으며, 현재 한국양성평등교육진흥원 책임교수로 재직 중이다. 관심분야는 여성사, 여성정책, 여성운동론 등이며, 저서는 『여성학 강의』(공저), 『19세기 말 20세기 초 영국 여성노동정책과 여성노동운동: 최저임금법 제정을 중심으로』(박사학위논문), 『여성학의 이해』(공저) 등이 있다. 논문으로는 「영국 고한노동과 여성노조운동, 1870-1914」, 「여성복지적 관점에서의 자활지원사업 분석과 활성화 방안」 등이 있다.

고병헌 bhgo@mail.skhu.ac.kr

영국 Glasgow University(박사과정)와 런던대학교 Institution of Education(특별과정)에서 수학하고 고려대학교 교육학과에서 박사학위를 하였다. 현재 성공회대학교 교양학부 교수로 재직 중이다. 관심분야는 평화교육, 대안교육, 평생교육 등이며, 저서로는 『새로운 학교 큰 교육 이야기』(공저), 『대안학교의 모델과 실천』(편저), 『영혼의 성장과 자유를 위한 교사론』(공편저), 『평화교육의 이론과 실천』(역서) 등 다수가 있다.

김서중 sjkim@mail.skhu.ac.kr

서울대학교 신문학과에서 박사학위를 받았으며, 현재 성공회대학교 신문방송학과 교수로 재직 중이다. 주 관심분야는 정기간행물·방송 관련 법제와 정책 등을 포괄하는 언론법제이고, 매체비평에도 관심을 가지고 있다. 저서로『한국언론산업의 역사와 구조』(공저), 논문으로는 「한국의 신문개혁을 위한 법률 개정 제안」, 「한국의 방송법 개혁 과제와 개정 제안」 등이 있다.

김용득 ydkim@mail.skhu.ac.kr

서울대 사회복지학과에서 박사학위를 받았으며, 현재 성공회대 사회복지학과 교수로 재직 중이다. 서부장애인복지관 사무국장으로 재직한 경력이 있으며, 관심분야는 장애인복지이다. 저서로『한국 장애인복지의 이해』(공저), 논문으로는 「장애인재활시설에서의 팀 협력 향상을 위한 전문분야 간 상호이해 훈련 프로그램의 효과성 연구」, 「장애개념의 변화와 사회복지실천현장 함의」 등이 있다.

김유순 yskim@mail.skhu.ac.kr

미국 플로리다주립대학교에서 사회사업학 박사학위를 받았으며, 현재는 성공회대학교 사회복지학과 교수로 재직 중이다. 관심분야는 가족사회사업, 가족치료, 여성복지 등이다. 역서로는 『가족치료: 다루기 어려운 청소년을 위한 해결지향모델』, 『해결중심 면접의 도구들』, 논문으로는 「여성주의 가족치료의 원칙에 관한 연구」, 「가족치료 과정연구로서의 가족치료 내담자 경험에 대한 문화기술지 연구」 등이 있다.

김창남 cnkim@mail.skhu.ac.kr

서울대학교 신문학과에서 박사학위를 받았으며, 현재 성공회대학교 신문방송학과 교수이자 (사)우리만화연대 이사, 한국대중음악학회장 등을 겸하고 있다. 1980년대부터 문화비평가로 활동해 왔으며 방송, 대중음악, 만화 등 대중문화 전반에 관심을 가지고 글을 쓰고 있다. 저서로 『삶의 문화 희망의 노래』, 『대중문화와 문화실천』, 『대중문화의 이해』, 편저로 『노래 1,2,3,4』, 『김민기』, 『노래운동론』 등이 있다.

박경태 ktpark@mail.skhu.ac.kr

미국 텍사스 주립대(Austin) 사회학과에서 박사학위를 받았으며 현재 성공회대 사회과학부 교수로 재직 중이다. 소수자연구에 관심을 가지고 있으며 외국인노동자, 화교, 혼혈인에 관한 연구를 진행 중이다. 주요 논문으로는 「한국사회의 인종차별: 외국인노동자, 화교, 혼혈인」과 「소수자 차별의 사회적 원인」 등이 있다.

이가옥 korhee@mail.skhu.ac.kr

독일 Johann Wolfgang von Goethe Universitaet에서 박사학위를 받았으며, 현재 성공회대학교 사회복지학과 교수로 재직 중이다. 관심분야는 노인복지이고, 저서로는 『노인복지정책의 현황과 과제』, 『공동체경제를 위하여』, 『고령화 사회와 장기요양보호』, 『고령화 사회와 노인복지의 과제』, 『노년기 자아통합프로그램: 나의 살아온 이야기』 등 다수가 있다.

이영환 welcome@mail.skhu.ac.kr

서울대학교 사회복지학과에서 박사학위를 받았으며, 1990년부터 성공회대학교 사회복지학과에 재직 중이다. 관심 연구분야는 사회복지정책, 주거복지정책, 사회복지운동론 등이다. 주요 저서로는 『한국사회와 복지정책 — 역사와 이슈』, 『한국시민사회의 변동과 사회문제』(편저), 『통합과 배제의 사회정책과 담론』(편저), 『한국의 사회복지운동』(편저) 등이 있다.

이종영 silenos@mail.skhu.ac.kr

파리8대학에서 정치사회학·정치인류학 박사학위를 받았으며, 현재 성공회대학교 사회문화연구원 연구교수로 재직 중이다. 연구관심은 역사과학의 기초 개념들을 엄밀하게 확립하는 것이고, 저서로『지배와 그 양식들』,『성적 지배와 그 양식들』,『내면성의 형식들』,『사랑에서 악으로』,『정치와 반정치』등이 있다.

정원오 wojong@mail.skhu.ac.kr

서울대 사회복지학과에서 박사학위를 받았으며, 현재 성공회대 사회복지학과 교수로 재직 중이다. 관심분야는 사회보장, 빈곤정책, 노숙인 문제 등이다. 저서로는『노숙의 원인과 양상』(공저),『노숙자 재활프로그램 개발 연구』(공저),『경기지역 자활사업참여자 조사연구』(공저), 논문으로는「저소득 계층의 직업훈련효과 결정요인에 관한 연구」,「한국 공적부조제도 체계화 방안」등이 있다.

4부 민주주의 이행시대
　제8장 한국 민주주의 이행의 성격
　제9장 '민선군부정권' 시기의 국가-제도정치의 성격과 변화
　제10장 '1차 민선민간정권' 시기의 국가-제도정치의 성격과 변화
　제11장 민주주의 이행시대의 시민사회와 운동정치
　제12장 한국 민주주의의 발전 과제
발행일 2001년 8월25일 가격 14,000원

한국 시민사회의 변동과 사회문제　이영환　편

노동자, 여성, 가족 및 소수자집단과 복지, 대중문화 및 언론에 대해 지난 반세기 동안 이면
에서 누적된 문제들, 그리고 문제해결을 위한 사회적 노력과 국가의 정책적 대응과정을 심
층적으로 분석하고 있다.
　제1장 한국의 사회변동, 사회문제와 사회정책
　제2장 사회복지발달의 계급정치
　제3장 해방 후 대중문화의 구조적 특성
　제4장 정부의 언론 정책과 언론 구조의 변동
　제5장 노동자와 노동정책
　제6장 산업화와 여성노동
　제7장 가족구조와 가족관계의 변화
　제8장 소수자 차별의 사회적 원인
발행일 2001년 8월25일 가격 13,000원

국가폭력, 민주주의 투쟁, 그리고 희생　조희연　편

국가폭력과 민주주의 투쟁의 상호작용 속에서 발생한 '희생'이라는 프리즘으로 한국 현대
사를 재조명해본다. 희생의 구체적 양태와 다양한 영역과 차원에서 나타난 희생을 입체적
으로 드러내고 분석한다.
　제1부 총론
　　제1장 국가폭력 · 민주주의투쟁 · 희생에 대한 총론적 이해
　제2부 국가폭력 · 민주주의투쟁 · 희생의 부문운동별 실상
　　제2장 한국민주주의와 학생운동
　　제3장 한국민주주의와 노동운동
　　제4장 한국민주주의와 진보정치운동
　　제5장 한국민주주의와 야당정치
　　제6장 한국민주주의와 재야운동
　　제7장 한국의정치변동과 사법적 처벌의 변화
　제3부 국가폭력 · 민주주의 이행 · 과거 청산
　　제8장 20세기 국가폭력과 과거청산

제9장 민주주의 이행과 과거청산
제10장 민주주의 이행기 과거청산운동의 동학
발행일 2002년 12월4일 가격 23,000원

한국자본주의 발전모델의 역사와 위기 유철규 편

글로벌라이제이션과 정보화의 약속과 예언은 우리 경제의 대안이 될 수 있는가 · 국가동원
체제를 통해 기적이라고 불릴 만큼 놀라운 경제성장이 어떻게 가능했는지, 그리고 그러한
성장은 어떠한 한계에 부딪치는지를 설명한다.

발행일 2003년 8월30일 가격 20,000원

한국의 정치사회적 지배담론과 민주주의 동학 조희연 편

'한국현대사에 대한 담론사적 재해석'을 시도하였다. 다층적인 계급적 · 사회적 투쟁과정을
담론적 투쟁과정으로 보고 한국 민주주의의 동학에 대해 담론으로 재조명하고 있다.

올로기적 기능을 중심으로

제7장 '국제경쟁'지배담론 분석: 박정희 정권에서 김대중 정권까지—신년사·취임사 내용을 중심으로

제8장 '가족계획 사업'과 가족주의 담론—'가족계획'담론의 생체정치학

발행일 2003년 8월30일 가격 20,000원

통합과 배제의 사회정책과 담론 이영환 편

한국사회의 구조변화과정에서 야기된 사회문제에 대응하기 위한 노동과 자본, 국가 등 다양한 행위자들의 실천과 이를 둘러싼 담론을 분석하고 있다. 차별과 배제를 생산하고 유지시켜온 주요 지배담론은 무엇이었고 그 담론의 담지자들은 누구였는지에 초점을 두고 있다.

서론 정치적 프락시스로서의 담론투쟁

제1부 주요영역에서의 통합담론과 배제담론

제1장 차별과 배제의 복지정책과 담론

제2장 한국 사회의 문화 정체성갈등과 대중문화 담론

제3장 언론산업화 정책의 변천과 지배담론, 그리고 대안담론에 대한 고찰

제4장 평생교육, 불평등의 확대인가 사회적 통합의 기제인가

제5장 정보화 변증법은 존재하는가

제2부 사회적 약자에 관한 담론

제6장 여성노동정책과 담론분석: 성별화된노동시장과 모성보호정책을 중심으로

제7장 빈곤의 담론

제8장 이혼담론의 전개와 가족법 개정

제9장 노인복지정책과 담론

제10장 한국 장애인 복지의 전개와 장애담론의 변천

제11장 화교와 인종주의: 한국화교분석을 위한 인종주의 담론분석

발행일 2003년 8월30일 가격 20,000원

한국의 정치사회적 저항담론과 민주주의 동학 조희연 편

저항담론의 정치사회적 분석을 통해 한국 현대사에 대한 담론사적 재해석을 모색하고 있다. 새로운 저항의 지평을 개척할 수 있을지 여부는, 한국 지식사회의 이론적 재구성 능력 및 역사와의 대화 능력, 그리고 저항운동의 실천 여하에 달려있다고 할 것이다.

제1부 총론

제1장: 저항담론의 변화와 분화에 관한 연구—'급진화'와 '대중화'의 긴장을 중심으로

제2부 정치사회적 저항담론과 민주주의·파시즘

제2장 정치사회적 저항담론과 민주주의

제3장 저항담론과 파시즘 논쟁—'파쇼'에서 '우리 안의 파시즘'까지

제3부 정치사회적 저항담론과 자본주의·현실사회주의·미국/북한

발행일 2004년 8월 30일 가격 17,000원

박정희 모델과 신자유주의 사이에서 유철규 편

박정희 발전모델의 해체와 자유주의의 본격적 등장에 대해 1980년대 이후 한국 자본주의의 구조변화를 분석하고 있다. 또한 1980년대 이후 자유주의 정책의 왜곡과정을 보여줌으로써 자유주의적 정책이 어떻게 경제위기로 이어지게 되었는가를 밝히고 있다.

발행일 2004년 12월 20일 가격 13,000원

시민사회의 구성원리 전환과 사회정책의 대안적 프레임 이영환 편

한국사회가 지향할 대안적 패러다임의 모색과 설득력있는 대안을 만들어내기 위해 노력한 결과물이다. 사회문제와 사회정책의 각 영역에서의 대안적 노력들을 망라했다.

제5장 사회보장의 위기와 대안 전략의 모색

제6장 여성노동권의 재개념화에 따른 대안적인 복지체제 모색

제7장 한국의 빈곤문제, 대안전략의 모색

제8장 참여 커뮤니케이션 활성화를 위한 법과 정책

제9장 사회통합 기제로서의 대안적 평생교육 방안

제3부 사회적 약자에 대한 대안적 정책의 모색

제10장 이혼부모의 자녀양육 체험과 사회적 대안

제11장 한국 장애인복지 변천과 대안담론 모색

제12장 고령자 고용정책 비판과 시민권적 대안 모색

제13장 국가의 억압과 소수자들의 대응—한국의 인종 · 민족적 소수자들을 중심으로

발행일 2006년 1월 20일 가격 15,000원

혁신과 통합의 한국경제모델을 찾아서 유철규 편

"혁신"과 "통합"이라는 화두를 중심으로, 왜곡되고 편협한 자본의 세계화를 넘어 평화와 공존을 가능하게 하는 세계화의 길은 무엇인지, 생산력의 확대와 노동의 폐기를 넘어 국민다수의 경제 · 사회적 생존을 보장하는 민주적인 사회 통합의 대안을 모색해보았다.

책머리에— 역사와 현실로부터 대안으로

제1장 '한국형 사회적 시장경제 모델' 구상

제2장 우리나라 기업지배구조의 대안 모색을 위하여

제3장 한국 금융시스템의 평가와 재구축 과제—산업구조와 금융구조의 연계를 중심으로

제4장 경제위기 이후 산업구조의 변화와 대안적 산업정책 방향의 모색

제5장 조세정책의 현황과 개혁 방안

제6장 국민연금의 지배구조개혁—민주적 지배구조와 사회적 책임투자

제7장 노동운동 위기의 원인과 극복방안

제8장 새로운 지역발전모델로서의 지역혁신체제

제9장 대안적 지역균형발전과 지역금융시스템

제10장 동아시아 금융정책협력방안의 모색—EU의 경험을 중심으로

제11장 남북경제의 신 성장동력 창출 모색—개성특구 개발을 중심으로

제12장 2000년대 한국경제의 쟁점과 민족경제론—'외국자본 지배론' 비판을 중심으로

발행일 2006년 1월 20일 가격 15,000원

시민사회의 구성원리 전환과 사회정책의 대안적 프레임

초판 인쇄	2006년 1월 10일
초판 발행	2006년 1월 16일
지은이	이영환 편
발행인	양소연
발행처	도서출판 함께읽는책(cobook publishing)
주소	(156-713)서울시 동작구 신대방2동 395-69 아카데미타워 3004호
전화	02-835-7845
팩스	02-847-7846
이메일	nanum@ncbook.co.kr
가격	15,000원
ISBN	89-90369-38-X (03330)

• 파본은 구입하신 곳이나 당사에서 교환해 드립니다.